U0582180

中国第一部字典，中国文字学的首创之书，开启中国上古文化之谜的钥匙，包罗万象的中国古代文化百科全书。

⊙ 中国家庭必备工具书 ⊙

图解
说文解字

（汉）许慎　撰
思履　主编

图书在版编目（CIP）数据

图解说文解字 /（汉）许慎撰；思履主编 .— 北京：北京联合出版公司，2016.8（2024.7 重印）

ISBN 978-7-5502-8224-7

Ⅰ .①图… Ⅱ .①许… ②思… Ⅲ .①《说文》– 图解 Ⅳ .① H161-64

中国版本图书馆 CIP 数据核字（2016）第 167875 号

图解说文解字

撰　　者：（汉）许慎撰
主　　编：思　履
责任编辑：孙志文
封面设计：韩立强
内文排版：刘欣梅
插画绘制：陆铭蓓　陆来彦　孔文鹏

北京联合出版公司出版
（北京市西城区德外大街 83 号楼 9 层　100088）
三河市华成印务有限公司印刷　新华书店经销
字数 500 千字　720 毫米 ×1020 毫米　1/16　29 印张
2016 年 8 月第 1 版　2024 年 7 月第 5 次印刷
ISBN 978-7-5502-8224-7
定价：68.00 元

前言

《说文解字》，简称《说文》。作者是东汉的经学家、文字学家许慎（献给汉安帝）。《说文解字》成书于汉和帝永元十二年（100 年）到安帝建光元年（121 年）。《说文解字》是我国第一部按部首编排的字典。

许慎根据文字的形体，创立 540 个部首，将 9353 字分别归入 540 部。540 部又据形系联归并为 14 大类，字典正文就按这 14 大类分为 14 篇，卷末叙目别为一篇，全书共有 15 篇。《说文解字》共 15 卷，其中包括序目 1 卷。许慎在《说文解字》中系统地阐述了汉字的造字规律——六书。

《说文解字》的体例是先列出小篆，如果古文和籀文不同，则在后面列出。然后解释这个字的本义，再解释字形与字义或字音之间的关系。《说文解字》中的部首排列是按照形体相似或者意义相近的原则排列的。《说文解字》开创了部首检字的先河，后世的字典大多采用这个方式，段玉裁称这部书“此前古未有之书，许君之所独创”。

我们想认识任何一件事物都要从本源上去了解，学习语言也要如此。以前的大学问家总说“读书要先识字”，这个“识字”不是只知道一个字读什么音，而是要知道它的本义是什么。我们现代汉语的常用字常用义，有很多都是引申义，不是本义，这就影响了我们更好地理解前人的经典作品，甚至影响了我们很好地使用现代汉语。

看过《说文解字》的人都知道：汉字中所有带“王”字旁的字都和美玉相关；汉字中所有带“灬”的字都和“火”相关，因为“灬”原来的篆书写法是“灬”，就是“火”。汉字中的“羊”字可是个好字，相对于狼古代中国人更喜欢羊，“美”字是以羊为代表造型的字。“日”字原来画的就是一个太阳，“月”字画的就是一个月牙，因为月亮更多的时候就是这样子。把黄昏时刚出现的半个月牙画下来，就是“夕”——朝夕的“夕”。我们看到的每一个汉字都有它的来龙去脉，都是可以讲清来源或是分析出本来的意义、构成的道理的。很多汉字本来就是一幅美丽的图画，藏有一个动人的故事。

我们中国人，历来对文字十分重视。从孩子生下来以后长辈们给起名就可以看出来，绝大多数父母都因为要给孩子起好名、选好字而翻遍了字典。可是您也许不知道，我们现在使用的《新华字典》《现代汉语词典》，所释义的字和词很多都不是它们的本义，而且，这些新字典没有告诉我们文字里面的奥秘和众多汉字里面的规律。比如：我们看到一个人的名字中有“王”字旁，就知道他的名字中含有美玉的品质，三国的周瑜，字公瑾，“瑜”和“瑾”都是美玉。

古人的“名”和“字”是互相关联的，互作解释。比如：孔子的名为“丘”，字仲尼，尼山与丘互训。孔子的儿子名“鲤”，字伯鱼，鲤是鱼啊！屈原的名为“平”，字原，广平就是原。王维名维，字摩诘，维摩诘是佛家菩萨名。杜甫的名为甫，字子美，甫是男子的美称。

现在，世界上越来越多的人需要学习汉语汉字。我们可以认定的汉字有五万六千多个，现代汉语通用字有7000个，常用的汉字也有3500个。死记住3500个汉字不是一件容易的事，要学会使用它们引申出来的多种多样的字义就更难了。那么，有没有办法让我们认识汉字、使用汉字变得容易起来，变得十分有趣呢？有！有一本书，只要我们能够真正阅读它，弄懂它，我们就会发现汉字的产生和演变密切伴随着中华文明发展的历程。这本书就是中国的第一部字典，一千多年以来被奉为经典的《说文解字》。此书名气很大，但是很难懂，所以很多人只仰其名，不能得其门而入。由于篇幅有限，不可能把整部《说文解字》全部囊括，我们只选取了其中有代表性的文字进行解说，这本书就是要为您做一个向导，让您轻松愉快地在《说文解字》的神圣的文字殿堂里游览一番，您会发现：每一个汉字里面都有一个故事，许多汉字都像一幅生动的图画，汉字里面蕴含着丰富的情感与智慧。

目录

蓐部

茻部

小部

八部

采部

半部

牛部

犛部

告部

口部

凵部

吅部

哭部

走部

止部

癶部

步部

此部

正部

是部

辵部

彳部

廴部

㢟部

行部

齒部

牙部

足部

疋部

品部

龠部

冊部

㗊部

舌部

干部

只部

㕯部

句部

丩部

古部

十部

𠦃部

言部

象部

馬部

廌部

鹿部

麤部

㲋部

兔部

萈部

犬部

㹜部

鼠部

能部

火部

炎部

黑部

囪部

焱部

炙部

赤部

大部

亦部

夨部

夭部

交部

尣部

壺部

壹部

㚔部

一部

一 一 yī

一，惟初太始[①]，道立于一[②]，造分天地[③]，化成万物。凡一之属皆从一[④]。于悉切[⑤]。

【译文】一，最初，万物形成之始，道建立了一。后来，才分解为天和地，演化为万事万物。大凡一的部属都从一。

【注释】① 惟：句首语气词。太始：万物形成之始。② 道：指无形的宇宙本体。一：指天地未分时的有形的混沌状态。于：犹乎。见《读书杂志》卷九补。道立于一，语出《老子·四十二章》："道生一，一生二，二生三，三生万物。"无形的宇宙本体产生了宇宙有形的混沌状态，有形的混沌状态产生了天和地，（天和地又生出阴气和阳气），阴气和阳气交合产生和气，阴气阳气和气的运动产生了万事万物。许氏以道家思想解释"一"，认为"一"像天地混沌未分之形，故用了这样一段玄虚的话。③ 造：始。见《广雅·释诂》。④"凡一"句：凡是以"一"为部首，由"一"统属的字，都随从"一"字聚集在一块组成一部。"凡 × 之属皆从 ×"，是《说文》建立部首制，区分部首和部属的专用术语。× 是部首，其他则是部属。⑤ 本书反切是徐铉采用孙愐《唐韵》的音。

元 元 yuán

元[①]，始也。从一，从兀。愚袁切。

【译文】元，开始。由一、由兀会意。

【注释】① 元：人头是元的本义，如：《左传·襄公九年》："元，体之长（首领）也。"《左传·僖公三十三年》："狄人归（送还）其（指先轸）元。"《孟子·滕文公下》："勇士不忘（通"亡"，避）丧其元。"始是元的引申义，如：《左传·隐公元年》："元年者何？君之始年也。"为首的也是元的引申义，如：《左传·僖公二十七年》："作三军，谋元帅。"

天 天 tiān

天，颠也。至高无上，从一大[①]。他前切。

【译文】天，颠顶。最高而无以上加的部位。由一、大会意。

【注释】① 从一大：会合"一""大"的意义，成为"天"的意义。从 ××，是《说文》分析会意字的专门术语之一。王筠《说文系传校录》"祏下"注："按会意字相连成文者，则一言'从'，如天'从一大'是也。两字对峙为义者则两言'从'，如吏'从一，从史'，不可言'从一史'也。"

丕 丕 pī

丕，大也。从一，不声[①]。敷悲切。

【译文】丕，大。从一，不声。

【注释】① 从一，不声：丕字以一为形旁，以不为声旁。从 ×、× 声，是《说文》分析形声字的专门术语之一。

吏 吏 lì

吏，治人者也。从一，从史，史亦声[①]。力置切。

【译文】吏，治理人的人。由一、由史会意，史也表声。

【注释】① 从一，从史，史亦声：从 ×，从 ×，× 亦声，是《说文》分析会意兼形声之字的专门术语。从一：言其执法如一；从史：史借作人字用，表示执法的官员。见王筠《句读》。

丄部

丄 丄 shàng

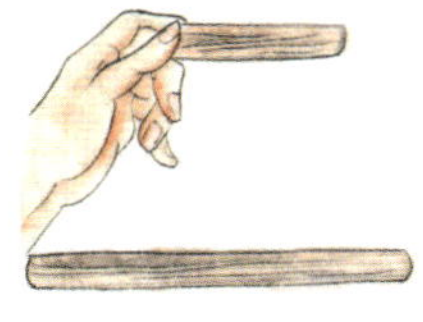

丄[①]，高也。此古文上。指事也[②]。凡丄之属皆从丄。时掌切。

【译文】丄，高。这是古文上字。是一个指事字。大凡丄的部属都从丄。

【注释】①丄：上面，高处。《诗经·周颂·敬之》："命不易哉，无曰高高在上。"②指事：《段注》："象形者，实有其物，日月是也。指事者，不泥其物而言其事，丄丅是也。天地为形，天在上，地在下；地在上，天在下：则皆为事。"

帝 dì

帝，谛也①。王天下之号也。从丄②，朿声。都计切。

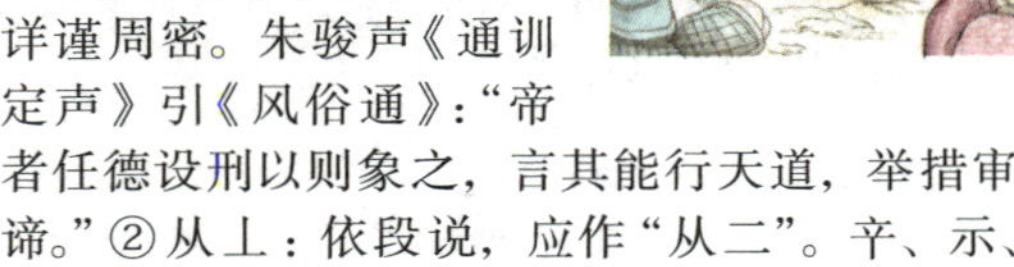

【译文】帝，审谛，又是统治天下的称号。从丄，朿声。

【注释】①谛：审谛，详谨周密。朱骏声《通训定声》引《风俗通》："帝者任德设刑以则象之，言其能行天道，举措审谛。"②从丄：依段说，应作"从二"。辛、示、辰、龙、童、音、章，小篆都从二，不从丄。

旁 páng

旁，溥也。从二，阙①，方声。步光切。

【译文】旁，广大。从二，不知为什么从𠂤，方声。

【注释】①阙：不知道小篆的旁字为什么从𠂤，不能强作解人，只好让他阙着。

丅 xià

丅①，底也②。指事。胡雅切。

【译文】丅，低下。指事。

【注释】①丅：下面。《诗经·小雅·北山》："普天之下，莫非王土。"②底：许书无低字，底即低字。

示部

示 shì

示，天垂象①，见吉凶②，所以示人也③。从二；三垂，日月星也。观乎天文，以察时变。示，神事也。凡示之属皆从示。神至切。

【译文】示，上天垂下天文图像，体现（人事的）吉凶，（这些图像）是用来显示给人们看的东西。从二（代表天上）；三竖笔，分别代表日月星。（人们）观看天文图像，用来考察时世的变化。示是神祇（qí）的事。大凡示的部属都从示。

【注释】①象：指天象，即下文的"天文"。②见：现。上古无现字，凡出现义都写作"见"。③示：显示给人看。

祜 hù

祜，上讳①。侯古切。

【译文】祜，已故孝安皇帝之名。

【注释】①上：指皇上。讳：封建社会称死去了的帝王或尊长的名。徐铉注："此汉安帝名也。福也。当从示，古声。"

禮 lǐ

禮①，履也②。所以事神致富也③。从示，从豊，豊亦声。灵启切。

【译文】禮，履行，是用来祭神求福的事。由示、由豊会意，豊也表声。

【注释】①禮：举行礼仪，祭神致福。《后汉书·荀爽传》："礼者，所以兴福祥之本，而止祸乱之源也。"②履：履而行之，即施行，实行。③事：奉事。致：得到。

禧 xī

禧，礼吉也。从示，喜声。许其切。

【译文】禧，行礼获得吉祥。从示，喜声。

禛 zhēn

禛，以真受福也。从示，真声。侧邻切。

【译文】禛，用真诚的情意（感化神明）而得福。从示，真声。

禄 lù

禄，福也。从示，录声。卢谷切。

【译文】禄，幸福。从示，录声。

许慎其人

许慎小档案

姓名：姓许，名慎，字叔重。
生卒：58 年 -147 年。
年代：东汉。
职业：经学家、文字学家。
籍贯：东汉汝南召陵（今河南郾城）人。
成就：倾半生心血，著《说文解字》，后人尊称为“字圣”。

被后人誉为『文宗字祖』

人生简表

58 年	出生。
9 岁	入小学。
11 岁	开始研读《诗》《书》《礼》《易》《春秋》及诸子百家著作。
21 岁	担任郡功曹。
26 岁	补为太尉南阁祭酒后任五经博士，校书东观。开始作《说文解字》。
31 岁	举孝廉。
43 岁	初步完成《说文解字》。
63 岁	《说文解字》定稿，献于朝廷。此后，许慎在家乡及附近村庄授经教书。
147 年	90 岁，因病去世。

功曹：官名，西汉始置，为郡守、县令的主要佐吏。

五经博士：学官名。汉武帝设五经博士，教授弟子，从此博士成为专门传授儒家经学的学官。

孝廉：被推选为孝廉的人须符合：“一日德行高妙，志洁清白；二日学通行修，经通博士；三日明达法令，足以决疑，能案章覆问，文中御史；四日刚毅多略，遭事不惑，明足以决，才任三辅令。”符合这些标准的人就称为秀才或茂才。

许慎是中国文字学的开拓者，坚持古文经学的立场——《说文解字》中提到和引用的文献主要以古文经学的著作为主；坚持文字发展的观念，认为文字从起源到汉代通行的隶书，经过了很长的一个发展时期。

褫 sī

褫，福也。从示，虒声。息移切。

【译文】褫，幸福。从示，虒声。

禎 zhēn

禎，祥也。从示，貞声。陟盈切。

【译文】禎，吉祥。从示，貞声。

祥 xiáng

祥，福也。从示，羊声。一云善[1]。似羊切。

【译文】祥，幸福。从示，羊声。另一义是善好。

【注释】①一云善：善是福的引申义。

祉 zhǐ

祉，福也。从示，止声。敕里切。

【译文】祉，幸福。从示，止声。

福 fú

福[1]，祐也。从示，畐声。方六切。

【译文】福，（神明）降福保佑。从示，畐声。

【注释】①福：福的本义是祭过神的肉。《国语·晋语》："今夕君梦齐姜，必速祠而归福。"韦昭注："福，胙肉也。"

祐 yòu

祐，助也。从示，右声。于救切。

【译文】祐，（神明给予的）帮助。从示，右声。

祺 qí

祺，吉也。从示，其声。渠之切。

【译文】祺，吉祥。从示，其声。

祗 zhī

祗，敬也。从示，氐声。旨移切。

【译文】祗，恭敬。从示，氐声。

禔 zhī

禔，安福也[1]。从示，是声。《易》曰："禔既平。"市支切。

【译文】禔，安定，幸福。从示，是声。《易经》说："既安又平。"

【注释】①安福也：安也，福也。是"一句数读"的现象，是《说文》解释一字多义现象的一种方式。这种一字多义现象往往有明显的意义联系。

神 shén

神，天神，引出万物者也。从示申[1]。食邻切。

【译文】神，天神，引发出万事万物的神。从示，申声。

【注释】①从示申：段、桂、朱、王，全作"从示，申声"。

祇 qí

祇，地祇，提出万物者也。从示，氏声。巨支切。

【译文】祇，地神，提引发生万事万物的神。从示，氏声。

祭 jì

祭，祭祀也。从示，以手持肉[1]。子例切。

【译文】祭，祭祀鬼神。从示，用手拿着肉（供奉神前）。

【注释】①从示，以手持肉：是许氏说解会意字的方式之一。

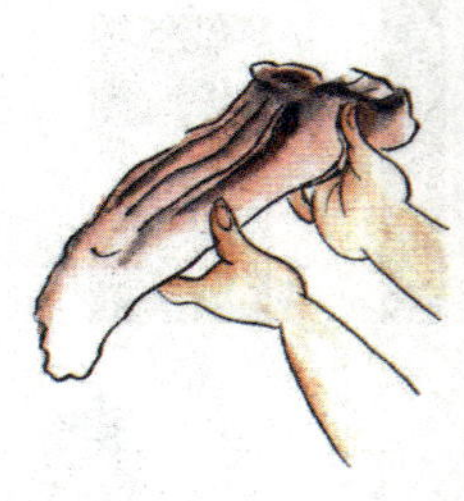

祀 sì

祀，祭无已也[1]。从示，巳声。详里切。

【译文】祀，祭祀不停止。从示，巳声。

【注释】①祭无已：徐锴《系传》："《老子》

曰‘子孙祭祀不辍’是也。”已：停止。

𥙳 祪 guǐ

祪，祔、祪，祖也[①]。从示，危声，过委切。

【译文】祪，祔和祪，都是迁移神主的事。从示，危声。

【注释】①祖：《周礼·小宗伯》注：“迁主曰祖。”祔是新死者的神主迁于祖庙，祪是毁庙的神主迁于太庙，都是迁主的事。旧说文意未明。

祔 祔 fù

祔，后死者合食于先祖[①]。从示，付声。符遇切。

【译文】祔，后死者的神主移在祖庙中与先祖一道供祭。从示，付声。

【注释】①食（sì）：供养，这里指供祭。

祖 祖 zǔ

祖[①]，始庙也[②]。从示，且声。则古切。

【译文】祖，初始，宗庙。从示，且声。

【注释】①祖：祖先，祖父。《诗经·大雅·生民》，尊祖也。孔颖达疏：“祖之定名，父之父耳。但祖者，始也，已所从始也，自父之父以上皆得称焉。”②始庙也：始也，庙也。一句数读。

祠 祠 cí

祠，春祭曰祠。品物少，多文词也[①]。从示，司声。仲春之月，祠，不用牺牲[②]，用圭璧及皮币[③]。似兹切。

【译文】祠，（周代）春天的祭祀叫作祠。这是由于用来祭祀的物品少，而仪式文词多的缘故。从示，司声。（《礼记·月令》），农历二月，祭祀不用牺牲，而用玉器、毛皮和缯帛。

【注释】①多文词：这是许君用词字申说祠字受义之原因。词、祠古音同。②牺牲：供祭祀用的纯色全体牲畜。③圭璧：祭祀时用作符信的玉器。

祝 祝 zhù

祝，祭主赞词者。从示，从人口。一曰：从兑省。《易》曰：兑为口为巫。之六切。

【译文】祝，祭祀时主管向神灵祷告的人。由示字、由人字、口字会意，（表示用人之口与神灵交接）。另一说是，“祝”字的“兄”旁是“兑”字省去上面的“八”。《易》说：“兑”卦可以代表“口”，代表“巫”。

祈 祈 qí

祈[①]，求福也。从示，斤声。渠希切。

【译文】祈，向神明求福。从示，斤声。

【注释】①祈：祭神求福。《尔雅·释言》：“祈，叫也。”郭璞注：“祈祭者叫呼而请事。”

禱 禱 dǎo

禱[①]，告事求福也。从示，壽声。都浩切。

【译文】禱，向神祷告而祈求幸福。从示，壽声。

【注释】①禱：向神祝告求福。《周礼·春官·小宗伯》：“祷祠于上下神示。”郑玄注：“求福曰祷。”

禪 禪 shàn

禪，祭天也[①]。从示，單声。时战切。

【译文】禪，祭天。从示，單声。

【注释】①祭天：徐灏《段注笺》：“封禅对文，云祭天者，浑举之词耳。”对举，禅是祭地，封是祭天。

社 社 shè

社，地主也。从示土。《春秋传》曰：“共工之子句龙为社神。”周礼：“二十五家为社，各树其土所宜之木。”常者切。

【译文】社，土地的神主。从示，土声。《春秋左传》说："共工的儿子句龙作土地神。"周朝的礼制规定：二十五家立一个社，各种植那里的土地所适宜生长的树木。

禁 jìn

禁，吉凶之忌也。从示①，林声。居荫切。

【译文】禁，有关吉凶之事的避忌。从示，林声。

【注释】① 从示：从字源上说，禁是对鬼神为祸的避忌，所以从示。后来泛指为不论吉凶，凡是法令习俗予以制止、避忌的事。

三部

三 sān

三，天地人之道也①。从三数②。凡三之属皆从三③。穌甘切。

【译文】三，天、地、人的道数。由三画构成。大凡三的部属都从三。

【注释】① 天地人：本书"王"字说解引董仲舒说："三者，天、地、人也。"② 三数：三画的意思。③ 三有首无群，此处不应单立部首。

王部

王 wáng

王，天下所归往也。董仲舒曰："古之造文者，三画而连其中谓之王。三者，天、地、人也，而参通之者王也①。"孔子曰："一贯三为王②。"雨方切。

【译文】王，天下归趋向往的对象。董仲舒说："古代创造文字，三画而又用竖线连接其中，叫王字。三横画，代表天道、地道、人道，而又能同时通达它的，就是王。"孔子说："用一贯三就是王。"

【注释】① 董说引自《春秋繁露·王道通三篇》。② 孔说未详所出。

閏 rùn

閏，余分之月，五岁再闰①，告朔之礼②，天子居宗庙③，闰月居门中④。从王在門中。《周礼》曰⑤："闰月，王居门中，终月也。"如顺切。

【译文】閏，闰月，由余剩的未分的时日组成的月份，五年闰两次。每月初一，行告祭之礼，天子居处在庙堂之中，闰月居处在正室门中。由"王"字在"門"字之中会意。《周礼》说："闰月，周王居处在正室门中，整一个月。"

【注释】① 再：两次。② 告朔：朔，阴历每月第一天。每年冬末，天子把来年的历书颁发给诸侯，确定是否置闰，及每月初一的日子，叫"颁告朔"。诸侯接受历书，藏入祖庙。每逢初一，便杀一只活羊祭庙，叫"告朔"。③ 宗庙：《段注》："古路寝、明堂、大庙，异名而实一也。"明堂之制见《王国维遗书·观堂集林·明堂庙寝通考》。明堂分东南西北四室八个（每堂的左右厢房），共十二个场所。天子每月可居处一个场所。④ 闰月句：《段注》引郑司农说：天子"惟闰月无所居，居于门"。门：指路寝（天子、诸侯的正室）门。⑤ 引文见《周礼·春官·大史》。

皇 huáng

皇，大也。从自[王]①。自，始也。始（皇）[王]者②，三皇，大君也。自读若鼻，今俗以始生子为鼻子③。胡光切。

【译文】皇，即大。由自王会意。自是初始的意思。最初统治天下的人是（燧人、伏羲、神农）三皇，是伟大的君王。"自"的音读像"鼻"字。当今俗话把最初生下的子女说成是"鼻子"。

【注释】① 自：《段注》本作"自王"，当补。② 始皇：《段注》作"始王"。三皇：《段注》引《尚书大传》："燧人为燧皇，伏羲为羲皇，神农为农皇。"③ 许君用来证明自有始义。

玉部

玉 yù

玉，石之美。有五德：润泽以温，仁之方也；䚡理自外，可以知中，义之方也；其声舒扬，尃以远闻[①]，智之方也；不桡而折，勇之方也；锐廉而不（技）[忮][②]，絜之方也。象三玉之连。丨，其贯也。凡玉之属皆从玉。鱼欲切。

【译文】玉，美好的石头，它有五种美德：润泽而又温和，是仁人的比方；䚡理，从外可知内，是义士的比方；它的声音舒展飞扬，传播而远闻，是智士的比方；它决不弯曲，宁肯折断，是勇士的比方；它锋利而不伤害别人，是廉洁之士的比方。像三块玉的连接。中间的竖，是那穿玉的绳索。大凡玉的部属都从玉。

【注释】① 尃：分布。这里指传布四方。② 技：段桂朱王均做“忮”。忮：害。

璬 lì

璬，玉也。从玉，毄声。读若鬲。郎击切。

【译文】璬，玉名。从玉，毄声。音读像“鬲”字。

璠 fán

璠，玙璠[①]。鲁之宝玉。从玉，番声。孔子曰[②]：“美哉，玙璠。远而望之，奂若也[③]；近而视之，瑟若也[④]。一则理胜[⑤]，二则孚胜[⑥]。”附袁切。

【译文】璠，玙璠，鲁地出产的宝玉。孔子说：“多美好啊，玙璠！远远地望着它，焕焕的（光彩夺目）；走近观察它，瑟瑟的（纹理缜密）。一是纹理胜，二是光彩胜。”

【注释】① 玙璠：又称璠玙，玙又作与（yú）。《左传·定公五年》：“阳虎将以玙璠敛（liàn，装殓）。”杜预注：“玙璠，美玉，君所佩。”② 孔语引自《齐论语·问玉篇》。③ 奂若：焕然。鲜明光亮貌。《说文》无“焕”字。④ 瑟若：瑟然。瑟同璱，纹理细密貌。⑤ 一则：王筠《句读》：“此承瑟若。”理：徐锴《系传》：“谓文理也。”胜：超过。⑥ 二则：王筠《句读》：“此承奂若。”徐锴《系传》：“孚音符，谓玉之光采也，今亦言符采也。”

瑾 jǐn

瑾[①]，瑾瑜，美玉也。从玉，堇声。居隐切。

【译文】瑾，瑾瑜，美玉。从玉，堇声。

【注释】① 瑾：美玉。《楚辞·九章》：“怀瑾握瑜兮，穷不知所示。”王逸注：‘瑾、瑜，美玉也。”

瑜 yú

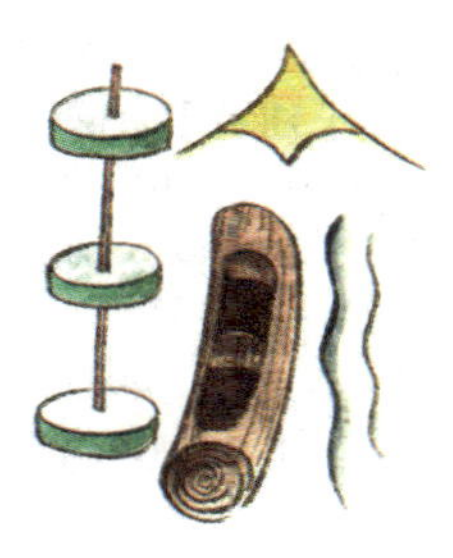

瑜，瑾瑜，美玉也[①]。从玉，俞声。羊朱切。

【译文】瑜，瑾瑜，美玉。从玉，俞声。

【注释】①“美玉”二字当删。《段注》：“凡合二字成文，如‘瑾瑜’、‘玫瑰’之类，其义既举于上字，则下字例不复举。”

球 qiú

球，玉声也[①]。从玉，求声。巨鸠切。

【译文】球，玉石撞击之声。从玉，求声。

【注释】① 玉声：徐锴《系传》：“孔子见南子，佩玉声璆然。”故事见《史记·孔子世家》。

琳 lín

琳[①]，美玉也。从玉，林声。力寻切。

【译文】琳，美玉。从玉，林声。

【注释】① 琳：桂馥《义证》：“琳，色青碧者也。”

璧 bì

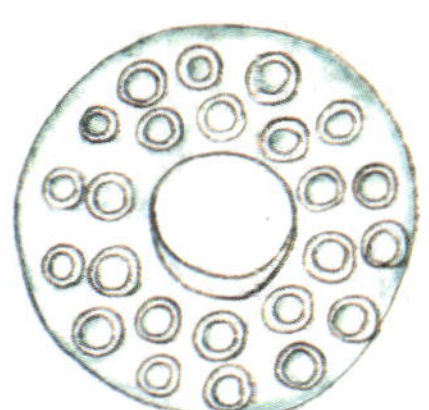

璧，瑞玉圜也[①]。从玉，辟声。比激切。

【译文】璧，用作印信凭证的玉，是平圆而正中有孔的玉。从玉，辟声。

【注释】①瑞玉圜也：是"一句数读"现象，即"瑞玉也，圜也。"

瑗 yuàn

瑗，大孔璧。人君上除陛以相引①。从玉，爰声。《尔雅》曰②："好倍肉谓之瑗，肉倍好谓之璧。"王眷切。

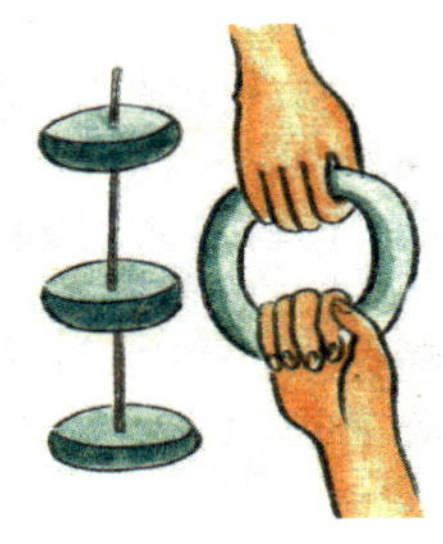

【译文】瑗，（可以容手的）大孔的玉璧。人君上台阶，侍者用玉璧来牵引人君。从玉，爰声。《尔雅》说："内孔直径为边宽的两倍，叫它作瑗；边宽为内孔直径的两倍，叫它作璧。"

【注释】①除：台阶。陛：台阶。除陛：同义连用。以相引：桂馥《义证》："本书：'爰引也。'故从爰。谓引者奉（捧）璧于君，而前引其璧，则君易升（容易登上台阶）。"②《尔雅》：指《释器》。郭璞注："肉，边也。好，孔也。"倍：用作动词，超过一倍。

玦 jué

玦①，玉佩也。从玉，夬声。古穴切。

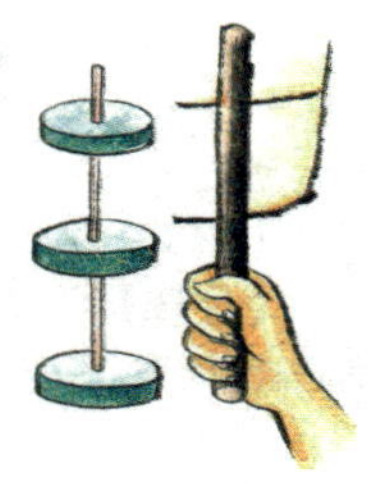

【译文】玦，（环形而又有缺口的）佩玉。从玉，夬声。

【注释】①玦：徐锴《系传》："玦，之不周者。"引申为决断、与人断绝关系的象征。

瑞 ruì

瑞，以玉为信也。从玉、耑[声]①。是伪切。

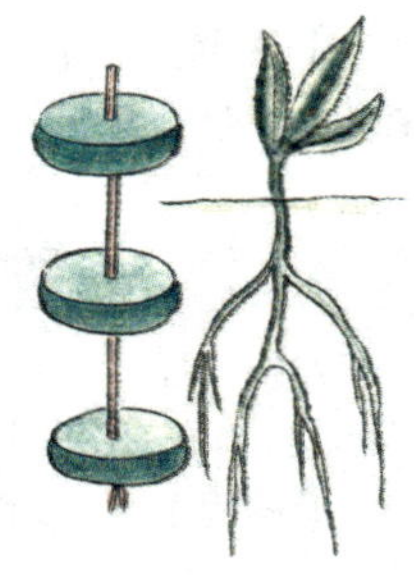

【译文】瑞，用玉制成的信物。从玉，耑声。

【注释】①耑：当作耑声。慧琳《一切经音义》三次引用《说文》都作"从玉，耑声。"瑞、耑，歌元对转。瑞，王筠《句读》："犹今言印信。"

珥 ěr

珥，瑱也。从玉耳，耳亦声。仍吏切。

【译文】珥，玉瑱。由玉、耳会意，耳也表声。

瑱 tiàn

瑱①，以玉充耳也。从玉，真声。《诗》曰："玉之瑱兮。"他甸切。

【译文】瑱，用（冠冕两侧丝绳垂系着的）珠玉来充塞耳朵。从玉，真声。《诗经》说："玉作的充耳瑱啊。"

【注释】①瑱：王筠《句读》引《左传·昭公二十六年》正义："礼，以一绦五采横冕上，两头下垂，系黄绵，绵下又县玉为瑱以塞耳。"

琢 zhuó

琢，治玉也。从玉，豕声。竹角切。

【译文】琢，治理玉石。从玉，豕声。

理 lǐ

理，治玉也。从玉，里声。良止切。

【译文】理，治理玉石。从玉，里声。

珍 zhēn

珍，宝也。从玉，㐱声。陟邻切。

【译文】珍，（玉石之类的）宝物。从玉，㐱声。

玩 wán

玩①，弄也。从玉，元声。五换切。

【译文】玩，捧玉玩弄。从玉，元声。

【注释】①玩：从弄玉到弄贝，所以又可写作"貦"。后泛指一切玩弄、戏耍。《书·旅獒》："玩人丧德，玩物丧志。"

玲 玲 líng

玲[①]，玉声。从玉，令声。郎丁切。

【译文】玲，玉（相撞击）声。从玉，令声。

【注释】①玲：玲珑，亦即珑玲，双音单纯词。《文选·东都赋》："和銮玲珑。"李善注引："玲珑，玉声也。"

瑁 碧 bì

碧，石之青美者。从玉石，白声[①]。兵尺切。

【译文】碧，青色又美丽的石头。由玉、石会意，白声。

【注释】①《段注》："从玉石者，似玉之石也。""碧色青白，故从白。云白声者，以形声苞会意。"

琨 琨 kūn

琨，石之美者。从玉，昆声。《虞书》曰[①]："杨州贡瑶琨[②]。"古浑切。

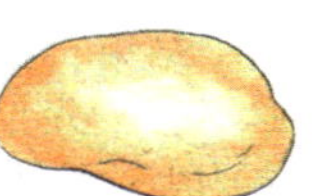

【译文】琨，美丽的石头。从玉，昆声。《虞书》说："扬州地方进贡瑶玉和琨石。"

【注释】①《虞书》：指《尚书·禹贡》。《说文》引《禹贡》，多称《夏书》。这里称《虞书》，桂馥《义证》说："本称《虞夏书》，后人乱之也。"②杨州：今作扬州。

珉 珉 mín

珉，石之美者。从玉，民声。武巾切。

【译文】珉，美丽的石头。从玉，民声。

瑶 瑶 yáo

瑶，玉之美者[①]。从玉，䍃声。《诗》曰[②]："报之以琼瑶。"余招切。

【译文】瑶，美玉。从玉，䍃声。《诗》说："用琼瑶美玉回报他。"

【注释】①玉之美者：段桂朱王都以为当作"石之美者"。②《诗》：指《诗经·卫风·木瓜》。

珠 珠 zhū

珠，蚌之阴精[①]。从玉，朱声。《春秋国语》曰"珠以御火灾[②]"，是也。章俱切。

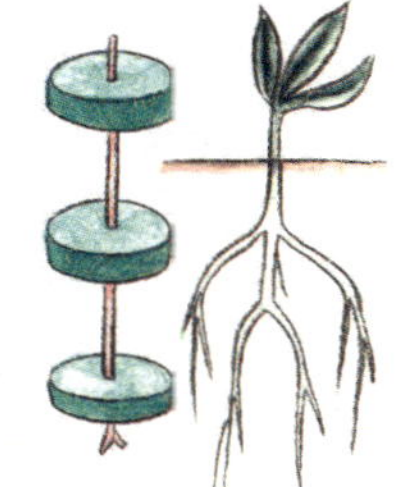

【译文】珠，蚌壳里头的水精。从玉，朱声。《春秋国语》说："珠足以用来抵御火灾。"就是这个意思。

【注释】①之：《段注》作"中"，说："今依《初学记》。"阴精：《国语》韦昭注："珠，水精。"水属阴。②珠以句：见《国语·楚语》。

瑰 瑰 guī

瑰，玫瑰。从玉，鬼声。一曰：圜好[①]。公回切。

【译文】瑰，玫瑰。从玉，鬼声。一说：珠子圆好叫作瑰。

【注释】①圜（yuán）好：《玉篇》引作"珠圜好"，玄应引作"圜好曰瑰"。

珊 珊 shān

珊，珊瑚[①]，色赤，生于海，或生于山。从玉，删省声。稣干切。

【译文】珊，珊瑚，红色，有的生在海中，有的生在山中。从玉，删省刂为声。

【注释】①珊瑚：科学的解释是：由许多珊瑚虫分泌的石灰质骨骼聚集而成的东西。形状像树枝，多红色，也有白色或黑色。可供玩赏，也可作装饰品。

瑚 瑚 hú

瑚[①]，珊瑚也。从玉，胡声。户吴切。

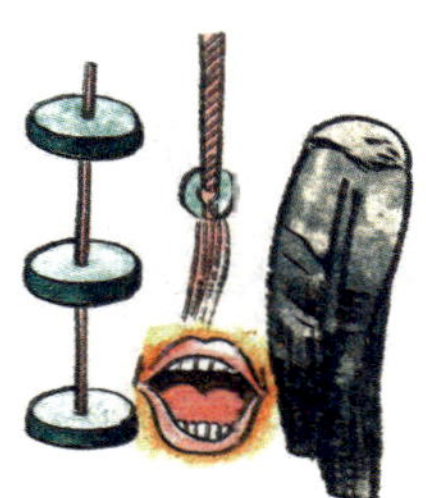

【译文】瑚，珊瑚。从玉，胡声。

【注释】①瑚：珊瑚，双音单纯词。《史记·司马相如列传》："玫瑰、碧琳、珊瑚丛生。"《盐铁论·力耕》："而璧玉、珊瑚、琉璃，咸为国之宝。"

琅 láng

琅，琅玕，似珠者[①]。从玉，良声。鲁当切。

【译文】琅，琅玕，像圆珠的玉石。从玉，良声。

【注释】① 似珠：《段注》："出于蚌者为珠，则出于地中者为似珠。"

靈 líng

靈，灵巫[①]。以玉事神。从玉，霝声。郎丁切。

【译文】靈，灵巫。（他们的职责是）用玉奉事神明。从玉，霝声。

【注释】① 灵巫：《楚辞·九歌》王注："灵，巫也，楚人名巫为灵。"连言之则为灵巫。

玨部

琎 fú

琎，车笭间皮箧。古者使奉玉以藏之。从車玨。读与服同。房六切。

【译文】琎，车栏间的皮箱夹。古时候，使者捧玉出使，把玉藏在这皮箱夹里头。由車、由玨会意。音读与"服"字相同。

班 bān

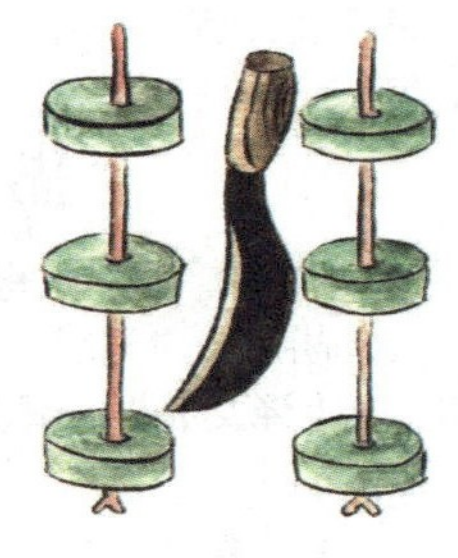

班，分瑞玉也[①]。从玨，从刀。布还切。

【译文】班，将瑞玉中分为二。由玨、由刀会意。

【注释】① 瑞玉：古代用作凭证的东西，中分为二，各执其一。瑞，为古代凭信之玉，不必更加"玉"字。

气部

气 qì

气[①]，云气也。象形。凡气之属皆从气。去既切。

【译文】气，云气。象形。大凡气的部属都从气。

【注释】① 气：云气，泛指一切气体。

氛 fēn

氛，祥气也。从气，分声。符分切。

【译文】氛，体现吉凶的云气。从气，分声。

士部

士 shì

士，事也。数始于一，终于十。从一，从十。孔子曰："推十合一为士。"凡士之属皆从士。鉏里切。

【译文】士，会办事（的人）。数目从一开始，到十结束。由一、由十会意。孔子说："能够从众多的事物中推演归纳出一个简要的道理来的人就是士。"大凡士的部属都从士。

壯 zhuàng

壯，大也。从士，爿声。侧亮切。

【译文】壯，大。从士。爿声。

丨部

丨 gǔn

丨，上下通也。引而上行读若囟，引而下行读若退。凡丨之属皆从丨。古本切。

【译文】丨，上下通彻。引长笔画向上行，音读如"囟"字；引长笔画向下行，音读像"退"字。大凡丨的部属都从丨。

屮部

屮 屮 chè

屮，艸木初生也。象丨出形[①]，有枝茎也。古文或以为艸字。读若彻[②]。凡屮之属皆从屮。尹彤说[③]。丑列切。

【译文】屮，草木初生。像草木长出地面的形状，而且有了枝茎。古文有时把它当作艸字。音读像"彻"字。大凡屮的部属都从屮。这是尹彤的说法。

【注释】①丨：《段注》："丨，读若囟，引而上行也。"丨出，即开出、长出。②读若彻：《段注》："彻，通也。义存乎音。"③尹彤说：徐锴《系传》："尹彤，当时说文字者。所谓'博采通人'也。"《段注》："三字当在'凡屮'上。转写者倒之。"

屯 屯 zhūn

屯，难也。象艸木之初生。屯然而难[①]。从屮贯一，一，地也；尾曲[②]。《易》曰："屯，刚柔始交而难生[③]。"陟伦切。

【译文】屯，艰难。像草木初生，曲折而又艰难的形状。其形由屮贯穿一构成。一，代表地面。屯字的尾部弯曲。《周易》说："屯卦，是阴柔阳刚二气开始交合而出现艰难的形像。"

【注释】①屯然：曲折之貌。然：助词。②尾曲：徐灏《段注笺》："此篆从屮曲之，以象难生之意。"③《易》曰：引语见《周易》屯卦。刚，指阳；柔，指阴。

每 每 měi

每[①]，艸盛上出也。从屮，母声。武罪切。

【译文】每，艸木茂盛上长的样子。从屮，母声。

【注释】①每：草丰盛。《春秋左传》："原田每每，舍其旧而新是谋。"

毒 毒 dú

毒，厚也。害人之艸，往往而生[①]。从屮，从毐[②]。徒沃切。

【译文】毒，厚。害人的草，历历而生。从屮，毐(ǎi)声。

【注释】①往往：《段注》：'犹历历也。"②从毒：徐锴《系传》作"毐声"。《系传·祛妄》："毐，乌代反。"《汉书·地理志》："多犀象毒冒珠玑。"颜师古注："毒音代。"可见，毒有代音，与毐声相近。

熏 熏 xūn

熏，火烟上出也。从屮，从黑。屮黑，熏黑也。许云切。

【译文】熏，火烟向上冒出(熏黑物体)的意思。由屮，由黑会意。屮黑，火烟上升把物体熏黑。

艸部

艸 艸 cǎo

艸，百芔也。从二屮。凡艸之属皆从艸。仓老切。

【译文】艸，百艸。由两个屮字构成。大凡艸中的部属都从艸。

莊 莊 zhuāng

莊，上讳[①]。侧羊切。

【译文】莊，已故的汉明帝的名字。

【注释】①上讳：徐铉："此汉明帝名也。"《段注》："其说解当曰：'艸大也。从艸，壮声。'……此形声兼会意字，莊训大，故莊训艸大。"

芝 芝 zhī

芝，神艸也[①]。从艸，从之[②]。止而切。

【译文】芝，神草。从艸，之声。

【注释】①神艸：徐灏《段注笺》："古人以芝为祥瑞，《本草》云：服之轻身延年，故谓之神艸，亦曰灵芝，其实蕈菌之属耳。”②从之：徐锴《系传》作“之声”。

莆 fǔ

莆，萐莆也。从艸，甫声。方矩切。

【译文】莆，萐莆。从艸，甫声。

荅 dá

荅，小尗也。从艸，合声。都合切。

【译文】荅，小豆。从艸，合声。

莠 yǒu

莠，禾粟下［阳］生［者曰］莠[①]。从艸，秀声。读若酉。与久切。

【译文】莠，禾粟之间长的似禾非禾的东西叫莠。从艸，秀声。音读像“酉”字。

【注释】①禾粟下生莠：语义不明。慧琳《音义》三十二卷十一页、五十一卷六页莠注皆引《说文》：“禾粟下阳生者曰莠。”当据补。禾粟下：《段注》：“犹言禾粟间。”阳：伪。《段注》：“莠，今之狗尾草。茎叶采（穗）皆似禾。”

蘇 sū

蘇，桂荏也[①]。从艸，穌声。素孤切。

【译文】蘇，味辛如桂的荏类植物。从艸，穌声。

【注释】①桂荏：《段注》：“今之紫苏。”桂馥《义证》：“《本草纲目》：蘇从穌，舒畅也。苏性舒畅，行气和血，故谓之苏。苏乃荏类，而味辛如桂，故《尔雅》谓之桂荏。”

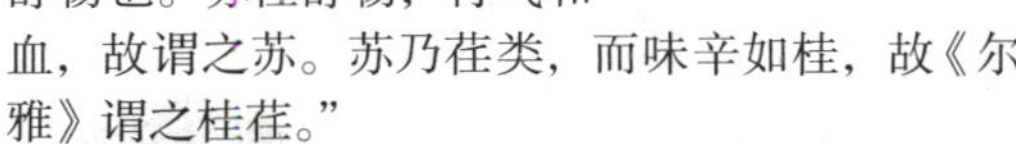

荏 rén

荏，桂荏，苏[①]。从艸，任声。如甚切。

【译文】荏，味辛如桂的荏类植物，即白苏。从艸，任声。

【注释】①苏：徐锴《系传》：“荏，白苏也。桂荏，紫苏也。”可见，苏这里指白苏。

芺 shǐ

芺，菜也。从艸，矢声。失匕切。

【译文】芺，芺菜。从艸，矢声。

葵 kuí

葵，菜也[①]。从艸，癸声。彊惟切。

【译文】葵，葵菜。从艸，癸声。

【注释】①菜：又名“冬葵”“冬寒菜”。详见王桢《农书》。《诗经·豳风·七月》：“七月亨葵及菽。”

薇 wēi

薇，菜也。似藿[①]。从艸，微声。无非切。

【译文】薇，薇菜，（茎叶和味）像豆。从艸，微声。

【注释】①似藿：《本草纲目·菜部·薇》：“时珍曰：薇生麦田中，原泽亦有。即今野豌豆，蜀人谓之巢菜。蔓生，茎叶气味皆似豌豆。”藿，指豆的整体。

芋 yù

芋[①]，大叶实根，骇人，故谓之芌也。从艸，亏声[②]。王遇切。

【译文】芋，大大的叶子，饱满充实的根，令人惊骇，所以叫它芋。从艸，亏声。

【注释】①芋：徐锴《系传》：“芋犹言吁也。吁，惊词，故曰骇人谓之芋。”②亏声：《段注》：“凡于声字多训大。”

蘧 qú

蘧，蘧麦也[①]。从艸，遽声。彊鱼切。

【译文】蘧，蘧麦。从艸，遽声。

【注释】①蘧麦：即瞿麦。徐锴《声传》：“今谓之瞿麦。其小而华（花）色深者，俗谓石竹。”《本草纲目》：“瞿麦，一名巨句麦，一名大菊，一名大兰。”

菊 jú

菊，大菊，蘧麦。从艸，匊声。居六切。

【译文】菊，大菊，又名蘧麦。从艸，匊声。

菁 jīng

菁，韭华也。从艸，青声。子盈切。

【译文】菁，韭菜的花。从艸，青声。

苹 píng

苹，蓱也①。无根，浮水而生者。从艸，平声。符兵切。

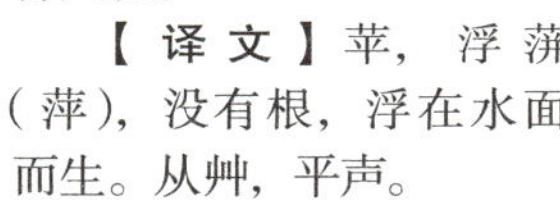

【译文】苹，浮蓱（萍），没有根，浮在水面而生。从艸，平声。

【注释】① 蓱：浮萍。《尔雅·释艸》：“苹，蓱；其大者苹。”郭注：“水中浮蓱，江东谓之薸（piáo）。”

蘭 lán

蘭，香艹也①。从艸，闌声。落干切。

【译文】蘭，香草。从艸，闌声。

【注释】① 香艹：指泽兰。徐灏《段注笺》曰：“经传所谓兰，大抵皆泽兰之类，世人以今兰蕙当之，殊误。”

葌 jiān

葌，艹，出吴林山①。从艸，姦声。古颜切。

【译文】葌，葌草，出自吴林山。从艸，姦声。

【注释】① 吴林山：《山海经·中山经》：“吴林之山，其中多葌草。”郭璞注：“亦菅字。”

葰 suī

葰，薑属①。可以香口。从艸，俊声。息遗切。

【译文】葰，薑类植物，可以使口香馥。从艸，俊声。

【注释】① 薑属：王筠《句读》：“葰一名廉姜，生沙石中，姜类也。其味大辛而香。”

芄 wán

芄，芄兰①，莞也。从艸，丸声。《诗》曰：“芄兰之枝②。”胡官切。

【译文】芄，芄兰，又叫莞。从艸，丸声。《诗经》说：“芄兰之枝。”

【注释】① 芄兰：草名，也叫萝藦，蔓生，叶有长柄，结荚实，两两对出成叉形。王筠《句读》：“芄兰莞三字叠韵，长言则芄兰，短言则莞（guān）。而莞本作蔄之艹之专名，此则以为芄兰之异名。今《尔雅》作雚。”②《诗》：指《诗经·卫风·芄兰》。“枝”今本作“支”。

繭 xiāo

繭①，楚谓之蓠，晋谓之繭，齐谓之茝。从艸，䌛声。许娇切。

【译文】繭，楚地叫它蓠，晋地叫它繭，齐地叫它茝。从艸，䌛声。

【注释】① 繭：白芷，一种香草。蓠、繭、茝，一物而方俗异名。茝，《本草经》谓之白芷。茝、芷同字。

蘺 lí

蘺，江蓠①，蘼芜。从艸，離声。吕之切。

【译文】蘺，江蓠，蘼芜的别名。从艸，離声。

【注释】① 江蓠：一种香草。

薰 xūn

薰①，香艹也。从艸，熏声。许云切。

【译文】熏，香草。从艸，熏声。

【注释】① 熏：香草名，又叫蕙草，又叫零陵香。《广雅·释草》：“熏草，惠草也。”

蘪 méi

蘪，蘪芜也[1]。从艸，麋声。靡为切。

【译文】蘪，蘪芜。从艸，麋声。

【注释】① 蘪芜：也作"蘼芜"。

薄 dǔ

薄，水萹茿。从艸，从水，毒声。读若督。徒沃切。

【译文】薄，生长在水中的萹竹。由艸、由水会意，毒声。音读像"督"字。

萹 biǎn

萹，萹茿也[1]。从艸，扁声。方沔切。

【译文】萹，萹茿。从艸，扁声。

【注释】① 萹茿：一名萹竹、萹蓄。蓼科。生在水中的叫薄。薄、茿、竹、蓄，上古全属觉部、舌头音，音读极相近。

茿 zhú

茿，萹茿也。从艸，筑省声[1]。陟玉切。

【译文】茿，萹茿。从艸，筑省竹声。

【注释】① 筑省声：《段注》："不云巩声，而云筑省声者，以巩字工声，筑字竹亦声也。"

藒 qiè

藒，芞舆也[1]。从艸，楬声[2]。去谒切。

【译文】藒，芞舆。从艸，楬声。

【注释】① 芞舆：香草。《尔雅·释艸》："藒车，芞舆。"郭璞注："藒车，香艸，见《离骚》。"《太平御览》引《广志》："藒车，香草，味辛，生彭城，高数尺，黄叶白华。"② 楬声：徐灏《段注笺》："此篆大小徐各本偏旁或从木，或从禾，错出不一。"

芞 qì

芞，芞舆也。从艸，气声。去讫切。

【译文】芞，芞舆。从艸，气声。

苺 mèi

苺，马苺也[1]。从艸，母声。武罪切。

【译文】苺，大苺。从艸，母声。

【注释】① 马苺：王筠《句读》："凡以马名者皆谓大也。盖谓大于葥、山苺也。"字亦作"莓"。

茖 gé

茖[1]，艹也。从艸，各声。古额切。

【译文】茖，茖草。从艸，各声。

【注释】① 茖：《尔雅·释艸》："茖，山葱。"郭璞注："茖葱，细茎大叶。"

苷 gān

苷，甘艹也[1]。从艸，从甘。古三切。

【译文】苷，甘草。从艸，甘声。

【注释】① 甘艹：《正字通·艸部》："甘艸枝叶如槐，高五六尺，叶端微尖，有白毛，实作角。""味甘，故名甘草，俗加艸。"

芧 zhù

芧[1]，艹也。从艸，予声。可以为绳。直吕切。

【译文】芧，芧草。从艸，予声。可以用来搓成绳索。

【注释】① 芧：叫三棱草。《图经》："荆湘江淮水泽之间皆有，叶似莎草，极长，茎三棱如削，大如人指，高五六尺，茎端开花。……好生水际及浅水中。"

藎 jìn

藎[1]，艹也。从艸，盡声。徐刃切。

【译文】藎，荩草。从艸，盡声。

【注释】① 藎：《本草》曰："荩草可以染流黄，作金色，生蜀中。"《急就篇》曰："雷矢雚菌荩兔卢。"颜师古注："盖荩草治久咳，杀皮肤小虫。又可以染黄而作金色。"

荵 rěn

荵[1]，荵冬艸。从艸，忍声。而轸切。

【译文】荵，荵冬草。从艸，忍声。

【注释】① 荵：《段注》："今之金银藤也，其花曰金银花。"

蒁 shù

蒁[1]，艸也。从艸，述声。食聿切。

【译文】蒁，蒁草。从艸，述声。

【注释】① 蒁：徐锴《系传》："药有蓬莪蒁。"味苦色青。就是蒁草。

萇 cháng

萇，萇楚[1]，跳弋[2]。一名羊桃[3]。从艸，長声。直良切。

【译文】萇，萇楚，或叫铫芅。又叫羊桃。从艸，長声。

【注释】① 萇楚：《尔雅·释艸》作"长楚"。② 跳弋：《尔雅》作"铫芅"。③ 羊桃：《尔雅》郭注"长楚、铫（yáo）芅（yì）"："今羊桃也。或曰鬼桃。叶似桃，华白，子如小麦，亦似桃。"

薊 jì

薊，芺也[1]。从艸，魝声。古诣切。

【译文】薊，与芺同类的草。从艸，魝声。

【注释】① 芺（ǎo）：即钩草。《尔雅·释》："钩，芺。"郭璞注："大如拇指，中空，茎头有台（草或菜长花时抽出的嫩茎）。似薊，初生可食。"芺和薊相似，是同类植物。薊有大薊、小薊，山薊（白木）、枹薊（赤朮，又叫苍术）多种。

堇 lí

堇[1]，艸也。从艸，里声。读若厘。里之切。

【译文】堇，堇草。从艸，里声。音读像"厘"字。

【注释】① 堇：羊蹄菜。《段注》："《本草经》曰：'羊蹄。'" 徐灏《段注笺》："堇者，羊蹄之合声。"

芨 jī

芨[1]，堇艸也。从艸，及声。读若急。居立切。

【译文】芨，堇草。从艸，及声。音读像"急"字。

【注释】① 芨：《尔雅·释艸》："芨，堇草。"又叫陆英，俗称接骨草。全草治跌打损伤。

藋 diào

藋，厘艸也[1]。一曰拜商藋。从艸，翟声。徒吊切。

【译文】藋，厘草。一名拜商藋。从艸，翟声。

【注释】① 厘艸：藜类植物。朱骏声《通训定声》："《尔雅》：'厘，蔓华。'即莱也。厘莱同声之借。亦即黎也。黎莱双声之转。所谓灰藋也。"

蓩 mòu

蓩，毒艸也。从艸，婺声。莫候切。

【译文】蓩，毒草。从艸，婺声。

蓡 shēn

蓡，人蓡[1]，药艸，出上党[2]。从艸，浸声。山林切。

【译文】蓡，人参，一种药草，出自上党。从艸，浸声。

【注释】① 蓡：字亦作参。王筠《句读》："人参出上党，状类人者善。"② 上党：汉有上党郡，在今山西的东南部。

䒽 mǎo

䒽，卷耳也[1]。从艸，務声。亡考切。

【译文】䒽，卷耳草。从艸，務声。

【注释】① 卷耳：桂馥《义证》："此与《诗》

之卷耳，名同物异。”古书未有训薪为卷耳的，待考。

𦽏 蒥 luán

蒥，凫葵也[①]。从艸，㝈声。洛官切。

【译文】蒥，凫葵菜。从艸，㝈声。

【注释】①凫葵：又叫蒥菜，茆（mǎo）菜，篿（tuán）菜，莼（chún）菜。多年生水草，嫩叶可以为羹。

𦲷 莀 lì

莀，艹也[①]。可以染留黄[②]。从艸，戾声。郎计切。

【译文】莀，莀草。可以用它来染成黄绿色。从艸，戾声。

【注释】①这是一种可染黄绿色和紫色的草。染黄绿的叫绿莀，即荩草；染紫色的叫紫莀，即此莀，又叫紫草，叫藐。②留黄：《广雅》："留黄，绿也。亦作流黄。"

𦰡 荍 qiáo

荍[①]，蚍虾也[②]。从艸，收声。渠遥切。

【译文】荍，蚍虾草。从艸，收声。

【注释】①荍：精葵（又名锦葵，花可食）。《诗经·陈风·东门之枌》："视尔如荍，贻我握椒。"②蚍虾：植物名。又作"芘芣"，又叫荆葵或锦葵。陆玑《诗义疏》："似芜菁，华紫绿色，可食，微苦。"

𦯬 蚍 pí

蚍[①]，蒿也。从艸，毗声。房脂切。

【译文】蚍，蒿类。从艸，毗声。

【注释】①蚍：《玉篇》："蚍，蒿。似蓍。"

𦯙 荑 tí

荑[①]，艹也。从艸，夷声。杜兮切。

【译文】荑，荑草。从艸，夷声。

【注释】①荑：《毛诗传》："荑，茅之始生也。"

𧀘 薛 xuē

薛[①]，艹也。从艸，辥声。私列切。

【译文】薛，藾萧草。从艸，辥声。

【注释】①薛：即藾蒿，又叫藾萧。见《段注》。

𦱋 苦 kǔ

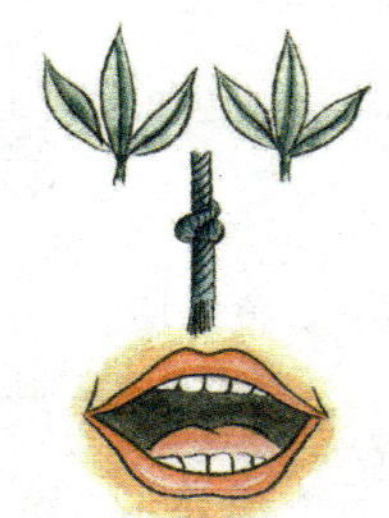

苦，大苦[①]，苓也。从艸，古声。康杜切。

【译文】苦，大苦，又叫蘦草。从艸，古声。

【注释】①大苦：甘草。一说，黄药。挂馥《义证》："苓当为蘦。本书：'蘦，大苦也。'《释草》同。馥案：即黄药也。"徐灏《段注笺》："此作苓，为假借字。令声古音在真部，周秦以后转入庚部，故與蘦相通耳。"

𦲵 菩 bèi

菩[①]，艹也。从艸，咅声。步乃切。

【译文】菩，黄菩草。从艸，咅声。

【注释】①菩：黄菩草，可以作席。钱坫《斠诠》："《易》'丰其蔀'，郑本作'菩'，云：'小席'。是以艹作席。"

𦬼 茅 máo

茅[①]，菅也[②]。从艸，矛声。莫交切。

【译文】茅，菅草一类。从艸，矛声。

【注释】①茅：白茅，青茅（古代祭祀时用以渗酒）。②菅：《段注》："统言则茅菅是一，析言则菅与茅殊。许菅茅互训。此从统言也。"

𦱤 菅 jiān

菅，茅也。从艸，官声。古颜切。

【译文】菅，茅草一类。从艸，官声。

𧃒 蘄 qí

蘄[①]，艹也。从艸，斳声[②]。江夏有蘄春亭③。渠支切。

【译文】蕲，香草。从艸，靳声。江夏郡有蕲春县。

【注释】① 蕲：谓香草。朱骏声《通训定声》：“《尔雅》：‘薜，山蕲。’《广雅》：‘山蕲，当归也。’又：‘芰，牛蕲。’注：‘今马蕲，叶细锐，似芹。’《本草注》：‘一名野茴香。’又：‘薜，白蕲。’按：即蚕头当归，细叶者。山蕲为马尾当归，叶粗大。又：‘蕲茝，蘼芜。’按即今川芎。此字本训当为香草。山、白、马皆冒蕲名也。”② 靳：《说文》未收此字，待考。③ 蕲春亭：《段注》亭作县。《汉书·地理志》：江夏郡有蕲春县。故城在今湖北蕲春县西北。

莞 huán

莞①，艹也。可以作席。从艸，完声。胡官切。

【译文】莞，莞草，可用来编织席子。从艸，完声。

【注释】① 莞：《段注》：“莞，盖即今席子艹。”

蔺 lìn

蔺，莞属。从艸，閵声。良刃切。

【译文】蔺，莞草一类。从艸，閵声。

蒻 ruò

蒻，蒲子。可以为平席①。从艸，弱声。而灼切。

【译文】蒻，嫩蒲草，可用来编织苹席。从艸，弱声。

【注释】① 平席：即苹席。《段注》：“苹者，席安稳之称。此用蒲之少者为之，较蒲席为细。”

蒢 chú

蒢，黄蒢，职也①。从艸，除声。直鱼切。

【译文】蒢，黄蒢草，又叫职草。从艸，除声。

【注释】① 职：一作蘵。《尔雅·释艸》：“蘵，黄蒢。”郭璞注：“蘵草，叶似酸浆，华小而白，中心黄，江东以作菹食。”

蒲 pú

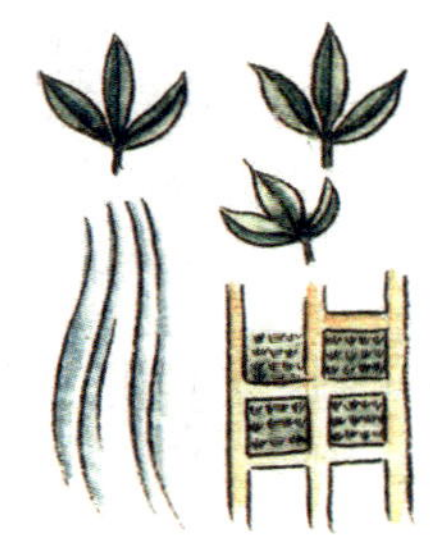

蒲①，水艹也。可以作席。从艸，浦声。薄胡切。

【译文】蒲，水草，可用来编织席子。从艸，浦声。

【注释】① 蒲：又叫香蒲。水生植物。茎和叶可编蒲席、蒲包和扇子。嫩苗叫蒲菜，可吃。花粉称蒲黄，可作止血药。

蒢 shēn

蒢，蒲，蒻之类也。从艸，深声。式箴切。

【译文】蒢，蒢蒲，是蒻蒲一类的嫩蒲草。从艸，深声。

萑 zhuī

萑，艹多皃①。从艸，隹声。职追切。

【译文】萑，草多的样子。从艸，隹声。

【注释】① 艹多皃：徐灏《段注笺》：“依全书通例，当云：‘蓷也。一曰：艹多皃。”

蓷 tuī

蓷，萑也①。从艸，推声。《诗》曰：“中谷有蓷②。”他回切。

【译文】蓷，萑草。从艸，推声。《诗经》说：“山谷中有蓷草。”

【注释】① 萑：益母草。《尔雅·释艸》：“萑，蓷。”郭璞注：“今茺蔚也。叶似荏，方茎，白华，华生节间。又名益母。”朱骏声《通训定声》：“茺蔚者，蓷之合音。”②《诗》：指《诗经·王风·中谷有蓷》。中谷：谷中。

茥 kuī

茥，缺盆也①。从艸，圭声。苦圭切。

【译文】茥，缺盆草。从艸，圭声。

【注释】① 缺盆：覆盆子。《尔雅·释艸》：“茥，葐盆。”郭注：“覆盆也。实似莓而小，亦可食。”《太平御览》卷998引孙炎《尔雅注》：

"青州曰茥。"桂馥《义证》:"覆盆子长条，四五月红熟。""其味酸，其外如荔枝，樱桃许大，软红可爱。"

莙 jùn

莙，井藻也[①]。从艸，君声。读若威。渠殒切。

【译文】莙，牛藻草。从艸，君声。音读像"威"字。

【注释】① 井藻：是牛藻之误。井牛二字形近。《尔雅·释艸》："莙，牛薻。"薻是藻的异体字。郭注："似藻，叶大，江东呼为马藻。"《段注》："按藻之大者曰牛藻。凡艹类之大者多曰牛曰马。"

萖 huán

萖，夫蓠也[①]。从艸，皖声。胡官切。

【译文】萖，夫蓠。从艸，皖声。

【注释】① 夫蓠：也写作苻蓠，蒲类植物。《本草》云："白蒲一名苻蓠，楚谓之莞蒲。"见《诗经·小雅·斯干》正义。《集韵·桓韵》："萖，蒲类。"

蒚 lì

蒚，夫蓠上也[①]。从艸，鬲声。力的切。

【译文】蒚，夫蓠草的茎薹。从艸，鬲声。

【注释】① 夫蓠上：上指茎薹，是蔬菜和草开花的茎部。徐锴《系传》："草木将生华，先抽茎台，今谓菜台是也。"

苢 yǐ

苢，芣苢[①]。一名马舄。其实如李，令人宜子。从艸，目声。《周书》所说[②]。羊止切。

【译文】苢，芣苢草，又叫马舄。（一说，）它的果实像李子，（食用它）叫人宜于生育子女。从艸，目声。这是《周书》上说的。

【注释】① 芣苢：车前草。《尔雅·释艸》："芣苢，马舄；马舄，车前。"郭注："今车前草，大叶，长穗，好生道边。""苢"也写作"苡"。②《周书》所说：《汲冢周书·王会解》："康人以桴苡，其实如李，食之宜子。"孔晁注："康，西戎别名也。"《山海经》："芣苡，木也。"《周书》所说的桴苡为木，此别一义，许君兼载之，以广异闻。

蕁 tán

蕁，芜藩也[①]。从艸，尋声。徒含切。

【译文】蕁，芜藩草。从艸，尋声。

【注释】① 芜（chén）藩：即知母。徐锴《系传》："《本草》即知母药也。形似昌蒲而柔润。叶至难死，掘出随生，须枯燥乃止，味苦寒。一名蝭母。"

蔜 jī

蔜，艹也。从艸，毄声。古历切。

【译文】蔜，蔜草。从艸，毄声。

蓲 qiū

蓲[①]，艹也。从艸，區声。去鸠切。

【译文】蓲，乌蓲草。从艸，區声。

【注释】① 蓲：《玉篇》："蓲，乌蓲也。"《广韵》："乌蓲，草名。"或以为是初生的芦苇，似非许君之意。

菌 gù

菌，艹也。从艸，固声。古慕切。

【译文】菌，菌草。从艸，固声。

芉 gàn

芉，艹也。从艸，干声。古案切。

【译文】芉，芉草。从艸，干声。

藷 zhū

藷，藷蔗也[①]。从艸，諸声。章鱼切。

【译文】藷，藷蔗。从艸，諸声。

【注释】① 藷蔗：叠韵联绵词，即甘蔗。《段注》："或作諸蔗，或都蔗。藷蔗二字叠韵也。或作竿蔗，或干蔗，象其形也。或作甘蔗，谓其味也。"藷、蔗上古属鱼部。

蔗 zhè

蔗，藷蔗也。从艸，庶声。之夜切。

【译文】蔗，藷蔗。从艸，庶声。

𧄍 䕘 níng

䕘，牂䕘，可以作縻绠[①]。从艸，𩏑声。女庚切。

【译文】䕘，牂䕘草，可用来作牛缰绳和汲水桶的绳索。从艸，䕘声。

【注释】① 縻：牛辔。绠：汲井绠。

𧄺 蕮 sì

蕮，艹也。从艸，赐声。斯义切。

【译文】蕮，蕮草。从艸，赐声。

𦬕 苹 zhōng

苹，艹也。从艸，中声。陟宫切。

【译文】苹，苹草。从艸，中声。

芺 芺 ǎo

芺[①]，艹也。味苦，江南食以下气。从艸，夭声。乌皓切。

【译文】芺，苦芺草。味道苦，江南一带食用它，用以使气畅通。从艸，夭声。

【注释】① 芺：徐锴《系传》："今苦芺也。"《尔雅·释艸》："钩，芺。"郭注："大如拇指，中空，茎头有台似蓟，初生可食。"《名医别录》："苦芺主柰疮。"

䕀 䕀 yòu

䕀[①]，艹也。从艸，䌛声。于救切。

【译文】䕀，䕀草。从艸，䌛声。

【注释】① 䕀：《玉篇》作蒏，说是草名。

莩 莩 fū

莩[①]，艹也。从艸，孚声。芳无切。

【译文】莩，莩草。从艸，孚声。

【注释】① 莩：朱骏声《通训定声》："字亦作苻，《尔雅·释艸》：'苻，鬼目。'"

蒖 蒖 yín

蒖，兔苽也[①]。从艸，寅声。翼真切。

【译文】蒖，兔苽。从艸，寅声。

【注释】① 兔苽：《尔雅·释艸》："蒖，菟瓜。"郭璞注："菟瓜似土瓜。"邢昺疏："土瓜者，即王瓜也。"

荓 荓 píng

荓，马帚也[①]。从艸，并声。薄经切。

【译文】荓，马扫帚草。从艸，并声。

【注释】① 马帚：《尔雅·释艸》："荓，马帚。"郭注："似蓍，可以为埽蒀。"《本草纲目·草部·蠡实》："蠡实……马蔺子、马帚、铁扫帚。时珍曰：……此即荔草，谓其可为马刷，故名。今河南北人呼为铁扫帚是矣。"

蕕 蕕 yóu

蕕[①]，水边艹也。从艸，猶声。以周切。

【译文】蕕，水边的草。从艸，猶声。

荌 荌 àn

荌，艹也。从艸，安声。乌旰切。

【译文】荌，荌草。从艸，安声。

綦 綦 qí

綦，（綦）月尔也[①]。从艸，綦声。渠之切。

【译文】綦，月尔草。从艸，綦声。

【注释】① 綦：徐灏《段注笺》："篆下綦字亦当删。"月尔：《尔雅·释艸》："綦，月尔。"郭注："即紫綦也，似蕨，可食。"

莃 莃 xī

莃，兔葵也[①]。从艸，稀省声[②]。香衣切。

【译文】莃，兔葵草。从艸，稀省禾声。

【注释】① 兔葵：即野葵。吴其濬《植物名实图考·蔬类·菟葵》："菟葵即野葵，此家葵瘦小耳，武昌谓之棋盘菜。”② 稀省声：当依徐锴《系传》作希声。

𦷾 蕄 méng

蕄，灌渝。从艸，梦声。读若萌。莫中切。

【译文】蕄，艹萌芽。从艸，梦声。音读像“萌”字。

𦼡 蕧 fú

蕧，盗庚也①。从艸，復声。房六切。

【译文】蕧，盗庚草。从艸，復声。

【注释】① 盗庚：即旋复花。《尔雅·释艸》：“蕧，盗庚。”郭注：“旋蕧，似菊。”

苓 苓 líng

苓①，卷耳也。从艸，令声。郎丁切。

【译文】苓，卷耳草。从艸，令声。

【注释】① 苓：卷耳（又名苍耳子）。《汉书·杨雄传》：“扬烨烨之芳苓。”

蘏 蘏 gòng

蘏，艹也。从艸，赣声。一曰，薏苢①。古送切。又，古禫切。

【译文】蘏，蘏草。从艸，赣声。又叫薏苢。

【注释】① 一曰，薏苢：桂馥《义证》：“《本草》：‘薏苡仁一名蘏。’”《广雅·释草》：“蘏，薏苡也。”

藑 藑 qióng

藑，茅，葍也。一名蕣①。从艸，敻声。渠营切。

【译文】藑，藑茅，是葍草。又叫蕣。从艸，敻声。

【注释】① 一名蕣：桂馥《义证》：“蕣当为舜。本书：‘舜，艹也。楚谓之葍，秦谓之藑。’”

葍 葍 fú

葍，葍也①。从艸，畐声。方六切。

【译文】葍，葍草。从艸，畐声。

【注释】① 葍：《尔雅·释艸》：“葍，葍。”郭注：“大叶白华，根如指，正白，可啖。”陆玑《诗义疏》：葍有两种，“一种茎叶细而香，一种茎赤有臭气。”

苗 苖 chù

苖，蓨也①。从艸，由声。徒历切。又，他六切。

【译文】苖，蓨菜。从艸，由声。

【注释】① 蓨：羊蹄草，根可入药。苖与从艸、田声的苗声义迥别。

蓨 蓨 tiāo

蓨，苖也①。从艸，脩声。徒聊切。又，汤雕切。

【译文】蓨，苖菜。从艸，脩声。

【注释】① 苖：又名蓨草、羊蹄草。《尔雅·释艸》：“苖，蓨。”

薁 薁 yù

薁，婴薁也①。从艸，奥声。于六切。

【译文】薁，婴薁。从艸，奥声。

【注释】① 婴薁：野葡萄。《本草纲目·果部·蘡薁》：“时珍曰：蘡薁野生林墅间，亦可插植。蔓、叶、花、实，与葡萄无异。其实小而圆，色不甚紫也。《诗》云：‘六月食薁。’即此。”

葴 葴 zhēn

葴，马蓝也①。从艸，咸声。职深切。

【译文】葴，马蓝。从艸，咸声。

【注释】① 马蓝：多年生草本。叶对生，花淡紫色。叶可制蓝靛，叶和根供药用。

蓾 蓾 lǔ

蓾，艹也。可以束。从艸，鲁声。郎古切。

【译文】蓾，蓾草，可用来缠束。从艸，鲁声。

蒯 kuǎi

蒯，艸也。从艸，㕟声。苦怪切。

【译文】蒯，蒯草。从艸，㕟声。

蔞 lú

蔞[①]，艸也。可以亨鱼[②]。从艸，婁声。力朱切。

【译文】蔞，蒌蒿香草。可用来烹煮鲜鱼，（以除腥气。）从艸，婁声。

【注释】① 蔞：即蒌蒿。《尔雅·释艸》："購，蔏蒌。"郭注："蔏（shāng）蒌，蒌蒿也。生下田，初出可啖。江东用羹鱼（烹鱼作羹）。"② 亨：古烹字。

䒵 yuān

䒵，棘䒵也[①]。从艸，冤声。于元切。

【译文】䒵，棘䒵草。从艸，冤声。

【注释】① 棘䒵：《尔雅·释艸》："葽绕，棘䒵。"郭璞注："今远志也。似麻黄，赤华。叶锐而黄，其上谓之小草。"按："其上"指叶。

藟 lěi

藟[①]，艸也。从艸，畾声。《诗》曰："莫莫葛藟[②]。"一曰：秬鬯也[③]。力轨切。

【译文】藟，藟草。从艸，畾声。《诗经》说："十分茂密啊葛草和藟草。"另一义说：藟是秬鬯酒。

【注释】① 藟：葛类植物。②《诗》：指《诗经·大雅·旱麓》。莫莫：茂盛的样子。③ 秬（jù）鬯（chàng）：秬是黑黍，鬯是郁金草。秬鬯，是古代祭祀、宴饮用的香酒。按：藟无秬鬯的意思。秬鬯是巨荒之误。桂氏曰："刘向《九叹》王逸注：葛藟，巨荒也。《齐民要术》引《诗义疏》：藟，巨荒也。《周易·困卦》释文引《诗疏》：藟，一名巨荒。《诗经·周南·樛木》正义引《诗疏》讹为巨苽。"王筠、朱士瑞皆主此说。

茈 zǐ

茈，茈艸也[①]。从艸，此声。将此切。

【译文】茈，茈莀草。从艸，此声。

【注释】① 茈艹：《尔雅·释艸》："藐，茈草。"郭注："可以染紫。一名茈莀。"

藐 mò

藐[①]，茈艹也。从艸，貌声。莫觉切。

【译文】藐，茈草。从艸，貌声。

【注释】① 藐：《尔雅·释艸》作藐。钮树玉《说文校录》："貌即貌之古文。"

茜 qiàn

茜，茅搜也[①]。从艸，西声。仓见切。

【译文】茜，茅搜草。从艸，西声。

【注释】①《尔雅·释艸》："茹芦，茅搜。"郭璞注："今之蒨（qiàn）也，可以染绛。"《释文》："蒨，本或作茜。"

苞 bāo

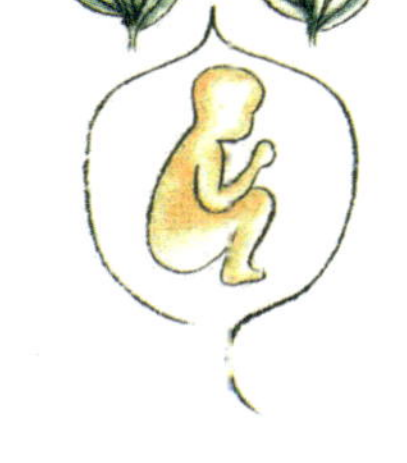

苞[①]，艸也。南阳以为麤履[②]。从艸，包声。布交切。

【译文】苞，藨草。南阳一带用来编织草鞋。从艸，包声。

【注释】① 苞：即藨草。见《子虚赋》张揖注。藨草多从生水边，全株可造纸和编席。② 麤（cū）履：草鞋。

艾 ài

艾[①]，冰台也。从艸，乂声。五盖切。

【译文】艾，冰台草。从艸，乂声。

【注释】① 艾：《尔雅·释艸》郭璞注："今艾蒿。"《本草图经》："艾，初春布地，生苗，茎类蒿而叶背白。以苗短者为佳。采叶暴干，经陈久方可用。"

《说文解字》这本书

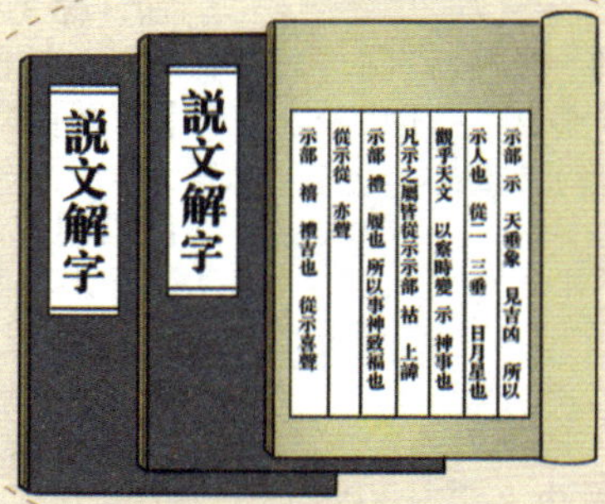

1 正文以小篆为主，收9353字，又古文、籀文等异体同文1163字，解释13万余字。

2 所收文字包括篆文（即小篆）、古文壁中书、籀文（大篆）、或体、俗体等。

3 首创部首编排法，为后世字书所沿用。

4 “文”指整体象形表意字，“字”指结体有表形表声的合体字，故许慎以“说文解字”为书名。

5 系统阐述了汉字的造字规律——六书。

6 成书于100–121年，历时21年。

7 中国第一部系统分析汉字字形和考究字源的字书。

8 许慎根据文字的形体，创立540个部首，540部又据形系联归并为14大类。正文按14大类分为14篇，卷末叙目别为一篇，全书共有15篇。

《说文解字》是后人阅读古籍，探讨古代文化，研究古文必不可少的桥梁和钥匙。《说文解字》问世后，引起当时学者的重视，他们在注释经典时常引证《说文解字》。南北朝时期，学者对《说文解字》有了比较完整、系统的认识。唐代科举考试规定要考《说文解字》。自唐代以后，一切字书、韵书及注释书中的字义训诂都依据《说文解字》。

《说文解字》的产生标志着中国文字学的正式创立。

芸 yún

芸[①]，艸也。似目宿[②]。从艸，云声。《淮南子》说：芸艸可以死复生[③]。王分切。

【译文】芸，芸香草。像目宿草。从艸，云声。《淮南子》说：芸草可以死而再生。

【注释】① 芸：又名芸香，花叶茎有强烈刺激气味，古人用来驱除虫蠹（蛀虫）。沈括《梦溪笔谈》卷三："芸，香草也，今人谓之七里香者是也。叶类豌豆，作小丛生。其叶极芬香，秋后叶间微白如粉汙，辟蠹殊验。南人采置席下，能去蚤虱。"② 目宿：又作苜蓿、牧宿。豆科植物，可作牧草和绿肥。③ 可以死复生：王绍兰《段注订补》："《通艺录·释芸》：余乃莳一本于盆盎中，霜降后枝叶枯烂。越两月，日短至矣，宿根果茁其芽，丛生三五枝。"可见芸草可以"死而复生"。

芡 qiàn

芡，鸡头也[①]。从艸，欠声。巨险切。

【译文】芡，鸡头。从艸，欠声。

【注释】① 鸡头：芡的别名。《方言》卷三："葰、芡，鸡头也。北燕谓之葰，青、徐、淮、泗之间谓之芡，南楚、江、湘之间谓之鸡头，或谓之雁头，或谓之乌头。"

茄 jiā

茄，芙蕖茎也。从艸，加声。古牙切。

【译文】茄，芙蕖的茎。从艸，加声。

荷 hé

荷，芙蕖叶[①]。从艸，何声。胡哥切。

【译文】荷，芙蕖的叶。从艸，何声。

【注释】① 芙蕖叶：是荷的本义。引申指茎叶花实根全体。《尔雅·释艸》："荷，芙蕖。"郭注："别名芙蓉，江东呼荷。"

蔚 wèi

蔚[①]，牡蒿也。从艸，尉声。于胃切。

【译文】蔚，雄蒿。从艸，尉声。

【注释】① 蔚：《尔雅·释艸》："蔚，牡菣。"郭注："无子者。"菣是香蒿，牡菣即是牡蒿。

芍 xiào

芍，凫茈也[①]。从艸，勺声。胡了切。

【译文】芍，凫茈草。从艸，勺声。

【注释】① 凫茈：荸荠。《段注》："今人谓之葧脐，即凫茈之转语。"《尔雅·释艸》："芍，凫茈。"郭注："生下田，苗似龙须而细，根如指头，黑色，可食。"

葛 gé

葛，絺绤艸也[①]。从艸，曷声。古达切。

【译文】葛，编织细葛布和粗葛布的草。从艸，曷声。

【注释】① 絺绤艸：桂馥《义证》："本书：'絺，细葛也。''绤，粗葛也。'《诗》：'披采葛兮。'传云：'葛，所以为絺绤也。'"

蔓 màn

蔓，葛属[①]。从艸，曼声。无贩切。

【译文】蔓，像葛草一类的藤生植物。从艸，曼声。

【注释】① 葛属：朱骏声《通训定声》："许云葛属者，谓如葛之类引藤曼长者，凡皆谓之蔓也。"

蒋 jiāng/jiǎng

蒋，苽蒋也[①]。从艸，将声。子良切。又，即两切。

【译文】蒋，茭笋。从艸，将声。

【注释】① 苽蒋：苽，茭笋。也作菰。一名蒋。《广雅·释草》："菰，蒋；其米谓之雕胡。"苽蒋，复合词。《庄子·则阳》司马注："谓逆旅舍以菰蒋草覆之也。"徐锴《系传》："青谓之苽蒋。"皆其例。

菌 jùn

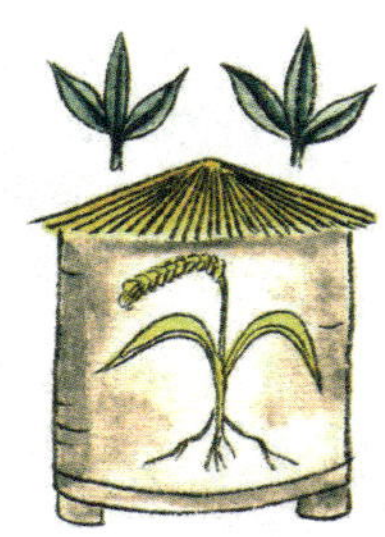

菌，地蕈也[①]。从艸，囷声。渠殒切。

【译文】菌，地蕈。从艸，囷声。

【注释】① 地蕈（xùn）：伞状植物。《尔雅·释艸》郭注："地蕈也，似盖。今江东名为土菌。"王筠《句读》："言地者，对蕈生于木而言。"

萸 yú

萸，茱萸也[①]。从艸，臾声。羊朱切。

【译文】萸，茱萸。从艸，臾声。

【注释】① 茱萸：椒类植物。有吴茱萸、食茱萸、山茱萸。《本草图经》："吴茱萸，木高丈余，皮青绿色，叶似椿而阔厚，紫色。三月开花，红紫色。七月八月结实。"食茱萸、山茱萸，功用与吴茱萸同。《风土记》："俗尚九月九日谓为上九，茱萸到此日气烈熟，色赤，可折其房以插头，云辟恶气，御初寒。"朱骏声《通训定声》："茱萸亦叠韵连语，后人加艹耳。"

茱 zhū

茱，茱萸，茮属[①]。从艸，朱声。市朱切。

【译文】茱，茱萸，花椒一类植物。从艸，朱声。

【注释】① 茮（jiāo）属：桂馥《义证》引《嘉祐图经》云："茱萸结实似椒子，嫩时微黄，至成熟则深紫。"

荆 jīng

荆，楚[①]。木也[②]。从艸，刑声。举卿切。

【译文】荆，又叫楚。是一种灌木。从艸，刑声。

【注释】① 楚：王筠《句读》："谓荆一名楚也。"② 木：王筠《句读》："以字从艸，故云木。盖此物不大，故从艸。好丛生，故楚从木。"

芽 yá

芽[①]，萌芽也[②]。从艸，牙声。五加切。

【译文】芽，草木的芽儿。从艸，牙声。

【注释】① 芽：草木新生的芽。《广雅·释草》："芽，孽也。"《段注》："古多以牙为芽。"芽，是后起增偏旁体。② 萌芽：同义复合。萌，即芽。

萌 méng

萌，艹芽也[①]。从艸，明声。武庚切。

【译文】萌，草木的芽。从艸，明声。

【注释】① 芽：《段注》作"草木芽。"《礼记·月令》："句者毕出，萌芽尽达。"郑玄注："句，屈生者。芒而直曰萌。"可见，萌是指直出的芽。

茁 zhuó

茁，艹初生出地皃。从艸，出声[①]。《诗》曰[②]："彼茁者葭。"邹滑切。

【译文】茁，草木初生长出地面的样子。从艸，出声。《诗经》说："那刚刚长出地面的东西是芦苇。"

【注释】① 从艸，出声：王筠《句读》："茁从出声，声意互相备也。"②《诗》：指《诗经·召南·驺虞》。

茎 jīng

茎，枝柱也[①]。从艸，巠声。户耕切[②]。

【译文】茎，（草木）众枝之主。从艸，巠声。

【注释】① 枝柱：即枝主，众枝之主干。② 户耕切。当读 xíng，今读 jīng。

葩 pā

葩，华也[①]。从艸，皅声。普巴切。

【译文】葩，草木的花。从艸，皅声。

【注释】① 华：《段注》："葩之训华者，艹木花也。"

英 yīng

英，艹荣而不实者[①]。一曰：黄英[②]。从艸，央声。于京切。

【译文】英，草只开花却不结实叫作英。另一义说，英是指黄英木。从艸，央声。

【注释】① 荣而不实：《尔雅·释艸》："木谓之华，草谓之荣。不荣而实者谓之秀，荣而不实者谓之英。"② 黄英：《尔雅·释木》："权，黄英。"权，黄华木也。

薾 ěr

薾，华盛。从艸，爾声。《诗》曰[①]："彼薾惟何？"儿氏切。

【译文】薾，花儿茂盛。从艸，爾声。《诗经》说："那开得十分旺盛的是什么花啊？"

【注释】①《诗》：指《诗经·小雅·采薇》。今本作"爾"。《段注》："薾与爾音义同。"

萋 qī

萋，艸盛。从艸，妻声。《诗》曰[①]："菶菶萋萋。"七稽切。

【译文】萋，草茂盛。从艸，妻声。《诗经》说："（梧桐树生出来了，在那东边向阳的地方，）菶菶萋萋，（十分茂盛）。"

【注释】①《诗》：指《诗经·大雅·卷阿》。今本原文是："梧桐生矣，于彼朝阳，菶菶萋萋。"按：许谓"萋，艸盛"是其本义，引申之，泛指茂盛。

菶 běng

菶，艸盛。从艸，奉声。补蠓切。

【译文】菶，草茂盛。从艸，奉声。

薿 nǐ

薿，茂也。从艸，疑声。《诗》曰[①]："黍稷薿薿。"鱼已切。

【译文】薿，茂盛。从艸，疑声。《诗经》说："那黍米和稷米，多么茂盛。"

【注释】①《诗》：指《诗经·小雅·甫田》。

蕤 ruí

蕤，艸木华垂皃。从艸，甤声。儒隹切。

【译文】蕤，草木的花下垂的样子。从艸，甤声。

芒 máng

芒，艸端[①]。从艸，亡声。武方切。

【译文】芒，草末端（的芒刺）。从艸，亡声。

【注释】① 艸端（duān）：即草端，指草端之刺。麦子和稻谷种子壳上都有细刺，所以叫芒种。

芃 péng

芃，艸盛也[①]。从艸，凡声。《诗》曰[②]："芃芃黍苗。"房戎切。

【译文】芃，草繁盛。从艸，凡声。《诗经》说："黍苗多么茂盛啊。"

【注释】① 艸盛：《诗经·鄘风·载驰》："芃芃其麦。"毛传："芃芃然方盛长。"②《诗》：指《诗经·曹风·下泉》。

茂 mào

茂[①]，艸丰盛。从艸，戊声。莫候切。

【译文】茂，草丰盛。从艸，戊声。

【注释】① 茂：草木茂盛。《诗经·小雅·斯干》："如竹苞矣，如松茂矣。"

芮 ruì

芮，芮芮[①]，艸生皃。从艸，内声。读若汭。而锐切。

【译文】芮，芮芮，草初生时的样子。从艸，内声。音读像"汭"字。

【注释】① 芮芮：《段注》："（芮芮）柔细之状。"桂馥《义证》："谓艸初生芮芮然小也。"

茬 chí

茬，艸皃[①]。从艸，在声。济北有茬平县[②]。仕甾切。

【译文】茬，草（茂盛）的样子。从艸，在

声。济北有茬平县。

【注释】① 艹皃：《字林》："茬，草亦盛也。"② 茬平县：即今山东省茬平县。

萃 cuì

萃，艹［聚］皃[①]。从艸，卒声。读若瘁。秦醉切。

【译文】萃，草（聚集）的样子。从艸，卒声。音读像"瘁"字。

【注释】① 艹皃：当依朱骏声《通训定声》："训为艹聚皃。"

苛 kē

苛，小艹也[①]。从艸，可声。乎哥切。

【译文】苛，小草。从艸，可声。

【注释】① 小艹：徐灏《段注笺》："苛者，小艹丛杂之义，引申为细碎之称。弊政谓之苛，言其琐屑烦扰也。"

苗 miáo

苗，艹生于田者[①]。从艸，从田。武镳切。

【译文】苗，生长在田里的禾。由艸、由田会意。

【注释】① 艹生于田者：谓嘉谷。与杂草生于山野者有别。《诗经·魏风·硕鼠》："无食我苗。"毛传云："苗，嘉谷也。"程瑶田《九谷考》："始生曰苗，成熟曰禾，禾实曰粟。"《段注》："苗本禾未秀（开花吐穗）之名，因以为凡艹木初生之名。"

荒 huāng

荒，芜也。从艸，巟声。一曰：艹淹地也[①]。呼光切。

【译文】荒，荒芜。从艸，巟声。一说：杂草掩覆田地叫荒。

【注释】① 艹淹地：《段注》本淹作"掩"。掩覆的意思。艹掩地与荒芜，一义之引申。

落 luò

落，凡艹曰零[①]，木曰落。从艸，洛声。卢各切。

【译文】大凡草叶凋衰叫零，树叶脱落叫落。从艸，洛声。

【注释】① 艹曰零：零、落双声，对文有分，散文无别。

蔽 bì

蔽，蔽蔽，小艹也[①]。从艸，敝声。必袂切。

【译文】蔽，蔽蔽，小草的样子。从艸，敝声。

【注释】① 也：《段注》："也当作皃。《召南》'蔽芾（fèi）甘棠'，毛云：'蔽芾，小皃。'此小艹皃之引申也。"

蔡 cài

蔡，艹也[①]。从艸，祭声。苍大切。

【译文】蔡，蔡草。从艸，祭声。

【注释】① 艹：丰，蔡艹也。蔡艹连文；《玉篇》云："蔡，艹芥也。"以草芥训蔡。均可证。

茷 fá

茷，艹叶多。从艸，伐声。《春秋传》曰："晋粜茷。"符发切。

【译文】茷，草叶繁多。从艸，伐声。《春秋左传》说："晋（侯派遣）粜茷（到楚国去）。"

菜 cài

菜[①]，艹之可食者。从艸，采声。苍代切。

【译文】菜，可供食用的草。从艸，采声。

【注释】① 菜：《荀子·富国》："古禹十年水，汤七年旱，而天下无菜色者。"

薄 bó

薄，林薄也①。一曰：蚕薄②。从艸，溥声。旁各切。

【译文】薄，草木密集丛生。另一义说，薄是蚕帘。从艸，溥声。

【注释】①林薄：《段注》："林木相迫不可入曰薄。引申凡相迫皆曰薄。"②蚕薄：蚕帘，养蚕用具，用苇、竹编成。后作"箔"。《方言》卷五："薄，宋魏陈楚江淮之间谓之苗（qū），或谓之麯，自关而西谓之薄。"

苑 yuàn

苑，所以养禽兽也①。从艸，夗声。于阮切。

【译文】苑，用来养禽兽的地方。从艸，夗声。

【注释】①所以养禽兽：《段注》："《周礼·地官·囿人》注：'囿，今之苑。'是古谓之囿，汉谓之苑。"

芳 fāng

芳，香艹也①。从艸，方声。敷方切。

【译文】芳，草的香气。从艸，方声。

【注释】①香艹：《段注》："当作艹香。"

藥 yào

藥①，治病艹。从艸，樂声。以勺切。

【译文】藥，治病的草。从艸，樂声。

【注释】①藥：《吕氏春秋·孟夏》："是月也，聚蓄百药。"高诱注："是月阳气极，药草成，故聚积之也。"

藉 jiè

藉，祭藉也①。一曰，艹不编，狼藉。从艸，耤声。慈夜切。又，秦昔切。

【译文】藉，祭祀时垫在地上的东西。另一义说，草没有编结好，（又杂乱又繁多，）叫狼藉。从艸，耤声。

【注释】①祭藉：朱骏声《通训定声》："藉之为言席也。"

芟 shān

芟，刈艹也①。从艸，从殳②。所衔切。

【译文】芟，割草。由艸、由殳会意。

【注释】①刈艹：《诗经·周颂·载芟》之《毛传》："除草曰芟。"②从艸，从殳：《段注》："此会意。殳取杀意也。"

荐 jiàn

荐，薦席也①。从艸，存声。在甸切。

【译文】荐，草席。从艸，存声。

【注释】①薦席：《段注》："薦见廌部，艹也。不云艹席，云薦席者，取音近也。"

茨 cí

茨，以茅苇盖屋。从艸，次声①。疾兹切。

【译文】茨，用茅苇盖屋。从艸，次声。

【注释】①从艸，次声：《释名·释宫室》："屋以草盖曰茨。茨，次也；次比（依次排比）草为之也。"声中兼义。

葺 qì

葺，茨也。从艸，咠声。七入切。

【译文】葺，用茅苇盖屋。从艸，咠声。

若 ruò

若，择菜也。从艸右；右，手也。一曰：杜若，香艹①。而灼切。

【译文】若，择菜。由艸、右会意；右表示手。另一义说：若是杜若，一种香草。

【注释】①杜若，香草：《段注》："此别一义。"徐锴《系传》引《本草》："杜若，苗似薑，根似旋覆也。"

莜 yóu

莜，艹田器①。从艸，條省声②。《论语》曰③："以杖荷莜。"今作蓧。徒吊切。

【译文】莜，草编田间用器。从艸，倏省木声。《论语》说："用手杖挑着莜这种草编的田间用器。"

【注释】① 艹田器：王筠《句读》："田间之器，率以苘（麻类）稭为之，故曰艹。" ② 倏省声：桂馥《义证》："当为攸声。"《段注》同。③《论语》：指《微子篇》。

茵 yīn

茵，车重席[①]。从艸，因声。于真切。

【译文】茵，车中加垫的褥席。从艸，因声。

【注释】① 重（zhòng）：加上，增益。

茹 rú

茹[①]，飤马也。从艸，如声。人庶切。

【译文】茹，喂马。从艸，如声。

【注释】① 茹：《孟子·尽心下》："舜之饭糗茹草也，若将终身焉。"《玉篇》："茹，饭牛也。"

萎 wěi

萎[①]，食牛也。从艸，委声。于伪切。

【译文】萎，喂牛。从艸，委声。

【注释】① 萎：徐灏《段注笺》："餧牛马以干刍，因之艹木枯谓之萎。"

蒸 zhēng

蒸[①]，折［析］麻中干也[②]。从艸，烝声。煮仍切。

【译文】蒸，析去麻皮的中干。从艸，烝声。

【注释】① 蒸：麻秆儿（麻骨，麻秸）。② 折：当依《广韵》十六蒸引作"析"。析麻中干：剥取麻皮后的中干，古代叫作蒸，后来叫作麻秆。

蕉 jiāo

蕉，生枲也[①]。从艸，焦声。即消切。

【译文】蕉，未经沤治的生麻。从艸，焦声。

【注释】① 生枲：《段注》："枲，麻也。生枲谓未沤治者。今俗以此为芭蕉字。"

卉 huì

卉，艹之总名也。从艸屮[①]。许伟切[②]。

【译文】卉，草的总称。从艸屮会意。

【注释】① 从艸屮：章太炎《文始》说："此字但从三屮。" ② 拼音依《广韵》许贵切。

蒜 suàn

蒜，荤菜。从艸，祘声。苏贯切。

【译文】蒜，辛荤的菜，从艸，祘声。

芥 jiè

芥[①]，菜也。从艸，介声。古拜切。

【译文】芥，芥菜。从艸，介声。

【注释】① 芥：芥本菜名，又借为草芥、纤芥字。

莎 suō

莎，镐侯也[①]。从艸，沙声。苏禾切。

【译文】莎，镐侯草。从艸，沙声。

【注释】① 镐侯：双声连语，莎的别名。即香附子。《尔雅·释艸》："薃侯，莎。其实媞。"薃镐同字。

菲 fěi

菲[①]，芴也。从艸，非声。芳尾切。

【译文】菲，又名芴。从艸，非声。

【注释】① 菲：菜名。徐灏《段注笺》："陆玑云：'菲似葍，茎麤，叶厚而长，有毛。幽州人谓之芴，《尔雅》谓之葸菜，今河内人谓之宿菜。'"

芴 wù

芴，菲也。从艸，勿声。文弗切。

【译文】芴，又名菲。从艸，勿声。

蘸 hàn

蘸，艹也。从艸，鸛声。呼旰切。

【译文】蘸，蘸草。从艸，鸛声。

萑 huán

萑，薍也[1]。从艸，萑声。胡官切。

【译文】萑，初生的荻。从艸，萑声。

【注释】① 薍（wàn）：即荻。朱骏声《通训定声》："薍即菼也，鵻也，薍也。今所谓荻。其未秀曰蒹。此细小而实中者，与葭苇之中空高大今谓之芦者别。经传皆以萑（huán，从隹从丫）鸱字为之，又误作从艸之萑（zhuī）。"

葦 wěi

葦，大葭也[1]。从艸，韋声。于鬼切。

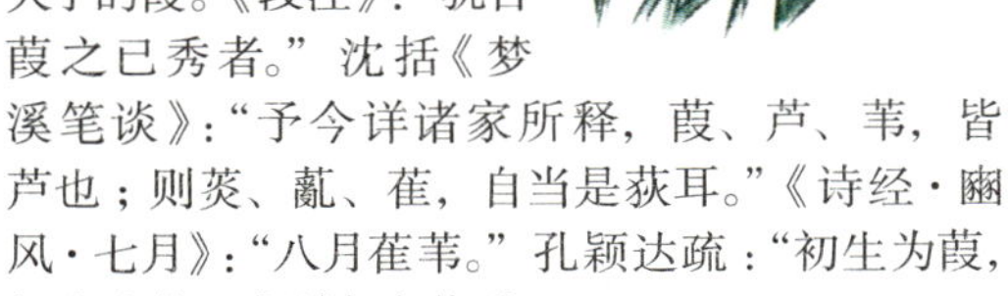

【译文】葦，长大了的葭。从艸，韋声。

【注释】① 大葭：长大了的葭。《段注》："犹言葭之已秀者。"沈括《梦溪笔谈》："予今详诸家所释，葭、芦、苇，皆芦也；则菼、薍、萑，自当是荻耳。"《诗经·豳风·七月》："八月萑苇。"孔颖达疏："初生为葭，长大为芦，成则名为苇。"

葭 jiā

葭，苇之未秀者。从艸，叚声。古牙切。

【译文】葭，没有抽穗的（初生的）芦苇。从艸，叚声。

莱 lái

莱，蔓华也[1]。从艸，來声。洛哀切。

【译文】莱，又名蔓华。从艸，來声。

【注释】① 蔓华：莱的别名。《尔雅·释艸》："厘，蔓华。"厘是莱的假借字。郭璞注："一名蒙华。"蒙蔓一声之转。《诗经·小雅·南山有台》疏引陆玑云："莱，草名。其叶可食。今兖州人烝以为茹，谓之莱烝。"

荔 lì

荔[1]，艹也。似蒲而小，根可作㕞。从艸，劦声。郎计切。

【译文】荔，荔草。像蒲草却比蒲草小，根可以作刷子。从艸，劦声。

【注释】① 荔：即马兰。桂馥《义证》："程瑶田曰：'余居丰润，二三月间，见草似幽兰，丛生，长者二尺许，开花，藕褐色，亦略似兰，土人呼为马莲，亦呼为马兰，其为《月令》之荔也。形与䪥（xiè）相类，又有马䪥之名。'"又曰："荔根可作㕞，今北方束其根以㕞锅。"

蒙 méng

蒙[1]，王女也[2]。从艸，冡声。莫红切。

【译文】蒙，大的女萝草。从艸，冡声。

【注释】① 蒙：蒙菜。《尔雅·释艸》："蒙，即唐也。女萝别名。"② 王女：大女萝。朱骏声《通训定声》："钱辛楣师曰：'女萝之大者名王女，犹王彗、王刍也。'按凡物之大者或称王，或称马牛。"

藻 zǎo

藻，水艹也[1]。从艸，从水，巢声。《诗》曰[2]："于以采藻？"子皓切。

【译文】藻，水藻草。由艸，由水会意，巢声。《诗经》说："到什么地方去采水藻草？"

【注释】① 水艹：陆玑《诗义疏》："藻，水草也。有二种：其一种叶如鸡苏（草名，水苏），茎大如箸，长四五尺；其一种茎大如钗股，叶如蓬蒿，谓之聚藻。"②《诗》：指《诗经·召南·采苹》。

范 fàn

范，艹也。从艸，氾声。房叐切。

【译文】范，范草。从艸，氾声。

蔷 sè

蔷，蔷虞[1]，蓼。从艸，啬声。所力切。

【译文】蔷，蔷虞，即辣蓼。从艸，啬声。

【注释】①蔷虞：即蓼。《段注》："蓼下云，蔷虞也。故此云蔷虞，蓼也。"后世用为蔷（qiáng）薇字。

苕 tiáo

苕①，艹也。从艸，召声。徒聊切。

【译文】苕，陵苕草。从艸，召声。

【注释】①苕：即凌霄。《尔雅·释艸》："苕，陵苕。"徐灏《段注笺》："《本草》：'紫葳，一名陵苕。'唐本注：'即凌霄也。'"

荼 tú

荼，苦荼也①。从艸，余声。同都切。

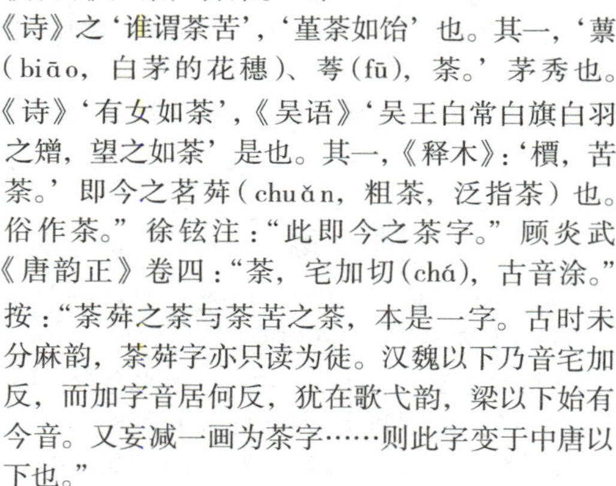

【译文】荼，苦荼。从艸，余声。

【注释】①苦荼：即茶。徐灏《段注笺》："《尔雅》荼有三物。其一，《释艸》：'荼，苦菜。'即《诗》之'谁谓荼苦'，'堇荼如饴'也。其一，'蔈（biāo，白茅的花穗）、荂（fū），荼。'茅秀也。《诗》'有女如荼'，《吴语》'吴王白常白旗白羽之矰，望之如荼'是也。其一，《释木》：'槚，苦荼。'即今之茗荈（chuǎn，粗茶，泛指茶）也。俗作茶。"徐铉注："此即今之茶字。"顾炎武《唐韵正》卷四："荼，宅加切（chá），古音涂。"按："荼荈之荼与荼苦之荼，本是一字。古时未分麻韵，荼荈字亦只读为徒。汉魏以下乃音宅加反，而加字音居何反，犹在歌弋韵，梁以下始有今音。又妄减一画为茶字……则此字变于中唐以下也。"

蒿 hāo

蒿①，菣也②。从艸，高声。呼毛切。

【译文】蒿，青蒿。从艸，高声。

【注释】①蒿：蒿子。《诗经·小雅·鹿鸣》："呦呦鹿鸣，食野之蒿。"②菣（qìn）：青蒿。又叫香蒿。《尔雅·释艸》郭注："今人呼青蒿香中炙啖者为菣。"王筠《句读》："汝南呼青蒿为菣。见陆玑《诗义疏》。此亦许君之乡语也。"

蓬 péng

蓬，蒿也。从艸，逢声。薄红切。

【译文】蓬，蓬蒿草。从艸，逢声。

藜 lí

藜①，艹也。从艸，黎声。郎奚切。

【译文】藜，藜蒿。从艸，黎声。

【注释】①藜：藜蒿。王筠《句读》："藜即莱也。"

茸 róng

茸，艹茸茸皃①。从艸，聰省声②。而容切。

【译文】茸，草初生的样子。从艸，聰省悤声。

【注释】①艹茸茸皃：王筠《句读》："《玉篇》：'艹生也。'《广韵》：'艹生儿。'盖艹初生之状谓之茸。"②聰省声：《段注》改为耳声。

葆 bǎo

葆，艹盛皃。从艸，保声。博裦切。

【译文】葆，草茂盛的样子。从艸，保声。

蕃 fān

蕃，艹茂也。从艸，番声。甫烦切。

【译文】蕃，草繁茂。从艸，番声。

草 zào

草，草斗，栎实也。一曰：象斗子。从艸，早声。自保切。

【译文】草，黑色的壳斗包裹着的籽实，柞栎的籽实。又叫样斗子。从艸，早声。

蓄 xù

蓄，积也。从艸[①]，畜声。丑六切。

【译文】蓄，积聚。从艸，畜声。

【注释】①从艸：徐锴《系传》："蓄谷、米、刍、茭、蔬菜以为备也。"所以其字从艸。

萅 chūn

萅，推也[①]。从艸，从日，艹春时生也；屯声。昌纯切。

【译文】春，推出（万物）。由艸、由日会意，表示春日和暖，草木发生；屯声。

【注释】①推：推出。

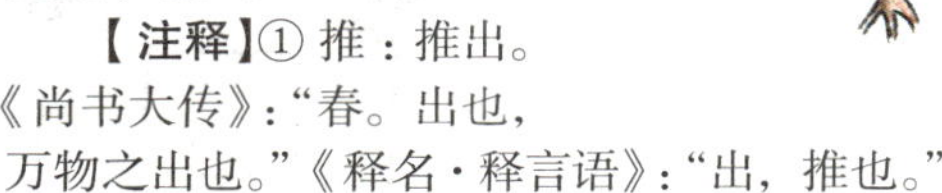

《尚书大传》："春。出也，万物之出也。"《释名·释言语》："出，推也。"

菿 dào

菿[①]，艹木倒。从艸，到声。都盗切。

【译文】菿，草木倒生。从艸，到声。

【注释】①菿：姚文田、严可均《校议》："菿前有'蔹，艹大也。'当作此菿字。"

芙 fú

芙，芙蓉也[①]。从艸，夫声。方无切。

【译文】芙，芙蓉，即莲花。从艸，夫声。

【注释】①芙蓉：即莲花。已经开的叫芙蓉，未开的叫菡萏。《楚辞·招魂》："芙蓉始发，杂芰荷些。"《文选·公宴诗》："芙蓉散其花，菡萏溢金堂。"

蓐部

蓐 rù

蓐，陈艹复生也。从艸，辱声。一曰：蔟也。凡蓐之属皆从蓐。而蜀切。

【译文】蓐，（隔年的）陈根草再发生。从艸，辱声。另一义说，蓐是让蚕虫爬行作茧的蓐席。大凡蓐的部属都从蓐。

薅 hāo

薅，拔去田艹也。从蓐，好省声。《诗》曰："既茠荼蓼。"呼毛切。

【译文】薅，拔去田间的草。从蓐，好省子为声。《诗经》说："用来拔去陆地的秽草和水中的秽草。"

茻部

茻 mǎng

茻，众艹也。从四屮。凡茻之属皆从茻。读与冈同。模朗切。

【译文】茻，众多的草。从四屮。大凡茻的部属都从茻。读音与"冈"字相同。

莫 mò

莫，日且冥也[①]。从日在茻中。莫故切。又，慕各切。

【译文】莫，太阳将要没落。由"日"在"茻"中会意。

【注释】①且冥：且，将。冥，指落下。

莽 mǎng

莽，南昌谓犬善逐菟艹中为莽。从犬，从茻，茻亦声。谋朗切。

【译文】莽，南昌说狗善于在草茻之中追逐兔兽叫莽。由犬、由茻含意，茻也表声。

葬 zàng

葬，藏也。从死在茻中[①]；一其中，所以荐之。《易》曰[②]："古之葬者，厚衣之以薪。"则浪切。

【译文】葬，（将尸体掩埋）收藏。由"死"（即"尸"）字在"茻"字中构成，那个中间还有一横，表示用来垫着尸体的草席。《易经》说："古代掩埋尸体，用草木厚厚地包裹着死者。"

【注释】①死：指死字。②《易》：指《系辞》。

小部

小 xiǎo

小，物之微也。从八，丨见而分之。凡小之属皆从小。私兆切。

【译文】小，细微的物体。从八（表示分别），小物出现了，就分解它。大凡小的部属都从小。

少 shǎo

少，不多也[①]。从小，丿声[②]。书沼切。

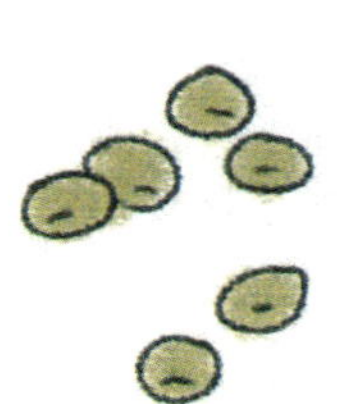

【译文】少，不多。从小，丿声。

【注释】①不多：《段注》：“不多则小，故古少、小互训通用。”②从小，丿声：徐锴《系传》：“丿音夭。”

八部

八 bā

八，别也。象分别相背之形[①]。凡八之属皆从八。博拔切。

【译文】八，分别。像分别相背离的形状。大凡八的部属都从八。

【注释】①象分别句：王筠《释例》：“此象人意中之形，非象人目中之形也。凡非物而说解云象形者皆然。”

分 fēn

分，别也。从八；从刀，刀以分别物也。甫文切。

【译文】分，分别。从八（表示分别）；从刀，刀是用来分别物体的。

曾 céng

曾，词之舒也。从八[①]，从曰，𡆵声[②]。昨棱切。

【译文】曾，虚词中表示舒缓语气的助词。由八、由曰会意，𡆵声。

【注释】①从八：《段注》：“亦象气之分散。”②𡆵声：𡆵，古文囱字。朱骏声《通训定声》：“按窗曾一声之转。此以双声得声。”

尚 shàng

尚，曾也[①]；庶几也[②]。从八，向声。时亮切。

【译文】尚，增加，希冀。从八，向声。

【注释】①曾：徐灏《段注笺》：“尚之言上也，加也。曾犹重也，亦加也。故训为曾。”②庶几：徐灏《段注笺》：“冀及之词。”

詹 zhān

詹，多言也。从言，从八[①]，从厃[②]。职廉切。

【译文】詹，话多。由言、由八、由厃会意。

【注释】①从八：徐铉：“八，分也。多故可分也。”②从厃：《段注》：“此当作厃声。……厃与檐同字同音。”存参。

介 jiè

介，画也。从八[①]，从人；人各有介[②]。古拜切。

【译文】介，界线。由八、由人会意，表示人各自守自己的界限。

【注释】①从八：八表示分别相间。②介：即界。古今字。

公 gōng

公，平分也。从八，从厶[①]。八犹背也。韩非曰[②]：“背厶为公。”古红切。

【译文】公，平均分配。由八、由厶会意，八犹如背离的意思。韩非子说："背离私就是公。"

【注释】① 厶（sī）：徐锴《系传》："厶音私，不公也。" ② 韩非曰：见《韩非子·五蠹》。

必 bì

必，分极也[①]。从八弋，弋亦声。卑吉切。

【译文】必，分别的标准。由八、弋会意，弋也表读音。

【注释】① 分极：《段注》："极犹准也。……立表（标志）为分判之准，故云分极。" 徐灏笺："疑此乃弓柲本字，借为语词之必然耳。……弓柲以两竹夹持之，从八指事兼声耳。"

余 yú

余，语之舒也[①]。从八[②]，舍省声[③]。以诸切。

【译文】余，虚词中表示舒缓语气的助词。从八，舍省声。

【注释】① 语之舒：《段注》："语，《匡谬正俗》引作词。《左氏传》：'小白余敢贪天子之命，无下拜。' 此正词之舒。亏部曰：'亏，于也。象气之舒亏。' 然则余亏异字而同音义。" ② 从八：《段注》："象气之分散。" ③ 舍省声：余，上古喻纽，鱼部；舍，书纽，鱼部。二字同是舌音，又同部。

釆部

釆 biàn

釆，辨别也[①]。象兽指爪分别也。凡釆之属皆从釆。读若辨。蒲苋切。

【译文】釆，辨别的意思。像兽指爪分别的形状。大凡釆的部属都从釆。音读像辨字。

【注释】① 辨：王筠《句读》："句绝。谓其通用也。"

番 fán

番，兽足谓之番。从釆；田，象其掌。附袁切。

【译文】番，兽足叫作番。从釆，田，像兽的足掌。

悉 xī

悉，详、尽也。从心，从釆。息七切。

【译文】悉，详细、穷尽。由心、由釆会意。

释 shì

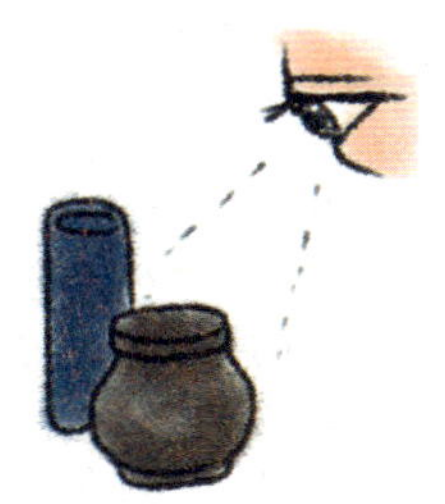

释，解也。从釆；釆，取其分别物也。从睪声。赏职切。

【译文】释，解下。从釆；釆是取其分辨区别事物这个意思。从睪（表示通过用眼睛观察来辨别事物），睪也表示读音。

半部

半 bàn

半，物中分也。从八；从牛。牛为物大，可以分也。凡半之属皆从半。博幔切。

【译文】半，物体从中间对分（各为一半）。从八（表示分别）；从牛，牛是大的物体，可以分割。大凡半的部属都从半。

胖 pàn

胖，半体肉也。一曰：广肉。从半，从肉，半亦声。普半切。

【译文】胖，（祭祀时用的）半体牲。一说：胖是大肉。由半、由月（肉）会意，半也声。

叛 pàn

叛，半也。从半，反声。薄半切。

【译文】叛，分离。从半，反声。

牛部

牛 niú

牛，大牲也。牛，件也；件，事理也[①]。象角头三、封、尾之形[②]。凡牛之属皆从牛。语求切。

【译文】牛，大的牲畜。像两角加一个头三样东西、像肩胛隆起来的地方和尾巴的形状。大凡牛的部属都从牛。

【注释】① 牛，件也；件，事理也：王筠《句读》："二句支离，盖后增也。"故不译。② 象角头三、封、尾之形：《段注》："角头三者谓上三岐者，象两角与头为三也。……封者谓中画象封也，封者肩甲坟起之处……尾者谓直画下垂象尾也。"

牡 mǔ

牡，畜父也。从牛，土声[①]。莫厚切。

【译文】牡，雄性的兽类。从牛，土声。

【注释】① 土声：《段注》："或曰，土当作士，士者，夫也。之韵、尤韵合音最近。"

特 tè

特，朴特，牛父也。从牛，寺声。徒得切。

【译文】特，没有被阉割的牛，即牛父。从牛，寺声。

牝 pìn

牝，畜母也。从牛，匕声。《易》曰[①]："畜牝牛，吉。"毗忍切。

【译文】牝，雌性的兽类。从牛，匕声。《易经》说："畜养母牛，吉利。"

【注释】①《易》：指《周易·离卦》文。

牟 móu

牟，牛鸣也。从牛，象其声气从口出[①]。莫浮切。

【译文】牟，牛叫的声音。从牛，（厶）像那声气息从口中发出来的样子。

【注释】① 从牛句：徐灏《段注笺》："牛鸣声无可象，故作象其气，而从牛建类，使人知其为牛鸣耳。"

牲 shēng

牲，牛完全[①]。从牛，生声。所庚切。

【译文】牲，指（供祭祀用的）完整的牛。从牛，生声。

【注释】① 牛完全：《段注》："（牲）引申为凡畜之偁。"朱骏声《通训定声》："《周礼·庖人》注：'始养之曰畜，将用之曰牲。'是牲者祭祀之牛也。而羊豕亦以类称之。"

牵 qiān

牵，引前也[①]。从牛，象引牛之縻也[②]。玄声。苦坚切。

【译文】牵，牵引着向前。从牛，（冂）像牵牛的绳索。玄声。

【注释】① 引前：徐灏《段注笺》："牵从牛，当以挽牛为本义，引申为凡联贯之称。"② 縻（mǐ）：牛鼻绳。

牢 láo

牢，闲[①]，养牛马圈也。从牛，冬省。取其四周匝也。鲁刀切。

【译文】牢，牢阑。关养牛马（等牲畜）的栏圈。由牛、由冬字省去下面的仌（即冰字）会意。取那四周包围的意思。

【注释】① 闲：门部："阑也。"《段注》："防禽兽触啮。"

犀 xī

犀，南徼外牛[①]。一角在鼻[②]，一角在顶，似豕。从牛，尾声。先稽切。

【译文】犀，南方边境之外出产的一种牛。一只角长在鼻子上，一只角长在额顶上，（头）像猪。从牛，尾声。

【注释】① 徼：边境，边界。

王筠《句读》："徼犹塞也。东北谓之塞，西南谓之徼。"②一角句：《汉书·平帝纪》"黄友国献犀牛"颜师古注："犀状如水牛，头似猪而四足类象。黑色，一角当额前，鼻上又有小角。"

物 wù

物，万物也。牛为大物，天地之数，起于牵牛；故从牛[①]。勿声。文弗切。

【译文】物，万物。牛是万物之中的大物；天地间的事数，兴起于牵牛而耕；所以物从牛。勿表示读音。

【注释】①天地句：张舜徽《约注》："数犹事也，民以食为重，牛资农耕，事之大者，故引牛而耕，乃天地间万事万物根本。"

犛部

犛 máo

犛，西南夷长髦牛也[①]。从牛，𠩺声。凡犛之属皆从犛。莫交切。

【译文】犛，西南少数民族地区的长毛牛。从牛，𠩺声。大凡犛的部属都从犛。

【注释】①夷：泛指少数民族。长髦：《段注》："谓背𦣝胡（颈下的垂肉）尾皆有长毛。"

氂 lí

氂，牦牛尾也。从犛省，从毛[①]。里之切。

【译文】氂，牦牛尾。由犛字省牛、由毛会意。

【注释】①从犛省，从毛：朱骏声《通训定声》："从犛省，从毛，会意，毛亦声。"

斄 lái

斄，强曲毛，可以箸起衣。从犛省，來声。洛哀切。

【译文】斄，倔强的毛，可以用来充装衣。由犛省去牛，來声。

告部

告 gào

告，牛触人，角箸横木，所以告人也。从口，从牛。《易》曰[①]："僮牛之告。"凡告之属皆从告。古奥切。

【译文】告，牛喜欢用角抵人，角上施加横木，是用以告诉人们的标志。由口、由牛会意。大凡告的部属都从告。

【注释】①《易》：指《大畜爻辞》。今作"童牛之牿"。高亨《周易古经今注》："童（童仆）、僮（僮幼），告、牿，古并通用。"

嚳 kù

嚳，急、告之甚也[①]。从告，學省声。苦沃切。

【译文】嚳，急迫，告得很急。从告，學省子为声。

【注释】①急告之甚也：一句数读。当作：急也，告之甚也。"沈涛《古本考》："今本急下夺一也字。"告之甚：动补结构。之：助词。甚：形容词，很急。

口部

口 kǒu

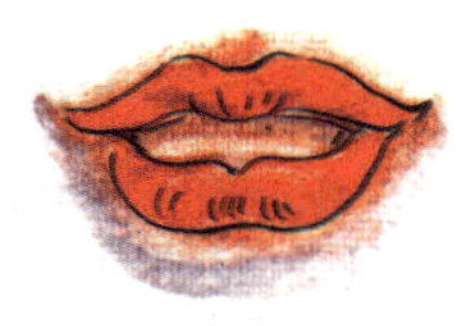

口[①]，人所以言食也。象形。凡口之属皆从口。苦后切。

【译文】口，人用来说话饮食的器官。象形。大凡口的部属都从口。

【注释】①口：嘴。《礼记·曲礼上》："负剑辟咡诏之则掩口而对。"

噭 jiào

噭，吼也[①]。从口，敫声。一曰：噭，呼也[②]。古吊切。

【译文】嗷，口，孔。从口，敫声。另一义说，嗷是呼号的意思

【注释】① 吼：顾广圻《辨疑》："吼者，口孔二字并成一字之误也。"朱骏声《通训定声》："当作口也，孔也。许书无吼。"② 呼：《礼记·曲礼》"毋嗷应"郑注："嗷，号呼之声也。"按：嗷同"叫"。

噣 zhòu

噣，喙也[①]。从口，蜀声。陟救切。

【译文】噣，鸟嘴。从口，蜀声。

【注释】① 喙：《段注》："《曹风》：'不濡（浸湿）其味。'毛曰：'味，喙也。'《玉篇》引'不濡其噣'。味噣二同，朱声蜀声同部也。"

喙 huì

喙，口也[①]。从口，彖声。许秽切。

【译文】喙，兽嘴。从口，彖声。

【注释】① 口：王筠《句读》："《通俗文》：兽口曰喙。"

吻 wěn

吻，口边也[①]。从口，勿声[②]。武粉切。

【译文】吻，嘴唇。从口，勿声。

【注释】① 口边：王筠《句读》："《苍颉篇》：'吻，唇两边也。'"② 勿声：勿上古属物部明纽，吻属文部明纽。吻勿，文物对转。

嚨 lóng

嚨，喉也[①]。从口，龍声。卢红切。

【译文】嚨，喉咙。从口，龍声。

【注释】① 喉：《尔雅·释鸟》："亢，鸟咙。"郭注："咙，谓喉咙。"

喉 hóu

喉，咽也[①]。从口，侯声。乎钩切。

【译文】喉，咽喉。从口，侯声。

【注释】① 咽：喉与咽连称咽喉，口语作喉咙。

噲 kuài

噲，咽也。从口，會声。读若快。一曰：嚵，哙也。苦夬切。

【译文】噲。从口，會声。音读像"快"字。另一义说，哙是兽嘴。

吞 tūn

吞，咽也[①]。从口，天声。土根切。

【译文】吞，咽下。从口，天声。

【注释】① 咽（yàn）：徐灏《段注笺》："喉谓之咽（今音 yān。因之食下曰咽（yàn），故吞训为咽。亦作嚥，读去声。食下气塞曰咽（yè），读入声。皆一字而分虚实义耳。"

咽 yān

咽，嗌也。从口，因声。乌前切。

【译文】咽，咽喉。从口，因声。

咳 hái

咳，小儿笑也[①]。从口，亥声。户来切。

【译文】咳，小儿笑的样子。从口，亥声。

【注释】① 小儿笑：张舜徽《约注》："小儿笑曰咳，因之小儿亦称孩，用引申义也。后世谓儿为孩。借咳为欬（咳嗽），分为二字矣。"

咀 jǔ

咀，含味也[①]。从口，且声。慈吕切。

【译文】咀，口里含着东西，而品玩其味。从口，且声。

【注释】① 含味：《段注》："含而味之。"

啜 chuò

啜，尝也。从口，叕声。一曰：喙也。昌说切。

【译文】啜，品尝。从口，叕声。另一义说，

啜是鸟兽的嘴。

吮 shǔn

吮[1]，欶也。从口，允声。徂沇切[2]。

【译文】吮，用口含吸。从口，允声。

【注释】① 吮：用嘴含吸。《韩非子·备内》："医善吮人之伤，含人之血。"② 今读依《广韵》食尹切。

噬 shì

噬，啗也[1]；喙也[2]。从口，筮声。时制切。

【译文】噬，咬吃，喘息。从口，筮声。

【注释】① 啗：啖，噬也。可见噬啖义同。而啗本义是食，这里用啗训噬，统言无别。② 喙：《广雅·释诂》"喙，息也。"王念孙疏证："喙为喘息之息。"

含 hán

含，嗛也[1]。从口，今声。胡男切。

【译文】含，衔。从口，今声。

【注释】① 嗛：口里衔着。

哺 bǔ

哺，哺咀也[1]。从口，甫声。薄故切。

【译文】哺，口中咀嚼食物。从口，甫声。

【注释】① 哺咀：《尔雅·释文》引作"口中嚼食也"。

味 wèi

味，滋味也[1]。从口，未声。无沸切。

【译文】味，滋味。从口，未声。

【注释】① 滋：王筠《句读》："《檀弓》：'必有艹木之滋焉。'注：'增以香味。'是滋即味也。"滋味：同义复合。

唾 tuò

唾，口液也。从口，垂声。汤卧切。

【译文】唾，口中的唾液。从口，垂声。

咦 yí

咦，南阳谓大呼曰咦[1]。从口，夷声。以之切。

【译文】咦，南阳地区把喘大气叫作咦。从口，夷声。

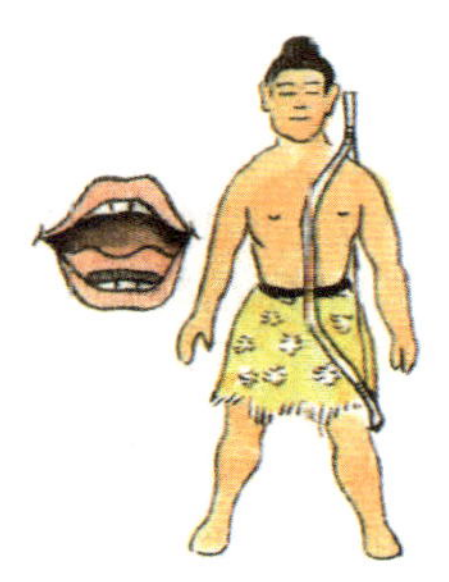

【注释】① 大呼：《段注》："呼，外息也；大呼，大息也。"

呬 xì

呬，东夷谓息为呬[1]。从口，四声。《诗》曰[2]："犬夷呬矣。"虚器切。

【译文】呬，东齐地区把呼吸叫作呬。从口，四声。《诗经》说："犬夷族只能（疲惫地）喘气了。"

【注释】① 东夷：《段注》："当作东齐。"②《诗》：指《诗经·大雅·绵》。今本原文："混夷駾（马行疾皃，这里指逃窜）矣，维其（推原之词）喙（困极而息）矣。"许引《诗》合此两句为一句。混夷作犬夷，喙作呬。这是引的三家诗，所以与毛诗不同。

喘 chuǎn

喘，疾息也[1]。从口，耑声。昌沇切。

【译文】喘，急促地呼吸。从口，耑声。

【注释】① 疾息：《段注》："此分别之。息下曰：'喘也。'浑言之也。"

呼 hū

呼，外息也[1]。从口，乎声。荒乌切。

【译文】呼，向外吐气。从口，乎声。

【注释】① 外息：《段注》："出其息也。"

吸 xī

吸，内息也[1]。从口，及声。许及切。

【译文】吸，向内吸气。从口，及声。

【注释】① 内息：《段注》："纳其息也。"

嘘 xū

嘘，吹也[①]。从口，虚声。朽居切。

【译文】嘘，有意识的慢慢地呼气。从口，虚声。

【注释】① 吹：王筠《句读》："《声类》：'出气急曰吹，缓曰虚。'按：吹嘘亦外息，与呼同。呼出自然，吹嘘出于有意，则异。"按：吹、嘘析言有别，浑言不分。

吹 chuī

吹[①]，嘘也。从口，从欠[②]。昌垂切。

【译文】吹，撮起嘴唇急促地吐气。由口、由欠会意。

【注释】① 吹：吹气。《庄子·逍遥游》："生物之以息相吹也"。② 从口，从欠：《段注》："口欠（呵欠）则气出会意。"

名 míng

名，自命也[①]。从口，从夕。夕者，冥也。冥不相见，故以口自名。武并切。

【译文】名，自己说出自己的名字。由口、由夕会意。夕是夜晚的意思。夜晚因为看不见彼此，所以要自己说出自己的名字。

【注释】① 自命：自己称呼自己的名字。命：命名。这里指称呼。

噤 jìn

噤，口闭也。从口，禁声。巨禁切。

【译文】噤，闭上嘴巴不说话。从口，禁声。

吾 wú

吾，我，自称也。从口，五声。五乎切。

【译文】吾，我，是自己对自己的称呼。从口，五声。

哲 zhé

哲，知也。从口，折声。陟列切。

【译文】哲，明智。从口，折声。

君 jūn

君，尊也。从尹。发号，故从口。举云切。

【译文】君，尊贵。从尹（表示治理的意思）。发号施令，故而从口。

命 mìng

命[①]，使也。从口，从令。眉病切。

【译文】命，使命。由口、由令会意。

【注释】① 命：差使。《左传·桓公二年》："宋殇公立，十年十一战，民不堪命。"

召 zhào

召，评也[①]。口，刀声。直少切。

【译文】召，呼唤。从口，刀声。

【注释】① 评：朱骏声《通训定声》："以言曰召，以手曰招。"

咨 zī

咨，谋事曰咨。从口，次声。即夷切。

【译文】咨，谋划事情叫咨。从口，次声。

問 wèn

問，讯也。从口，門声。亡运切。

【译文】問，询问。从口，門声。

唯 wéi

唯，诺也[①]。从口，隹声。以水切。

【译文】唯，应答声。从口，隹声。

【注释】① 诺：《段注》："此浑言之。《玉藻》曰：'父命呼，唯而不诺。'析言之也。"

唱 唱 chàng

唱[①]，导也。从口，昌声。尺亮切。

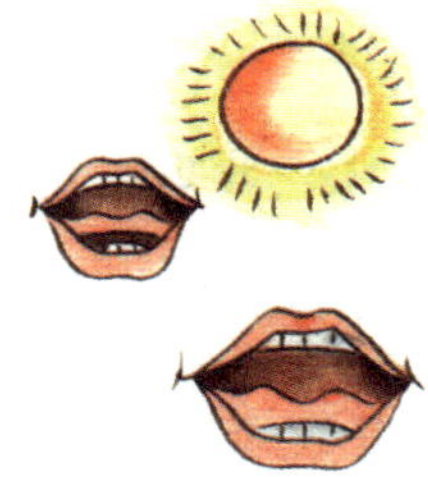

【译文】唱，唱导。从口，昌声。

【注释】①唱：《段注》："古多以倡（倡优）为之。"徐灏《段注笺》："歌唱者，唱和之引申也。"

和 和 hè

和，相譍也[①]。从口，禾声。户戈切。

【译文】和，相譍和。从口，禾声。

【注释】①相譍：徐锴《系传》作应，许书无譍字。

咥 咥 dié

咥，大笑也[①]。从口，至声。《诗》曰[②]："咥其笑矣。"许既切，又，直结切。

【译文】咥，大笑。从口，至声。《诗经》说："大声地讥笑我呢。"

【注释】①大笑：朱骏声《通训定声》："当为笑声，与唏略同。"②《诗》：指《诗经·卫风·氓》。今本原文："兄弟不知，咥其笑矣。"

噱 噱 jué

噱，大笑也。从口，豦声。其虐切。

【译文】噱，大笑。从口，豦声。

啞 啞 è

啞，笑也。从口，亞声。《易》曰[①]："笑言啞啞。"于革切。

【译文】啞，笑声。从口，亞声。《周易》说："笑声啞啞。"

【注释】①《易》：指《震卦》文。啞啞：朱骏声《通训定声》："笑声也。"

唏 唏 xī

唏，笑也。从口，稀省声。一曰：哀痛不泣曰唏[①]。虚岂切。

【译文】唏，笑。从口，稀省禾为声。另一义说，哀痛而不哭泣就叫作唏。

【注释】①哀痛句：《方言》卷一："唏，痛也，哀而不泣曰唏。于方则楚言哀曰唏。"

聽 听 tīng

听[①]，笑皃。从口，斤声。宜引切。

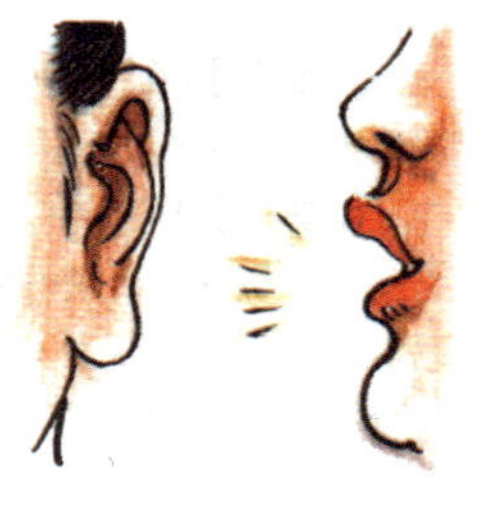

【译文】听，笑的样子。从口，斤声。

【注释】①听：张大嘴笑。《史记·司马相如列传》："无是公听然而笑。"裴骃《集解》引郭璞曰："听，笑貌也。"

哉 哉 zāi

哉，言之闲也[①]。从口，𢦏声。祖才切。

【译文】哉，表词语间歇的虚词。从口，𢦏声。

【注释】①言之闲：《段注》："凡两者之际曰闲，一者之竟（末尾）亦曰闲。一之竟即两之际也。言之间歇多用哉字。"

噂 噂 zǔn

噂，聚语也。从口，尊声。《诗》曰[①]："噂沓背憎。"子损切。

【译文】噂，聚在一起谈论。从口，尊声。《诗经》说：聚在一起当面说话的时候谈笑风生，背地里却互相憎恨。

【注释】①《诗》：指《诗经·小雅·十月之交》。毛传："噂犹噂噂，沓犹沓沓。"郑笺："噂噂沓沓，相对谈语。"朱熹《集传》："噂噂沓沓，多言以相说，而背则相憎。"这是斥责爱说谗言的人。

咠 咠 qì

咠，聂语也[①]。从口，从耳。《诗》曰[②]："咠咠幡幡。"七入切。

【译文】咠，贴近耳朵说悄悄话。由口、由耳会意。《诗经》说："时而窃窃私语，时而来回翻动。"

【注释】①聂语：《段注》："《耳部》曰：'聂，

附耳私小语也。'按：聂取两耳附一耳，咠取口附耳也。"②《诗》：指《诗经·小雅·巷伯》。"缉缉翩翩"，在三章；"捷捷幡幡"，在四章。

呷 xiā

呷，吸呷也①。从口，甲声。呼甲切。

【译文】呷，吸呷之呷。从口，甲声。

【注释】①吸呷：形容众声杂沓。桂馥曰："吸呷也者，谓声也。"沈涛《古本考》："《子虚赋》：'翕呷萃蔡。'"张揖以为衣裳张起之声。翕、吸古通字。吸呷、呷吸皆拟其声。

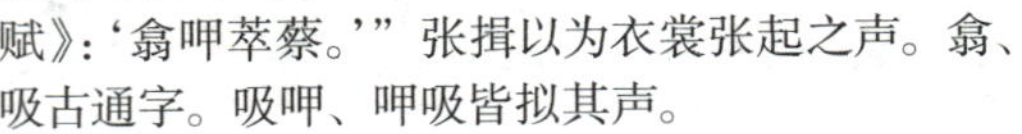

嗔 tián

嗔，盛气也。从口，真声。《诗》曰①："振旅嗔嗔。"待年切。

【译文】嗔，盛气。从口，真声。《诗经》说："军队凯旋，士气旺盛。"

【注释】①《诗》：指《诗经·小雅·采芑》。《毛传》："入曰振旅。"《尚书·大禹谟》"班师振旅"《正义》："兵入曰振旅，言整众。"今作"阗阗"。嗔与阗字异而音义俱通。

嘌 piāo

嘌，疾也。从口，票声。《诗》曰①："匪车嘌兮。"抚招切。

【译文】嘌，疾速。从口，票声。《诗经》说："那辆车跑得非常迅疾啊。"

【注释】①《诗》：指《诗经·桧风·匪风》。匪：借为彼，那个。

台 yí

台，说也①。从口，目声。与之切。

【译文】台，喜悦。从口，目声。

【注释】①说：通悦。徐锴《系传》："《史记序传》曰'诸吕不台'，作此字。言不为人所怡悦也。"《段注》："台说者，今之怡悦字。《说文》怡训和，无悦字。"

启 qǐ

启，开也①。从户，从口，康礼切。

【译文】启，开。由户、由口会意。

【注释】①开：徐锴《系传》："《尔雅》明星为启明，言晨见东方为开明之始也。"

嗂 yáo

嗂，喜也。从口，䍃声。余招切。

【译文】嗂，喜悦。从口，䍃声。

嗿 tǎn

嗿，声也。从口，貪声。《诗》曰①："有嗿其馌。"他感切。

【译文】嗿，(众人饮食的)声音。从口，貪声。《诗经》说："那些送来的饭食，大家吃得嗒嗒地响。"

【注释】①《诗》：指《诗经·周颂·载芟》。有：助词。馌：送给田间劳动者吃的饭食。《毛传》："嗿，众貌。"朱熹《集注》："众饮食声也。"

咸 xián

咸，皆也；悉也。从口，从戌。戌，悉也①。胡监切。

【译文】咸，全、都，详尽。由口、由戌会意。戌，详尽。

【注释】①戌，悉：《段注》："此从戌之故。戌为悉者，同音假借之理。"戌和悉都属心纽。

呈 chéng

呈，平也①。从口，壬声。直贞切。

【译文】呈，平。从口，壬声。

【注释】①平：徐灏《段注》笺："呈即

古程字。冀川从事郭君碑：'先民有呈。'是其证。《荀子·致仕篇》曰：'程者，物之准也。'准即平也。"

右 右 yòu

右，助也[①]。从口，从又。于救切。

【译文】右，帮助。由口、由又会意。

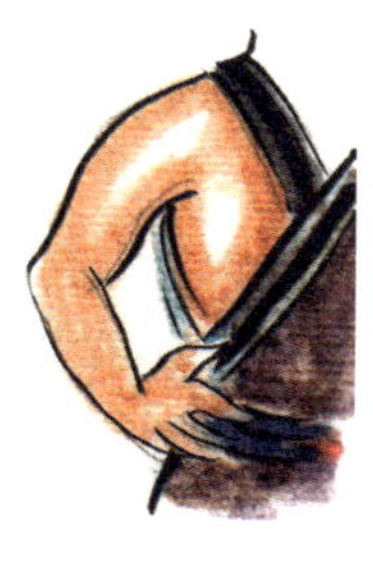

【注释】①助：《段注》："又者，手也。手不足，以口助之。故曰助也。今人以左右为ナ又字，则又制佐佑为左右字。"

啻 啻 chì

啻，语（时）[词][①]，不啻也。从口，帝声。一曰：啻，諟也。读若鞮。施智切。

【译文】啻，（表示"仅、只"义的）词语，是"不啻"的啻字。从口，帝声。另一义说，啻即諟理的意思。音读像"鞮"字。

【注释】①语时：徐灏《段注笺》"时当作词，字之误也。"

吉 吉 jí

吉，善也。从士口[①]。居质切。

【译文】吉，吉祥美好。由士、由口会意。

【注释】①从士口：徐灏《段注笺》："从士口，所以异于野人之言也。"

周 周 zhōu

周，密也。从用口[①]。职留切。

【译文】周，周密，由用、由口会意。

【注释】①从用口：《段注》："善用其口则密。"

唐 唐 táng

唐，大言也[①]。从口，庚声[②]。徒郎切。

【译文】唐，大话。从口，庚声。

【注释】①大言：《庄子·天下》："荒唐之言。"即是大言。②庚声：庚古音读如冈，属阳部。与易声同部相近。

吐 吐 tǔ

吐，写也。从口，土声。他鲁切。

【译文】吐，东西从口腔中涌出来。从口，吐声。

吃 吃 chī

吃，言蹇难也[①]。从口，气声。居乙切。

【译文】吃，说话困难。从口，乞声。

【注释】①蹇：难。

啖 啖 dàn

啖，噍啖也。从口，炎声。一曰噉[①]。徒敢切。

【译文】啖，咀嚼。从口，炎声。一说是"噉"字。

【注释】①瞰：《说文》无此字，《玉篇》以啖为瞰之重文。

嗜 嗜 shì

嗜，嗜欲，喜之也。从口，耆声[①]。常利切。

【译文】嗜，嗜欲，喜爱它。从口，耆声。

【注释】①耆声：《段注》："经传多假耆为嗜。"

哽 哽 gěng

哽，语为舌所介也。从口，更声。读若井级绠[①]。古杏切。

【译文】哽，话语被舌头所阻塞。从口，更声。音读像井里的汲绠之哽。

【注释】①级绠：当依《系传》作汲哽。

哇 哇 wā

哇，谄声也[①]。从口，圭声。读若医。于佳切。

【译文】哇，放荡的乐音。从口，圭声。音读像“医”字。

【注释】① 诒声：徐锴曰：“古人言淫哇之声也。”淫哇：同义连用。

呰 zǐ

呰，苛也①。从口，此声。将此切。

【译文】呰，诋毁。从口，此声。

【注释】① 苛：苛通诃。桂馥《义证》：“苛也者，谓诋毁也。经典或借訾字。”

嗑 gé

嗑，多言也。从口，盍声。读若甲。候榼切①。

【译文】嗑，多话。从口，盍声。音读像“甲”字。

【注释】① 拼音依《广韵》古盍切。

嗙 bēng

嗙，(謌)[诃]声①。从口，旁声。补盲切。

【译文】嗙，呵斥之声。从口，旁声。

【注释】① 謌声：当依《玉篇》作诃声。王筠《句读》：“謌当作诃。”

呶 náo

呶，讙声也。从口，奴声。《诗》曰：“载号载呶①。”女交切。

【译文】呶，喧哗之声。从口，奴声。《诗经》说：“有的呼喊，有的喧闹。”

【注释】①《诗》：指《诗经·小雅·宾之初筵》。载：助词。

叱 chì

叱，诃也①。从口，七声。昌栗切。

【译文】叱，大声呵斥。从口，七声。

【注释】① 诃：《仓颉篇》：“大诃曰叱。”

噴 pēn

噴，咤①。从口，賁声。一曰：鼓鼻。普魂切。

【译文】喷，呵斥。从口，贲声。另一义说，喷就是喷嚏。

【注释】① 咤：徐灏《段注笺》：“今俗语犹谓吒人曰喷。又，鼓鼻谓之喷嚏。”按：喷嚏时鼻翼鼓动出气，所以叫鼓鼻。

吒 zhà

吒，喷也；叱怒也。从口，乇声。陟驾切。

【译文】吒，呵斥，斥责发怒。从口，乇声。

唇 zhēn

唇，惊也①。从口，辰声。侧邻切。

【译文】唇，震惊。从口，辰声

【注释】① 惊：《段注》：“后人以震字为之。”徐灏笺：“俗用为唇舌字。”

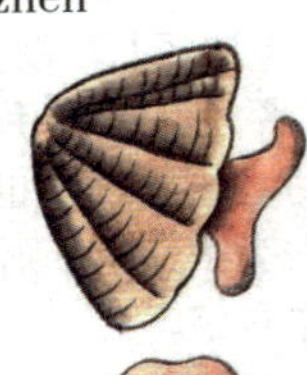

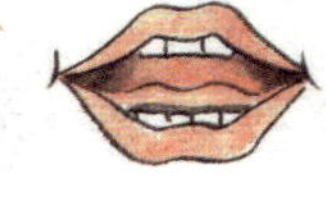

吁 xū

吁，惊也①。从口，于声。况于切。

【译文】吁，(表示)惊叹(的虚词)。从口，于声。

【注释】① 惊：徐灏《段注笺》：“吁，惊叹之词。”

嗷 áo

嗷，众口愁也。从口，敖声。《诗》曰①：“哀鸣嗷嗷。”五牢切。

【译文】嗷，众口愁叹的声音。从口，敖声。《诗经》说：“(鸿雁飞来飞去啊，)发出嗷嗷的哀鸣之声。”

【注释】①《诗》：指《诗经·小雅·鸿雁》。

唸 diàn

唸，吚也。从口，念声。《诗》曰①：“民之方念吚。”都见切。

【译文】唸，呻吟。从口，念声。《诗经》说：老百姓正在呻吟。

【注释】①《诗》：指《诗经·大雅·板》。今作“殿屎”。毛传：“呻吟也。”

呻 shēn

呻，吟也①。从口，申声。失人切。

【译文】呻，吟诵。从口，申声。

【注释】① 吟：《礼记·学记》"呻其占毕"注："呻，吟也。"《段注》："呻者，吟之舒；吟者，呻之急。浑言则不别也。"

吟 yín

吟①，呻也②。从口，今声。鱼音切。

【译文】吟，咏叹。从口，今声。

【注释】① 吟：声调抑扬的吟咏。《史记·屈原贾生列传》："屈原至于江滨，被发行吟泽畔。" ② 呻也：《艺文类聚》《御览》引作"叹也"。

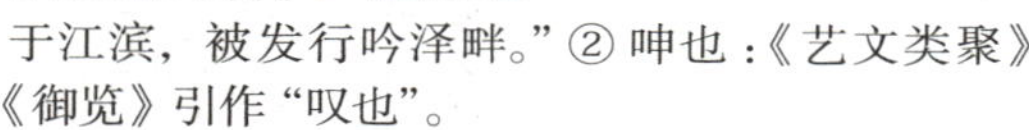

嘆 tàn

嘆，吞歎也①。从口，歎省声。一曰：太息也。他案切。

【译文】嘆，饮恨吞声而叹息。从口，歎省欠为声。另一义说，叹泛指深深的叹息。

【注释】① 吞歎：徐锴《系传》："欲言不能，吞恨而太息也。"《段注》："叹歎二字，今人通用。毛诗中两体错出。依《说文》则义异。叹近于喜，叹近于哀。故叹训吞歎，吞其歎而不能发。"

喝 ài

喝，濁也①。从口，曷声。于介切。

【译文】喝，气竭声嘶。从口，曷声。

【注释】① 濁：当依《系传》作"渴"。

哨 jiào

哨，不容也①。从口，肖声。才肖切。

【译文】哨，指（口小而）不能容纳。从口，肖声。

【注释】① 不容：《韵会》引徐锴《系传》作"口不容也"。

吪 é

吪，动也。从口，化声。《诗》曰①："尚寐无吪。"五禾切。

【译文】吪，行动。从口，化声。《诗经》说："希望睡着了就不要动。"

【注释】①《诗》：指《诗经·王风·兔爰》。

噆 zā

噆，嗛也①。从口，朁声。子荅切。

【译文】噆，銜。从口，朁声。

【注释】① 嗛也：《段注》："玄应引作'銜也'。嗛銜音义同。"

吝 lìn

吝①，恨、惜也②。从口，文声。《易》曰③："以往吝。"良刃切。

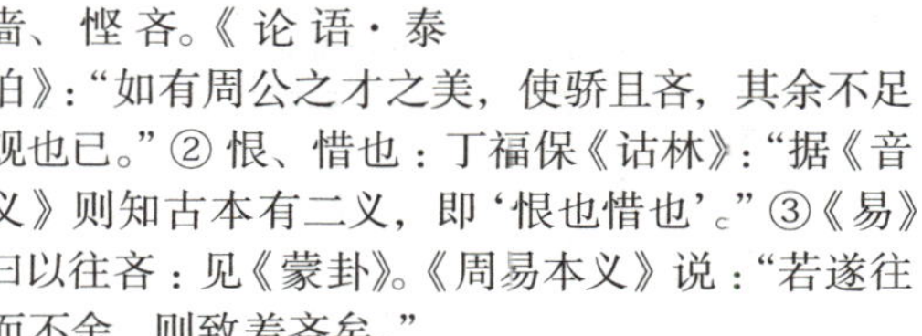

【译文】吝，悔恨，吝惜。从口，文声。《易经》说：如果径直走过去（而不舍弃），就会导致悔恨。

【注释】① 吝：吝啬、悭吝。《论语·泰伯》："如有周公之才之美，使骄且吝，其余不足观也已。" ② 恨、惜也：丁福保《诂林》："据《音义》则知古本有二义，即'恨也惜也'。" ③《易》曰以往吝：见《蒙卦》。《周易本义》说："若遂往而不舍，则致羞吝矣。"

各 gè

各，异辞①。从口夂，夂者②，有行而止之③，不相听也。古洛切。

【译文】各，表示不同个体的词。由口字、夂字会意。夂的意思是表示有人使之行走而又有人使之停下来，彼此间不相听从。

【注释】① 异辞：《广韵》到作"词"。② 夂：从后至也。象人两胫后有致之者。③ 行而止之：王筠《句读》："各则此行而彼止之，是不相听从之意也。"

《说文解字》写作背景

周、秦、两汉的文字、词汇研究，为《说文解字》奠定了学术基础。诸如此类，为《说文解字》成书准备下了成千上万的各种体式的单字。

客观条件		
	西周	《史籀篇》。
	秦朝	《仓颉篇》《爰历篇》《博学篇》。
	西汉	《尔雅》《凡将篇》《急就篇》《元尚篇》《训纂篇》《方言》。
	东汉	《滂喜篇》。
	其他	从地下或墙壁里挖掘出来的古本，从山川得到的鼎彝上的铭文。

主观条件

秦朝时保存的有关古文字方面的内容都被毁掉了，在汉代时出土了大量的古文献资料，为了解释这些古文字，古文字学在汉代逐渐兴起，古文字释读著作越来越多。但同时，有很多知识浅薄不学无术的人胡乱解释这些古文字，许慎为了纠正这些错误的看法，为了让古文字延续下去，因而作《说文解字》这本书。

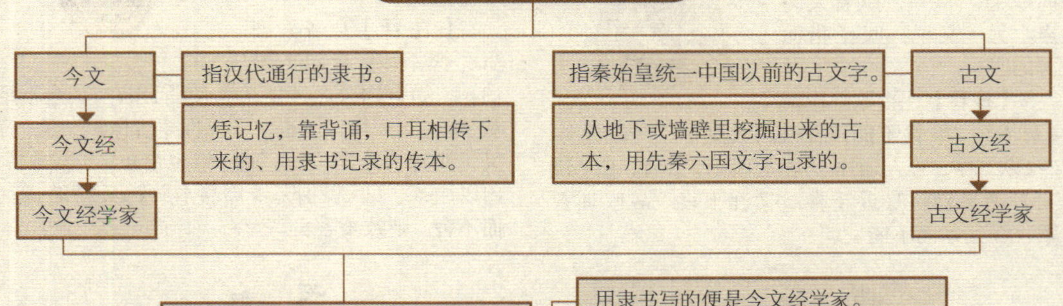

许慎把《说文解字》献给朝廷

今文经学家喜欢对经书作牵强附会的解释。古文经学侧重名物训诂，重视语言事实，比较简明质朴。许慎是古文经学派，他著《说文解字》，扩大了古文经学在政治上和学术上的影响。

否 fǒu

否，不也[①]。从口，从不[②]。方九切。

【译文】否，不。由口、由不会意。

【注释】①不：《段注》："不者，事之不然也。否者，说事之不然也。故音义皆同。"②从口，从不：徐锴《系传》："心有不可，口必言之，故于文口、不为否。"王念孙《读说文记》："《系传》作'从口不声'。否与不古皆读鄙。《说文》不部亦有否字，注云：'从口不，不亦声。'是其证。今削去声字，非是。"按：否应是会意兼形声之字。

唁 yàn

唁，吊生也。从口，言声。《诗》曰[①]："归唁卫侯。"鱼变切。

【译文】唁，慰问（遭遇丧事的）生者。从口，言声。《诗经》说："回去慰问（亡国的）卫侯。"

【注释】①《诗》：指《诗经·鄘风·载驰》。毛传："吊失国曰唁。"

哀 āi

哀，闵也。从口，衣声。乌开切。

【译文】哀，怜悯。从口，衣声。

𠯑 kuò

𠯑，塞口也[①]。从口，𠃓省声[②]。古活切。

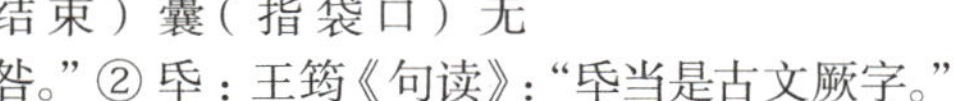

【译文】𠯑，把口塞住。从口，𠃓省声。

【注释】①塞口：《周易·坤卦》："括（填塞，结束）囊（指袋口）无咎。"②𠃓：王筠《句读》："𠃓当是古文厥字。"

嗾 sǒu

嗾，使犬声。从口，族声。《春秋传》曰[①]："公嗾夫獒。"稣奏切。

【译文】嗾，使唤狗的声音。从口，族声。《春秋左传》说："晋侯嗾使那大狗（去咬提弥明）。"

【注释】①《春秋传》：指《左传·宣公二年》。

吠 fèi

吠[①]，犬鸣也。从犬口。符废切。

【译文】吠，狗叫。由犬、口会意。

【注释】①吠：狗叫。《诗经·召南·野有死麕》："无使尨也吠。"

嗥 háo

嗥，咆也。从口，皋声。乎刀切。

【译文】嗥，吼叫。从口，皋声。

喈 jiē

喈，鸟鸣声[①]。从口，皆声。一曰：凤皇鸣声喈喈。古谐切。

【译文】喈，鸟鸣声。从口，皆声。一说，喈是凤凰鸟叫声喈喈的声音。

【注释】①鸟鸣声：徐锴《系传》："声众且和也。"

咆 páo

咆，嗥也[①]。从口，包声。薄交切。

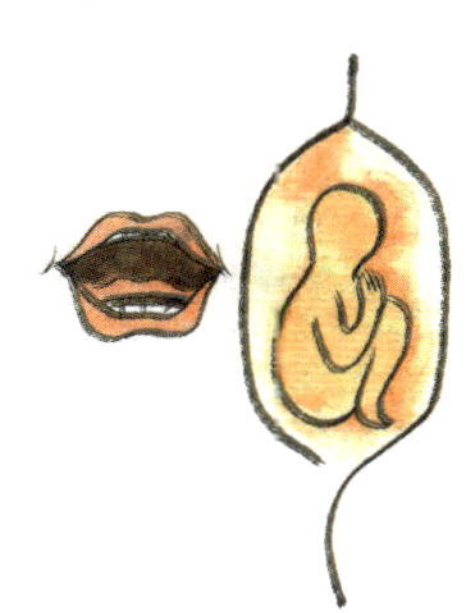

【译文】咆，嗥叫。从口，包声。

【注释】①嗥：沈涛《古本考》："咆嗥为熊虎之声。而人之大怒亦谓之咆。今人犹言大怒曰咆嗥。"

哮 xiào

哮，豕惊声也。从口，孝声。许交切。

【译文】哮，猪惊叫的声音。从口，孝声。

啄 zhuó

啄，鸟食也。从口，豕声。竹角切。

【译文】啄，鸟（用嘴）取食。从口，豕声。

唬 xià

唬，嗁也①。一曰：虎声②。从口，从虎。读若暠。呼讶。

【译文】唬，（禽兽）啼号声。另一义说，唬像老虎（发怒）之声。由口、由虎会意。音读像“暠”字。

【注释】① 嗁声：即啼声。② 虎声：王筠《句读》：“《玉篇》《广韵》皆曰：‘虎声也。’元应引作：‘虎怒声也。’”

呦 yōu

呦①，鹿鸣声也。从口，幼声。伊虬切。

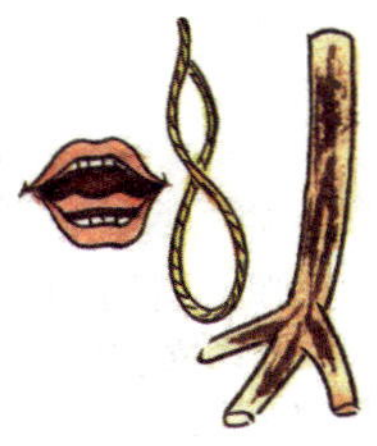

【译文】呦，鹿鸣叫之声。从口，幼声。

【注释】① 鹿叫声。《诗经·小雅·鹿鸣》：“呦呦鹿鸣，食野之苹。”

噳 yǔ

噳，麌鹿群口相聚皃。从口，虞声。《诗》曰①：“麌鹿噳噳。”鱼矩切。

【译文】噳，麇鹿成群地聚集在一起的样子。从口，虞声。《诗经》说：“母鹿成群地聚集在一起。”

【注释】①《诗》：指《诗经·大雅·韩奕》。

局 jú

局，促也。从口，在（尺）[尸]下，复（局）[勹]之①。一曰：博②，所以行棋。象形。渠绿切。

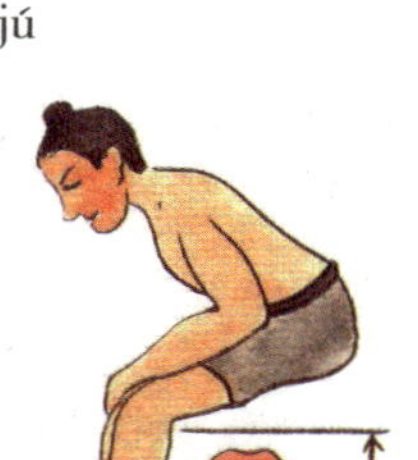

【译文】局，局促。由“口”在“尸”下、又“勹”着口来表示。另一义是，局是棋盘，是用来走棋的器具。象形。

【注释】① 从口句：丁福保《诂林》：“‘尸’误作‘尺’，复勹之‘勹’误作局。”“口”“尸”均表示人。从“口”在“尸”下，复“勹”之。说明一个人被另一个控制着，又被包裹着。是十分局促的情势。② 博：赌输赢的与棋相仿的游戏。

凵部

凵 kǎn

凵，张口也。象形。凡凵之属皆从凵。口犯切。

【译文】凵，张开着口。象形。大凡凵的部属都从凵。

吅部

吅 xuān

吅，惊呼也。从二口。凡吅之属皆从吅。读若讙。况袁切。

【译文】吅，惊呼喧哗。由两“口”字会意。大凡吅的部属都从吅。音读像“讙”字。

哭部

哭 kū

哭，哀声也①。从吅②，獄省声。凡哭之属皆从哭。苦屋切。

【译文】哭，悲哀的声音。从吅，獄省犾为声。大凡哭的部属都从哭。

【注释】① 哀声：泣，无声出涕曰泣。哭、泣，析言有别。② 从吅句：徐锴《系传》：“哭声繁乱，故从二口。”徐承庆《段注匡谬》：“取獄省声者，系于圜土，情主于哀。”此本许说，獄字声中兼义。

丧 sāng

喪，亡也①。从哭、从亾会意。亾亦声。息郎切。

【译文】喪，失去、丧失。由哭、亡字会意，亡也表声。

【注释】①亡：《段注》：“亡部曰：‘亡，逃也。’亡非死之谓。”“凡丧失字本皆平声，俗读去声以别于死丧平声，非古也。”朱骏声《通训定声》：“《白虎通》：‘人死谓之丧何，言其丧亡不可复得见也。不直言死、称丧者何，为孝子之心不忍言也。’”

走部

走 zǒu

走，趋也①。从夭止。夭止者屈也②。凡走之属皆从走。子苟切。

【译文】走，跑。由夭、止二字会意。夭止的意思是（因为跑得快，）腿脚弯曲。大凡走的部属都从走。

【注释】①趋：《段注》：“《释名》曰：‘徐行曰步，疾行曰趋，疾趋曰走。’此析言之，浑言不别也。”②从夭止：饶炯《部首订》：“古文以止为足。夭下说‘屈也’。凡人举步则足屈。走者行之疾，其足愈屈，故从夭止会意。”

趨 qū

趨，走也。从走，芻声。七逾切。

【译文】趨，跑。从走，芻声。

赴 fù

赴，趋也①。从走，仆省声②。芳遇切

【译文】赴，奔跑。从走，仆省人为声。

【注释】①趋：徐锴《系传》：“一心趋向之也。”②仆省声：孔广居《疑疑》：“仆谐卜声，赴亦卜声可也。”

趣 qù

趣，疾也①。从走，取声。七句切。

【译文】趣，疾（跑）。从走，取声。

【注释】①疾：承培元《广答问疏证》：“趣，疾走也。”“凡言走之疾速者皆以趣为正字。”

超 chāo

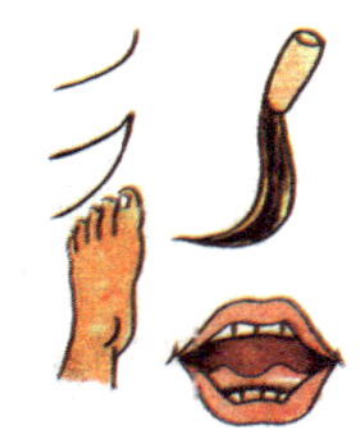

超①，跳也。从走，召声。敕宵切。

【译文】超，跳、跳跃。从走，召声。

【注释】①超：跳，跃上。《左传·僖公三十三年》：“超乘者三百乘。”

趫 qiāo

趫，善缘木走之才①。从走，喬声。读若王子蹻。去嚻切。

【译文】趫，有善于沿着木头（向高处）走动的本领。从走，喬声。音读像王子蹻的“蹻”字。

【注释】①善缘木句：疑衍走字。王筠《句读》：“（才）当依《玉篇》作‘工’。古谓善一技者为工。”叶德辉《读若考》：“趫为高足之戏，以足束于木竿上，踹之而行。”俗名踩高跷。

赳 jiū

赳，轻劲有才力也。从走，丩声。读若鐈。居黝切。

【译文】赳，轻捷刚劲有才能有力量。从走，丩声。音读像“鐈”字。

趮 zào

趮，疾也。从走，喿声。则到切。

【译文】趮，疾速（而旁出）。从走，喿声。

趯 yuè

趯①，踊也。从走，翟声。以灼切。

【译文】趯，踊跃。从走，翟声

【注释】①趯：钱坫《斠诠》：“此即踊跃字。”

蹶 jué

趣，蹶也。从走，厥声。居月切。

【译文】趣，跳跃。从走，厥声。

越 yuè

越①，度也。从走，戉声。王伐切。

【译文】越，度过。从走，戉声。

【注释】①越：度过，越过。《楚辞·天问》："阻穷西征，岩何越焉？"王逸注："越，度也。"

趁 chèn

趁，𧾷也①。从走，㐱声。读若尘。丑刃切。

【译文】趁，趁𧾷。从走，㐱声。音读像"尘"字。

【注释】①𧾷：王筠《释例》："趁𧾷双声，乃形容之词，不当割裂。"桂馥《义证》引《集韵》："趁𧾷，行不进貌。"

𧺹 cǐ

𧺹，浅渡也。从走，此声。雌氏切。

【译文】𧺹，从浅水中渡过。从走，此声。

趵 qióng

趵，独行也①。从走，匀声。读若茕。渠营切。

【译文】趵，孤独行走的样子。从走，匀声。音读像"茕"字。

【注释】①也：《玉篇》作皃。徐锴《系传》："《诗》云'独行茕茕'，本作此趵字。"

𧻚 yǔ

𧻚，安行也。从走，与声。余吕切①。

【译文】𧻚，安稳地行走。从走，与声。

【注释】①今读依《广韵》以诸切。

起 qǐ

起，能立也①。从走，巳声②。墟里切。

【译文】起，指能（举足）站立。从走，已声。

【注释】①能立：《段注》："起本发步之称，引申之，训为立，又引申之凡始事、凡兴作之称。"张舜徽《约注》："古人席地跪坐，举足而立。"按：举足起立乃是《段注》所说的"发步"之始。②巳声：《玉篇》："巳，起也。"声中有义。

趙 zhào

趙，（趋）[趍]赵也①。从走，肖声。治小切。

【译文】趙，趍赵。从走，肖声。

【注释】①趋赵，趋当是趍字之误。"趍赵"即"踟蹰"。

趑 zī

趑，趑趄，行不进也。从走，次声。取私切。

【译文】趑，趑趄，行走不得前进。从走，次声。

趄 qū

趄，趑趄也①。从走，且声。七余切。

【译文】趄，趑趄。从走，且声。

【注释】①趑趄：朱骏声《通训定声》："此二字后出。趑趄者双声连语。《易·夬》：'其行次且。'只作次且字。"

赶 qián

赶，举尾走也①。从走，干声。巨言切。

【译文】赶，（兽畜）翘着尾巴奔跑。从走，干声。

【注释】①举尾走：朱骏声《通训定声》："谓兽畜急走。字亦作赶。"

止部

止 zhǐ

止，下基也。象艹木出有址①，故以止为足②。凡止之属皆从止。诸市切。

【译文】止，地下的基础。像草木长出根干基址，因此用止字来表示足。大凡止的部属都从止。

【注释】① 象艹木句：徐锴《系传》："艹木初生根干也。" ② 故以止句：王筠《句读》："又言此者，部中字皆人之足，故以此统之。"

㠷 歱 zhǒng

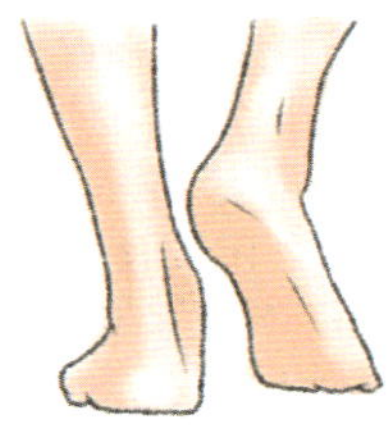

歱，跟也[①]。从止，重声。之陇切。

【译文】歱，脚后跟。从止，重声。

【注释】① 跟：《释名·释形体》："足后曰跟。……又谓之踵。"

㠷 歫 jù

歫，止也[①]。从止，巨声。一曰：(抢)[枪]也[②]。一曰：超歫[③]。其吕切。

【译文】歫，(相抵拒而)停止。从止，巨声。另一义说，歫是支撑。另一义说，歫是跳跃。

【注释】① 止：《段注》："许无拒字。歫即拒也。此与彼相抵为拒，相抵则止矣。"② 枪："抢"校改为"枪"。枪，歫也。③ 超歫：歫通作距。桂馥《义证》："《史记·王翦传》曰：'投石超距。'《索隐》：'超距犹跳跃也。'"

㠷 前 qián

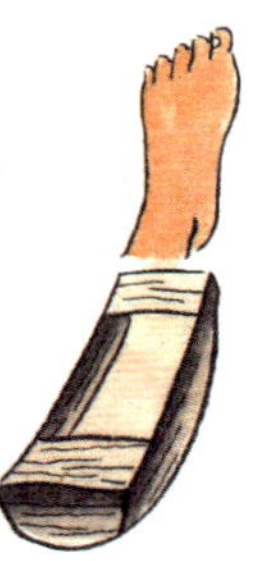

前，不行而进谓之歬。从止在舟上[①]。昨先切。

【译文】歬，不行而进叫作歬。由"止"字在"舟"字之上会意。

【注释】① 从止句：徐灏《段注笺》："人不行而能进者，唯居于舟为然。故从舟。止者，人所止也。"

㠷 歷 lì

歷，过也。从止，厤声。郎击切。

【译文】歷，经过。从止，厤声。

㠷 歸 guī

歸，女嫁也[①]。从止[②]，从婦省，𠂤声。举韦切。

【译文】歸，女子出嫁。由止、由婦字省去女会意，𠂤声。

【注释】① 女嫁：桂馥《义证》："《公羊传·隐公二年》：'妇人谓嫁曰归。'何云：'妇人生以父母为家，嫁以夫为家，故谓嫁曰归。'" ② 从止：徐锴《系传》："止者，止于此也。"

㠷 疌 jié

疌，疾也[①]。从止，从又。又，手也。屮声。疾叶切。

【译文】疌，迅速。由止、由又会意。又，表示手。屮声。

【注释】① 疾：徐锴《系传》："止，足也。又，手也。手足共为之，故疾也。"

㠷 少 tà

少[①]，蹈也。从反止。读若挞。他达切。

【译文】少，踏行。由止字反过来表示。音读像"挞"字。

【注释】① 少：徐灏《段注笺》："止之引申为不行，反而为少，则为蹈而行也。"

癶部

㠷 癶 bō

癶，足剌癶也[①]。从止少。凡癶之属皆从癶。读若拨。北末切。

【译文】癶，两足剌癶不顺。由止字、少字相背而会意。大凡癶的部属都从癶。音读像"拨"字。

【注释】① 剌癶：叠韵联绵词。徐锴《系传》："两足相背不顺，故剌癶也。"

㠷 癹 bá

癹，以足蹋夷艹[①]。从癶，从殳。《春秋传》曰[②]："癹夷蕴崇之。"普活切。

【译文】癹，用脚踏除草。由癶、由殳会意。

《春秋左传》说：用脚踏除草后，再把它们堆积起来。

【注释】①夷：《周礼·稻人》杜注："夷，杀也。"②《春秋传》：指《左传·隐公六年》。"癹"今作"芟"。"蕴"今作"薀"。癹夷，同义连用。薀崇：积聚。

登 dēng

登，上车也。从癶豆[①]。象登车形。都滕切。

【译文】登，登上车。由"癶"字在"豆"字之上会意，（表示两只脚站立在登车时用来垫脚的石头上，）像登车之形。

【注释】①豆：登车的乘石。

步部

步 bù

步[①]，行也。从止少相背[②]。凡步之属皆从步。薄故切。

【译文】步，（缓慢）行走。由止字和少字相背而会意。大凡步的部属都从步。

【注释】①步：《释名》："徐行曰步。"②从止少相背：一足止，一足少，相背而动，是步行的形态。

歲 suì

歲，木星也。越历二十八宿[①]，宣遍阴阳[②]，十二月一次[③]。从步，戌声。律历书名五星为五步[④]。相锐切。

【译文】歲，木星。经过了二十八星宿，行遍了阴阳十二辰，每十二个月太阳就行走了一个躔次。从步，戌声。《汉书·律历志》把（金木水火土）五星叫作五步。

【注释】①越历：同义复合，经过。二十八宿：古代把日月经过的天区（黄道）的恒星分为二十八个星座，叫二十八宿。《淮南子·天文》注："东方：角、亢、氐、房、心、尾、箕；北方：斗、牛、女、虚、危、室、壁；西方：奎、娄、胃、昴、毕、觜、参；南方：井、鬼、柳、星、张、翼、轸。"②宣遍：同义复合。阴阳：徐锴《系传》："自子至巳为阳，午至亥为阴。"郭沫若《甲骨文字研究》："岁星之运行约十有二岁而周天，古人即于黄道附近设十二标准点以观察之，由子至亥之十二辰是也。岁徙一辰而成岁，故岁星之岁孳乳为年岁之岁。"③一次：王筠《句读》："次者，日之躔次也。"躔次：日月五星运行时经过天空的某一区域。王筠《释例》："起建子月，毕建亥月，岁星乃移一宫，十二年一周天矣。"④律历书：指《汉书·律历志》。五星：《段注》："水曰辰星，金曰太白，火曰熒惑，木曰岁星，土曰填星。"

此部

此 cǐ

此，止也。从止，从匕。匕，相比次也[①]。凡此之属皆从此。雌氏切。

【译文】此，止。由止、由匕会意。匕是相并列。大凡此的部属都从此。

【注释】①相比次：次，列。相比次，相并列。足相并列，故有停止的意思。

呰 zǐ

呰[①]，窳也。阙[②]。将此切。

【译文】呰，劣弱。（从吅的意思不详，）只好让它阙着。

【注释】①呰：《方言》卷十："呰，短也。"《广韵·荠韵》："呰，弱也。"②阙：《段注》："其形则从此从吅，此亦声。"桂馥《义证》："阙者，不详从吅之意。"

策 zuǐ

策，识也[①]。从此，朿声。一曰：藏也[②]。遵诔切。

【译文】策，记住。从此，朿声。另一义说：策是收藏。

【注释】①识：记。通作"刺"，相当于今之名片。《释名》："刺，书以识爵里名姓也。"②藏：《段注》："（《广雅》）'策，鲞也。'与'藏'训相近，拳同舒卷之卷。"

正部

正 zhèng

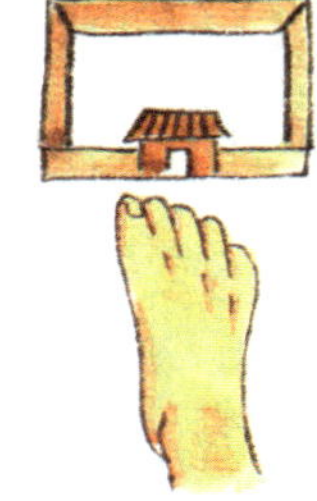

正[①]，是也。从止，一以止。凡正之属皆从正。之盛切。

【译文】正，正直无偏斜。从止，（“一”是古文的上字，表示在上位的人，）用“一”放在“止”上，（会合上位者止于正道之意。）大凡正的部属都从正。

【注释】① 正：孔广居《疑疑》：“古文正注云：从上止。盖言为人者宜止于正也。”

乏 fá

乏，《春秋传》曰[①]：“反正为乏。”房法切。

【译文】乏，《春秋左传》说：把正字反过来就成了乏字。

【注释】①《春秋传》：指《左传·宣公十五年》。《段注》：“此说字形而义在其中矣。不正则为匮乏，二字相乡背也。”徐灏笺：“乏盖本谓凡不正之偁，后乃专以贫乏为义。”

是部

是 shì

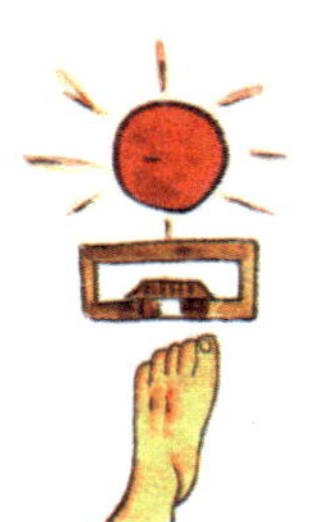

是，直也。从日正[①]。凡是之属皆从是。承旨切。

【译文】是，正直。由“日”字“正”字会意。大凡是的部属都从是。

【注释】① 从日正：《段注》：“以日为正（标准）则曰是。从日正会意。天下之物莫正于日也。”

韙 wěi

韙，是也。从是，韋声。《春秋传》曰[①]：“犯五不韙。”于鬼切。

【译文】韙，是。从是，韋声。《春秋左传》说：“犯了五种不是。”

【注释】①《春秋传》：指《左传·隐公十一年》。不韙：不是，不对。

尟 xiǎn

尟，是少也[①]。尟俱存也[②]。从是少。贾侍中说。酥典切。

【译文】尟，正直者很少。“是少”的义训并存于“尟”的字形之中。是少二字会意。这是贾侍中的说法。

【注释】① 是少：徐锴《系传》：“是亦正也。正者少则尟也。”尟，今借鱼名之鲜，又作尠。② 尟俱存：《段注》作：“是少，俱存也。”张舜徽《约注》：“意谓是少之训，俱存于尟篆字形之中。”

辵部

辵 chuò

辵，乍行乍止也[①]。从彳，从止。凡辵之属皆从辵。读若《春秋公羊传》曰“辵阶而走”[②]。丑略切。

【译文】辵，忽行忽止。由彳、由止会意。大凡辵的部属都从辵。音读象《春秋公羊传》所说的“辵阶而走”的“辵”字。

【注释】① 乍行乍止：忽行忽止。彳与行同意，所以解为乍行乍止。此依形为训。② 读若句：《春秋公羊传》指《公羊传·宣公二年》。“是”今作“躇”。何休注：“犹超遽不暇以次。”“辵阶而走”是说超越阶级而奔走。

迹 jì

迹[①]，步处也。从辵，亦声。资昔切。

【译文】迹，指行步之处。从辵，亦声。

【注释】① 迹：脚印。《庄子·天运》：“夫迹，履之所出，而迹岂履哉？”

巡 xún

巡，延行皃[①]。从辵，川声。详遵切。

【译文】巡，长行的样子。从辵，川声。

【注释】①延行皃：延行，长行。段注本依据《玉篇》《广韵》订作"视行也"。视行谓省视而行。存参。

逝 shì

逝，往也[1]。从辵，折声。读若誓。时制切。

【译文】逝，过往。从辵，折声。音读像"誓"字。

【注释】①往：《方言》："逝、徂、适，往也。逝，秦晋语也。徂，齐语也。适，宋鲁语也。"

遵 zūn

遵，循也。从辵，尊声。将伦切。

【译文】遵，遵循。从辵，尊声。

述 shù

述，循也[1]。从辵，术声。食聿切。

【译文】述，遵循、遵守。从辵，术声。

【注释】①循：朱骏声《通训定声》："由故道为述，故凡循其旧而申明之亦曰述，经传多以遹为之。"

過 guò

過，度也[1]。从辵，咼声。古禾切。

【译文】過，经过。从辵，咼声。

【注释】①度：吴善述《广义校订》："过，本经过之过，故从辵，许训度也。度者过去之谓，故过水曰渡，字亦作度。经典言'过我门'、'过其门'者，乃过之本义。"

進 jìn

進[1]，登也。从辵，閵省声。即刃切。

【译文】進，前进登升。从辵，閵省门为声。

【注释】①進：向前或向上移动。《诗经·大雅·桑柔》："人亦有言，进退维谷。"

造 zào

造，就也。从辵，告声。谭长说，造，上士也。七到切。

【译文】造，成就。从辵，告声。谭长说，造是上士。

逾 yú

逾，逃近也。从辵，俞声。《周书》曰："无敢昏逾。"羊朱切。

【译文】逾，超越前进。从辵，俞声。《周书》说："不敢昏乱地越过。"

逆 nì

逆[1]，迎也[2]。从辵，屰声。关东曰逆，关西曰迎。宜戟切。

【译文】逆，迎接。从辵，屰声。关东方言叫逆，关西方言叫迎。

【注释】①逆：迎接。《左传·隐公二年》："纪裂繻来逆女。"②迎：《段注》："逆迎双声，二字通用。""今人假以为顺屰之屰，逆行而屰废矣。"

遄 chuán

遄，往来数也。从辵，耑声。《易》曰："目事遄往。"市缘切。

【译文】遄，往来疾速。从辵，耑声。《易经》说："祭祀的事应疾速前去。"

速 sù

速，疾也。从辵，束声。桑谷切。

【译文】速，迅速。从辵，束声。

迅 xùn

迅，疾也。从辵，卂声。息进切。

【译文】迅，疾速。从辵，卂声。

适 kuò

适，疾也。从辵，𠯑声。读与括同。古

活切。

【译文】适，疾速。从辵，昏声。音读与“括”字同。

迎 yíng

迎，逢也。从辵，卬声。语京切。

【译文】迎，逢迎。从辵，卬声。

遇 yù

遇，逢也。从辵，禺声。牛具切。

【译文】遇，不期而逢。从辵，禺声。

遭 zāo

遭，遇也。从辵，曹声。一曰：逦行[①]。作曹切。

【译文】遭，逢遇。从辵，曹声。另一义说：遭是迤逦绕周而行。

【注释】① 逦行：《系传》“遭犹匝也。若物匝相值也。”

遘 gòu

遘，遇也。从辵，冓声。古候切。

【译文】遘，遭遇。从辵，冓声。

逢 féng

逢，遇也。从辵，峯省声。符容切。

【译文】逢，遭遇。从辵，峯省山为声。

迪 dí

迪，道也[①]。从辵，由声。徒历切。

【译文】迪，引导。从辵，由声。

【注释】① 道：《段注》：“道兼道路、引导二训。”按此谓引导。

遌 è

遌，相遇惊也。从辵，从咢，咢亦声。五各切。

【译文】遌，相遇而惊愕。由辵、由咢会意，咢也表声。

遞 dì

遞，更易也。从辵，虒声。特计切。

【译文】遞，更易迭代。从辵，虒声。

通 tōng

通，达也。从辵，甬声。他红切。

【译文】通，到达，通达。从辵，甬声。

辿 xǐ

辿，迻也。从辵，止声。斯氏切。

【译文】辿，迁移。从辵，止声。

遷 qiān

遷[①]，登也。从辵，䙴声。七然切。

【译文】遷，向上登移。从辵，䙴声。

【注释】① 遷：向上移动。《诗经·小雅·伐木》：“出自幽谷，迁于乔木。”

迻 yǐ

迻，迁徙也。从辵，多声。弋支切。

【译文】迻，迁徙。从辵，多声。

運 yùn

運，迻徙也。从辵，軍声。王问切。

【译文】運，移动、转徙。从辵，軍声。

遁 dùn

遁，迁也。一曰：逃也。从辵，盾声。徒困切。

【译文】遁，迁移。另一义说：遁是逃遁的意思。从辵，盾声。

遜 xùn

遜，遁也。从辵，孫声。苏困切。

【译文】遜，逃遁。从辵，孫声。

返 fǎn

返，还也。从辵、从反，反亦声。《商书》曰："祖甲返。"扶版切。

【译文】返，还。由辵、由反会意，反也表声。《商书》说："祖甲返。"

還 huán

還，复也。从辵，瞏声。户关切。

【译文】還，返。从辵，瞏声。

選 xuǎn

選，遣也。从辵、巽。巽遣之；巽亦声。一曰：选，择也。思沇切。

【译文】選，遣送。由辵、巽二字会意，表示恭顺地遣送的意思；巽也表声。另一义说，选是选择的意思。

送 sòng

送，遣也。从辵，倂省。苏弄切。

【译文】送，遣送。由辵字、倂字省人会意。

遣 qiǎn

遣，纵也。从辵，賗声。去衍切。

【译文】遣，释放。从辵，賗声。

邐 lǐ

邐，行邐邐也。从辵，麗声。力纸切。

【译文】邐，行走萦纡曲折的样子。从辵，麗声。

遲 chí

遲，徐行也。从辵，犀声。《诗》曰[①]："行道迟迟"直尼切。

【译文】遲，徐徐而行。从辵，犀声。《诗经》说："行路缓慢。"

【注释】①《诗》：指《诗经·邶风·谷风》。

逮 dài

逮，唐逮，及也。从辵，隶声。徒耐切。

【译文】逮，唐逮，是及的意思。从辵，隶声。

逗 dòu

逗[①]，止也。从辵，豆声。田候切。

【译文】逗，留止。从辵，豆声。

【注释】① 逗：钱坫《斠诠》："《史记》：'逗桡当斩。'如淳曰：'军法：行逗留畏者要斩。'苏林音豆。"

迟 qì

迟，曲行也。从辵，只声。绮戟切。

【译文】迟，曲折行走。从辵，只声。

逶 wēi

逶，逶迆，衺去之皃。从辵，委声。于为切。

【译文】逶，逶迆，是斜行的样子。从辵，委声。

迆 yǐ

迆，衺行也。从辵，也声。《夏书》曰："(江)东迆北，会于汇。"移尔切。

【译文】迆，斜行。从辵，也声。《夏书》说："(长江)向东斜曲延伸到北，与淮河会合。"

遹 yù

遹，回避也。从辵，矞声。余律切。

【译文】遹，邪行回避。从辵，矞声。

避 bì

避，回也。从辵，辟声。毗义切。

【译文】避，回避。从辵，辟声。

違 wéi

違，离也。从辵，韋声。羽非切。

【译文】違，离别。从辵，韋声。

遴 lìn

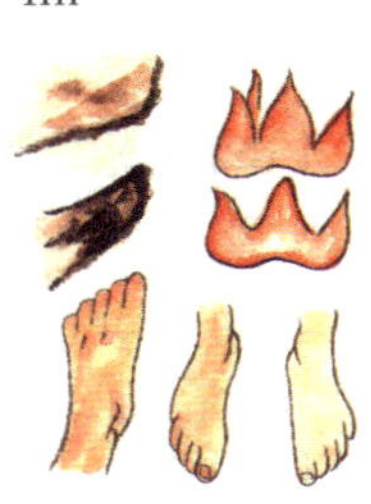

遴，行难也。从辵，粦声。《易》曰："以往遴。"良刃切。

【译文】遴，行步艰难。从辵，粦声。《易经》说："若往而不舍，将遇到艰难。"

逡 qūn

逡，复也。从辵，夋声。七伦切。

【译文】逡，往来。从辵，夋声。

䢄 dǐ

䢄，怒不进也。从辵，氐声。都礼切。

【译文】䢄，怒而不前进。从辵，氐声。

達 dá

達，行不相遇也。从辵，羍声。《诗》曰："挑兮达兮。"徒葛切。

【译文】達，行路不相遇。从辵，羍声。《诗经》说："往来相见啊，（在那城楼上面。）"

逯 lù

逯，行谨逯逯也。从辵，录声。卢谷切。

【译文】逯，行步谨慎。从辵，录声。

迵 dòng

迵，迵迭也。从辵，同声。徒弄切。

【译文】迵，洞彻通达。从辵，同声。

迭 dié

迭，更迭也。从辵，失声。一曰达。徒结切。

【译文】迭，更易替代。从辵，失声。另一义说：迭是通达的"达"字。

迷 mí

迷，或也[①]。从辵，米声。莫兮切。

【译文】迷，迷惑。从辵，米声。

【注释】①或：通"惑"。

連 lián

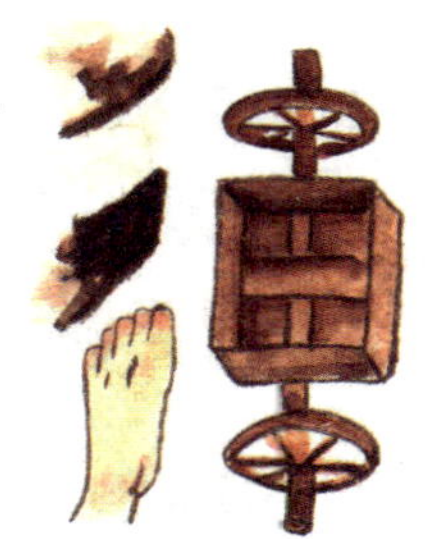

連，员连也[①]。从辵，从車。力延切。

【译文】連，员连。由辵、由車会意。

【注释】①员连：朱骏声曰"员连，叠韵连语。""陈编散落，古义无征，宜从盖阙。"《段注》作"负车"。"连即古文辇也。""负车者人挽车而行，车在后如负也。字从辵車会意也。人与車相属不绝，故引申为連属字耳。"。

逑 qiú

逑，敛聚也。从辵，求声。《虞书》曰[①]："旁逑孱功[②]。"又曰[③]："怨匹曰逑。"巨鸠切。

【译文】逑，收敛聚合。从辵，求声。《虞书》说："（共工）广泛地聚集，已具有成效。"又说："怨恋配偶叫作逑。"

【注释】①《虞书》：当作《唐书》。②旁逑孱功：今本作"方鸠僝（zhuàn，具备）功。"《史记》作"旁聚布功"。可证逑有聚义。③又曰：《段注》："与'一曰'同。别一义也。"

退 bài

退，數也[①]。从辵，貝声。《周书》曰[②]："我兴受其退。"薄迈切。

【译文】退，败坏。从辵，貝声。《周书》说："（殷商如果现在有灾难，）我们起而受其祸败。"

【注释】①數：通作坏。②《周书》：当是《商书》，引自《微子》篇，今本"退"作"败"。

逭 huàn

逭，逃也。从辵。官声。胡玩切。

【译文】逭，逃避。从辵，官声。

遯 dùn

遯，逃也。从辵，从豚。徒困切。

【译文】遯，逃遁。由辵、由豚会意。

逋 bū

逋[①]，亡也。从辵，甫声。博孤切。

【译文】逋，逃亡。从辵，甫声。

【注释】① 逋：逃亡。《尚书·大诰》："予惟以尔庶邦，于伐殷逋播臣。"

遺 yí

遺，亡也。从辵，貴声。以追切。

【译文】遺，遗亡走失。从辵，貴声。

遂 suì

遂[①]，亡也。从辵，㒸声。徐醉切。

【译文】遂，逃亡。从辵，㒸声。

【注释】① 遂：逃亡。引申为丧失。《墨子·法仪》："其贼人多，故天祸之，使遂失国家。"

逃 táo

逃，亡也。从辵，兆声。徒刀切。

【译文】逃，逃亡。从辵，兆声。

追 zhuī

追，逐也。从辵，𠂤声。陟隹切。

【译文】追，追赶。从辵，𠂤（duī）声。

逐 zhú

逐，追也。从辵，从豚省。直六切。

【译文】逐，追逐。由辵、由豚省肉会意。

遒 qiú

遒，迫也。从辵，酉声。字秋切。

【译文】遒，急迫。从辵，酉声。

近 jìn

近，附也。从辵，斤声。渠遴切。

【译文】近，附近。从辵，斤声。

邋 liè

邋，搚也。从辵，巤声。良涉切。

【译文】邋，折断。从辵，巤声。

迫 pò

迫，近也。从辵，白声。博陌切。

【译文】迫，靠近。从辵，白声。

遏 è

遏，微止也[①]。从辵，曷声。读若桑虫之蝎。乌割切。

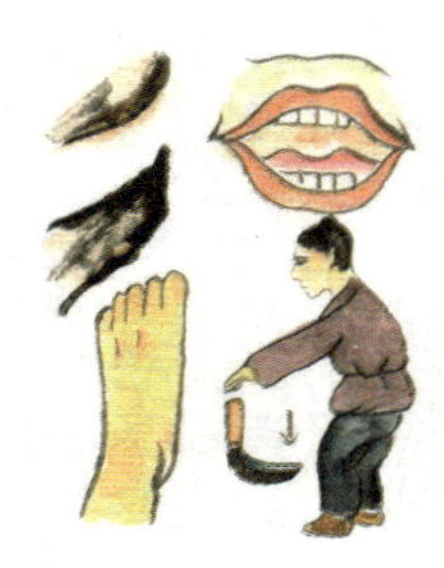

【译文】遏，障蔽遮止。从辵，曷声。音读像桑中之虫的"蝎"字。

【注释】① 微止：《国语·晋语》韦昭注：微，蔽也。微止，谓遮而止之。

迁 gān

迁，进也。从辵，干声。读若干。古寒切。

【译文】迁，进取。从辵，干声。音读像"干"字。

逞 chěng

逞，通也。从辵，呈声。楚谓疾行为逞。《春秋传》曰[①]："何所不逞欲[②]。"丑郢切。

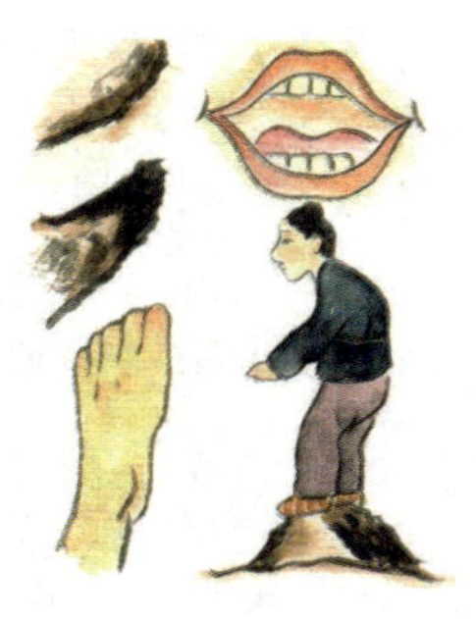

【译文】逞，通达。从辵，呈声。楚地叫快走作逞。《春秋左传》说："什么地方不能使（您的）欲望得到快慰呢？"

【注释】①《春秋传》：指《左传·昭公十四年》。② 逞欲：杜预注："逞，快也。"

遼 liáo

遼，远也。从辵，尞声。洛萧切。

【译文】遼，遥远。从辵，尞声。

遠 yuǎn

遠，遼也。从辵，袁声。云阮切。

【译文】遠，遥远。从辵，袁声。

逖 tì

逖，远也。从辵，狄声。他历切。

【译文】逖，远。从辵，狄声。

迥 jiǒng

迥，远也。从辵，同声。户颖切。

【译文】迥，远。从辵，同声。

逴 chuò

逴，远也。从辵，卓声。一曰：蹇也。读若棹苕之棹。敕角切。

【译文】逴，远。从辵，卓声。另一义说：逴是跛的意思。音读像棹苕的"棹"字。

迂 yū

迂，避也。从辵，于声。忆俱切。

【译文】迂，迂曲回避。从辵，于声。

道 dào

道，所行道也。从辵，从𩠐。一达谓之道。徒皓切。

【译文】道，人们行走的道路。由辵、由𩠐会意。完全通达无歧叫作道。

遽 jù

遽，传也。一曰：窘也[①]。从辵，豦声。其倨切。

【译文】遽，驿车驿马。另一义说：遽是窘迫急疾的意思。从辵，豦声。

【注释】①窘：驿车驿马是传递消息或传送公文的工具。消息或公文的递送，当然十分紧急。所以窘急是遽传的引申义。

彳部

彳 chì

彳，小步也。象人胫三属相连也。凡彳之属皆从彳。丑亦切。

【译文】彳，微小的步伐。像人的下肢大腿、小腿、脚三者相连之形。大凡彳的部属都从彳。

德 dé

德，升也。从彳，㥁声。多则切。

【译文】德，登升。从彳，㥁声。

徑 jìng

徑，步道也[①]。从彳，巠声。居正切。

【译文】徑，步行的小路。从彳，巠声。

【注释】①步道：《段注》："步道谓人及牛马可步行而不容车也。"

復 fù

復，往来也[①]。从彳，夏声。房六切。

【译文】復，往而复来。从彳，夏声。

【注释】①往来：往而复来。是返回的意思。

徖 róu

徖，复也。从彳，从柔，柔亦声。人九切。

【译文】徖，往来返复。由彳、由柔会意，柔也表读音。

徎 chěng

徎，径行也。从彳，呈声。丑郢切。

【译文】徎，从小路疾行。从彳，呈声。

往 wǎng

往，之也。从彳，㞷声。于两切。

【译文】往，出发。从彳，㞷声。

衢 qú

衢，行皃。从彳，瞿声。其俱切。

【译文】衢，行走的样子。从彳，瞿声。

彼 bǐ

彼，往、有所加也。从彳，皮声。补委切。

【译文】彼，往，有所增益。从彳，皮声。

徼 jiāo

徼，循也[①]。从彳，敫声。古尧切。

【译文】徼，巡察。从彳、敫声。

【注释】① 循：通作巡。《后汉书·董卓传》注引循作巡。作循者，假借字。

循 xún

循，行顺也。从彳，盾声。详遵切。

【译文】循，顺着次序行走。从彳，盾声。

微 wēi

微，隐行也。从彳，㪅声。《春秋传》曰："白公其徒微之。"无非切。

【译文】微，隐蔽出行。从彳，㪅声。《春秋左传》说："白公的徒众把他的尸体隐匿在山上。"

徐 xú

徐，安行也。从彳，余声。似鱼切。

【译文】徐，安舒地行走。从彳，余声。

徬 bàng

徬，附行也。从彳，旁声。蒲浪切。

【译文】徬，附在车旁行走。从彳，旁声。

待 dài

待[①]，竢也[②]。从彳，寺声。徒在切。

【译文】待，等候。从彳，寺声。

【注释】① 待：等候，等待。《周易·系辞下》："君子藏器于身，待时而动。" ② 竢（sì）：本书立部："竢，待也。"《段注》："今人易其语曰'等'。"

徧 biàn

徧，匝也。从彳，扁声。比荐切。

【译文】徧，周匝普遍而行。从彳，扁声。

假 jiǎ

假，至也。从彳，叚声。古雅切。

【译文】假，至。从彳，叚声。

很 hěn

很，不听从也。一曰：行难也。一曰：盭也[①]。从彳，皀声。胡恳切。

【译文】很，不听从。另一义说：是行走艰难的意思。又另一义说：是违逆乖戾的意思。从彳，皀声。

【注释】① 盭：徐锴《系传》："戾也。"

徸 zhǒng

徸，相迹也。从彳，重声。之陇切。

【译文】徸，前后足迹相继。从彳，重声。

得 dé

得[①]，行有所得也。从彳，㝵声。多则切。

【译文】得，行走而有所得。从彳，㝵声。

【注释】① 得：获得。《孟子·公孙丑下》："得道者多助，失道者寡助。"

徛 qī

徛，举胫有渡也。从彳，奇声。去奇切。

【译文】徛，举脚渡河。从彳，奇声。

彴 xùn

彴，行示也。从彳，勻声。《司马法》："斩以彴。"词闰切。

【译文】彴，巡行示众。从彳，勻声。《司马法》说："斩首而巡行示众。"

律 lǜ

律，均布也。从彳，聿声。吕戌切。

【译文】律，普遍施行的规律。从彳，聿声。

御 yù

御，使马也。从彳，从卸[①]。牛据切。

【译文】御，驱使（车）马。由彳、由卸会意。

【注释】①从彳，从卸：徐锴《段注》："卸，解车马也。彳，行也。或行或卸，皆御马者之职也。"

亍 chù

亍，步止也。从反彳，读若畜。丑玉切。

【译文】亍，行步停止。由彳字反过来表意。音读像"畜"字。

廴部

廴 yǐn

廴，长行也。从彳引之。凡廴之属皆从廴。余忍切。

【译文】廴，长远地行走。由彳字引长末笔构成。大凡廴的部属都从廴。

廷 tíng

廷，朝中也。从廴，壬声。特丁切。

【译文】廷，朝廷。从廴，壬声。

延 zhēng

延，行也。从廴，正声。诸盈切。

【译文】延，行走。从廴，正声。

建 jiàn

建，立朝律也。从聿，从廴。居万切。

【译文】建，建立朝廷法律。由聿、由廴会意。

㢟部

㢟 chān

㢟，安步㢟㢟也。从廴，从止。凡㢟之属皆从㢟。丑连切。

【译文】㢟，缓步㢟㢟之貌。由廴、由止会意。大凡㢟的部属都从㢟。

延 yán

延，长行也。从㢟，厂声。以然切。

【译文】延，长远地出行。从㢟，厂声。

行部

行 xíng

行，人之步趋也[①]。从彳，从亍。凡行之属皆从行。户庚切。

【译文】行，人的各式行走。由彳、由亍会意。大凡行的部属都从行。

【注释】①步趋：《段注》："步，行也。趋，走也。二者一徐一疾，皆谓之行，统言之也。"

街 jiē

街[①]，四通道也。从行，圭声。古膎切。

【译文】街，四通八达的路。从行，圭声。

【注释】①街：引申为通道。《素问·水热穴论》："此肾之街也。"

衢 qú

衢，四达谓之衢。从行，瞿声。其俱切。

【译文】衢，四出通达的路叫作衢。从行，瞿声。

衙 yú

衙，[衙衙]行皃[1]。从行，吾声。鱼举切。又音牙。

【译文】衙，衙衙，(列队)行进的样子。从行，吾声。

【注释】①行皃：当依《广韵》九鱼引作“衙衙行皃。”

衎 kǎn

衎，行喜皃。从行，干声。空旱切。

【译文】衎，行走喜悦的样子。从行，干声。

齒部

齒 chǐ

齒，口断骨也[1]。象口齿之形，止声。凡齿之属皆从齿。昌里切。

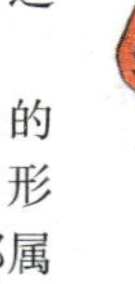

【译文】齒，口中的牙齿。像口中牙齿的形状，止声。大凡齿的部属都从齿。

【注释】①口断骨：桂馥《义证》：“言断所生崩也。”指牙“齿”。

齗 yín

齗，齿本也。从齒，斤声。语斤切。

【译文】齗，牙齿的根本。从齒，斤声。

齔 chèn

齔，毁齿也[1]。男八月生齿，八岁而齔。女七月生齿，七岁而齔。从齒，从七[匕]。初堇切。

【译文】齔，缺齿。男孩八月生乳齿，八岁就缺落乳齿。女孩七月生乳齿，七岁就缺落乳齿。从齒，从匕。

【注释】①毁齿：毁，缺也。是指缺落乳齿，换长恒齿。

齜 chái

齜，齿相断也。一曰：开口见齿之皃[1]。从齒，柴省声。读若柴。仕街切。

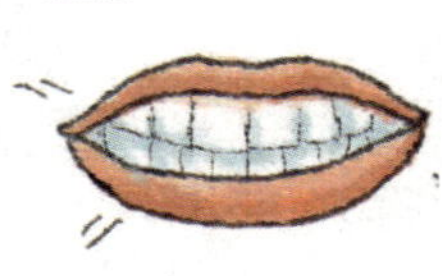

【译文】齜，牙齿互相摩切。另一义说：开口现齿的样子。从齒。柴省木为声。音读像“柴”字。

【注释】①开口见齿之皃：此义今读 zī。

齵 óu

齵，齿不正也。从齒，禺声。五娄切。

【译文】齵，牙齿参差不齐的样子。从齒，禺声。

齦 kěn

齦[1]，啮也。从齒，皀声。康很切。

【译文】齦，啃啮。从齒，皀声。

【注释】①齦：《六书故·人四》：“齦，啮食骨间肉也。”今作“啃”。

齰 xiá

齰，(齿)[齧]坚声[1]。从齒，吉声。赫辖切。

【译文】齰，用牙齿咬啃坚硬食物的声音。从齒，吉声。

【注释】①齿：当依《玉篇》作“啮”。

齨 jiù

齨，老人齿如臼也。一曰：马八岁齿臼也。从齒，从臼，臼亦声，其久切。

【译文】齨，老人齿形如臼。另一义说：八岁马齿形如臼。由齒，由臼会意，臼也表声。

齬 yǔ

齬[1]，齿不相值也。从齒，吾声。鱼举切。

【译文】齬，牙齿不整齐相对。从齒，吾声。

【注释】① 齬：《集韵·鱼韵》："齬，齿一前一却。"

𪘒 yì

𪘒，鹿麋粻。从齒，益声。伊昔切。

【译文】𪘒，麋鹿反刍嚼食。从齒，益声。

𪘧 zhì

𪘧，齿坚也。从齒，至声。陟栗切。

【译文】𪘧，咬嚼坚硬的东西。从齒，至声。

齛 xiè

齛，羊粻也[①]。从齒，世声。私列切。

【译文】齛，羊反刍嚼食。从齒，世声。

【注释】① 粻：《尔雅·释言》："粻，粮也。"此粻字用作动词，嚼食之意。

𪙁 huá

𪙁，啮骨声。从齒，从骨，骨亦声。户八切。

【译文】𪙁，咬骨头的声音。由齒、由骨会意，骨也表声。

𪙊 kuò

𪙊，噍声。从齒，昏声。古活切。

【译文】𪙊，咀嚼声。从齒，昏声。

𪙆 bó

𪙆，噍坚也。从齒，博省声。补莫切。

【译文】𪙆，咀嚼坚硬的食物。从齒，博省十为声。

牙部

牙 yá

牙，(牡)[壮]齿也[①]。象上下相错之形。凡牙之属皆从牙。五加切。

【译文】牙，大齿。像上下齿相互交错的样子。大凡牙的部属都从牙。

【注释】① 牡：《段注》："壮各本讹作牡。"

𤘍 qǔ

𤘍，齿蠹也。从牙，禹声[①]。区禹切。

【译文】𤘍，牙齿被蛀虫蛀坏。从牙，禹声。

【注释】① 禹声：桂馥《义证》："禹，虫也。故文从禹。"声中有义。

足部

足 zú

足，人之足也。在下[①]。从止口。凡足之属皆从足。即玉切。

【译文】足，人体下肢的总称。在人体的下部。由止口会意。大凡足的部属都从足。

【注释】① 在下：段注作"在体下"。

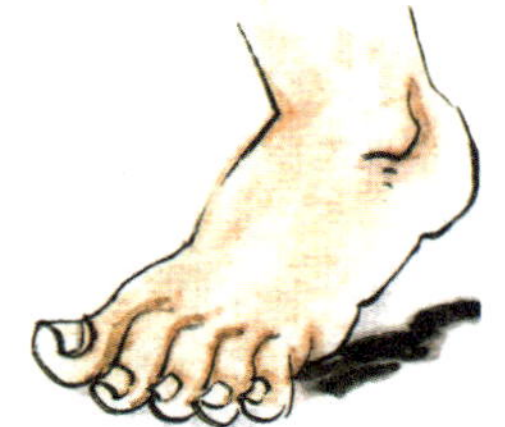

蹏 tí

蹏[①]，足也。从足，虒声。杜兮切。

【译文】蹴，兽畜的脚蹄。从足，虒声。

【注释】① 蹏，俗作蹄。

跟 gēn

跟，足踵也[①]。从足，艮声。古痕切。

【译文】跟，脚后跟。从足，艮声。

【注释】① 踵：《释名·释形体》："足后曰跟，在下方着地，一体任之，象木头也。又谓之踵。"

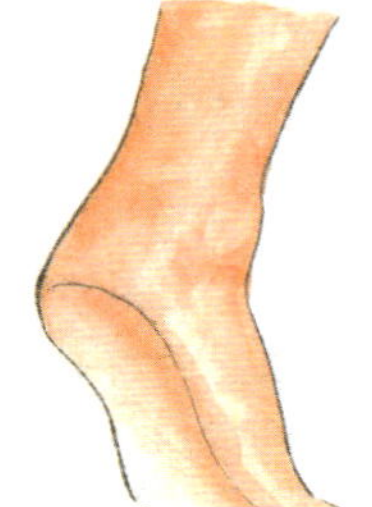

踝 huái

踝，足踝也。从足，果声。胡瓦切。

【译文】踝，脚的踝骨。从足，果声。

蹠 zhí

蹠，足下也。从足，石声。之石切。

【译文】蹠，脚掌。从足，石声。

踦 qī

踦，一足也。从足，奇声。去奇切。

【译文】踦，一只脚。从足，奇声。

跪 guì

跪，拜也[①]。从足，危声。去委切。

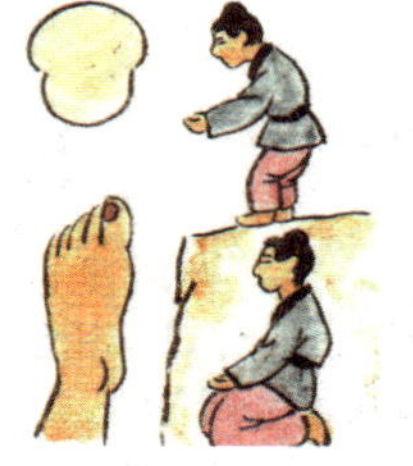

【译文】跪，（两膝着地、准备）拜倒的一种姿势。从足，危声。

【注释】① 拜：朱骏声《通训定声》："两膝拄地，所以拜也，不拜曰跽。"《正字通·足部》："朱子……箸《跪坐拜说》：两膝着地，以尻着踵而稍安者为坐；伸腰及股而势危者为跪；因跪而益致其恭以头着地为拜。"

跽 jì

跽[①]，长跪也。从足，忌声。渠几切。

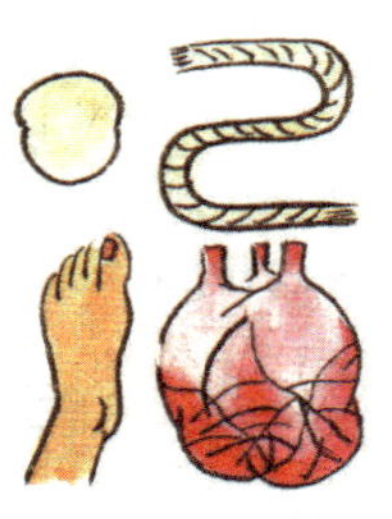

【译文】跽，上身伸直，双膝着地。从足，忌声。

【注释】① 跽：《段注》："系（继）于拜曰跪，不系于拜曰跽。"朱骏声《通训定声》："长跽则两膝搘地而耸体。"

踧 cù

踧，行平易也。从足，叔声。《诗》曰："踧踧周道。"子六切。

【译文】踧，行走平易。从足，叔声。《诗经》说："平坦的大道。"

躣 qú

躣，行皃。从足，瞿声。其俱切。

【译文】躣，行走的样子。从足，瞿声。

踖 jí

踖，长胫行也。从足，昔声。一曰：踧踖。资昔切。

【译文】踖，长胫行走。从足，昔声。另一义说：是踧踖的意思。

踽 qǔ

踽，疏行皃。从足，禹声。《诗》曰："独行踽踽。"区主切。

【译文】踽，独行无亲的样子。从足，禹声。《诗经》说："独自行走，踽踽无亲。"

踰 yú

踰，越也。从足，俞声。羊朱切。

【译文】踰，越过。从足，俞声。

跋 yuè

跋，轻也。从足，戉声。王伐切。

【译文】跋，脚步轻轻。从足，戉声。

蹻 jué

蹻，举足行高也。从足，喬声。《诗》曰："小子蹻蹻。"居勺切。

【译文】蹻，举足行走在高空之中。从足，喬声。《诗经》说："小伙子们多么骄傲。"

踊 yǒng

踊[①]，跳也。从足，甬声。余陇切。

【译文】踊，跳跃。从足，甬声。

【注释】① 踊：跳。《左传·哀公八年》："微虎欲宵攻王舍，私属徒七百人三踊于幕庭，卒三百人，有若与焉。"

蹌 qiāng

蹌，动也。从足，倉声。七羊切。

【译文】蹌，动。从足，倉声。

𨁽 躋 jī

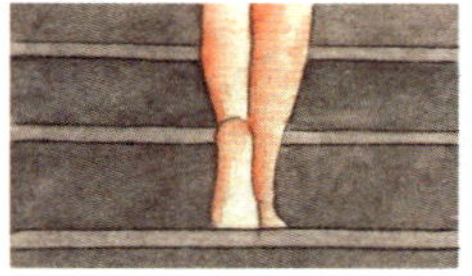

躋，登也。从足，齊声。《商书》曰[①]："予颠跻。"祖鸡切。

【译文】躋，登升。从足，齊声。《商书》说："我们商朝将会颠覆、坠落。"

【注释】①《商书》：指《微子》。承培元《引经证例》："此引《书》证登、降同词也。今作隮，俗字。许书所无，今多用之。颠跻：颠，陨；跻，队（坠）也。……古人美恶不嫌同词。"

躍 yuè

躍[①]，迅也。从足，翟声。以灼切。

【译文】躍，迅疾。从足，翟声。

【注释】① 躍：跳跃。《诗经·大雅·旱麓》："鸢飞戾天，鱼跃于渊。"郑玄笺："鱼跳跃于渊中，喻民喜得所。"《荀子·劝学》："骐驥一跃，不能十步；驽马十驾，功在不舍。"

蹴 cù

蹴[①]，蹑也。从足，就声。七宿切。

【译文】蹴，践踏。从足，就声。

【注释】① 蹴：踩，踏。《汉书·贾谊传》："蹴其刍者有罚。"引申为踢。《汉书·枚乘传》："蹴鞠刻镂。"

躡 niè

躡，蹈也。从足，聶声。尼辄切。

【译文】躡，踩踏。从足，聶声。

跧 quán

跧，蹴也。一曰：卑也，絭也[①]。从足，全声。庄缘切。

【译文】跧，踹踏。另一义说，低伏，蜷曲。从足，全声。

【注释】① 絭：《段注》："絭当为拳曲之拳。"

跨 kuà

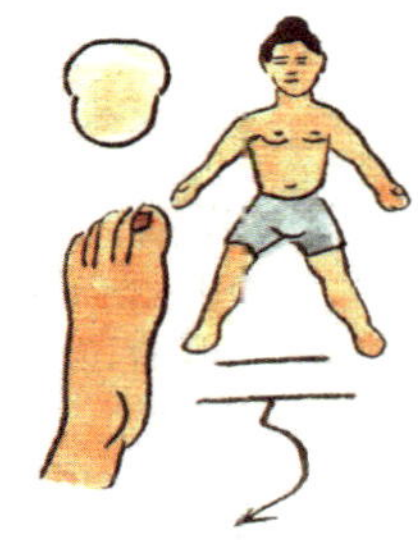

跨[①]，渡也。从足，夸声。苦化切。

【译文】跨，越过。从足，夸声。

【注释】① 跨：《段注》："谓大（拉大）其两股间（两腿的距离），以有所越也。"

蹋 tà

蹋[①]，践也。从足，弱声。徒盍切。

【译文】蹋，践踏。从足，弱声。

【注释】① 蹋：《段注》："俗作踏。"

蹈 dǎo

蹈，践也。从足，舀声。徒到切。

【译文】蹈，践踏。从足，舀声。

躔 chán

躔，践也。从足，廛声。直连切。

【译文】躔，践履。从足，廛声。

踐 jiàn

踐，履也。从足，戔声。慈衍切。

【译文】踐，踩踏。从足，戔声。

踵 zhǒng

踵，追也。从足，重声。一曰：往来皃。之陇切。

【译文】踵，追逐。从足，重声。另一义说：踵是来往的样子。

躅 zhú

躅，蹢躅也。从足，蜀声。直録切。

【译文】躅，蹢躅。从足，蜀声。

踤 zú

踤，触也。从足，卒声。一曰：骇也。一曰：苍踤。昨没切。

【译文】踤，触撞。从足，卒声。另一义说：惊骇。又另一义说：苍踤。

蹶 jué

蹶，僵也。从足，厥声。一曰：跳也。亦读若橜[①]。居月切。

【译文】蹶，僵仆跌倒。从足，厥声。另一义说：蹶是跳的意思。音读又像“橜”字。

【注释】①亦读若橜：《段注》作“读亦若橜”：“‘亦若’谓读若厥矣，又读若橜也。”

跳 tiào

跳[①]，蹶也。从足，兆声。一曰：跃也。徒辽切。

【译文】跳，跳起。从足，兆声。另一义说：跃过。

【注释】①跳：跳跃。引申为蹩脚、弃。

蹎 diān

蹎，跋也[①]。从足，真声。都年切。

【译文】蹎，蹎跋。从足，真声。

【注释】①跋：应连篆为读。王筠《句读》：“《玉篇》作‘蹎跋也’。蹎跋即颠沛，双声连语。”跌倒的意思。

跋 bá

跋，蹎跋也[①]。从足，犮声。北末切。

【译文】跋，蹎跋。从足，犮声。

【注释】①蹎跋：《段注》：“跋，经传多段借沛字为之。《大雅》《论语》‘颠沛’皆即‘蹎跋’也。”

蹐 jí

蹐，小步也。从足，脊声。《诗》曰：“不敢不蹐。”资昔切。

【译文】蹐，小步行走。从足，脊声。《诗经》说：“不敢不小步行走。”

跌 diē

跌，踢也。从足，失声。一曰：越也。徒结切。

【译文】跌，跌踢。从足，失声。另一义说：跌是过度。

踞 jù

踞，蹲也[①]。从足，居声。居御切。

【译文】踞，坐。从足，居声。

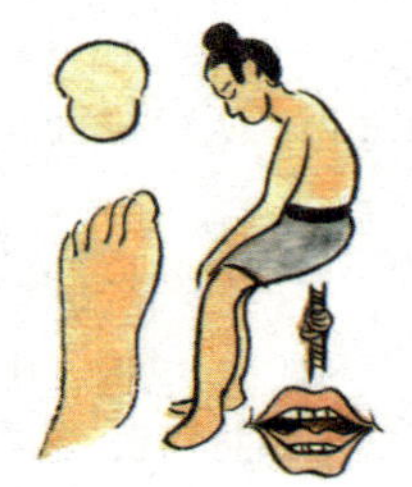

【注释】①蹲：徐灏《段注笺》：“居字借为居处之意，因增足旁为蹲踞字。此盖汉时已然。许于‘居’下著其本意，而此仍用当时通行之字。全书此类甚多。”

蹲 dūn

蹲，踞也。从足，尊声。徂尊切。

【译文】蹲，坐。从足，尊声。

踢 táng

踢，跌踢也。从足，昜声。一曰：抢也。徒郎切。

【译文】踢，跌。从足，昜声。另一义说：踢是抵拒。

跛 bǒ

跛，行不正也。从足，皮声。一曰：足排之。读若彼。布火切。

【译文】跛，行步偏跛不正。从足，皮声。另一义说，跛是“足排之”。音读像“彼”字。

蹇 jiǎn

蹇，跛也。从足，寒省声。九辇切。

【译文】蹇，跛。从足，寒省仌为声。

距 距 jù

距，鸡距也[①]。从足，巨声。其吕切。

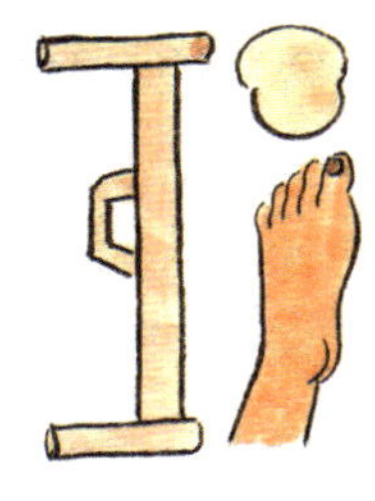

【译文】距，鸡腿后面突出像脚趾的部分。从足，巨声。

【注释】①鸡距：《汉书·五行志》："不鸣不将无距。"

趽 趽 péng

趽，曲胫马也。从足，方声。读与彭同。薄庚切。

【译文】趽，曲胫马。从足。方声。音读与"彭"字同。

趹 趹 jué

趹，马行皃。从足，决省声。古穴切。

【译文】趹，马疾奔的样子。从足，决省水为声。

趼 趼 yàn

趼，兽足企也[①]。从足，开声。五甸切。

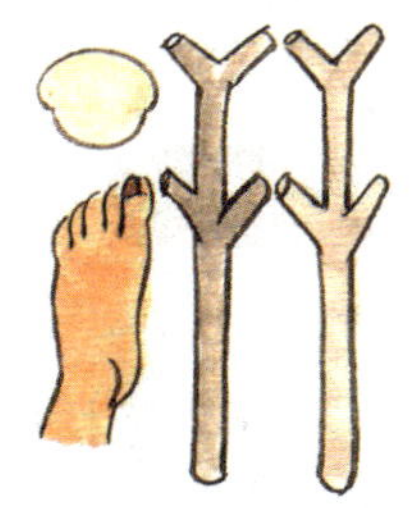

【译文】趼，兽脚前面着地。从足，开声。

【注释】①兽足企：王筠《句读》："兽足率前后皆着地。企则前面着地而已。"

路 路 lù

路，道也。从足，从各[①]。洛故切。

【译文】路，道路。从足，从各声。

【注释】①从各：徐锴《系传》作"各声"。

蹸 蹸 lìn

蹸，轹也。从足，粦声。良忍切。

【译文】蹸，用足践踏。从足，粦声。

跂 跂 qí

跂，足多指也。从足，支声。巨支切。

【译文】跂，多出的脚趾。从足，支声。

疋部

疋 疋 shū

疋，足也。上象腓肠，下从止。《弟子职》曰[①]："问疋何止[②]。"古文以为《诗·大疋》字。亦以为足字。或曰：胥字。一曰：疋，记也。凡疋之属皆从疋。所菹切。

【译文】疋，足。上部像小腿肚，下面从止。《弟子职》说："问足放在何处。"古文把它用作《诗经·大雅》的"疋"字。也用它作"足"字。另一义说：疋是胥吏的胥字。又另一义说：疋是疏记。大凡疋的部属都从疋。

【注释】①《弟子职》：《段注》："《管子》书篇名。"②问疋何止：《段注》，"谓问尊长之卧，足当在何方也。"疋何止：疋止何。止：止息。王筠《句读》："今本作'问所何趾，疋有所音，以音读易本文也。"

𤴓 𤴓 shū

𤴓，门户疏窗也。从疋。疋亦声。囱象𤴓形。读若疏。所菹切。

【译文】𤴓，门户上刻镂的窗牖。从疋，疋也表声。囱像门上窗牖之形。音读像"疏"字。

㽰 㽰 shū

㽰，通也。从爻[①]，从疋[②]，疋亦声。所菹切。

【译文】㽰，通达。由爻、由疋会意，疋也表声。

【注释】①爻：像窗格交横。②疋：稀疏。窗格稀疏，故会通达之意。

《说文解字》编排体例

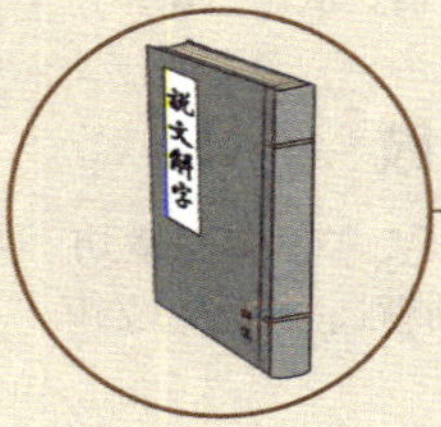

正例——小篆为字头，不同的古文和籀文作为**重文**。

变例——为立部需要，古文作为字头，小篆为**重文**。

重文即异体字

- 绝大部分
  - 古文：指秦始皇统一中国以前的古文字。
  - 籀文：即大篆，字体与秦篆相近，但字形的构形多重叠。
  - 或体：指另外的形体，多为小篆。
- 为数很少
  - 篆文：指秦篆，在大篆籀文的基础上进行简化的字。
  - 秦刻石：即秦朝时在石头上刻的文字，也是小篆。
  - 俗体：指在民间流行的字体，限于小篆。
  - 奇字：指古代某种特殊的字体，属于古文。
  - 通人掌握的字：指来源于专家的特殊的字。
  - 秘书中的字：阴阳五行、秘密而不公开的书里所用的特殊的字。也限于小篆。

9353个汉字的编排

许慎把9353个形态各异的汉字按形体构造分成了540部，然后按“立一为专”“毕终于亥”“杂而不越，据形系联”编排起来。“据形系联”指的是根据字形相近来安排次序。部首排列也有“以类相从”的情况。

“令所有之字，分别其部为五百四十。每部各建一首，而同首者则曰‘凡某之属皆从某’，于是形立而音义易明。凡字必有所属之首，五百四十字可以统摄天下古今之字。此前古未有之书，许君之所独创。”

品部

品 pǐn

品，众庶也[①]。从三口[②]。凡品之属皆从品。丕饮切。

【译文】品，众多。由三个口字会意。大凡品的部属都从品。

【注释】① 众庶：同义复合。② 从三口：《段注》：“人三为众，故从三口会意。”

喦 niè

喦，多言也。从品相连。《春秋传》曰[①]：“次于喦北。”读与聂同。尼辄切。

【译文】喦，多言。从三口相连。《春秋左传》说：“驻军在喦北。”音读与“聂”字同。

【注释】①《春秋传》：指《左传·僖公元年》。今本作“聂北”。

龠部

龠 yuè

龠，乐之竹管，三孔，以和众声也。从品侖；侖，理也。凡龠之属皆从龠。以灼切。

【译文】龠，乐器中编竹而成的管乐，多孔，是用来调谐众乐之声的主乐器。由品字、侖字会意。侖是（乐曲）有条理的意思。大凡龠的部属都从龠。

龢 hé

龢，调也[①]。从龠，禾声。读与和同。户戈切。

【译文】龢，（音乐）和谐。从龠。禾声。音读与“和”字同。

【注释】① 调：沈涛《古本考》：“《一切经音义》卷六引作‘音乐和调也’。”

龤 xié

龤，乐和龤也。从龠，皆声。《虞书》曰[①]：“八音克龤。”户皆切。

【译文】龤，乐声和谐。从龠，皆声。《唐书》说：“八种乐器的声音能够和谐。”

【注释】①《虞书》：指《唐书·尧典》。八音：指金、石、丝、竹、匏、土、革、木八种乐器。今本作“谐”。

册部

册 cè

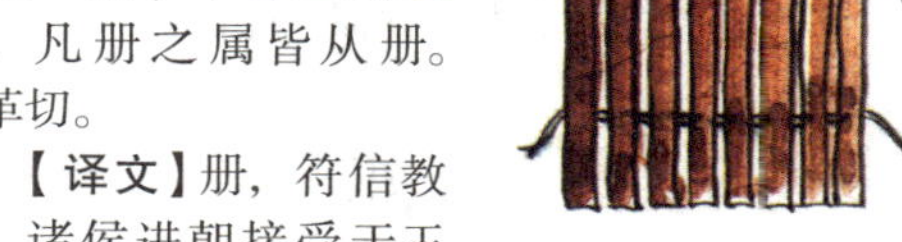

册，符命也[①]。诸侯进受于王也。象其札一长一短；中有二编之形。凡册之属皆从册。楚革切。

【译文】册，符信教命。诸侯进朝接受于王者的简策。像那简札一长一短的样子，中间表示有两道穿连竹简的绳子。大凡册的部属都从册。

【注释】① 符命：符信教命，写在简册之上。徐灏《段注笺》：“凡简书皆谓之册，不独诸侯进受于王也。此举其大者而言。符、册亦二事也。”

嗣 sì

嗣，诸侯嗣国也。从册[①]，从口，司声。祥吏切。

【译文】嗣，诸侯继承国君之位。由册、由口会意，司表声。

【注释】① 从册从口，徐锴《系传》：“《尚书》祝册，谓册必于庙，史读其册也，故从口，此会意。”

扁 biǎn

扁，署也。从户册。户册者，署门户之文也。方沔切。

【译文】扁，题署。由户、册会意。户册会意的意思是：表示题署门户的文字。

㗊部

嚻 xiāo

嚻，声也。气出头上。从㗊，从頁。頁，首也。许娇切。

【译文】嚻，（众口喧哗）之声。语气从头上冒出。由㗊、由頁会意。頁，表示头。

器 qì

器，皿也[①]。象器之口，犬所以守之。去冀切。

【译文】器，器皿。像器皿的口，犬是用来守卫器皿的。

【注释】① 皿：本谓食器，此谓器具。

舌部

舌 shé

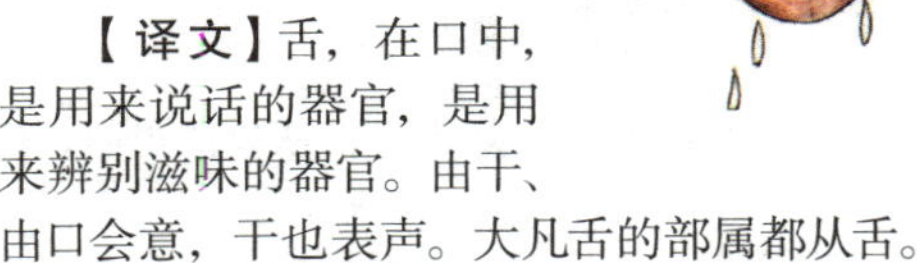

舌，在口，所以言也、别味也。从干，从口，干亦声。凡舌之属皆从舌。食列切。

【译文】舌，在口中，是用来说话的器官，是用来辨别滋味的器官。由干、由口会意，干也表声。大凡舌的部属都从舌。

舓 shì

舓，以舌取食也。从舌，易声。神旨切。

【译文】舓，用舌头舔取食物。从舌，易声。

干部

干 gān

干，犯也。从反入，从一。凡干之属皆从干。古寒切。

【译文】干，侵犯。由倒入字、由一字会意。大凡干的部属都从干。

只部

只 zhǐ

只，语已词也。从口，象气下引之形状。凡只之属皆从只。诸氏切。

【译文】只，表示语气停顿的虚词。从口，（八）像气下行的形状。大凡只的部属都从只。

㕯部

矞 yù

矞，以锥有所穿也。从矛，从㕯。一曰：满有所出也。余律切。

【译文】矞，用锥子凿穿物体。由矛、由㕯会意。另一义说：矞，盈满而有溢出的东西。

商 shāng

商，从外知内也[①]。从㕯，章省声[②]。式阳切。

【译文】商，从外面估测里面的情况。从㕯，章省声。

【注释】① 从外知内：王筠《句读》："谓由外以测其内也。" ② 章省声：是说小篆商的上部是小篆章的省略。

句部

句 jù

句，曲也。从口，丩声。凡句之属皆从句。古侯切。又，九遇切。

【译文】句，弯曲。从口，丩声。大凡句的部属都从句。

拘 jū

拘，止也。从句，从手，句亦声。举朱切。

【译文】拘，用手制止。由句、由手会意，句也表声。

笱 gǒu

笱，曲竹捕鱼笱也。从竹，从句，句亦声。古厚切。

【译文】笱，使竹篾弯曲而编成的捕鱼笼子。由竹、由句会意，句也表声。

鉤 gōu

鉤，曲也。从金，从句，句亦声。古侯切。

【译文】鉤，金属曲钩。由金、由句会意，句也表声。

丩部

丩 jiū

丩，相纠缭也。一曰：瓜瓠结丩起。象形。凡丩之属皆从丩。居虯切。

【译文】丩，相互纠缠。另一义说：丩是瓜瓠的縢，缘物缠结而升起。像纠合之形。大凡丩的部属都从丩。

糾 jiū

糾，绳三合也。从糸丩。居黝切。

【译文】糾，绳多股绞合在一起。由糸、丩会意。

古部

古 gǔ

古，故也。从十口，识前言者也。凡古之属皆从古。公户切。

【译文】古，久远的年代。由十、口会意，表示众口相传，记识前代的言语和故事。大凡古的部属都从古。

嘏 jiǎ

嘏，大、远也。从古，叚声。古雅切。

【译文】嘏，大，远。从古，叚声。

十部

十 shí

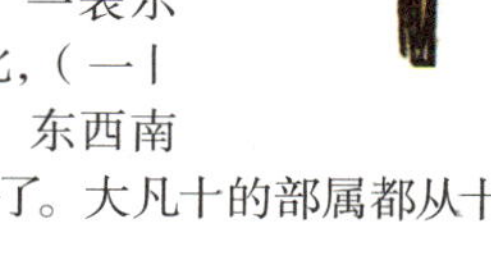

十，数之具也。一为东西，丨为南北，则四方中央备矣。凡十之属皆从十。是执切。

【译文】十，（十进制）数字完备的标志。一表示东西，丨表示南北，（一丨相交为十，）那么，东西南北和中央全都完备了。大凡十的部属都从十。

千 qiān

千[①]，十百也。从十，从人。此先切。

【译文】千，十个百。由十、由人会意。

【注释】①千：孔广居《疑疑》："从一，人声。十百千皆数之成，故皆从一。"

丈 zhàng

丈，十尺也。从又持十。直两切。

【译文】丈，十尺。由手拿着"十"来表示。

博 bó

博，大、通也[①]。从十，从尃。专，布也。补各切。

【译文】博，广大；精通。由十、由尃会意。专是分布的意思。

【注释】①大、通也：

《玉篇》:“博，广也，通也。’”

廿 niàn

廿，二十并也。古文，省。人汁切。

【译文】廿，两个十字合并而成。是孔壁中的古文，是一种省略形式。

卅部

卅 sà

卅，三十并也。古文，省[①]。凡卅之属皆从卅。苏沓切。

【译文】卅，由三个十字合并而成。是孔壁古文，是三十的省略形式。大凡卅的部属都从卅。

世 shì

世，三十年为一世。从卅而曳长之。亦取其声也[①]。舒制切。

【译文】世，三十年叫一世。由卅字延长它的末笔而成。（卅字延长末笔成乀（yí）字）世也取乀表声。

【注释】① 亦取其声：《段注》:“世合卅、乀会意，亦取乀声为声，读如曳也。”徐灏笺：“三十年为一世，世者父子相继之称。故从卅而引长之，会意。”

言部

言 yán

言，直言曰言，论难曰语[①]。从口，辛声。凡言之属皆从言。语轩切。

【译文】言，直接讲说叫言。议论辩驳叫语。从口，辛声。大凡言的部属都从言。

【注释】① 难：辩驳。

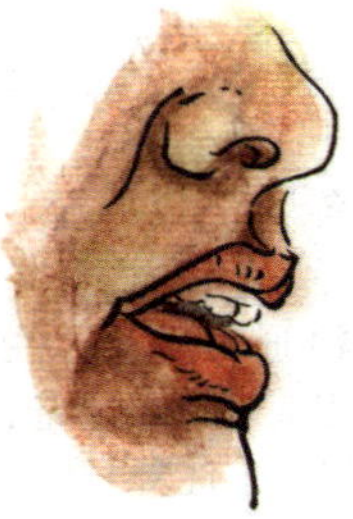

謦 qǐng

謦，欬也。从言，殸声。去挺切。

【译文】謦，咳嗽。从言，殸声。

語 yǔ

語，论也。从言，吾声。鱼举切。

【译文】語，辩论。从言，吾声。

談 tán

談，语也。从言，炎声。徒甘切。

【译文】談，对话谈论。从言，炎声。

謂 wèi

謂，报也。从言，胃声。于贵切。

【译文】謂，评论。从言，胃声。

詵 shēn

詵，致言也[①]。从言，从先，先亦声。《诗》曰[②]:“螽斯羽诜诜兮。”所臻切。

【译文】詵，以言相问。由言、由先会意，先也表声。《诗经》说：“蚱蜢的翅膀，那么多啊。”

【注释】① 致言：以言相问。②《诗》：指《诗经·周南·螽（zhōng）斯》。螽：蝗类昆虫，即蚱蜢、蚂蚱。斯：语词。诜诜：众多的样子。单言为致言，重言为众多，所以引《诗》证众多义。

請 qǐng

請，谒也。从言，青声。七井切。

【译文】請，谒见。从言，青声。

謁 yè

謁，白也。从言，曷声。于歇切。

【译文】謁，告诉。从言，曷声。

許 xǔ

許，听也[①]。从言，午声。虚吕切。

【译文】許，听从其言。从言，午声。

【注释】① 听：听从其言。引申为凡顺从之称。

諾 nuò

諾，譍也[①]。从言，若声。奴各切。

【译文】諾，应答之声。从言，若声。

【注释】① 譍：古应字。

讎 chóu

讎，犹譍也。从言，雔声。市流切。

【译文】讎，对答。从言，雔声。

諸 zhù

諸，辩也。从言，者声。章鱼切。

【译文】諸，表示区别的虚词。从言，者声。

詩 shī

詩，志也[①]。从言，寺声。书之切。

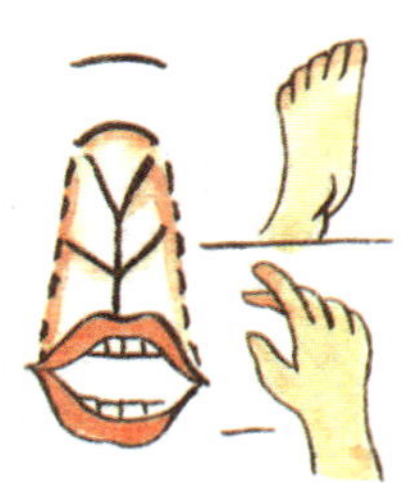

【译文】詩，用言语表达心志的一种文学体裁。从言，寺声。

【注释】① 志：《毛诗序》："诗者，志之所之也。在心为志，发言为诗。"按此同声为训。

讖 chèn

讖，验也。从言，韱声。楚荫切。

【译文】讖，有应验的言语。从言。韱声。

諷 fěng

諷，诵也。从言，風声。芳奉切。

【译文】諷，背诵。从言，風声。

誦 sòng

誦[①]，讽也。从言，甬声。似用切。

【译文】誦，朗诵。从言，甬声。

【注释】① 誦：桂馥《义证》引阎若璩说："诵之者，抑扬高下其声，而后可以得其人之性情与其贞淫、邪正、忧乐之不同。"

讀 dú

讀，诵书也。从言，賣声。徒谷切。

【译文】讀，朗诵而又思索。从言，賣声。

訓 xùn

訓，说教也。从言，川声。许运切。

【译文】訓，解说式的教导。从言，川声。

誨 huì

誨，晓教也。从言，每声。荒内切。

【译文】誨，明白地教导。从言，每声。

譔 zhuàn

譔，专教也。从言，巽声。此缘切。

【译文】撰，专心教导。从言，巽声。

譬 pì

譬，谕也[①]。从言，辟声。匹至切。

【译文】譬，告谕。从言。辟声。

【注释】① 谕：告。以谕训譬，统言之；析言之，则用别的事物来比方叫作譬。《墨子·小取》："辟（譬）也者，举他物而以明之也。"

諭 yù

諭，告也。从言，俞声。羊戍切。

【译文】諭，告知。从言，俞声。

詖 bì

詖，辩论也[①]。古文以为颇字。从言，皮声。彼义切。

【译文】詖，辩论。古文把它作为偏颇的"颇"字。从言，皮声。

【注释】① 辩论：《段注》："此诐字正义。皮，剥取兽革也。柀，析也。凡从皮之字皆有分析之意。故诐为辩论也。"

諄 zhūn

諄，告晓之孰也[①]。从言，享声。读若庉。章伦切。

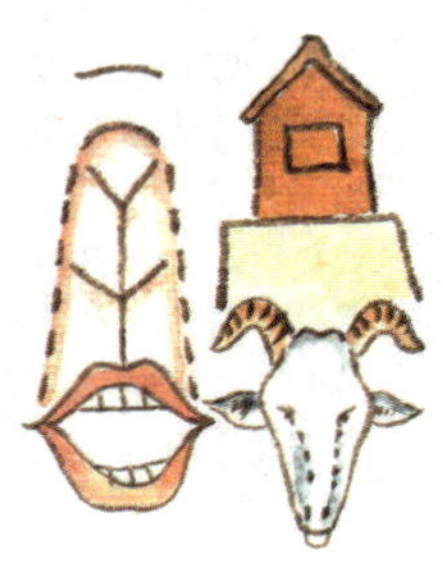

【译文】諄，仔细周详地告明。从言，享声。音读像“庉”（dùn）字。

【注释】①告晓之孰：即孰告晓。孰：仔细、周详。

誾 yín

誾，和说而诤也。从言，門声。语巾切。

【译文】誾，和悦而正直地争辩。从言。門声。

謀 móu

謀，虑难曰谋[①]。从言，某声。莫浮切。

【译文】謀，考虑事情的难易叫谋。从言，某声。

【注释】①难：指事之难易。

謨 mó

謨，议谋也。从言，莫声。《虞书》曰：咎繇谟。莫胡切。

【译文】謨，泛议以定其谋。从言，莫声。《虞书》有《皋陶谟》篇。

訪 fǎng

訪，泛谋曰访。从言，方声。敷亮切。

【译文】訪，广泛地征求意见叫访。从言，方声。

諏 zōu

諏，聚谋也。从言，取声。子于切。

【译文】諏，聚集起来征求意见。从言，取声。

論 lún

論，议也。从言，侖声。卢昆切。

【译文】論，分析议论。从言，侖声。

議 yì

議，语也。从言，義声[①]。宜寄切。

【译文】議，论事之宜。从言，義声。

【注释】①義声：《中庸》：“義者宜也。”声中有义。

訂 dìng

訂，平议也。从言，丁声。他顶切。

【译文】訂，评议。从言，丁声。

詳 xiáng

詳，审议也[①]。从言，羊声。似羊切。

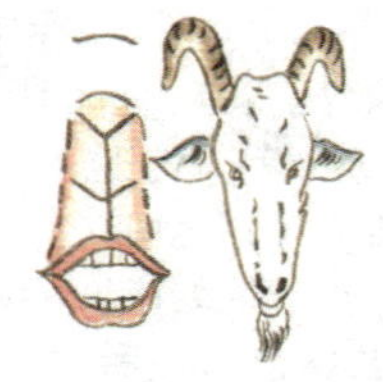

【译文】詳，详细审议。从言，羊声。

【注释】①审：详密。议：审议。

諟 shì

諟，理也。从言，是声。承旨切。

【译文】諟，料理之使之正确。从言，是声。

諦 dì

諦，审也。从言，帝声。都计切。

【译文】諦，审察。从言，帝声。

識 shí

識，常也。一曰：知也。从言，戠声。赏职切。

【译文】識（zhì），旗帜。另一义说：识是知道。从言，戠声。

訊 xùn

訊，问也。从言，卂声。思晋切。

【译文】訊，询问。从言，卂声。

詧 chá

詧，言微亲詧也。从言，（察）[祭]省声。

楚八切。

【译文】詧，用隐微之言来亲自观察别人。从言，祭省示为声。

謹 謹 jǐn

謹，谨慎也。从言，堇声。居隐切。

【译文】謹，慎重。从言，堇声。

信 信 xìn

信[①]，诚也。从人，从言，会意。息晋切。

【译文】信，诚实。由人、由言会意。

【注释】①信：真实可信。《诗经·小雅·信南山》："信彼南山，维禹甸之。"

訦 訦 chén

訦，燕、代、东齐谓信谌[①]。从言，冘声。是吟切。

【译文】訦，燕、代、东齐叫信实不欺作谌。从言，冘声。

【注释】①燕代句：《方言》卷一："谌，信也。燕、代、东齐曰谌。"

誠 誠 chéng

誠，信也。从言，成声。氏征切。

【译文】誠，信实不欺。从言，成声。

誡 誡 jiè

誡，敕也。从言，戒声。古拜切。

【译文】誡，告诫。从言，戒声。

諱 諱 huì

諱，誋也[①]。从言，韋声。许贵切。

【译文】諱，避忌。从言，韋声。

【注释】①誋：王筠《句读》："誋当作忌。"忌，憎恶也。

詔 詔 zhào

詔，告也。从言，从召，召亦声。之绍切。

【译文】詔，告诉。由言、由召会意，召也表声。

誥 誥 gào

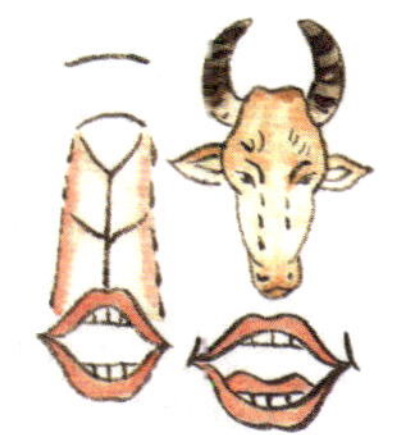

誥[①]，告也。从言，告声。古到切。

【译文】誥，告诉。从言，告声。

【注释】①誥：告示。《尚书·酒诰》："文王诰教小子，有正有事，无彝酒。"

譣 譣 xiān

譣，问也。从言，僉声。《周书》曰："勿以譣人。"息廉切。

【译文】譣，按问。从言，僉声。《周书》说："不要用贪利、奸佞的小人。"

誓 誓 shì

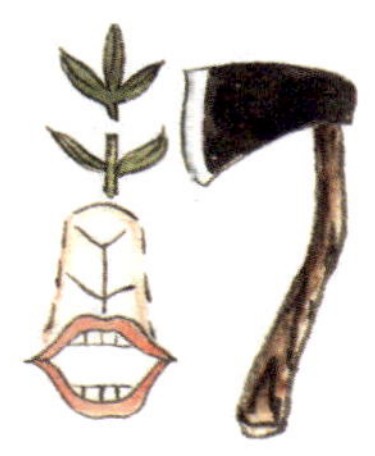

誓，约束也[①]。从言，折声。时制切。

【译文】誓，约束的言词。从言，折声。

【注释】①约束：《段注》："《周礼》五戒，一曰誓，用之于军旅。"

詁 詁 gǔ

詁，训故言也。从言，古声。《诗》曰诂训。公户切。

【译文】詁，解释古代的语言。从言，古声。毛《诗》说解叫诂训。

藹 藹 ǎi

藹，臣尽力之美。从言，葛声。《诗》曰："藹藹王多吉士。"于害切。

【译文】藹，形容臣子竭忠尽力的美好。从言，葛声。《诗经》说："尽力得好啊。周王的众多贤士！"

誎 cù

誎，餔旋促也[①]。从言。朿声。桑谷切。

【译文】誎，将食之时速促人来食。从言，朿声。

【注释】① 餔旋促：餔，泛言饮食。旋，疾速之意。促，催督也。

諝 xǔ

諝，知也。从言，胥声。私吕切。

【译文】諝，才智。从言，胥声。

証 zhèng

証，谏也。从言，正声[①]。之盛切。

【译文】証，直言劝谏。从言，正声。

【注释】① 正声：徐灏《段注笺》：“证者正也。”声中有义。

諫 jiàn

諫，证也[①]。从言，柬声。古晏切。

【译文】諫，直言劝谏。从言，柬声。

【注释】① 证也：丁福保《诂林》：“《慧琳音义》六卷十六页谏注引《说文》‘正也’……考《周礼·司谏》郑注：‘谏，正也。以道正人行。’……是谏训正，古义甚明。”

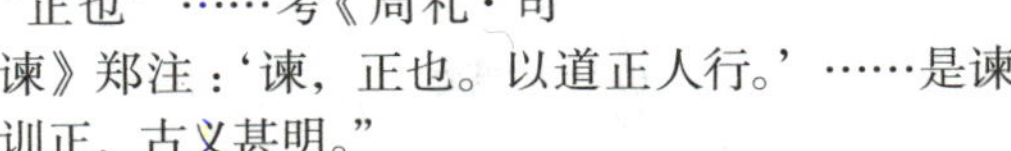

諴 xián

諴，和也。从言，咸声。《周书》曰[①]：“不能諴于小民。”胡毚切。

【译文】諴，和协。从言，咸声。《周书》说：“很能和协老百姓。”

【注释】①《周书》：指《召诰》。“不”今本作“丕”。《孔传》丕训大。

試 shì

試，用也。从言，式声。《虞书》曰：“明试以功。”式吏切。

【译文】試，使用。从言，式声。《虞书》说：“明确地用办事来试用他们。”

詮 quán

詮，具也。从言，全声。此缘切。

【译文】詮，周详地解说。从言，全声。

訢 xīn

訢，喜也。从言，斤声。许斤切。

【译文】訢，喜悦。从言，斤声。

說 shuō

說，说释也。从言、兑。一曰：谈说。失爇切。又，弋雪切。

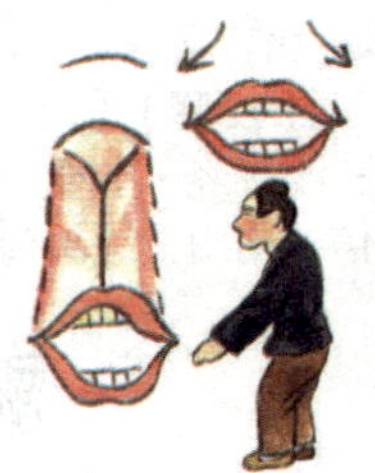

【译文】說(yuè)，喜悦。由言、兑会意。另一义说：说(shuō)是谈说的意思。

計 jì

計，会也，筭也。从言，从十。古诣切。

【译文】計，总计，计算。由言、由十会意。

諧 xié

諧，詥也。从言，皆声。户皆切。

【译文】諧，和谐。从言，皆声。

詥 hé

詥，谐也。从言，合声。候合切。

【译文】詥，和谐。从言，合声。

調 tiáo

調，和也。从言，周声。徒辽切。

【译文】調，和合。从言，周声。

警 jǐng

警，戒也。从言，从敬，敬亦声。居影切。

【译文】警，告诫。由言、由敬会意，敬也表声。

謐 mì

謐，静语也[①]。从言，𥁑声。一曰：无声也。弥必切。

【译文】謐，平静之语。从言，𥁑声。另一义说：謐是没有声音。

【注释】① 静语：平静之言，与诤言相对。

誼 yì

誼，人所宜也。从言，从宜，宜亦声。仪寄切。

【译文】誼，人们认为合宜的事物。由言、由宜会意，宜也表声。

謙 qiān

謙，敬也。从言，兼声。苦兼切。

【译文】謙，恭敬别人。从言，兼声。

詡 xǔ

詡，大言也。从言，羽声。况羽切。

【译文】詡，大话。从言，羽声。

設 shè

設，施陈也。从言，从殳。殳，使人也。识列切。

【译文】設，布列陈设。由言、由殳会意。殳是用来指使人的东西。

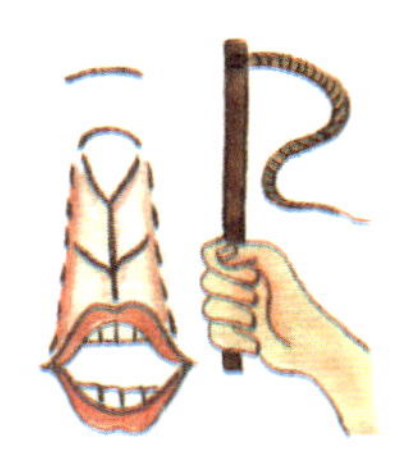

護 hù

護，救、视也。从言，蒦声。胡故切。

【译文】護，救护，监视。从言，蒦声。

託 tuō

託，寄也。从言，乇声。他各切。

【译文】託，寄托。从言，乇声。

記 jì

記，疏也。从言，己声。居吏切。

【译文】記，记载。从言，己声。

譽 yù

譽，称也。从言，與声。羊茹切。

【译文】譽，称赞。从言，與声。

譒 bò

譒，敷也。从言，番声。《商书》曰："王譒告之。"补过切。

【译文】譒，布告。从言。番声。《商书》说："先王布告政令。"

謝 xiè

謝[①]，辞、去也。从言，䠶声。辞夜切。

【译文】謝，辞去，离开。从言，䠶声。

【注释】① 謝：《玉篇》云："謝，辤也，去也。"《段注》："辞不受也。……引申为凡去之偁。又为衰退之称。"

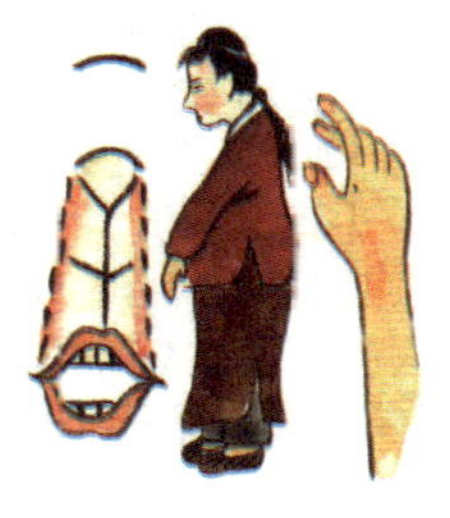

謳 ōu

謳，齐歌也[①]。从言，區声。乌侯切。

【译文】謳，齐声歌唱。从言，區声。

【注释】① 齐歌：徐锴《系传》："齐，众也。"《汉书·高帝纪上》颜师古注："讴，齐歌也，谓齐声而歌。"

諍 zhèng

諍，止也[①]。从言，争声[②]。侧迸切。

【译文】諍，以争辩止其过失。从言，争声。

【注释】① 止：徐锴《系传》："谓能止其失也。" ② 争声：声中有义。

詠 yǒng

詠，歌也。从言，永声[①]。为命切。

【译文】詠，长声歌吟。从言，永声。

【注释】①永声：声中有义。永，长也。

訖 qì

訖，止也[①]。从言，气声。居迄切。

【译文】訖，言辞终止。从言，气声。

【注释】①止：引申为凡停止、终止义。

諺 yàn

諺，传言也。从言，彥声。鱼变切。

【译文】諺，世俗流传的古语。从言，彥声。

訝 yà

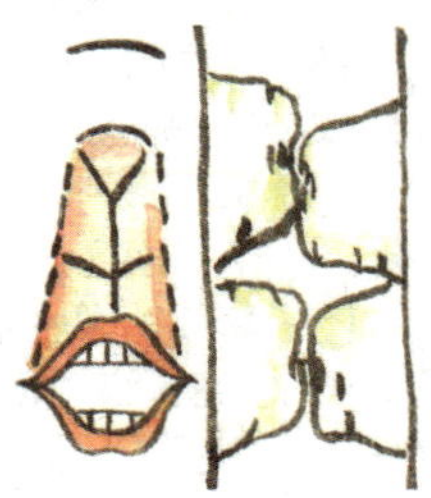

訝，相迎也。从言，牙声。《周礼》曰："诸侯有卿讶发。"吾驾切。

【译文】訝，用言辞欢迎宾客。从言，牙声。《周礼》说："(宾客)是诸侯。就有卿来迎接。"

詣 yì

詣，候至也。从言，旨声。五计切。

【译文】詣，因问候而至。从言。旨声。

講 jiǎng

講，和解也。从言，冓声。古项切。

【译文】講，和解。从言，冓声。

訥 nè

訥[①]，言难也。从言，从内。内骨切。

【译文】訥，言语困难。从言，从内。

【注释】①訥：谓言辞迟钝。《论语》："君子欲讷于言而敏于行。"苞曰："讷，迟钝也。"

䛐 jiē

䛐，䛐㖀也。从言，虘声。侧加切。

【译文】䛐，䛐㖀。从言。虘声。

諎 zé

諎，大声也。从言，昔声。读若笮。壮革切。

【译文】諎，大声。从言，昔声。音读像"笮(zuó)"字。

諛 yú

諛，谄也[①]。从言，臾声。羊朱切。

【译文】諛，谄媚。从言，臾声。

【注释】①谄(chǎn)：谄媚，用甜言蜜语奉承人。

讇 chǎn

讇，谀也。从言，閻声。丑琰切。

【译文】讇，谄媚。从言，閻声。

諼 xuān

諼，诈也。从言，爰声。况袁切。

【译文】諼，欺诈。从言，爰声。

謾 mán

謾，欺也。从言，曼声。母官切。

【译文】謾，欺骗。从言，曼声。

誹 fěi

誹，谤也。从言，非声。敷尾切。

【译文】誹，毁谤。从言，非声。

謗 bàng

謗，毁也。从言，旁声。补浪切。

【译文】謗，毁谤。从言，旁声。

譸 zhōu

譸，詶也。从言，𠷎声。读若酬。《周书》曰："无或诪张为幻。"张流切。

【译文】譸，诅咒。从言，𠷎声。音读像"酬"字。《周书》说："没有互相欺诳、诈惑的。"

詛 zǔ

詛[①]，詶也。从言，且声。庄助切。

【译文】詛，诅咒。从言，且声。

【注释】①詛：引申为赌咒立誓、咒骂。

誤 wù

誤[①]，谬也。从言，吴声。五故切。

【译文】誤，谬误。从言，吴声。

【注释】①誤：犯错误。《尚书·立政》："继自今，文子文孙其勿误于庶狱庶慎，惟正是乂之。"

訾 zǐ

訾，不思称意也。从言，此声。《诗》曰："翕翕訿訿。"将此切。

【译文】訾，不想使上级满意。从言，此声。《诗经》说："翕翕地（害他的上级），訿訿地（不想使他的上级满意）。"

詿 guà

詿，误也。从言，佳省声。古卖切。

【译文】詿，谬误。从言，佳省人为声。

謬 miù

謬[①]，狂者之妄言也。从言，翏声。靡幼切。

【译文】謬，狂妄的人的荒诞的话。从言，翏声。

【注释】①謬：狂人的胡说。《庄子·天下篇》："（庄周）以谬悠之说，荒唐之言，无端崖之辞时恣纵而不儻。"

誤 wù

誤[①]，谬也。从言，吴声。五故切。

【译文】誤，谬误。从言，吴声。

【注释】①誤：见前。此重出。

謓 chēn

謓，恚也。从言，真声。贾侍中说：謓，笑。一曰：读若振。昌真切。

【译文】謓，怨恚愤怒。从言，真声。贾侍中说：謓是冷笑的意思。或说音读像"振"字。

訶 hē

訶，大言而怒也。从言，可声。虎可切。

【译文】訶，大声怒责。从言，可声。

訴 sù

訴，告也。从言，（厈）[㡿]省声。《论语》曰："诉子路于季孙。"桑故切。

【译文】訴，告诉。从言，㡿省声。《论语》说："（公伯寮）向季孙诬告子路。"

譖 zèn

譖，愬也。从言，朁声。庄荫切。

【译文】譖，用谗言毁坏别人。从言，朁声。

讒 chán

讒，譖也。从言，毚声。士咸切。

【译文】讒，说别人的坏话。从言，毚声。

譴 qiǎn

譴，谪问也。从言，遣声。去战切。

【译文】譴，责问。从言，遣声。

讁 dí

讁，罚也。从言，啻声。陟革切。

【译文】讁，罚罪。从言，啻声。

譜 諯 zhuān

諯，数也。一曰：相让也。从言，耑声。读若专。尺绢切。

【译文】諯，数说。另一义说：諯是责备别人的意思。从言，耑声。音读像“专”字。

詆 dǐ

詆，苛也。一曰：诃也。从言，氐声。都礼切。

【译文】诋，琐细责问。另一义说：诋是大声发怒斥骂的意思。从言，氐声。

誰 shuí

誰，何也[①]。从言，隹声。示隹切。

【译文】誰，诃问。从言，隹声。

【注释】①何：唐写本《玉篇》谁字下引《说文》：“谁，诃也。”又引《声类》：“所以诃问其名。”可证何当作诃。

診 zhěn

診，视也。从言，㐱声。直刃切。又，之忍切。

【译文】診，验视。从言，㐱声。

謚 yì

謚，笑皃。从言，益声。伊昔切。又，呼狄切。

【译文】謚，笑的样子。从言，益声。

誩部

誩 jìng

誩，竞言也。从二言。凡誩之属皆从誩。读若竞。渠庆切。

【译文】誩，用言语竞争。由两个言字会意。大凡誩的部属都从誩。音读像“竞”字。

譱 shàn

譱，吉也。从誩，从羊。此与义美同意。常衍切。

【译文】譱，吉祥的言辞。由誩、羊会意。这与义字、美字从羊的意思相同。

競 jìng

競，强语也。一曰：逐也。从誩[①]，从二人。渠庆切。

【译文】競，强烈的争辩。另一义说：竞是角逐的意思。由誩、由两个人字会意。

【注释】①从誩句：谓二人言语相竞。

讟 dú

讟，痛怨也。从誩，賣声。《春秋传》曰：“民无怨讟。”徒谷切。

【译文】讟，痛恨。从誩，賣声。《春秋左传》说：“老百姓没有怨恨的情绪。”

音部

音 yīn

音，声也[①]。生于心，有节于外[②]，谓之音。宫商角徵羽[③]，声[④]；丝竹金石匏土革木，音也。从言含一[⑤]。凡音之属皆从音。于今切。

【译文】音，言语的声音。从心底产生，受口腔节制的，叫音。宫、商、角、徵、羽，（单独发出的）是乐声；用丝、竹、金、石、匏（páo）、土、革、木等乐器演奏出的，是音乐。由“言”含“一”表示。大凡音的部属都从音。

【注释】①声：言之声。②有节于外：受外部口腔舌齿的节制。③宫商角徵羽：是我国五声音阶中的五个音阶。此指乐音。④声：潘任《粹言疏证》：“乃指五声之单出而言。”五声之内唯单出无余声相应杂（配合）曰声也。⑤从言含一：林义光《文源》："一以示音在言中。"

響 xiǎng

響，声也。从音，鄉声。许两切。

【译文】響，回声。从音，鄉声。

䪩 ān

䪩，下徹声。从音。酓声。恩甘切。

【译文】䪩，微小低沉之声。从音，酓声。

韶 sháo

韶，虞舜乐也[①]。《书》曰[②]："《箫韶》九成[③]，凤皇来仪[④]。"从音，召声。市招切。

【译文】韶，虞舜时代的乐曲名。《尚书》说："《箫韶》之曲演奏九段之后，扮演凤凰的舞队成双成对地出来跳舞了。"从音，召声。

【注释】①虞舜乐：徐锴《系传》："《汉书·礼乐志》：'韶，绍（继）也。'言能绍尧之道也。"虞舜：古帝名。姚姓，有虞氏，名重华。继尧位。②《书》：指《虞夏书·皋陶谟》。③《箫韶》：舜时乐曲名。九成：郑玄："成，犹终也。每曲一终，必变更奏。若乐九变，人鬼可得而礼。"④仪：成双成对叫仪。

章 zhāng

章，乐竟为一章。从音，从十。十，数之终也。诸良切。

【译文】章，音乐一曲完了叫一章。由音、由十会意。十是十进制数的末尾数。

竟 jìng

竟，乐曲尽为竟。从音，从人。居庆切。

【译文】竟，乐曲终止叫竟。由音、由人会意。

辛部

童 tóng

童，男有辠曰奴，奴曰童，女曰妾。从辛，重省声。徒红切。

【译文】童，男人有罪称为奴，奴叫作童，女人有罪称为妾。从辛，重省声。

妾 qiè

妾，有辠女子，给事之得接于君者[①]。从辛，从女[②]。《春秋》云："女为人妾。"妾，不娉也[③]。七接切。

【译文】妾：有罪的女人，是能够被君主接触并为君主供职的女人。由辛、由女会意。《春秋左传》说："如果是女的，将成为别人的侍妾。"妾是不必行问名之礼的。

【注释】①给事：供职。②从辛，从女：《段注》："辛女者，有罪之女也。"③娉（pìn）：问名。古代婚礼"六礼"之一。即男方请媒人问女方名字和出生年月日。

丵部

丵 zhuó

丵，丛生艸也。象丵岳相并出也[①]。凡丵之属皆从丵。读若浞。士角切。

【译文】丵，丛生的草。像争高竞长两相并出的样子。大凡丵的部属都从丵。音读像"浞（zhuó）"字。

【注释】①丵岳：王筠《句读》："丵岳，叠韵。盖争高竞长之状。"

業 yè

業，大版也。所以饰县钟鼓。捷业如锯齿，以白画之。象其鉏铻相承也。从丵从巾。巾象版。《诗》曰："巨业维枞。"鱼怯切。

【译文】業，（乐器架子横木上的）大版。是用来装饰横木、悬挂钟鼓的东西。参差排比像锯齿，用白颜料涂画它。像两层版参差不齐而又互相承接的样子。由丵、由巾会意。巾像版形。《诗经》说："木柱子和大版上面装有崇牙。"

叢 cóng

叢，聚也。从丵，取声。徂红切。

【译文】叢，（草木）聚集。从丵，取声。

對 duì

對，譍无方也。从丵，从口，从寸。汉文帝以为责对而为言多非诚对，故去其口，以从士也。都队切。

【译文】對，回答不拘泥方法。由丵、由口、由寸会意。汉文帝认为：见责问而回答，说起话来多半不是诚实的回答，所以去掉對的“口”字，来改从“士”字。

菐部

菐 pú

菐，渎菐也①。从丵②，从収，収亦声③。凡菐之属皆从菐。蒲沃切。

【译文】菐，烦琐。由丵、由収会意，収也表声。大凡菐的部属都从菐。

【注释】①渎菐：朱骏声《通训定声》：“渎菐，叠韵连语，烦猥之皃。”②从丵，从収：徐铉注：“丵，众多也，两手奉之，是烦渎也。”③収亦声：収，东部；菐，屋部。阳入对转。

僕 pú

僕，给事者，从人，从菐①，菐亦声。蒲沃切。

【译文】僕，供役使的人。由人、由菐会意，菐也表声。

【注释】①从人，从菐：《段注》：“人之供烦辱者也。”参“菐”条。

𡦂 bān

𡦂，赋事也。从菐，从八①。八，分之也。八亦声。读若颁。一曰：读若非。布还切。

【译文】𡦂，分配工作。由菐、由八会意。八，表示“分”的意思。八也表声。音读像“颁”字。一说：音读像“非”字。

収部

収 gǒng

収，竦手也。从𠂇，从又。凡廾之属皆从廾。居竦切。

【译文】収，拱手。由𠂇、又会意。大凡収的部属都从収。

奉 fèng

奉①，承也。从手，从収，丰声。扶陇切。

【译文】奉，承受。由手、由収会意，丰声。

【注释】①奉：本义为两手捧着。

丞 chéng

丞①，翊。从収，从卩，从山。山高，奉承之义。署陵切。

【译文】丞，辅佐。由収、由卩、由山会意。山高，有向上奉承的意思。

【注释】①丞：拯救。

异 yì

异，举也。从収，㠯声。《虞书》曰①：“岳曰：异哉！”羊吏切。

【译文】异，举用。从収，㠯声。《唐书》说：“四方诸侯之长说：‘举用他吧！’”

【注释】①《虞书》：《段注》：“当作《唐书》。”指《尧典》。原文：“岳曰：‘异哉！试可乃已。’”谓举而用之，试可乃用。

弄 lòng

弄，玩也。从収持玉。卢贡切。

【译文】弄，玩弄。由“収”（双手）捧“玉”会意。

戒 jiè

戒，警也。从収持戈，以戒不虞[1]。居拜切。

【译文】戒，警戒。由双手握持着戈，来表示警戒不能预料之事。

【注释】① 虞：预料。

弆 kuí

弆，持弩拊。从収，肉[声]。读若逵。渠追切。

【译文】弆，手持弓弩把握的部位。从収，肉声。音读像“逵”字

兵 bīng

兵，械也。从収持斤，并力之皃。补明切。

【译文】兵，兵器。由“収”（双手）持握着“斤”（斧子）会意，表示齐心合力的样子。

弈 yì

弈，围棋也。从収，亦声。《论语》曰：“不有博弈者乎！”羊益切。

【译文】弈，围棋。从収，亦声。《论语》说：“不是有掷采、下围棋的活动吗？”

具 jù

具，共置也[1]。从収，从貝省。古以贝为货。其遇切。

【译文】具，供给设置。由収、由貝省会意。古时候用贝作钱财。

【注释】① 共：《段注》：“共、供，古今字。当从人部作‘供’。”

癶部

癶 pān

癶，引也。从反収。凡癶之属皆从癶。普班切。

【译文】癶，攀引。由収字双手反向表意。大凡癶的部属都从癶。

樊 fán

樊，鸷（縶）不行也[1]。从癶，从棥，棥亦声。附袁切。

【译文】樊，被縶绊不得外行。由癶、由棥会意。棥也表声。

【注释】① 鸷不行：“鸷”当作“縶”。《类篇》引作縶。縶不行，谓绊住不得外出。

共部

共 gòng

共[1]，同也。从廿廾。凡共之属皆从共。渠用切。

【译文】共，共同。由廿、収会意。大凡共的部属都从共。

【注释】① 共：《尚书·盘庚中》：“承汝俾汝，惟喜康共。”

龔 gōng

龔，给也。从共，龍声。俱容切。

【译文】龔，供给。从共，龍声。

異部

異 yì

異，分也。从収，从畀。畀，予也。凡异之属皆从异。羊吏切。

【译文】異，分开。由収、由畀会意。畀是给予的意思。大凡异的部属都从异。

戴 dài

戴，分物得增益曰戴。从異，𢦏声。都代切。

【译文】戴，分物得到增益叫戴。从異，𢦏声。

舁部

舁 yú

舁，共举也。从臼，从廾。凡舁之属皆从舁。读若余。以诸切。

【译文】舁，共同抬举起来。由臼、由収会意。大凡舁的部属都从舁。音读像“余”字。

與 yǔ

與，党与也[①]。从舁，从与。余吕切。

【译文】與，党与。由舁、由与会意。

【注释】① 党与：朋群。

興 xīng

興，起也。从舁，从同，同力也。虚陵切。

【译文】興，兴起。由舁、由同会意，同是表同心合力的意思。

臼部

臼 jū

臼，叉手也。从𦥑、彐。凡臼之属皆从臼。居玉切。

【译文】臼，两手手指相向交叉。由𦥑、彐会意。大凡臼的部属都从臼。

晨部

晨 chén

晨，早、昧爽也。从臼，从辰。辰，时也。辰亦声。丮夕为𡖍，臼辰为晨：皆同意。凡晨之属皆从晨。食邻切。

【译文】晨，早晨，天将明之时。由臼、由辰会意。辰表示时间。辰也表声。丮、夕会意表示𡖍，臼、辰会意表示晨：都是同一表意形式。大凡晨的部属都从晨。

農 nóng

農[①]，耕也。从晨，囟声。奴冬切。

【译文】農，耕种。从晨，囟声。

【注释】① 農：种田。

爨部

爨 cuàn

爨，齐谓之炊爨[①]。臼象持甑，冂为灶口，廾推林内火[②]。凡爨之属皆从爨。七乱切。

【译文】爨，齐叫烧火煮饭为爨。臼像双手持握着甑，冂表示灶门的口，𡗗表示双手将木柴推进灶口，将火引进灶内。大凡爨的部属都从爨。

【注释】① 齐谓之炊爨：《段注》：“各本‘谓’下衍‘之’字。”② 推林内（nà）火：《段注》：“林，柴也。内同纳。”

𦦏 qióng

𦦏，所以枝鬲者[①]。从爨省、鬲省。渠容切。

【译文】𦦏，用来支鬲（lì）的足架。由“爨”字的省略和“鬲”字的省略会意。

【注释】① 枝：桂馥《义证》：“《类篇》引作‘支’，《玉篇》同。”

釁 xìn

釁，血祭也[①]。象祭灶也。从爨省[②]，从酉[③]。酉所以祭也。从分[④]。分亦声。虚振切。

【译文】釁，血祭。像用血祭灶。由“爨”字省去𡗗，和“酉”字“分”字构成。酉是用来祭奠的酒。分，表示拿血布散涂抹的意思。分也表示读音。

【注释】① 血祭：《段注》：“以血塗之，因薦而祭之也。凡坼罅（xià，裂缝）谓之釁，《方言》作璺，音问；以血血其坼罅亦曰釁。《乐记》作衅。”② 从爨省：《段注》：“祭竈亦血塗之，故从爨省。爨者竈也。”③ 从酉：《段注》：“酉者，酒之省。”④ 从分：《段注》：“取血布散之意。”

革部

革 革 gé

革，兽皮治去其毛，革更之[①]。象古文革之形。凡革之属皆从革。古核切。

【译文】革，兽皮除去它的毛，改变它的样子。像古文革的样子。大凡革的部属都从革。

【注释】① 革更：同义复合。

鞹 鞹 kuò

鞹，去毛皮也。《论语》曰[①]："虎豹之鞹。"从革，郭声。苦郭切。

【译文】鞹，去毛的皮。《论语）说："虎豹的鞹。"从革，郭声。

【注释】①《论语》：指《颜渊篇》。今本原文："虎豹之鞟，犹犬羊之鞟。"

靬 靬 jiān

靬，靬，干革也。武威有丽靬县[①]。从革，干声。苦旰切。

【译文】靬，干皮革。武威地方有丽靬县。从革，干声。

【注释】① 武威句：骊靬本西域国，《张骞传》作"犛靬"，《西域传》作"犂靬"。故址在今甘肃省永昌县南。

鞈 鞈 luò

鞈，生革可以为缕束也。从革，各声。卢各切。

【译文】鞈，生皮革可以用来捆绑东西。从革，各声。

鞄 鞄 páo

鞄，柔革工也。从革，包声。读若朴。《周礼》曰："柔皮之工鲍氏。"鞄即鲍也。蒲角切。

【译文】鞄，治理皮革的工人。从革，包声。音读像"朴"字。《周礼》说："治理皮革的工人是鲍氏。""鞄"就是《周礼》说的"鲍"。

鞾 韗 yùn

韗，攻皮治鼓工也。从革，軍声。读若运。王问切。

【译文】韗，治皮制鼓的工匠。从革，軍声。音读像"运"字。

鞣 鞣 róu

鞣，耎也[①]。从革，从柔，柔亦声。耳由切。

【译文】鞣，使皮革柔软。由革、由柔会意，柔也表声。

【注释】① 耎（ruǎn）：即软字，此谓使皮革柔软。

靼 靼 dá

靼，柔革也。从革，从旦声。旨热切。

【译文】靼，柔软的皮革。从革，旦声。

鞼 鞼 guì

鞼，韦绣也[①]。从革，貴声。求位切。

【译文】鞼，有文彩的皮革。从革，貴声。

【注释】① 韦绣：当依《广韵》作"绣韦"。《后汉书·乌桓传》："妇人能刺韦作文绣。"韦，皮革。

鞶 鞶 pán

鞶，大带也。《易》曰："或锡之鞶带。"男子带鞶，妇人带丝。从革，般声。薄官切。

【译文】鞶，大皮带。《易经》说："有时赐给臣子大皮带。"男子用皮革作带，妇人用丝作带。从革，般声。

鞏 鞏 gǒng

鞏，以韦束也[①]。《易》曰："巩用黄牛之革。"从革，巩声。居竦切。

【译文】鞏，用皮革捆绑物体。《易经》说："如想巩固，要用黄牛的皮革。"从革，巩声。

【注释】① 以韦束也：引申为固。

鞔 mán

鞔，履空也。从革，免声。母官切。

【译文】鞔，鞋帮。从革，免声。

靸 sǎ

靸，小儿履也。从革，及声。读若沓。酥合切。

【译文】靸，小儿的鞋子。从革，及声。音读像“沓”字。

鞅 áng

鞅，鞅角，鞮属。从革，卬声。五冈切。

【译文】鞅，鞅角，皮鞋一类。从革，卬声。

鞮 dī

鞮，革履也。从革，是声。都兮切。

【译文】鞮，皮革制的鞋。从革，是声。

鞸 xǐ

鞸，鞮属。从革，徙声。所绮切。

【译文】鞸，皮鞋子一类。从革，徙声。

鞵 xié

鞵[1]，革生鞮也。从革，奚声。户佳切。

【译文】鞵，生皮革制的鞋子。从革，奚声。

【注释】① 鞵：徐锴《系传》：“今俗作鞋。”

鞠 jū

鞠，蹋鞠也[1]。从革，匊声。居六切。

【译文】鞠，蹋鞠。从革，匊声。

【注释】① 蹋鞠：打皮球。鞠，即今之球。

靪 dīng

靪，补履下也。从革，丁声。当经切。

【译文】靪，补鞋底。从革，丁声。

鞀 táo

鞀，鼗辽也。从革，召声。徒刀切。

【译文】鞀，又叫鼗辽。从革，召声。

鞔 yuān

鞔，量物之鞔。一曰：抒井鞔。古以革。从革，宛声。于袁切。

【译文】鞔，量物的器具。另一义说：是淘井取泥的器具。古代用皮革制成。从革，宛声。

鞞 bǐng

鞞，刀室也。从革，卑声。并顶切。

【译文】鞞，刀鞘。从革，卑声。

鞎 hén

鞎，车革前曰鞎[1]。从革，艮声。户恩切。

【译文】鞎，车箱前面的革制装饰物，叫鞎。从革，艮声。

【注释】① 车革：即舆革。《尔雅·释器》：“舆革前谓之鞎。”

鞃 hóng

鞃，车轼也。从革，弘声。《诗》曰：“鞹鞃浅幭[1]。”读若穹。丘弘切。

【译文】鞃，车轼中段裹扎着的皮革。从革，弘声。《诗经》说：“用皮革裹扎车轼中部，用虎皮浅毛覆盖着车轼。”音读像“穹”字。

【注释】① 鞹鞃浅幭（miè）：《毛传》：“鞹，革也；浅，虎皮浅毛也；幭，覆式也。”正义：“言鞹鞃者，言以去毛之皮，施于轼之中央，持车使牢固也。”

鞪 mù

鞪，车轴束也[1]。从革，敄声。莫卜切。

【译文】鞪，用皮革绑扎车轴。从革，敄声。

【注释】① 车轴束：徐锴《系传》：“以革束车轴，制其裂也。”

䩛 bì

䩛，车束也。从革，必声。毗必切。

【译文】䩛，车上用皮革绑扎的地方。从革，必声。

䪌 zuān

䪌，车衡三束也。曲辕䪌缚，直辕䪏缚。从革，爨声。读若《论语》"钻燧"之"钻"。借官切。

【译文】䪌，车辕横木上三个用皮革束缚的地方。小车的横木钻孔用皮带束缚，大车的横木全部用皮带束缚。从革，爨声。音读像《论语》"钻燧"的"钻"字。

䩢 zhì

䩢，盖杠丝也。从革，旨声。脂利切。

【译文】䩢，车盖杠柄上围束的皮绳。从革，旨声。

鞁 bèi

鞁，车驾具也。从革，皮声。平秘切。

【译文】鞍，驾车被马的器具。从革，皮声。

鞥 ēng

鞥，辔鞥。从革，弇声。读若譍。一曰：龙头绕者。乌合切。

【译文】鞥，马缰绳。从革，弇声。音读像"譍（yìng）"字。另一义说，鞥是马笼头。

靶 bà

靶，辔革也[①]。从革，巴声。必驾切。

【译文】靶，缰绳上御人所把之革。从革，巴声。

【注释】①辔革：徐锴《系传》："御人所把处。"

韅 xiǎn

韅，着掖鞥也。从革，顯声。呼典切。

【译文】韅，附着在马的两腋的皮革件。从革，顯声。

䩶 chěng

䩶，骖具也。从革，蚩声。读若骋、蜃。丑郢切。

【译文】䩶，骖马马具的统称。从革，蚩声。音读像"骋"字，又像"蜃"字。

靳 jìn

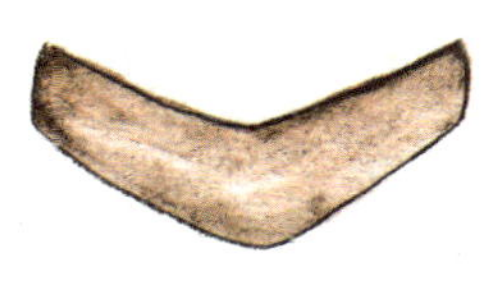

靳，当膺也。从革，斤声。居近切。

【译文】靳，（服马）当胸的皮革。从革，斤声。

靷 yǐn

靷，引轴也。从革，引声。余忍切。

【译文】靷，系于车轴用来引车前行的皮带。从革，引声。

䩪 guǎn

䩪，车鞁具也。从革，官声。古满切。

【译文】䩪，驾车被马的器具。从革，官声。

䩦 dòu

䩦，车鞁具也。从革，豆声。田侯切。

【译文】䩦，驾车被马的器具。从革，豆声。

䩒 yú

䩒，䩪内环靼也。从革，于声。羽俱切。

【译文】䩒，䩪内所环绕的柔软皮革。从革，于声。

䪇 bó

䪇，车下索也[①]。从革，尃声。补各切。

【译文】䪇，车下索。从革，尃声。

【注释】①车下索：徐锴《系传》："以革为索，终缚舆底也。""终"当作"络"。

䩍 è

䩍，车具也[①]。从革，奄声。乌合切。

【译文】䩍，车具。从革，奄声。

【注释】①车具：徐锴《系传》："有所掩覆处也。"《玉篇》："鞥，车上具也。"谓车上掩覆的器具。

𩋾 鞼 zhuó

鞼，车具也。从革，叕声。陟劣切。

【译文】鞼，车具。从革，叕声。

鞌 ān

鞌，马鞁具也。从革，从安。乌寒切。

【译文】鞌，被马的器具。由革、由安会意。

鞧 róng

鞧，鞌毳饰也。从革，茸声。而陇切。

【译文】鞧，马鞍上的细毛装饰品。从革，茸声。

鞊 tié

鞊，鞌饰。从革，占声。他叶切。

【译文】鞊，马鞍的装饰。从革，占声。

鞈 gé

鞈，防（汗）［扞］也①。从革，合声。古洽切。

【译文】鞈，防箭捍身的器具。从革，合声。

【注释】①防汗：当为防扞，即防捍，谓防捍的器具。

勒 lè

勒，马头络衔也。从革，力声。卢则切。

【译文】勒，马头上用以系着马嚼子的皮革。从革，力声。

鞙 xuàn

鞙，大车缚轭靼。从革，肙声。狂沇切。

【译文】鞙，牛车上悬缚车轭的柔软的皮带。从革，肙声。

靦 miǎn

靦，勒靼也。从革，面声。弥沇切。

【译文】靦，马勒上的柔软的皮革。从革，面声。

鞬 jiān

鞬，所以戢弓矢。从革，建声。居言切。

【译文】鞬，（马上）用来藏弓箭的器具。从革，建声。

靲 qín

靲，鞮也。从革，今声。巨今切。

【译文】靲，皮革制的鞋带。从革，今声。

韇 dú

韇，弓矢韇也。从革，賣声。徒谷切。

【译文】韇，藏弓箭之器。从革，賣声。

韉 suī

韉，绥也。从革，巂声。山垂切。

【译文】韉，马鞍的绦（tāo，用丝线编成的带子）饰。从革，巂声。

鞕 jí

鞕，急也。从革，亟声。纪力切。

【译文】鞕，皮革紧牢。从革，亟声。

鞭 biān

鞭①，驱也。从革，便声。卑连切。

【译文】鞭，用鞭驱赶马。从革，便声。

【注释】①鞭：鞭子。《尚书·舜典》："鞭作官刑。"孔安国传："以鞭为治官事之刑。"

鞅 yǎng

鞅，颈靼也。从革，央声。于两切。

【译文】鞅，套在牛马颈上的柔软皮革。从革，央声。

韄 hù

韄，佩刀丝也[①]。从革，蒦声。乙白切。

【译文】韄，佩刀把上的皮绳。从革，蒦声。

【注释】①佩刀丝：《庄子音义》引《三苍》："韄，佩刀靶韦也。"

鞁 tuó

鞁，马尾（驼）[鞁]也。从革，它声。今之般緧。徒何切。

【译文】鞁，拴在马尾上的皮带。从革，它声。类似今天的盘秋。

鞵 xié

鞵，系牛胫也。从革，見声。己彳切。

【译文】鞵，用皮革绊系牛的小腿（使之止步不前）。从革，見声。

鬲部

鬲 lì

鬲，鼎属。实五觳。斗二升曰觳。象腹交文，三足。凡鬲之属皆从鬲。郎激切。

【译文】鬲，鼎类的空足炊具。容积有五斛大。一斗二升叫作一斛。（中间）像腹部交错的纹饰，（下面）像三只脚。大凡鬲的部属都从鬲。

融 róng

融，炊气上出也。从鬲，蟲省声。以戎切。

【译文】融，煮食物的蒸气向上冒出。从鬲，蟲省声。

䰜部

䰜 lì

䰜，歷也。古文，亦鬲字。象孰饪五味气上出也。凡䰜之属皆从䰜。郎激切。

【译文】䰜，歷。是古文，也是鬲字的又一写法。像煮熟了的五味香气向上冒出。大凡䰜的部属都从䰜。

鬻 zhōu

鬻，健也。从䰜，米声。之六切。

【译文】鬻，糜。从䰜，米声。

爪部

爪 zhǎo

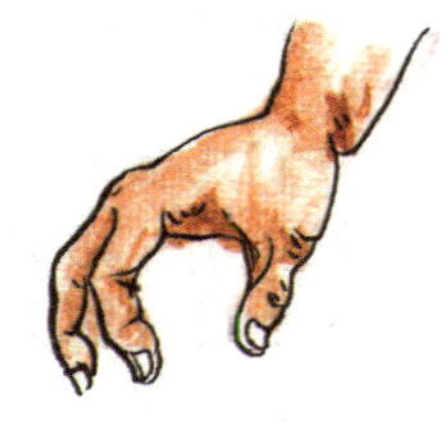

爪，丮也。覆手曰爪。象形。凡爪之属皆从爪。侧狡切。

【译文】爪，用爪抓持。另一义说，覆着手叫爪。象形。大凡爪的部属都从爪。

孚 fú

孚，卵孚也。从爪，从子。一曰：信也。芳无切。

【译文】孚，卵孵化。由爪、由子会意。另一义说：孚是诚信。

為 wéi

為，母猴也。其为禽好爪，爪，母猴象也。下腹为母猴形。王育曰："爪，象形也。"薳支切。

【译文】為，猕猴。猕猴作为走兽，喜欢用爪子。爪子，是猕猴的象征。字的下腹部是猕猴（头目身足）的形体。王育说："爪子，象猕猴之形。"

爫 zhǎng

爫，亦丮也。从反爪。阙。诸两切。

【译文】爫，也是用手抓持。由爪字反过来表示。读音阙。

《说文解字》说解方式

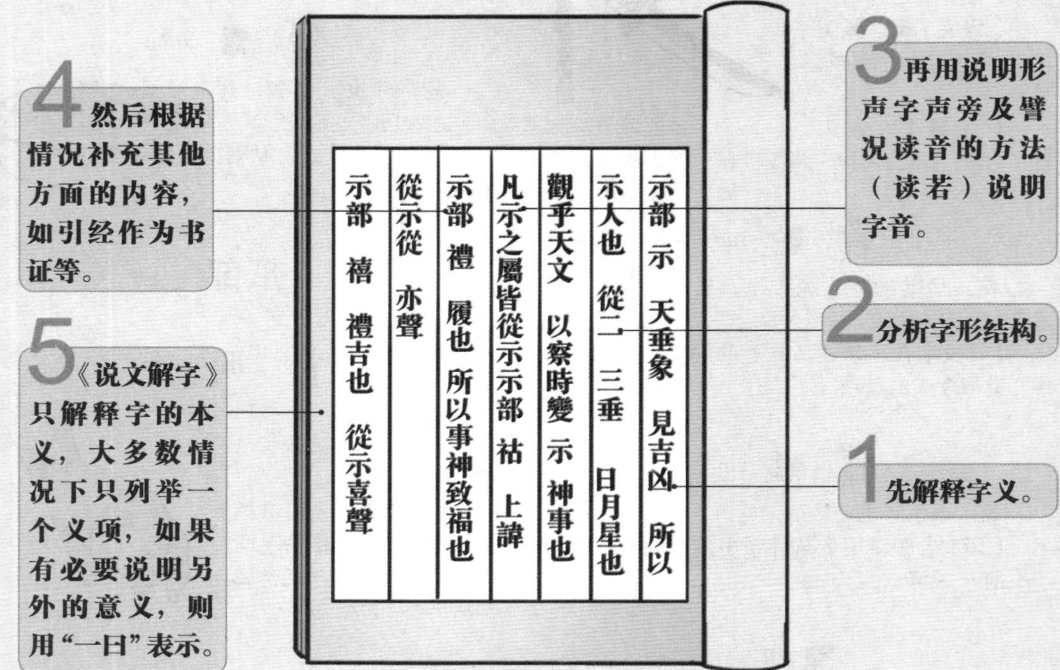

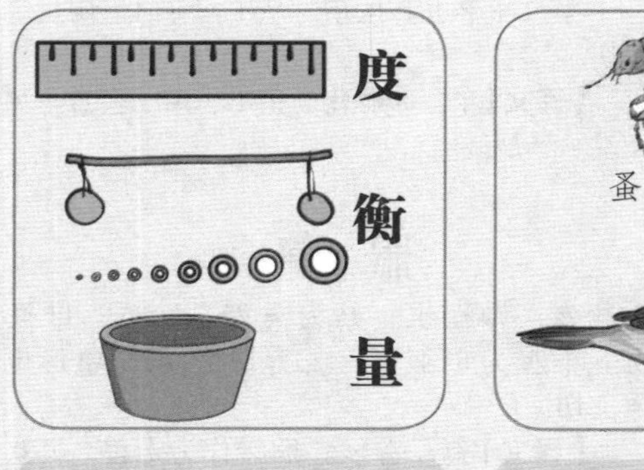

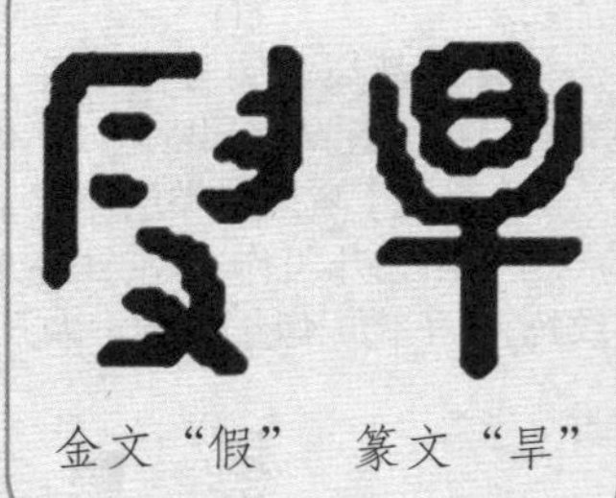

《说文解字》对于数目、度量衡、亲属称谓的解释和今天的解释没有区别，这是因为古今的认识一致。

对于其他事物，例如动物、植物、昆虫等，许慎从生活经验出发指出被释词的属别。如“蚤”是一种昆虫，“雀”是一种鸟，许慎根据它们的生活习性分别释为“跄人跳虫”和“依人小鸟”。

有些形容词没有适当的同义词不好互训，但是有相应的反义词，所以往往用否定语作注解。如“假”为“非真也”，“旱”释为“不雨也”。这样，既省事又明白。

𠃬部

𠃬 jǐ

𠃬，持也。象手有所𠃬据也。凡𠃬之属皆从𠃬。读若戟。几剧切。

【译文】𠃬，握持。像手有所握持。大凡𠃬的部属都从𠃬。音读像"戟"字。

𠭜 jú

𠭜，拖持也。从反𠃬。阙①。居玉切。

【译文】𠭜，拖持。由𠃬字反过来表示。读音阙。

【注释】①阙：《段注》："亦谓音读不传也。"

鬥部

鬥 dòu

鬥，两士相对，兵杖在后，象斗之形。凡斗之属皆从斗。都豆切。

【译文】鬥，两个士卒的手相对，兵器在后，像争斗的样子。大凡斗的部属都从斗。

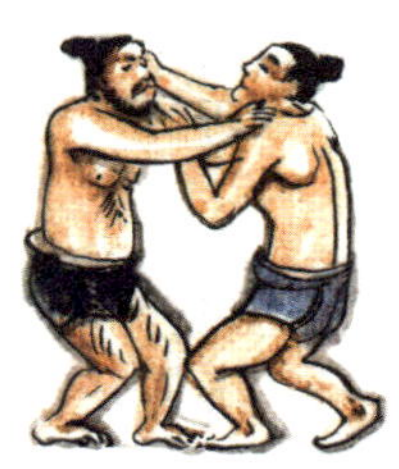

鬭 dòu

鬭，遇也。从鬥，斲声。都豆切。

【译文】鬭，接合。从鬥，斲声。

鬨 hòng

鬨，鬭也。从鬥，共声。《孟子》曰："邹与鲁哄。"下降切。

【译文】鬨，争斗。从鬥，共声。《孟子》说："邹国与鲁国争斗。"

又部

又 yòu

又，手也。象形。三指者，手之列多略不过三也。凡又之属皆从又。于救切。

【译文】又，手。象形。字形只见三个指头的原因是。表示手的一类字多是简略不过三个。大凡又的部属皆从又。

右 yòu

右，手口相助也①。从又，从口。于救切。

【译文】右，手和口相互佐助。由口、由又会意。

【注释】①手口相助：姚文田、严可均《校议》："口部已有'右，助也'。此重出。"

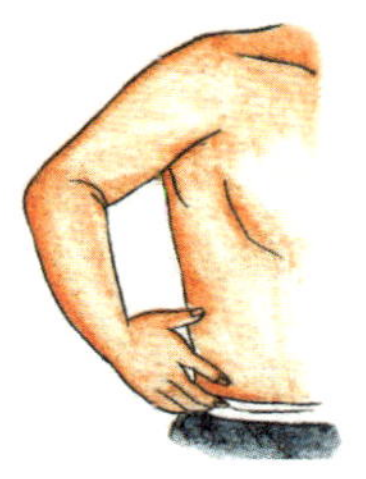

厷 gōng

厷，臂上也。从又，从古文[𠃋]。古薨切。

【译文】厷，臂的上部。由又、由古文𠃋会意。

叉 chā

叉，手指相错也。从又，象叉之形。初牙切。

【译文】叉，手指相交错。从又，(一)像手指叉物的形状。

父 fù

父，矩也，家长，率教者。从又举杖。扶雨切。

【译文】父，坚持规矩，是一家之长，是引导教育子女的人。由手举杖表意。

燮 xiè

燮，和也。从言，从又炎。读若湿。稣叶切。

【译文】燮，调和。由言、由又、炎会意。音读像“湿”字。

曼 màn

曼，引也。从又，冒声。无贩切。

【译文】曼，引长。从又，冒声。

夬 guài

夬，分决也。从又，㐄象决形。古卖切。

【译文】夬，分裂决断。从又，㐄像决裂的形状。

尹 yǐn

尹，治也。从又、丿①，握事者也。余准切。

【译文】尹，治理。由又、丿会意，表示用手掌握事物的意思。

【注释】①从又、丿：《段注》：“又为握，丿为事。”

及 jí

及，逮也。从又，从人。乁，古文及。《秦刻石》及如此。巨立切。

【译文】及，追上。由又、由人会意。乁是古文“及”字。《秦刻石》“及”像这个样子。

秉 bǐng

秉①，禾束也。从又持禾。兵永切。

【译文】秉，禾一把。由“又”（手）持握着“禾”表意。

【注释】①秉：一小把禾束。

反 fǎn

反，覆也。从又，厂反形。府远切。

【译文】反，翻覆。从又，厂像物体翻覆的样子。

叔 shū

叔，拾也。从又，尗声。汝南名收芌为叔。式竹切。

【译文】叔，收拾。从又，尗声。汝南地方叫收芋头作叔。从寸。

取 qǔ

取，捕取也。从又，从耳。《周礼》：“获者取左耳。”《司马法》曰：“载献聝①。”聝者耳也。七庾切。

【译文】取，捕获。由又、由耳会意。《周礼》说：“被捕获的野兽割取左耳。”《司马法》曰：“献上聝。”聝（guó）是（割下的）耳朵。

【注释】①载：助词。

彗 huì

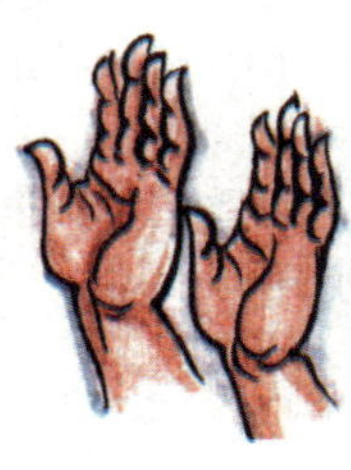

彗，扫竹也。从又持甡①。祥岁切。

【译文】彗，扫帚。由“又”持握“甡”会意。

【注释】①从又持甡：徐灏《段注笺》：“甡盖象竹篲之形，非甡字，犹鸟足从匕而非匕，鱼尾似火而非火。”

度 dù

度，法制也。从又，庶省声。徒故切。

【译文】度，法度。从又，庶省声。

友 yǒu

友，同志为友。从二又，相交友也。云久切。

【译文】友，志趣相同是友。由两个“又”（手）字会意，表示相交为友的意思。

𠂇部

𠂇 zuǒ

𠂇，𠂇手也。象形。凡𠂇属皆从𠂇。臧可切。

【译文】𠂇，左手。象形。大凡𠂇的部属都从𠂇。

卑 bēi

卑，贱也；执事也。从𠂇甲[1]。补移切。

【译文】卑，卑贱，办事。由'𠂇'、'甲'会意。

【注释】①从𠂇甲：𠂇是左手，引申为执。执甲者指低级人员，故训卑贱。

史部

史 shǐ

史，记事者也。从又持中；中，正也。凡史之属皆从史。疏士切。

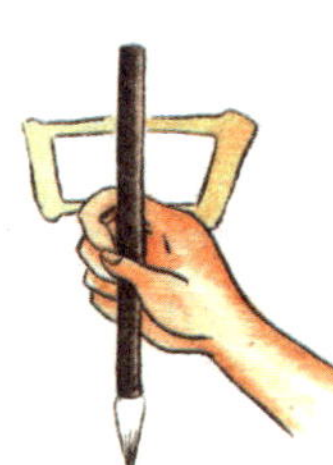

【译文】史，记事的人。由"又"(手)持握着"中"字含意。中，是正的意思。大凡史的部属都从史。

支部

支 zhī

支，去竹之枝也。从手持半竹。凡支之属皆从支。章移切。

【译文】支，离开竹茎的竹枝。由"又"(手)字持握半个"竹"字。大凡支的部属都从支。

聿部

聿 niè

聿，手之疌巧也。从又持巾。凡聿之属皆从聿。尼辄切。

【译文】聿，形容手的敏捷灵巧。由"又"(手)字持握着"巾"字会意。大凡聿的部属都从聿。

肅 sù

肅，持事振敬也[1]。从聿在㸚上，战战兢兢也。息逐切。

【译文】肃，办事奋勉恭敬。由"聿"字在"㸚"字上会意，表示"战战兢兢"的意思。

【注释】①振：奋勉。

聿部

聿 yù

聿，所以书也。楚谓之聿，吴谓之不律[1]，燕谓之弗。从聿，一声。凡聿之属皆从聿。余律切。

【译文】聿，用来书写的笔。楚地叫它作聿，吴地叫它作不律，燕地叫它作弗。从聿，一声。大凡聿的部属都从聿。

【注释】①不律："不律"为"笔"之合音。

𦘒 jīn

𦘒，聿饰也。从聿，从彡。俗语以书好为𦘒。读若津。将邻切。

【译文】𦘒，用笔刷饰。由聿、由彡会意。俗话以书写美好为𦘒。音读像"津"字。

畫部

畫 huà

畫，界也。象田四界。聿，所以画之。凡画之属皆从画。胡麦切。

【译文】畫，画分界限。(画)像田和四周的界画。聿，是用来画分界限的器具。大凡画的部属都从画。

晝 晝 zhòu

晝，日之出入，与夜为界。从畫省，从日。陟救切。

【译文】晝，从日出到日入的一段时间，与夜晚为界限。由畫省田、由日会意。

隶部

隶 隶 dài

隶，及也。从又，从尾省。又持尾者，从后及之也。凡隶之属皆从隶。徒耐切。

【译文】隶，追上去捕获。由又、由尾字省去尸构成。“又”（手）持握着“尾”的意思，表示从后面追上去捕获。大凡隶的部属都从隶。

隸 隸 lì

隸，附箸也。从隶，柰声。郎计切。

【译文】隸，附箸。从隶，柰声。

臤部

緊 緊 jǐn

緊，缠丝急也。从臤，从絲省。纠忍切。

【译文】紧，缠丝紧急的状态。由臤字，由絲字省去一半会意。

堅 堅 jiān

堅，刚也。从臤，从土。古贤切。

【译文】堅，刚硬的土。由臤、由土含意。

臣部

臣 臣 chén

臣，牵也。事君也。象屈服之形。凡臣之属皆从臣。植邻切。

【译文】臣，受牵制者，奉事君王者。像屈服的样子。大凡臣的部属都从臣。

臧 臧 zāng

臧，善也。从臣，戕声。则郎切。

【译文】臧，善良。从臣，戕声。

殳部

殳 殳 shū

殳，以杸殊人也。《礼》：殳以积竹，八觚，长丈二尺，建于兵车，车旅贲以先驱。从又，几声。凡殳之属皆从殳。市朱切。

【译文】殳，用杸隔离人。《周礼》说：殳用积竹制成，八条棱，长一丈二尺，树立在兵车上，车上的先锋队拿着它在前面驰驱。从又。几声。大凡殳的部属都从殳。

毆 毆 ōu

毆，捶毄物也。从殳，區声。乌后切。

【译文】毆，用捶杖击打物体。从殳，區声。

殿 殿 diàn

殿，击声也。从殳，屍声。堂练切。

【译文】殿，打击声。从殳，屍声。

殹 殹 yì

殹，击中声也。从殳，医声。于计切。

【译文】殹，被外物击中的声音。从殳，医声。

段 段 duàn

段，椎物也[1]。从殳，耑省声。徒玩切。

【译文】段，用槌棰击物体。从殳，耑省声。

【注释】①椎物：徐灏《段注笺》：“段、锻，古今字。段、碫，亦古今字。引申之则为分段。”

殽 xiáo

殽，相杂错也。从殳，肴声。胡茅切。

【译文】殽，彼此混杂殽乱。从殳，肴声。

毅 yì

毅，妄怒也。一曰：有决也。从殳，豙声。鱼既切。

【译文】毅，盛怒。另一义说：有果决能力。从殳，豙声。

几部

㐱 zhěn

㐱，新生羽而飞也。从几，从彡。之忍切。

【译文】㐱，小鸟新生羽而学飞的样子。由几、由彡会意。

鳧 fú

鳧，舒鳧，鹜也。从鳥，几声。房无切。

【译文】鳧，舒鳧，即鹜。从鳥，几声。

殺部

殺 shā

殺，戮也。从殳，杀声①。凡杀之属皆从杀。所八切。

【译文】殺，杀戮。从殳，杀声。大凡杀的部属都从杀。

【注释】① 杀声：《段注》：引张参说："杀，古殺字。"

弒 shì

弒，臣杀君也①。《易》曰②："臣弒其君。"从殺省，式声。式吏切。

【译文】弒，臣杀君。《易经》说："臣子弒杀他的君主。"从殺省，式声。

【注释】① 臣杀君：《段注》："述其实则曰杀君，正其名则曰弒君。"②《易》：指《坤卦》文言。

寸部

寸 cùn

寸，十分也。人手却一寸，动𧖴，谓之寸口。从又，从一。凡寸之属皆从寸。仓困切。

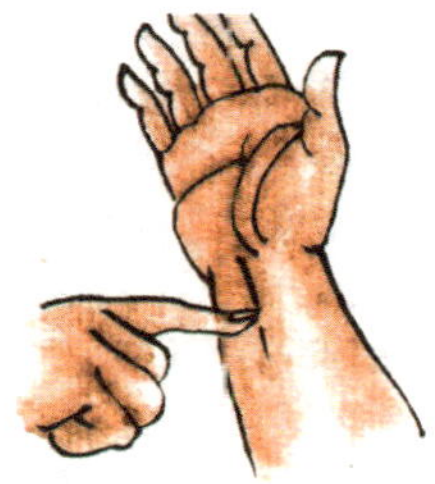

【译文】寸，十分。人手后退一寸，即动脉之处，叫作寸口。由又，由一会意。大凡寸的部属都从寸。

寺 sì

寺，廷也。有法度者也。从寸，之声。祥吏切。

【译文】寺，官府、朝廷。有法制的地方。从寸，之声。

將 jiàng

將，帅也。从寸①，𤖅省声。即谅切。

【译文】將，将帅。从寸，𤖅省酉为声。

【注释】① 从寸：《段注》："必有法度而后可以主之、先之。故从寸。"

專 zhuān

專，六寸簿也①。从寸，叀声。一曰：专，纺专。职缘切。

【译文】專，六寸簿。从寸，叀声。另一义说：专，纺专。

【注释】① 六寸簿：张舜徽《约注》："《始皇本纪》明云：'数以六为纪，符、法、冠皆六寸。'然则所谓六寸薄者，乃秦法之所在，犹云法经耳。小徐以文簿释簿，是矣。"

尃 fū

尃，布也。从寸，甫声。芳无切。

【译文】尃，布施。从寸，甫声。

導 dǎo

導，导引也。从寸，道声。徒皓切。

【译文】導，引导。从寸，道声。

皮部

皮 pí

皮，剥取兽革者谓之皮。从又，為省声。凡皮之属皆从皮。符羁切。

【译文】皮，剥取兽皮叫作皮。从又，為省声。大凡皮的部属都从皮。

皰 pào

皰，面生气也。从皮，包声。旁教切。

【译文】皰，脸上生的疱。从皮，包声。

皯 gǎn

皯，面黑气也。从皮，干声。古旱切。

【译文】皯，皮面黧黑干枯。从皮，干声。

甍部

甍 ruǎn

甍，柔韦也。从北，从皮省，从夐省。凡甍之属皆从甍。读若耎。一曰：若儁。而兖切。

【译文】甍，鞣制皮革。由北、由皮省会意，由夐省表声。大凡甍的部属都从甍。音读像“耎”字。一说，音读像“儁”字。

攴部

攴 pū

攴[1]，小击也。从又，卜声。凡攴之属皆从攴。普木切。

【译文】攴，小击。从又，卜声。大凡攴的部属都从攴。

【注释】①攴：徐灏《段注笺》：“疑本象手有所持之形。故凡举手作事之意，皆从之，因用为扑击字耳。”

啟 qǐ

啟，教也。从攴，启声。《论语》曰：“不愤不启。”康礼切。

【译文】啟，教导。从攴，启声。《论语》说：“不到他求通而未得的时候，不去开导他。”

徹 chè

徹，通也。从彳，从攴，从育。丑列切。

【译文】徹，穿通。由彳、由攴、由育会意。

肇 zhào

肇，击也。从攴，肇省声。治小切。

【译文】肇。打击。从攴，肇省戈为声。

敏 mǐn

敏，疾也。从攴，每声。眉殒切。

【译文】敏，快速。从攴，每声。

敄 wù

敄，强也。从攴，矛声。亡遇切。

【译文】敄，强（qiǎng）勉。从攴，矛声。

整 zhěng

整，齐也。从攴，从束，从正[1]，正亦声。之郢切。

【译文】整，整齐。由攴、由束、由正会意。正也表声。

【注释】①从攴句：徐锴《系传》：“（束，）束之；（攴，）又小击之；（正，）使正。会意。”

效 xiào

效，象也。从攴，交声。胡教切。

【译文】效，效法。从攴，交声。

故 gù

故，使为之也。从攴，古声。古慕切。

【译文】故，使它成为这样。从攴，古声。

政 zhèng

政，正也。从攴，从正，正亦声。之盛切。

【译文】政，正。由攴、由正会意，正也表声。

敷 fū

敷，㰴也。从攴，尃声。《周书》曰："用敷遗后人。"芳无切。

【译文】敷，施给。从攴，尃声。《周书》说："因此施给后人（幸福）。"

數 shǔ

數，计也。从攴，婁声。所矩切。

【译文】數，计数。从攴，婁声。

孜 zī

孜，汲汲也。从攴，子声。《周书》曰："孜孜无怠。"子之切。

【译文】孜，勤勉不怠。从攴，子声。《周书》说："孜孜不怠。"

敞 chǎng

敞，平治高土。可以远望也。从攴，尚声。昌两切。

【译文】敞，平整高土。可以登高望远。从攴，尚声。

改 gǎi

改，更也。从攴己。古亥切。

【译文】改，变更。由攴、己会意。

變 biàn

變，更也。从攴，䜌声。秘恋切。

【译文】變，改变。从攴，䜌声。

更 gēng

更，改也。从攴，丙声。古孟切。又，古行切。

【译文】更，改变。从攴，丙声。

敕 chì

敕[①]，诫也。臿地曰敕。从攴，朿声。耻力切。

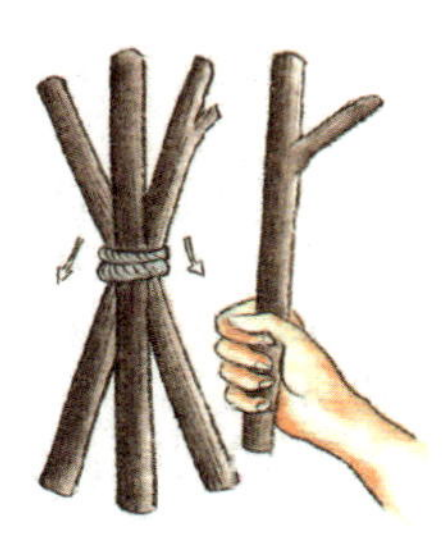

【译文】敕，告诫。在地中栽插叫敕。从攴，朿声。

【注释】①敕：训诫。《史记·乐书》："余每读《虞书》，至于君臣相敕，维是几安。"

斂 liǎn

斂，收也。从攴，僉声。良冉切。

【译文】斂，收聚。从攴，僉声。

敵 dí

敵，仇也。从攴，啇声。徒历切。

【译文】敵，仇敌。从攴，啇声。

救 jiù

救，止也。从攴，求声。居又切。

【译文】救，禁止。从攴，求声。

赦 shè

赦，置也[①]。从攴，赤声。始夜切。

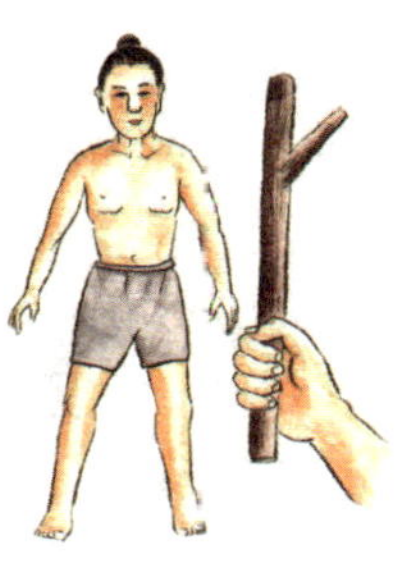

【译文】赦，舍弃，放置。从攴，赤声。

【注释】①置：《段注》："网部曰：'置，赦也。'二字互训。赦与捨音义同，非专谓赦罪也。后捨行而赦废，赦专为赦罪矣。"

攸 yōu

攸，行水也。从攴，从人，水省。以周切。

【译文】攸，使水平稳地流行。由攴、由人、由水字的省略会意。

敦 dūn

敦，怒也，诋也。一曰：谁何也。从攴，享声。都昆切。

【译文】敦，恼怒，诋毁。另一义说：敦是呵责的意思。从攴，享（chún）声。

敗 bài

敗，毁也。从攴、貝。敗、賊皆从貝会意。薄迈切。

【译文】敗，毁坏。由攴、貝会意。败、贼都从貝会意。

敽 luàn

敽，烦也。从攴，从𤔔，𤔔亦声。郎段切。

【译文】敽，烦乱。由攴、由𤔔会意，𤔔也表声。

寇 kòu

寇，暴也。从攴，从完[①]。苦候切。

【译文】寇，暴乱。由攴、由完会意。

【注释】①从攴，从完：攴，攴打；完，完固。

收 shōu

收，捕也[①]。从攴，丩声。式州切。

【译文】收，逮捕。从攴，丩（jiū）声。

【注释】①捕：捕取罪人。引申为收取、收敛。

鼓 gǔ

鼓，击鼓也。从攴，从壴，壴亦声。公户切。

【译文】鼓，击鼓。由攴、由壴会意，壴也表声。

攻 gōng

攻，击也。从攴，工声。古洪切。

【译文】攻，攻，攻击。从攴，工声。

敲 qiāo

敲，横擿也。从攴，高声。口交切。

【译文】敲，横击。从攴，高声。

畋 tián

畋，平田也。从攴、田。《周书》曰："畋尔田。"待年切。

【译文】畋，平治田地。由攴、田会意。《周书》说："平整好你们的田地。"

叙 xù

叙，次弟也。从攴，余声。徐吕切。

【译文】叙，次第。从攴，余声。

牧 mù

牧，养牛人也。从攴。从牛。《诗》曰："牧人乃梦。"莫卜切。

【译文】牧，养牛的人。由攴、由牛会意。《诗经》说："牧人于是做起梦来。"

教部

教 jiào

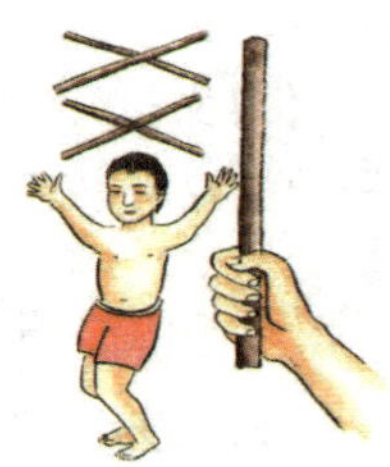

教，上所施下所效也。从攴，从孝。凡教之属皆从教。古孝切。

【译文】教，在上位的施教，在下位的仿效行为。由攴、由孝会意。大凡教的部属都从教。

卜部

卜 bǔ

卜，灼剥龟也，象灸龟之形。一曰：象龟兆之从横也。凡卜之属皆从卜。博木切。

【译文】卜，火灼裂龟甲：像火灼龟甲的样

子。一说，像龟甲裂纹纵横之形。大凡卜的部属都从卜。

卦 卦 guà

卦，筮也。从卜，圭声。古坏切。

【译文】卦，用蓍草占卦。从卜，圭声。

貞 貞 zhēn

貞，卜问也。从卜，貝以为贽。一曰：鼎省声。京房所说[①]。陟盈切。

【译文】貞，卜问。从卜，用貝作为占卜的礼品。一说：（貞，从卜）鼎省声。是京房氏的说法。

【注释】① 京房：西汉今文《易》学京氏学的创始人，本姓李。京氏学宣扬“天人感应”。

占 占 zhān

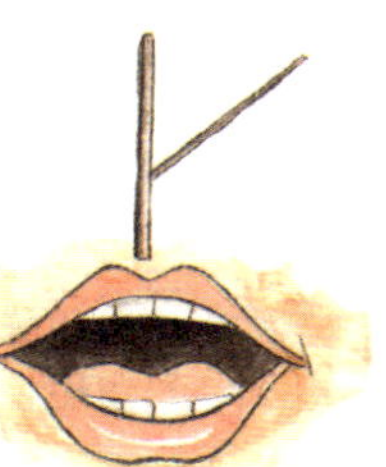

占[①]，视兆问也。从卜，从口。职廉切。

【译文】占，察兆问疑。由卜、由口会意。

【注释】① 占：林义光《文源》：“卜象兆文，从口临其上。”

用部

用 用 yòng

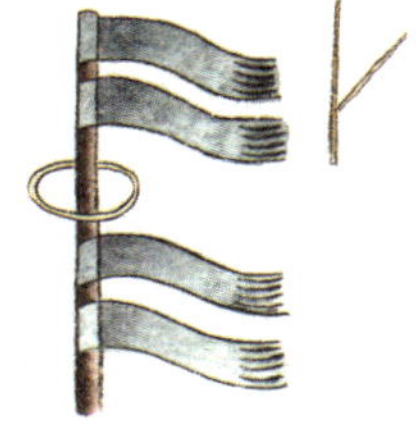

用[①]，可施行也。从卜，从中。卫宏说。凡用之属皆从用。余讼切。

【译文】用，可以施行。由卜、由中会意。是卫宏的说法。大凡用的部属都从用。

【注释】① 用：杨树达《积微居小学述林·释用》：“用者，桶之初也。”“凡可以受物之器皆可名桶。”

甫 甫 fǔ

甫，男子美称也。从用、父，父亦声。方矩切。

【译文】甫，男子的美称。由用、父会意，父也表声。

庸 庸 yōng

庸，用也。从用[①]，从庚[②]。庚，更事也[③]。《易》曰：“先庚三日。”余封切。

【译文】庸，施行。由用、由庚会意。庚，表示变更其法。《易经》说；“先干三天而后希望变更。”

【注释】① 用：行。② 庚：变更。谓行事能变为庸。③ 更事：更，变更。变更方法。

爻部

爻 爻 yáo

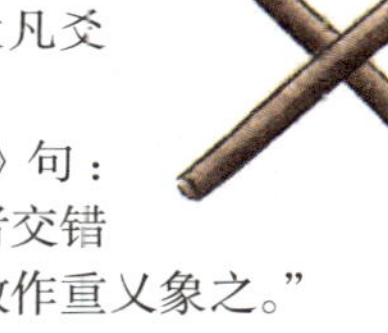

爻，交也。象《易》六爻头交也[①]。凡爻之属皆从爻。胡茅切。

【译文】爻，交错。象《易》卦六爻相交。大凡爻的部属都从爻。

【注释】① 象《易》句：徐灏《段注笺》：“交者交错之义。六爻为重体，故作亖乂象之。”

㸚部

爾 爾 ěr

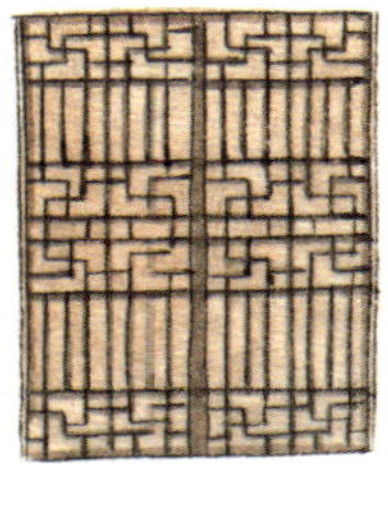

爾，丽尔，犹靡丽也。从冂，从㸚，其孔㸚，尒声。此与爽同意。儿氏切。

【译文】爾，丽尔，犹如说空明。由冂、由㸚会意，㸚表示孔格疏朗，尒声。它与爽都从㸚，构形之意相同。

爽 爽 shuǎng

爽，明也。从㸚，从大[①]。疏两切。

【译文】爽，明亮。由㸚、由大会意。

【注释】① 从㸚，从大：㸚像窗牖之交文。交文宽大，故爽明。

旻部

旻 xuè

旻，举目使人也。从攴，从目[①]。凡旻之属皆从旻。读若𩓿。火劣切。

【译文】旻，抬起眼睛支使别人。由攴、由目会意。大凡旻的部属都从旻。音读象"𩓿"字。

【注释】①从攴，从目：义为举目，故从目。又为使人，攴与又同，谓以手指使之。

夐 xuàn

夐，营求也。从旻，从人在穴上。《商书》曰："高宗梦得说，使百工夐求，得之傅岩。"岩，穴也。朽正切。

【译文】夐，营求。由旻、由"人"在"穴"上会意。《商书》说："高宗在梦中发现了傅说，使百官去设法寻找，在傅岩那儿找到了他。"岩，就是穴。

闅 wén

闅，低目视也。从旻，門声。弘农湖县有闅乡，汝南西平有闅亭。无分切。

【译文】闅，低着眼睛看。从旻，門声。弘农湖县有闅乡，汝南郡西平县有闅亭。

奞 quán

奞，大视也。从大旻。读略齤。况晚切。

【译文】奞，睁大眼睛看。由大、旻会意。音读像"齤"字。

目部

目 mù

目，人眼。象形。重，童子也。凡目之属皆从目。莫六切。

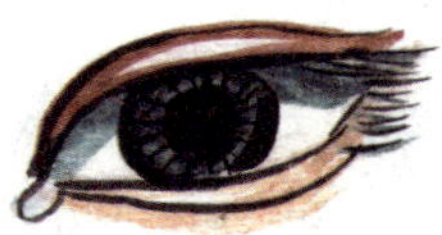

【译文】目，人的眼睛。象形。(眶内的)重划二，表示瞳仁。大凡目的部属都从目。

眼 yǎn

眼，目也。从目，皀声。五限切。

【译文】眼，眼睛。从目，皀(gèn)声。

矈 biǎn

矈，儿初生瞥者。从目，瞏声。邦免切。

【译文】矈，小儿刚生时眼睑(jiǎn)遮蔽眼睛。从目，瞏声。

眩 xuàn

眩，目无常主也[①]。从目，玄声。黄绚切。

【译文】眩，眼睛(昏花)，(视物摇晃)不定。从目，玄声。

【注释】①目无句：《释名·释疾病》："眩，县也，目视动乱，如县物摇摇然不定也。"

眥 zì

眥，目匡也。从目，此声。在诣切。

【译文】眥，眼眶。从目，此声。

䊳 mán

䊳，平目也。从目，㒼声。母官切。

【译文】䊳，使眼睑低平。从目，㒼声。

暉 gùn

暉，大目出也。从目，軍声。古钝切。

【译文】暉，大眼突出。从目，軍声。

矕 mǎn

矕，目矕矕也。从目，䜌声。武版切。

【译文】矕，眼睛矕矕而视的样子。从目，䜌声。

盰 gàn

盰，目多白也。一曰：张目也。从目，干声。古旱切。

【译文】盱，眼睛露出许多眼白。另一义说：张开眼睛。从目，于声。

晚 miǎn

晚，晚賢[①]，目视皃。从目，免声。武限切。

【译文】晚，晚賢，直视的样子。从目，免声。

【注释】① 晚賢：联绵词。

眂 shì

眂，眂皃[①]。从目，氏声。承旨切。

【译文】眂，看的样子。从目，氏声。

【注释】① 眂皃：徐锴《系传》作“视皃也”。注云：“此又古文视字。”

睨 nì

睨，衺视也。从目，兒声。研计切。

【译文】睨，斜着眼睛看。从目，兒声。

眓 huò

眓，视高皃。从目，戉声，读若《诗》曰：“施罛濊濊”。呼哲切。

【译文】眓，高视的样子。从目，戉（yuè）声。音读像《诗经》说的“施罛濊濊”的“濊”字。

眈 dān

眈，视近而志远。从目，冘声。《易》曰：“虎视眈眈。”丁含切。

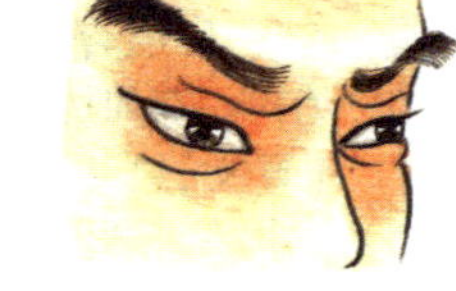

【译文】眈，视线近而意志深远。从目，冘声。《易经》说：“虎视眈眈。”

盱 xū

盱，张目也。从目，于声。一曰：朝鲜谓卢童子曰盱。况于切。

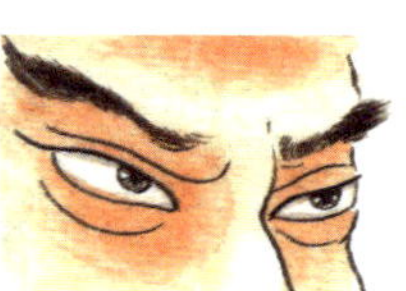

【译文】盱，张大眼睛。从目，于声。另一义说：朝鲜叫黑色的瞳仁作盱。

瞟 piǎo

瞟，瞭也。从目，票声。敷沼切。

【译文】瞟，察视。从目，票声。

睹 dǔ

睹，见也。从目，者声。当古切。

【译文】睹，看见。从目，者声。

睦 mù

睦，目顺也。从目，坴声。一曰：敬和也。莫卜切。

【译文】睦，目顺。从目，坴声。另一义说：恭敬和顺。

瞻 zhān

瞻，临视也。从目，詹声。职廉切。

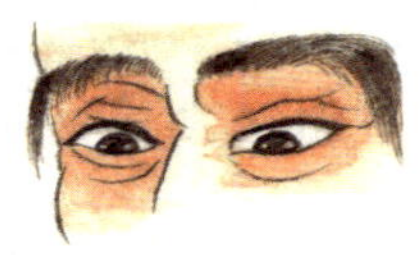

【译文】瞻，向下看。从目，詹声。

瞋 chēn

瞋，张目也。从目，真声。昌真切。

【译文】瞋，睁大眼睛。从目，真声。

相 xiāng

相，省视也。从目，从木。《易》曰：“地可观者莫可观于木。”《诗》曰：“相鼠有皮。”息良切。

【译文】相，察看。由目、由木会意。《易经》说：“地上可观的东西，没有什么比树木更可观了。”《诗经》说：“察看那老鼠，一定有皮。”

眷 juàn

眷，顾也。从目，𢍏声。《诗》曰：“乃眷西顾。”居倦切。

【译文】眷，回顾。从目，𢍏（juàn）声。《诗经》说：“于是就回顾着西土。”

督 dū

督，察也。一曰：目痛也。从目，叔声。冬毒切。

【译文】督，察看。另一义说，眼睛痛。从目，叔声。

睡 shuì

睡，坐寐也。从目垂。是伪切。

【译文】睡，坐着睡。由目、垂二字会意。

看 kān

看，晞也。从手下目[①]。苦寒切。

【译文】看，望。由“手”下加“目”字会意。

【注释】①从手下目：桂馥《义证》：“凡物见不审，则手遮目看之，故从手下目。”

瞑 mián

瞑，翕目也[①]。从目冥[②]，冥亦声。武延切。

【译文】瞑，闭上眼睛。从目、冥会意，冥也表声。

【注释】①翕目：翕，合。入睡则目合。字或作眠。②从目冥：冥，幽暗，无所见。谓眼无所见。

眚 shěng

眚，目病，生翳也[①]。从目，生声。所景切。

【译文】眚，眼睛有病，生了翳。从目，生声。

【注释】①翳：眼上长的膜。

瞥 piē

瞥，过目也。又，目翳也。从目，敝声。一曰：财見也。普灭切。

【译文】瞥，眼光掠过。又一义说，眼上的障蔽。从目，敝声。另一义说，才看见。

眛 mèi

眛，目不明也。从目，未声。莫佩切。

【译文】眛，眼光不明亮。从目，未声。

眺 tiào

眺，目不正也。从目，兆声。他吊切。

【译文】眺，目不正。从目，兆声。

睞 lài

睞，目童子不正也。从目，來声。洛代切。

【译文】睞，眼睛的瞳仁不正。从目，來声。

矇 méng

矇，童矇也。一曰：不明也。从目，蒙声。莫中切。

【译文】矇，瞳仁像被蒙。另一义说：幽暗不明。从目，蒙声。

眇 miǎo

眇，一目小也。从目，从少，少亦声。亡沼切。

【译文】眇，一只眼睛小。由目、由少会意，少也表声。

眄 miǎn

眄，目偏合也。一曰：衺视也。秦语。从目，丏声。莫甸切。

【译文】眄，眼睛的一只闭着。另一义说，斜着看。是秦地方言。从目，丏声。

盲 máng

盲，目无牟子[①]。从目，亡声。武庚切。

【译文】盲，眼睛里黑白不分。从目，亡声。

【注释】①牟子：牟，俗作眸。

瞽 gǔ

瞽，目但有眹也。从目，鼓声。公户切。

【译文】瞽，眼睛只有缝（而无见物的功能）。

从目，鼓声。

睇 dì

睇，目小视也。从目，弟声。南楚谓眄曰睇。特计切。

【译文】睇，眯目而斜视。从目，弟声。南楚叫眄作睇。

眙 chì

眙，直视也。从目，台声。丑吏切。

【译文】眙，目不转睛地看。从目，台声。

眝 zhù

眝，长眙也。一曰：张目也。从目，宁声。陟吕切。

【译文】眝，久久地看。另一义说，睁大眼睛。从目，宁声。

盻 xì

盻，恨视也。从目，兮声。胡计切。

【译文】盻，忿怒地看。从目，兮声。

䀠部

䀠 jù

䀠，左右视也。从二目。凡䀠之属皆从䀠。读若拘，又若良士瞿瞿。九遇切。

【译文】䀠，左右瞪视着。由两个“目”字会意。大凡䀠的部属都从䀠。音读像“拘”字，又像“良士瞿瞿”的“瞿”字。

𥄎 jū

𥄎，目衺也。从䀠。从大。大[①]，人也。举朱切。

【译文】𥄎，眼睛斜着。由䀠、由大会意。大，就是人。

【注释】①大：像人的正面之形。

眉部

眉 méi

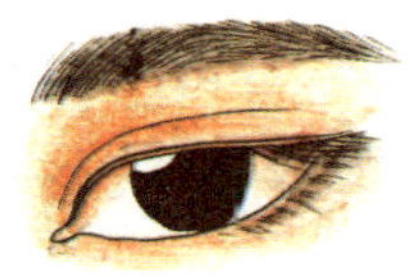

眉，目上毛也。从目，象眉之形，上象頟理也。凡眉之属皆从眉。武悲切。

【译文】眉，眼上的眉毛。从目，⺁像眉毛的形状，上面像额上的纹理。大凡眉的部属都从眉。

省 xǐng

省，视也。从眉省，从屮。所景切。

【译文】省，察视。由𥃩省去夊，再加上屮会意。

盾部

盾 dùn

盾，瞂也。所以扞身蔽目。象形。凡盾之属皆从盾。食问切。

【译文】盾，盾牌。用来捍卫身体、蔽护头目的东西。象形。大凡盾的部属都从盾。

自部

自 zì

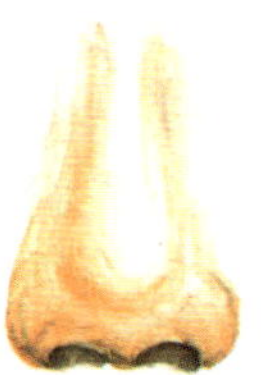

自，鼻也[①]。象鼻形。凡自之属皆从自。疾二切。

【译文】自，鼻子。像鼻形。大凡自的部属都从自。

【注释】①自：即古鼻字。

白部

皆 jiē

皆，俱词也。从比，从白。古谐切。

【译文】皆，表示统括的词。由比、由白（zì）会意。

者 zhě

者，别事词也[①]。从白，𣥂声。之也切。

【译文】者，区别事物的词。从白，𣥂声。

【注释】①别事词：徐锴《系传》："凡文由'者'字者，所以为分别隔义也。"《段注》："凡俗语云'者个'、'者般'、'者回'，皆取别事之意。"

百 bǎi

百，十十也。从一白。数：十百为一贯。相章也。博陌切。

【译文】百，十个十。由一白会意。数目：十个百是一贯。这样，就章明不乱。

鼻部

鼻 bí

鼻，引气自畀[①]也。从自[②]畀。凡鼻之属皆从鼻。父二切。

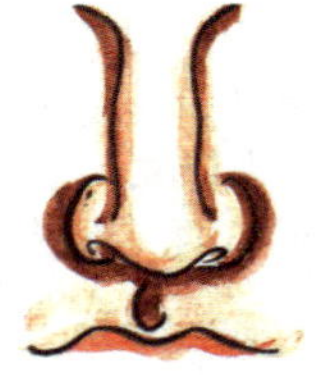

【译文】鼻，引气以自助。由自、畀会意。大凡鼻的部属都从鼻。

【注释】①畀(bì)：助。②自：鼻。

鼾 hān

鼾，卧息也。从鼻干声，读若汗。矦干切。

【译文】鼾，睡卧时的鼻息声。从鼻，干声。音读像"汗"字。

皕部

皕 bì

皕，二百也[①]。凡皕之属皆从皕。读若秘。彼力切。

【译文】皕，二百。大凡皕的部属都从皕。音读像"秘"字。

【注释】①二百：《段注》："即形为义。不言从二百。"

奭 shì

奭，盛也。从大，从皕[①]，皕亦声。此燕召公名。读若郝。《史篇》名丑[②]。诗亦切。

【译文】奭，盛大的样子。由大、由皕会意，皕也表声。这是燕国召公的名。音读像"郝"字。《史籀篇》说他的名叫作丑。

【注释】①从大，从皕："《段注》：皕与大皆盛意。"②《史篇》：徐锴《系传》："《史篇》谓史籀所作仓颉十五篇也。"

習部

習 xí

習，数飞也。从羽从白。凡习之属皆从习。似入切。

【译文】習，鸟儿频频试飞。由羽、由白(zì)会意。大凡习的部属都从习。

翫 wán

翫，习猒也。从習，元声。《春秋传》曰："翫岁而愒日。"五换切。

【译文】翫，习以为满足。从習，元声。《春秋左传》说："岁月的流逝，习以为常，却又急于时日的短暂。"

羽部

羽 yǔ

羽，鸟长毛也。象形。凡羽之属皆从羽。王矩切。

【译文】羽，鸟翅上的长毛。象形。大凡羽的部属都从羽。

翰 hàn

翰，天鸡赤羽也。从羽，倝声。《逸周书》曰："大翰，若翚雉[①]，一名鷐风。周成王时蜀人献之。”侯干切。

【译文】翰，天鸡的赤色羽毛。从羽，倝声。《逸周书》说：“长着五彩羽毛，像锦鸡，又叫鷐(chén)风。周成王时蜀地人献来的。”

【注释】① 翚雉：五彩皆备的山雉，又叫锦鸡。

翟 dí

翟，山雉尾长者。从羽，从隹。徒历切。

【译文】翟，长尾野鸡。由羽、由隹会意。

翡 fěi

翡，赤羽雀也。出郁林[①]。从羽，非声。房味切。

【译文】翡，赤色羽毛的小雀。出在郁林。从羽，卒声。

【注释】① 郁林：汉代郡名，在今广西境内。

翠 cuì

翠，青羽雀也。出郁林。从羽，卒声。七醉切。

【译文】翠，青色羽毛的小雀。出在郁林。从羽，非声。

翦 jiǎn

翦，羽生也。一曰：矢羽。从羽，前声。即浅切。

【译文】翦，新羽初生。另一义说：箭羽。从羽，前声。

翁 wēng

翁，颈毛也。从羽，公声。乌红切。

【译文】翁，鸟颈上的毛。从羽，公声。

翮 hé

翮，羽茎也[①]。从羽，鬲声。下革切。

【译文】翮，羽毛的茎。从羽，茎声。

【注释】① 羽茎：《段注》：“茎，枝柱也。”王筠《句读》：“《释器》：‘羽本谓之翮。’则与翭同义。许君盖谓羽本无毛而空中为翭，盖毛所附者为翮也。”

翕 xī

翕，起也。从羽，合声。许及切。

【译文】翕，起飞。从羽，合声。

翩 piān

翩，疾飞也。从羽，扁声。芳连切。

【译文】翩，快速地飞。从羽，扁声。

翊 yì

翊，飞皃。从羽，立声。与职切。

【译文】翊，飞的样子。从羽，立声。

翱 áo

翱，翱翔也[①]。从羽，皋声。五牢切。

【译文】翱，回旋飞翔。从羽，皋声。

【注释】① 翱翔：《释名·释言语》：“翱，敖也，言敖游也。”

翔 xiáng

翔，回飞也。从羽，羊声。似羊切。

【译文】翔，回旋地飞。从羽，羊声。

翳 yì

翳，华盖也[①]。从羽，殹声。于计切。

【译文】翳，即华盖。从羽，殹声。

【注释】① 华盖：用华丽的羽毛制成，形如车盖。

隹部

隹 zhuī

隹，鸟之短尾总名也[①]。象形。凡隹之属皆从隹。职追切。

【译文】隹，短尾鸟的总名。象形。大凡隹

的部属都从隹。

【注释】①鸟之短尾句：桂馥《义证》："析言之，则隹、鸟异类，合言之，则隹、鸟通偁。"

雅 yā

雅，楚乌也。一名鸒，一名卑居。秦谓之雅。从隹，牙声。五下切。又，乌加切。

【译文】雅，即楚乌。又叫鸒，又叫卑居。秦地叫它雅。从隹，牙声。

隻 zhī

隻，鸟一枚也。从又持隹。持一隹曰只，二隹曰双。之石切。

【译文】隻，鸟一只。由"又"（手）持握着"隹"会意。手里拿着一只鸟叫只，两只鸟叫双。

雒 luò

雒，鵋鵙也。从隹，各声。卢各切。

【译文】雒，鵋鵙鸟。从隹，各声。

閵 lìn

閵，今閵。似雊鹆而黄。从隹，𠁁省声。良刃切。

【译文】閵，含閵鸟。像八哥而色黄。从隹，𠁁省去二（上）为声。

雀 què

雀，依人小鸟也。从小隹。读与爵同。即略切。

【译文】雀，依人而宿的小鸟。由小、隹会意。音读与"爵"字同。

雉 zhì

雉[①]，有十四种：卢诸雉[②]，乔雉，鳪雉，鷩雉，秩秩海雉，翟山雉，翰雉[③]，卓雉，伊洛而南曰翚，江淮而南曰摇，南方曰𢑚，东方曰甾，北方曰稀，西方曰蹲。从隹，矢声。直几切。

【译文】雉，有十四种：卢诸雉，乔雉，鳪雉，鷩雉，秩秩海雉，翟山雉，翰雉，卓雉，（还有）伊、洛以南叫翚雉的，江淮以南叫摇雉的，南方叫𢑚雉的，东方叫甾雉的，北方叫稀雉的，西方叫蹲雉的。从隹，矢声。

【注释】①雉：俗称"野鸡""山鸡"。②卢：指黑色。③翰雉：王筠《句读》："翰似翚之五采而卓。"

雊 gòu

雊，雄（雌）[雉]鸣[①]也。雷始动，雉鸣而雊其颈。从隹，从句，句亦声。古候切。

【译文】雊，雄性野鸡叫。（正月）雷才震动，雄野鸡鸣叫，勾着它的颈脖。由隹、由句会意，句也表声。

【注释】①雄雌鸣：当依《段注》作"雄雉鸣"。

雞 jī

雞[①]，知时畜也。从隹，奚声。古兮切。

【译文】雞，知道时辰的家畜。从隹，奚声。

【注释】①雞：罗振玉《增订殷墟书契考释》："象鸡形，高冠修尾。"

雕 diāo

雕，鷻也。从隹，周声。都僚切。

【译文】雕，鷻鸟。从隹，周声。

雁 yàn

雁[①]，鸟也。从隹，从人，厂声。读若鴈。五晏切。

【译文】雁，鸟名。由隹、由人会意，厂声。音读像"鴈"字。

【注释】①雁：即鸿雁，候鸟。每年春分后飞往北方，秋分后飞回南方。

雇 hù

雇，九雇。农桑候鸟，扈民不淫者也[①]。从隹，户声。春雇，鳻盾；夏雇，窃玄；秋雇，窃蓝；冬雇，窃黄；棘雇，窃丹；行雇，唶唶；宵雇，啧啧；桑雇，窃脂[②]；老雇，鷃也。侯古切。

【译文】雇，有九种雇鸟。农耕桑织的候鸟，防止农民使不误过农时。从隹，户声。春雇鸟，又叫鳻盾鸟；夏雇鸟，浅黑色；秋雇鸟，浅蓝色；冬雇鸟，浅黄色；棘雇鸟，浅赤色；行雇鸟，唶唶地叫；宵雇鸟，啧啧地叫；桑雇鸟，浅白色；老雇鸟，又叫鷃雀。

【注释】① 扈民不淫：以扈释雇，是声训。扈，止。淫，过时。② 窃脂：浅白色。

雄 xióng

雄，鸟父也。从隹，厷声。羽弓切。

【译文】雄，公鸟。从隹，厷声。

雌 cí

雌，鸟母也。从隹，此声。此移切。

【译文】雌，母鸟。从隹，此声。

奞部

奞 suī

奞，鸟张毛羽自奋也。从大从隹。凡奞之属皆从奞。读若睢。息遗切。

【译文】奞，鸟张毛羽奋起而飞。由大、由隹会意。大凡奞的部属都从奞。

奪 duó

奪，手持隹失之也①。从又，从奞。徒活切。

【译文】奪，手里持握的鸟失去了。由又、由奞会意。

【注释】① 手持句：《段注》："引申为凡失去物之偁。凡手中遗落物当作此字。今乃用脱为之，而用夺为争敓字，相承久矣。"

奮 fèn

奮，翚也。从奞在田上。《诗》曰："不能奋飞。"方问切。

【译文】奮，大飞。由"奞"在"田"上会意。《诗经》说："不能奋飞。"

萑部

萑 huán

萑，鸱属。从隹，从𦫳，有毛角。所鸣，其民有旤。凡萑之属皆从萑。读若和。胡官切。

【译文】萑，鸱鸮之类。由隹、由𦫳会意，𦫳，表示头上有簇毛如角。它鸣叫的那地方，人们将有祸害。大凡萑的部属都从萑。音读像"和"字。

蒦 huò

蒦，规蒦，商也。从又持萑。一曰视遽皃。一曰：蒦，度也。乙虢切。

【译文】蒦，规蒦，商量。由"又"持握着"萑"会意。另一义说：看得匆忙的样子。又另一义说：蒦是规度。

雚 guàn

雚，小爵也。从萑，吅声。《诗》曰："雚鸣于垤。"工奂切。

【译文】雚，水雀鸟。从萑，吅声。《诗经》说："雚鸟在蚂蚁冢上叫着。"

舊 jiù

舊，雖旧，旧留也。从萑，臼声。巨救切。

【译文】舊，雖旧，即旧留鸟。从萑，臼声。

𦫳部

𦫳 guǎ

𦫳，羊角。象形。凡𦫳之属皆从𦫳。读若乖。工瓦切。

【译文】𦫳，羊角。象形。大凡𦫳的部属都从𦫳。音读像"乖"字。

苜 mián

苜，相当也。阙。读若宀。母官切。

【译文】苜，相当。构形阙。音读像"宀"字。

苜部

苜 mò

苜，目不正也。从𦫳，从目。凡苜之属皆从苜。蔑从此。读若末。模结切。

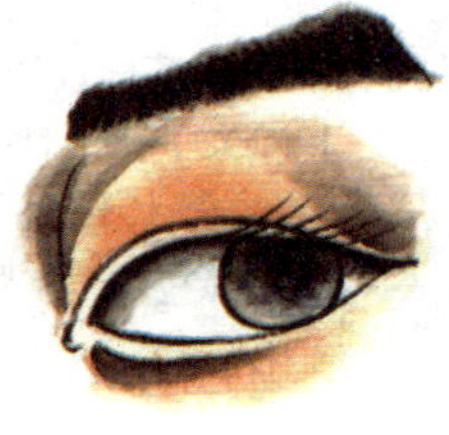

【译文】苜，眼睛不正。由𦫳、由目会意。大凡苜的部属都从苜。蔑字从苜。音读像“末”字。

蔑 miè

蔑，劳，目无精也。从苜，人劳则蔑然；从戍。莫结切。

【译文】蔑，疲劳，眼睛没有精神。从苜，表示人疲劳就两目无神的样子，从戍。

羊部

羊 yáng

羊，祥也。从，象头角足尾之形。孔子曰：牛羊之字以形举也。凡羊之属皆从羊。与章切。

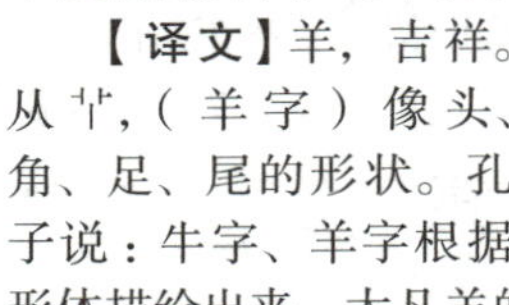

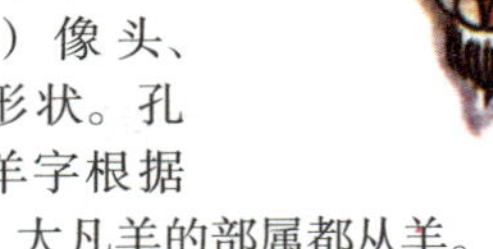

【译文】羊，吉祥。从𦫳，（羊字）像头、角、足、尾的形状。孔子说：牛字、羊字根据形体描绘出来。大凡羊的部属都从羊。

羔 gāo

羔[①]，羊子也。从羊，照省声。古牢切。

【译文】羔，小羊。从羊，照省昭为声。

【注释】①羔：徐灏《段注笺》：“疑羔之本义为羊炙，故从火。小羊味美，为炙尤宜，因之羊子谓之羔。”

芈 mǐ

芈，羊鸣也。从羊，象声气上出。与牟同意。绵婢切。

【译文】芈，羊叫声。从羊，（羊上的丨）像声音和气向上冒出的样子。与“牟”字构形同意。

羝 dī

羝，牡羊也。从羊，氐声。都兮切。

【译文】羝，公羊。从羊，氐声。

羒 fén

羒，（牂）[牡]羊[①]也。从羊，分声。符分切。

【译文】羒，白色公羊。从羊，分声。

【注释】①牂羊：当从《段注》作“牡羊”。

牂 zāng

牂，（牡）[牝]羊[①]也。从羊，爿声。则郎切。

【译文】牂，母羊。从羊，爿声。

【注释】①牡羊：当从《段注》作“牝羊”。《尔雅·释畜》：“羊牡羒，牝牂，”

羭 yú

羭，夏羊（牡）[牝]曰羭。从羊，俞声。羊朱切。

【译文】羭，黑色母羊叫羭。从羊，俞声。

羖 gǔ

羖，夏羊牡曰羖。从羊，殳声。公户切。

【译文】羖，黑色公羊叫羖。从羊，殳声。

羯 jié

羯，羊羖犗也。从羊，曷声。居竭切。

【译文】羯，公羊被阉割。从羊，曷声。

美 měi

美，甘也。从羊，从大。羊在六畜主给膳也[①]。美与善同意。无鄙切。

【译文】美，味道甜美。由羊、由大会意。

羊在六畜之中，为供给牲肉之主。“美”字与“善”字构形同意。

【注释】①六畜：马、牛、羊、豕、犬、鸡。

羌 qiāng

羌，西戎牧羊人也。从人，从羊，羊亦声。南方蛮闽从虫，北方狄从犬，东方貉从豸，西方羌从羊：此六种也。西南僰人、僬侥，从人；盖在坤地，颇有顺理之性。唯东夷从大；大，人也。夷俗仁，仁者寿，有君子不死之国。孔子曰：“道不行，欲之九夷，乘桴浮于海。”有以也。去羊切。

【译文】羌，西方戎族的牧羊人。由人、由羊会意，羊也表声。南方“蛮”族、“闽”族，其字从虫；北方“狄”族，其字从犬；东方“貉”族，其字从豸；西方“羌”族，其字从羊：这以上，总共四种部族。西南方的“僰”人、“僬侥”，其字都从人；大概是因为他们都生活在西南之地，很有顺从道理的人性。只有东方“夷”族，其字从大；大就是人。夷俗仁爱，仁爱的人长寿，那儿有君子不死的国度。孔子说：“仁义之道不能实行，我要到东方的九夷族去，乘着竹木编成的排筏飘浮在大海上。”这话是有原因的。

羑 yǒu

羑，进善也。从羊，久声。文王拘羑里在汤阴。与久切。

【译文】羑，引导向善美前进。从羊，久声。周文王被关在羑里监狱，羑里在汤阴。

羴部

羴 shān

羴，羊臭也。从三羊。凡羴之属皆从羴。式连切。

【译文】羴，羊的气味。由三个羊字会意。大凡羴的部属都从羴。

羼 chàn

羼，羊相厕也。从羴在尸下；尸，屋也。一曰：相出前也。初限切。

【译文】羼，羊互相聚集在一起。由“羴”在“尸”下会意；尸表示屋子。另一义说：羊相争突出在前面。

瞿部

瞿 qú

瞿，鹰隼之视也。从隹，从䀠，䀠亦声。凡瞿之属皆从瞿。读若章句之句。九遇切。又音衢。

【译文】瞿，鹰鹞惊视的样子。由隹、由䀠会意，䀠也表声。音读像章句的“句”字。

矍 jué

矍，隹欲逸走也。从又持之，矍矍也。读若《诗》云“穬彼淮夷”之“穬”。一曰：视遽皃。九缚切。

【译文】矍，隹鸟想逃跑，用“又”（手）持握着它，它瞿瞿然左右惊顾。音读像《诗经》说的“穬彼淮夷”的“穬”字。另一义说：是看得十分急切的样子。

雔部

雔 chóu

雔，双鸟也。从二隹。凡雔之属皆从雔。读若酬。市流切。

【译文】雔，成对的鸟。由两个“雔”字含意。大凡雔的部属都从雔。音读像“酬”字。

靃 huò

靃，飞声也。雨而双飞者，其声靃然。呼郭切。

【译文】靃，飞的声音。雨中成双成对的鸟疾飞，那声音靃靃地响。

雙 shuāng

雙，隹二枚也。从雔，又持之[①]。所江切。

【译文】雙，鸟两只。从“雔”，“又”（手）持握着它。

【注释】①又持之：徐灏

《段注笺》："从又持二隹会意。引申为凡物两两相对之偁。"

雥部

雥 zá

雥，群鸟也。从三隹。凡雥之属皆从雥。徂合切。

【译文】雥，群鸟。由三个“隹”字相叠会意。

雧 jí

雧[①]，群鸟在木上也。从雥，从木。

【译文】雧，群鸟聚集在树木上。由雥、由木会意。

【注释】① 雧：古同“集”。《诗经·周南·葛覃》：“黄鸟于飞，集于灌木。”

鳥部

鳥 niǎo

鳥，长尾禽总名也。象形。鸟之足似匕[①]，从匕。凡鸟之属都从鸟。都了切。

【译文】鸟，长尾飞禽的总名。象形。鸟的脚像匕字之形，从匕。大凡鸟的部属都从鸟。

【注释】① 似匕：似匕字之形。

鳳 fèng

鳳，神鸟也。天老曰：凤之象也，鸿前麟后，蛇颈鱼尾，鹳颡鸳思，龙文虎背，燕颔鸡喙，五色备举。出于东方君子之国，翱翔四海之外，过昆崘，饮砥柱，濯羽弱水，莫宿风穴。见则天下大安宁。从鳥，凡声。冯贡切。

【译文】鳳，神鸟。黄帝的臣子天老说：凤鸟的样子啊，前面像鸿雁，后面像麒麟；像蛇一样的颈项，像鱼一样的尾巴；像鹳鹊一样的额头，像鸳鸯一样的鳃帮；像龙一样的花纹，像虎一样的背；像燕一样的下巴颏，像鸡一样的嘴；五色全都具备。出产在东方君子的国度，翱翔在四海之外，飞过昆崘山，到黄河的砥柱饮水，在弱水洗濯毛羽，黄昏时宿止在风的洞口。一出现，天下就大安宁。从鳥，凡声。

鸞 luán

鸞，亦神灵之精也。赤色，五采，鸡形。鸣中五音，颂声作则至。从鳥，䜌声。周成王时氐羌献鸾鸟。洛官切。

【译文】鸞，也是神灵的精物。赤色，五彩花纹，像鸡的样子。叫声符合五音，（太平盛世）颂歌起，它就飞来了。从鳥，䜌声。周成王的时候，氐族羌族献来鸾鸟。

鳩 jiū

鳩，鹘鸼也[①]。从鳥，九声。居求切。

【译文】鳩，鹘鸼鸟。从鳥，九声。

【注释】① 鹘鸼：一种小鸠。

鴿 gē

鴿，鸠属[①]。从鳥，合声。古沓切。

【译文】鴿，鸠之属。从鳥，合声。

【注释】① 鸠属：形似鸠，羽色白、灰或酱紫。飞行力极强，经训练可用来通信。

鴞 xiāo

鴞，鸱鸮[①]，宁鴂也。从鳥，号声。于娇切。

【译文】鸮，鸱鸮鸟，又名宁鴂鸟。从鳥，号声。

【注释】① 鸱鸮：《诗经·豳风·鸱鸮》毛传：“鸱鸮，鶗鴂。”

鴂 jué

鴂，宁鴂也。从鳥，夬声。古穴切。

【译文】鴂，鶗鴂鸟。从鳥，夬声。

鶴 hè

鶴，鸣九皋[①]，声闻于天。从鳥，隺声。下各切。

【译文】鶴，它在沼泽鸣叫，声音上达云霄。从鳥，隺声。

【注释】① 鸣九皋句：见《诗经·小雅·鶴鸣》。

鷺 lù

鷺，白鷺也。从鳥，路声。洛故切。

【译文】鷺，白鷺。从鳥，路声。

鵠 hú

鵠，鸿鵠也。从鳥，告声。胡沃切。

【译文】鵠，鸿鵠鸟。从鳥，告声。

鴻 hóng

鴻，鸿鵠也。从鳥，江声。户工切。

【译文】鴻，鸿鵠鸟。从鳥，江声。

鶖 qiū

鶖，秃鶖也。从鳥，尗声。七由切。

【译文】鶖，秃鶖鸟。从鳥，尗声。

鴛 yuān

鴛，鸳鸯也[①]。从鳥，夗声。于袁切。

【译文】鴛，鸳鸯鸟。从鳥，夗声。

【注释】① 鸳鸯：崔豹《古今注·鸟兽》："鸳鸯·水鸟，凫类也。雌雄未尝相离，人得其一，则一思而至死，故曰匹（配偶）鸟。"

鴦 yāng

鴦，鸳鸯也。从鳥，央声。于良切。

【译文】鴦，鸳鸯鸟。从鳥，央声。

鵝 é

鵝，鴚鵝也。从鳥，我声。五何切。

【译文】鵝，鴚鵝。从鳥，我声。

鴈 yàn

鴈，鵝也[①]。从鳥人，厂声。五晏切。

【译文】鴈，（家）鹅。由鳥、人会意，厂声。

【注释】① 鵝：徐灏《段注笺》："凡远举高飞者，为鸿鴈，为鴚鵝；养驯者，为鹅，为舒雁。古多通用。《礼经》单言鴈者，即人所畜之鵝。"

鶩 wù

鶩，舒凫也。从鳥，敄声。莫卜切。

【译文】鶩，舒凫。从鳥，敄声。

鷖 yī

鷖，凫属。从鳥，殹声。《诗》曰："凫鷖在梁。"乌鸡切。

【译文】鷖，凫一类的鸟。从鳥，殹声。《诗经》说："凫鷖在梁。"

鷸 yù

鷸，知天将雨鸟也。从鳥，矞声。《礼记》曰[①]："知天文者冠鷸。"余律切。

【译文】鷸，知道天将下雨的鸟。从鳥，矞声。《礼记》说："懂得天象的人戴着鷸鸟形的帽子。"

【注释】①《礼记》：礼无此文，见《逸周书》。

鷀 cí

鷀，鸕鷀也[①]。从鳥，兹声。疾之切。

【译文】鷀，鸕鷀鸟。从鳥，兹声。

【注释】① 鸕鷀：《段注》："今江苏人谓之水

老鸦，畜以捕鱼。”

鴇 bǎo

鴇[①]，鸟也。肉出尺胾。从鳥，𠂔声。博好切。

【译文】鴇，鸨鸟。它的肉适合作烤肉。从鳥，𠂔声。

【注释】① 鴇：徐锴《系传》：“鸨，虎文，无后趾，大如雁。”

鴆 zhèn

鴆，毒鸟也。从鳥，冘声。一名运日。直禁切。

【译文】鴆，毒鸟。从鳥，冘声。又叫运日。

㲉 kòu

㲉，鸟子生哺者。从鳥，㱿声。口豆切

【译文】㲉，生下来就待母哺食的鸟崽子。从鳥，㱿声。

鳴 míng

鳴，鸟声也[①]。从鳥，从口。武兵切。

【译文】鳴，鸟的叫声。由鳥、由口会意。

【注释】① 鸟声：《段注》：“引申之凡出声皆曰鸣。”

騫 xiān

騫，飞皃。从鳥，寒省声。虚言切。

【译文】騫，（鸟）飞的样子。从鳥，寒省宀为声。

鳻 fēn

鳻，鸟聚皃。一曰：飞皃。从鳥，分声。府文切。

【译文】鳻，鸟儿聚集的样子。另一义说，鸟儿飞翔的样子。从鳥，分声

烏部

烏 wū

烏，孝鳥也[①]。象形[②]。孔子曰：“乌，盱呼也。”取其助气，故以为乌呼。凡乌之属皆从乌。哀都切。

【译文】烏，孝顺的鸟。像乌鸟形。孔子说：“乌，舒气自呼的意思。”取乌的声音用来帮助语气，所以借它来作“乌呼”的“乌”字。大凡乌的部属都从乌。

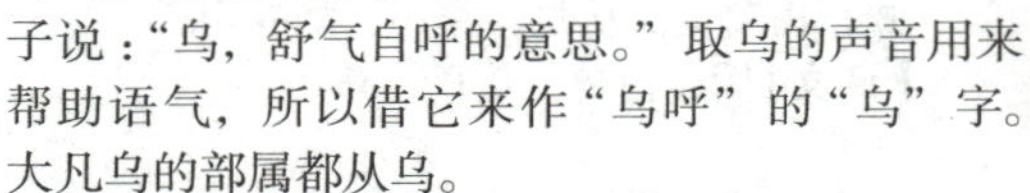

【注释】① 孝鳥：即烏鸦。《段注》：“谓其反哺（乌雏长大，反哺其母）也。”② 象形：《段注》：“鸟字点睛，乌则不。以纯黑故，不见其睛也。”

舄 què

舄，䧿也。象形。七雀切。

【译文】舄，喜鹊。象形。

焉 yān

焉，焉鸟[①]，黄色，出于江淮。象形。凡字：朋者[②]，羽虫之属；乌者[③]，日中之禽；舄者[④]，知太岁之所在；燕者[⑤]，请子之候，作巢避戊己[⑥]。所贵者故皆象形。焉亦是也。有干切。

【译文】焉，焉鸟，黄色，出产在长江、淮水一带。象形。大凡是字：朋，是羽虫之类；乌，是太阳中间的飞禽；舄，是知道太岁星所在位置的鸟；燕，是表示即将得子的征兆的鸟，取土作巢，回避戊己这一天。这些都是人们看重的鸟，所以都象形。焉鸟也是这一类。

【注释】① 焉鸟：《段注》：“今未審何鸟也。自借为词助而本义废矣。古多用焉为发声，训为于，亦训为于是。”② 朋：即凤鸟的象形字。羽虫：鸟类。③ 乌：古代神话，太阳内有乌鸟。④ 舄：《段注》：“鹊巢开户，向天一（星名）而背岁（太岁星）。”⑤ 燕：古人以为请子之候鸟。⑥ 作巢句：陆佃《埤雅》：“戊己其日皆土，故燕之往来避社（土地神），而嗛土不以戊己。”按五行说，燕为水鸟，戊己属土，怕土克水，不吉利。

《说文解字》释义原则

《说文解字》释义原则

按文字学的要求解释本义，基本做到两个统一。

形和义的统一

全面分析小篆的构形体系，根据字形解释文字的本义。

体现在文字字形上的字义，一方面反映出文字初期的造字意图，另一方面确实是在古代典籍中被使用过的词义。

文字和语言的统一

释义直接从文献语言中概括出来的，与文献语言相符合。

《说文解字》释义方式

用词释词：训诂学上称直训。

- 直训：甲词释为乙词，而乙词不采用直训方式进行解释。
- 互训：甲词释为乙词，而乙词又释为甲词。
- 同训：甲词、乙词、丙词同释为丁词。
- 递训：甲词释为乙词，乙词释为丁词，丁词又释为甲词。

优点：简洁明了。直训的释义方式亘在以易释难、以今释古、以通释别，系联了相互训释的各词之间的同义关系，展示了被释词所属的义类。

缺点：对词义缺乏细致的分析，未能揭示出词的内涵和外延，对同义词只求其同，不求其异，不能使人了解到同义词之间的区别。

用短语释词：古人称之为下义界。用一句话、几句话来阐明词义的界限，对词所表示的概念的内涵作出阐述或定义。《说文解字》给词下义界，简明扼要，准确生动，具备了现代字典的特点。

许慎著《说文解字》，多处引用孔子曰、韩非子曰、贾逵说、刘向说、杜林说、扬雄说、司马相如说、谭长说、官溥说、王育说……来说解字形、字义、字音，做到“博采通人，至于小大，信而有证”，对于有些文字形音、义不清楚的地方，则标明一个“阙”字。

信而有证

𠦒部

𠦒 bān

𠦒，箕属。所以推弃之器也。象形。凡𠦒之属皆从𠦒。官溥说。北潘切。

【译文】𠦒，（有长柄的）箕畚一类的器具。用来推走抛紊的秽物。象形。大凡𠦒的部属都从𠦒。这是官溥所说的。

畢 bì

畢，田罔也。从𠦒，象畢形。微也。或曰：由声。卑吉切。

【译文】畢，田猎用的长柄网。从𠦒，𠦒像毕网的形状，毕比𠦒微小。有人说，（上面的田是由的讹变）由表声。

棄 qì

棄，捐也。从収推𠦒弃之，从㐬。㐬，逆子也。诘利切。

【译文】棄，抛掉。由“収”（双手）推着“𠦒”去抛弃；又，从㐬，㐬是连逆之子。

冓部

冓 gòu

冓，交积材也。象对交之形。凡冓之属皆从冓。古候切。

【译文】冓，交架材料。像相对相交的样子。大凡冓的部属都从冓。

再 zài

再，一举而二也。从[一]冓省。作代切。

【译文】再，一举而重复。由一、由省略的冓字会意。

爯 chēng

爯，并举也。从爪，冓省。处陵切。

【译文】爯，一手举起两样东西。由爪、由省略的冓字会意。

幺部

幺 yāo

幺，小也[①]。像子初生之形。凡幺之属皆从幺。于尧切。

【译文】幺，小。像婴儿刚刚出生的样子。大凡幺的部属都从幺。

【注释】①小：《段注》：“子初生甚小也。俗谓一为幺，亦谓晚生子为幺，皆谓其小也。”

幼 yòu

幼，少也。从幺，从力。伊谬切。

【译文】幼，年少。由幺、由力会意。

𢆶部

𢆶 yōu

𢆶，微也。从二幺。凡𢆶之属皆从𢆶。于虬切。

【译文】𢆶，细微。由两个幺字会意。大凡𢆶的部属都从𢆶。

幽 yōu

幽，隐也。从山中𢆶，𢆶亦声。于虬切。

【译文】幽，隐蔽。由“山”中有“𢆶”（幽暗）会意，𢆶也表声。

幾 jī

幾，微也。殆也。从𢆶，从戍。戍，兵守也。𢆶而兵守者，危也。居衣切。

【译文】幾，细微。危机。由𢆶、由戍会意。戍，用兵把守。发现细微的迹象，而用兵把守，是有危机之感。

叀部

惠 huì

惠，仁也。从心，从叀。胡桂切。

【译文】惠，仁爱。由心、由叀会意。

疐 zhì

疐，碍不行也。从叀，引而止之也。叀者，如叀马［牛］之鼻[①]。从［冂］，此与牵同意。陟利切。

【译文】疐，滞碍，不能行进。从叀，表示牵引而使之停止。叀，像叀牛鼻子的叀。从冂，这与牵字所从的冂为“引牛之縻”同意。

玄部

玄 xuán

玄，幽远也。黑而有赤色者为玄。象幽而入覆之也。凡玄之属皆从玄。胡涓切。

【译文】玄，隐蔽而深远。黑而带有赤色，叫玄。像幽暗而有物覆盖着。大凡玄的部属都从玄。

予部

予 yǔ

予，推予也。象相予之形。凡予之属皆从予。余吕切。

【译文】予，举物给别人。像用手举物付给别人的样子。大凡予的部属都从予。

舒 shū

舒，伸也。从舍，从予，予亦声。一曰：舒，缓也。伤鱼切。

【译文】舒，伸展。由舍、由予会意，予也表声。另一义说：舒是舒缓。

幻 huàn

幻，相诈惑也。从反予。《周书》曰：“无或诪张为幻。”胡办切。

【译文】幻，相与欺诈惑乱。由予字反倒过来表示。《周书》说：“不相互欺骗，相互诈惑。”

放部

放 fàng

放，逐也。从攴，方声。凡放之属皆从放。甫妄切。

【译文】放，放逐。从攴，方声。大凡放的部属都从放。

敖 áo

敖，出游也。从出，从放。五牢切。

【译文】敖，出外遨游。由出、由放会意。

敫 yuè

敫，光景流也。从白，从放。读若龠。以灼切。

【译文】敫，光线流散。由白、由放会意。音读像“龠”字。

𠬪部

𠬪 biào

𠬪，物落；上下相付也。从爪，从又。凡𠬪之属皆从𠬪。读若《诗》“摽有梅”。平小切。

【译文】𠬪，物体下落，上手交付下手。由“爪”、由“又”会意。大凡𠬪的部属都从𠬪。音读像《诗经》“摽有梅”的“摽”字。

爰 yuán

爰，引也。从𠬪，从于。籀文以为车辕字。羽元切。

【译文】爰，援引。由𠬪、由于会意。籀文借为车辕的“辕”字。

𤔔 luàn

𤔔，治也。幺子相乱，𠬪治之也。读若乱同。一曰：理也。郎段切。

【译文】濁，治理。小儿相争斗，用两手分别治理他们。音读像“乱’字，义同。一说“理也”。

争 zhēng

争[①]，引也。从爫丿。侧茎切。

【译文】争，争夺。从爫丿会意。

【注释】① 争：徐灏《段注笺》：“争之本义为两手争一物。”

寽 lǜ

寽，五指持也[①]。从爫，一声。读若律。吕戌切。

【译文】寽，五指持握。从爫，一声。音读像“律”字。

【注释】① 五指持：《段注》：“凡今俗用五指持物引取之曰寽。”

奴部

叡 hè

叡，沟也。从奴，从谷。读若郝。呼各切。

【译文】叡，沟壑。由奴、由谷会意。音读像“郝”字。

叡 ruì

叡，深明也；通也。从奴，从目，从谷省。以芮切。

【译文】叡，深明，通达。由奴、由目、由“谷”字省去“口”会意。

歺部

歺 è

歺，列骨之残也。从半冎。凡歺之属皆从歺。读若櫱岸之櫱。五割切。

【译文】歺，分解骨肉后的残骨。由冎字的一部分组成。大凡歺的部属都从歺。音读像櫱岸的“櫱”字。

殇 wēi

殇，病也。从歺，委声。于为切。

【译文】殇，殇病。从歺，委声。

殙 hūn

殙，瞀也。从歺，昏声。呼昆切。

【译文】殙，昏眊。从歺，昏声。

殰 dú

殰，胎败也。从歺，賣声。徒谷切。

【译文】殰，胎儿死在腹中。从歺，賣声。

殁 mò

殁，终也。从歺，勿声。莫勃切。

【译文】殁，终其一生。从歺，勿声。

殊 shū

殊，死也。从歺，朱声。汉令曰：“蛮夷长有罪，当殊之。”市朱切。

【译文】殊，杀死。从歺，朱声。汉朝的法令说：“蛮夷戎狄之长有罪，判决杀死他们。”

殚 zú

殚，大夫死曰殚。从歺，卒声。子聿切。

【译文】殚，大夫死叫作殚。从歺，卒声。

殟 wēn

殟，胎败也。从歺，昷声。乌没切。

【译文】殟，胎儿死在腹中。从歺，昷声。

殤 shāng

殤，不成人也。人年十九至十六死，为长殇；十五至十二死为中殇；十一至八岁死，为下殇。从歺，傷省声。式阳切。

【译文】殤，没有成为成年人（而死去）。人们的年龄在十九至十六岁死去，叫长殇；十五岁到十二岁死去，明中殇；十一岁到八岁死去，叫下殇。从歺，傷省去人旁作声。

殂 cú

殂，往、死也。从歺，且声。《虞书》曰[①]：“勋乃殂。”昨胡切。

【译文】殂，走了，死了。从歺，且声。《唐书》说：“放勋死了。”

【注释】①《虞书》：《段注》：“当作《唐书》”。今本《尚书·尧典》作：“帝乃殂落。”

殯 bìn

殯，死在棺，将迁葬，柩。宾遇之。从歺，从賓，賓亦声。夏后殡于阼阶，殷人殡于两楹之闲，周人殡于宾阶。必刃切。

【译文】殯，尸体在棺材中，将要迁去埋葬，叫作柩。用宾礼对待它。由歺、由賓会意，賓也表声。夏后氏时代停棺待葬在东阶之上，殷人停棺待葬在殿堂前的两根直柱之间，周人停棺待葬在西阶之上。

殆 dài

殆，危也。从歺，台声。徒亥切。

【译文】殆，危险。从歺，台声。

殃 yāng

殃，咎也。从歺，央声。于良切。

【译文】殃，灾祸。从歺，央声。

殘 cán

殘，贼也[①]。从歺，戔声。昨干切。

【译文】殘，伤害。从歺，戔声。

【注释】①贼：伤害。朱骏声《通训定声》引《仓颉篇》：“残，伤也。”

殄 tiǎn

殄，尽也。从歺，㐱声。徒典切。

【译文】殄，尽。从歺，㐱声。

殲 jiān

殲，微尽也。从歺，韱声。《春秋传》曰：“齐人殲于遂。”子廉切。

【译文】殲，纤微都尽。从歺，韱声。《春秋左传》说：“齐人在遂地被歼灭尽。”

殫 dān

殫，（殛）［极］尽也[①]。从歺，單声。都寒切。

【译文】殫，穷极而尽。从歺，單声。

【注释】①殛尽：当依徐锴《系传》作“极尽”。

死部

死 sǐ

死，澌也，人所离也。从歺，从人。凡死之属皆从死。息姊切。

【译文】死，精气穷尽，是人们形体与魂魄相离的名称。由歺、由人会意。大凡死的部属都从死。

薨 hōng

薨，公侯殚也。从死，瞢省声。呼肱切。

【译文】薨，公侯死亡。从死，瞢省“目”为声。

薧 hāo

薧，死人里也。从死，蒿省聲。呼毛切。

【译文】薧，埋死人的地方。从死，蒿省“口”为声。

冎部

冎 guǎ

冎，剔人肉置其骨也[①]。象形。头隆骨也。凡冎之属皆从冎。古瓦切。

【译文】冎，分解人肉，存置其骨头。象形。像头上隆起的骨头。大凡冎的部属都从冎。

【注释】① 剐：分解。

𠛯 bié

𠛯，分解也。从冎，从刀。凭列切。

【译文】𠛯，用刀切割分解。由冎、由刀会意。

髀 bēi

髀，别也。从冎，卑声。读若罢。府移切。

【译文】髀，分裂。从冎，卑声。音读像“罢”字。

骨部

骨 gǔ

骨，肉之核也。从冎，有肉。凡骨之属皆从骨。古忽切。

【译文】骨，附肉的核。由“冎”上附有“肉”会意。大凡骨的部属都从骨。

髑 dú

髑，髑髅，顶也。从骨，蜀声。徒谷切。

【译文】髑，髑髅，人顶骨。从骨，蜀声。

髅 lóu

髅，髑髅也。从骨，娄声。洛侯切。

【译文】髅，髑髅。从骨，娄声。

髆 bó

髆，肩甲也。从骨，尃声。补各切。

【译文】髆，肩髆。从骨，尃声。

骿 pián

骿，并胁也。从骨，并声。晋文公骿胁。部田切。

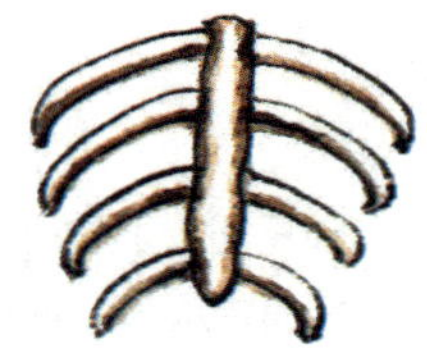

【译文】骿，肋骨并合。从骨，并声。晋文公有骿胁。

髀 bǐ

髀，股也。从骨，卑声。并弭切。

【译文】髀，大腿。从骨，卑声。

髁 kē

髁，髀骨也[①]。从骨，果声。苦卧切。

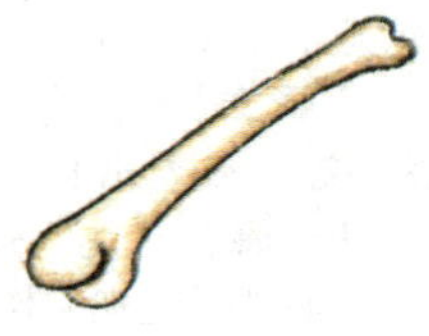

【译文】髁，大腿骨。从骨，果声。

【注释】① 髀骨：《段注》：“犹言股骨也。”

橛 jué

橛，臀骨也。从骨，厥声。居月切。

【译文】橛，尾脊骨。从骨，厥声。

髋 kuān

髋，髀上也。从骨，宽声。苦官切。

【译文】髋，大腿之上。从骨，宽声。

髌 bìn

髌，厀端也[①]。从骨，賓声。毗忍切。

【译文】髌，膝盖骨。从骨，賓声。

【注释】① 厀端：即膝端。

骺 guā

骺，骨端也。从骨，𠯑声。古活切。

【译文】骺，骨端。从骨，𠯑声。

骹 qiāo

骹，胫也。从骨，交声。口交切。

【译文】骹，小腿。从骨，交声。

骸 hái

骸，胫骨也[①]。从骨，亥声。户皆切。

【译文】骸，小腿骨。从骨，亥声。

【注释】① 胫骨：胫骨为骸，引申为凡人骨之称。

骭 gàn

骭[1]，骹也。从骨，干声。古案切。

【译文】骭，小腿骨。从骨，干声。

【注释】①骭：《淮南子·俶真篇》"易骭之一毛"高注："骭，自膝以下、胫以上也。"

髎 tì

髎，骨间黄汁也。从骨，易声。读若《易》曰"夕惕若厉"。他历切。

【译文】髎，骨头里面的黄骨髓。从骨，易声。音读像《易经》说的"夕惕若厉"的"惕"字。

體 tǐ

體，总十二属也[1]。从骨，豊声。他礼切。

【译文】體，总括全身十二分属之称。从骨，豊声。

【注释】①总十二属：《段注》："十二属许未详言，今以人体及许书核之。首之属有三，曰顶，曰面，曰頤。身之属三，曰肩，曰脊，曰臀。手之属三。曰厷，曰臂，曰手。足之属三，曰股，曰胫，曰足。"

骾 gěng

骾，食骨留咽中也[1]。从骨，更声。古杏切。

【译文】骾，食时骨头留塞在咽喉之中。从骨，更声。

【注释】①食骨句：《段注》："忠言逆耳如食骨在喉，故云骨骾之臣。《汉书》已下皆作骨鲠字。"

骼 gé

骼，禽兽之骨曰骼[1]。从骨，各声。古核切。

【译文】骼，禽兽的骨头叫作骼。从骨，各声。

【注释】①禽兽之骨：徐灏《段注笺》："引申之则人以为偁。"

骴 cī

骴，鸟兽残骨曰骴。骴，可恶也。从骨，此声。《明堂月令》曰："掩骼薶骴。"资四切。

【译文】骴，鸟兽的残骨叫骴。骴，表示可恶的意思。从骨，此声。《明堂月令》说："掩盖骼，埋藏骴。"

骫 wěi

骫，骨端骫奊也。从骨，丸声。于诡切。

【译文】骫，骨头弯曲。从骨，丸声。

肉部

肉 ròu

肉，胾肉。象形。凡肉之属皆从肉。如六切。

【译文】肉，大块肉。象形。大凡肉的部属都从肉。

腜 méi

腜，妇始孕腜兆也。从肉，某声。莫桮切。

【译文】腜，妇女开始怀胎的征兆。从肉，某声。

肧 pēi

肧，妇孕一月也。从肉，不声。匹桮切。

【译文】肧，妇女怀孕一个月。从肉，不声。

胎 tāi

胎，妇孕三月也。从肉，台声。土来切。

【译文】胎，妇女怀孕三个月。从肉，台声。

肌 jī

肌，肉也[1]。从肉，几声。居夷切。

【译文】肌，肌肉。从肉，几声。

【注释】①肉：人曰肌，鸟兽曰肉。肌、肉析言有别，浑言无别。此浑言之。

臚 lú

臚，皮也。从肉，盧声。力居切。

【译文】臚，皮肤。从肉，盧声。

肫 zhūn

肫，面頯也。从肉，屯声。章伦切。

【译文】肫，面上的颧骨。从肉，屯声。

膍 jī

膍，颊肉也。从肉，幾声，读若畿。居衣切。

【译文】膍，面颊肉。从肉，幾声。音读像"畿"字。

脣 chún

脣[①]，口端也。从肉，辰声。食伦切。

【译文】脣，口的边缘。从肉，辰声。

【注释】① 脣：《释名·释形体》："脣，缘也。口之缘也。"今作"唇"。

脰 dòu

脰，项也。从肉，豆声。徒候切。

【译文】脰，颈后。从肉，豆声。

肓 huāng

肓，心（上）［下］鬲（下）［上］也[①]。从肉，亡声。《春秋传》曰[②]："病在肓之（下）［上］。"呼光切。

【译文】肓，心脏的下面，膈膜的上面。从肉，亡声。《春秋左传》说："病在肓的上面。"

【注释】① 心上鬲下：《段注》："'下'、'上'，各本互讹。""今依《左传》音义正。""鬲上肓，肓上膏（心尖脂肪），膏上心。"②《春秋传》原文："疾不可为也，在荒之上，膏之下。"

腎 shèn

腎，水藏也[①]。从肉，臤声。时忍切。

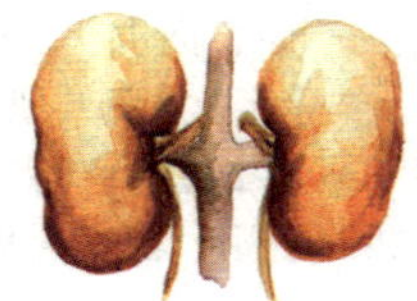

【译文】腎，属水的脏器。从肉，臤声。

【注释】① 水藏：肾为人的泌尿器官。按今文说五行命名，肾属水，又名水藏。藏，今作脏。

肺 fèi

肺，金藏也[①]。从肉，市声。芳吠切。

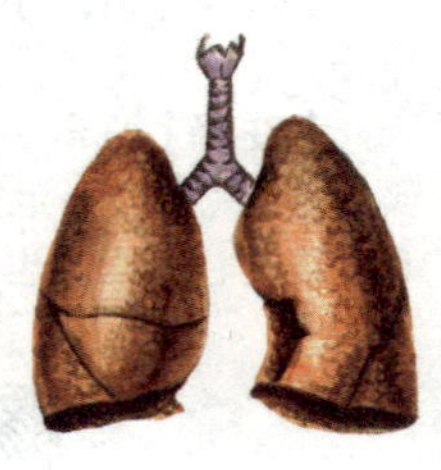

【译文】肺，属金的脏器。从肉，市声。

【注释】① 金藏：肺为人的呼吸器官。按今文说五行命名，肺属金，又名金藏。

脾 pí

脾，土藏也[①]。从肉，卑声。符支切。

【译文】脾，属土的脏器。从肉，卑声。

【注释】① 土藏：按今文说五行命名，脾属土，又名土藏。

肝 gān

肝，木藏也[①]。从肉，干声。古寒切。

【译文】肝，属木的脏器。从肉，干声。

【注释】① 木藏：肝是人的消化器官之一。按今文说五行命名，肝属木，又名本藏。

膽 dǎn

膽，连肝之府。从肉，詹声。都敢切。

【译文】腑，连着肝的脏腑。从肉，詹声。

胃 wèi

胃，谷府也。从肉，𡇒象形。云贵切。

【译文】胃，消化谷物的脏腑。𡇒像胃的形状。

脬 pāo

脬，膀光也[①]。从肉，孚声。匹交切。

【译文】脬，膀胱。从肉，孚声。

【注释】① 膀光：今作膀胱，俗称尿脬。

腸 cháng

腸[1]，大小肠也。从肉，昜声。直良切。

【译文】腸，大小肠。从肉，昜声。

【注释】①腸：肠子。《仪礼·少牢馈食礼》："肠三，胃三，举肺一，祭肺三，实于一鼎。"

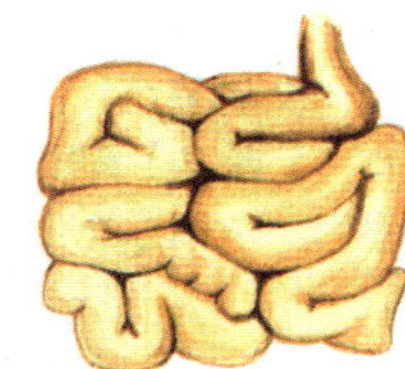

膏 gāo

膏，肥也。从肉，高声。古劳切。

【译文】膏，肥。从肉，高声。

背 bèi

背，脊也。从肉，北声。补妹切。

【译文】背，脊背。从肉，北声。

脅 xié

脅，两膀也。从肉，劦声。虚业切。

【译文】脅，两腋下（至没有肋骨）的地方。从肉，劦声。

膀 bǎng

膀，胁也。从肉，旁声。步光切。

【译文】膀，两腋下。从肉，旁声。

脟 liè

脟，胁肉也。从肉，寽声。一曰：脟，肠间肥也。一曰：膫也。力辍切。

【译文】脟，肋骨部分的肉。从肉，寽声。另一义说，脟，肠子之间的脂肪，又叫膫。

肋 lèi

肋，胁骨也。从肉，力声。卢则切。

【译文】肋，两腋下的肋骨。从肉，力声。

胳 gē

胳，亦下也。从肉，各声。古洛切。

【译文】胳，腋下。从肉，各声。

胠 qū

胠，亦下也。从肉，去声。去劫切。

【译文】胠，腋下（近臂部分）。从肉。去声。

臂 bì

臂，手上也。从肉，辟声。卑义切。

【译文】臂，手腕上部（一直到肩的部分）。从肉，辟声。

肘 zhǒu

肘，臂节也。从肉，从寸。寸，手寸口也。陟柳切。

【译文】肘，上肱与下臂之节。由肉、由寸会意。寸，手的寸口。

腴 yú

腴，腹下肥也。从肉，臾声。羊朱切。

【译文】腴，肚腹下的肥肉。从肉，臾声。

胯 kuà

胯，股也。从肉，夸声。苦故切。

【译文】胯，两大腿之间。从肉，夸声。

股 gǔ

股，髀也。从肉，殳声。公户切。

【译文】股，大腿。从肉，殳声。

脚 jiǎo

脚，胫也[1]。从肉，却声。居勺切。

【译文】脚，脚胫。从肉，却声。

【注释】①胫：小腿。古称胫为脚，今俗称足为脚。

脛 jìng

脛，胻也。从肉，巠声。胡定切。

【译文】脛，小腿部分。从肉，巠声。

胻 héng

胻，胫端也。从肉，行声。户更切。

【译文】胻，胫骨上端部分。从肉，行声。

腓 féi

腓，胫腨也。从肉，非声。符飞切。

【译文】腓，小腿肚子。从肉，非声。

肖 xiào

肖，骨肉相似也。从肉，小声。不似其先，故曰“不肖”也。私妙切。

【译文】肖，形体容貌相似。从肉，小声。儿女不像他的父母，所以叫“不肖”。

胤 yìn

胤，子孙相承续也。从肉，从八，象其长也；从幺，象重累也。羊晋切。

【译文】胤，子子孙孙递相继承延续。从肉，从八，像世系支分派别的绵长；从幺，像丝的重累继续无穷。

膻 dàn

膻，肉膻也。从肉，亶声。《诗》曰：“膻裼暴虎。”徒旱切。

【译文】膻，脱衣露出上身。从肉，亶声。《诗经》说：“袒露身体，空手打老虎。”

脱 tuō

脱，消肉臞也。从肉，兑声。徒活切。

【译文】脱，消尽其肉而变瘦。从肉，兑声。

胱 tiǎo

胱，祭也[①]。从肉，兆声。土了切。

【译文】胱，祭肉。从肉，兆声。

【注释】①祭：《集韵·啸韵》：“胱，祭肉。”胱从肉，本义当是祭肉。引申为祭名。

隋 duò

隋，裂肉也。从肉，从隓省。徒果切。

【译文】隋，祭余的肉。从肉，从隓省。

肴 yáo

肴，啖也。从肉，爻声。胡茅切。

【译文】肴，可吃的熟肉。从肉，爻声。

腆 tiǎn

腆，设膳腆腆多也。从肉，典声。他典切。

【译文】腆，设置饭菜美且多。从肉，典声。

胡 hú

胡，牛顄垂也[①]。从肉，古声。户孤切。

【译文】胡，牛顄下垂的肉。从肉，古声。

【注释】①牛顄垂：《段注》：“顄，颐（yí，面颊）也。牛自颐至颈下垂肥者也。引申之，凡物皆曰胡。如老狼有胡，鹈胡，龙垂胡髯是也。”

膘 piǎo

膘，牛胁后髀前合革肉也。从肉，票声，读若繇。敷绍切。

【译文】膘，牛胁后、大腿前皮肉相合的地方。从肉，票声。音读象“繇”字。

脯 fǔ

脯，干肉也。从肉，甫声。方武切。

【译文】脯，干肉。从肉，甫声。

脩 xiū

脩，脯也。从肉，攸声。息流切。

【译文】脩，干肉。从肉，攸声。

膊 pò

膊，薄脯，膊之屋上。从肉，尃声。匹各切。

【译文】膊，薄薄的肉片，把它贴近在屋上，（让它曝晒干燥。）从肉，尃声。

胥 xū

胥，蟹醢也。从肉，疋声。相居切。

【译文】胥，蟹酱。从肉，疋声。

胜 xīng

胜，犬膏臭也。从肉，生声。一曰：不孰也。桑经切。

【译文】胜，狗油的气味。从肉，生声。另一义说，胜，不熟。

臊 sāo

臊，豕膏臭也。从肉，喿声。稣遭切。

【译文】臊，猎脂膏的气味。从肉，喿声。

膮 xiāo

膮，豕肉羹也。从肉，尧声。许幺切。

【译文】膮，猪肉作的羹。从肉，尧声。

腥 xīng

腥，星见食豕，令肉中生小息肉也。从肉，从星，星亦声。稣佞切。

【译文】腥，星现之时喂猪，会叫猪肉中生长小息肉。由肉、由星会意，星也表声。

脂 zhī

脂，戴角者脂，无角者膏。从肉，旨声。旨夷切。

【译文】脂，有角动物的脂肪叫脂，无角动物的脂肪叫膏。从肉，旨声。

膹 suò

膹，羹也。从肉，貟声。稣果切。

【译文】膹，解剖猪羊头。从肉，貟声。

膩 nì

膩，上肥也[1]。从肉，貳声。女利切。

【译文】膩，身体表面的油膩。从肉，貳声。

【注释】①上肥：上犹外也。

膜 mó

膜，肉闲胲膜也。从肉，莫声。慕各切。

【译文】膜，肉里包裹着的薄皮。从肉，莫声。

散 sàn

散，杂肉也。从肉，椒声。稣旰切。

【译文】散，杂碎的肉。从肉，椒声。

腐 fǔ

腐，烂也。从肉，府声。扶雨切。

【译文】腐，肉腐烂。从肉，府声。

肥 féi

肥，多肉也。从肉，从卪[1]。符非切。

【译文】肥，肥胖多肉。由肉、由卪会意。

【注释】①从肉，从卪：徐铉注："肉不可过多，故从卪。"

筋部

筋 jīn

筋，肉之力也[1]。从力，从肉，从竹。竹，物之多筋者。凡筋之属皆从筋。居银切。

【译文】筋，肉中的筋。由力、由肉、由竹会意。竹，多筋的物体。大凡筋的部属都从筋。

【注释】①肉之力：《段注》："力下曰：筋也。筋、力同物。"

刀部

刀 dāo

刀[1]，兵也。象形。凡刀之属皆从刀。都牢切。

【译文】刀，兵器。象形。大凡刀的部属都从刀。

【注释】①刀：用以切、割、砍、削的工具。《礼记·少仪》："刀却刃授颖，削授拊。"

削 xuē

削，鞞也。一曰：析也。从刀，肖声。息约切。

【译文】削，装刀剑的套子。另一义说，（削，）分割。从刀，肖声。

｜ gōu

｜，鎌也。从刀，句声。古侯切。

【译文】｜，鎌刀。从刀，句声。

剴 ái

剴，大鐮也。一曰：摩也。从刀，豈声。五来切。

【译文】剴，大鐮。另一义说，是磨刀。从刀，豈声。

剞 jī

剞，剞剧，曲刀也。从刀，奇声。居绮切。

【译文】剞，剞剧，弯刀。从刀，奇声。

剧 jué

剧，剞剧也。从刀，屈声。九勿切。

【译文】剧，剞剧。从刀，屈声。

利 lì

利，铦也。从刀。和然后利，从和省。《易》曰："利者，义之和也。"力至切。

【译文】利，锋利，从刀。和顺协调然后有利，所以从和省。《易经》说："利益，是由于义的和协。"

剡 yǎn

剡，锐利也。从刀，炎声。以冉切。

【译文】剡，锐利。从刀，炎声。

初 chū

初[①]，始也。从刀，从衣。裁衣之始也。楚居切。

【译文】初，开始。由刀、由衣会意。裁割衣服的开始。

【注释】① 初：开始。《史记·平淮书》："初置张掖、酒泉郡。"

前 jiǎn

前，齐断也。从刀，歬声。子善切。

【译文】前，整齐地剪断。从刀，歬声。

則 zé

則，等画物也。从刀，从貝。貝，古之物货也。子德切。

【译文】則，按等级区别的物体。由刀、由貝会意。貝是古代的货币。

剛 gāng

剛，强断也。从刀，岡声。古郎切。

【译文】剛，强力折断。从刀，岡声。

剬 duān

剬，断齐也。从刀，耑声。旨兖切。

【译文】剬，切断齐整。从刀，耑声。

劊 guì

劊，断也。从刀，會声。古外切。

【译文】劊，砍断。从刀，會声。

切 qiē

切，刌也。从刀，七声。千结切。

【译文】切，切断。从刀，七声。

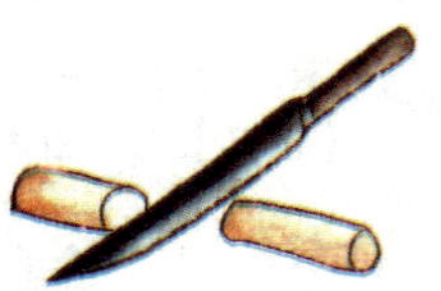

劌 guì

劌，利伤也。从刀，歲声。居卫切。

【译文】劌，刺伤。从刀，歲声。

刻 kè

刻，镂也。从刀，亥声。苦得切。

【译文】刻，雕刻。从刀，亥声。

副 pì

副，判也。从刀，畐声。《周礼》曰："副辜祭。"芳逼切。

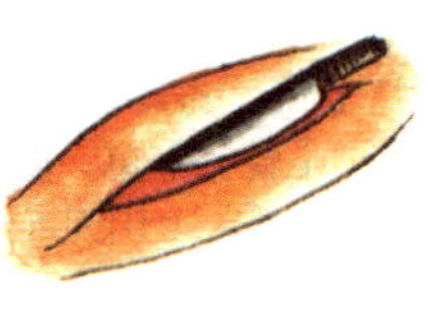

【译文】副，剖分。从刀，畐声。《周礼》说："剖开分裂牲的肢体，来祭祀。"

剖 pōu

剖，判也。从刀，咅声。浦后切。

【译文】剖，从中间分开。从刀，咅声。

辧 biàn

辧，判也。从刀，辡声。蒲苋切。

【译文】辧，判别。从刀，辡（biàn）声。

判 pàn

判，分也。从刀，半声。普半切。

【译文】判，分开。从刀，半声。

刊 kān

刊[①]，剟也。从刀，干声。苦寒切。

【译文】刊，削。从刀，干声。

【注释】①刊：《段注》："凡有所削去谓之刊。"

劈 pì

劈，破也。从刀，辟声。普击切。

【译文】劈，破开。从刀，辟声。

剥 bō

剥，裂也。从刀，从彔；彔，刻割也，彔亦声。北角切。

【译文】剥，割裂。由刀、由彔会意；彔，表示刻、割，彔也兼表声。

割 gē

割，剥也。从刀，害声。古达切。

【译文】割，割裂。从刀，害声。

刷 shuā

刷，刮也。从刀，㕞省声。礼（布）[有]刷巾。所劣切。

【译文】刷，刮削。从刀，㕞省又为声。礼家有"刷巾"之说。

刮 guā

刮，掊把也。从刀，𠯑声。古八切。

【译文】刀，刮摩。从刀，𠯑声。

制 zhì

制，裁也。从刀，从未。未，物成，有滋味，可裁断。一曰：止也。征例切。

【译文】制，裁断。由刀、由未会意。未，树木老成，即有滋味，可以裁断。另一义说，制是禁止。

罰 fá

罰，罪之小者。从刀，从詈。未以刀有所贼，但持刀骂詈，则应罚。房越切。

【译文】罚，轻微的犯法行为。由刀、由詈会意。没有用刀对人有所伤害，只拿着刀骂人，就应该处罚。

券 quàn

券，契也。从刀，𢍏声。券别之书[①]。以刀判契其旁，故曰契券。去愿切。

【译文】券，契据。从刀，𢍏声。契券的文书。用刀分刻契券的

旁边，所以叫契券。

【注释】①券别：同义连用。券，又名别。《段注》："别，别为两，两家各得一也。"

刺 cì

刺，君杀大夫曰刺。刺，直伤也。从刀，从朿，朿亦声。七赐切。

【译文】刺，君主杀死大夫叫刺。刺，直伤。由刀、由朿会意，朿也表声。

剔 tī

剔，解骨也。从刀，易声。他历切。

【译文】剔，分解骨肉。从刀，易声。

刃部

刃 rèn

刃，刀坚也。象刀有刃之形。凡刃之属皆从刃。而振切。

【译文】刃，刀的坚利部分。像刀有锋刃的形状。大凡刃的部属都从刃。

刅 chuāng

刅，伤也。从刃，从一①。楚良切。

【译文】刅，创伤。由刃、由一会意。

【注释】①从一：徐锴《系传》："一，刃所伤，指事也。"

劒 jiàn

劒，人所带兵也。从刃，佥声。居欠切。

【译文】劒，人们佩带的兵器。从刃，佥声。

㓞部

㓞 qià

㓞，巧㓞也。从刀，丰声。凡㓞之属皆从㓞。恪八切。

【译文】㓞，巧妙刻画。从刀，丰声。大凡㓞的部属都从㓞。

㸷 jiá

㸷，齘㸷，刮也。从㓞，夬声。一曰：㸷，画坚也。古黠切。

【译文】㸷，齘㸷，刷刮。从夬，㓞声。另一义说，㸷，（用刀）划坚硬之物。

栔 qì

栔，刻也。从㓞，从木。苦计切。

【译文】栔，契刻。由㓞、由木会意。

丯部

丯 jiè

丯，艸蔡也。象艸生之散乱也。凡丯之属皆从丯。读若介。古拜切。

【译文】丯，草芥。像草生长散乱的样子。大凡丯的部属都从丯。音读像"介"字。

㭘 gé

㭘，枝㭘也。从丯，各声。古百切。

【译文】㭘，枝柯。从丯，各声。

耒部

耒 lěi

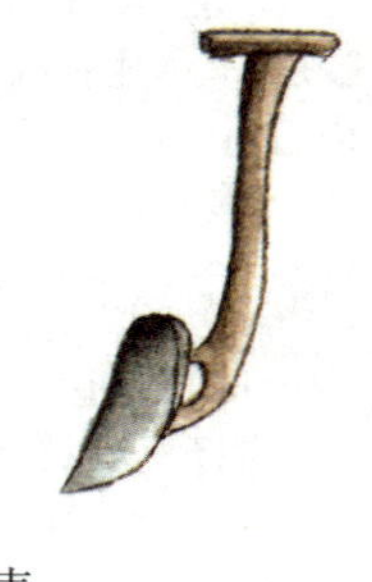

耒，手耕曲木也。从木推丯。古者垂作耒。梠以振民也。凡耒之属皆从耒。卢对切。

【译文】耒，手耕时期的曲木。由"木"推着表示草芥的"丯(jiè)"会意。古时候垂发明了耒和梠，用来举救老百姓。大凡耒的部属都从耒。

耕 gēng

耕，犁也。从耒，井声。一曰：古者井田。古茎切。

【译文】耕，犁田。从耒，井声。另一种说法是，上古为井田，（从井会意。）

耤 jí

耤，帝耤千亩也。古者使民如借，故谓之耤。从耒，昔声。秦昔切。

【译文】耤，天子亲率百姓耕种的土地千亩。古时候驱使百姓耕种，好像借用民力，所以叫它耤。从耒，昔声。

耦 ǒu

耦，（耒）［耜］广五寸为伐[①]，二伐为耦。从耒，禺声。五口切。

【译文】耦，耜宽五寸叫伐，二伐叫耦。从耒，禺声。

【注释】① 耒广两句：王筠《句读》："耒当作耜。"耜：耒下端起土的部分，类似后世的铲或锹。

桂 guī

桂，（ 册 ）［卌］（又）［叉］，可以划麦，河内用之。从耒，圭声。古携切。

【译文】桂，多齿耙，可用来将麦子扒划均匀，河内地方用它。从耒，圭声。

耘 yún

耘，除苗闲秽也。从耒，员声。羽文切。

【译文】耘，除掉苗间杂草。从耒，员声。

耡 chú

耡，商人七十而锄。锄，耤，税也。从耒，助声。《周礼》曰："以兴锄利萌。"床倨切。

【译文】耡，商朝人种田七十亩而行"锄"法。锄，就是耤，都是田税。从耒，助声。《周礼》说："发起人民互相佐助，以便利于百姓。"

角部

角 jiǎo

角，兽角也。象形，角与刀鱼相似。凡角之属皆从角。古岳切。

【译文】角，禽兽的角。象形。小篆角字与刀、鱼二字有相似的地方。大凡角的部属都从角。

觸 chù

觸，抵也。从角，蜀声。尺玉切。

【译文】觸，用角抵触。从角，蜀声。

衡 héng

衡，牛触，横大木其角。从角，从大，行声。《诗》曰："设其楅衡。"户庚切。

【译文】衡，牛好举角抵触，横绑大木在牛的角上，（以防抵触）。由角、由大会意，行声。《诗经》说："设置那绑在牛角上的横木。"

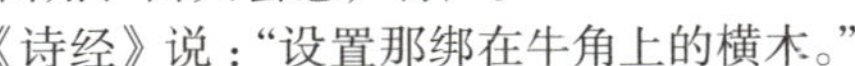

解 xiè

解，判也。从刀判牛角。一曰：解廌，兽也。佳买切。又，户卖切。

【译文】解，分解。由"刀"分解"牛""角"会意。另一义说，解即解廌，兽名。

觳 hú

觳，盛觵卮也。一曰：射具。从角，殻声，读若斛。胡谷切。

【译文】觳，盛觵的圆形大器具。另一义说，用来盛箭的器具。从角，殻声。音读像"斛"字。

竹部

竹 zhú

竹，冬生艹也。象形。下垂者，箁箬也。凡竹之属皆从竹。陟玉切。

【译文】竹，经冬不死的草。象形。两边下垂的笔画，表示笋壳。大凡竹的部属都从竹。

箭 jiàn

箭，矢也。从竹，前声。子贱切。

【译文】箭，可用来作矢的箭竹。从竹，前声。

箘 jùn

箘，箘簬也。从竹，囷声。一曰：博棊也。渠陨切。

【译文】箘，箘簬竹。从竹，囷声。另一义说，箘是棋子。

簬 lù

簬，箘簬也。从竹，路声。《夏书》曰："惟箘簬楛。"洛故切。

【译文】簬，箘簬竹。从竹，路声。《夏书》说："箘簬美竹和楛木。"

筱 xiǎo

筱，箭属。小竹也。从竹，攸声。先杳切。

【译文】筱，箭竹之类，小竹。从竹，攸声。

簜 dàng

簜，大竹也。从竹，汤声。《夏书》曰："瑶琨筱簜。"簜可为干，筱可为矢。徒朗切。

【译文】簜，大竹。从竹，汤声。《夏书》说："美玉、美石、小竹、大竹。"簜可作弓干，筱可用箭杆。

節 jié

節，竹约也。从竹，即声。子结切。

【译文】節，竹节。从竹，即声。

笨 bèn

笨，竹里也。从竹，本声。布忖切。

【译文】笨，竹子的里层。从竹，本声。

蓊 wēng

蓊，竹皃。从竹，翁声。乌红切。

【译文】蓊，竹子（茂盛）的样子。从竹，翁声。

篸 cēn

篸，差也。从竹，参声。所今切①。

【译文】篸，篸差。从竹，参声。

【注释】① 今读依《集韵》楚簪切。

篆 zhuàn

篆，引书也。从竹，彖声。持兖切。

【译文】篆，运笔书写。从竹，彖声。

籒 zhòu

籒，读书也。从竹，擂声。《春秋传》曰"卜籒"云。直又切。

【译文】籒，读书。从竹，擂声。《春秋左传》说"卜读卦爻词"云云。

篇 piān

篇，书。一曰：关西谓榜曰篇。从竹，扁声。芳连切。

【译文】篇，书册。另一义说，关西一带叫榜额作篇。从竹，扁声。

籍 jí

籍，簿书也。从竹，耤声。秦昔切。

【译文】籍，户口册。从竹，耤声。

篁 篁 huáng

篁，竹田也。从竹，皇声。户光切。

【译文】篁，竹田。从竹，皇声。

箦 箦 yè

箦，钥也。从竹，枼声。与接切。

【译文】箦，编的竹简。从竹，枼声。

籥 籥 yuè

籥，书僮竹笘也。从竹，龠声。以灼切。

【译文】籥，习字儿童所用而编成的竹简。从竹，龠声。

籀 籀 liú

籀，竹声也。从竹，劉声。力求切。

【译文】籀，竹声。从竹，劉声。

簡 簡 jiǎn

簡，牒也。从竹，間声。古限切。

【译文】簡，用于书写的狭长竹片。从竹，間声。

笐 笐 gāng

笐，竹列也。从竹，亢声。古郎切。

【译文】笐，竹子的行列。从竹，亢声。

篰 篰 bù

篰，蒲爰也。从竹，部声。薄口切。

【译文】篰，简册。从竹，部声。

等 等 děng

等，齐简也。从竹，从寺。寺，官曹之等平也。多肯切。

【译文】等，整齐的竹简。由竹、由寺会意。寺，是官署的竹简整齐的意思。

笵 笵 fàn

笵，法也。从竹，竹，简书也；氾声。古法有竹刑。防妥切。

【译文】笵，法则。从竹，竹表示简册；氾表声。古代法律有竹刑。

箋 箋 jiān

箋，表识书也。从竹，戔声。则前切。

【译文】箋，表明、识别的文字。从竹，戔声。

符 符 fú

符，信也。汉制以竹，长六寸，分而相合。从竹，付声。防无切。

【译文】符，取信之物。汉朝规定用竹，长六寸，分而相合以取信。从竹，付声。

筮 筮 shì

筮，《易》卦用蓍也。从竹从巫。时制切。

【译文】筮，《易经》占卦用的蓍（shī）草。由竹、由巫会意。

笫 笫 zǐ

笫，床箦也。从竹，𠂔声。阻史切。

【译文】笫，竹编的床垫子。从竹，𠂔声。

筵 筵 yán

筵，竹席也。从竹，延声。《周礼》曰："度堂以筵。"筵一丈。以然切。

【译文】筵，铺在地面的竹席。从竹，延声。《周礼》说，"用筵为标准量度明堂。"筵长一丈。

簟 簟 diàn

簟，竹席也。从竹，覃声。徒念切。

【译文】簟，竹席。从竹，覃声。

箪 箪 dān

箪，笥也。从竹，單声。汉津令：箪，小筐

也。《传》曰[①]："箪食壶浆。"都寒切。

【译文】箪，圆形的盛饭和盛衣的竹器。从竹，單声。汉朝律令说，箪是小竹筐。古代文献说："用箪盛着饭食，用壶盛着酒浆。"

【注释】①《传》：泛指古代典籍。

箸 zhù

箸，饭攲也。从竹，者声。陟虑切。又，遲倨切。

【译文】箸，饭时取物的筷子。从竹，者声。

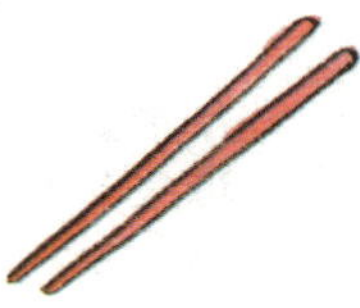

篓 lǒu

篓，竹笼也。从竹，婁声。洛侯切。

【译文】篓，竹编的笼子。从竹，婁声。

筤 làng

筤，篮也。从竹，良声。卢党切。

【译文】筤，竹笼。从竹，良声。

篮 lán

篮，大篝也。从竹，監声。鲁甘切。

【译文】篮，大烘笼。从竹，監声。

篝 gōu

篝，笿也，可熏衣。从竹，冓声。宋楚谓竹篝墙以居也。古侯切。

【译文】篝，竹笼，可用来熏干衣服。从竹，冓声。宋楚地方叫熏笼作墙居。

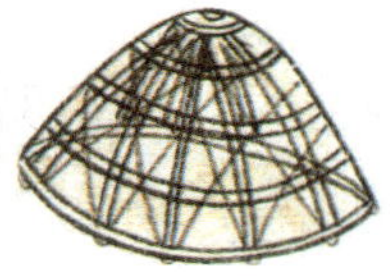

簋 guǐ

簋，黍稷方器也。从竹[①]，从皿，从皀。居洧切。

【译文】簋，盛黍稷的方形器皿。由竹、由皿、由皀会意。

【注释】①从竹句：此谓用"竹"编的器"皿"盛着"皀"。

竿 gān

竿，竹梃也。从竹，干声。古寒切。

【译文】竿，竹子挺直。从竹，干声。

笠 lì

笠，簦无柄也。从竹，立声。力入切。

【译文】笠，如簦而没有把。从竹，立声。

箱 xiāng

箱，大车牝服也[①]。从竹，相声。息良切。

【译文】箱，大车的车箱。从竹，相声。

【注释】①牝服：郑玄《周礼·考工记》注引郑司农说："牝服谓车箱，服读为负。"

篚 fěi

篚，车笭也。从竹，匪声。敷尾切。

【译文】篚，车笭。从竹，匪声。

箌 tán

箌，搔马也。从竹，剡声。丑廉切。

【译文】箌，洗刷马的污垢。从竹，剡声。

策 cè

策，马棰也[①]。从竹，朿声。楚革切。

【译文】策，马鞭。从竹，朿声。

【注释】①棰：即马鞭。

箠 chuí

箠，击马也。从竹，垂声。之垒切。

【译文】箠，击马。从竹，垂声。

笞 chī

笞，击也。从竹，台声。丑之切。

【译文】笞，鞭打。从竹，台声。

竽 yú

竽，管三十六簧也[①]。从竹，亏声。羽俱切。

【译文】竽，管乐，三十六簧。从竹，亏声。

【注释】① 簧：乐器里用以振动发声的薄片。

簧 huáng

簧，笙中簧也。从竹，黄声。古者女娲作簧。户光切。

【译文】簧，笙管中用以振动发声的薄叶片。从竹，黄声。古时候女娲造簧。

笙 shēng

笙，十三簧。象凤之身也。笙，正月之音。物生，故谓之笙。大者谓之巢，小者谓之和。从竹，生声。古者随作笙。所庚切。

【译文】笙，十三簧。形状像凤鸟的身躯。笙，是正月之音。这时万物生长，所以叫它笙。大的叫作巢，小的叫作和。从竹，生声。古时候，一个名叫随的人制作了笙。

篎 miǎo

篎，小管谓之篎。从竹，眇声。亡沼切。

【译文】篎，小的管乐器叫作篎。从竹，眇声。

笛 dí

笛，七孔筩也[①]。从竹，由声。羌笛三孔。徒历切。

【译文】笛，七孔竹管乐器。从竹，由声。羌地的笛管三孔。

【注释】① 筩：竹管。

筑 zhú

筑，以竹［击之成］曲[①]。五弦之乐也。从

竹，从巩。巩，持之也。竹亦声。张六切。

【译文】筑。用竹尺敲击出各种乐曲。是五弦的乐器。由竹、由巩会意。巩，持握的意思。竹也表声。

【注释】① 以竹：慧林《音义》引《说文》作“以竹击之成曲，五弦之乐。”此有脱文。

筝 zhēng

筝，鼓弦（竹）［筑］身乐也[①]。从竹，争声。侧茎切。

【译文】筝，拨弦的、像筑身的乐器。从竹，争声。

【注释】① 鼓弦句：“竹”当作“筑”。

算 suàn

算，数也。从竹，从具。读若筭[①]。苏管切。

【译文】算，计数。由竹、由具会意。音读像“筭”字。

【注释】① 读若筭：《段注》：“筭为算之器，算为筭之用。二字音同而义别。”

箕部

箕 jī

箕，簸也。从竹，𠀠，象形，下其丌也。凡箕之属皆从箕。居之切。

【译文】箕，簸箕。从竹，𠀠，像簸箕之形，下面的丌是它的垫座。大凡箕的部属都从箕。

簸 bǒ

簸，扬米去糠也。从箕，皮声。布火切。

【译文】簸，簸扬谷米，去掉糠秕。从箕，皮声。

丌部

丌 jī

丌，下基也。荐物之丌。象形。凡丌之属皆

从丌。读若箕同。居之切。

【译文】丌，物体的下基，安放物体的器具。象形。大凡丌的部属都从丌。音读像“箕”字，义同。

辺 jì

辺，古之遒人，以木铎记诗言。从辵，从丌，丌亦声。读与记同。居吏切。

【译文】辺，古代宣教之官，摇着木铎，沿途采记诗歌和方言。由辵、由丌会意。丌也表声。音读与“记”字相同。

典 diǎn

典，五帝之书也[①]。从册在丌上，尊阁之也。庄都说，典，大册也。多殄切。

【译文】典，五帝的书册。由“册”在“丌”上会意，把典册高高地搁架在丌上。庄都说：典是大册。

【注释】①五帝：徐锴《系传》：“据《孔子家语》，黄帝、颛顼、尧、舜、禹为五帝。”

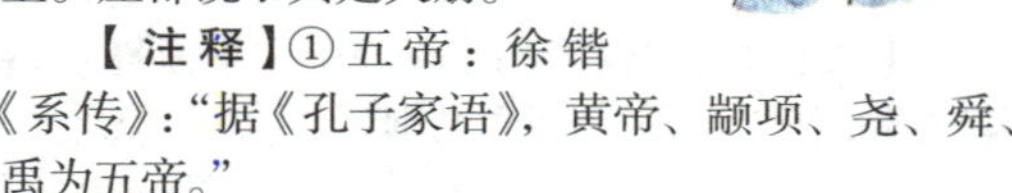

畀 bì

畀，相付与之。约在阁上也。从丌[①]，由声。必至切。

【译文】畀，把东西交付给别人。东西捆绑好放在阁板上，所以从丌，由声。

【注释】①从丌：《段注》：“古者物相与必有藉，藉即阁也。故其字从丌。”

巽 xùn

巽，具也。从丌，㔾声。苏困切。

【译文】巽，具备。从丌，㔾声。

奠 diàn

奠，置祭也。从酋。酋，酒也。下其丌也。《礼》有奠祭者。堂练切。

【译文】奠，置酒食祭奠。从酋。酋，就是酒。下面是垫放酒食的几席之类。《礼》经上有以奠为祭的。

左部

左 zuǒ

左[①]，手相左助也。从𠂇工。凡左之属皆从左。则个切。

【译文】左，用手相辅佐、帮助。由“𠂇”和“工”会意。大凡左的部属都从左。

【注释】①左：《段注》：“左者，今之佐字。”

差 chāi

差，贰也。差不相值也。从左，从𠂹。初牙切，又，楚佳切。

【译文】差，差贰，不相当的意思。由左、由𠂹会意。

工部

工 gōng

工，巧饰也。象人有规榘也。与巫同意。凡工之属皆从工。古红切。

【译文】工，巧于文饰。像人手中有规榘形。与巫字构形从工同意。大凡工的部属都从工。

式 shì

式，法也。从工，弋声。赏职切。

【译文】式，法式。从工，弋声。

巧 qiǎo

巧，技也。从工，丂声。苦绞切。

【译文】巧，技能。从工，丂声。

巨 jù

巨，规巨也[①]。从工，象手持之。其吕切。

【译文】巨，规矩的矩。从工，像用手握着矩。

【注释】① 规巨：巨同矩，木工用的方尺。

㠭部

㠭 zhǎn

㠭，极巧视之也。从四工。凡㠭之属皆从㠭。知衍切。

【译文】㠭，极巧地视察着。由四个“工”字会意。大凡㠭的部属都从㠭。

𡫳 sāi

𡫳，窒也。从㠭，从収；窒宀中。㠭犹齐也。稣则切。

【译文】𡫳，填塞。由㠭、由収会意，表示捧着整齐之物填在屋中。㠭，犹如说整齐。

巫部

巫 wū

巫，祝也。女能事无形，以舞降神者也。象人两褎舞形。与工同意。古者巫咸初作巫。凡巫之属皆从巫。武扶切。

【译文】巫，巫祝。女人之能奉事神祇，并能凭借歌舞使神祇降临的人。像人两袖起舞的样子。与“工”字构形同意。古时候，巫咸初作巫术。大凡巫的部属都从巫。

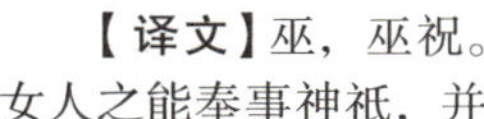

覡 xí

覡，能斋肃事神明也。在男曰覡，在女曰巫。从巫，从見。胡狄切。

【译文】覡，能斋戒、恭敬而奉事神明的人。男的叫覡，女的叫巫。由巫、由見会意。

甘部

甘 gān

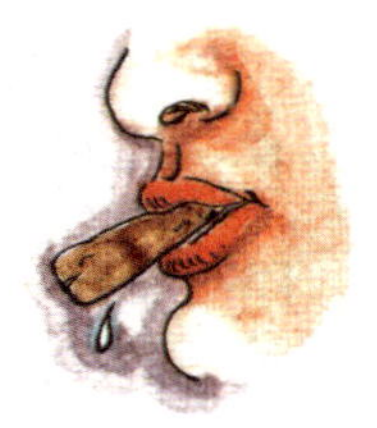

甘，美也[①]。从口含一；一，道也。凡甘之属皆从甘。古三切。

【译文】甘，美味。由“口”含“一”会意；一，表示味道。大凡甘的部属都从甘。

【注释】① 美：《段注》：“羊部曰：‘美，甘也。’甘为五味之一，而五位之可口皆曰甘。”

猒 yàn

猒，饱也。从甘，从肰。于盐切。

【译文】猒，饱足。由甘、由肰会意。

甚 shèn

甚，尤安乐也。从甘，从匹耦也。常枕切。

【译文】甚，异常安乐。由甘、由匹耦之匹字会意。

曰部

曰 yuè

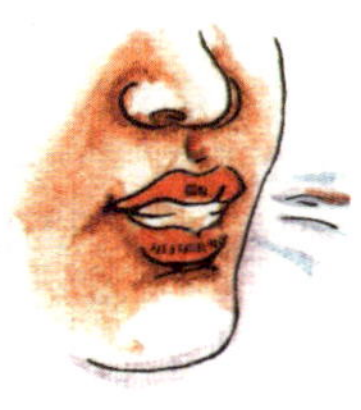

曰，词也。从口，乙声，亦象口气出也。凡曰之属皆从曰。王伐切。

【译文】曰，语助词。从口，乙声，也像口上有气冒出。大凡曰的部属都从曰。

曷 hé

曷，何也。从曰，匃声。胡葛切。

【译文】曷，何。从曰，匃（gài）声。

沓 tá

沓，语多沓沓也。从水，从曰。辽东有沓县[①]。徒合切。

【译文】沓，话多沓沓如流水。由水、由曰会意。辽东郡有沓氏县。

【注释】① 沓县：汉属辽东郡。约在今辽东省金县东南。

曹 cáo

曹，狱之两曹也。在廷东。从棘，治事者；从曰。昨牢切。

【译文】曹，打官司的原告和被告。都在法庭的东边。从棘，（棘）是管理打官司的人；从曰。

乃部

乃 nǎi

乃，曳词之难也①。象气之出难。凡乃之属皆从乃。奴亥切。

【译文】乃，出词很难。像语气出口困难的样子。大凡乃的部属都从乃。

【注释】① 曳词之难：曳当作申。唐写本玉篇引作“申辞之难也”。申词，出词。

丂部

丂 kǎo

丂，气欲舒出。勹上碍于一也。丂，古文以为亏字，又以为巧字。凡丂之属皆从丂。苦浩切。

【译文】丂，气想舒展出來，勹像欲舒出之气上面为“一”所阻碍。丂，古文借为于字，又借为巧字。大凡丂的部属都从丂。

寧 nìng

寧，愿词也①。从丂，寍声。奴丁切。

【译文】寧，表示宁愿的词。从丂，寍声。

【注释】① 愿词：徐锴《系传》：“今人言宁可如此，是愿如此也。古人云：‘宁饮建业水。’是也。”

可部

可 kě

可，肯也。从口丂，丂亦声。凡可之属皆从可。肯我切。

【译文】可，肯许。由口、丂会意，丂也表声。大凡可的部属都从可。

奇 qí

奇，异也。一曰：不耦。从大，从可。渠羁切。

【译文】奇，殊异。另一义说，不成双数。由大、由可会意。

哿 gě

哿，可也。从可，加声。《诗》曰：“哿矣富人。”古我切。

【译文】哿，欢乐。从可，加声。《诗经》说：“欢乐啊，富人们。”

哥 gē

哥，声也。从二可。古文以为謌字。古俄切。

【译文】哥，歌声。由两个可字会意。古文把它作为謌（歌）唱字。

兮部

兮 xī

兮，语所稽也。从丂，八象气越亏也。凡兮之属皆从兮。胡鸡切。

【译文】兮，语气停留。从丂，八像气分散而舒扬。大凡兮的部属都从兮。

乎 hū

乎，语之余也。从兮，象声上越扬之形也。户吴切。

【译文】乎，语句的余声。从兮，（丿）像声气上升越扬的形状。

羲 xī

羲，气也。从兮，義声。许羁切。

【译文】羲，气。从兮，義声。

号部

号 hào

号，痛声也。从口，在丂上。凡号之属皆从号。胡到切。

【译文】号，号啕痛哭声。由“口”在“丂”上会意。大凡号的部属都从号。

號 háo

號，呼也。从号，从虎。乎刀切。

【译文】號，高叫。由号、由虎会意。

亏部

亏 yú

亏，于也。象气之舒亏。从丂，从一。一者，其气平之也。凡亏之属皆从亏。羽俱切。

【译文】亏，于。像口气的舒展平直。由丂、由一会意。一，表示那口气的平直。大凡亏的部属都从亏。

虧 kuī

虧，气损也。从亏，雐声。去为切。

【译文】虧，气亏损。从亏，雐（hū）声。

粵 yuè

粵，亏也。审慎之词者。从亏，从宷。《周书》曰：“粵三日丁亥。”王伐切。

【译文】粵，（发语助词）于。是审度慎重的词。由亏、由宷会意。《周书》说：“三日丁亥。”

平 píng

平，语平舒也。从亏，从八。八，分也。爰礼说。符兵切。

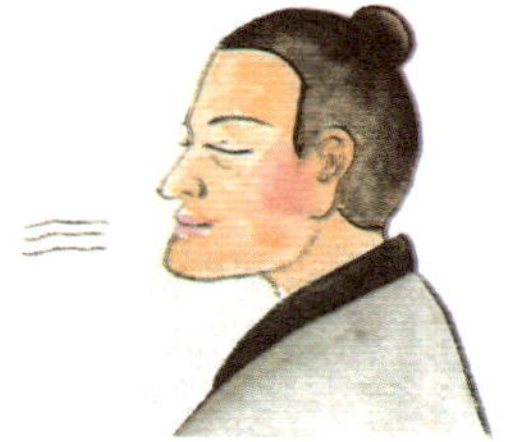

【译文】平，语气平直舒展。由亏、由八会意。八，表示分匀。是爰礼的说法。

旨部

旨 zhǐ

旨[①]，美也。从甘，匕声。凡旨之属皆从旨。职雉切。

【译文】旨，味美。从甘，匕声。大凡旨的部属都从旨。

【注释】①旨：味美。《诗经·小雅·頍弁》：“尔酒既旨，尔肴既嘉。”郑玄笺：“旨、嘉，皆美也。”

嘗 cháng

嘗，口味之也。从旨，尚声。市羊切。

【译文】嘗，口试其味。从旨，尚声。

喜部

喜 xǐ

喜，乐也。从壴，从口[①]。凡喜之属皆从喜。虚里切。

【译文】喜，快乐。由壴、由口会意。大凡喜的部属都从喜。

【注释】①从壴，从口：朱骏声《通训定声》：“闻乐则乐，故从壴；乐形于谈笑，故从口。”

《说文解字》之六书

“六书”一词最早见于《周礼·地官》

《周礼·地官》：“掌谏王恶而养国子以道，乃教之六艺，……，五曰六书，六曰九数。”

没有对六书详细的名称，也没有对六书的解释。

对六书的最早解释：西汉刘歆《七略》

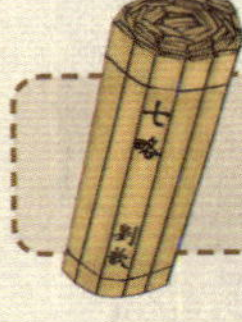

《七略》：“古者八岁入小学，故周官保氏掌养国子，教之六书，谓象形、象事、象意、象声、转注、假借，造字之本也。”

这是对六书最早的解释。象形、象事、象意、象声指的是文字形体结构，转注、假借指的是文字的使用方式。

对六书定义的正式记载：《说文解字》

许慎在《说文解字·叙》中首次对六书的定义正式记载，后世对六书的解说，都以许慎的解说为核心。

上	下	一曰**指事**，指事者视而可识，察而见意，上下是也。
日	月	二曰**象形**，象形者画成其物，随体诘诎，日月是也。
江	河	三曰**形声**，形声者以事为名，取譬相成，江河是也。
武	信	四曰**会意**，会意者比类合谊，以见指㧑，武信是也。
考	老	五曰**转注**，转注者建类一首，同意相受，考老是也。
令	长	六曰**假借**，假借者本无其字，依声托事，令长是也。

憙 xǐ

憙，说也。从心，从喜，喜亦声。许记切。

【译文】憙，喜悦。由心、由喜会意，喜也表声。

嚭 pǐ

嚭，大也。从喜，否声。《春秋传》：吴有太宰嚭。匹鄙切。

【译文】嚭，大。从喜，否声。《春秋左传》：吴国有太宰叫嚭。

壴部

尌 shù

尌，立也。从壴；从寸，持之也。读若驻。常句切。

【译文】尌，树立。由壴、由寸会意，寸表示用手持握着鼓。音读像"驻"字。

彭 péng

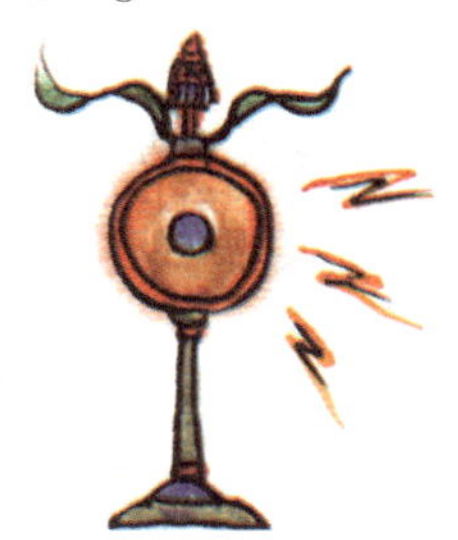

彭[1]，鼓声也。从壴，彡声。薄庚切。

【译文】彭，鼓声。从壴，彡声。

【注释】①彭：李孝定《甲骨文字集释》："鼓之音读即象伐鼓之声。从壴，即鼓之初字。"

嘉 jiā

嘉，美也。从壴，加声。古牙切。

【译文】嘉，美善。从壴，加声。

鼓部

鼓 gǔ

鼓，郭也。春分之音，万物郭皮甲而出，故谓之鼓。从壴，支象其手击之也。《周礼》六鼓：靁鼓八面，灵鼓六面，路鼓四面，鼖鼓、皋鼓、晋鼓皆两面。凡鼓之属皆从鼓。工户切。

【译文】鼓，用皮包廓蒙覆的乐器。是春分时节的音乐，万物包廓着皮壳长出来，所以叫作鼓。从壴；支，像手持槌击鼓。《周礼》的六鼓是：雷鼓有八面，灵鼓有六面，路鼓有四面，鼖鼓、皋鼓、晋鼓都是两面。大凡鼓的部属都从鼓。

岂部

岂 qǐ

岂，还师振旅乐也。一曰：欲也，登也。从豆，微省声。凡岂之属皆从岂。墟喜切。

【译文】岂，得胜归来使军队振奋的乐曲。另一义说，是希望之意，是升登之意。从豆，微省去彳攴为声。大凡岂的部属都从岂。

愷 kǎi

愷[1]，康也。从心、岂，岂亦声。苦亥切。

【译文】愷，康乐。由心、岂会意，岂也表声。

【注释】①愷：朱骏声《通训定声》："按：岂愷实同字，后人加心耳。亦作凯，从岂，几声。"

豆部

豆 dòu

豆，古食肉器也。从口，象形。凡豆之属皆从豆。徒候切。

【译文】豆，古代吃肉盛用的器皿。从口，象形。大凡豆的部属都从豆。

梪 dòu

梪，木豆谓之梪。从木、豆。徒候切。

【译文】梪，木制的豆器叫作梪。由木、豆会意。

𧯞 jǐn

𧯞，蠡也。从豆，蒸省声。居隐切。

【译文】𧯞，瓠瓢。从豆，蒸省声。

豋 wān

豋，豆饴也。从豆，夗声。一丸切。

【译文】豋，芽豆煎成的糖。从豆，夗声。

𣪘 dēng

𣪘，礼器也。从収持肉在豆上。读若镫同。都滕切。

【译文】𣪘，礼器。由“収”（双手）持握着“肉”放在“豆”器上。音读与“镫”字相同。

豊部

豊 lǐ

豊，行礼之器也。从豆，象形。凡豊之属皆从豊。读与礼同。卢启切。

【译文】豊，祭祀行礼的器皿。从豆，象形。大凡豊的部属都从豊。音读与“礼”字相同。

豑 zhì

豑，爵之次弟也[①]。从豊，从弟[②]。《虞书》曰：“平豑东作。”直质切。

【译文】豑，爵的次序。由豊、由弟会意。《虞书》说：“辨别并依次测定太阳东升的时刻。”

【注释】①爵：《段注》：“凡酒器皆曰爵。”②从豊，从弟：《段注》：“爵者，行礼之器，故从豊；由次弟，故从弟。”

豐部

豐 fēng

豐，豆之丰满者也。从豆，象形。一曰：《乡饮酒》有丰侯者。凡丰之属皆从丰。敷戎切。

【译文】豐，豆器盛物丰满的样子。从豆，象形。另一义说，《乡饮酒礼》上有叫丰的侯国。大凡丰的部属都从丰。

豔 yàn

豔，好而长也。从豐。豐，大也。盍声。《春秋传》曰：“美而艳。”以赡切。

【译文】豔，容色美好而又颀长。从豐；豐，表示长大。盍声。《春秋左传》说：“美好而又容色丰满。”

䖒部

䖒 xī

䖒，古陶器也。从豆，虍声。凡䖒之属皆从䖒。许羁切。

【译文】䖒，古陶器。从豆，虍（hū）声。大凡䖒的部属都从䖒。

號 hào

號，土鍪也。从䖒，号声。读若镐。胡到切。

【译文】號，敞口陶锅。从䖒，号声。音读像“镐”字。

虍部

虍 hū

虍，虎文也。象形。凡虍之属皆从虍。荒乌切。

【译文】虍，老虎的斑纹。象形。大凡虍的部属都从虍。

虞 yú

虞，驺虞也。白虎黑文，尾长于身。仁兽，食自死之肉。从虍，吴声。《诗》曰：“于嗟乎，驺虞。”五俱切。

【译文】虞，驺（zōu）

虞。白色的老虎，黑色的花纹，尾巴比身体长。是仁爱的野兽，吃自死之兽的肉。从虍，吴声。《诗经》说："唉哟！真是驺虞啊。"

虙 fú

虙，虎皃。从虍，必声。房六切。

【译文】虙，老虎的样子。从虍，必声。

虔 qián

虔，虎行皃。从虍，文声。读若矜。渠焉切。

【译文】虔，老虎行步坚定的样子。从虍，文声。音读像"矜"字。

虐 nüè

虐，残也。从虍，虎足反爪人也。鱼约切。

【译文】虐，残害。从虍，像虎爪翻过来抓人。

虎部

虎 hǔ

虎，山兽之君。从虍，虎足象人足。象形。凡虎之属皆从虎。呼古切。

【译文】虎，山中野兽的君长。从虍，"虎"字的足，像"人"字的足。像虎蹲踞之形。大凡虎的部属都从虎。

彪 biāo

彪，虎文也。从虎，彡象其文也[1]。甫州切。

【译文】彪，老虎的花纹。从虎，彡像虎身上的花纹。

【注释】①彡：《段注》："彡，毛、饰、画、文也。故虎文之字从之。"

虢 guó

虢，虎所攫画明文也[1]。从虎，寽声。古伯切。

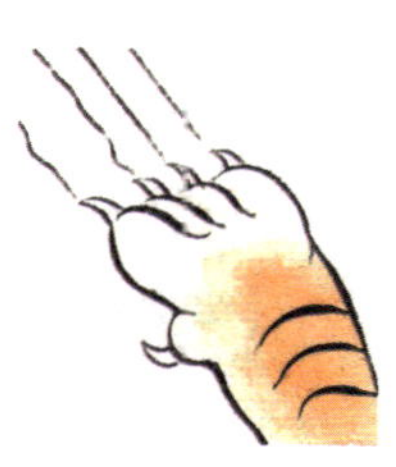

【译文】虢，老虎爪子攫画的清楚的痕迹。从虎，寽声。

【注释】①所攫画明文：所攫所画之明文。

虩 xì

虩，《易》："履虎尾，虩虩。"恐惧。一曰：蝇虎也。从虎，㡿声。许隙切。

【译文】虩，《易经》："踩着老虎尾巴，虩虩而惧。"虩虩，恐惧之貌。另一义说，虩是蝇虎。从虎，㡿声。

虒 sī

虒，委虒，虎之有角者也。从虎，厂声。息移切。

【译文】虒，委虒，虎中有角的一种。从虎，厂声。

虤部

虤 yán

虤，虎怒也。从二虎。凡虤之属皆从虤。五闲切。

【译文】虤，老虎发怒。由两个虎字会意。大凡虤的部属都从虤。

皿部

皿 mǐn

皿，饭食之用器也。象形。与豆同意。凡皿之属皆从皿。读若猛。武永切。

【译文】皿，盛饭食的用器。象形。

与豆字构形同意。大凡皿的部属都从皿。音读像“猛”字。

盂 yú

盂，饭器也。从皿，亏声。羽俱切。

【译文】盂，盛饭的器皿。从皿，亏声。

盛 chéng

盛，黍稷在器中以祀者也。从皿，成声。氏征切。

【译文】盛，放在器皿里用以祭祀的黍稷。从皿，成声。

盎 àng

盎，盆也①。从皿，央声。乌浪切。

【译文】盎，盆类器皿。从皿，央声。

【注释】① 盆：《急就篇》第三章颜师古注：“缶、盆、盎一类耳。缶即盎也，大腹而敛口；盆则敛底而宽上。”

盆 pén

盆，盎也。从皿，分声。步奔切。

【译文】盆，盎类器皿。从皿，分声。

醯 xī

醯，酸也。作醯以鬻以酒。从鬻、酒并省，从皿。皿，器也。呼鸡切。

【译文】醯，醋。用粥、用酒做成醋。由鬻、酒一并省成“酼”，再与“皿”组合会意。皿，是器皿。

益 yì

益，饶也。从水、皿。皿益之意也①。伊昔切。

【译文】益，富饶有余。由“水”在“皿”上会意，表示“皿”中满溢出水来的意思。

【注释】① 皿益：谓皿水溢出。

盉 hé

盉，调也。从皿，禾声。户戈切。

【译文】盉，调味。从皿，禾声。

盈 yíng

盈，满器也。从皿、夃。以成切。

【译文】盈，贮满器皿。由皿、夃会意。

盡 jìn

盡①，器中空也。从皿，㶳声。慈刃切。

【译文】盡，器物中空。从皿，㶳声。

【注释】① 盡：《左传·宣公二年》：“(宣子)使尽之，而为箪食与肉，寘诸橐以与之。”

盅 chōng

盅，器虚也。从皿，中声。《老子》曰：“道盅而用之。”直弓切。

【译文】盅，器皿空虚。从皿，中声。《老子》说：“道虚而使用它。”

盦 ān

盦，覆盖也。从皿，酓声。乌合切。①

【译文】盦，覆盖。从皿，酓声。

【注释】① 合：《段注》：“合当作含。”

𥁕 wēn

𥁕，仁也。从皿，以食囚也。官溥说。乌浑切。

【译文】𥁕，温仁。从皿，用“皿”器让“囚”犯吃饮。是官溥的说法。

盥 guàn

盥，澡手也。从臼水临皿。《春秋传》曰：“奉匜沃盥。”古玩切。

【译文】盥，洗手。由表示两手的“臼”承“水”临于盘“皿”之上会意。《春秋左传》说："（怀嬴）捧着灌水的匜浇水，（重耳）洗手。"

凵部

凵 **凵** qū

凵，凵卢，饭器，以柳为之。象形。凡凵之属皆从凵。去鱼切。

【译文】凵，凵卢，盛饭的器皿，用柳条编织成。象形。大凡凵的部属都从凵。

去部

去 **去** qù

去，人相违也。从大，凵声。凡去之属皆从去。丘据切。

【译文】去，人离开某地。从大，凵声。大凡去的部属都从去。

朅 **朅** qiè

朅，去也。从去，曷声。丘竭切。

【译文】朅，离开。从去，曷声。

㚘 **㚘** líng

㚘，去也。从去，夌声。读若陵。力膺切。

【译文】㚘，离开。从去，夌声。音读像"陵"字。

血部

血 **血** xuè

血，祭所荐牲血也。从皿，一象血形。凡血之属皆从血。呼决切。

【译文】血，祭祀时献给神明的牲畜的血。从皿，一象血形。大凡血的部属都从血。

衁 **衁** huāng

衁，血也。从血，亡声。《春秋传》曰[①]："士刲羊，亦无衁也。"呼光切。

【译文】衁，血。从血，亡声。《春秋左传》说："士人刺杀了羊，却没有血。"

【注释】①《春秋传》：指《左传·僖公十五年》。

衃 **衃** pēi

衃[①]，凝血也。从血，不声。芳杯切。

【译文】衃，淤血。从血，不声。

【注释】①衃：《素问·五藏生成论》："赤如衃血者死。"王冰注："衃血，谓败恶凝聚之血，色赤黑也。"

𧖧 **𧖧** jīn

𧖧[①]，气液也。从血，𦘒声。将邻切。

【译文】𧖧，气血的津液。𦘒血，穿声。

【注释】① 𧖧：《段注》："此字各书皆假'津'（渡水）为之。"

甹 **甹** tíng

甹[①]，定息也。从血，甹省声。读若亭。特丁切。

【译文】甹，安定、停息。从血，甹省声。音读像"亭"字。

【注释】① 甹：王筠《句读》"停者，甹之俗字。""人劳则息不循其常，八朅以安定之也。"

衄 **衄** nǜ

衄，鼻出血也。从血，丑声。女六切。

【译文】衄，鼻出血。从血，丑声。

盥 **盥** nóng

盥，肿血也[①]。从血，農省声。奴冬切。

【译文】盥，肿块的脓血。从血，農省声。

【注释】① 肿血：《段注》："肿，癰（yōng，毒疮）也。停滞之血则为盥。"

監 **監** tǎn

監，血醢也[①]。从血，肬声[②]。《礼记》有盬醢[③]，以牛干脯、粱、䕆、盐、酒也。他感切。

【译文】盬，和血的肉酱。从血，肬声。《礼经》有盬和醢，用干牛肉片、谷子、发酵的曲母、盐和酒酿制而成。

【注释】① 血醢（hǎi）：《段注》："以血为醢，故字从血。"② 肬（tǎn）声：徐铉："肬，肉汁滓也。故从肬，肬亦声。"③《礼记》：当依《段注》删"记"字，段氏说："《礼记》《周书》皆云醢醢，非出于《记》也。"

𧗿 jī

𧗿，以血有所刏涂[①]，祭也[②]。从血，幾声。渠稀切[③]。

【译文】𧗿，用血在划破的地方涂抹，是祭祀的一种仪式。从血，幾声。

【注释】① 以血：桂馥《义证》引趙宧光说："釁钟、釁庙，皆以血涂其隙为用，而通谓之血祭。"刏（jī）涂：王筠《句读》："刏，划伤也。涂，如涂丹雘之涂。刏涂者，谓刏而涂之也。"② 祭：王筠《句读》："祭也者，谓𧗿为祭礼中之一名也。"③ 拼音依《广韵》居依切。

卹 xù

卹，忧也。从血，卩声。一曰：鲜少也[①]。辛聿切。

【译文】卹，忧虑。从血，卩声。另一义说，恤是少。

【注释】① 鲜少：同义复合。

𧗾 xì

𧗾，伤痛也。从血、聿[①]，皕声。《周书》曰[②]："民（冈）[罔]不𧗾伤心。"许力切。

【译文】𧗾，悲伤痛苦。由血、聿会意，皕声。《周书》说："老百姓没有人不悲痛伤心。"

【注释】① 从血、聿：聿，从又持巾。此谓用手持巾洗刷流血的伤口。②《周书》：指《酒诰》。

衉 kàn

衉，羊凝血也[①]。从血，臽声。苦钳切。

【译文】衉，羊的凝结了的血。从血，臽声。

【注释】① 羊凝血：即牲畜的血凝合后切片所做的羹汁。徐锴《系传》："衉，血羹也。"王筠《句读》引《证俗音》说："南方谓凝牛羊鹿血为衉。"

衊 miè

衊，污血也。从血，蔑声。莫结切。

【译文】衊，污浊的血。从血，蔑声。

丶部

丶 zhǔ

丶，有所绝止，丶而识之[①]。凡丶之属皆从丶。知庾切。

【译文】丶，有断绝、停止的地方，打丶号标志它。大凡丶的部属都从丶。

【注释】① 丶而识之：朱骏声《通训定声》："今诵书，点其句读，亦其一端也。"

主 zhǔ

主，镫中火主也。从𡈼，象形。从丶[①]，丶亦声。之庾切。

【译文】主，灯中的火炷。从𡈼，像灯盏、灯架之形；从丶；丶也表声。

【注释】① 从丶：《段注》："丶、主古今字。主、炷亦古今字。"朱骏声《通训定声》："丶像火炎上，其形同丶（表绝止的丶），实非丶字。"

咅 pǒu

咅，相与语，唾而不受也。从丶，从否[①]，否亦声[②]。天口切[③]。

【译文】咅，一起说话，（一方对另一方）唾弃而不听受。由丶、由否会意，丶也表声。

【注释】① 从丶，从否：《段注》："不部曰：'否，不也。'从丶否者，主于不然也。"② 否：当从《段注》作"丶"，段氏说"或字从豆声，豆与丶同部。"③ 天口切：当音 tǒu。今作"哣"；pǒu 音变为 pēi，今作"呸"。

丹部

丹 dān

丹，巴越之赤石也。象采丹井，一象丹形。凡丹之属皆从丹。都寒切。

【译文】丹，巴郡、南越出产的朱砂。像采掘朱砂的井，一像朱砂形。大凡丹的部属都从丹。

雘 huò

雘，善丹也。从丹，蒦声。《周书》曰："惟其敷丹雘。"读若隺[靃]。乌郭切。

【译文】雘，美好的朱砂。从丹，蒦声。《周书》说："应该涂抹好美好的颜料。"音读像"靃"字。

彤 tóng

彤，丹饰也。从丹，从彡。彡，其画也。徒冬切。

【译文】彤，用红色涂饰器物。由丹、由彡会意。彡表示涂饰。

青部

青 qīng

青，东方色也。木生火，从生、丹。丹青之信，言(象)[必]然[①]。凡青之属皆从青。仓经切。

【译文】青，代表东方的颜色。木生火，(丹、火都是赤色)，所以由生、丹会意。"丹青之信"这句话，是说一定这样。大凡青的部属都从青。

【注释】①象：段桂王朱钱均作"必"。

静 jìng

静，审也。从青，争声。疾郢切。

【译文】静，明审。从青，争声。

井部

井 jǐng

井，八家一井，象构韩形，·罋之象也。古者伯益初作井。凡井之属皆从井。子郢切。

【译文】井，八家共汲一井，(井)像四周构架的木栏形，是汲缾的样子。古时候叫伯益的最初作井。大凡井的部属都从井。

阱 jǐng

阱，陷也。从𨸏，从井，井亦声。疾正切。

【译文】阱，陷阱。由𨸏、由井会意，井也表声。

刑 xíng

刑，罚辠也。从井，从刀。《易》曰："井，法也。"井亦声。户经切。

【译文】刑，惩罚罪过。由井、由刀会意。《易经》说："井水之平，是法律的象征。"井也表声。

刱 chuàng

刱，造法刱业也。从井，办声。读若创。初亮切。

【译文】刱，创造法则，创造事物。从井，办声。音读像"创伤"的"创"字。

皀部

皀 xiāng

皀，谷之馨香也。象嘉谷在裹中之形；匕，所以扱之。或说，皀，一粒也。凡皀之属皆从皀。又读若香。皮及切。

【译文】皀，谷的芬芳的香气。(白)像美好的谷子在谷皮之中的样子；匕，是用来取饭的工具。另一义说，皀是一粒。大凡皀的部属都从皀。又，音读像"香"字。

即 jí

即[①]，即食也。从皀，卪声。子力切。

【译文】即，人就食。从皀，卪声。

【注释】① 即：本义是去就、靠近。《周易·鼎》："鼎有实，我仇有疾，不我能即。"孔颖达疏："即，就也。"《诗经·卫风·氓》："匪来贸丝，来即我谋。"郑玄笺："即，就也。"

既 jì

既，小食也。从皀，旡声。《论语》曰："不使胜食既。"居未切。

【译文】既，小的食物。从皀，旡声。《论语》说："不使肉食胜过米食。"

鬯部

鬯 chàng

鬯，以秬酿郁艹，芬芳（攸服）[条畅]，以降神也。从凵，凵，器也；中象米；匕，所以扱之。《易》曰："不丧匕鬯。"凡鬯之属皆从鬯。丑谅切。

【译文】鬯，用黑黍酒和郁金香草酿在一起，使它芬芳条畅，用以降神。从凵，凵，是盛饭食的器具；中间像米；匕，是取食的勺子。《易经》说："不丧失勺子里的鬯酒。"大凡鬯的部属都从鬯。

鬱 yù

鬱，芳艹也。十叶为贯，百廾贯筑以煮之为鬱。从臼、冖、缶、鬯，彡，其饰也。一曰：鬱鬯，百艹之华，远方鬱人所贡芳艹，合酿之以降神。鬱，今鬱林郡也。迂勿切。

【译文】鬱，香草。十片草叶是一贯，以一百二十贯草叶舂捣它，烹煮它，叫作鬱。由臼、冖、缶、鬯会意，多表示盛鬱器物的装饰品。另一义说，鬱是鬱鬯。由中原百草的花和远方的鬱地人贡献的芳草，混合酝酿在一起，用以降神。鬱地，即今天的鬱林郡。

爵 jué

爵，礼器也。象爵之形，中有鬯酒，又持之也。所以饮。器象爵者，取其鸣节节足足也。即略切。

【译文】爵，行礼用的酒器。像雀之形，中间有鬯酒，"又"表示用手持握着。是用来饮酒的器皿。饮器像雀的缘故，是取其注酒声像雀鸣声节节足足。

食部

食 shí

食，一米也。从皀，亼声。或说：亼皀也。凡食之属皆从食。乘力切。

【译文】食，聚集的米。从皀，亼声。另一义说，（食）由亼、皀会意。

飴 yí

飴，米糱煎也。从食，台声。与之切。

【译文】飴，米芽煎熬而成的糖浆。从食，台声。

餅 bǐng

餅，面餈也。从食，并声。必郢切。

【译文】餅，用面粉制成的扁圆形的食品。从食，并声。

篹 zhuàn

篹，具食也。从食，算声。士恋切。

【译文】篹，准备或陈列饮食。从食，算声。

養 yǎng

養[①]，供养也。从食，羊声。余两切。

【译文】養，供给养护。从食，羊声。

【注释】① 養：本义

是养育。《周易·颐》："天地养万物。"

飯 fàn

飯，食也。从食，反声。符万切。

【译文】飯，煮熟的谷类食物。从食，反声。

餐 cān

餐，吞也。从食，𣦼声。七安切。

【译文】餐，吞吃。从食，𣦼声。

餔 bū

餔，日加申时食也[①]。从食，甫声。博狐切。

【译文】餔，日头在申时吃晚饭。从食，甫声。

【注释】①日加申：谓日在申时。申时食即夕食。《三苍》："餔，夕食也。"谓申时食。

鰜 lián

鰜，叽也。从食，兼声。读若风溓溓。一曰：廉洁也。力盐切。

【译文】鰜，小吃。从食，兼声。音读像"风溓溓"的"溓"字。另一义说：鰜是廉洁。

飽 bǎo

飽[①]，猒也。从食，包声。博巧切。

【译文】飽，吃饱。从食，包声。

【注释】①飽：吃个够。《诗经·秦风·权舆》："今也每食不饱。"《论语·学而》："君子食无求饱，居无求安。"

饒 ráo

饒，饱也。从食，堯声。如昭切。

【译文】饒，（很）饱。从食，堯声。

餘 yú

餘，饶也。从食，余声。以诸切。

【译文】餘，丰足。从食，余声。

館 guǎn

館，客舍也。从食，官声。《周礼》：五十里有市，市有馆，馆有积，以待朝聘之客。古玩切。

【译文】館，接待宾客的房屋。从食，官声。《周礼》说：每五十里有集市，集市上有馆舍，馆舍里有聚积的粮草，用以接待朝拜、问候的宾客。

饕 tāo

饕，贪也。从食，號声。土刀切。

【译文】饕，贪食。从食，號声。

飻 tiè

飻，贪也。从食，殄省声。《春秋传》曰："谓之饕飻。"他结切。

【译文】飻，贪食。从食，殄省声。《春秋左传》说："叫它作饕餮。"

饖 wèi

饖，饭伤热也。从食，歲声。于废切。

【译文】饖，饭因暑热而臭败。从食，歲声。

饐 yì

饐，饭伤湿也。从食，壹声。乙冀切。

【译文】饐，饭因湿郁而腐臭。从食，壹声。

餲 ài

餲，饭餲也。从食，曷声。《论语》曰："食饐而餲。"乙例切。又，乌介切。

【译文】餲，饭经久变味。从食，曷声。《论语》说："饭食腐臭而变味。"

饉 jǐn

饉，蔬不孰為饉。从食，堇声。渠吝切。

【译文】饉，蔬菜不熟叫饉。从食，堇声。

饑 jī

饑[1]，谷不孰为饥。从食，幾声。居衣切。

【译文】饑，五谷不熟叫饥。从食，幾声。

【注释】①饑：饥荒。《诗经·小雅·雨无正》："降丧饥馑，斩伐四国。"毛亨传："谷不熟曰饥，蔬不熟曰馑。"

飢 jī

飢，饿也。从食，几声。居夷切。

【译文】飢，饥饿。从食，几声。

餓 è

餓，饥也。从食，我声。五个切。

【译文】餓，饥饿。从食，我声。

亼部

合 hé

合，合口也。从亼，从口。候阁切。

【译文】合，两口相合。由亼、由口会意。

今 jīn

今，是时也。从亼，从乛。乛，古文及。居音切。

【译文】今，(目前)这个时候。由亼、由乛会意。乛，古文及字。

侖 lún

侖，思也。从亼，从冊。力屯切。

【译文】侖，思理。由亼、由冊会意。

舍 shè

舍，市居曰舍。从亼、屮，象屋也；囗象筑也。始夜切。

【译文】舍，宾客居住的房子叫舍。从亼、屮，像屋；囗像筑的垣墙。

會部

會 huì

會，合也。从亼，从曾省。曾，益也。凡会之属皆从會。黄外切。

【译文】會，会合。由亼、由曾省会意。曾，表示增益。大凡会的部属都从會。

𩞁 pí

𩞁，益也。从會，卑声。符支切。

【译文】𩞁，增益。从會，卑声。

倉部

倉 cāng

倉，谷藏也。仓黄取而藏之，故谓之仓。从食省，口象仓形。凡仓之属皆从仓。七冈切。

【译文】倉，谷米收藏的地方。趁谷成熟颜色苍黄之时，收藏它，所以叫作仓。(亽)像食字的省略，口像仓的形状。大凡仓的部属都从仓。

牄 qiāng

牄，鸟兽来食声也。从倉，爿声。《虞书》曰："鸟兽牄牄。"七羊切。

【译文】牄，鸟兽来吃食的声音。从倉，爿声。《虞书》说："飞鸟走兽，牄牄而舞。"

入部

入 rù

入[1]，内也。象从上俱下也。凡入之属皆从入。人汁切。

【译文】入，进入。像从上面都下来。大凡入的部属都从入。

【注释】①入：《尚书·君陈》："尔有嘉谋嘉猷，则入告尔后于内。"

内 nèi

内[1]，入也。从冂，自外而入也。奴对切。

【译文】内，进入。从冂，(入)像从外面进入。

【注释】①内：里面。《左传·庄公十四年》："国内之民，其谁不为臣！"

仝 quán

仝，完也。从入，从工。疾缘切。

【译文】仝，完好。由入、由工会意。

缶部

缶 fǒu

缶，瓦器。所以盛酒浆。秦人鼓之以节歌。象形。凡缶之属皆从缶。方九切。

【译文】缶，陶器。用来盛酒浆的器皿。秦地人敲击着它来为唱歌打拍子。象形。大凡缶的部属都从缶。

㲄 kòu

㲄，未烧瓦器也。从缶，㱿声。读若篝莩。又苦候切。

【译文】㲄，未经烧制的陶器。从缶，㱿声。音读像竹筒中莩皮的"莩"字。

匋 táo

匋，瓦器也。从缶，包省声。古者昆吾作匋。案：《史篇》读与缶同。徒刀切。

【译文】匋，用陶土烧制的器皿。从缶，包省声。古时候名叫昆吾的制作陶器。按：《史籀篇》"陶"的音读与"缶"字同。

罂 yīng

罂，缶也。从缶，賏声。乌茎切。

【译文】罂，缶器。从缶，賏(yīng)声。

䍃 yīng

䍃，备火，长颈缾也。从缶，荧省声。乌茎切。

【译文】䍃，又叫备火，即长颈瓶。从缶，荧省火为声。

缸 gāng

缸，瓦也[1]。从缶，工声。下江切。

【译文】缸，陶器。从缶，工声。

【注释】①瓦：各本均作"瓨"。此作瓦，误。朱骏声《通训定声》说："缸即瓨之异体。"

缺 quē

缺，器破也。从缶，决省声。倾雪切。

【译文】缺，陶器破缺。从缶，决省声。

罅 xià

罅，裂也。从缶，虖声。缶烧善裂也。呼迓切。

【译文】罅，陶器裂开。从缶，虖声。陶器烧制，多破裂。

罄 qìng

罄，器中空也[1]。从缶，殸声。殸，古文磬字。《诗》云："缾之罄矣。"苦定切。

【译文】罄，器皿中空。从缶，殸声。殸，古文磬字。《诗经》说："瓶瓮已是空空的了。"

【注释】①器中空：徐灏《段注笺》："器中空则物尽，故罄有尽义，引申为凡空之偁。"

罊 qì

罊，器中尽也。从缶，毄声。苦计切。

【译文】罊，器中尽。从缶，毄声。

缿 xiàng

缿，受钱器也。从缶，后声。古以瓦，今以竹。大口切。又，胡讲切。

【译文】缿，储存钱的器皿。从缶，后声。古代用陶制成，今天用竹制成。

矢部

矢 shǐ

矢，弓弩矢也。从入，象镝栝羽之形。古者夷牟初作矢。凡矢之属皆从矢。式视切。

【译文】矢，弓弩用的箭。从入，像箭头、箭末扣弦处、箭羽的样子。古时候，名叫夷牟的人最早制作箭。大凡矢的部属都从矢。

矯 jiǎo

矯，揉箭箝也。从矢，喬声。居夭切。

【译文】矯，把箭揉直的箝子。从矢，喬声。

短 duǎn

短，有所长短，以矢为正。从矢，豆声。都管切。

【译文】短，有所测量，用箭作标准。从矢，豆声。

知 zhī

知，词也[①]。从口，从矢。陟离切。

【译文】知，识的意思。由口、由矢会意。

【注释】① 词：当依《玉篇》作“识”。

矣 yǐ

矣，语已词也。从矢，以声。于已切。

【译文】矣，表示语意已止的虚词。从矢，以声。

高部

高 gāo

高，崇也。象台观高之形。从冂，口与仓舍同意。凡高之属皆从高。古牢切。

【译文】高，崇高。像台观高耸的样子。从冂；口，与仓字舍字下部从口，构形同意。大凡高的部属都从高。

亳 bó

亳，京兆杜陵亭也[①]。从高省，乇声。旁各切。

【译文】亳，京兆地方杜陵亭。从高省，乇（zhé）声。

【注释】① 京兆：汉代京畿的行政区划名，为三辅之一，即今陕西西安市以东至华县之地。

亭 tíng

亭，民所安定也。亭有楼，从高省，丁声。特丁切。

【译文】亭，人们安定的处所。亭上有楼，从高省，丁声。

冂部

冂 jiōng

冂，邑外谓之郊，郊外谓之野，野外谓之林，林外谓之冂。象远界也。凡冂之属皆从冂。古荧切。

【译文】冂，国都之外叫作郊，郊外叫作野，野外叫作林，林外叫作冂。冂，像远方的界画。大凡冂的部属都从冂。

市 shì

市，买卖所之也[①]。市有垣，从冂；从乛，乛，古文及，象物相及也；之省声。时止切。

【译文】市，买卖时去的处所。集市有垣墙，所以从冂；又从乛，乛是古文及字，表示物与物相连及的意思；之省声。

【注释】①买卖所之：之，往。徐灏《段注笺》："古之为市，聚散有常，交易而退，故曰：'买卖所之。'非如今世俗之店铺也。今之墟集犹存古意。"

冘 yín

冘，淫淫[①]，行皃。从人出冂。余箴切。

【译文】冘，淫淫，行走的样子。由"人"走出远界的"冂"会意。

【注释】①淫淫：《文选·羽猎赋》："淫淫与与。"李善注："淫淫、與與，皆行皃也。"

隺 hú

隺，高至也。从隹上欲出冂[①]。《易》曰："夫干隺然[②]。"胡沃切。

【译文】隹，高到了极点。由"隹"向上飞翔想飞出远界的"冂"会意。《易经》说："天高高的。"

【注释】①从隹：《段注》："上翔欲远行也。"②《易》：指《系辞》。"隺"今作"确"。干：代表天。

央 yāng

央，中央也。从大在冂之内，大，人也。央旁同意[①]。一曰：久也。于良切。

【译文】央，中央。"大"字在"冂"字的内中，大就是正立的人。央、旁二字构形同意。另一义说：央是久。

【注释】①央旁同意：央字所从之冂，与旁字之冂，都表示旁边，所以说央旁同意。

𩫏部

𩫏 guō

𩫏，度也[①]，民所度居也。从回，象城𩫏之重，两亭相对也。或但从囗。凡𩫏之属皆从𩫏。古博切。

【译文】𩫏，居住，人们居住的地方。从回，像内城外𩫏一层又一层的样子，𩫏像两亭相对。有的写法只从囗，不从回。大凡𩫏的部属都从𩫏。

【注释】①度：《诗经·皇矣》："爰究爰度"传："度，居也。"

京部

京 jīng

京，人所为绝高丘也[①]。从高省，丨象高形。凡京之属皆从京。举卿切。

【译文】京，人工筑起的最高的丘。从高字省，丨像高的样子。大凡京的部属都从京。

【注释】①人所为：朱骏声《通训定声》："对文则人力所作者为京，地体自然者为邱；散文则亦通称也。"

就 jiù

就，就高也[①]。从京，从尤[②]。尤异于凡也。疾僦切。又，普庚切。又，许庚切。

【译文】就，趋向高地而居住。由京、由尤会意。尤，表示比一般不同的意思。

【注释】①就高：桂馥《义证》："此言人就高以居也。"②从京，从尤：孔广居《疑疑》："京，高丘也。古时洪水横流，故高丘之异于凡者，人就之。"

亯部

亯 hēng

亯，献也。从高省，曰象进孰物形。《孝经》曰[①]："祭则鬼亯之。"凡亯之属皆从亯。许两切。又，普庚切。又，许庚切。

【译文】亯，献。高字省去冋，曰像进献的熟食之形。《孝经》说："祭祀，鬼神就来享用食物。"大凡亯的部属都从亯。

【注释】①《孝经》：指《孝治章》。

笞 dǔ

笞，厚也。从亯，竹声。读若笃。冬毒切。

【译文】笞，厚。从亯，竹声。音读像“笃”字。

𣆪部

厚 hòu

厚，山陵之厚也①。从𣆪，从厂。胡口切。

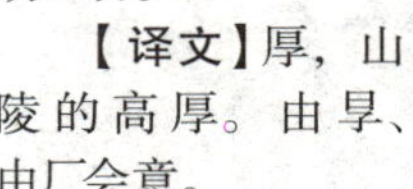

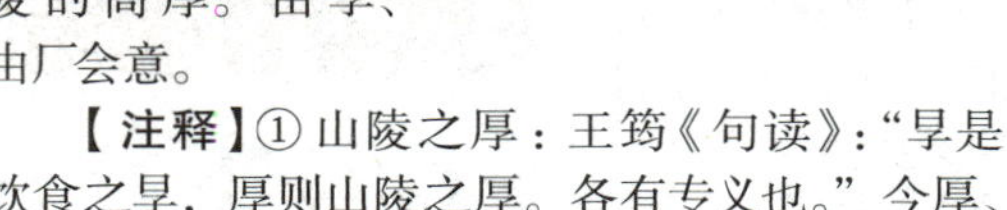

【译文】厚，山陵的高厚。由𣆪、由厂会意。

【注释】①山陵之厚：王筠《句读》：“𣆪是饮食之𣆪，厚则山陵之厚。各有专义也。”今厚、𣆪通用。

畗部

良 liáng

良，善也。从畗省①，亡声。吕张切。

【译文】良，善良。从畗省，亡声。

【注释】①从畗省：章太炎《文始》：“畗，满也，象高厚之形。”

㐭部

㐭 lǐn

㐭，谷所振入。宗庙粢盛，仓黄㐭而取之①，故谓之㐭。从入，回象屋形，中有户牖。凡㐭之属皆从㐭。力甚切。

【译文】㐭，百谷收藏的地方。宗庙祭祀的谷物，颜色苍黄之际，小心谨慎地取来，所以叫作㐭。从入，回像收藏的屋的样子，内中的口表示有窗户。大凡㐭的部属都从㐭。

【注释】①㐭：饶炯《部首订》：“㐭者，有谨慎爱惜之意。”

稟 bǐng

稟，赐谷也①。从㐭，从禾。笔锦切。

【译文】稟，赐给的谷物。由㐭、由禾会意。

【注释】①赐谷：《段注》：“凡赐谷曰稟，受赐亦曰稟。”

亶 dǎn

亶，多谷也①。从㐭，旦声。多旱切。

【译文】亶，谷物多。从㐭，旦声。

【注释】①多谷：《段注》：“亶之本义为多谷，故其字从㐭。引申之义为厚也，信也，诚也。”

嗇部

嗇 sè

嗇，爱濇也。从来，从㐭①。来者，㐭而藏之。故田夫谓之嗇夫。凡嗇之属皆从嗇②。所力切。

【译文】嗇，爱惜。由来、由㐭会意。麦子之类的谷物，用仓廪把它收藏起来。所以农夫叫作嗇夫。大凡嗇的部属都从嗇。

【注释】①从来，从㐭：来，麦。㐭，藏。②嗇：朱骏声《通训定声》：“此字本训当为收谷，即穑之古文也。”

牆 qiáng

牆，垣蔽也。从嗇，爿声。才良切。

【译文】墙，墙垣蔽障。从嗇，爿声。

來部

來 lái

來，周所受瑞麦来麰①。一来二缝②，象芒朿之形。天所来也，故为行来之来③。《诗》曰：“诒我来麰。”凡来之属皆从来。洛哀切。

【译文】来，周地所接受的优良麦子——来

和麰。一根麦秆两颗麦穗，像麦芒麦刺的形状。（来是）上天赐来的，所以用作往来的来字。《诗经》说：“送给我们小麦和大麦。”大凡来的部属都从来。

【注释】① 来：来本为麦名，后又加旁作猍。假借为行来之来。② 缝：通锋。一来二缝，谓一茎二穗。③ 行来：往来。《后汉书·陆康传》：“不得行来。”章怀注：“行来犹往来也。”

麥部

麥 mài

麥，芒谷①，秋种厚薶②，故谓之麦。麦，金也。金王而生，火王而死③。从來④，有穗者；从夊⑤。凡麦之属皆从麦。莫获切。

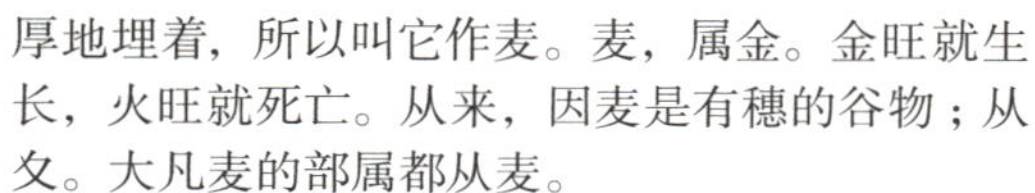

【译文】麦，有芒刺的谷。秋天种下，厚厚地埋着，所以叫它作麦。麦，属金。金旺就生长，火旺就死亡。从来，因麦是有穗的谷物；从夊。大凡麦的部属都从麦。

【注释】① 芒谷：《段注》：“有芒刺之谷也。”② 秋种句：《淮南·地形训》：“麦秋生夏死。”薶（埋）、麦，叠韵为训。③ 王：通旺。金旺，指秋天。火旺，指夏天。五行说，秋属金，夏属火。④ 从來：《段注》：“有穗犹有芒也，有芒故从來，來象芒束也。”⑤ 从夊（suī）：夊，训行。从夊者，表示自天降下之意。郑樵谓夊像其根，非许意。

麧 hé

麧，坚麦也。从麥，气声。乎没切。

【译文】麧，坚硬的麦粒。从麦粒，气声。

麩 fū

麩①，小麦屑皮也。从麥，夫声。甫无切。

【译文】麸，小麦的碎屑和麦皮。从麥，夫声。

【注释】① 麸：麸子。《齐民要术·大小麦》：“青稞麦，……石八九斗面，堪作饭及饼饦，甚美，磨，总尽无麸。”

夊部

夊 cuī

夊，行迟曳夊夊，象人两胫有所躧也。凡夊之属皆从夊。楚危切。

【译文】夊，行路迟缓、播曳，绥绥（不能举步），像人的两腿上有所拖曳的样子。大凡夊的部属都从夊。

致 zhì

致，送诣也①。从夊，从至。陟利切。

【译文】致，送到。由夊、由至会意。

【注释】① 送诣：《段注》：“言部曰：‘诣，候至也。’送诣者，送而必至其处也。引申为召致之致。”

憂 yōu

憂，和之行也①。从夊②，㥑声。《诗》曰③：“布政忧忧。”于求切。

【译文】忧，从容不迫地行走。从夊，㥑（yōu）声。《诗经》说：“发布政令十分宽和。”

【注释】① 和之行：柳荣宗《引经考异》：“行和者从容不迫。”② 从夊：夊有行义。③《诗》：指《诗经·商颂·长发》。今本作“敷政优优。”

愛 ài

愛，行皃。从夊，㤅声。乌代切。

【译文】爱，行走的样子。从夊，㤅（ài）声。

夏 xià

夏①，中国之人也。从夊，从頁，从臼。臼，两手；夊，两足也。胡雅切。

【译文】夏，中原地区的人。由夊、由頁、由臼会意。臼，表示两只手；夊，表示两只脚。

【注释】① 夏：《段注》：“以别于北方狄、东北貉、南方蛮闽、西方羌、西南焦侥、东方夷也。”徐灏笺：“夏时夷狄始入中国，因谓中国人为夏人，沿旧称也。”

畟 cè

畟，治稼畟畟进也。从田人，从夊。《诗》曰①：“畟畟良耜。”初力切。

【译文】畟，治理庄稼，测测前进。由田人、由夊会意。《诗经》说：“测测而进，锋利的耜刃。”

【注释】①《诗》：指《诗经·周颂·良耜》。毛传：“畟畟，犹测测也。”《段注》：“畟、测皆进意。”

夔 kuí

夔，神魖也。如龙，一足，从夊；象有角、手、人面之形。渠追切。

【译文】夔，神奇的怪物。样子像龙，一只脚，所以从夊；像有头角、手、人面的样子。

舛部

舛 chuǎn

舛，对卧也。从夊㐄相背。凡舛之属皆从舛。昌兖切。

【译文】舛，相对而卧，由夊、㐄相背会意。大凡舛的部属都从舛。

舞 wǔ

舞，乐也。用足相背，从舛，無声。文抚切。

【译文】舞，乐的一种形式。用两足相背（表示起舞踩踏），所以从舛，無声。

舜部

舜 shùn

舜①，艹也。楚谓之葍，秦谓之藑。蔓地连华。象形。从舛，舛亦声。凡舜之属皆从舜。舒闰切。

【译文】舜，草名。楚地叫它葍（fú），秦地叫它藑（qióng）。蔓延布地，连花而生。象形。从舛，舛也表声。大凡舜的部属都从舜。

【注释】①舜：《段注》：“艸部曰：‘藑，茅葍也。一名舜。’是一物三名也。”变：隶省作“舜”，因变为“舜”。

韦部

韦 wéi

韦，相背也。从舛，囗声。兽皮之韦①，可以束枉戾相韦背②，故借以为皮韦。凡韦之属皆从韦。宇非切。

【译文】韦，相违背。从舛，囗（wéi）声。兽皮的熟皮，可用来缠束矫正弯曲相违之物，所以借用为皮韦的“韦”字。大凡韦的部属都从韦。

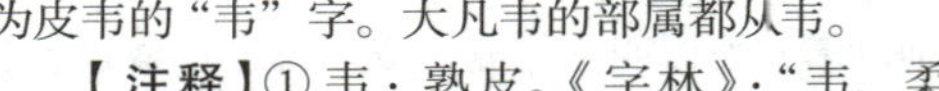

【注释】①韦：熟皮。《字林》：“韦，柔皮也。”②可以句：可以束枉戾而违背的物体。

韎 mèi

韎，茅搜染韦也，一入曰韎。从韦，末声。莫佩切。

【译文】韎，用茅搜草染熟牛皮，初次染入叫韎。从韦，末声。

韘 shè

韘，射决也。所以拘弦，以象骨，韦系，着右巨指。从韦，枼声。《诗》曰：“童子佩韘。”失涉切。

【译文】韘，射箭用的决。用来钩弦的器具，用象骨制成，用熟牛皮作纽带，附着在右手大拇指上。从韦，枼声。《诗经》说：“童子佩戴着射箭用的玦。”

韬 tāo

韬，剑衣也。从韦，舀声。土刀切。

【译文】韬，剑套。从韦，舀声。

韏 quàn

韏，革中辨谓之韏。从韋，𢍰声。九万切。

【译文】韏，皮革中间相交合的皮条叫作韏。从韋，𢍰（juàn）声。

韉 jiū

韉[①]，收束也。从韋，糕声[②]。读若酋。即由切。

【译文】韉，收束。从韋，糕声。音读像"酋"字。

【注释】①韉：《方言》二："揫（韉），细也。斂物而细，秦晋谓之揫。"②糕（zhuō）声：糕从焦声。吴人读如焦。

韓 hán

韓，井垣也。从韋，取其帀也；倝声。胡安切。

【译文】韓，井栏。从韋，取其周围的意思；倝（gàn）声。

弟部

弟 dì

弟，韦束之次弟也。从古字之象。凡弟之属皆从弟。特计切。

【译文】弟，用牛皮束物的次序。小篆采用古文的样子。大凡弟的部属都从弟。

夂部

夂 zhǐ

夂，从后至也。象人两胫后有致之者。凡夂之属皆从夂。读若黹。陟侈切。

【译文】夂，从后面送到。像人的两腿后面有送它的力量。大凡夂的部属都从夂。音读像"黹"字。

夆 fēng

夆，啎也。从夂，丰声。读若缝。敷容切。

【译文】夆，相逢。从夂，丰（fēng）声。音读像"缝"字。

夅 xiáng

夅，服也。从夂㐄相承，不敢并也。下江切。

【译文】夅，降服。由夂、㐄二字相承会意，表示不敢相并的意思。

久部

久 jiǔ

久，（以）[从]后灸之，象人两胫后有距也。《周礼》曰："久诸墙以观其桡。"凡久之属皆从久。举友切。

【译文】久，从后面支拒着，像人的两腿后面有抵拒的东西。《周礼》说："（把矛戟的柄）支拒在两墙之间，看它是否弯曲。"大凡久的部属都从久。

桀部

桀 jié

桀，磔也。从舛在木上也。凡桀之属皆从桀。渠列切。

【译文】桀，分张肢体。由"舛"在"木"上会意。大凡桀的部属都从桀。

磔 zhé

磔，辜也。从桀，石声。陟格切。

【译文】磔，分裂肢体令其干枯而不收。从桀，石声。

《说文解字》地位、价值和意义

《说文解字》的地位

古汉语学家洪诚说："《说文解字》是文字学巨著，是上通古文字、下理今文字的桥梁；它也是语言学的巨著，是词汇史的要典。"它上溯造字之源，下辨篆、隶、行、草递变之迹，承上启下，继往开来，影响深远。

《说文解字》的价值

清代语言文字学家戴震说："经之至者，道也，所以明道者，词也，所以成词者，字也；字以通其词，由词以通其道，必有渐。"文字是一切学术的基础，做学问得从掌握文字开始。《说文解字》是研究古文字的重要著作，其价值并不仅仅在于成书时代之早。

《说文解字》的意义

1. 确立了六书理论
今天研究汉字，仍然离不开六书理论。

2. 保存了词的本义
对于解释古代文献，特别是考释甲骨文、金文等古字尤为重要。

3. 保存了先秦的词义和汉代的训诂资料
对于考察先秦的词义、了解汉代的训诂和方言是十分宝贵的。

4. 记载了丰富的古代文化资料
《说文解字》是一部反映古代文化的百科全书，是今天研究古代文化的重要资料。

5. 保存了古音资料
声训、读若和直音都是研究古音不可缺少的资料。

6. 开创以部首统率汉字的字书（典）编排体例
后世字典大多采用这个方式。

许慎是第一个从理论上阐明文字重大意义的人。他说："盖文字者，经义之本，王政之始，前人之所以垂后，后人之所以识古。"这是对文字本质和社会作用的科学论断，从而也使中国的文字学、字典学真正成为独立的学科。

木部

木 mù

木，冒也。冒地而生。东方之行[①]。从屮，下象其根。凡木之属皆从木。莫卜切。

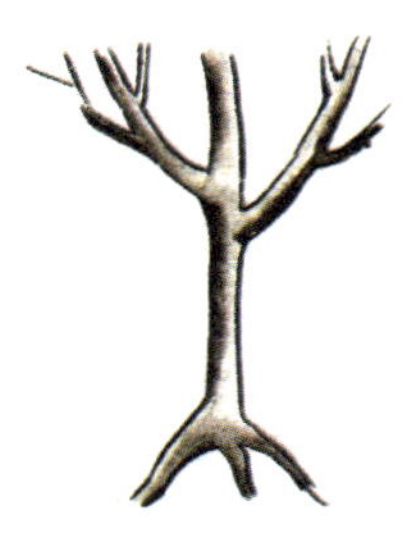

【译文】木，冒覆。冒覆土地而生长着。是代表东方的物质。上从屮，下面像它的根。大凡木的部属都从木。

【注释】① 东方句：古五行说，东方属木。

橘 jú

橘，果。出江南。从木，矞声。居聿切。

【译文】橘，果木名。出产在江南。从木，矞声。

橙 chéng

橙，橘属。从木，登声。丈庚切。

【译文】橙，橘树一类。从木，登声。

樝 zhā

樝[①]，果似梨而酢。从木，虘声。侧加切。

【译文】樝，果实像梨而味酸。从木，虘声。

【注释】① 樝：桂馥《义证》："字又作楂。"

柚 yòu

柚，条也[①]。似橙而酢。从木，由声。《夏书》曰："厥包橘柚。"余救切。

【译文】柚，又叫条。像橙子而味酸。从木，由声。《夏书》说："他们包裹着橘、柚（作为贡品）。"

【注释】① 条：《埤雅·释木》："柚似橙而大于橘"，"一名条。"

梨 lí

梨，果名。从木，𥝢声。力脂切。

【译文】梨，果木名。从木，𥝢声。

梬 yǐng

梬[①]，枣也，似柹。从木，甹声。以整切。

【译文】梬，梬枣，像柹子。从木，甹声。

【注释】① 梬：即梬枣。《玉篇》注："梬枣似柿而小。"

柹 shì

柹，赤实果[①]。从木，𠂔声。鉏里切。

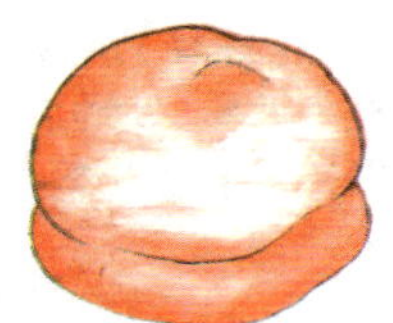

【译文】柹，赤心果。从木，𠂔声。

【注释】① 赤实果：《段注》："言果又言实者，实谓其中也。赤中，与外同也。"

枏 nán

枏，梅也[①]。从木，冄声。汝阎切。

【译文】枏，梅树。从木，冄声。

【注释】① 枏：桂馥《义证》："字或作楠。"指楠木。

梅 méi

梅，枏也。可食。从木，每声。莫桮切。

【译文】梅，楠木。又是可吃的酸果。从木，每声。

杏 xìng

杏，果也。从木，可省声。何梗切。

【译文】杏，果木名。从本，可省声。

柰 nài

柰，果也。从木，示声。奴带切。

【译文】柰，果木名。从木，示声。

李 lǐ

李，果也。从木，子声。良止切。

【译文】李，果木名。从木，子声。

𣐊 楙 máo

楙，冬桃。从木，敄声。读若髦。莫侯切。

【译文】楙，冬桃。从木，敄声。音读像“髦”字。

𣐊 桃 táo

桃[①]，果也。从木，兆声。徒刀切。

【译文】桃，果木名。从木，兆声。

【注释】①桃：《诗经·大雅·抑》：“投我以桃，报之以李。”

𣐊 楷 jiē

楷，木也。孔子冢盖树之者。从木，皆声。苦骇切。

【译文】楷，树木。孔子墓上覆盖的树。从木，皆声。

𣐊 梫 qǐn

梫[①]，桂也。从木，侵省声。七荏切。

【译文】梫，肉桂。从木，侵省声。

【注释】①梫：《蜀都赋》刘逵注：“梫桂，木桂也。《本草》谓之牡桂。一名肉桂。”

𣐊 桂 guì

桂[①]，江南木，百药之长。从木，圭声。古惠切。

【译文】桂，江南出产的树木，是百药之长。从木，圭声。

【注释】①桂：肉桂。树皮可作香料，通称“桂皮”。张舜徽《约注》：“流俗所称桂花，木名木犀。唐以来始有桂花之名，其皮薄而不辣，不堪入药。与唐以前书所称之桂，绝然二物。”

𣐊 棠 táng

棠，牡曰棠[①]，牝曰杜。从木，尚声。徒郎切。

【译文】棠，公的叫棠，母的叫杜。从木，尚声。

【注释】①牡：徐锴《系传》：“木之性有牝牡。牡者华而不实。”

𣐊 杜 dù

杜，甘棠也[①]。从木，土声。徒古切。

【译文】杜，甘棠。从木，土声。

【注释】①甘棠：即杜梨。《段注》：“棠不实，杜实而可食则谓之甘棠。”“牡棠、牝杜，析言之也；杜得偁甘棠，互言之也。”

𣐊 槢 xí

槢，木也。从木，習声。似入切。

【译文】槢，树木名。从木，習声。

𣐊 樿 zhǎn

樿[①]，木也。可以为栉。从木，單声。旨善切。

【译文】樿，树木名。可用来作梳篦。从木，單声。

【注释】①樿：《礼记·玉藻》：“栉（zhì）用樿栉。”正义云：“樿，白理木也。”

𣐊 椲 wěi

椲，木也。可屈为杅者[①]。从木，韋声。于鬼切。

【译文】椲，树木名。可以把它弯曲起来做成杯盘。从木，韋声。

【注释】①杅（yú）：徐锴《系传》：“杅即《孟子》所谓杯棬（杯盘）也，若今屈柳器然。”

𣐊 楢 yóu

楢，柔木也。工官以为耎轮[①]。从木，酋声。读若糗。以周切。

【译文】楢，柔软的树木。工匠用它做成柔软坚韧的车轮。从木，酋声。音读像“糗（qiǔ）”字。

【注释】①耎（ruǎn）轮：《段注》：“安车之

轮也。”耎：《玉篇》引作“软”。软是柔韧的意思。

梓 zǐ

梓[①]，楸也。从木，宰省声。即里切。

【译文】梓，楸树（一类）。从木，宰省声。

【注释】①梓：《尔雅·释木》：“梓为木王，盖木莫良于梓。”

楸 qiū

楸[①]，梓也。从木，秋声。七由切。

【译文】楸，梓树（一类）。从木，秋声。

【注释】①楸：《本草纲目·木部·楸》：“楸有行列，茎干直耸可爱，至上垂条如线，其木湿时脆，燥则坚，故谓之良材，宜作棋枰，即梓之赤者也。”

椿 chūn

椿，杶也。从木，筍声。相伦切。

【译文】椿，杶树。从木，筍声。

桵 ruí

桵，白桵[①]，棫。从木，妥声。儒隹切。

【译文】桵，白桵（一类），即棫树（之属）。从木，妥声。

【注释】①桵：赤心桵。陆玑《诗疏》：“《三仓》说，棫即柞也。其材理全白，无赤心者为白桵。”《尔雅·释木》郭璞注：“桵，小木，丛生有刺，实如耳珰，紫赤可啖。”

棫 yù

棫，白桵也。从木，或声。于逼切。

【译文】棫，白桵树。从木，或声。

㮩 xī

㮩，木也。从木，息声。相即切。

【译文】㮩，树木名。从木，息声。

椐 jū

椐[①]，樻也。从木，居声。九鱼切。

【译文】椐，樻树。从木，居声。

【注释】①椐：灵寿树。《尔雅·释木》：“椐，樻。”郭注：“肿节（节巴肿大），可以为杖（手杖）。”《汉书·孔光传》：“赐太师灵寿杖。”颜注云：“木似竹，有枝节。长过八九尺，围三四寸。自然有合杖制，不须削治也。”

樻 kuì

樻，椐也。从木，貴声。求位切。

【译文】樻，椐树。从木，貴声。

栩 xǔ

栩，（柔）[柔]也[①]。从木，羽声。其皁[②]，一曰样。况羽切。

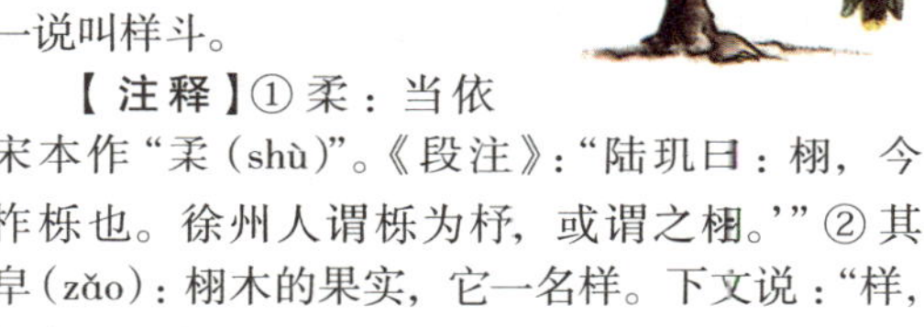

【译文】栩，柔树。从木，羽声。它的皁斗之实，一说叫样斗。

【注释】①柔：当依宋本作“柔（shù）”。《段注》：“陆玑曰：栩，今柞栎也。徐州人谓栎为杼，或谓之栩。’”②其皁（zǎo）：栩木的果实，它一名样。下文说：“样，栩实”，可证。

樣 xiàng

樣[①]，栩实。从木，羕声。徐两切。

【译文】樣，栩树的果实。从木，羕声。

【注释】①樣：后作“橡”。《段注》：“今人用样为式样字，像之假借也。唐人式样字从手作㨾。”

杙 yì

杙[①]，刘，刘杙[②]。从木，弋声。与职切。

【译文】杙，刘树，（又叫）刘杙树。从木，弋声。

【注释】①杙：《尔雅·释木》：“刘，刘杙。”郭注：“刘子（树名）生山中，实如梨，酢甜，核坚，出交趾。”②刘，刘杙：徐灏《段注笺》：“盖单呼‘刘’，絫呼‘刘杙’。”

枇 pí

枇，枇杷，木也。从木，比声。房脂切。

【译文】枇，枇杷，树木名。从木，比声。

柞 zuò

柞[①]，木也。从木，乍声。在各切。

【译文】柞，树木名。从木，乍声。

【注释】① 柞：《本草纲目·木部·柞木》："此木坚韧，可为凿柄，故俗名凿子木。"

桔 jié

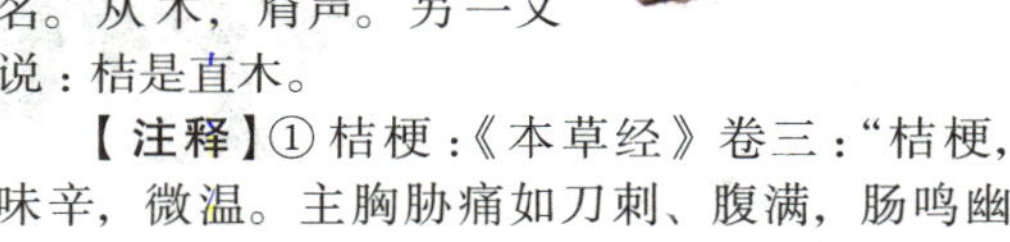

桔，桔梗[①]，药名。从木，吉声。一曰：直木。古屑切。

【译文】桔，桔梗，药名。从木，屑声。另一义说：桔是直木。

【注释】① 桔梗：《本草经》卷三："桔梗，味辛，微温。主胸胁痛如刀刺、腹满，肠鸣幽幽、惊恐悸气。生山谷。"

梢 shāo

梢，木也。从木，肖声。所交切。

【译文】梢，树木名。从木，肖声。

梭 xùn

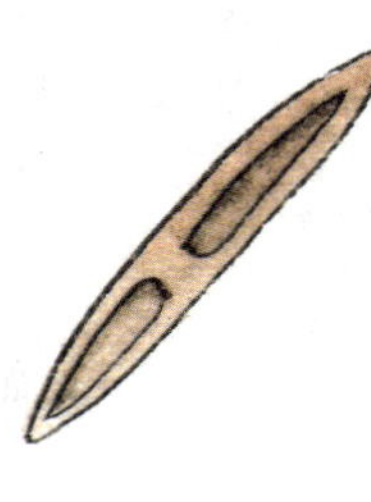

梭[①]，木也。从木，夋声。私闰切。

【译文】梭，树木名。从木，夋声。

【注释】① 梭：徐铉："今人别音稣禾切（suō），以为机杼之属。"

榫 bì

榫，木也。从木，畢声。卑吉切。

【译文】榫，树木名。从木，畢声。

楋 là

楋[①]，木也。从木，剌声。卢达切。

【译文】楋，树木名。从木，剌声。

【注释】① 楋：王筠《说文释例》说："此木吾乡多有，用亦甚广。叶似槐而微尖，丛生，作长条。一二年者，中（zhòng，符合，下同）为筐笼之属；大一扼而短者，中为田器之柄，长者为枪柄。其质坚而性柔。"

枸 jǔ

枸，木也[①]。可为酱。出蜀。从木，句声。俱羽切。

【译文】枸，树木名。（它的果实）可以制成酱。出产在蜀地。从木，句声。

【注释】① 枸：即蒌叶，又名蒟酱、扶留藤。王筠《句读》引《汉书音义》："枸木似谷树，其叶如桑叶，用其实作酱，酢美，蜀人以为珍味。"

枋 fāng

枋，木。可作车。从木，方声。府良切。

【译文】枋，树木名。可用来造车。从木，方声。

樗 huà

樗[①]，木也。以其皮裹松脂。从木，雩声。读若华。乎化切。

【译文】樗，树木名。用它的皮包裹着松脂油，（点燃它当作烛火）。从木，雩声。音读像"华"字。

【注释】① 樗：徐锴《系传》："此即今人书桦字。今人以其皮卷之，燃以为烛。裹松脂亦所以为烛也。"

楊 yáng

楊[①]，木也。从木，昜声。与章切。

【译文】楊，树木名。从木，昜声。

【注释】① 楊：《尔雅·释木》："杨，蒲柳。"郭璞注："可以为箭。"按：蒲柳即水杨。朱骏声《通训定声》："杨与柳别。杨，枝劲脆而短，叶圆阔而尖；柳，叶长而狭，枝软而韧。”“散文则称柳亦通称耳。”

樫 chēng

樫，河柳也[①]。从木，聖声。敕贞切。

【译文】樫，河柳树。从木，聖声。

【注释】①河柳：《尔雅·释木》：“柽，河柳。”郭璞注：“今河旁赤茎小杨。”叶细如丝，婀娜可爱。又名雨师、垂丝柳、人柳、观音柳。

柳 liǔ

柳[①]，小杨也。从木，丣声。丣，古文酉。力九切。

【译文】柳，小杨。从木，丣声。丣，古文“酉”字。

【注释】①柳：《段注》：“杨之细茎小叶者曰柳。”《本草纲目·木部·柳》：“杨枝硬而扬起，故谓之杨；柳枝弱而垂流，故谓之柳。”按：杨、柳，析言有分，统言无别。今或并称杨柳。

栘 yí

栘，棠棣也[①]。从木，多声。弋支切。

【译文】栘，棠棣。从木，多声。

【注释】①棠棣：《尔雅·释木》：“唐棣，栘。”郭璞注：“似白杨，江东呼夫栘。”按：棠棣即唐棣。

棣 dì

棣[①]，白棣也。从木，隶声。特计切。

【译文】棣，白棣。从木，隶声。

【注释】①棣：《尔雅·释木》：“常棣，棣。”郭璞注：“今山中有棣树，子如樱桃，可食。”按：棠棣、白棣之别在于花色。《段注》“栘”字下：“以棠对白，则棠为赤可知。”

枳 zhǐ

枳[①]，木。似橘。从木，只声。诸氏切。

【译文】枳。树木名。像橘树。从木，只声。

【注释】①枳：枸橘，又称臭橘。有粗刺，果小，味酸，不能食，可入药。未成熟者，中药称为“枳实”，成熟而又干制者为“枳壳”。

楓 fēng

楓，木也。厚叶，弱枝，善摇。一名欇[①]。从木，風声。方戎切。

【译文】楓，树木名。厚叶，弱枝，善于摇动。一名欇树。从木，風声。

【注释】①欇（shè）：木叶摇白也。厚叶弱枝，故善摇。善摇，故名为欇。

權 quán

權，黄华木。从木，雚声。一曰：反常。巨员切。

【译文】權，黄华木。从木，雚声。另一义说，权是权变反常。

柜 jǔ

柜[①]，木也。从木，巨声。其吕切。

【译文】柜，树木名。从木，巨声。

【注释】①柜：《段注》：“今俗作榉，又音讹为鬼柳树。”

槐 huái

槐[①]，木也。从木，鬼声。户恢切。

【译文】槐，树木名。从木，鬼声。

【注释】①槐：槐树。《山海经·中山经》：“（历山）其木多槐。”

楮 chǔ

楮，谷也。从木，者声。丑吕切。

【译文】楮，谷树。从木，者声。

檵 jì

檵，枸杞也。从木，繼省声。一曰：（监）［坚］木也。古诣切。

【译文】檵，枸杞。从木，繼省声。另一义说，檵是坚木。

杞 qǐ

杞[1]，枸杞也。从木，己声。墟里切。

【译文】杞，枸杞。从木，己声。

【注释】①杞：《广韵·止韵》："杞，木名，苟杞。春名天精子，夏名苟杞叶，秋名卸老枝，冬名地骨根。"

枒 yá

枒[1]，木也。从木，牙声。一曰：车輞会也。五加切。

【译文】枒，树木名。从木，牙声。另一义说，枒（yá）是车轮外辋。

【注释】①枒：同"椰"。王筠《句读》引《异物志》："枒树似槟榔，无枝条，高十余丈，叶在其末，如束蒲，实大如瓠，系在树颠，若挂物也。"

檀 tán

檀[1]，木也。从木，亶声。徒干切。

【译文】檀，树木名。从木，亶声。

【注释】①檀：《本草纲目·木部·檀》："檀有黄白二种，叶皆如槐，皮青而泽，肌细而腻，体重而坚，状与梓榆荚蒾相似。""檀木宜杵楤锤器之用。"

梂 qiú

梂，栎实[1]。一曰：凿首[2]。从木，求声。巨鸠切。

【译文】梂，栎树的果实。另一义说，是凿子的把。从木，求声。

【注释】①栎实：《尔雅·释木》："栎，其实梂。"郝懿行义疏："栎实外有裹橐，形如汇（猬）毛，状类球子。"②凿首：《段注》："凿，所以穿木也。凿首，谓凿柄。凿柄必以木为之，今木工尚然矣，故字从木。"

櫟 lì

櫟[1]，木也。从木，樂声。郎击切。

【译文】櫟，树木名。从木，樂声。

【注释】①栎：《本草纲目·果部·橡实》："秦人谓之栎，徐人谓之杼，或谓之栩"，"盖五方通语，皆一物也"。栎，柞木也。实名橡斗，皁斗。朱骏声《通训定声》："惟木衺理（斜纹），故匠石以为不材之木。"

楝 liàn

楝[1]，木也。从木，柬声。郎电切。

【译文】楝，树木名。从木，柬声。

【注释】①楝：又名苦楝。桂馥《义证》引《图经》："木高丈余，叶密如槐而长，三四月开花，红紫色，芬香满庭闲。实如弹丸，生青熟黄。"

檿 yǎn

檿，山桑也。从木，厭声。《诗》曰："其檿其柘。"于琰切。

【译文】檿，山桑树。从木，厭声。《诗经》说："那山桑树和那柘树。"

柘 zhè

柘[1]，桑也。从木，石声。之夜切。

【译文】柘，柘桑。从木，石声。

【注释】①柘：柘桑。《淮南子·时则训》："乃禁野虞，毋伐桑柘。"

梧 wú

梧，梧桐也[1]。从木，吾声。一名榇[2]。五胡切。

【译文】梧，梧桐树。从木，吾声。又叫榇树。

【注释】①梧桐：桂馥《义证》引贾思勰说："桐，华而不实者曰白桐，实而皮青者曰梧桐。"今叫青桐。《段注》："其华五出，子如珠，缀于瓢边，瓢如羹匙。"②榇（chèn）：《本草纲目·木部·梧桐》："《尔雅》谓之榇，因其可为棺。"本书："榇，棺也。"

桐 tóng

桐[1]，荣也。从木，同声。徒红切。

【译文】桐。荣树。从木，同声。

【注释】①桐：颜师古注《急就篇》："桐即今之白桐木也。一名荣。"

橎 fán

橎，木也。从木，番声。读若樊。附辕切。

【译文】橎，树木名。从木，番声。音读像"樊"字。

梌 yú

梌[1]，梌，白枌。从木，俞声。羊朱切。

【译文】梌，梌树，白枌树。从木，俞声。

【注释】①梌：《本草纲目·木部·梌》："邢昺《尔雅》疏云：'梌有数十种，今人不能尽别，唯知荚梌、白梌、刺梌、榔梌數者而已。'荚梌、白梌皆大梌也，有赤白二种，白者名枌。"

樵 qiáo

樵[1]，散［木］也[2]。从木，焦声。昨焦切。

【译文】樵，不中用的木。从木，焦声。

【注释】①樵：徐锴《系传》："樵，散木也。散木不入于用也。"桂馥《义证》："既不入用，惟堪作薪焚烧耳。"②散：当依徐锴《系传》作"散木"。

松 sōng

松[1]，木也。从木，公声。祥容切。

【译文】松，树木名。从木，公声。

【注释】①松：松树（常年乔木，耐寒）。《论语·子罕》："岁寒，然后知松柏之后凋也。"

樠 mán

樠，松心木[1]。从木，㒼声。莫奔切。

【译文】樠，松心树。从木，㒼声。

【注释】①松心木：王绍兰《段注订补》："谓樠木之心微赤，故偁松心木。"《段注》："盖松心微赤。"

檜 guì

檜，柏叶松身。从木，會声。古外切。

【译文】檜，柏树的叶，松树的干。从木，會声。

樅 cōng

樅，松叶柏身。从木，從声。七恭切。

【译文】樅，松树的叶，柏树的身。从木，從声。

柏 bǎi

柏，鞠也[1]。从木，白声。博陌切。

【译文】柏，椈树。从木，白声。

【注释】①鞠：《尔雅》作"椈"。柏有侧柏、圆柏、刺柏多种。其性耐寒，本质坚硬，纹理致密，是良材。

机 jī

机[1]，木也。从木，几声。居履切。

【译文】机，树木名。从木，几声。

【注释】①机：徐锴《系传》："《山海经》：'单狐山多机木。'（郭璞）注曰：'似榆，可烧以粪稻田，出蜀中。'"《段注》："（机）盖即桤木也。今成都桤木树。读若岂，平声。"

桅 zhī

桅[1]，黄木。可染者。从木，危声。（过委切）［章移切］。

【译文】桅，黄木。是果实可作染料的树。从木，㔾声。

【注释】①桅：今之栀子树，实可染黄。

某 méi

某[1]，酸果也。从木，从甘。阙。莫厚切。

【译文】某，酸果。由木、由甘会意。阙其会意之由。

【注释】①某：徐灏《段注笺》："'某'即今酸果'梅'字。因假借为'谁某'，而为借义所专，遂假'梅'字为之。古文'槑'或省作'呆'，皆从木，象形。"

樹 樹 shù

樹[①]，生植之总名。从木，尌声。常句切。

【译文】樹，生物中直立的东西的总称。从木，尌声。

【注释】①樹：张舜徽《约注》："生物之直立者，皆谓之树。"《段注》："植，立也。"

本 本 běn

本，木下曰本。从木，一在其下[①]。布忖切。

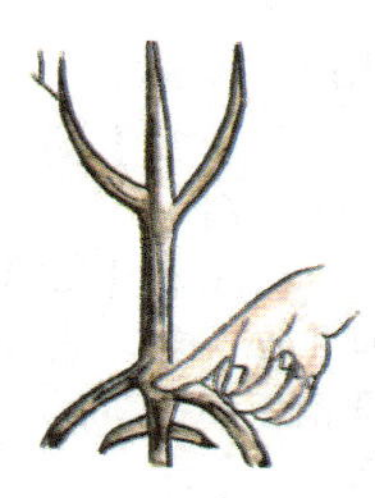

【译文】本，树木下部叫本。从木，记号"一"标志在树木的下部。

【注释】①一：徐铉："徐锴曰：'一，记其处也。'本、末、朱皆同义。"

柢 柢 dǐ

柢[①]，木根也。从木，氐声。都礼切。

【译文】柢，树根。从木，氐声。

【注释】①柢：桂馥《义证》引戴侗说："凡木命根（指主根，直根）为氐，旁根为根，通曰本。"许以根训柢，是浑言不别。

朱 朱 zhū

朱[①]，赤心木。松柏属。从木，一在其中。章俱切。

【译文】朱，赤心树木。松柏一类。从木，一，标志着树木的中心。

【注释】①朱：《山海经·大荒西经》："有树赤皮、支干、青叶，名曰朱木。"

根 根 gēn

根，木株也[①]。从木，艮声。古痕切。

【译文】根，树兜。从木，艮声。

【注释】①株：即兜。张舜徽曰："株字古读兜，湖湘间称株为兜。伐木之余称为树兜。"

株 株 zhū

株，木根也。从木，朱声。陟输切。

【译文】株，树根。从木，朱声。

樱 樱 jì

樱[①]，细理木也。从木，畟声。子力切。

【译文】樱，细纹树木。从木，畟声。

【注释】①樱：李调元《南越笔记》卷十三："水松者，樱也。喜生水旁。其干也，得杉十之六，其枝叶得松十之四，故一名水杉。言其干则曰水杉，言其枝叶则曰水松也。"

末 末 mò

末[①]，木上曰末。从木，一在其上。莫拨切。

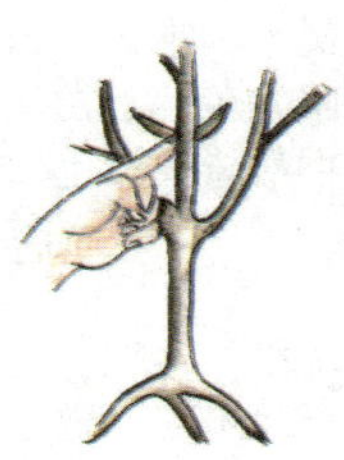

【译文】末，树梢叫末。从木，一，标志在树木顶上。

【注释】①末：树梢。（与本相对）。

橡 橡 léi

橡，木实也。从木，絫声。力追切。

【译文】橡，树木的果实。从木，絫声。

果 果 guǒ

果[①]，木实也。从木，象果形，在木之上。古火切。

【译文】果，树木的果实。从木，⊗像果形，在"木"字的上面。

【注释】①果：《周易·说卦》："（艮）为果蓏。"陆德明《经典散文》："应劭云：'木实为果，草实曰蓏'。"

杈 杈 chā

杈[①]，枝也。从木，叉声。初牙切。

【译文】杈，树枝。从木，叉声。

【注释】① 杈：《广韵·麻韵》引《方言》：“江东言树枝为桠杈也。”

枝 zhī

枝，木别生条也。从木，支声。章移切。

【译文】枝，树木（主干）分生的枝条。从木，支声。

朴 pò

朴[1]，木皮也。从木，卜声。匹角切。

【译文】朴，树皮。从木，卜声。

【注释】① 朴：徐锴《系传》：“今药有厚朴，一名厚皮，是木之皮也。古质朴字多作朴。”

條 tiáo

條[1]，小枝也。从木，攸声。徒辽切。

【译文】條，小的树枝。从木，攸声。

【注释】① 條：《段注》：“《毛传》曰：‘枝曰条。’浑言之也。條为枝之小者，析言之也。”

枚 méi

枚，干也。可为杖。从木，从支[1]。《诗》曰：“施于条枚。”莫桮切。

【译文】枚，树干。可作手杖。由木、由支会意。《诗经》说：“蜿蜒在树枝和树干上。”

【注释】① 从支：《段注》：“支，小击也。因为鞭扑字。杖可以击人者也，故取木、支会意。”

枯 kū

枯，槀也。从木，古声。《夏书》曰[1]：“唯箘辂枯。”木名也。苦孤切。

【译文】枯，枯槁。从木，古声。《夏书》说：“箘竹、簬竹和枯木。”（枯），树木名。

【注释】①《夏书》：指《禹贡》。今本作“唯箘、簬、楛”。枯假为楛。

樸 pǔ

樸，木素也[1]。从木，菐声。匹角切。

【译文】樸，未经加工的木材。从木，菐声。

【注释】① 木素：《段注》：“素犹质也。以木为质，未雕饰，如瓦器之坯然。”

楨 zhēn

楨，刚木也[1]。从木，貞声。上郡有楨林县[2]。陟盈切。

【译文】楨，刚硬的树木。从木，貞声。上郡地方有楨林县。

【注释】① 刚木：《段注》：“此谓木之刚者曰楨，非谓木名也。”② 上郡句：张舜徽《约注》：“汉时上郡，有今陕西鄜县、宜川以北，吴旗以东，及内蒙古乌审旗南部地。楨林县在今陕西省境内。”

柔 róu

柔[1]，木曲直也。从木，矛声。耳由切。

【译文】柔，树木可曲可直。从木，矛声。

【注释】① 柔：《段注》：“凡木曲者可直，直者可曲，曰柔。”“引申为凡耎（软）弱之偁。”

柝 tuò

柝，判也。从木，㡿声。《易》曰：“重门击㯷。”他各切。

【译文】柝，分判开来。从木，㡿声。《易经》说：“设置重门，击柝巡夜。”

材 cái

材，木梃也[1]。从木，才声。昨哉切。

【译文】材，树干。从木，才声。

【注释】① 木梃：王筠《句读》：“谓干。干为栋梁，乃是大材；若其枝柯，小材，不足道也。”

朸 lè

朸，木之理也。从木，力声[1]。平原有朸县[2]。卢则切。

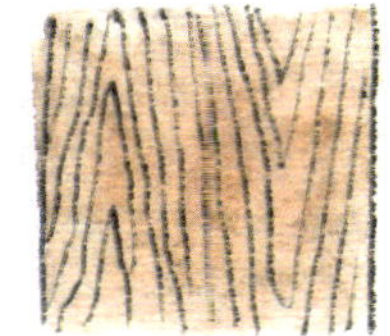

【译文】朸，树木的纹理。从本，力声。平原郡有

朸县。

【注释】① 力声：《段注》："以形声包会意也。'防'下曰'地理'，'朸'下曰'木理'，泐下云'水理'，皆从力。力者，筋也，人身之理也。" ② 朸县：约在今山东省商河县东北。

柴 chái

柴①，小木散材。从木，此声。士佳切。

【译文】柴，小的木头，不中用的木材。从木，此声。

【注释】① 柴：《礼记·月令》郑玄注："大者可析谓之薪，小者合束谓之柴。薪施炊爨，柴以给燎。"

榑 fú

榑，榑桑①，神木，日所出也。从木，尃声。防无切。

【译文】榑，榑桑，神树，太阳出来的地方。从木，尃声。

【注释】① 榑桑：即扶桑。

杲 gǎo

杲，明也。从日在木上。古老切。

【译文】杲，（日出）明亮。由"日"字在"木"字上会意。

㭘 hé

㭘，角械也。从木，卻声。一曰：木下白也。其逆切。

【译文】㭘，角斗的器械。从木，卻声。另一义说，㭘是木下白。

杳 yǎo

杳①，冥也。从日在木下。乌皎切。

【译文】杳，幽暗。由"日"在"木"下会意。

【注释】① 杳：《段注》："莫为日且冥，杳为全冥矣。"此杳与莫（暮）之别。

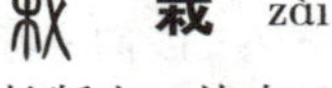

栽 zài

栽①，筑墙长版也。从木，𢦏声。《春秋传》曰："楚围蔡，里而栽。"昨代切。

【译文】栽，（竖立）筑墙的长版。从木，𢦏声。《春秋左传》说："楚国包围蔡国，离蔡都一里设立版筑堡垒。"

【注释】① 栽：《段注》："古筑墙，先引绳营其广轮方制之正。""绳直则竖桢干。题（端）曰桢，植于两头之长杙也；旁曰干，植于两边之长杙也。植之谓之栽，栽之言立也，而后横施版两边干内，以绳束干，实土，用筑筑之。一版竣，则层絫而上。""然则栽者，合桢干与版而言，许云筑墙长版为栽者，以版该（包括）桢干也。"

築 zhù

築，擣也。从木，筑声。陟玉切。

【译文】築，捣土（使坚实）。从木，筑声。

檥 yǐ

檥，干也。从木，義声。鱼羁切。

【译文】檥，干木。从木，義声。

構 gòu

構，盖也①。从木，冓声。杜林以为椽桷字②。古后切。

【译文】構，架屋。从木，冓声。杜林用它作为"椽桷"的"桷"字。

【注释】① 盖：《玉篇》："构，架屋也。" ② 杜林：徐锴《系传》："杜林，说文字者，杜业之子也。"椽（chuán）：俗称椽皮，安在屋檩上承接屋面和瓦的木条。桷（jué）：方形椽子。构训桷，假借义。

模 mú

模①，法也。从木，莫声。读若嫫母之嫫②。莫胡切。

【译文】模，法式。从木，莫声。音读像"嫫母"的"嫫"字。

【注释】① 模：徐

锴《系传》:“以木为规模也。”朱骏声《通训定声》:“水曰法,木曰模,土曰型,金曰镕,竹曰笵。”② 嫫母:古代的丑女人。

棟 dòng

棟[①],极也。从木,東声。多贡切。

【译文】棟,屋子的最中最高的地方。从木,東声。

【注释】① 棟:王筠《句读》:“栋为正中一木之名,今谓之脊檁者是。”朱骏声《通训定声》:“屋内至中至高之处,亦曰阿,俗谓之正梁。”

桴 fú

桴,栋名[①]。从木,孚声。附柔切。

【译文】桴,房栋名。从木,孚声。

【注释】① 栋名:王筠《句读》:“今人谓之檐檁。”即房屋的二梁。

極 jí

極,栋也。从木,亟声。渠力切。

【译文】極,屋子的中栋。从木,亟声。

柱 zhù

柱,楹也。从木,主声。直主切。

【译文】柱,屋柱。从木,主声。

樘 chēng

樘[①],衺柱也。从木,堂声。丑庚切。

【译文】樘,用斜柱支撑。从木,堂声。

【注释】① 樘:《段注》:“或作牚,或作撑,皆俗字耳。”今作撑。

楹 yíng

楹,柱也。从木,盈声。《春秋传》曰[①]:“丹桓宫楹。”以成切。

【译文】楹,屋柱。从木,盈声。《春秋左传》说:“把桓公庙的屋柱漆成红色。”

【注释】①《春秋传》:指《左传·庄公二十三年》。桓宫:鲁桓公之庙。

椽 chuán

椽[①],榱也。从木,彖声。直专切。

【译文】椽,椽皮。从木,彖声。

【注释】① 椽:安在檩子上承接屋面和瓦片的木条。湖湘间称为椽皮,言其木板之薄。李诫《营造法式·大木作制度二·椽》:“椽,其名有四:一曰桷,二曰椽,三曰榱,四曰橑。”

楣 méi

楣[①],秦名屋櫋联也[②]。齐谓之檐,楚谓之梠。从木,眉声。武悲切。

【译文】楣,秦地叫屋上的櫋联(作楣)。齐地叫作檐,楚地叫作梠。从木,眉声。

【注释】① 楣:屋檐口椽木底端的横板。② 秦名句:《段注》:“秦人名屋櫋联曰楣也。”

植 zhí

植,户植也[①]。从木,直声。常职切。

【译文】植,门(外闭时)用以落锁的中立直木。从木,直声。

【注释】① 户植:朱骏声《通训定声》:“古门外闭,中竖直木,以铁了鸟(门窗搭扣)关之,可加锁者。”

樀 dí

樀,户樀也[①]。从木,啻声。《尔雅》曰:“檐谓之樀。”读若滴。都历切。

【译文】樀,屋檐。从木,啻声。《尔雅》说,“屋檐叫作樀。”音读像“滴”字。

【注释】① 户樀:《段注》:“谓门檐也。郭注《尔雅》及《篇》《韵》皆云‘屋梠’,则不专谓门。”

樞 shū

樞,户枢也[①]。从木,區声。昌朱切。

【译文】樞,门的转轴或承轴臼。从木,區声。

【注释】①户枢：《段注》："户所以转动开闭之枢机也。"

槏 qiǎn

槏，户也①。从木，兼声。苦减切。

【译文】槏，斗槏。从木，兼声。

【注释】①户：桂馥《义证》："疑有阙文。《广韵》：'槏，牖旁柱也。'"

楯 shǔn

楯，阑楯也①。从木，盾声。食允切。

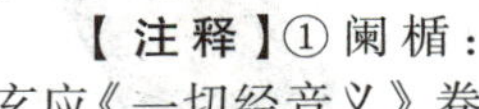

【译文】楯，栏杆。从木，盾声。

【注释】①阑楯：玄应《一切经音义》卷一："栏楯，殿上临边之饰也，亦所以防人坠堕也，今言钩阑是也。"按：今称栏杆。

㡴 máng

㡴，栋也①。从木，亡声。《尔雅》曰②："㡴廇谓之梁。"武方切。

【译文】㡴，大梁。从木，亡声。《尔雅》说："㡴廇叫作梁。"

【注释】①栋：《释名·释宫室》说："穩或谓之望，言高可望也。或谓之栋。"望㡴同从亡声，望谓之栋，即㡴谓之栋也。②《尔雅》：指《释官》。郭璞注："屋大梁也。"此谓㡴瘤二字训梁，与㡴单字训栋者有别。

楝 sù

楝①，短椽也。从木，束声。丑録切。

【译文】楝，短的椽皮。从木，束声。

【注释】①楝，徐锴《系传》："今大屋重橑下四隅多為短椽，即此也。"

杇 wū

杇①，所以涂也。秦谓之杇，关东谓之槾。从木，亏声。哀都切。

【译文】杇，用来涂墙壁的工具。秦地叫作杇，关东叫作槾。从木，亏声。

【注释】①杇：泥镘，俗称瓦刀。傅云龙《古语考补正》："今顺天人谓涂具曰抹子，四川人谓之泥掌子。"

槾 màn

槾，杇也。从木，曼声。母官切。

【译文】槾，泥掌子。从木，曼声。

椳 wēi

椳，门枢谓之椳①。从木，畏声。乌恢切。

【译文】椳，门臼叫作椳。从木，畏声。

【注释】①门枢：徐灏《段注笺》："盖削木为半弧形，宛中以居门轴也。"

栅 zhà

栅，编树木也。从木，从册，册亦声。楚革切。

【译文】栅，编成的竖立的竹木。由木、由册会意，册也表声。

杝 lí

杝，落也。从木，也声。读若（他）[阤]①。池尔切。

【译文】杝，篱落。从木，也声。音读像"阤"字。

【注释】①读若他：莫友芝《本部笺异》认为：读若他，与池尔切不相应。当依赵凡夫本作阤（zhì）。

楃 wò

楃，木帐也。从木，屋声。于角切。

【译文】楃，木帐。从木，屋声。

桓 huán

桓，亭邮表也①。从木，亘声。胡官切。

【译文】桓，邮亭旁的表识。从木，亘声。

【注释】①亭邮表：徐锴《系传》："亭邮立木为表（标识），交木于其端，则谓之华表。""邮，过也，所以止过客也。表双立为桓。"朱骏声《通训定声》："（桓表）声之转曰和表，亦曰华表。"

橦 chuáng

橦，帐极也。从木，童声。宅江切。

【译文】橦，帐屋高处的横梁。从木，童声。

杠 gāng

杠[①]，床前横木也。从木，工声。古双切。

【译文】杠，床前横木。从木，工声。

【注释】① 杠：徐锴《系传》："即今人谓之床狀也。"谓床前高出床席的横木。

桯 tīng

桯[①]，床前几。从木，呈声。他丁切。

【译文】桯，床前矮而小的桌子。从木，呈声。

【注释】① 桯：《方言》卷五："榻前几，江沔之间曰桯。"

桱 jìng

桱，桱桯也，东方谓之荡。从木，巠声。古零切。

【译文】桱，强劲挺直的横木。东方叫作荡。从木，巠声。

牀 chuáng

牀[①]，安身之坐者。从木，爿声。仕庄切。

【译文】牀，安身的坐具。从木，爿声。

【注释】① 牀：《释名·释床帐》："人所坐卧曰床。"黄廷鉴《考床》："古之床主子坐而兼卧。""大约如今之榻而小。或与今凳之阔者相类。"

枕 zhěn

枕，卧所荐首者。从木，冘声。章衽切。

【译文】枕，睡卧时用来垫着脑袋的用具。从木，冘声。

梳 shū

梳，理发也[①]。从木，疏省声。所菹切。

【译文】梳，梳理头发。从木，疏省声。

【注释】① 理发：体、用同训。既指梳理头发，也指理发之器。

拾 gé

拾[①]，剑柙也。从木，合声。胡甲切。

【译文】拾，剑鞘。从木，合声。

【注释】① 拾：《广雅·释器》："拾，剑削也。"王念孙疏证："凡刀剑室通谓之削，字或作鞘。"

槈 nòu

槈，薅器也。从木，辱声。奴豆切。

【译文】槈，除草器。从木，辱声。

枷 jiā

枷[①]，拂也。从木，加声。淮南谓之柍。古牙切。

【译文】枷，连枷。从木，加声。淮南叫作柍（yàng）。

【注释】① 枷：《释名·释用器》："枷，加也。加杖于柄头，以挝穗而出其谷也。"

杵 chǔ

杵，舂杵也。从木，午声[①]。昌与切。

【译文】杵，捣粟用的棒槌。从木，午声。

【注释】① 午声：徐锴《系传》："舂字注：'午，杵也。'臣以为午者直舂之意。此当言'从午，午亦声。'"

杚 gài

杚，平也。从木，气声。古没切。

【译文】杚，刮平。从木，气声。

槮 shěng

槮，木参交以枝炊𥱼者也[①]。从木，省声。读若骊驾[②]。所绠切。

【译文】槮，木头三根相交，用以支撑炊煮时的筲箕。从木，省声。音读像骊驾的

“骊”字。

【注释】① 木参句：《段注》“枝”作“支”，注：“谓米既淅将炊，而漉之令干，又以三交之木支此籅，则沥干尤易也。三交之木是为榗。”籅（yù）：淘米的竹器，今称筲箕。② 读若：钱大昕说：“古洒釃纚字俱有蓰音。省、徙声相近，故榗取省声而读若骊驾之骊也。”

柶 sì

柶，《礼》有柶。柶[①]，匕也。从木，四声。息利切。

【译文】柶，《礼经》有“柶”字。柶，匕匙。从木，四声。

【注释】① 柶：《仪礼·士冠礼》郑玄注：“柶，状如匕，以角为之者，欲滑也。”《段注》：“盖常用器曰匕，礼器曰柶。”

桮 bēi

桮，䀇也。从木，否声。布回切。

【译文】桮，杯。从木，否声。

槭 sī

槭，盘也。从木，虒声。息移切。

【译文】槭，木盘。从木，虒声。

槃 pán

槃[①]，承盘也。从木，般声。薄官切。

【译文】槃，承受物体的盘子。从木，般声。

【注释】① 槃：商承祚《〈说文〉中之古文考》：“盘以木为之，则从木；以金为之，则从金；示其器，则从皿，其意一也。”

案 àn

案[①]，几属。从木，安声。乌旰切。

【译文】案，几一类。从木，安声。

【注释】① 案：进食用的短足木盘。徐灏《段注笺》：“《急就篇》颜注：‘无足曰盘，有足曰案。所以陈举食也。’盖古人席地而坐，置食于器，而以案承之，故曰陈举食也。”

檈 xuán

檈，圜案也。从木，睘声。似沿切。

【译文】檈，圆形的几案。从木，睘声。

椷 jiān

椷，箧也。从木，咸声。古咸切。

【译文】椷，箱匣。从木，咸声。

枓 zhǔ

枓[①]，勺也。从木，从斗。之庾切。

【译文】枓，勺子。由木、由斗会意。

【注释】① 枓：《玉篇·斗部》：“枓，有柄，形如北斗星，用以斟酌也。”

櫑 léi

櫑，龟目酒尊，刻木作云雷象[①]，象施不穷也。从木，畾声。鲁回切。

【译文】櫑，饰有龟眼的盛酒容器。刻成为云和雷的样子，象征广施恩泽没有穷尽。从木，畾声。

【注释】① 刻木句：《段注》：“刻为龟目，又通体刻为云靁。所以刻为云靁者，以云靁施泽不穷。”

杓 biāo

杓，枓柄也[①]。从木，从勺。甫摇切。

【译文】杓，勺子把。由木、由勺会意。

【注释】① 枓柄：《段注》：“枓柄者，勺柄也。勺谓之枓，勺柄谓之杓。”

椑 pí

椑[①]，圜榼也。从木，卑声。部迷切。

【译文】椑，（扁）圆形的盛酒器。从木，卑声。

【注释】① 椑：《汉书》颜注云：“椑榼，即今之扁榼，所以盛酒者也。”

榼 kē

榼[①]，酒器也。从木，盍声。枯蹋切。

【译文】榼，盛酒器。从木，盍声。

【注释】① 朱骏声《通训定声》：“此字疑即盇（hé，同盍）之或体。盇为‘何不’之词所专，因加木旁耳。”

橢 tuǒ

橢，车笭中橢橢器也[①]。从木，隋声。徒果切。

【译文】橢，车箱木格栏内椭圆而狭长的容器。从木，隋声。

【注释】① 橢橢：王筠《句读》：“谓车笭中器，其形橢橢然。即以其形为之名也。《众经音义》：‘橢，狭长器也。’”

槌 zhuì

槌，关东谓之槌，关西谓之㭿。从木，追声。直类切。

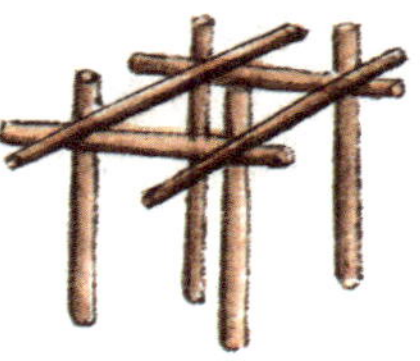

【译文】槌，关东叫作槌，关西叫作㭿。从木，追声。

㭿 zhé

㭿[①]，槌也。从木，特省声[②]。陟革切。

【译文】㭿，蚕槌。从木，特省声。

【注释】① 㭿：《玉篇·木部》：“㭿，槌，横木也。”按：㭿是蚕箔搁架上的横木，槌是竖木。以“槌”释“㭿”，浑言之。② 特省声：唐写本木部残卷也作特省声，未详。

栚 zhèn

栚，槌之横者也。关西谓之㯼。从木，灷声。直衽切。

【译文】栚，蚕槌中的横木。关西叫作㯼。从木，灷声。

杼 zhù

杼[①]，机之持纬者。从木，予声。直吕切。

【译文】杼，织布机上夹持纬纱的构件。从木，予声。

【注释】① 杼：织布的梭子。《段注》：“此与木名之‘柔’，以左形右声、下形上声为别。”

核 gāi

核，蛮夷以木皮为箧，状如奁尊。从木，亥声。古哀切。

【译文】核，蛮夷等少数民族用核树的皮做成箱箧，样子像镜匣、冠箱之类。从木，亥声。

棚 péng

棚[①]，栈也。从木，朋声。薄衡切。

【译文】棚，即栈。从木，朋声。

【注释】① 棚：在上者为棚，在下者为栈。《段注》：“许云：‘棚，栈也。’浑言之也。今人谓架上以蔽下者，皆曰棚。”

棧 zhàn

棧，棚也。竹木之车曰棧[①]。从木，戔声。士限切。

【译文】棧，即棚。用竹木编成的车也叫棧。从木，戔声。

【注释】① 竹木句：《段注》：“谓以竹若（或）木散材，编之为箱，如棚（竖编之木）然。”

棖 chéng

棖，杖也[①]。从木，长声。一曰：法也。宅耕切。

【译文】棖，斜柱。从木，长声。另一义说，（挽救倾斜使平正的）方法。

【注释】① 杖：持，谓用柱撑持。黄侃《蕲春语》：“今吾乡谓门后衺（斜）柱一端当门中、一端鐏地者，曰门枨。”

杖 zhàng

杖，持也[①]。从木，丈声。直两切。

【译文】杖，持握的木棍。从木，丈声。

【注释】① 持：体用同训。《段注》：“凡可持及人持之皆曰杖。”指手杖。

柭 bā

柭，棓也。从木，犮声。北末切。

【译文】柭，木杖。从木，犮声。

椎 chuí

椎，击也。齐谓之终葵[①]。从木，隹声。直追切。

【译文】椎，捶击之器。齐地叫作“终葵”。从木，隹声。

【注释】① 终葵：徐锴《系传》：“终葵，椎之别名也。”朱骏声《通训定声》：“终葵之合音为椎。”

棓 bàng

棓，棁也。从木，咅声。步项切。

【译文】棓，棍杖。从本，咅声。

柯 kē

柯，斧柄也。从木，可声。古俄切。

【译文】柯，斧头的把。从木，可声。

棁 tuō

棁，木杖也。从木，兑声。他活切。又，之说切[①]。

【译文】棁(tuō)，木棒。从木，兑声。

【注释】①之说切：其义为梁上的短柱。《论语·公冶长》邢昺疏：“棁，梁上短柱也。”

柲 bì

柲，攒也[①]。从木，必声。兵媚切。

【译文】柲，戈矛的把。从木，必声。

【注释】① 攒(cuán)：《段注》：“此即下文‘积竹杖也’。”“戈戟矛柄皆用积竹杖，不比他柄用木而已。殳则用积竹杖而无刃。柲之引申为凡柄之偁。”

柄 bǐng

柄[①]，柯也。从木，丙声。陂病切。

【译文】柄，斧头的把。从木，丙声。

【注释】① 柄：《段注》：“柄之本义专谓斧柯，引申为凡柄之偁。”

欑 cuán

欑，积竹杖也。从木，赞声。一曰：穿也。一曰：丛木。在丸切。

【译文】欑，积合竹青做成的杖。从木，赞声。另一义说，钻穿。又另一义说，聚集的材木。

柅 chì

柅，篗柄也[①]。从木，尸声。女履切。

【译文】柅，络丝车的摇把。从木，尸声。

【注释】① 篗(yuè)柄：《段注》：“篗即络车也。所以转络车者，即柅也。”

榜 bēng

榜，所以辅弓弩[①]。从木，旁声。补盲切。

【译文】榜，用来辅正弓弩的器具。从木，旁声。

【注释】① 辅弓弩：王绍兰《段注订补》：“弓弩或有枉戾，缚木辅其旁，矫之令直，谓之榜。”

桰 kuò

桰，檃也。从木，昏声。一曰：矢桰筑弦处[①]。古活切。

【译文】桰，矫正竹木的器具。从木，昏声。另一义说，箭末扣弦的地方。

【注释】① 矢桰句：《释名·释兵》：“其（指矢）末曰桰。桰，会也。与弦会也。”筑：犹言着。

棊 qí

棊，博棊。从木，其声。渠之切。

【译文】棊，比输赢的棋具。从木，其声。

椄 jié

椄，续木也[①]。从木，妾声。子叶切。

【译文】椄，嫁接花木。从木，妾声。

【注释】① 续木：《段注》："今栽华植果者，以彼枝移接此树。而华果同彼树矣。椄之言接也。后接行而椄废。"

栙 xiáng

栙，栙双也[①]。从木，夅声。读若鸿。下江切。

【译文】栙，栙双。从本，夅声。音读像"鸿"字。

【注释】① 栙双：用篾席做的船帆。

栝 tiǎn

栝，炊灶木。从木，舌声。他念切。

【译文】栝，在灶里烧煮饭用的木棍。从木，舌声。

槽 cáo

槽，畜兽之食器[①]。从木，曹声。昨牢切。

【译文】槽，牲畜食用的器具。从木，曹声。

【注释】① 畜兽：《段注》改为"嘼"(chù)。唐写本木部残卷也无畜字，段说可信。嘼，六嘼也。

臬 niè

臬，射准的也。从木，从自[①]。五结切。

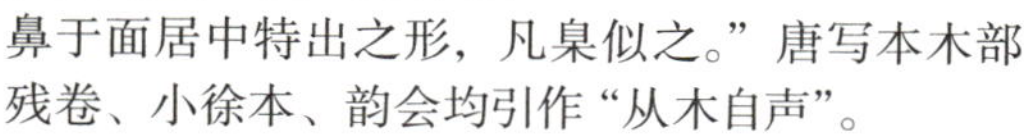

【译文】臬，射箭的靶子。由木、由自会意。

【注释】① 朱骏声《通训定声》："从自者，鼻于面居中特出之形，凡臬似之。"唐写本木部残卷、小徐本、韵会均引作"从木自声"。

桶 tǒng

桶，木方[器]，受[十]六升。从木，甬声。他奉切。

【译文】桶，木制方形(斛)。容受十六升。从木，甬声。

柎 fū

柎，阑足也。从木，付声。甫无切。

【译文】柎，钟鼓架下装饰的足。从木，付声。

枹 fú

枹，击鼓杖也。从木，包声。甫无切。

【译文】枹，击鼓的槌子。从木，包声。

椌 qiāng

椌，柷，乐也。从木，空声。苦江切。

【译文】椌，柷。(打击)乐器。从木，空声。

柷 zhù

柷[①]，乐，木空也。所以止音为节。从木，祝省声。昌六切。

【译文】柷，(打击)乐器，木制而中空。可用柷止之音，以为节奏。从木，祝省声。

【注释】① 柷：《尔雅·释乐》："所以鼓柷谓之止。"郭注："柷如漆桶，方二尺四寸，深一尺八寸，中有椎，柄连底，挏(dòng，来回摇动)之，令左右击。止者，其椎名。"

札 zhá

札[①]，牒也。从木，乙声。侧八切。

【译文】札，书写用钓小木片。从木，乙声。

【注释】① 札：《段注》："长大者曰椠，薄小者曰札。"

檄 xí

檄[①]，二尺书。从木，敫声。胡狄切。

【译文】檄，长二尺的文书。从木，敫声。

【注释】① 檄：徐锴《系传》："征兵之书也。汉高祖曰：'吾以羽檄征天下兵。'有急，则插以羽也。"《急就篇》颜注："檄者以木为书，长二尺。"

棨 qǐ

棨，传，信也[①]。从木，啟省声。康礼切。

【译文】棨，又叫传，用作凭证。从木，啟省声。

【注释】① 传（zhuàn）信：王筠《句读》：“谓棨一名传，所以为信也。《古今注》：‘凡传皆以木为之，长五寸，书符信于上，又以一板封之，皆封以御史印章，所以为信也，如今之过所。’”

楘 mù

楘，车历録束文也[①]。从木，敄声。《诗》曰[②]：“五楘梁辀。”莫卜切。

【译文】楘，车辕上明显的束纹。从木，敄声。《诗经》说：“有五束明显的花纹在那弯曲的车辕上。”

【注释】① 车历録句：王筠《句读》：“谓车辕以革束之，其文历録然也。”段氏谓历録，分明貌。②《诗》：指《诗经·秦风·小戎》。毛传：“五，五束也。楘，历録也。”辀（zhōu）：大车左右两木直而平者谓之辕，小车居中一木曲而上者谓之辀。车辕穹隆如屋之梁，谓之梁辀。

枑 hù

枑[①]，行马也[②]。从木，互声。《周礼》曰：“设梐枑再重。”胡误切。

【译文】枑，行马。从木，互声。《周礼》说，“设置行马两层。”

【注释】① 枑：王筠《句读》：“交互其木，以为遮阑也。”② 行马：官府门前阻挡通行的障碍物，用木头交叉制成。

梐 bì

梐，梐枑也[①]。从木，陛省声。边兮切。

【译文】梐，即梐枑。从木，陛省声。

【注释】① 梐枑：王筠《句读》：“单言‘互’，便是行马；连言‘梐枑’，仍是行马。”

极 jí

极，驴上负也[①]。从木，及声。或读若急。其辄切。

【译文】极，驴背上负载物（的木架）。从木，及声。音读像“急”字。

【注释】① 驴上负：体、用同训。徐锴《系传》：“今人为木床以跨驴背，以负载物，即古之极也。”《段注》：“若今驮鞍。”

梁 liáng

梁，水桥也[①]。从木，从水，刅声。吕张切。

【译文】梁，跨水的桥梁。由木、由水会合用木跨水之意，刅（chuāng）声。

【注释】① 水桥：《段注》：“梁之字，用木跨水，则今之桥也。”

楫 jí

楫[①]，舟棹也。从木，咠声。子叶切。

【译文】楫，船桨。从木，咠聲。

【注释】① 楫：桂馥《义证》：“或作‘檝’。《字书》：楫，舟旁拨水者。短曰檝，长曰棹（zhào）。”

校 jiào

校，木囚也[①]。从木，交声。古孝切。

【译文】校，木制的囚系（人的桎梏）。从木，交声。

【注释】① 木囚：《段注》：“囚，系也。木囚者，以木羁之也。”

樔 cháo

樔，泽中守艹楼，从木，巢声。鉏交切。

【译文】樔，泽中守望的草楼。从木，巢声。

采 cǎi

采[①]，捋取也。从木，从爪。仓宰切。

【译文】采，摘取。由木、由爪会意。

【注释】① 采：《段注》：“《周南·芣苢》传曰：‘采，取也。’又曰：‘捋，取也。’是采、捋同训也。”

柿 fèi

柿[①]，削木札朴也。从木，市声。陈楚谓（椟）［牍］为柿。芳吠切。

【译文】柿，削木皮或削小木片的皮。从木，市声。陈楚地方叫简牍作柿。

【注释】①削木句：朴当依徐锴《系传》作"朴"。谓削木与札之朴，皆谓之柹。札：用于书写的小木片。朴：木皮。

横 héng

横，阑木也[①]。从木，黄声。户盲切。

【译文】横，拦门的木。从木，黄声。

【注释】①阑木：《段注》："阑，门遮也。引申为凡遮之僻。凡以木阑之，皆谓之横也。"

梜 jiā

梜，检柙也[①]。从木，夾声。古治切。

【译文】梜，收藏物品的器具。从木，夾声。

【注释】①检柙：《段注》："检柙皆函物之称，然则梜亦谓函物之器也。"

桄 guàng

桄，充也。从木[①]，光声。古旷切。

【译文】桄，充满。从木，光声。

【注释】①从木：朱骏声《通训定声》："桄字本训当为横木，与横略同。凡床桄梯桄皆是。"

椓 zhuó

椓，击也。从木，豕声。竹角切。

【译文】椓，敲击。从木，豕声。

朾 chéng

朾，（橦）[撞]也。从木，丁声。宅耕切。

【译文】朾，撞击。从木，丁声。

柧 gū

柧，棱也[①]。从木，瓜声。又，柧棱[②]，殿堂上最高处也。古胡切。

【译文】柧，棱角。从木，瓜声。又，柧棱，殿堂上最高的地方。

【注释】①棱：《段注》："《通俗文》曰：'木四方为棱，八棱为柧。'按：《通俗文》析言之。若浑言之，则《急就》'奇觚'（即柧）谓四方版也。"②柧棱：徐锴《系传》："（殿堂）最高转角处也。"桂馥《义证》："王观国曰：'屋角瓦脊，成方角棱瓣之形，故谓之觚棱。'"

棱 léng

棱，柧也。从木，夌声。鲁登切。

【译文】棱，四方木。从木，夌声。

枰 píng

枰，平也[①]。从木，从平，平亦声。蒲兵切。

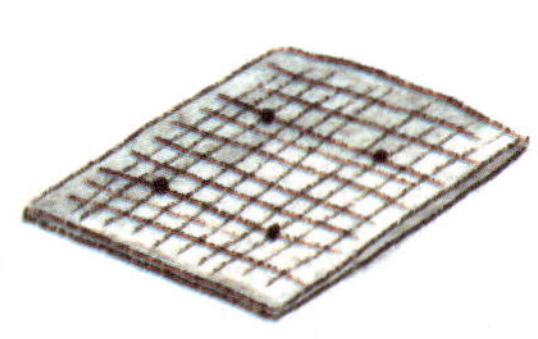

【译文】枰，棋盘。由木、由平会意，平也表声。

【注释】①平：《段注》："谓木器之平。偁枰，如今言棋枰是也。"

拉 lā

拉，折木也。从木，立声。卢合切。

【译文】拉，折断树木。从木，立声。

槎 chá

槎，衺斫也。从木，差声。《春秋传》曰[①]："山不槎。"侧下切。

【译文】槎，斜砍。从木，差声。《春秋国语》说："山林不砍不伐。"

【注释】①《春秋传》：即指《国语》。《唐写本·木部残卷》作："《春秋国语》曰：'山不槎枿（即蘖）。'"

柮 duò

柮，断也。从木，出声。读若《尔雅》"貀无前足"之貀[①]。女滑切。

【译文】柮，断。从木，出声。音读像《尔雅》"貀无前足"的"貀"字。

【注释】①《尔雅》：指《释兽》。貀(duò)：郭璞注："似狗，豹文，有角，两脚。"或说："似虎而黑，无前两足。”

析 xī

析，破木也。一曰：折也。从木，从斤[①]。先激切。

【译文】析，劈开木头。另一义说，断折。由木、由斤会意。

【注释】①从木句：桂馥《义证》：“谓以斤（斧头）分木为析也。”

休 xiū

休，息止也[①]。从人依木[②]。许尤切。

【译文】休，休息。由“人”依傍着“木”会意。

【注释】①息止：同义复合。②人依木：《五经文字》：“休象人息木阴。”

械 xiè

械，桎梏也。从木，戒声。一曰：器之緫名。一曰：(持)[治]也。一曰：有盛为械，无盛为器。胡戒切。

【译文】械，木制的束缚手脚的刑具。木，戒声。另一义说，器物的总称。另一义说，治理。另一义说，有盛物的构件叫械，没有盛物的构件叫器。

杽 chǒu

杽[①]，械也。从木，从手，手亦声。敕九切。

【译文】杽，木制刑具。由木、由手会意，手也表声。

【注释】①杽：木制手铐。徐锴《系传》：“义取木在乎手，会意。”《段注》：“杽、杻，古今字。”

桎 zhì

桎[①]，足械也。从木，至声。之日切。

【译文】桎，束缚脚的刑具。从木，至声。

【注释】①桎：《周易·蒙》：“利用刑人，用说桎梏。”孔颖达疏：“在足曰桎，在手曰梏。”

梏 gù

梏，手械也。从木，告声。古沃切。

【译文】梏，束缚手的刑具。从木，告声。

柙 xiá

柙，槛也。以藏虎兕。从木，甲声。乌匣切。

【译文】柙，关养禽兽的木笼。可以用来藏养老虎和犀牛。从木，甲声。

棺 guān

棺，关也，所以掩尸。从木，官声。古丸切。

【译文】棺，关，用来掩埋尸体的器具。从木，官声。

椁 guō

椁，葬有木𩫏也[①]。从木，𩫏声。古博切。

【译文】椁，葬有木制的外棺。从木，𩫏声。

東部

東 dōng

東，动也[①]。从木。官溥说，从日在木中。凡东之属皆从东。得红切。

【译文】東，动。从木。官溥说，由“日”在“木”中会意。大凡东的部属都从东。

【注释】①动：这是声训，东动音近。王筠《句读》引《白虎通》：“东方者动方也。万物始动生也。”

林部

林 lín

林，平土有丛木曰林。从二木[①]。凡林之属皆从林。力寻切。

【译文】林，平地上有丛聚的树木叫林。由两个木字会意。大凡林的部属都从林。

【注释】① 从二木：王筠《释例》："林从二木，非云止有二木也，取木与木连属不绝之意也。"

無 wú

無，丰也。从林爽。或说规模字。从大；卌，数之积也；林者，木之多也。卌与庶同意。《商书》曰："庶草繁无。"文甫切。

【译文】無，丰茂。由林、爽会意。（爽）有人说是规模的模字。从大，卌（xì），表示数目的累积；林，表示树木的多。卌（表多盛）与庶（从芡表盛大）同意。《商书》说："百草繁茂。"

鬱 yù

鬱，木丛生者。从林，（鬱）[鬱]省声。迂弗切。

【译文】鬱，树木丛生的样子。从林，鬱省声。

楚 chǔ

楚，丛木。一名荆也。从林，疋声。创举切。

【译文】楚，丛生的树木。另一名称是荆树。从林，疋声。

棽 chēn

棽，木枝条棽俪皃。从林，今声。丑林切。

【译文】棽，树木枝条茂密的样子。从林，今声。

楙 mào

楙，木盛也。从林，矛声。莫候切。

【译文】楙，树木茂盛。从林，矛声。

棼 fén

棼，复屋栋也。从林[①]，分声。符分切。

【译文】棼，阁楼的栋梁。从林，分声。

【注释】① 从林：朱骏声《通训定声》："从林者，从二木也。复屋，故从二木为意。复屋者，如苏俗所云阁，不可居；重屋，如楼，可居。"

麓 lù

麓，守山林吏也。从林，鹿声。一曰：林属于山为麓[①]。《春秋传》曰[②]："沙麓崩。"卢谷切。

【译文】麓，守山林的小官。从林，鹿声。另一义说，树林连属于山叫麓。《春秋左传》说："沙山山脚崩塌。"

【注释】① 属：连接。②《春秋传》：指《春秋经·僖公十四年》。沙麓：沙山之麓。《段注》："盖凡山足皆得称麓。"地在今河北省大名县东。

森 sēn

森[①]，木多皃。从林，从木。读若曾参之参。所今切。

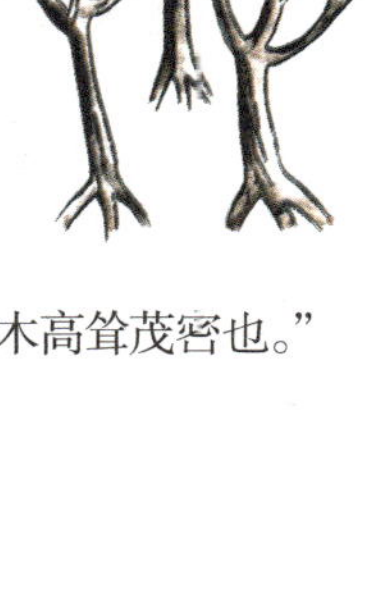

【译文】森，树木众多的样子。出林、由木会意。音读像曾参的"参"字。

【注释】① 森：《玉篇》："森，长木皃。"《六书故》："林木高耸茂密也。"

才部

才 cái

才，艹木之初也。从丨上贯一[①]，将生枝叶；一，地也。凡才之属皆从才。昨哉切。

【译文】才，草木初生的样子。由"丨(gǔn)"向上面贯穿"一"，表示（草木发芽抽苗）将生枝叶；"一"，表示地面。大凡才的部属都从才。

【注释】① 一：指地。地下之一象根荄之状。

《说文解字》版本流传

唐写本

今存最早版本。一种是《木部》残卷，存180字，原为清安徽县县令张仁法所藏，后由清著名学者莫友芝撰成《唐写本说文解字木部笺异》堪布于世。

大徐本

北宋初年徐铉整理、校订的本子——《说文解字》。大徐本将原著分为上下30卷，无注解，加入了原著没有的200多个字，分别在各部之后。大徐本力图恢复《说文解字》原来的面貌。

小徐本

《说文解字系传》，徐锴所撰，共40卷，有详细注解。徐锴是徐铉的弟弟，所以习惯称他的《说文解字系传》为小徐本。小徐本多发表个人的见解。

现在流传的《说文解字》版本，多以大徐本为蓝本

根据刊刻时代

- **明刊宋本**：晚明毛晋和毛扆刊刻，即汲古阁本。
- **清刊宋本**：
  - 1773年朱筠在汲古阁刊刻本基础上的仿宋重刊本。
  - 1807年额勒布所刻鲍惜分所藏宋本，即藤花榭本。
  - 1809年孙星衍重刻刊仿宋小字体本，即平津馆本。
- **民国影刊宋本**：王昶所传小字本，即《续古逸丛书》和《四部丛刊》初编影宋刊本。

此外，清段玉裁的《说文解字注》、桂馥的《说文解字义证》、王筠的《说文句读》《说文释例》和朱骏声的《说文通训定声》，近代丁保福的《说文解字诂林》，都是研究《说文解字》的可靠依据。

叒部

叒 ruò

叒，日初出东方汤谷[①]，所登榑桑[②]，叒木也。象形。凡叒之属皆从叒。尔灼切。

【译文】叒，太阳从东方的汤谷刚刚升起时登上的榑（扶）桑树，又叫若木。像（扶桑婀娜之）形。大凡叒的部属都从叒。

【注释】①汤谷：古人疑东方海上为日之所出，名叫旸谷。或作汤谷。言其热如汤。②榑桑：木部："榑，榑桑，神木，日所出也。"榑桑即扶桑。

桑 sāng

桑，蚕所食叶木。从叒木[①]。息郎切。

【译文】桑，蚕儿所吃的桑叶树。由叒、木会意。

【注释】①叒木：张文虎《舒艺室随笔》："叒本象叶重沓之貌。桑以叶重，故从叒，象形。"

之部

之 zhī

之，出也。象艹过屮，枝茎益大，有所之。一者，地也。凡之之属皆从之。止而切。

【译文】之，长出。像草经过了屮的阶段，枝和茎渐渐长大了，有滋长而出的样子。一，表示地。大凡之的部属都从之。

帀部

帀 zā

帀，周也。从反之而帀也。凡帀之属皆从帀。周盛说。子荅切。

【译文】帀，环绕周遍。把"之"字倒过来就成了"帀"。大凡帀的部属都从帀。这是周盛的说法。

师 shī

师，二千五百人为师[①]。从帀，从𠂤[②]。𠂤，四帀，众意也。疏夷切。

【译文】师，二千五百人成为一师。由帀、由𠂤会意。𠂤，四帀，都表示众多的意思。

【注释】①师：徐锴《系传》："周制也。"②从帀，从𠂤（duī）：孔广居《疑疑》："𠂤，俗作堆，积聚也。聚则众，散则寡，故𠂤有众意。帀，俗作匝，周徧也。众则周，寡则不周，故匝亦有众意。"

出部

出 chū

出，进也。象艹木益滋，上出达也[①]。凡出之属皆从出。尺律切。

【译文】出，长进。像草木渐渐滋生，向上长出来。大凡出的部属都从出。

【注释】①出达：同义连用。《礼记·月令》："句者毕出，萌者尽达。"

敖 áo

敖，游也。从出，从放。五牢切。

【译文】敖，出游。由出、由放会意。

粜 tiào

粜，出谷也。从出，从糴，糴亦声。他吊切。

【译文】粜，卖出谷物。由出、由糴会意，糴也表声。

賣 mài

賣，出物货也。从出，从買[①]。莫邂切。

【译文】賣，出卖物货。由出、由買会意。

【注释】①从出，从買：《段注》："出而与人买之也。"

朩部

索 suǒ

索，艹有茎叶，可作绳索。从朩糸[①]。杜林说：朩亦朱（木）[巿]字。苏各切。

【译文】索，草有茎和叶，可用来做绳索。由木、系会意。杜林说：朩也是朱巿的“巿”字。

【注释】① 从朩系：王筠《句读》：“字从系者，系篆本象纠结之形，纠艹为索，故从系，比象之义。”② 朱木：当依徐锴《系传》“木”作“巿”（fú）。巿即韨。朱巿：熟牛皮作的朱红色的蔽膝，用于祭祀。

孛 bèi

孛，㝱也[①]，从朩；人色也，从子，《论语》曰：“色孛如也。”蒲妹切。

【译文】孛，草木盛美，故从朩；人容色（勃然壮盛），故从子，《论语》说：“面色勃然庄重。”

【注释】① 㝱（wèi）：王筠《句读》：“㝱下云‘㝱孛’，明其为叠韵连语也。此云‘㝱’者，又明其独字使成义也。”

南 nán

南，艹木至南方[①]，有枝任也。从朩，羊声。那含切。

【译文】南，草木到南方（其叶畅茂），有枝桠可胜任。从朩，羊声。

【注释】① 南方：徐锴《系传》：“南方主化育。”

生部

生 shēng

生，进也[①]。象艹木生出土上。凡生之属皆从生。所庚切。

【译文】生，长进。像草木从土上生出。大凡生的部属都从生。

【注释】① 进：徐灏《段注笺》：“《广雅》曰：‘生，出也。’生與出同义，故皆训为进。”

產 chǎn

產，生也。从生，彥省声。所简切。

【译文】產，生长。从生，彥省声。

丰 fēng

丰，艸盛丰丰也。从生，上下达也[①]。敷容切。

【译文】丰，草木丰盛。从生，（生的中竖向下延伸）表示上下通达。

【注释】① 上下达：徐锴《系传》：“察草之生，上其盛者，其下必深根也。”

隆 lóng

隆，丰、大也。从生，降声。力中切。

【译文】隆，丰盛，高大。从生，降声。

甡 shēn

甡，众生并立之皃[①]。从二生。《诗》曰：“甡甡其鹿。”所臻切。

【译文】甡，众多草木并立的样子。由两个“生”字会意。《诗经》说：“何其多啊，那些野鹿。”

【注释】① 众生并立：王筠《句读》：“据字形为义也。二‘生’，故曰众；分左右，故曰并。”“许君以字从‘生’也，故主艹木言。”

乇部

乇 zhé

乇，艹叶也。从垂穗[①]，上贯一，下有根。象形。凡乇之属皆从乇。陟格切。

【译文】乇，草叶。（丿）像下垂的穗，（丨）向上穿“一”，（表示草茎长出地面，）（ㄣ）表示地下有根。象形。大凡乇的部属都从乇。

【注释】① 垂穗 :《段注》:“直者，茎也。斜垂者，华之采（穗）也。”

𠂹部

𠂹 chuí

𠂹，艸木华叶𠂹。象形。凡𠂹之属皆从𠂹。是为切。

【译文】𠂹，草木的花和叶下垂。象形。大凡𠂹的部属都从𠂹。

華部

華 huā

華①，荣也。从艸，从𠌶。凡华之属皆从华。户瓜切。

【译文】华，花朵。由艸、由𠌶会意。大凡华的部属都从华。

【注释】① 華：花朵。《诗经·周南·桃夭》:“桃之夭夭，灼灼其华。”引申为开花，有文采，华丽。

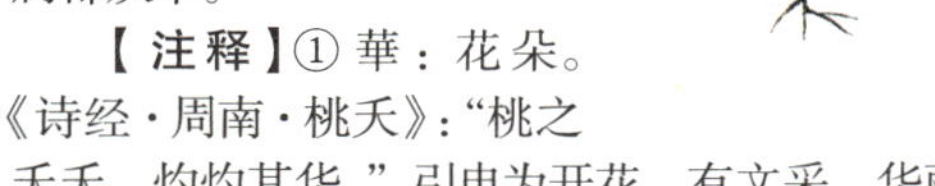

皣 yè

皣，艸木白华也。从華，从白。筠辄切。

【译文】皣，草木的白花。由華（花）、由白会意。

禾部

禾 jī

禾，木之曲头。止不能上也。凡禾之属皆从禾。古兮切。

【译文】禾，像树木弯曲的梢头。受物碍止不能上长。大凡禾的部属都从禾。

稽部

稽 jī

稽，留止也。从禾，从尤，旨声。凡稽之属皆从稽。古兮切。

【译文】稽，停留。由禾、由尤会意，旨声。大凡稽的部属都从稽。

巢部

巢 cháo

巢，鸟在木上曰巢，在穴曰窠。从木，象形。凡巢之属皆从巢。鉏交切。

【译文】巢，鸟在树上的窝叫巢，在洞中的窝叫窠。从木，像鸟在巢中之形。大凡巢的部属都从巢。

桼部

桼 qī

桼，木汁。可以髹物。象形。桼如水滴而下。凡桼之属皆从桼。亲吉切。

【译文】桼，树汁。可用来漆饰物体。象树木形。表示桼像水滴而下。大凡桼的部属都从桼。

䰍 pào

䰍，桼垸已①，复桼之。从桼，包声。匹皃切。

【译文】䰍，用漆掺合骨灰搽抹器物完毕，（干后磨平）再漆。从桼，包声。

【注释】① 桼垸（huán）两句：王筠《句读》:“作桼器者，以木片为骨，灰桼涂之，暴之旷日，故曰‘桼垸已’也。石磨令平，乃复以桼，发其光也。”垸：土部：“以桼如灰而髹也。”桼垸：同义连用。

束部

束 shù

束，缚也。从囗木①。凡束之属皆从束。书玉切。

【译文】束，捆缚。由囗、木会意。大凡束的部属都从束。

【注释】①从囗木：徐锴《系传》：“束薪也。囗音围，象缠。”

柬 jiǎn

柬，分别简之也①。从束，从八。八，分别也。古限切。

【译文】柬，分开捆缚的东西来选择。由束、由八会意。八，表示分开。

【注释】①分别句：徐锴《系传》：“开其束而柬之也。”简：拣选。王筠《句读》：“以简说柬，发明假借也。”

剌 là

剌，戾也①。从束，从刀②。刀者，剌之也。卢连切。

【译文】剌，违背。由束、由刀会意。刀，表示乖戾不容。

【注释】①戾：《段注》：“违背之意。”②从束从刀：王筠《句读》：“刀性坚强，虽束之，不能互相附属如薪也。”

㯻部

㯻 gǔn

㯻①，橐也②。从束，圂声。凡㯻之属皆从㯻。胡本切。

【译文】㯻，捆缚囊橐。从束，圂（hùn）声。大凡㯻的部属都从㯻。

【注释】①㯻：徐锴《系传》：“束缚囊橐之名。”②橐（tuó）：宋育仁《部首笺正》：“㯻从束，束缚也，即今语之捆。捆物者，韬其中身，露其两端；橐为无底之囊，用以韬物，形正与捆物类，故说㯻为橐。”按：囊、橐以有底、无底为别，诸家说法各异，宋说只是其中之一。

橐 tuó

橐①，囊也。从㯻省，石声。他各切。

【译文】橐，袋子。㯻省豕为形旁，石声。

【注释】①橐：朱骏声《通训定声》：“小而有底曰橐，大而无底曰囊。”按：析言有分，浑言无别。

囊 náng

囊①，橐也。从㯻省，襄省声。奴当切。

【译文】囊，袋子。㯻省豕为形旁，襄省声。

【注释】①囊：黄以周《囊橐考》：“囊之两端无底”，“中实其物，括其两端内物不出。”“橐之两端皆有底，其口在旁，既实其物，中举之，物在两端，可以担之于肩。”“（囊、橐）对文有异”，“浑言无别”。

櫜 gāo

櫜，车上大橐。从㯻省，咎声。《诗》曰：“载櫜弓矢。”古劳切。

【译文】櫜，车上盛物的大袋子。㯻省豕为形旁，咎声。《诗经》说：“用袋子收藏弓和箭。”

囗部

囗 wéi

囗①，回也。象回帀之形。凡囗之属皆从囗。羽非切。

【译文】囗，回绕。像回转一周的样子。大凡囗的部属都从囗。

【注释】①囗：《段注》：“围绕、周围字当用此。围行而囗废矣。”

圜 yuán

圜[①]，天体也。从囗，瞏声。王权切。

【译文】圜，天体圆环。从囗，瞏（huán）声。

【注释】① 圜：《段注》："许书圆圜圓三字不同。""言天当作圜，言平圆当作圓，言浑圆当作圆。"

圓 yuán

圓，圜全也。从囗，員声。读若员。王问切。

【译文】圓，浑圆无缺。从囗，員声。音读像"员"字。

回 huí

回，转也。从囗[①]，中象回转形。户恢切。

【译文】回，绕圈运转。从囗，中间的口像回旋运转的样子，

【注释】① 从囗两句：《段注》："外为大囗，内为小口，皆回转之形也。"钱桂森："此就古文为说，而于篆文亦合。"

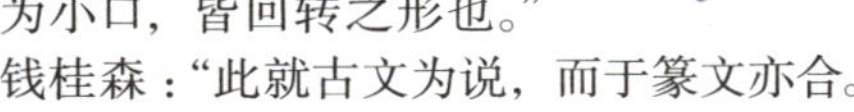

圖 tú

圖，画计难也[①]。从囗，从啚。啚，难意也。同都切。

【译文】图，谋画而苦其难。由囗、由啚会意。啚表示困难的意思。

【注释】① 画计难：《段注》："谋之而苦其难也。"王筠《句读》："画计乃汉之恒言。"乃同义连用。

圛 yì

圛，回行也。从囗，睪声。《尚书》："曰圛"。圛，升云半有半无。读若驿。羊益切。

【译文】圛，回曲而行。从囗，睪声。《尚书》说："（有的）叫作圛。"圛，云气升腾，半有半无。音读像"驿"字。

國 guó

國，邦也[①]。从囗，从或。古惑切。

【译文】国，封地。由囗、由或会意。

【注释】① 邦：《段注》："邦、国互训，浑言之也。《周礼》注曰：'大曰邦，小曰国。''邦之所居亦曰国。'析言之也。"

囷 qūn

囷，廪之圜者。从禾在囗中。圜谓之囷，方谓之京。去伦切。

【译文】囷，圆形的仓廪。由"禾"在"囗"中会意。圆形的叫作囷，方形的叫作京。

壼 kǔn

壼，宫中道。从囗，象宫垣、道、上之形。《诗》曰："室家之壼。"苦本切。

【译文】壼，宫中的道路。从囗，像宫中的矮墙、道路、屋顶的样子。《诗经》说："房屋是那么广大。"

圈 juàn

圈，养畜之闲也。从囗，卷声。渠篆切。

【译文】圈，养牲畜的栅栏。从囗，卷声。

囿 yòu

囿，苑有垣也。从囗，有声。一曰：禽兽曰囿。于救切。

【译文】囿，园苑有矮墙护卫。从囗，有声。另一义说，养禽兽的地方叫囿。

園 yuán

園，所以树果也。从囗，袁声。羽元切。

【译文】园，用来种植果木的地方。从囗，袁声。

圃 pǔ

圃，种菜曰圃。从囗，甫声。博古切。

【译文】圃，种菜的地方叫圃。从囗，甫声。

因 yīn

因，就也。从口大。于真切。

【译文】因，依凭。由口、大会意。

囹 líng

囹，狱也。从口，令声。郎丁切。

【译文】囹，牢狱。从口，令声。

圄 yǔ

圄，守之也。从口，吾声。鱼举切。

【译文】圄，守御。从口，吾声。

固 gù

固，四塞也。从口，古声。古慕切。

【译文】固，四周阻塞。从口，古声。

囚 qiú

囚，系也。从人在口中[①]。似由切。

【译文】囚，拘系。由“人”在“口”中会意。

【注释】①从人句：桂馥《义证》：《风俗通》：“‘礼，罪人寘诸圜土（牢狱）。’故囚字为‘口’守‘人’。”

困 kùn

困，故庐也。从木在口中。苦闷切。

【译文】困，因衰败而倒塌的房屋。由“木”在“口”中会意。

員部

員 yuán

员，物数也。从貝，口声。凡员之属皆从员。王横切。

【译文】员，物的数量。从貝，口声。大凡员的部属都从员。

貝部

貝 bèi

貝，海介虫也。居陆名猋，在水名蛹。象形。古者货贝而宝龟，周而有泉，至秦废贝行钱。凡贝之属皆从贝。博盖切。

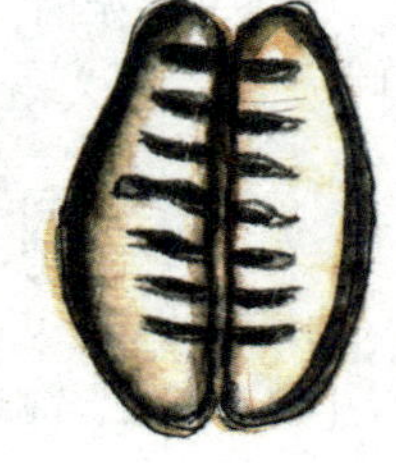

【译文】贝，海中有甲壳的软骨动物。在陆上叫猋，在水中叫蛹。像贝壳之形。古时候，以贝壳为财富，以龟甲为珍宝。周朝（币制）有泉（而不废贝），到了秦时朝，废除贝而通行钱。大凡贝的部属都从贝。

賄 huì

賄，财也[①]。从貝，有声。呼罪切。

【译文】賄，财物。从貝，有声。

【注释】①财：《段注》：“《周礼注》曰：‘金玉曰贷，布帛曰賄。’析言之也。许浑言之，货賄皆释曰财。”

貨 huò

貨，财也[①]。从貝，化声。呼卧切。

【译文】貨，财物。从貝，化声。

【注释】①财：《汉书·食货志》：“货谓布帛可衣，及金刀龟贝，所以分财布利、通有无者也。”按：货本指金玉。

財 cái

財[①]，人所宝也。从貝，才声。昨哉切。

【译文】財，人们所宝贵的东西。从貝，才声。

【注释】①财：物资和货币的总称。《玉篇·贝部》：“财，谓食谷也、货也、赂也。”

資 zī

資，货也。从貝，次声。即夷切。

【译文】資，财物。从貝，次声。

賑 zhèn

賑，富也。从貝，辰声。之忍切。

【译文】賑，富裕。从貝，辰声。

賢 xián

賢，多才也。从貝，臤声。胡田切。

【译文】贤，多才能。从貝，臤声。

賁 bì

賁，饰也。从貝，卉声。彼义切。

【译文】賁，文饰。从貝，卉声。

賀 hè

賀，以礼相奉庆也。从貝，加声。胡个切。

【译文】賀，把礼物奉献给人，向人庆祝。从貝，加声。

貢 gòng

貢，献、功也[①]。从貝，工声。古送切。

【译文】貢，进献，努力作所从事的工作。从貝，工声。

【注释】①献、功也：桂馥《义证》："当为'献也，功也'。"王筠《句读》："贡、献同义，贡、功同声。"徐灏《段注笺》："功谓力作所有事。如谷麦为农功，丝枲为妇功也。"

贊 zàn

贊，见也。从貝，从兟。则旰切。

【译文】贊，进见。由貝、由兟会意。

貸 dài

貸，施也。从貝，代声。他代切。

【译文】貸，施给。从貝，代声。

賂 lù

賂，遗也。从貝，各声。洛故切。

【译文】賂，赠送财物。从貝，各声。

贈 zèng

贈，玩好相送也。从貝，曾声。昨邓切。

【译文】贈，用玩好之物相送。从貝，曾声。

贛 gòng

贛，赐也。从貝，竷省声。古送切。

【译文】贛，赐予。从貝，竷（kǎn）省声。

賚 lài

賚，赐也。从貝，來声。《周书》曰："赉尔秬鬯。"洛带切。

【译文】賚，赐予。从貝，來声。《周书》说，"赐给你黑黍和郁草合酿的香酒。"

賞 shǎng

賞，赐有功也。从貝，尚声[①]。书两切。

【译文】賞，奖赐有功的人。从貝，尚声。

【注释】①尚声：声中有义。徐锴《系传》："赏之言尚也。尚（崇尚）其功也。赏以偿（回报）之也。"

賜 cì

賜，予也。从貝，易声。斯义切。

【译文】賜，给予。从貝，易声。

貤 yì

貤，重次弟物也。从貝，也声。以豉切。

【译文】貤，重迭的有次第的物体。从貝，也声。

赢 yíng

赢，有余、贾利也。从貝，㒇声。以成切。

【译文】赢，有余，做买卖获利。从貝，㒇声。

賴 lài

賴，赢也。从貝，剌声。洛带切。

【译文】賴，赢利。从貝，剌声。

負 fù

負[①]，恃也。从人守貝，有所恃也。一曰：受贷不偿。房九切。

【译文】負，凭恃。由“人”守“貝”会意，表示有所凭仗。另一义说，受人施予却不回报。

【注释】①負：徐灏《段注笺》：“負之古音古义皆为背。《释名》曰：‘負，背也。置项背也。’”“因之为自負，故训为恃。又为背人（背德忘恩）之称，即受贷不偿之谓也。凡战败必背走，故又为胜負之称。”

貯 zhù

貯[①]，积也。从貝，宁声。直吕切。

【译文】貯，积藏。从貝，宁声。

【注释】①貯：罗振玉《增订殷墟书契考释》：“象内（纳）贝于宁中形，或贝在宁下，与许书作贮贝在宁旁意同。又宁、贮古为一字。”

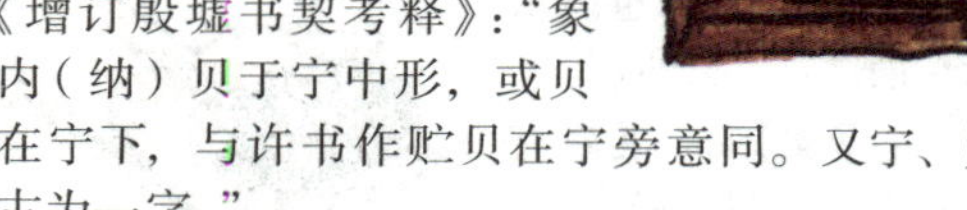

貳 èr

貳，副、益也。从貝，弍声。弍，古文二。而至切。

【译文】貳，居于次要地位者，增益。从貝，弍声。弍，古文二字。

賒 shē

賒，贳买也。从貝，余声。式车切。

【译文】賒，用亏欠的方式买物。从貝，余声。

贅 zhuì

贅，以物质钱。从敖貝。敖者，犹放；貝，当复取之也。之芮切。

【译文】贅，用物抵押钱。由敖、貝会意。从“敖”，好比说“发放（诸物）”；从貝，是说应当用钱贝再赎取它回来。

質 zhì

質，以物相赘。从貝，从所。阙。之日切。

【译文】質，用物相抵押。由貝、由所会意。阙其从所的意思。

貿 mào

貿，易财也。从貝，丣声。莫候切。

【译文】貿，交换财物。从貝，丣声。

贖 shú

贖，贸也。从貝，賣声。殊六切。

【译文】贖，（用财物）交换回（抵押品）。从貝，賣（yù）声。

費 fèi

費，散财用也。从貝，弗声。房未切。

【译文】費，散去钱财。从貝，弗声。

責 zé

責，求也。从貝，朿声。侧革切。

【译文】責，索求。从貝，朿声。

賈 gǔ

賈，贾市也[①]。从貝，襾声。一曰：坐卖售也。公户切。

【译文】賈，做买卖。从貝，襾（yà）声。另一义说，（储货）坐卖。

【注释】①贾市：同义连用。《段注》：“市，买卖所之也。因之凡买凡卖皆曰市。贾者，凡买卖之偁也。”“引申之，凡卖者之所得，买者之所出，皆曰贾。”

販 fàn

販，买贱卖贵者。从貝，反声。方愿切。

【译文】販，用低价买进来，用高价卖出去的商人。从貝，反声。

買 mǎi

買，市也。从网貝。《孟子》曰："登垄断而网市利。"莫蟹切。

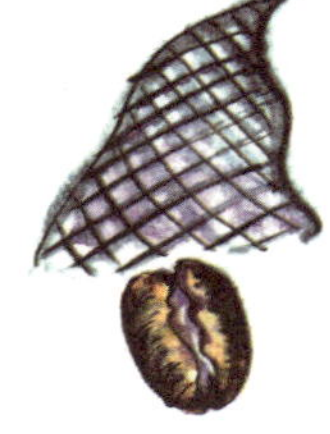

【译文】買，购进。由网、貝会意。《孟子》说："登上独立的高地（窥视），（企图）网罗买卖的好处。"

賤 jiàn

賤，贾少也。从貝，戔声。才线切。

【译文】賤，价格低少。从貝，戔声。

賦 fù

賦[1]，敛也。从貝，武声。方遇切。

【译文】賦，征敛。从貝，武声。

【注释】① 赋：《段注》："敛之曰赋，班（分布）之亦曰赋。经传中凡言以物班布与人曰赋。"

貪 tān

貪，欲物也。从貝，今声。他含切。

【译文】貪，想要得到财物。从貝，今声。

貶 biǎn

貶，损也。从貝，从乏。方敛切。

【译文】貶，减损。由貝、由乏会意。

貧 pín

貧，财分少也。从貝，从分，分亦声。符巾切。

【译文】貧，财物因分散而少。由貝、由分会意，分也表声。

賃 lìn

賃，庸也。从貝，任声。尼禁切。

【译文】賃，受雇佣。从貝，任声。

賕 qiú

賕，以财物枉法相谢也[1]。从貝，求声。一曰：戴质也。巨留切。

【译文】賕，用财物违法谢罪。从貝，求声。另一义说，装载着抵押品（而去求人借贷）。

【注释】① 以财句：《段注》："枉法者，违法也。法当有罪而以财求免，是曰赇；受之者亦曰赇。"

購 gòu

購，以财有所求也[1]。从貝，冓声。古候切。

【译文】購，用钱财有所征求。从貝，冓声。

【注释】① 以财句：《段注》："县（悬）重价以求得其物也。"

貲 zī

貲，小罚以财自赎也。从貝，此声。汉律：民不繇，貲钱二十二。即夷切。

【译文】貲，轻微地罚其用钱财自我赎补罪过。从貝，此声。汉律规定：百姓不供徭役，罚缴人头钱二十二。

貴 guì

貴，物不贱也。从貝，臾声。臾，古文蕢。居胃切。

【译文】貴，物价不低贱。从貝，臾声。臾，古文"蕢"字。

賣 yù

賣，衒也。从貝，𡕥声。读若育。余六切。

【译文】賣，边走边叫卖。从目，𡕥声。音读像"育"字。

邑部

邑 yì

邑，国也[1]。从囗；先王之制尊卑有大小，从卪。凡邑之属皆从邑。于汲切。

【译文】邑，国。从囗；先王的制度，（公侯伯

子男）尊卑（不同），有（不同）大小的（疆域），所以从卪。大凡邑的部属都从邑。

【注释】① 国：《段注》："凡称人曰大国，凡自称曰敝邑。古国、邑通称。"

邦 bāng

邦，国也。从邑，丰声。博江切。

【译文】邦，诸侯封国之偁。从邑，丰声。

郡 jùn

郡，周制：天子地方千里，分为百县，县有四郡。故《春秋传》曰[①]："上大夫受郡。"是也。至秦初置三十六郡，以监其县。从邑，君声。渠运切。

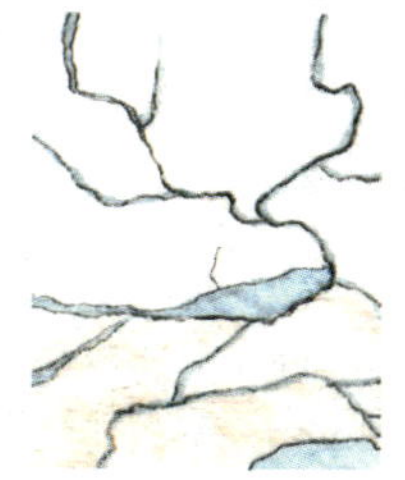

【译文】郡，周朝的制度：天子土地纵横千里，分成百县，每县有四个郡。所以《春秋左传》说："（能战胜敌人的人，）上大夫受封郡。"就是这个意思。到秦朝初年全国设置三十六个郡，用来监督它下属的县。从邑，君声。

【注释】①《春秋传》：指《左传·哀公二年》。原文："克敌者，上大夫受县，下大夫受郡。"

都 dū

都，有先君之旧宗庙曰都[①]。从邑，者声。周礼[②]：距国五百里为都。当孤切。

【译文】都，有已故君王的旧宗庙的城邑叫都。从邑，者声。周朝的礼制：离王城五百里之地叫都。

【注释】① 有先句：《左传·庄公二十八年》："凡邑有宗庙先君之主（神主牌位）曰都，无曰邑。"② 周礼：王筠《句读》："周礼者，谓周制也，非谓语出《周官》。《周礼·载师》注引《司马法》曰：'王国百里为郊……五百里为都。'"

鄰 lín

鄰，五家为邻[①]。从邑，粦声。力珍切。

【译文】鄰，五家（比连）叫作邻。从邑，粦声。

【注释】① 五家句：《段注》："见《周礼·遂人职》。按引申为凡亲密之称。"《释名·释州国》："邻，连也，相接连也。"

酂 zàn

酂，百家为酂[①]。酂，聚也。从邑，赞声。南阳有酂县[②]。作管切。又，作旦切。

【译文】酂，百家叫作酂。酂，聚居。从邑，赞声。南阳地方有酂县。

【注释】① 百家句：《周礼·地官·遂人》："五家为邻，五邻为里，四里为酂，五酂为鄙。"② 南阳：张舜徽《约注》："汉南阳郡，有今河南熊耳山以南、叶县内乡闲及湖北大洪山以北应山、酂县地。酂县在今湖北省光化县西北。"

鄙 bǐ

鄙，五酂为鄙。从邑，啚声。兵美切。

【译文】鄙，五百家叫鄙。从邑，啚声。

郊 jiāo

郊，距国百里为郊。从邑，交声。古肴切。

【译文】郊，离都城百里叫作郊。从邑，交声。

郛 fú

郛[①]，郭也。从邑，孚声。甫无切。

【译文】郛，外城。从邑，孚声。

【注释】① 郛：徐锴《系传》："郛犹柎也。草木华房为柎，在外苞裹之也。"

邸 dǐ

邸[①]，属国舍。从邑，氐声。都礼切。

【译文】邸，天子所隶属的诸侯国（为朝见而设置在京城的）馆舍。从邑，氐声。

【注释】① 邸：《段注》引颜师古《汉书》注："郡国朝宿之舍在京师者，率名邸。邸，至也。言所归至也。"

郵 yóu

郵[①]，境上行书舍。从邑垂。垂，边也。羽求切。

【译文】郵，国境上传递文书的客舍。由邑、垂会意。垂是边境的意思。

【注释】① 郵：王筠《句读》引《汉书·黄霸传》注："邮亭书舍，谓传送文书所止处，亦如今之驿馆矣。"

鄁 shào

鄁，国甸，大夫稍。稍，所食邑。从邑，肖声。《周礼》曰："任鄁地。"在天子三百里之内。所教切。

【译文】鄁，京城的郊外，是大夫的稍地。稍，是大夫（受封后收赋税而）享食的土地。从邑，肖声。《周礼》说："任用鄁地（作为大夫食邑的田地）。"（鄁地）指距天子京畿三百里之内的地面。

鄯 shàn

鄯，鄯善，西胡国也。从邑，从善，善亦声。时战切。

【译文】鄯，鄯善，西域国名。由邑、由善会意，善也表声。

邰 tāi

邰，炎帝之后，姜姓所封，周弃外家国。从邑，台声。右扶风斄县是也。《诗》曰："[即] 有邰家室。"土来切。

【译文】邰，炎帝的后裔，姜嫄氏的封国，周始祖后稷外祖家的领地。从邑，台声。右扶风郡的斄县就是这里。《诗经》说："（封后稷）到邰地安家立业。"

郊 qí

郊，周文王所封。在右扶风美阳中水乡。从邑，支声。巨支切。

【译文】郊，周文王的邦国。在右扶风郡美阳县中水乡。从邑，支声。

邠 bīn

邠，周太王国。在右扶风美阳。从邑，分声。补巾切。

【译文】邠，周太王的诸侯国。在右扶风郡美阳县。从邑，分声。

郿 méi

郿，右扶风县。从邑，眉声。武悲切。

【译文】郿，右扶风郡的县名。从邑，眉声。

扈 hù

扈，夏后同姓所封，战于甘者。在鄠，有扈谷、甘亭。从邑，户声。胡古切。

【译文】扈，夏后氏同姓诸侯（有扈氏）的封地，是（与夏启）战于甘地之野的部落。（夏朝的有扈）在（汉朝的）鄠县，这里有扈谷、甘亭。从邑，户声。

郁 yù

郁，右扶风郁夷也。从邑，有声。于六切。

【译文】郁，右扶风郡郁夷县。从邑，有声。

郝 hǎo

郝，右扶风鄠、盩厔乡。从邑，赤声。呼各切。

【译文】郝，右扶风郡鄠县、盩厔县的乡名。从邑，赤声。

酆 fēng

酆，周文王所都。在京兆杜陵西南[①]。从邑，豐声。敷戎切。

【译文】酆，周文王的国都。在京兆尹郡杜陵县的西南。从邑，豐声。

【注释】① 京兆：汉代京畿的行政区划名。为三辅（三个职官。武帝时为京兆尹、左冯翊、右扶风。也称三辅所辖地区）之一，即今陕西西安市以东至华县之地。杜陵：在今陕西西安市东南。

鄭 zhèng

鄭，京兆县。周厉王子友所封。从邑，奠声。宗周之灭，郑徙潧洧之上，今新郑是也。直正切。

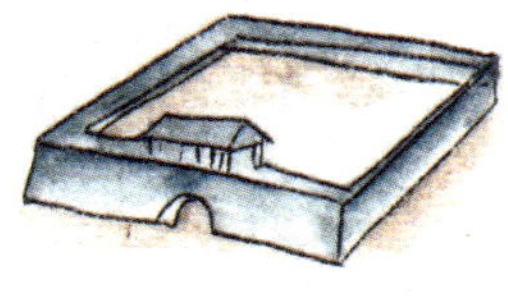

【译文】鄭，京兆尹郡的县名。周厉王的儿

子友的封地。从邑，奠声。西周灭亡的时候，郑（武公）迁徙到溱水、洧水一带，今天的新郑就是这个地方。

郃 hé

郃，左冯翊合阳县。从邑，合声。《诗》曰："在合之阳。"候合切。

【译文】郃，左冯翊郡合阳县。从邑，合声。《诗经》说："在合水的北面。"

邮 yóu

邮，左冯翊高陵（亭）。从邑，由声。徒历切。

【译文】邮，左冯翊郡高陵县（的亭名）。从邑，由声。

邽 guī

邽，陇西上邽也。从邑，圭声。古畦切。

【译文】邽，陇西郡上邽县。从邑，圭声。

部 bù

部[①]，天水狄部。从邑，音声。蒲口切。

【译文】部，天水郡狄部。从邑，音声。

【注释】① 部：汉地名，约在今甘肃省天水、清水、秦安、两当、礼县、徽县一带。《段注》："《地理志》天水无狄部，未详。"

邵 shào

邵，晋邑也。从邑，召声。寔照切。

【译文】邵，（春秋）晋国城邑。从邑，召声。

郈 hóu

郈，晋之温地。从邑，侯声。《春秋传》曰："争郈田"。胡遘切。

【译文】郈，（春秋）晋国温地。从邑，侯声。《春秋左传》说："（晋国郄至与周王朝）争郈城的田地。"

邲 bì

邲，晋邑也。从邑，必声。《春秋传》曰："晋楚战于邲。"毗必切。

【译文】邲，晋国的城邑。从邑，必声。《春秋左传》说："晋国和楚国在邲地作战。"

郤 xì

郤，晋大夫叔虎邑也。从邑，谷声。绮戟切。

【译文】郤，晋国大夫叔虎的城邑。从邑，谷声。

邢 xíng

邢，周公子所封，地近河内怀。从邑，开声。户经切。

【译文】邢，周公之子的封国。地方挨近河内郡怀县。从邑，开声。

鄔 wū

鄔，太原县。从邑，烏声。安古切。

【译文】鄔，太原郡的县名。从邑，烏声。

祁 qí

祁，太原县。从邑，示声。巨支切。

【译文】祁，太原郡的县名。从邑，示声。

邯 hán

邯，赵邯郸县。从邑，甘声。胡安切。

【译文】邯，赵国邯郸县。从邑，甘声。

郇 xún

郇，周（武）［文］王子所封国，在晋地。从邑，旬声。读若泓。相伦切。

【译文】郇，周文王之子所封的诸侯园，在晋国的土地上。从邑，旬声。音读像"泓"字。

鄲 dān

鄲，邯郸县。从邑，單声。都寒切。

【译文】鄲，邯郸县。从邑，單声。

郅 zhì

郅，北地郁郅县。从邑，至声。之日切。

【译文】郅，北地郡郁郅县。从邑，至声。

郾 yǎn

郾，颍川县。从邑，匽声。于建切。

【译文】郾，颍川郡的县名。从邑，匽声。

郏 jiá

郏，颍川县。从邑，夾声。工洽切。

【译文】郏，颍川郡的县名。从邑，夾声。

鄛 cháo

鄛，南阳（枣）[棘]阳乡。从邑，巢声。鉏交切。

【译文】鄛，南阳郡棘阳县的乡名。从邑，巢声。

鄾 ráng

鄾，今南阳穰县是。从邑，襄声。汝羊切。

【译文】鄾，当朝南阳郡穰县就是这个地方。从邑，襄声。

鄽 lú

鄽，南阳穰乡。从邑，婁声。力朱切。

【译文】鄽，南阳郡穰县的乡名。从邑，婁声。

郘 lǐ

郘，南阳西鄂亭。从邑，里声。良止切。

【译文】郘，南阳郡西鄂县的亭名。从邑，里声。

郢 yǐng

郢，故楚都。在南郡江陵北十里。从邑，呈声。以整切。

【译文】郢，（春秋战国）旧时楚国的都城。在南郡江陵县北十里。从邑，呈声。

鄳 méng

鄳，江夏县。从邑，黽声。莫杏切。

【译文】鄳，江夏郡的县名。从邑，黽声。

鄢 yān

鄢，南郡县。孝惠三年改名宜城。从邑，焉声。于干切。

【译文】鄢，南郡的县名。汉孝惠帝三年改名宜城。从邑，焉声。

鄂 è

鄂，江夏县。从邑，咢声。五各切。

【译文】鄂，江夏郡的县名。从邑，咢声。

墉 yōng

墉，南夷国。从邑，庸声。余封切。

【译文】墉，南方少数民族的诸侯国。从邑，庸声。

郫 pí

郫，蜀县也。从邑，卑声。符支切。

【译文】郫，蜀郡的县名。从邑，卑声。

邡 fāng

邡，什邡，广汉县。从邑，方声。府良切。

【译文】邡，什邡，广汉郡的县名。从邑，方声。

鄢 mà

鄢，存鄢[①]，犍为县。从邑，馬声。莫驾切。

【译文】鄢，存鄢，犍为郡的县名。从邑，馬声。

【注释】①存鄢：在今四川省乐山地区。《汉书·地理志》“存”作“郁”。

鄨 bì

鄨，牂牁县。从邑，敝声。读若鷩雉之鷩。必袂切。

【译文】鄨，牂牁郡的县名。从邑，敝声。音读像鷩雉的“鷩”字。

鄱 pó

鄱，鄱阳，豫章县。从邑，番声。薄波切。

【译文】鄱，鄱阳，豫章郡的县名。从邑，番声。

那 nuó

那，西夷国。从邑，冄声。安定朝那县。诸何切。

【译文】那，西方少数民族的诸侯国。从邑，冄声。安定郡有朝那县。

郴 chēn

郴，桂阳县。从邑，林声。丑林切。

【译文】郴，桂阳郡的县名。从邑，林声。

郎 láng

郎，鲁亭也。从邑，良声。鲁当切。

【译文】郎，（春秋）鲁国的亭名。从邑，良声。

邳 pī

邳，奚仲之后，汤左相仲虺所封国。在鲁薛县。从邑，丕声。敷悲切。

【译文】邳，奚仲的后裔，商汤左相仲虺分封的诸侯国。在（汉代）鲁国的薛县。从邑，丕声。

鄣 zhāng

鄣，纪邑也。从邑，章声。诸良切。

【译文】鄣，（春秋）纪国的城邑名。从邑，章声。

郯 tán

郯[①]，东海县。帝少昊之后所封[②]。从邑，炎声。徒甘切。

【译文】郯，东海郡的县名。帝少昊的后裔的封地。从邑，炎声。

【注释】①郯：在今山东省临沂地区郯城北。②少昊：传说古部落首领名。名挚，字青阳，皇帝子，己姓。

邗 hán

邗，国也，今属临淮。从邑，干声。一曰：邗本属吴。胡安切。

【译文】邗，国名，当朝属临淮郡。从邑，干声。或说，邗地本属吴国。

邪 yé

邪，琅邪[①]。从邑，牙声。以遮切。

【译文】邪，琅邪郡。反邑，牙声。

【注释】①琅邪：也作“琅玡”“琅琊”。《段注》：“许从前汉之制，故曰郡。”前汉琅玡郡治东武，即今山东省诸城县治。

䢽部

䢽 xiàng

䢽[①]，邻道也。从邑，从𨛜[②]。凡䢽之属皆从䢽。阙。胡绛切。

【译文】䢽，巷道。由邑、由𨛜会意。大凡䢽的部属都从䢽。阙其音。

【注释】①䢽：《甲骨文编》：“䢽，象二人相向之形。”②从邑，从𨛜：王筠《句读》：“从二邑相向。”“两邻望衡对宇，中央阙然为道，故曰邻道。居南者北向，居北者南向，故反一邑以见意。”

𨞒 xiàng

𨞒，里中道[①]。从䢽，从共[②]。（皆）［言］在邑中所共也。胡绛切。

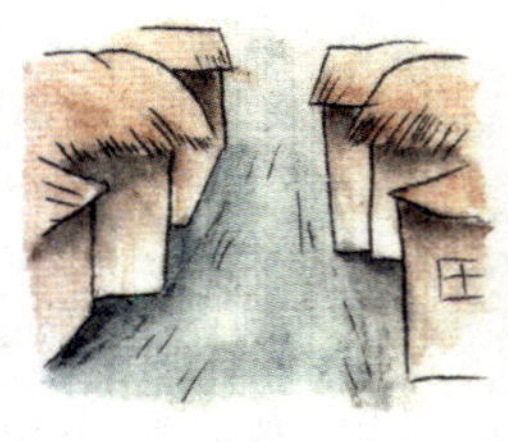

【译文】𨞒，街里中的道路。由䢽、由共会意。是说在城邑之中、人们共同经过的地方。

【注释】①里：《段注》：“言里可该邑也。”②从共：《段注》：“共亦声也。”共、巷上古同属东部。

《说文解字》研究概况

清代以前的《说文解字》研究

清代以前《说文解字》的研究者，首推三人：唐代李阳冰、南唐徐铉、徐锴兄弟。

徐铉

一生最大的学术功绩就是对《说文解字》进行了全面的整理、校订。

李阳冰

整理、刊定《说文解字》，同时也表达了个人的一些见解。

徐锴

为《说文解字》做了大量注解，在《说文解字》研究史上有承前启后之功。

清代《说文解字》研究四大家

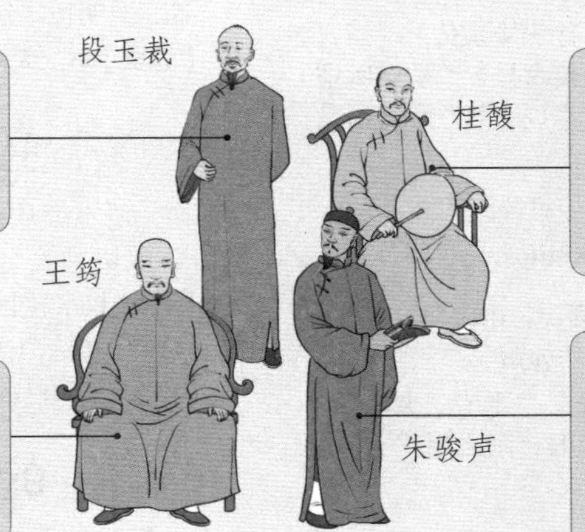

段玉裁：作《说文解字注》，重在用传世文献揭示汉语词的引申义。

桂馥：作《说文解字义证》，引征材料丰富，是研究《说文解字》重要著作之一。

王筠：作《说文释例》，分析详备，每例之下，列若干正例和若干变例。

朱骏声：作《说文通训定声》，对古籍中的通假现象搜集广泛，解释不乏精见。

近现代《说文解字》的研究

近代研究《说文解字》者首推丁保福。其《说文解字诂林》获得“检一字而顷刻即得，得一字而众说咸备，不仅集许学之大成，实亦治《说文解字》之捷径”的评价。

日部

日 rì

日，实也。太阳之精不亏。从囗一。象形。凡日之属皆从日。人质切。

【译文】日，（光明）盛实。太阳的精华不亏损。由囗、一会意。象形。大凡日的部属都从日。

旻 mín

旻，秋天也。从日，文声。《虞书》曰[①]："仁闵覆下，则称旻天。"武巾切。

【译文】旻，秋天。从日，文声。《虞书》的（解说）说："（上天）仁慈，怜悯覆佑天下，就称为旻天。"

【注释】①《虞书》曰：徐锴《系传》："当言'《虞书》说'也。"汪宪《系传考异》："是锴所谓虞书说者，欧阳说也。欧阳本说《书》而其语又见于《诗传》也。"

时 shí

时，四时也[①]。从日，寺声。市之切。

【译文】时，四时。从日，寺声。

【注释】① 四时：《段注》："本春、夏、秋、冬之称。引申之为凡岁、月、日、刻之用。"

早 zǎo

早，晨也。从日在甲上。子浩切。

【译文】早，早晨。由"日"在"甲"上会意。

昒 hū

昒，尚冥也[①]。从日，勿声。呼骨切。

【译文】昒，还在昏暗之际。从日，勿声。

【注释】① 尚冥：《段注》："冥者，窈也，幽也。自日入至于此，尚未出也。"即指天将明而未明之时。

昧 mèi

昧，爽，（旦）[且]明也[①]。从日，未声。一曰：闇也。莫佩切。

【译文】昧，昧爽，将明之际。从日，未声。另一义说：昧是昏暗。

【注释】① 旦：当依《段注》作"且"。

睹 dǔ

睹，旦明也。从日，者声。当古切。

【译文】睹，天亮。从日，者声。

晢 zhé

晢，昭晰，明也。从日，折声。《礼》曰："晰明行事。"旨热切。

【译文】晢，昭晰，明亮。从日，折声。《仪礼》说："天已大明才办加冠礼之事。"

昭 zhāo

昭，日明也。从日，召声。止遥切。

【译文】昭，太阳明亮。从日，召声。

晤 wù

晤，明也。从日，吾声。《诗》曰："晤辟有摽。"五故切。

【译文】晤，（因受启发而）明白。从日，吾声。《诗经》说："（审慎地想起这件事，）翻然醒悟，用手拍打胸口，以至于重重地拍击起来。"

的 dì

的，明也。从日，勺声。《易》曰："为的颡。"都历切。

【译文】的，明显。从日，勺声。《易经》说："（震）是白额。"

晋 jìn

晋，进也。日出万物进。从日，从臸。《易》曰："明出地上，晋。"即（刀）[刃]切[①]。

【译文】晋，长进。太阳出来，万物前进滋长。由日、由臸会意。《易经》说："明亮的太阳从地上出来，（万物）长进。"

【注释】① 刀：当依《续古逸丛书》影印之北宋本作“刃”字。

晄 晄 huàng

晄，明也。从日，光声。胡广切。

【译文】晄，明晃。从日，光声。

曠 曠 kuàng

曠，明也。从日，廣声。苦谤切。

【译文】曠，明朗。从日，廣声。

旭 旭 xù

旭，日旦出皃。从日，九声。[读]若勖①。一曰：明也。许玉切。

【译文】旭，太阳在天明时出来的样子。从日，九声。音读像“勖”字。另一义说：旭是阳光明亮。

【注释】① 若勖：“若”上当依《续古逸丛书》影印之北宋本增“读”字。

暘 暘 yáng

暘，日出也。从日，昜声。《虞书》曰：“旸谷。”与章切。

【译文】暘，太阳出来。从日，昜声。《虞书》说：“太阳出来的山谷。”

啓 啓 qǐ

啓，雨而昼姓也。从日，啟省声。康礼切。

【译文】啓，下雨而白天放晴。从日，啟省声。

晹 晹 yì

晹，日覆云，暂见也。从日，易声。羊益切。

【译文】晹，太阳被云彩覆盖着，迅速出没。从日，易声。

昫 昫 xù

昫，日出温也。从日，句声。北地有昫衍县。火于切。又，火句切。

【译文】昫，太阳出来的温暖。从日，句声。（秦朝）北地郡有昫衍县。

晛 晛 xiàn

晛，日见也。从日，从見，見亦声。《诗》曰：“见晛曰消。”胡甸切。

【译文】晛，太阳显现出来。由日、由見会意，見也表声。《诗经》说：“（下雪瀌瀌盛大，）见到太阳热气就消融了。”

晏 晏 yàn

晏，天清也。从日，安声。乌谏切。

【译文】晏，天空清朗。从日，安声。

景 景 jǐng

景，光也。从日，京声。居影切。

【译文】景，日光。从日，京声。

晧 晧 hào

晧，日出皃。从日，告声。胡老切。

【译文】晧，太阳出来的样子。从日，告声。

暤 暤 hào

暤，晧旰也。从日，皋声。胡老切。

【译文】暤，晧旰。从日，皋声。

旰 旰 gàn

旰，晚也。从日，干声。《春秋传》曰①：“日旰君劳。”古案切。

【译文】旰，天晚。从日，干声。《春秋左传》说：“天色晚了。国君勤劳了。”

【注释】①《春秋传》：指《左传·昭公十二年》。

暉 暉 huī

暉，光也。从日，軍声。许归切。

【译文】暉，日光。从日，軍声。

晷 guǐ

晷，日景也。从日，咎声。居洧切。

【译文】晷，日影。从日，咎声。

昃 zè

昃，日在西方时。侧也。从日，仄声。《易》曰："日厢之离。"阻力切。

【译文】昃，太阳在西方的时候。偏侧在一边了。从日，仄声。《易经》说："太阳偏西时的山神兽。"

晚 wǎn

晚，莫也。从日，免声。无远切。

【译文】晚，日暮。从日，免声。

昏 hūn

昏，日冥也。从日，氐省。氐者[1]，下也。一曰：民声。呼昆切。

【译文】昏，太阳落土的时候。由日、由氐省会意。氐是降下的意思。另一说，（昏）从民声。

【注释】① 氐：《段注》："氐部曰：'氐者至也。'其引申之义则为下。"

晻 ǎn

晻，不明也。从日，奄声。乌感切。

【译文】晻，不明亮。从日，奄声。

暗 àn

暗，日无光也。从日，音声。乌绀切。

【译文】暗，太阳没有光亮。从日，音声。

晦 huì

晦，月尽也。从日，每声。荒内切。

【译文】晦，月终的一天。从日，每声。

曀 yì

曀，阴而风也。从日，壹声。《诗》曰："终风且曀。"于计切。

【译文】曀，天阴而有风。从日，壹声。《诗经》说："既刮着风，而又阴沉着天。"

旱 hàn

旱，不雨也。从日，干声。乎旰切。

【译文】旱，（久晴）不雨。从日，干声。

昴 mǎo

昴，白虎宿星。从日，卯声。莫饱切。

【译文】昴，白虎七宿的中星。从日，卯声。

曩 nǎng

曩，向也。从日，襄声。奴朗切。

【译文】曩，从前，从日，襄声。

昨 zuó

昨，（垒）[絫]日也[1]。从日，乍声。在各切。

【译文】昨，重絫其日。从日，乍声。

【注释】① 垒：当依《段注》作"絫"。

暇 xià

暇，闲也。从日，叚声。胡嫁切。

【译文】暇，空闲。从日，叚声。

暫 zàn

暫，不久也。从日，斬声。藏滥切。

【译文】暫，短时间。从日，斬声。

昌 chāng

昌，美言也。从日，从曰。一曰：日光也。《诗》曰："东方昌矣。"尺良切。

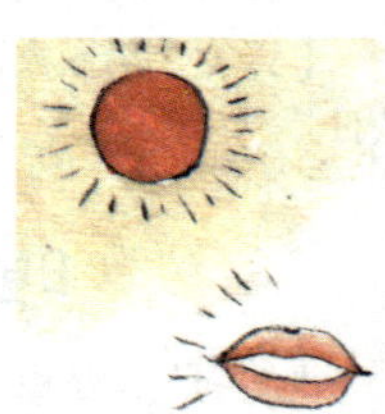

【译文】昌，美善的言辞。由日、由曰会意。另一义说，昌是太阳的光明。

《诗经》说："东方明亮了。"

昄 bǎn

昄，大也。从日，反声。补绾切。

【译文】昄，大。从日，反声。

昱 yù

昱，明日也。从日，立声。余六切。

【译文】昱，明天。从日，立声。

暑 shǔ

暑，热也[①]。从日，者声。舒吕切。

【译文】暑，炎热。从日，者声。

【注释】①热：《段注》："暑与热，浑言则一。故许以热训暑。析言则二……暑之义主谓湿，热之义主谓燥。"

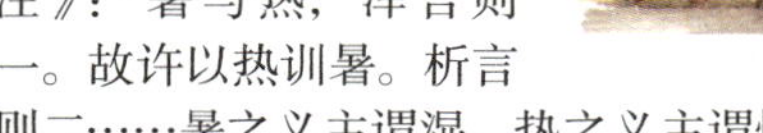

曬 shì

曬，晜也。从日，麗声。所智切。

【译文】曬，晒干。从日，麗声。

暵 hàn

暵，干也。耕暴田曰暵。从日，堇声。《易》曰："燥万物者莫暵于离。"呼旰切。

【译文】暵，干燥。翻耕后再曝晒田地叫暵。从日，堇声。《易经》说："使万物干燥的东西没有什么比火更易干枯。"

晞 xī

晞[①]，干也。从日，希声。香衣切。

【译文】晞，干燥。从日，希声。

【注释】①晞：本义是日出，天明。《诗经·齐风·东方未明》："东方未晞，颠倒衣裳。"毛亨传："晞，明之始升。"

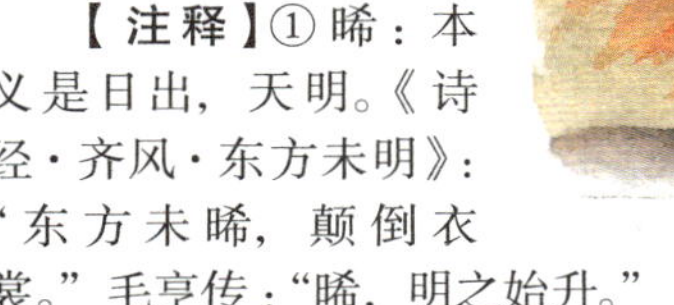

昔 xī

昔，干肉也。从残肉，日以晞之。与俎同意[①]。思积切。

【译文】昔，干肉。（㸚表示）残余、零星的肉，（日表示）用太阳来晒干它。与"俎"字从"仌"的构形同意。

【注释】①与俎句：《段注》："俎，从半肉（指仌），且（进献礼品的器具）荐（垫）之；昔，从残肉，日晞之。其作字之恉同也，故曰同意。"

暱 nì

暱，日近也。从日，匿声。《春秋传》曰："私降昵燕。"尼质切。

【译文】暱，一天天亲近。从日，匿声。《春秋左传》说："私下里减少与亲近者宴饮之乐。"

昆 kūn

昆，同也。从日，从比。古浑切。

【译文】昆，同。由日、由比会意。

晐 gāi

晐，兼晐也。从日，亥声。古哀切。

【译文】晐，（日光）全面覆照。从日，亥声。

普 pǔ

普，日无色也。从日，从並。滂古切。

【译文】普，太阳没有光色。由日、由並会意。

曉 xiǎo

曉，明也。从日，堯声。呼鸟切。

【译文】曉，光明，从日，堯声。

昕 xīn

昕，旦明，日将出也。从日，斤声。读若希。许斤切。

【译文】昕，天明，太阳将要出来了。从日，斤声。音读像“希”字。

旦部

旦 dàn

旦，明也。从日见一上①。一，地也。凡旦之属皆从旦。得案切。

【译文】旦，天明。由“日”出现在“一”之上。一，表示地。大凡旦的部属都从旦。

【注释】①从日句：徐灏《段注笺》：“日初出地平线也。”

暨 jì

暨，日颇见也。从旦，既声。其异切。

【译文】暨，旭日略微呈现（在地平线上）。从旦，既声。

倝部

倝 gàn

倝，日始出，光倝倝也。从旦，㫃声。凡倝之属皆从倝。古案切。

【译文】倝，太阳刚刚出来，光辉闪耀。从旦，㫃声。大凡倝的部属都从倝。

㫃部

㫃 yǎn

㫃，旌旗之游，㫃蹇之皃。从屮，曲而下；垂㫃，相出入也。读若偃。古人名㫃、字子游。凡㫃之属皆从㫃。于𢡱切。

【译文】㫃，旌旗的飘带，随风飘舞的样子。从屮，弯曲而下伸，（表示旗杆）；（右边）下垂的飘带，（像随风）一出一入。音读像“偃”字。古人名叫㫃，字就叫（子）游。大凡㫃的部属都从㫃。

旐 zhào

旐，龟蛇四游，以象营室①，（游游）[悠悠]而长②。从㫃，兆声。《周礼》曰：“县鄙建旐。”治小切。

【译文】旐，画有龟和蛇的旗帜有四根飘带，用来象征营室二星（和东壁二星），（旗帜和飘带）悠悠而长。从㫃，兆声。《周礼》说：“县和鄙一类行政单位竖立旐旗。”

【注释】①营室：星名，属玄武宿。②游游：当依徐锴《段注》作“悠悠”。

旗 qí

旗，熊旗（五）[六]游①，以象罚星。士卒以为期。从㫃，其声。《周礼》曰：“率都建旗。”渠之切。

【译文】旗，画有熊的旗帜有六根飘带，用来象征罚星。士卒把熊旗的竖立当作聚集的时间。从㫃，其声。《周礼》说：“将帅和都主竖立熊旗。”

【注释】①五：当依《𦒱工纪·考人》作“六”。

旆 pèi

旆，继旐之旗也，沛然而垂。从㫃，宋声。蒲盖切。

【译文】旆，接连镶在旐旗边幅上的旗饰，沛然而下垂。从㫃，宋（pò）声。

旌 jīng

旌，游车载旌，析羽注旄首，所以精进士卒。从㫃，生声。子盈切。

【译文】旌，木辂车上竖建着旌旗，剪下鸟羽附箸在饰有旄牛尾的旗杆上端，是用以激励士卒精锐前进的一种旗帜。从㫃，生声。

旂 qí

旂，旗有众铃，以令众也。从㫃，斤声。渠

希切。

【译文】旂，旗上有许多铃铛，用以命令士众。从㫃，斤声。

施 shī

施，旗皃。从㫃，也声。齐栾施字子旗，知施者旗也。式支切。

【译文】施，旗帜（飘动）的样子。从㫃，也声。齐国栾施字子旗，知道施就是旗。

游 yóu

游，旌旗之流也。从㫃，汓声。以周切。

【译文】游，旌旗的飘带。从㫃，汓声。

旋 xuán

旋，周旋，旌旗之指麾也。从㫃，从疋；疋，足也。似沿切。

【译文】旋，转动，随着旌旗的指挥。由㫃、由疋会意，疋是足的意思。

旄 máo

旄，幢也。从㫃，从毛，毛亦声。莫袍切。

【译文】旄，像幢翿一类的旗帜。由㫃、由毛会意，毛也表声。

旛 fān

旛，幅胡也。从㫃，番声。孚袁切。

【译文】旛，长幅下垂的旗帜。从㫃，番声。

族 zú

族，矢锋也。束之族族也。从㫃，从矢。昨木切。

【译文】族，箭头。一捆箭聚在一起。由㫃、由矢会意。

冥部

冥 míng

冥，幽也。从日，从六，冖声。日数十。十六日而月始亏幽也。凡冥之属皆从冥。莫经切。

【译文】冥，幽暗。由日、由六会意，冖表声。计算日期的规律以十天干为一轮。每月十六日，月亮开始亏损而幽暗。大凡冥的部属都从冥。

晶部

晶 jīng

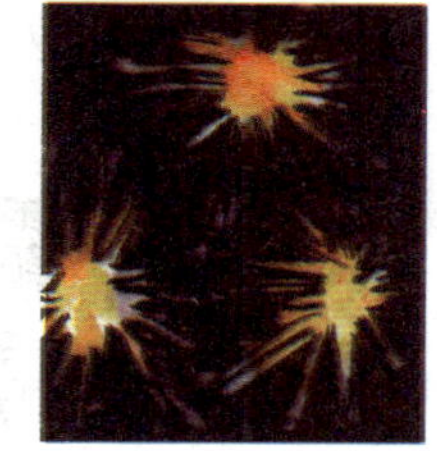

晶，精光也[①]。从三日。凡晶之属皆从晶。子盈切。

【译文】晶，精华的光亮。由三个“日”字会意。大凡晶的部属都从晶。

【注释】①精光：王筠《句读》：“物之精者必有光。”

曟 chén

曟，房星；为民田时者。从晶，辰声。所今切。

【译文】曟，房星，又是农民下田耕种之时。从晶，辰声。

月部

月 yuè

月，阙也[①]。大阴之精。象形。凡月之属皆从月。鱼厥切。

【译文】月，亏阙。太阴的精华。像（不满之）形。大凡月的部属都从月。

【注释】①阙：徐锴《系传通论》：“亏阙也。”《释名·释天》：‘月，阙也。满则阙也。”

朔 shuò

朔[①]，月一日始苏也。从月，屰声。所角切。

【译文】朔，月亮在初一开始复生。从月，屰声。

【注释】①朔：《释名·释天》：“朔，月初之名也。朔，苏也。月死复苏生也。”按：朔，月相名。这是指：夏历每月初一，月亮运行到太阳和地球之间，跟太阳同时出没，地球上看不到月光。

朏 pěi

朏[①]，月未盛之明。从月出。《周书》曰：“丙午朏。”普乃切。又，芳尾切。

【译文】朏，月光未盛之明。由月、出会意。《周书》说：“丙午那天月光初现光明。”

【注释】①朏：徐灏《段注笺》：“月朔（初一）初生明，至初三乃可见。故三日曰朏。从月、出会意，出亦声。”

霸 pò

霸，月始生，霸然也。承大月，二日；承小月，三日。从月，䨣声。《周书》曰：“哉生霸。”普伯切。

【译文】霸，月亮开始呈现，旁有微光似的。上承大月，初二（生霸）；上承小月，初三（生霸）。从月，䨣声。《周书》说：“开始出现月光。”

朗 lǎng

朗，明也。从月，良声。卢党切。

【译文】朗，明亮。从月，良声。

朓 tiǎo

朓，晦而月见西方谓之朓[①]。从月，兆声。土了切。

【译文】朓，夏历月底，月亮在西方出现，叫作朓。从月，兆声。

【注释】①晦而句：孔广居《疑疑》：“晦、朔之交，乃月与日会之时。未至此时，月在日前；既过此时，月在日后。故晦或有日将出而东方见月之时，朔或有日初入而西方见月之时。晦而月现西方谓之朓者，未朔而先见朔之象也。故曰跳也。”

肭 nù

肭，朔而月见东方谓之缩肭。从月，内声。女六切。

【译文】肭，夏历月初，月亮出现在东方，叫作缩肭。从月，内声。

期 qī

期，会也。从月，其声。渠之切。

【译文】期，约会。从月，其声。

有部

有 yǒu

有，不宜有也。《春秋传》曰[①]：“日月有食之。”从月，又声。凡有之属皆从有。云九切。

【译文】有，不应当有。《春秋左传》说：“日月有日蚀、月蚀现象。”从月，又声。大凡有的部属都从有。

【注释】①《春秋传》：指《春秋经·隐公三年》。今本无“月”字。《段注》：“此引经释‘不宜有’之恉。”按：古以日蚀、月蚀为不祥之兆，故曰“不宜有”。

龓 lóng

龓，兼有也。从有，龍声。读若聋。卢红切。

【译文】龓，笼统。从有，龍声。音读像“聋”字。

明部

朙 míng

朙[①]，照也。从月，从囧。凡朙之属皆从朙。武兵切。

【译文】朙，照耀。由月、由囧会意。大凡朙的部属都从朙。

【注释】①朙：今字体作“明”。明亮。

𦜉 huāng

𦜉，翌也[①]。从明，亡声。呼光切。

【译文】𦜉，明日。从明，亡声。

【注释】① 翌：《段注》："当作昱。昱，明也。"

囧部

囧 jiǒng

囧，窻牖丽廔闿明。象形。凡囧之属皆从囧。读若犷。贾侍中说，读与明同。俱永切。

【译文】囧，窗牖格格交错而敞亮。象形。大凡囧的部属都从囧。音读像"犷"字。贾侍中说，音读与"明"同。

夕部

夕 xī

夕，莫也。从月半见。凡夕之属皆从夕。祥易切。

【译文】夕，傍晚。由月字现出一半来表意。大凡夕的部属都从夕。

夜 yè

夜，舍也。天下休舍也。从夕，亦省声。羊谢切。

【译文】夜，止息。是天下休息之时。从夕，亦省声。

夗 yuàn

夗，转卧也。从夕，从卪。卧有卪也。于阮切。

【译文】夗，转身侧卧。由夕、由卪会意。侧卧就曲膝。

夢 mèng

夢，不明也。从夕，瞢省声。莫忠切。又，亡贡切。

【译文】夢，不明。从夕，瞢省声。

夤 yín

夤，敬惕也。从夕，寅声。《易》曰："夕惕若（夤）[厉][①]。"翼真切。

【译文】夤，庄敬。从夕，寅声。《易经》说："（君子终日振作，）晚上警惕着，遇着危险（也没有祸害）。"

【注释】① 夤：徐灏《段注笺》："'夕惕若夤'之夤当作厉。"

外 wài

外，远也。卜尚平旦，今夕卜，于事外矣[①]。五会切。

【译文】外，疏远。占卜崇尚平明日出之时，今在夜晚占卜，就卜筮之事而言是例外了。

【注释】① 于事句：《段注》："此说从夕卜之意。"

多部

多 duō

多，重也。从重夕。夕者，相绎也[①]，故为多。重夕为多，重日为曡。凡多之属皆从多。得何切。

【译文】多，重复。由重叠的夕字构成。夕的意思，是相抽引而无穷尽，所以叫多。重叠夕字叫多，重叠日字叫曡（叠）。大凡多的部属都从多。

【注释】① 相绎：段注："相绎者，相引于无穷也。抽丝曰绎。"张舜徽《约注》引宋育人说："夕而又朝，朝而又夕，相引无穷。"

毌部

毌 guān

毌，穿物持之也。从一横贯，象宝货之形。凡毌之属皆从毌。读若冠。古丸切。

【译文】毌，贯穿物体、持握着它。由"一"横着贯穿，（毌）像钱贝之形。大凡毌的部属者从毌。音读像“冠”字。

貫 guàn

貫，钱贝之贯。从毌貝。古玩切。

【译文】貫，（贯穿）钱贝的绳索。由毌、貝会意。

虜 lǔ

虜，获也。从毌，从力，虍声。郎古切。

【译文】虜，俘获。由毌、由力会意，虍声。

马部

甬 yǒng

甬[①]，艹木华甬甬然。从马，用声。余陇切。

【译文】甬，草木之花含苞欲放的样子。从马，用声。

【注释】① 甬：王筠《句读》引《广雅》：“甬，草木花欲发皃。”。

東部

東 hàn

東，木垂华实。从木、马，马亦声。凡東之属皆从東。胡感切。

【译文】東，树木悬挂花和果实。由木、马会意，马也表声。大凡東的部属都从東。

卤部

卤 tiáo

卤，艹木实垂卤卤然。象形。凡卤之属皆从卤。读若调。徒辽切。

【译文】卤，草木之实，下垂卤卤的样子。象果实下垂之形。大凡卤的部属都从卤。音读像“调”字。

齊部

齊 qí

齊[①]，禾麦吐穗上平也。象形。凡齐之属皆从齐。徂兮切。

【译文】齊，禾麦吐穗，其上平整。象形。大凡齐的部属都从齐。

【注释】① 齊：《段注》：“从二者，象地有高下也。禾麦随地之高下为高下，似不齐而实齐。参差其上者，盖明其不齐而齐也。”

朿部

朿 cì

朿[①]，木芒也[②]。象形。凡朿之属皆从朿。读若刺。七赐切。

【译文】朿，树木的刺。象形。大凡朿的部属都从朿。音读像“刺”字。

【注释】① 朿：今作刺。② 芒：《段注》：“艹耑（草端）也。”

棗 zǎo

棗，羊枣也[①]。从重朿[②]。子皓切。

【译文】棗，羊矢枣。由重叠两个朿字会意。

【注释】① 羊枣：《尔雅·释木》郭璞注：“实小而员，紫黑色，今俗呼之为羊矢枣。” ② 重朿：王筠《句读》：“枣高，故重之。”

棘 jí

棘[①]，小枣丛生者。从并朿。己力切。

【译文】棘，丛生的低小的酸枣树。由两个朿字并列会意。

【注释】① 棘：《急就篇》：“棘，酸枣之树也。”

片部

片 piàn

片，判木也[①]。从半木[②]。凡片之属皆从片。匹见切。

【译文】片，已分剖的木。由小篆木字的右半构成。大凡片的部属都从片。

【注释】①判木：《段注》："谓一分为二之木。"②半木：徐锴《系传》："木字之半也。"

版 bǎn

版[①]，判也。从片，反声。布绾切。

【译文】版，分剖（的木板）。从片，反声。

【注释】①版：《段注》："凡施于宫室器用者皆曰版，今字作板。"

㼏 pì

㼏，判也[①]。从片，畐声。芳逼切。

【译文】㼏，分剖（的木板）。从片，畐声。

【注释】①判：王筠《句读》："与版同训，即与版同物。""吾乡于版之薄削者，谓之㼏片。"

牘 dú

牘，书版也。从片，賣声。徒谷切。

【译文】牘，写字的木板。从片，賣声。

牒 dié

牒，札也。从片，枼声。徒叶切。

【译文】牒，书写用的木片。从片，枼声。

牑 biān

牑，床版也。从片，扁声。读若边。方田切。

【译文】牑，床板。从片，扁声。音读像"边"字。

牏 tóu

牏，筑墙短版也。从片，俞声。读若俞。一曰若纽。度侯切。

【译文】牏，筑墙（用于两端的）短木板。从片，俞声。音读像"俞"字。一说像"纽"字。

牖 yǒu

牖，穿壁以木为交窻也。从片、户、甫。谭长以为甫上日也，非户也。牖，所以见日。与久切。

【译文】牖，凿穿墙壁，用木板做成横直相交的窗棂。由片、户、甫会意。谭长认为："甫"字之上是"日"字，不是"户"字，窗牖是用来照见阳光的地方。

鼎部

鼎 dǐng

鼎，三足两耳，和五味之宝器也。昔禹收九牧之金，铸鼎荆山之下，入山林川泽，螭魅蝄蜽，莫能逢之，以协承天休。《易》卦：巽木于[火]下者为鼎[①]，象析木以炊也。籀文以鼎为贞字。凡鼎之属皆从鼎。都挺切。

【译文】鼎，三只御，两只耳朵，是调和各种味料的珍贵的器物。过去夏禹收集九州长贡献的金属，在荆山底下铸鼎。进入山林、江河、湖泽，螭魅蝄蜽，没有什么山怪能遇见他，他凭借铸鼎十分和谐地接受苍天的恩赐。《易经》的卦象，用"木"进入火下，是鼎卦。像剖开木头用以烧火煮饭。籀文假借鼎作贞字。大凡鼎的部属都从鼎。

【注释】①鼎：《彖传》说："《鼎》象也以木巽（入）火，亨（烹）饪（煮熟）也。"王筠《句读》："巽者，入也。""巽木于火下，犹云：入木于火下。"据此补"火"字。

鼐 nài

鼐，鼎之绝大者。从鼎，乃声。《鲁诗》说："鼐，小鼎。"奴代切。

【译文】鼐，鼎中最大的。从鼎，乃声。《鲁诗》说："鼐，小鼎。"

克部

克 kè

克，肩也；象屋下刻木之形。凡克之属皆从克。苦得切。

【译文】克，肩任，（又，）像屋下刻割木头的样子。大凡克的部属都从克。

彔部

彔 lù

彔，刻木彔彔也。象形。凡彔之属皆从彔。卢谷切。

【译文】彔，刻镂木头历历可数。象形。大凡彔的部属都从彔。

禾部

禾 hé

禾，嘉谷也。二月始生，八月而孰，得时之中，故谓之禾。禾，木也[①]。木王而生，金王而死。从木，从𠂹省。𠂹象其穗。凡禾之属皆从禾。户戈切。

【译文】禾，美好的谷子。二月开始发芽生长，到八月成熟，得四时中和之气，所以叫它禾。禾是木属。春天木旺就生长，秋天金旺就死去。由木、由𠂹省构成。下垂的像它的谷穗。大凡禾的部属都从禾。

【注释】① 禾，木也：《淮南子·地形篇》："木胜土，土胜水，水胜火，火胜金，金胜木，故禾春生秋死。"高诱注："禾者木，春木王而生，秋金王而死。"按：此以五行生、克之理释禾的荣枯。五行中木代表春，金代表秋。禾是春天发芽生长，所以说"木也"。此"木"本非树木，而是五行之"木"。但从字的构形而言，又"为从木张本"（王筠《句读》）。

秀 xiù

秀[①]，上讳[②]。息救切。

【译文】秀，已故汉光武帝之名。

【注释】① 秀：徐锴《系传》："禾实也。有实之象，下垂也。" ② 讳：封建社会称死去了的帝王或尊长的名。

稼 jià

稼，禾之秀实为稼，茎节为禾。从禾，家声。一曰：稼，家事也。一曰：在野曰稼。古讶切。

【译文】稼，禾的穗实叫稼，秸秆叫禾。从禾，家声。另一义说：（种植五谷）叫稼，就像嫁女之事。另一义说：在田野中（的作物）叫稼。

穡 sè

穡，谷可收曰穡。从禾，嗇声[①]。所力切。

【译文】穡，五谷（成熟）可以收敛叫穡。从禾，嗇声。

【注释】① 嗇声：徐锴《系传》："嗇，收也。""当言嗇亦声。"

稙 zhí

稙，早穜也。从禾，直声。《诗》曰："稙稚尗麦。"常职切。

【译文】稙，早种。从禾，直声。《诗经》说："先种的稙，后种的稚，以及菽豆和麦粦。"

種 chóng

種，先穜后孰也。从禾，重声。直容切。

【译文】種，早种晚熟（的谷物）。从禾，重声。

稑 lù

稑，疾孰也。从禾，坴声。《诗》曰："黍稷种稑。"力竹切。

【译文】稑，迅速成熟（的谷物）。从禾，坴声。《诗经》说："黍米、稷米、早种晚熟的谷物和晚种早熟的谷物。"

稺 zhì

稺，幼禾也。从禾，屖声。直利切。

【译文】稺，幼小的禾。从禾，屖声。

稹 zhěn

稹，穜概也。从禾，真声。《周礼》曰："稹理而坚。"之忍切。

【译文】稹，种植稠密。从禾，真声。《周礼》说："稠密的文理，坚固（的木质）。"

稠 chóu

稠，多也。从禾，周声。直由切。

【译文】稠，多密。从禾，周声。

穊 jì

穊，稠也。从禾，既声。几利切。

【译文】穊，稠密。从禾，既声。

稀 xī

稀，疏也。从禾，希声。香依切。

【译文】稀，稀疏。从禾，希声。

穆 mù

穆[①]，禾也。从禾，㣎声。莫卜切。

【译文】穆，禾名。从禾，㣎声。

【注释】① 穆：一种禾的名字。《段注》："盖禾有名穆者也。"

私 sī

私[①]，禾也。从禾，厶声。北道名禾主人曰私主人。息夷切。

【译文】私，禾名。从禾，厶声。北方叫禾主人作私主人。

【注释】① 私：今借为公厶（私）字。

稷 jì

稷，齋也。五谷之长。从禾，畟声。子力切。

【译文】稷，粟米。五谷的首领。从禾，畟声。

秫 shú

秫，稷之黏者。从禾；朮，象形。食聿切。

【译文】秫，有黏性的粟米。从禾；朮，象形。

穄 jì

穄，䵚也。从禾，祭声。子例切。

【译文】穄，似黍而不黏的谷物。从禾，祭声。

稻 dào

稻，稌也。从禾，舀声。徒皓切。

【译文】稻，稻谷的通称。从禾，舀声。

穬 gǒng

穬，芒粟也[①]。从禾，廣声。古猛切。

【译文】穬，有芒刺的谷物。从禾，廣声。

【注释】① 芒粟：指稻麦。《段注》："稻麦得評粟者，从嘉谷之名也。"

秜 lí

秜[①]，稻今年落，来年自生，谓之秜。从禾，尼声。里之切。

【译文】秜，稻谷今年落地，至来年自生，叫作秜。从禾，尼声。

【注释】① 秜：《段注》："谓不种而自生者也。"

稗 bài

稗，禾别也。从禾，卑声。琅邪有稗县。旁卦切。

【译文】稗，似禾而别于禾。从禾，卑声。琅邪郡有稗县。

移 yí

移，禾相倚移也[①]。从禾，多声。一曰：禾名。弋支切。

【译文】移，禾（从风）而相阿那。从禾，多声。另一义说：是禾名。

【注释】① 倚移：朱骏声《通训定声》："倚移，叠韵连语。犹旖旎、

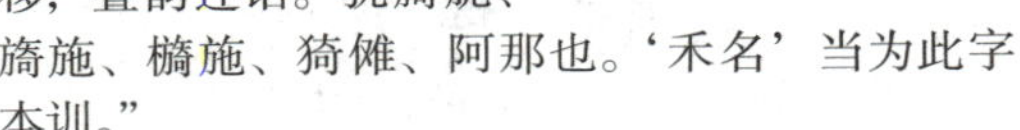

旖施、檹施、猗傩、阿那也。'禾名'当为此字本训。"

穎 yǐng

穎，禾末也。从禾，頃声。《诗》曰："禾颖穟穟。"余顷切。

【译文】穎，禾穗的末端。从禾，頃声。《诗经》说："禾穗美好。"

秒 miǎo

秒[①]，禾芒也。从禾，少声。亡沼切。

【译文】秒，禾谷的芒刺。从禾，少声。

【注释】① 秒：谷子芒儿。《汉书·叙传》："产气黄钟，造计秒忽。"颜师古注引刘德曰："秒，禾芒也。"

穖 jǐ

穖，禾穖也。从禾，幾声。居狶切。

【译文】穖，禾穗籽实如成串珠玑。从禾，幾声。

秠 pī

秠，一稃二米。从禾，丕声。《诗》曰："诞降嘉谷，惟秬惟秠。"天赐后稷之嘉谷也。敷悲切。

【译文】秠，一只谷壳两粒米（的黑黍）。从禾，丕声。《诗经》说："降下那美好的谷物。有一般的黑黍，有一只谷壳两粒米的黑黍。"是苍天赐给后稷的美好的谷物。

秨 zuó

秨，禾摇皃。从禾，乍声。读若昨。在各切。

【译文】秨，禾苗摇摆的样子。从禾，乍声。音读像"昨"字。

穮 biāo

穮，耕禾间也。从禾，麃声。《春秋传》曰："是穮是衮。"甫娇切。

【译文】穮，在禾苗间耘草。从禾，麃声。《春秋左传》说："在田间除草，培土扶苗根。"

案 àn

案，轹禾也。从禾，安声。乌旰切。

【译文】案，碾轧禾穗取谷。从禾，安声。

秄 zǐ

秄，壅禾本。从禾，子声。即里切。

【译文】秄，给禾麦的根部培土。从禾，子声。

穧 jì

穧，获刈也。一曰：撮也。从禾，齊声。在诣切。

【译文】穧，收割。另一义说，是撮聚。从禾，齊声。

穫 huò

穫，刈谷也。从禾，蒦声。胡郭切。

【译文】穫，收割谷物。从禾，蒦声。

𥣬 穧 zī

穧，积禾也[①]。从禾，齊声。《诗》曰：“穧之秩秩。”即夷切。

【译文】穧，堆积（已割）的禾。从禾，齊声。《诗经》说：“堆积已割的禾，是那样的众多。”

【注释】①积禾：徐锴《系传》：“堆积已刈之禾也。”

積 積 jī

積，聚也。从禾，責声。则历切。

【译文】積，积聚（谷物）。从禾，責声。

秩 秩 zhì

秩，积也。从禾，失声。《诗》曰：“穧之秩秩。”直质切。

【译文】秩，聚积。从禾，失声。《诗经》说：“堆积已割的禾，是那样的众多。”

稛 稛 kǔn

稛，豢束也。从禾，囷声。苦本切。

【译文】稛，用绳捆束。从禾，囷声。

穅 穅 kāng

穅，谷皮也。从禾，从米，庚声。苦冈切。

【译文】穅，谷物的皮壳。由禾、由米会意，庚声。

䅵 䅵 zhuó

䅵，禾皮也。从禾，羔声。之若切。

【译文】䅵，禾秆的皮。从禾，羔声。

秸 秸 jiá

秸[①]，禾稿去其皮，祭天以为席。从禾，皆声。古黠切。

【译文】秸，禾秆除去它的皮，祭天时用它作为垫席。从禾，皆声。

【注释】①秸：《段注》：“谓禾茎既刈之，上去其穗，外去其皮，存其净茎，是曰秸。”从前吾湘农民打草鞋、织蒲丁，退去稻草衣毛，使之成为净秆，再来编织。

稈 稈 gǎn

稈，禾茎也。从禾，旱声。《春秋传》曰[①]：“或投一秉稈。”古旱切。

【译文】稈，禾茎。从禾，旱声。《春秋左传》说：“有人扔下一把禾秆。”

【注释】①《春秋传》：指《左传·昭公二十七年》。今作：“或取一编菅焉，或取一秉（把）秆焉，国人投之。”

稾 稾 gǎo

稾[①]，秆也。从禾，高声。古老切。

【译文】稾，禾秆，从禾，高声。

【注释】①稾：谷类植物的茎秆。《汉书·贡禹传》：“已奉谷租，又出稾税。”引申义为诗文的草稿。《汉书·孔光传》：“时有所言，辄削草稾。”

秕 秕 bǐ

秕，不成粟也。从禾，比声。卑履切。

【译文】秕，不成粟米（的瘪谷）。从禾，比声。

稍 稍 juān

稍，麦茎也。从禾，肙声。古玄切。

【译文】稍，麦茎。从禾，肙声。

䅖 䅖 liè

䅖，黍穰也[①]。从禾，列声。良薛切。

【译文】䅖，黍秆。从禾，列声。

【注释】①穰：已脱粒的黍秆。

穰 穰 ráng

穰，黍䅖已治者[①]。从禾，襄声。汝羊切。

【译文】穰，已脱粒的黍秆。从禾，襄声。

【注释】① 已治：《段注》："已治谓已治去其箬（竹皮）皮也。谓之穰者，茎在皮中如瓜瓤在瓜皮中也。"

秧 秧 yāng

秧，禾（若）[苗]秧穰也[①]。从禾，央声。于良切。

【译文】秧，禾苗叶多的样子。从禾，央声。

【注释】① 若：当依《玉篇》作"苗"。

穀 穀 gǔ

穀，续也。百谷之总名。从禾，㱿声。古禄切。

【译文】穀，继续。百谷总名。从禾，㱿声。

稔 稔 rěn

稔，谷孰也。从禾，念声。《春秋传》曰："鲜不五稔。"而甚切。

【译文】稔，百谷成熟。从禾，念声。《春秋左传》说："少不止五年。"

租 租 zū

租，田赋也。从禾，且声。则吾切。

【译文】租，按田亩收敛谷税。从禾，且声。

税 税 shuì

税，租也。从禾，兑声。输芮切。

【译文】税，按田亩收敛谷物。从禾，兑声。

秋 秋 qiū

秋，禾谷孰也[①]。从禾，𪚼省声。七由切。

【译文】秋，百谷成熟。从禾，𪚼（jiāo）省声。

【注释】① 禾谷：《段注》："言禾复言谷者，晐百谷也。"

穌 穌 sū

穌，（把）[杷]取禾若也[①]。从禾，魚声。素孤切。

【译文】穌，杷取禾秆之皮。从禾。魚声。

【注释】① 把：当依徐锴《段注》作"杷"。

稍 稍 shào

稍，出物有渐也。从禾，肖声。所教切。

【译文】稍，谷物长出而渐进。从禾，肖声。

秦 秦 qín

秦[①]，伯益之后所封国。地宜禾。从禾、舂省。一曰：秦，禾名。匠邻切。

【译文】秦，伯益的后裔被封的国名。此地适宜禾谷的生长。由禾、舂字省去臼会意。另一义说，秦，禾名。

【注释】① 秦：《段注》引《诗谱》："秦者，陇西谷名。"

稱 稱 chēng

稱，铨也。从禾，爯声。春分而禾生。日夏至，晷景可度。禾有秒，秋分而秒定。律数：十二秒而当一分，十分而寸。其以为重：十二粟为一分，十二分为一铢。故诸程品皆从禾。处陵切。

【译文】稱，测量物体的轻重。从禾，爯声。春分之日，禾苗生长。日子到了夏至，日影可以测量。禾有芒刺，秋分之日芒刺定了形。乐律之数（以十二为准），所以十二根芒刺（并排起来）当一分长，十分而成一寸。用它来衡量重量，十二颗粟为一分重，十二分为一铢重。所以下文各量度单位的字都用禾作形符。

程 程 chéng

程，品也[①]。十发为程，十程为分，十分为寸。从禾，呈声。直贞切。

【译文】程，程品。十根毛发并排起来叫一

程，十程叫一分，十分叫一寸。从禾，呈声。

【注释】① 品：《段注》："品者，众庶也。因众庶而立之法，则斯谓之程品。" 程品：为众多事物确立的程度等级。

𥝩 科 kē

科，程也。从禾，从斗。斗者，量也。苦禾切。

【译文】科，程品等级。由禾、由斗会意。斗，是量器。

秝部

秝 秝 lì

秝，稀疏适也。从二禾。凡秝之属皆从秝。读若历。郎击切。

【译文】秝，稀疏适宜。由两个禾字会意。大凡秝的部属都从秝。音读像"历"字。

兼 兼 jiān

兼，并也。从又持秝。兼持二禾，秉持一禾。古甜切。

【译文】兼，同时涉及(两件或两件以上的事物)。由(手)持握着秝(二禾)会意。兼是(同时)持握两把禾。秉是持握一把禾。

黍部

黍 黍 shǔ

黍，禾属[1]而黏者也。以大暑而(穜)[孰][2]，故谓之黍。从禾，雨省声。孔子曰[3]："黍可为酒，禾入水也。" 凡黍之属皆从黍。舒吕切。

【译文】黍，禾一类而性黏的谷物。因在大暑时成熟，所以叫作黍。从禾，雨省声。孔子说："黍子可以酿酒，(所以'黍'字)由禾、入、水三字会意。" 大凡黍的部属都从黍。

【注释】① 禾属：张舜徽《约注》引米育仁说："禾者，黍稻之大名。析言则禾属之不黏者谓之稻，禾属黏者谓之黍。" ② 穜：王筠《句读》："穜当作孰。""大暑乃六月之气，即晚孰者已登场矣。" 按：黍、暑上古声韵同。③ 孔子《段注》："此说字形这异说也。凡云'孔子曰'者，通人所传。""今隶书则从'禾、入、水'。"

黏 黏 nián

黏，相箸也。从黍，占声。女廉切。

【译文】黏，糊物使相胶着。从黍，占声。

黏 黏 hú

黏[1]，黏也。从黍，古声。户吴切。

【译文】黏，黏糊。从黍，古声。

【注释】① 黏：《段注》："俗作糊。"

䴢 䴢 méi

䴢，穄也。从黍，麻声。靡为切。

【译文】䴢，黍类而性不黏的谷物。从黍，麻声。

香部

香 香 xiāng

香，芳也。从黍，从甘。《春秋传》曰[1]："黍稷馨香。" 凡香之属皆从香。许良切。

【译文】香，芬芳。由黍、由甘会意。《春秋左传》说："黍、稷气味芬芳。" 大凡香的部属都从香。

【注释】①《春秋传》：指《左传·僖公十五年》。

馨 馨 xīng

馨，香之远闻者。从香，殸声。呼形切。

【译文】馨，香气远闻。从香，殸声。

米部

米 mǐ

米[①]，粟实也。象禾实之形。凡米之属皆从米。莫礼切。

【译文】米粟的籽实。像禾籽实的形状。大凡米的部属都从米。

【注释】① 罗振玉《增订殷虚书契考释》：“象米粒琐碎纵横之状。”

粱 liáng

粱[①]，米名也。从米，粱省声。吕张切。

【译文】粱，粟米名。从米，粱省声。

【注释】① 粱：即粟。

粲 càn

粲，稻重一秏，为粟二十斗[①]，为米十斗，曰毇[②]；为米六斗太半斗，曰粲。从米，𣦼声。仓案切。

【译文】粲，稻子重量一担，合粟二十斗，舂成米十斗，叫作糙米；舂成米六斗又大半斗，叫作粲米。从米，𣦼声。

【注释】① 为：折合。秏言重量，斗言容量。② 毇：徐灏《段注笺》：“乃糲之误。”糲米：今俗称糙米。

精 jīng

精[①]，择也。从米，青声。子盈切。

【译文】精，拣择米粒。从米，青声。

【注释】① 精：司马彪《庄子》注说：“简（拣）米曰精。”

粺 bài

粺，毇也。从米，卑声。旁卦切。

【译文】粺，半熟米。从米，卑声。

粗 cū

粗，疏也。从米，且声。徂古切。

【译文】粗，糙米。从米，且声。

粒 lì

粒，糂也[①]。从米，立声。力入切。

【译文】粒，米粒。从米，立声。

【注释】① 糂：《段注》：“此当作米粒也。米粒是常语。”

糜 mí

糜[①]，糁也。从米，麻声。靡为切。

【译文】糜，稠粥。从米，麻声。

【注释】① 糜：《释名·释饮食》：“糜，煮火使烂也。”《尔雅·释言》注：“粥之稠者曰糜。”

糟 zāo

糟，酒滓也[①]。从米，曹声。作曹切。

【译文】糟，带滓的酒。从米，曹声。

【注释】① 酒滓：朱骏声《通训定声》：“古以带滓之酒为糟，今谓漉酒所弃之粕为糟。”

糗 qiǔ

糗，熬米麦也[①]。从米，臭声[②]。去九切。

【译文】糗，炒熟的米麦。从米，臭声。

【注释】① 熬米麦：徐锴《系传》：“煼干米麦也。”② 臭声：声中有义。桂馥《义证》：“米麦火干之乃有香气，故谓之糗。”

糈 xǔ

糈，粮也。从米，胥声。私吕切。

【译文】糈，粮食。从米，胥声。

糧 liáng

糧，谷也。从米，量声。吕张切。

【译文】糧，谷物。从米，量声。

粹 suì

粹，不杂也[①]。从米，卒声。虽遂切。

【译文】粹，无杂质（的米）。从米，卒声。

【注释】①不杂：《段注》："粹本是精米之偁。引申为凡纯美之称。"

氣 xì

氣，馈客刍米也。从米，气声。《春秋传》曰："齐人来气诸侯。"许既切。

【译文】氣，赠送客人饲料和粮食。从米，气声。《春秋左传》说："齐国人来赠给各诸侯国军队以饲料和粮食。"

粉 fěn

粉[①]，傅面者也。从米，分声[②]。方吻切。

【译文】粉，傅布在脸上的粉末。从米，分声。

【注释】①粉：徐锴《系传》："古傅面亦用米粉。"②分声：声中有义。《释名·释首饰》："粉，分也，研米使分散也。"

毇部

毇 huǐ

毇，米一斛舂为（八）[九]斗也[②]。从臼，从殳。凡毇之属皆从毇。许委切。

【译文】毇，糙米一斛舂成九斗。由臼（jiù）、由殳会意。大凡毇的部属都从毇。

臼部

臼 jiù

臼，舂也[①]。古者掘地为臼，其后穿木石。象形。中，米也。凡臼之属皆从臼。其九切。

【译文】臼，舂米的臼。古时候在地上掘坎成臼，后来挖穿木头或石头（作臼）。凵像臼形，中间的⺀是米。大凡臼的部属都从臼。

【注释】①舂：饶炯《部首订》："盖以事诂物。因器为人所共解，不必通之以名，但言用而亦识之故也。"

舂 chōng

舂，捣粟也。从収持杵临臼上。午[①]，杵省也。古者雝父初作舂[②]。书容切。

【译文】舂，舂捣粟米一类谷物。由"収"（双手）持握着"午"在"臼"上会意。午是杵的省略。古时候雝父开始制作舂。

【注释】①午：徐灏《段注笺》："即古杵字。"②雝父：王筠《句读》引《郡国志》："许州雍城，即皇帝臣雍父始作杵臼处。"

舀 yǎo

舀，抒臼也[①]。从爪臼。《诗》曰[②]："或簸或舀。"以沼切。

【译文】舀，从臼里舀出来。由爪、臼会意。《诗经》说："时而簸去糠皮，时而把米从臼里舀出来。"

【注释】①抒臼：《段注》："抒，挹也。既舂之，乃于臼中挹出之。今人凡酌彼注此皆曰舀，其引申之语也。"②《诗》：指《诗经·大雅·生民》。原文："或舂或揄，或簸或蹂（脚踏）。"《段注》："毛传云：'揄，抒臼也。'然则揄者，舀之假借字也。"

臽 xiàn

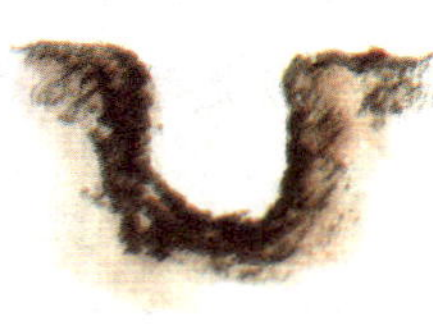

臽，小阱也[①]。从人在臼上[②]。户猎切。

【译文】臽，小陷阱。由"人"在"臼"上会意。

【注释】①阱：《段注》："阱者陷也。臽谓阱之小者。"②从人臼：《段注》："古者掘地为臼，从人臼会意。臼犹坑也。"徐锴《系传》："舂地坎可臽人。""若今人作坑以臽虎也。"

如何学习《说文解字》

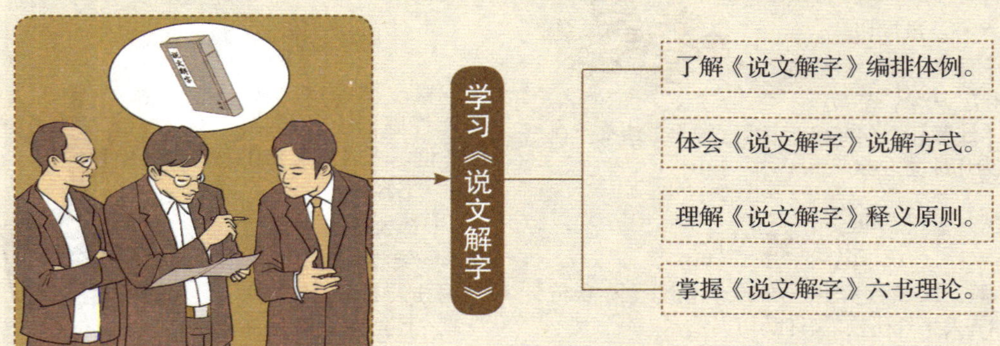

《说文解字》说解

找出**主训词**。

主训词大都处于说解中的关键位置，从音、义两方面和被释词比较，不难找到。

主训词都有实义，找出了主训词，才算懂得了说解的精髓。

娶

娶，取妇也。取是主训词。

潮

潮，水朝宗于海。朝是主训词。

婢

婢，女之卑者也。卑是主训词。

主训词自然贴切地指明了被释词的**语源**。

现在的语言一部分是从古语言演变而来，一部分是由几种古语言混合形成的，这些古代语言称为语源。

直训是以单词训释单词的释义方法，也就是逻辑学的直言判断。

义界是用下定义的方法说明词语所反映的事物的本质属性和特征。

有时《说文解字》的一条说解同时使用**直训**和**义界**两种形式，目的都在于说明语源。如“媒”，释为“谋也”，又进而说明“谋合二姓也”；“山”释为“宣也”，进而说明“宣气散生万物”。有时《说文解字》首先说明词义，然后论述其得名的由来。

凶部

凶 xiōng

凶，恶也[①]。象地穿交陷其中也。凡凶之属皆从凶。许容切。

【译文】凶，险恶（之地）。象穿地为坑，有物交相陷入其中。大凡凶的部属都从凶。

【注释】①恶：徐锴《系传》："恶不可居，象地之堑也。恶可以陷人也。"

兇 xiǒng

兇，扰恐也[①]。从人在凶下。《春秋传》曰："曹人凶惧。"许拱切。

【译文】兇，喧扰恐惧（之声）。由"人"在"凶"下会意。《春秋左传》说："曹国人恐惧。"

【注释】①扰恐：王筠《句读》："扰，其状也；恐，其意也。加声字而凶之声情始备。"

朩部

朩 pìn

朩，分枲茎皮也。从屮，八象枲之皮茎也。凡朩之属皆从朩。读若髌。匹刃切。

【译文】朩，分剥麻秆的皮。屮象麻秆，八象剥离的麻皮。大凡朩的部属都从朩。音读像"髌（bìn）"字。

枲 xǐ

枲[①]，麻也。从朩，台声。胥里切。

【译文】枲，麻。从朩，台声。

【注释】①枲：朱骏声《通训定声》："牡（雄）麻无实者也。夏至开花，荣而不实，亦曰夏麻。""（引申）为凡麻之大名。"

𣏟部

𣏟 pài

𣏟，（萉）[葩]之总名也[①]。𣏟之为言微也，微纤为功。象形。凡𣏟之属皆从𣏟。匹卦切。

【译文】𣏟，麻的总称。𣏟借表微小的意思，微小纤细是麻的功能。像麻秆密立之形。大凡𣏟的部属都从𣏟。

【注释】①葩：《段注》作萉。

檾 qǐng

檾，枲属[①]。从𣏟，熒省。《诗》曰："衣锦檾衣。"去颖切。

【译文】檾，麻一类植物。从𣏟，熒省声。《诗经》说："在锦衣上面穿着麻纱做的单罩衣。"

【注释】①枲属：《段注》："类枲而非枲，言属而别见也。"

麻部

麻 má

麻[①]，与𣏟同。人所治，在屋下。从广，从𣏟。凡麻之属皆从麻。莫遐切。

【译文】麻，与𣏟字意义相同。是人们刮治的植物，在敞屋之下。由广、由𣏟会意。大凡麻的部属都从麻。

【注释】①麻：《段注》："未治谓之枲，治之谓之麻。以治之称加诸未治，则统谓之麻也。"

尗部

尗 shú

尗，豆也[①]。像尗豆生之形也。凡尗之属皆从尗。式竹切。

【译文】尗，豆。象菽豆生长的样子。大凡尗的部属都从尗。

【注释】①豆：朱骏声《通训定声》："古谓之尗，汉谓之豆。今字作菽。菽者，众豆之总名。"

豉 shì

豉[①]，配盐幽尗也。从尗，支声。是义切[②]。

【译文】豉，用盐调配大豆，把大豆放在幽暗潮湿的地方。从尗，支声。

【注释】① 菽：张舜徽《约注》："俗称腊八豆，晒干后可久藏不变，即古人所谓豉也。" ② 当读 shì，今音 chǐ。

耑部

耑 duān

耑，物初生之题也[①]。上象生形，下象其根也。凡耑之属皆从耑。多官切。

【译文】耑，植物初生的顶。上（⺌）像生长的形状，下（巾）像它的根。大凡耑的部属都从耑。

【注释】① 题：徐锴《系传》："题犹额也，端也。古发端之端直如此而已。一，地也。"

韭部

韭 jiǔ

韭，菜名。一种而久者，故谓之韭。象形，在一之上。一，地也。此与耑同意。凡韭之属皆从韭。举友切。

【译文】韭，菜名。一经种下，就长久生长，所以叫它韭。（韭）像韭菜之形，在一的上面。一，表示地。这与耑的中间一横表示地同意。大凡韭的部属都从韭。

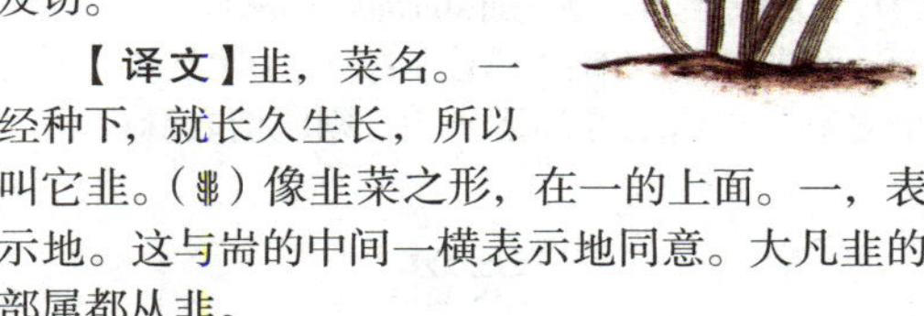

䪞 fán

䪞，小蒜也。从韭，番声。附袁切。

【译文】䪞，小蒜、从韭，番声。

瓜部

瓜 guā

瓜，（ 㼌 ）[蓏]也[①]。象形[②]。凡瓜之属皆从瓜。古华切。

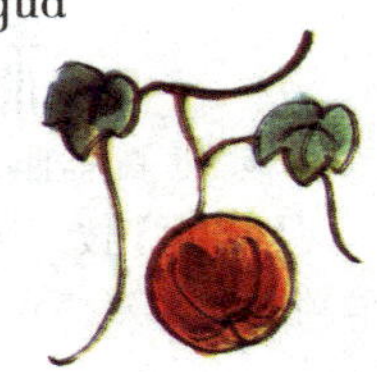

【译文】瓜，瓜蓏。象形。大凡瓜的部属都从瓜。

【注释】① 㼌：当依段注作"蓏"。② 象形：《段注》："瓜者，縢生布于地者也。"

瓣 bàn

瓣，瓜中实。从瓜，辡声。蒲苋切。

【译文】瓣，瓜中的籽实。从瓜，辡声。

瓠部

瓠 hù

瓠[①]，匏也。从瓜，夸声。凡瓠之属皆从瓠。胡误切。

【译文】瓠，匏（páo）瓜。从瓜，夸声。大凡瓠的部属都从瓠。

【注释】① 瓠：王筠《句读》："今人以细长者为瓠，圆而大者为壶卢，古无此别也。"按：湖湘间称前者为护瓜，后者为瓢瓜。

瓢 piáo

瓢[①]，蠡也。从瓠省，票声。符宵切。

【译文】瓢，剖瓠瓜作成的瓢。从瓠省，票声。

【注释】① 瓢：朱骏声《通训定声》："一瓠劙为二曰瓢。"

宀部

宀 mián

宀，交覆深屋也[①]。象形。凡宀之属皆从宀。武延切。

【译文】宀，交相覆盖的深邃的屋子。象形。大凡宀的部属都从宀。

【注释】① 交覆句：《段注》："古者屋四注（屋檐滴水处），东西与南北，皆交覆也。有堂有室，是为深屋。"

家 jiā

家①，居也。从宀，豭省声②。古牙切。

【译文】家，居处的地方。从宀，豭省声。

【注释】①家：家庭。《诗经·周南·桃夭》："之子于归，宜其室家。"②豭：公猪。

宅 zhái

宅，所讬也。从宀，乇声。场伯切。

【译文】宅，寄托身躯的地方。从宀，乇（zhé）声。

室 shì

室，实也①。从宀，从至。至，所止也。式质切。

【译文】室，内室。由宀、由至会意。至表示止息之地。

【注释】①实：《段注》："以叠韵为训，古者前堂后室。"《释名》："室，实也。人物实满其中也。"

向 xiàng

向，北出牖也①。从宀，从口。《诗》曰："塞向墐户。"许谅切。

【译文】向，朝北开出的窗子。由宀、由口会意。《诗经》说："塞住朝北的窗子，用泥巴涂住门缝。"

【注释】①牖（yǒu）：徐灏《段注笺》："古者前堂后室，室之前为牖，后为向，故曰北出牖。"

宣 xuān

宣，天子宣室也①。从宀，亘声。须缘切。

【译文】宣，天子宽大的正室。从宀，亘声。

【注释】①宣室：《段注》："盖谓大室。"徐锴《系传》引《汉书音义》："未央（殿）前正室也。"

宛 wǎn

宛，屈草自覆也。从宀，夗声。于阮切。

【译文】宛，把草弯曲用以覆盖自身。从宀，夗声。

宸 chén

宸①，屋宇也。从宀，辰声。植邻切。

【译文】宸，屋檐。从宀，辰声。

【注释】①宸：屋边。《国语·越语》："君若不忘周室，而为弊邑宸宇。"韦昭注："宸，屋溜。"

寷 fēng

寷，大屋也。从宀，豐声。《易》："寷其屋。"敷戎切。

【译文】寷，大屋。从宀，豐声。《易经》说："扩大他的房屋。"

宇 yǔ

宇①，屋边也。从宀，于声。《易》曰："上栋下宇。"王榘切。

【译文】宇，屋的边檐。从宀，于声。《易经》说："上有栋梁下有屋檐。"

【注释】①宇：《周易·系辞下》："后世圣人易之以宫室，上栋下宇，以待风雨。"

寏 yuàn

寏，周垣也。从宀，奂声。胡官切。又，爰眷切。

【译文】寏。围墙。从宀，奂声。

宏 hóng

宏，屋深响也①。从宀，厷声。户萌切。

【译文】宏，房屋幽深而有回响。从宀，厷声。

【注释】①屋深响：朱骏声《通训定声》：

“深大之屋，凡声如有应响。”

定 dìng

定，安也。从宀，从正。徒径切。

【译文】定，安定。由宀、由正会意。

寔 shí

寔，止也。从宀，是声。常支切。

【译文】寔，止息。从宀，是声。

安 ān

安，静（竫）也[①]。从女在宀下[②]。乌寒切。

【译文】安，安宁。由“女”在“宀”下会意。

【注释】①静：当依《段注》作“竫”，注：“静者审也，非其义。”“竫者亭安也，与此为转注。”②从女句：桂馥《义证》引《六书故》：“室家之内，女所安也。”

宓 mì

宓，安也。从宀，必声。美毕切。

【译文】宓，安定。从宀，必声。

㝣 yì

㝣，静也。从宀，契声。于计切。

【译文】㝣，安静。从宀，契声。

宴 yàn

宴，安也。从宀，妟声。于甸切。

【译文】宴，安息。从宀，妟（yàn）声。

宗 jì

宗，无人声。从宀，尗声。前历切。

【译文】宗，没有人的声音。从宀，尗声。

察 chá

察，覆也[①]。从宀，祭[声][②]。初八切。

【译文】察，屋檐向下覆盖。从宀，祭声。

【注释】①覆：郑知同《商义》：“乃屋宇下覆之名。”“覆之义引伸为自上审下，察义亦然。”②祭：当依徐锴《系传》作“祭声”。

完 huán

完，全也。从宀，元声。古文以为宽字。胡官切。

【译文】完，完全。从宀，元声。古文把它假借为“宽”字。

富 fù

富，备也。一曰：厚也。从宀，畐声[①]。方副切。

【译文】富，完备。另一义说：富是多、厚。从宀，畐声。

【注释】①畐声：桂馥《义证》：“本书：‘畐，象高厚之形。’”声中有义。

實 shí

實，富也。从宀，从貫[①]。贯，货贝也。神质切。

【译文】實，富裕。由宀、由貫会意。贯，表示货贝。

【注释】①从宀，从貫：会货贝充满屋内之意。

容 róng

容，盛也。从宀谷。余封切。

【译文】容，盛纳。由宀、谷会意。

宂 rǒng

宂，㪚也。从宀，人在屋下，无田事。《周书》曰[①]：“宫中之宂食。”而陇切。

【译文】宂，闲散。从宀，人在屋子底下，没有农田之事。《周书》说：“（供给）宫廷中的闲散的臣吏的饮食。”

【注释】①周书：《段注》：“‘书’当作‘礼’。”

寶 bǎo

寶，珍也。从宀，从玉，从貝，缶声[①]。博皓切。

【译文】寶，珍宝。由宀、由玉、由貝会意，缶声。

【注释】①缶声：徐灏《段注笺》："缶，古重唇音，与宝近，故用为声。"缶、宝上古同属幽部。

宭 qún

宭，羣居也。从宀，君声。渠云切。

【译文】宭，羣居。从宀，君声。

宦 huàn

宦，仕也。从宀，从臣。胡惯切。

【译文】宦，学习做官的事。由宀、由臣会意。

宰 zǎi

宰，辠人在屋下执事者。从宀，从辛。辛，辠也。作亥切。

【译文】宰，在屋子底下做事的罪人。由宀、由辛会意。辛，表示罪人。

守 shǒu

守，守官也。从宀，从寸。寺府之事者。从寸；寸，法度也。书九切。

【译文】守，官吏的职守。由宀、由寸会意。（宀，）表示衙门里的事。从寸，寸表示法度。

寵 chǒng

寵，尊居也。从宀，龍声。丑垄切。

【译文】寵，崇高的位置。从宀，龍声。

宥 yòu

宥，宽也。从宀，有声。于救切。

【译文】宥，宽仁。从宀，有声。

宜 yí

宜，所安也。从宀之下，一之上，多省声。鱼羁切。

【译文】宜，令人心安的地方。由"宀"之下，"一"之上表意，多省去一半为声。

宵 xiāo

宵，夜也。从宀，宀下冥也；肖声。相邀切。

【译文】宵，夜晚。从宀，表示室下窈冥，肖为声。

宿 sù

宿[①]，止也。从宀，佰声。息逐切。

【译文】宿，止宿。从宀，佰声。

【注释】①宿：本义为住宿，过夜。《荀子·儒效》："暮宿于百泉。"引申为住的地方。《周礼·地官·遗人》："三十里有宿，宿有路室。"

寫 xiě

寫[①]，置物也。从宀，舄声。悉也切。

【译文】寫，移置物体。从宀，舄声。

【注释】①寫：徐灏《段注笺》："古谓置物于屋下曰写，故从宀，盖从他处传置于此室也。"

寝 qǐn

寝，卧也。从宀，㑴声。七荏切。

【译文】寝，躺卧。从宀，㑴声。

寬 kuān

寬，屋宽大也。从宀，萈声。苦官切。

【译文】寬，房屋宽敞。从宀，萈声。

寡 guǎ

寡，少也。从宀，从頒。頒，分赋也，故为少。古瓦切。

【译文】寡，少。由宀、由頒会意。頒，表示分授（房屋），所以有"少"义。

客 kè

客，寄也[1]。从宀，各声。苦格切。

【译文】客，寄居。从宀，各声。

【注释】①寄：王筠《句读》："偶寄于是，非久居也。"

寄 jì

寄，讬也。从宀，奇声。居义切。

【译文】寄，托付。从宀，奇声。

寓 yù

寓[1]，寄也。从宀，禺声。牛具切。

【译文】寓，寄居。从宀，禺声。

【注释】①寓：寄托。《庄子·齐物论》："唯达者知通为一，为是不用而寓诸庸。"

㝌 jiù

㝌，贫病也。从宀，久声。《诗》曰："茕茕在㝌。"居又切。

【译文】㝌，贫穷，疾病。从宀，久声。《诗经》说："茕茕孤立啊又在害病。"

寒 hán

寒[1]，冻也。从人在宀下，以茻荐覆之，下有仌。胡安切。

【译文】寒，冷冻。由"人"在"宀"下，用"茻"（草）垫着盖着，下面有"仌"来会意。

【注释】①寒：王筠《句读》："此冻之别义也。"

害 hài

害，伤也。从宀，从口。宀口，言从家起也。丯声。胡盖切。

【译文】害，伤害。由宀、由口会意。宀口，是说伤害之言，从家中发起。丯（jiè）为声。

宄 guǐ

宄，奸也[1]。外为盗，内为宄。从宀，九声。读若轨。居洧切。

【译文】宄，奸诈。起自外部，为盗；起自内部，为宄。从宀，九声。音读像"轨"字。

【注释】①奸：《段注》："奸宄者通偁，内外者析言之也。凡盗起外为奸，中出为宄。"

宕 dàng

宕，过也。一曰：洞屋。从宀，砀省声。汝南项有宕乡。徒浪切。

【译文】宕，放荡不拘。另一义说，石洞如屋。从宀，砀省声。汝南郡项县有宕乡。

宋 sòng

宋，居也。从宀，从木。读若送。苏统切。

【译文】宋，居住。由宀、由木会意。音读像"送"字。

㝾 diàn

㝾，屋倾下也。从宀，執声。都念切。

【译文】㝾，房屋倾斜下陷。从宀，執声。

宗 zōng

宗，尊、祖庙也。从宀，从示。作冬切。

【译文】宗，尊崇的先人；祖庙。由宀、由示会意。

宔 zhǔ

宔，宗庙宔祏。从宀，主声。之庾切。

【译文】宔，宗庙中藏神主的石函。从宀，主声。

宙 zhòu

宙，舟舆所极、覆也。从宀，由声。直又切。

【译文】宙，舟车所到的地方，屋宇覆盖的栋梁。从宀，由声。

宫部

宫 gōng

宫，室也[①]。从宀，躳省声。凡宫之属皆从宫。居戎切。

【译文】宫，宫室。从宀，躳省声。大凡宫的部属都从宫。

【注释】①室：《段注》："宫言其外之围绕，室言其内。析言则殊，统言不别也。"

吕部

吕 lǚ

吕，脊骨也。象形。昔太岳为禹心吕之臣，故封吕侯。凡吕之属皆从吕。力与切。

【译文】吕，脊椎骨。象形。过去太岳官是大禹像心脏和脊骨一样的臣子，所以封为吕侯。大凡吕的部属都从吕。

躳 gōng

躳，身也。从身，从吕。居戎切。

【译文】躳，身体。由身、由吕会意。

穴部

穴 xué

穴，土室也。从宀，八声。凡穴之属皆从穴。胡决切。

【译文】穴，土室。从宀，八声。大凡穴的部属都从穴。

盜 mǐng

盜，北方谓地空，因以为土穴，为盜户。从穴，皿声。读若猛。武永切。

【译文】盜，北方叫作地孔，凭借地孔用作土室，用作洞窟。从穴，皿声。音读像"猛"字。

窨 yìn

窨，地室。从穴，音声。于禁切。

【译文】窨，地室。从穴，音声。

窯 yáo

窯，烧瓦灶也。从穴，羔声。余招切。

【译文】窯，烧制陶器的灶。从穴，羔声。

寝 fù

寝[①]，地室也。从穴，復声。《诗》曰："陶寝陶穴。"芳福切。

【译文】寝，土室。从穴，復声。《诗经》说："横掏出土室，直掏出地穴。"

【注释】①寝：朱骏声《通训定声》："凡直穿曰穴，旁穿曰寝。地覆于上，故曰寝也，"

穿 chuān

穿，通也。从牙在穴中[①]。昌缘切。

【译文】穿，穿透。由"牙"在"穴"中会意。

【注释】①从牙句：意谓用牙齿啮物成洞穴，使之通透。

窠 kē

窠，空也；穴中曰窠，树上曰巢。从穴，果声。苦禾切。

【译文】窠，孔穴，（鸟类）穴中居住的地方叫窠，树上的叫巢。从穴，果声。

空 kōng

空，窍也。从穴，工声。苦红切。

【译文】空，孔穴。从穴，工声。

窖 jiào

窖，地藏也。从穴，告声。古孝切。

【译文】窖，地下储藏物品的洞穴。从穴，告声。

窺 kuī

窺，小视也。从穴，規声。去隓切。

【译文】窺，从小孔隙中偷看。从穴，規声。

竀 chēng

竀，正视也。从穴中正見也，正亦声。敕贞切。

【译文】竀，直视。由“穴”中“正”“見”会意，正也表声。

突 tū

突[①]，犬从穴中暂出也。从犬在穴中。一曰：滑也。徒骨切。

【译文】突，狗在洞中突然而出。由“犬”在“穴”中会意。另一义说，挑抉。

【注释】① 突：徐锴《系传》：“犬匿于穴中伺人，人不意之，突然而出也。”

窘 jiǒng

窘，迫也[①]。从穴，君声。渠陨切。

【译文】窘，困迫。从穴，君声。

【注释】① 迫：徐锴《系传》：“入于穴，窮迫也。”因洞穴局促狭隘的缘故。

竄 cuàn

竄，（坠）[匿]也[①]。从鼠在穴中。七乱切。

【译文】竄，隐藏。由“鼠”在“穴”中会意。

【注释】① 坠：当依徐锴《段注》作“匿”。

窣 sū

窣，从穴中卒出。从穴，卒声。苏骨切。

【译文】窣，从洞穴中突然出来。从穴，卒声。

窕 tiǎo

窕，深肆极也[①]。从穴，兆声。读若挑。徒了切。

【译文】窕，深邃之极。从穴，兆声。音读像“挑”字。

【注释】① 深肆：《尔雅·释言》：“窕，肆也。”王引之《述闻》：“窕、肆，皆谓深之极也。”可见“深肆”是同义复合。王筠《句读》：“深肆，盖即深邃。”

穹 qiōng

穹，穷也。从穴，弓声。去弓切。

【译文】穹，穷尽。从穴，弓声。

究 jiū

究[①]，穷也。从穴，九声。居又切。

【译文】究，穷尽。从穴，九声。

【注释】① 究：《汉书·司马迁传》：“当年不能究其礼。”颜师古注：“究，尽也。”

窈 yǎo

窈，深远也。从穴，幼声。乌皎切。

【译文】窈，深远。从穴，幼声。

窀 zhūn

窀，葬之厚夕。从穴，屯声。《春秋传》曰：“窀穸从先君于地下。”陟伦切。

【译文】窀，葬在长夜。从穴，屯声。《春秋左传》说：“追随先君埋葬在地下。”

穸 xī

穸，窀穸也[①]。从穴，夕声。词亦切。

【译文】穸，窀穸。从穴，夕声。

【注释】① 窀穸：长夜。喻埋葬。人埋葬了，好比进入漫漫长夜，因谓窀穸为长夜。

㝱部

㝱 mèng

㝱，寐而有觉也。从宀，从爿，夢声。《周礼》："以日月星辰占六㝱之吉凶：一曰正㝱，二曰咢㝱，三曰思㝱，四曰悟㝱，五曰喜㝱，六曰惧㝱。"凡㝱之属皆从㝱。莫凤切。

【译文】㝱，梦寐中如有知觉。由宀、由爿（chuáng）会意，夢声。《周礼》说："用日月星辰的变化来预测六种梦的吉和凶。第一种是正常的梦，第二种是因惊愕而梦，第三种是因思念而梦，第四种是因醒时有所见而梦，第五种是因喜悦而梦，第六种是因恐惧而梦。"大凡㝱的部属都从㝱。

寐 mèi

寐[①]，卧也。从㝱省，未声。蜜二切。

【译文】寐，睡着。㝱省夢为形符，未声。

【注释】① 寐：《段注》："俗所谓睡着也。"朱骏声《通训定声》："在床曰寝，病寝曰寝，隐几曰卧，合目曰眠，眠而无知曰寐，坐寐曰睡，不脱冠带而眠曰假寐。"

寤 wù

寤，寐觉而有（信）[言]曰寤。从㝱省，吾声。一曰：昼见而夜㝱也。五故切。

【译文】寤，从睡眠中觉醒过来而又有话说，叫寤。㝱省夢为形符，吾声。另一义说，白昼遇见的，夜晚梦见。

疒部

疒 nè

疒[①]，倚也。人有疾病，象倚箸之形。凡疒之属皆从疒。女戹切。

【译文】疒，倚靠。人有疾病，像靠着、挨着的样子。大凡疒的部属都从疒。

【注释】① 疒：徐灏《段注笺》："丬即古床字。"饶炯《部首订》："而以一象倚箸之形……指其义为疾病。"

痛 tòng

痛，病也。从疒，甬声。他贡切。

【译文】痛，病痛。从疒，甬声。

疾 jí

疾，病也[①]。从疒，矢声[②]。秦悉切。

【译文】疾，疾病。从疒，矢声。

【注释】① 病：《段注》："析言之则病为疾加（重病），浑言之则疾亦病也。"② 矢声：上古属脂部，疾属质部。

病 bìng

病，疾加也。从疒，丙声。皮命切。

【译文】病，轻病加重。从疒，丙声。

瘀 yù

瘀，积血。从疒，於声。依据切。

【译文】瘀，积血。从疒，於声。

府 fǔ

府，俛病也[①]。从疒，付声。方榘切。

【译文】府，俯伏的病。从疒，付声。

【注释】① 俛病：余岩《古代疾病名候疏义》卷四："（府偻），盖即今之脊椎后弯也，亦名龟背。"

痀 qú

痀，曲脊也。从疒，句声[①]。其俱切[②]。

【译文】痀，驼背。从疒，句声。

【注释】① 句声：声中有义。句部："句，曲也。"② 今读依《广韵》举朱切。

瘚 jué

瘚，屰气也。从疒，从屰，从欠。居月切。

【译文】瘚，气逆。由疒、由屰、由欠会意。

痵 jì

痵[①]，气不定也。从疒，季声。其季切。

【译文】痵，气喘不定。从疒，季声。

【注释】① 痵：《广韵·至韵》："痵，病中恐也。"痵是因心中恐惧而气喘不定。

痱 bèi

痱，风病也。从疒，非声。蒲罪切。

【译文】痱，中风病。从疒，非声。

瘤 liú

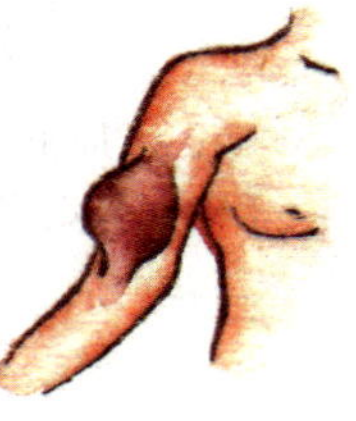

瘤[①]，肿也。从疒，留声。力求切。

【译文】瘤，肿瘤。从疒，留声。

【注释】① 瘤：《释名·释疾病》："瘤，流也。血流聚而生瘤肿也。"

痤 cuó

痤，小肿也。从疒，坐声。一曰族絫[①]。昨禾切。

【译文】痤，小的肿疖。从疒，坐声。又叫族絫。

【注释】① 族絫：王筠《句读》："谓痤一名族絫也。""《左传》释文：蠡，力果切，絫之音当如是。痤絫叠韵。短言之为痤，长言之为絫。"

疽 jū

疽[①]，痈也。从疒，且声。七余切。

【译文】疽，痈疽。从疒，且声。

【注释】① 疽：深陷的块状恶疮。徐锴《系传》："久痈也。"《正字通·疒部》："痈之深者曰疽，疽深而恶。痈浅而大。"

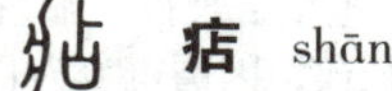

痁 shān

痁，有热疟。从疒，占声。《春秋传》曰："齐侯疥，遂痁。"失廉切。

【译文】痁，有热的疟疾。从疒，占声。《春秋左传》说："齐侯也患了疥疮，同时又患了热疟。"

痎 jiē

痎[①]，二日一发疟。从疒，亥声。古谐切。

【译文】痎，隔两天发作一次的疟疾。从疒，亥声。

【注释】① 痎：《段注》："今人谓间二日一发为大疟。"

痳 lín

痳[①]，疝病。从疒，林声。力寻切。

【译文】痳，小便难下的病。从疒，林声。

【注释】① 痳：《释名·释疾病》："痳，懔也。小便难，懔懔然也。"张舜徽《约注》："今俗称尿道内刺痛而小便难下者为淋病。"

痔 zhì

痔，后病也。从疒，寺声。直里切。

【译文】痔，肛门病。从疒，寺声。

痍 yí

痍，伤也。从疒，夷声。以脂切。

【译文】痍，创伤。从疒，夷声。

瘢 pán

瘢，痍也。从疒，般声。薄官切。

【译文】瘢，创伤（愈后的疤痕）。从疒，般声。

痕 hén

痕，胝瘢也[①]。从疒，艮声。户恩切。

【译文】痕，瘢痕。从疒，艮声。

【注释】① 胝：手脚掌上的厚皮，俗称茧巴。胝瘢：同义复合。

痙 jìng

痙[①]，强急也。从疒，坙声。其颈切。

【译文】痙，僵硬坚直。从疒，坙声。

【注释】①痙：徐锴《系传》："中寒体强（jiàng，僵硬）急（坚）也。"

痋 tóng

痋[①]，动（病）[痛]也。从疒，蟲省声。徒冬切。

【译文】痋，因跳动而痛。从疒，蟲省声。

【注释】①痋：《段注》："即疼字。"

疢 chèn

疢，热病也。从疒，从火。丑刃切。

【译文】疢，热病。由疒、由火会意。

癉 dàn

癉，劳病也[①]。从疒，單声。丁干、丁贺二切。

【译文】癉，因疲劳而出现的病态。从疒，單声。

【注释】①劳病：王筠《句读》："凡《诗》《书》言癉，未有真是疾病者也。"故译为"病态"。

疸 dàn

疸，黄病也[①]。从疒，旦声。丁干切。

【译文】疸，黄疸病。从疒，旦声。

【注释】①黄病：张舜徽《约注》："今俗称黄胆病。""凡患是疾者，目黄、面黄、溲溺黄，故总名之曰黄病。"

痰 qiè

痰，病[小]息也[①]。从疒，夾声。苦叶切。

【译文】痰，病人气息微弱。从疒，夾声。

【注释】①病息：当依徐锴《系传》作"病小息"。王筠《句读》："小息即少气之谓也。"

痞 pǐ

痞[①]，痛也。从疒，否声。符鄙切。

【译文】痞，（因腹内结块而）痛。从疒，否声。

【注释】①痞：朱骏声《通训定声》："腹内结滞而痛。"

瘍 yì

瘍，脈瘍也[①]。从疒，易声。羊益切。

【译文】瘍，发狂的病。从疒，易声。

【注释】①脈瘍：王念孙《广雅疏证》："脈瘍，犹辟易也。《吴语》：'称疾辟易。'韦昭注云：'辟易，狂疾。'"

疲 pí

疲，劳也。从疒，皮声。符羁切。

【译文】疲，劳累。从疒，皮声。

疷 qí

疷，病也[①]。从疒，氐声。渠支切。

【译文】疷，病（不止）。从疒，氐声。

【注释】①病：徐锴《系传》作"病不翅"。徐灏《段注笺》："病不翅犹言病不止。"

疫 yì

疫[①]，民皆疾也。从疒，役省声。营只切。

【译文】疫，人们都传染成疾。从疒，役省声。

【注释】①疫：急性传染病。王筠《句读》引《字林》："病流行也。"

冖部

冖 mì

冖，覆也。从一下垂也。凡冖之属皆从冖。莫狄切。

【译文】冖，覆盖。由一向两边下垂。大凡冖的部属都从冖。

冠 guān

冠，絭也。所以絭发，弁冕之总名也。从冂，从元，元亦声。冠有法制，从寸。古丸切。

【译文】冠，卷束。是用来卷束头发的东西，是帽子的总名。由冖、由元会意，元也表声。戴帽子有尊卑法制，所以从寸。

冂部

冂 mǎo

冂，重覆也。从冖、一。凡冂之属皆从冂。读若艹苺苺。莫保切。

【译文】冂，重复。由“冖”又重加“一”表示。大凡冂的部属都从冂。音读像草“苺”字。

同 tóng

同，合会也。从冂，从口。徒红切。

【译文】同，会合。由冂、由口会意。

冃部

冃 mào

冃，小儿蛮夷头衣也。从冂；二，其饰也。凡冃之属皆从冃。莫报切。

【译文】冃，小孩、蛮夷等少数民族头上的便帽。从冖，（表示覆盖的帽子）；二，帽子上的装饰物。大凡冃的部属都从冃。

冕 miǎn

冕[①]，大夫以上冠也。邃延、垂瑬、紞纩。从冃，免声。古者黄帝初作冕。亡辨切。

【译文】冕，大夫以上官员的礼帽。覆版长长，垂下玉瑬，又悬着充塞两耳的瑱玉。从冃，免声。古时候黄帝最初制作冕。

【注释】①冕：朱骏声《通训定声》：“冕尊于弁，其制以木为干，广八寸，长倍之，前圆后方，前下后高，差一寸二分，有俛伏之形，故谓之冕。衣以三十升布，上元下纁，前后各十二旒，长六寸，饰以玉。”

胄 zhòu

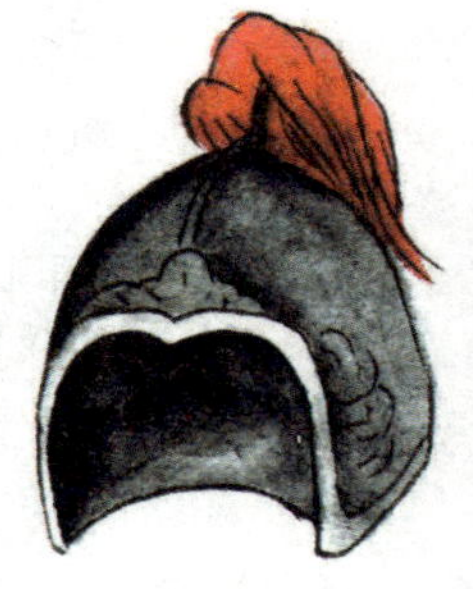

胄，兜鍪也①。从冃，由声。直又切。

【译文】胄，头盔。从冃，由声。

【注释】①兜鍪：《段注》：“兜部兜下曰：‘兜鍪，首铠也。’按：古谓之胄，汉谓之兜鍪，今谓之盔。”

冒 mào

冒，冢而前也。从冃，从目。莫报切。

【译文】冒，蒙覆着前进。由冃、由目会意。

最 zuì

最，犯而取也，从冃，从取。祖外切。

【译文】最，冒犯而取之。由冃、由取会意。

㒳部

㒳 liǎng

㒳，再也。从冂，阙。《易》曰：“参天㒳地。”凡㒳之属皆从㒳。良奖切。

【译文】㒳，两次。从冖，（㐅的构形）阙。《易经》说：“用‘三’一类的奇数为天数，用‘㒳’一类的偶数为地数。”大凡㒳的部属都从㒳。

两 liǎng

两，二十四铢为一两。从一；㒳，平分，亦声。良奖切。

【译文】两，二十四铢重为一两。从一，㒳，表示从中平分，也表声。

网部

网 wǎng

网，庖牺所结绳，以渔。从冂，下象网交文。凡网之属皆从网。文纺切。

【译文】网，庖牺氏结绳编织的工具，用以捕鱼。从冂，（表示蒙覆；）下面的㸚，像绳网交织的花纹。大凡网的部属都从网。

罩 zhào

罩①，捕鱼器也。从网，卓声。都教切。

【译文】罩，捕鱼竹笼。从网，卓声。

【注释】①罩：郝懿行《尔雅义疏》："今鱼罩皆以竹，形似鸡罩，渔人以手抑按于水中以取鱼。"

罾 zēng

罾，魚网也。从网，曾声。作腾切。

【译文】罾，渔网。从网，曾声。

罪 zuì

罪，捕鱼竹网。从网、非。秦以罪为辠字。徂贿切。

【译文】罪，捕鱼的竹网。由网、非会意。秦始皇用"罪"字代替"辠"字。

罽 jì

罽，鱼网也。从网，𦎧声。居例切。

【译文】罽，渔网。从网，𦎧声。

罛 gū

罛，鱼罟也。从网，瓜声。《诗》曰："施罛濊濊。"古胡切。

【译文】罛，渔网。从网，瓜声。《诗经》说："撒下渔网，张目濊濊。"

罟 gǔ

罟①，网也。从网，古声。公户切。

【译文】罟，网罟。从网，古声。

【注释】①罟：网的通称。《周易·系辞下》："（庖牺氏）作结绳而为网罟，以佃以渔。"陆德明《经典释文》："取兽曰网，取鱼曰罟。"

罶 liǔ

罶，曲梁寡妇之笱①。鱼所留也。从网留，留亦声。力九切。

【译文】罶，弯曲的竹梁（空阙处安放的）连寡妇也能使用的笱。是鱼留滞的地方。由网、留会意，留也表声。

【注释】①寡妇句：萧凤仪说："此笱实竹器，与筐笼相似，口阔颈狭，腹大而长，无底，施之则以索束其尾，喉内编细竹而倒之，谓之曲薄，入则顺，出则逆，故鱼入其中而不能出，谓之罶者。罶从网从留，言能留鱼而不使去也。多就曲梁施之，以承其空。人不必入水，虽妇人亦能用。"

羅 luó

羅，以丝罟鸟也①。从网，从維。古者，芒氏初作罗。鲁何切。

【译文】羅，用丝网络缚鸟。由网、由維会意。古时候芒氏开始制作罗网。

【注释】①以丝句：丝指丝网。罟用作动词。

罘 fú

罘，兔罟也。从网，否声。缚牟切。

【译文】罘，捕兔网。从网，否声。

罝 hù

罝，［兔］罟也①。从网，互声。胡误切。

【译文】罝，（捕兔）网。从网，互声。

【注释】①罟：王筠《句读》："据上'罟'下'罝'补'兔'字。"《广韵·暮韵》："罟，兔网。"

罝 jū

罝①，兔网也。从网，且声。子邪切②。

【译文】罝，捕兔网。从网，且声。

【注释】①罝：捕兔网。《诗经·周南·兔罝》："肃肃兔罝，椓之丁丁。"②今读依《集韵》子余切。

䍢 wǔ

䍢，牖中网也。从网，舞声。文甫切。

【译文】䍢，窗牖中的网络。从网，舞声。

署 shǔ

署，部署，有所网属。从网，者声。常恕切。

【译文】署，按部居处，各有系联、分属的地方。从网，者声。

罷 bà

罷，遣有辠也。从网能，言有贤能而入网，而贯遣之。《周礼》曰："议能之辟。"薄蟹切。

【译文】罷，放遣有罪的人。由网、能会意，是说有贤能人进入法网，而赦免放遣他。《周礼》说："商议关于有才能的人的刑法。"

置 zhì

置，赦也。从网直①。陟吏切。

【译文】置，赦免。由网、直会意。

【注释】①从网直：直指正直人。网直与网能同。

罯 ǎn

罯，覆也。从网，音声。乌感切。

【译文】罯，覆盖。从网，音声。

詈 lì

詈，骂也。从网，从言。网辠人①。力智切。

【译文】詈，骂。由网、由言会意，表示搜罗罪人般的语言（骂人）。

【注释】①网辠人：网取包罗、搜罗义。一说，疑有缺误。

襾部

襾 xià

襾，覆也。从冂，上下覆之。凡襾之属皆从襾①。呼讶切。

【译文】襾，包覆。从冂，上（冂）下（凵）互相覆盖着。大凡襾的部属都从襾。

【注释】①襾，王筠《句读》："冂是正冂，自上覆乎下；凵是倒冂，自下覆乎上。"《释例》："上又加一，如包物者重复裹之也。重复裹之，斯反覆矣。故部中字皆取反覆之义。"

覆 fù

覆，覂也。一曰：盖也。从襾，復声。敷救切。

【译文】覆，翻覆。另一义说，是覆盖。从襾，復声。

巾部

巾 jīn

巾，佩巾也①。从冂，丨象纟也。凡巾之属皆从巾。居银切。

【译文】巾，佩带的巾帛。从巾形的冂，丨像系佩的绳索。大凡巾的部属都从巾。

【注释】①佩巾：徐灏《段注笺》："巾以覆物……亦用拭物"，"因系于带，谓之佩巾。"

帥 shuài

帥，佩巾也。从巾自［声］①。所律切。

【译文】帅，佩带的巾帛。从巾，自声。

【注释】①自：当依徐锴《系传》作"自声"，注："自即堆字。"

帨 shuì

帨，礼巾也。从巾，从埶。输芮切。

【译文】帨，行礼所执巾帛。由巾、由执会意。

帗 bō

帗，一幅巾也[①]。从巾，犮声。读若拨。北末切。

【译文】帗，一幅宽的巾帛。从巾，犮声。音读像“拨”字。

【注释】① 一幅巾：王筠《句读》：“帛幅（宽）二尺四寸，比一幅为之，故曰一幅巾。”

㠽 rèn

㠽，枕巾也。从巾，刃声。而振切。

【译文】㠽，枕巾。从巾，刃声。

幋 pán

幋，覆衣大巾。从巾，般声。或以为首鞶。薄官切。

【译文】幋，覆盖在衣上的大巾帛。从巾，般声。有人认为幋是指头巾。

帤 rú

帤，巾帤也。从巾，如声。一曰：（币）[敝] 巾[①]。女余切。

【译文】帤，巾帛。从巾，如声。另一义说，破旧的巾帛。

【注释】① 币：当依《段注》作“敝”。

幣 bì

幣[①]，帛也。从巾，敝声。毗祭切。

【译文】幣，帛。从巾，敝声。

【注释】① 幣：徐灏《段注笺》：“币，本缯帛之名。因车马玉帛同为聘享之礼，故浑言之称币，引申之，货帛亦曰币。”

幅 fú

幅[①]，布帛广也。从巾，畐声。方六切。

【译文】幅，布帛的宽度。从巾，畐声。

【注释】① 幅：王筠《句读》引《汉书·食货志》：“布帛广二尺四寸为幅。”

帪 huāng

帪，设色之工，治丝练者。从巾，巟声。呼光切。

【译文】帪，染色的工匠，治丝治帛的人。从巾，巟声。

帶 dài

帶，绅也[①]。男子鞶带，妇人带丝。象系佩之形。佩必有巾，从巾[②]。当盖切。

【译文】帶，大的衣带。男子佩皮革的衣带，妇人以丝为衣带。（卌）像系佩的样子。佩一定有巾，所以从巾。

【注释】① 绅：《段注》：“古有大带，有革带；革带以系佩韨（丝带），而后加之大带，则革带统于大带，故许于绅于鞶，皆曰大带。”② 从巾：徐锴《系传》作“从重巾”。

幘 zé

幘，发有巾曰幘。从巾，責声。侧革切。

【译文】幘，发有头巾包裹叫幘。从巾，責声。

帔 pèi

帔，弘农谓帬帔也[①]。从巾，皮声。披义切。

【译文】帔，弘农郡叫裙作帔。从巾，皮声。

【注释】① 弘农：汉代郡名。管今河南的一部分和陕西的一部分。

常 cháng

常，下帬也[①]。从巾[②]，尚声。市羊切。

【译文】常，下身的裙子。从巾，尚声。

【注释】① 下帬：王筠《句读》：“汉谓裳为帬，而冠之以下者，帬亦为在上者之名，故言下以别之。”② 从巾：徐锴《系传》：“裳下直而垂，象巾，故从巾。”

帬 qún

帬，下裳也。从巾，君声。渠云切。

【译文】帬，下裳。从巾，君声。

幔 màn

幔[①]，幕也。从巾，曼声。莫半切。

【译文】幔，帐幕。从巾，曼声。

【注释】① 幔：朱骏声《通训定声》："以巾弇蔽在上曰幔，在旁曰帷。"

帷 wéi

帷，在旁曰帷。从巾，隹声。洧悲切。

【译文】帷，围在四旁的帘幕叫帷。从巾，隹声。

帳 zhàng

帳[①]，张也。从巾，長声。知谅切。

【译文】帐，张（在床上）。从巾，長声。

【注释】① 帐：《释名·释床帐》："张也。张施于床上也。"

幕 mù

幕，帷在上曰幕，覆食案亦曰幕。从巾，莫声。慕各切。

【译文】幕，帷幔遮盖在上面叫幕，蒙覆盛食物的几案也叫幕。从巾，莫声。

帖 tiè

帖[①]，帛书署也。从巾，占声。他叶切。

【译文】帖，帛上写的题签。从巾，占声。

【注释】① 帖：《段注》："木部曰：'检，书署也。'木为之，谓之检；帛为之，谓之帖。皆谓标题，今人所谓签也。"

帙 zhì

帙，书衣也[①]。从巾，失声。直质切。

【译文】帙，书的封套。从巾，失声。

【注释】① 书衣：《段注》："谓用裹书者，亦谓之幒，……今人曰函。"

幡 fān

幡，书儿拭觚布也[①]。从巾，番声。甫烦切。

【译文】幡，学习写字时儿童揩拭写字木简的布。从巾，番声。

飾 shì

飾，㕞也[①]。从巾，从人，食声。读若式。一曰：襐饰。赏只切。

【译文】飾，刷拭。由巾、由人会意，食表声。音读像"式"字。另一义说，是首饰。

【注释】① 㕞：《段注》："凡物去其尘垢，即所以增其光采，故㕞者，饰之本义。而凡踵事增华皆谓之饰，则其引申之义也。"

帣 juàn

帣，囊也。今盐官三斛为一帣。从巾，𢍏声。居倦切。

【译文】帣，囊袋。当今汉朝盐官之法，三斛为一帣。从巾，𢍏声。

帚 zhǒu

帚，粪也。从又持巾埽冂内。古者少康初作箕、帚、秫酒。少康，杜康也，葬长垣。支手切。

【译文】帚，扫除。由"又"（手）持握"巾"扫除"冂"界之内会意。古时候少康开始制作箢箕、扫帚和秫酒。少康，就是杜康，葬在长垣。

席 xí

席，籍也。《礼》：天子、诸侯席，有黼绣纯饰。从巾，庶省［声］。祥易切。

【译文】席，铺垫（的席子）。《周礼》说：天子、诸侯的席子，有用黑白斧形图案绣边的装饰物。从巾，庶省声。

布 bù

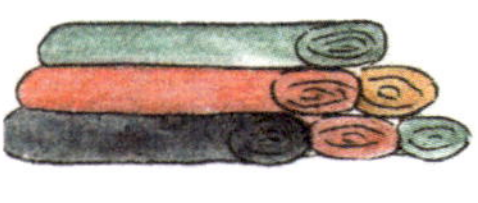

布，枲织也。从巾，父声。博故切。

【译文】布，麻织品。从巾，父声。

帑 nú

帑，金币所藏也。从巾，奴声。乃都切。

【译文】帑，金帛收藏的地方。从巾，奴声。

輒 zhé

輒，领端也。从巾，耴声。陟叶切。

【译文】輒，衣领端。从巾，耴声。

市部

市 fú

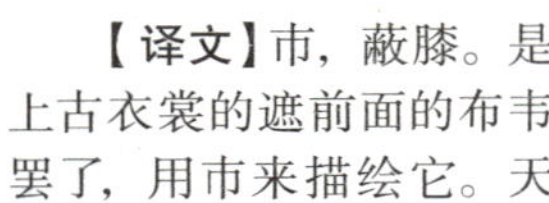

市，韠也。上古衣蔽前而已，市以象之。天子朱市，诸侯赤市，大夫葱衡。从巾，象连带之形。凡市之属皆从市。分勿切。

【译文】市，蔽膝。是上古衣裳的遮前面的布韦罢了，用市来描绘它。天子，朱色的蔽膝；诸侯，赤色的蔽膝；大夫，青色的玉衡。从巾，（一）像连系皮革带的样子。大凡市的部属都从市。

韐 jiá

韐，士无市有韐。制如榼，缺四角。爵弁服，其色韎。贱不得与裳同。司农曰："裳，纁色。"从市，合声。古洽切。

【译文】韐，士人的蔽膝没有市而有韐。韐的制作，像酒榼，切削四角（而成八角）。（士人祭祀时）戴着雀形的帽子，穿着礼服，它们的颜色都是赤黄色。由于地位低贱，韐不能与下裳颜色相同。司农说："下裳，浅红色。"从市，合声。

帛部

帛 bó

帛，缯也。从巾，白声。凡帛之属皆从帛。旁陌切。

【译文】帛，缯帛。从巾，白声。大凡帛的部属都从帛。

錦 jǐn

錦，襄（邑）[色]织文。从帛，金声。居饮切。

【译文】錦，用五彩色织出各种花纹。从帛，金声。

白部

白 bái

白，西方色也。阴用事，物色白。从入合二；二，阴数。凡白之属皆从白。旁陌切。

【译文】白，西方的颜色。在阴暗处用事，物体的颜色容易剥落为白色。字形由"入"字包合着"二"字构成；二，表示阴数。大凡白的部属都从白。

皎 jiǎo

皎，月之白也。从白，交声。《诗》曰："月出皎兮。"古了切。

【译文】皎，月光洁白。从白，交声。《诗经》说："月亮出来真皎洁啊。"

皢 xiǎo

皢，日之白也。从白，尧声。呼鸟切。

【译文】皢，阳光的洁白。从白，尧声。

皙 xī

皙，人色白也。从白，析声。先击切。

【译文】皙，人的肤色洁白。从白，析声。

皤 pó

皤，老人白也。从白，番声。《易》曰："贲如皤如。"薄波切。

【译文】皤，老人须发白。从白，番声。《易经》说："(马儿)有斑文，而又洁白。"

䳽 hú

䳽，鸟之白也。从白，隺声。胡沃切。

【译文】䳽，鸟羽的洁白。从白，隺声。

皚 ái

皚，霜雪之白也。从白，豈声。五来切。

【译文】皚，霜雪的洁白。从白，豈声。

皅 pā

皅，艸华之白也。从白，巴声。普巴切。

【译文】皅，草花的洁白。从白，巴声。

皦 jiǎo

皦，玉石之白也。从白，敫声。古了切。

【译文】皦，玉石的洁白。从白，敫声。

㿥 xì

㿥，际见之白也。从白，上下小见。起戟切。

【译文】㿥，隙缝里露现的光线洁白。由"白"字，由"白"字上下的"小"字体现。

皛 yǎo

皛，显也。从三白。读若皎。乌皎切。

【译文】皛，显明。由三个"白"字会意。音读像"皎"字。

㡀部

㡀 bì

㡀，败衣也。从巾，象衣败之形。凡㡀之属皆从㡀。毗祭切。

【译文】㡀，破旧的衣服。从巾，(八)像衣服破败的样子。大凡㡀的部属都从㡀。

敝 bì

敝，帗也[1]。一曰：败衣。从攴，从㡀，㡀亦声。毗祭切。

【译文】敝，一幅巾。另一义说，破败的衣服。由攴、由㡀会意，㡀也表声。

【注释】① 帗也：《段注》："帗者，一幅巾也。"

黹部

黹 zhǐ

黹，箴缕所紩衣。从㡀，丵省。凡黹之属皆从黹。陟几切。

【译文】黹，针线所缝的衣服。由㡀，由丵省而会意。大凡黹的部属都从黹。

黼 chǔ

黼，合五采鲜色。从黹，虘声。《诗》曰："衣裳黼黼。"创举切。

【译文】黼，会合五彩鲜明的颜色。从黹，虘声。《诗经》说："衣裳楚楚鲜明。"

黼 fǔ

黼，白与黑相次文。从黹，甫声。方榘切。

【译文】黼，白色与黑色相间为序的花纹。从黹，甫声。

黻 fú

黻，黑与青相次文。从黹，犮声。分勿切。

【译文】黻，黑色与青色相间为序的花纹。从黹，犮声。

䊴 zuì

䊴，会五采缯(色)[也]。从黹，綷省声。子对切。

【译文】䊴，会集五彩的缯帛。从黹，卒声。

中国文字为什么叫“汉字”

汉朝 → 汉族 → 汉字

秦统一六国，确立了统一的文字，但秦是个短命王朝，只存在15年。刘邦建立了汉朝，汉承秦制，成为历史上强盛的王朝，主体民族在汉朝基本融合完成。后世称逐渐融合了其他民族的以华夏民族为主体的民族为汉族，其使用的语言和文字也就叫汉语、汉字。

汉族文字

撰成于元代的《金史》载：“十八年，封金源郡王。始习本朝语言小字，及汉字经书，以进士完颜匡、司经徐孝美等侍读”；“长子布辉，识女真、契丹、汉字，善骑射”。从这个角度说，汉字是其他民族对汉族文字的简称。

世界上最古老的三大文字系统

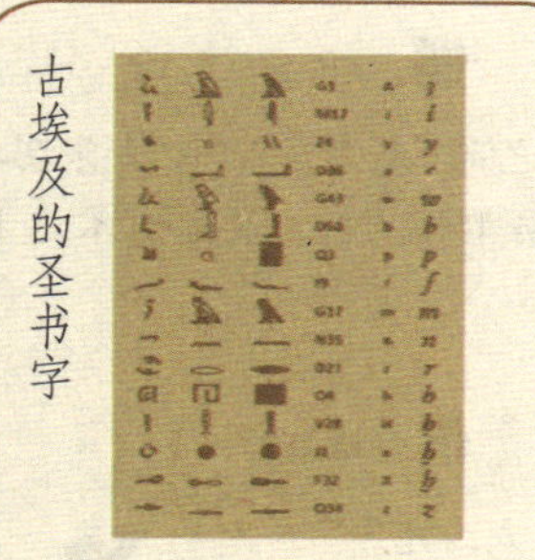

古埃及的圣书字

公元前3000年埃及第一王朝创始的文字。后来消亡了。

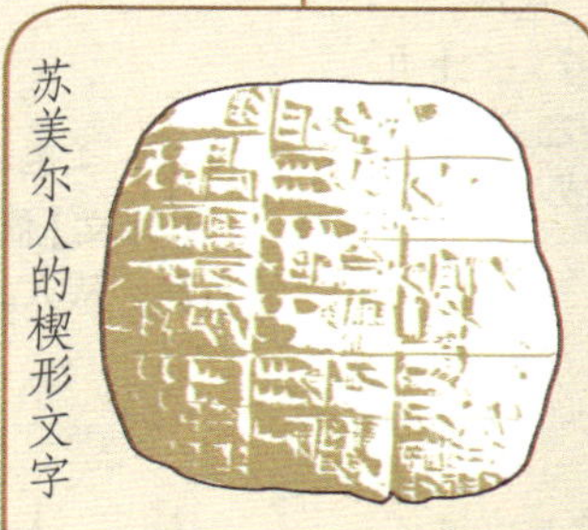

苏美尔人的楔形文字

源于底格里斯河和幼发拉底河流域，由约公元前3200年左右苏美尔人发明。后来也消亡了。

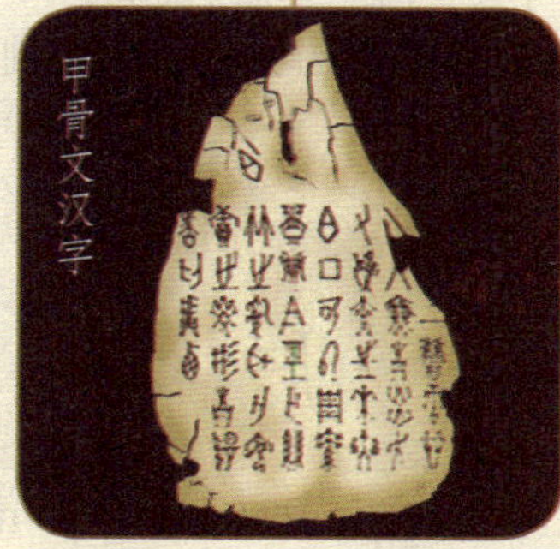

甲骨文汉字

殷商后期（约公元前14世纪－公元前11世纪）王室用于占卜记事而刻在龟甲或兽骨上的文字。汉字是现在仍在使用的文字。

人部

人 rén

人，天地之性最贵者也[①]。此籀文。象臂胫之形。凡人之属皆从人。如邻切。

【译文】人，天地中生物的最可宝贵的东西。这是籀文。像手臂腿胫的样子。

【注释】① 性：《段注》："性，古文以为生字。"

保 bǎo

保[①]，养也。从人，从采省。博褒切。

【译文】保，养育。由人，由采省会意。

【注释】① 保：小儿被，后来写作"褓"。《尚书·召诰》："夫知保抱携持厥妇子。"

僮 tóng

僮[①]，未冠也[②]。从人，童声。徒红切。

【译文】僮，未成年的男子。从人，童声。

【注释】① 僮：朱骏声《通训定声》："十九以下、八岁以上也。经传多以童为之。" ② 冠(guàn)：冠礼、行冠礼，表示已经成人。《礼记·曲礼上》："男子二十冠而字。"

仁 rén

仁，亲也。从人，从二。如邻切。

【译文】仁，亲爱。由"人"、由"二"会意。

企 qǐ

企，举踵也。从人，止声[①]。去智切。

【译文】企，踮起脚跟。从人，止声。

【注释】① 止声：声中有义。

仞 rèn

仞，伸臂一寻，八尺。从人，刃声。而震切。

【译文】仞，伸直两臂叫一寻，长八尺。从人，刃声。

仕 shì

仕，学也[①]。从人，从士。鉏里切。

【译文】仕，学习（仕宦的事）。由人、由士会意。

【注释】① 学：徐灏《段注笺》："宀部：'宦，仕也。'此云'仕，学也。'是仕宦皆学习之义。学职事为宦。"

佩 pèi

佩，大带佩也[①]。从人，从凡，从巾[②]。佩必有巾，巾谓之饰。蒲妹切。

【译文】佩，系在大衣带上的佩玉之类的装饰品。由人、由凡、由巾会意。佩物一定有巾，巾叫做饰。

【注释】① 大带佩：《段注》："谓佩必系于大带也。古者有大带，有革带，佩系于革带。革带统于大带也。" ② 从人句：《段注》："从人者，人所以利用也。从凡者，所谓无所不佩也。从巾者，其一耑（端）也。"

儒 rú

儒，柔也。术士之偁。从人，需声。人朱切。

【译文】儒，性格柔和的人。又是道术之士的名称。从人，需声。

伉 kàng

伉[①]，人名。从人，亢声。《论语》有陈伉[②]。苦浪切。

【译文】伉，人名。从人，亢声。《论语》中有陈伉这个人。

【注释】① 伉：敌对，对抗。《战国策·秦策》："天下莫之能伉。"高诱注："伉，对也。" ② 陈伉：字子禽。见《学而篇》。今本"伉"作"亢"。

俊 jùn

俊，材千人也。从人，夋声。子峻切。

【译文】俊，才智超过千人。从人，夋声。

伯 bó

伯，长也。从人，白声。博陌切。

【译文】伯，长。从人，白声。

仲 zhòng

仲，中也。从人，从中，中亦声。直众切。

【译文】仲，中。由人，由中会意，中也表声。

伊 yī

伊，殷圣人阿衡，尹治天下者。从人，从尹。于脂切。

【译文】伊，殷朝的圣人阿衡，正确治理天下的人。由人、由尹会意。

偰 xiè

偰，高辛氏之子，尧司徒，殷之先。从人，契声。私列切。

【译文】偰，高辛氏的儿子，尧的司徒官，殷代的祖先。从人，契声。

倩 qiàn

倩，人字。从人，青声。东齐壻谓之倩。仓见切。

【译文】倩，人的“字”。从人，青声。东齐地方婿叫作倩。

伃 yú

伃，妇官也[①]。从人，予声。以诸切。

【译文】伃，妇人的官名。从人，予声。

【注释】①妇官：倢伃。又作婕妤。《汉书·外戚传》：“妇官十四等，倢伃视上卿（按上卿对待），比列侯。”

倓 tán

倓，安也。从人，炎声。读若谈。徒甘切。

【译文】倓，安然不疑。从人，炎声。音读像“谈”字。

伀 zhōng

伀，志及众也。从人，公声。职茸切。

【译文】伀，志向顾及众人。从人，公声。

儇 xuān

儇，慧也。从人，睘声。许缘切。

【译文】儇，小聪明。从人，睘声。

侚 xùn

侚，疾也。从人，旬声。辞闰切。

【译文】侚，疾速。从人，旬声。

佳 jiā

佳，善也。从人，圭声。古膎切。

【译文】佳，美好。从人，圭声。

倖 wěi

倖，奇也。从人，韋声。于鬼切。

【译文】倖，奇异。从人，韋声。

份 bīn

份，文质（僣）[备]也[①]。从人，分声。《论语》曰：“文质份份。”府巾切。

【译文】份，形式和内容兼备。从人，分声。《论语》说：“文彩和质地，那么齐备。”

【注释】①僣：钮树玉《校录》：“宋本备作僣，误。”徐锴《系传》：“（文质备），文质相半也。”

倭 wēi

倭，顺皃。从人，委声。《诗》曰[①]：“周道倭迟。”于为切。

【译文】倭，顺从的样子。从人，委声。《诗经》说：“大路总是那么弯弯曲曲。”

【注释】①《诗》：指《诗经·小雅·四牡》。倭迟：联绵词。路迂曲貌。

俟 sì

俟，大也。从人，矣声。《诗》曰："伾伾俟俟。"床史切。

【译文】俟，大。从人，矣声。《诗经》说："有力而且壮大。"

侗 tōng

侗，大皃。从人，同声。《诗》曰："神罔时侗。"他红切。

【译文】侗，大的样子。从人，同声。《诗经》说："神明没有什么时间悲痛。"

健 jiàn

健，伉也。从人，建声。渠建切。

【译文】健，强壮有力。从人，建声。

伴 bàn

伴，大皃。从人，半声。薄满切。

【译文】伴，大的样子。从人，半声。

俺 yè

俺，大也。从人，奄声。于业切。

【译文】俺，大。从人，奄声。

儆 jǐng

儆，戒也。从人，敬声。《春秋传》曰："儆宫。"居影切。

【译文】儆，戒备。从人，敬声。《春秋左传》说："在宫廷内警戒。"

俶 chù

俶，善也。从人，叔声。《诗》曰："令终有俶。"一曰：始也。昌六切。

【译文】俶，美好。从人，叔声。《诗经》说："有善终必有善始。"另一义说，俶是始。

傭 yōng

傭，均直也。从人，庸声。余封切。

【译文】傭，平均，工钱。从人，庸声。

僾 ài

僾，仿佛也。从人，愛声。《诗》曰："僾而不见。"乌代切。

【译文】僾，（所见）依稀不分明。从人，爱声。《诗经》说："（那可爱的人儿）隐蔽起来了，我不能见着。"

仿 fǎng

仿，相似也。从人，方声。妃罔切。

【译文】仿，相似。从人，方声。

佛 fú

佛，见不审也。从人，弗声。敷勿切。

【译文】佛，看不清楚。从人，弗声。

佗 tuó

佗[①]，负何也。从人，它声。徒何切。

【译文】佗，用背负载物体。从人，它声。

【注释】①佗：朱骏声《通讯定声》："本训为人负物，故畜产载负亦曰佗。俗字作驼，作驮。"《段注》："隶变佗为他，用为彼之称。"

何 hé

何，儋也。从人，可声。胡歌切。

【译文】何，担荷。从人，可声。

儋 dān

儋[①]，何也。从人，詹声。都甘切。

【译文】儋，肩荷。从人，詹声。

【注释】①儋：《段注》："儋俗作担。韦昭《齐语》注曰：'背曰负；肩曰儋；任，抱也；何，揭也。'按：统言之，则以肩、以手、以背、以首，皆得云儋也。"

供 gōng

供，设也。从人，共声。一曰：供给。俱

容切。

【译文】供，摆设。从人，共声。另一义说，（供）是供给。

位 位 wèi

位，列中庭之左右谓之位[①]。从人立。于备切。

【译文】位，排列在朝廷中的左右位置叫作位。由人立会意。

【注释】① 庭：《段注》作“廷”。《段注》：“中廷犹言廷中。古者朝不屋，无堂阶，故谓之朝廷。”

倫 倫 lún

倫，辈也。从人，侖声。一曰：道也。（田）[力]屯切[①]。

【译文】倫，辈。从人，侖声。另一义说，伦是道理。

【注释】① 田：乃“力”之误。

儕 儕 chái

儕，等辈也。从人，齊声。《春秋传》曰：“吾侪小人。”仕皆切。

【译文】儕，等同之辈。从人，齊声。《春秋左传》说：“我们这辈小人。”

侔 侔 móu

侔，齐等也。从人，牟声。莫浮切。

【译文】侔，均齐等同。从人，牟声。

偕 偕 xié

偕，强也。从人，皆声。《诗》曰：“偕偕士子。”一曰：俱也。古谐切。

【译文】偕，强壮。从人，皆声。《诗经》说：“强壮啊，那些在职的官员。”另一义说，偕是共同。

俱 俱 jù

俱，偕也。从人，具声。举朱切。

【译文】俱，共同。从人，具声。

併 併 bìng

併[①]，并也。从人，并声。卑正切。

【译文】併，并列。从人，并声。

【注释】① 併：并列。《礼记·祭义》：“行肩而不併。”孔颖达注：“谓老少并行，言肩臂不得并行。”併引申为一起。《汉书·贾谊传》：“高皇帝与诸公併起。”颜师古注：“併，殽杂也。”

儹 儹 zǎn

儹，（最）[冣]也[①]。从人，贊声。作管切。

【译文】儹，聚集。从人，贊声。

【注释】① 最：当依《段注》作“冣”。《广韵·缓韵》曰：“儹，聚也。”冣、聚，古通用。

傅 傅 fù

傅，相也。从人，尃声。方遇切。

【译文】傅，辅佐。从人，尃声。

伬 伬 chì

伬，惕也。从人，式声。《春秋国语》曰：“于其心伬然。”耻力切。

【译文】伬，惊恐不安。从人，式声。《春秋国语》说：“在他的心里总是惊恐不安的。”

俌 俌 fǔ

俌，辅也[①]。从人，甫声。读若抚。芳武切。

【译文】俌，辅佐。从人，甫声。音读像“抚”字。

【注释】① 辅：《段注》：“谓人之俌犹车之辅也。”

倚 倚 yǐ

倚，依也。从人，奇声。于绮切。

【译文】倚，依靠（物体）。从人，奇声。

依 yī

依，倚也。从人，衣声。于稀切。

【译文】依，倚靠。从人，衣声。

仍 réng

仍，因也。从人，乃声。如乘切。

【译文】仍，依旧。从人，乃声。

佽 cì

佽，便利也。从人，次声。《诗》曰[①]："决拾既佽。"一曰：递也。七四切。

【译文】佽，便利。从人，次声。《诗经》说："右手大拇指上的扳指和左臂上皮制护袖已是十分便利。"另一义说，佽是顺次。

【注释】①《诗》：指《诗经·小雅·车攻》。决：戴在右手大拇指上的骨制套子，射箭时用以钩弦，俗称扳指。拾：射箭时套在左臂上的皮制护袖。

佴 èr

佴，佽也。从人，耳声。仍吏切。

【译文】佴，次第。从人，耳声。

倢 jié

倢，佽也。从人，疌声。子叶切。

【译文】佽，便捷。从人，疌声。

侍 shì

侍，承也。从人，寺声。时吏切。

【译文】侍，承奉。从人，寺声。

傾 qīng

傾，仄也。从人，从頃，頃亦声。去营切。

【译文】傾，偏斜。由人、由頃会意，頃也表声。

側 cè

側，旁也。从人，則声。阻力切。

【译文】側，旁边。从人，則声。

侐 xù

侐，静也。从人，血声。《诗》曰："閟宫有侐。"况逼切。

【译文】侐，清静。从人，血声。《诗经》说："神宫多么清静。"

付 fù

付，与也。从（寸）[又]持物对人[①]。方遇切。

【译文】付，交授。由"又"（手）持握着物对着"人"会意。

【注释】①从寸：依桂馥《义证》："从又"。又持物对人。又是手。又下一画即物。

儃 tán

儃，儃何也[①]。从人，亶声。徒干切。

【译文】儃，儃回。从人，亶声。

【注释】①儃何：《段注》："或当作儃回。"儃回又作儃佪，即徘徊不进。

仰 yǎng

仰，举也。从人，从卬。鱼两切。

【译文】仰，抬头。由人，由卬会意。

伍 wǔ

伍，相参伍也。从人，从五。疑古切。

【译文】伍，或三或五以相错杂交互。由人、由五会意。

什 shí

什，相什保也。从人十。是执切。

【译文】什，以十户或十人为单位，相互担保。由人、十会意。

佸 kuò

佸，会也。从人，昏声。《诗》曰："曷其有佸？"一曰：佸佸，力皃。古活切。

【译文】佸，相会。从人，昏声。《诗经》说："什么时候该有相会之期？"另一义说，佸佸，有力的样子。

佰 佰 bǎi

佰，相什伯也。从人百。博陌切。

【译文】佰，以百户或百人为单位，（相互担保。）由人、百会意。

作 作 zuò

作[①]，起也。从人，从乍。则洛切。

【译文】作，起立。由人、由乍会意。

【注释】①作：站起来。《论语·先进》："鼓瑟希，铿尔舍瑟而作。"

假 假 gé

假，非真也。从人，叚声。一曰：至也。《虞书》曰[①]："假于上下。"古頟切。

【译文】假，不真实。从人，叚声。另一义说：假是到。《虞书》说："到达天地。"

【注释】①《虞书》：指《尧典》。

借 借 jiè

借，假也。从人，昔声。资昔切。

【译文】借，借用（非己真有的物品）。从人，昔声。

價 價 yù

價，卖也。从人，賣声。余六切。

【译文】價，出卖。从人，賣声。

侵 侵 qīn

侵，渐进也。从人又持帚。若埽之进；又，手也。七林切。

【译文】侵，渐进。由"人""又"（手）持握着"帚"会意。（帚）好像用扫帚清埽而前进；又，表示手。

候 候 hòu

候，伺望也。从人，矦声。胡遘切。

【译文】候，观察守望。从人，矦声。

償 償 cháng

償，还也。从人，賞声。食章切。

【译文】償，归还。从人，賞声。

僅 僅 jǐn

僅，材能也。从人，堇声。渠吝切。

【译文】僅，才能够。从人，堇声。

代 代 dài

代，更也。从人，弋声。徒耐切。

【译文】代，更替。从人，弋声。

儀 儀 yí

儀，度也。从人，義声。鱼羁切。

【译文】儀，法度。从人，義声。

傍 傍 bàng

傍，近也。从人，旁声。步光切。

【译文】傍，靠近。从人，旁声。

佀 佀 sì

佀，象也。从人，目声。详里切。

【译文】佀，相像。从人，目声。

任 任 rén

任，（符）[保]也[①]。从人，壬声。如林切。

【译文】任，保举。从人，壬声。

【注释】①符：当依徐锴《系传》作"保"。徐注："相保任也。"

便 便 pián

便，安也。人有不便，更之。从人更。房连切。

【译文】便，安适。人有不安适之处，就变更它。由人、更会意。

俔 俔 qiàn

俔，譬谕也。一曰："间见。"从人，从見。

《诗》曰："俔天之妹。"苦甸切。

【译文】俔，譬喻。另一义说，从空隙中（乍然）看见。由人、由見会意。《诗经》说："（大国有女儿，）好像上天的妹妹。"

優 yōu

優，饶也。从人，憂声。一曰：倡也。于求切。

【译文】優，宽裕。从人，憂声。另一义说，是俳优。

儉 jiǎn

儉，约也。从人，僉声。巨险切。

【译文】儉，行为约束。从人，僉声。

俗 sú

俗，习也。从人，谷声。似足切。

【译文】俗，习惯，从人，谷声。

俾 bǐ

俾，益也。从人，卑声。一曰：俾，门侍人。并弭切。

【译文】俾，增益。从人，卑声。另一义说，俾是守门人。

偭 miàn

偭，乡也。从人，面声。《少仪》曰："尊壶者偭其鼻。"弥箭切。

【译文】偭，面向。从人，面声。《少仪》说："酒尊和酒壶都将它们的巴鼻面向（设尊的人）。"

倪 ní

倪，俾也。从人，兒声。五鸡切。

【译文】倪，裨益。从人，兒声。

億 yì

億，安也。从人，意声。于力切。

【译文】億，安。从人，意声。

使 shǐ

使，伶也。从人，吏声。疏士切。

【译文】使，命令。从人，吏声。

伶 líng

伶，弄也。从人，令声。益州有建伶县。郎丁切。

【译文】伶，戏弄。从人，令声。益州郡有建伶县。

儷 lí

儷，棽俪也。从人，麗声。吕支切。

【译文】儷，棽俪。从人，麗声。

傳 zhuàn

傳，遽也。从人，專声。直恋切。

【译文】傳，传车驿马。从人，專声。

倌 guàn

倌，小臣也。从人，从官。《诗》曰："命彼倌人。"古患切。

【译文】倌，地位低下的臣仆。由人、由官会意。《诗经》说："命令那主管车马的臣仆。"

价 jiè

价，善也。从人，介声。《诗》曰："价人惟藩。"古拜切。

【译文】价，善。从人，介声。《诗经》说："善人就是国家的藩篱。"

仔 zī

仔，克也。从人，子声。子之切。

【译文】仔，肩任。从人，子声。

伸 shēn

伸，屈伸。从人，申声。失人切。

【译文】伸，弯曲和伸展的伸。从人，申声。

僭 jiàn

僭，假也。从人，朁声。子念切。

【译文】僭，（下级）假冒（上级的职权）。从人，朁声。

倍 bèi

倍，反也。从人，咅声。薄亥切。

【译文】倍，违反。从人，咅声。

傿 yàn

傿，引为贾也。从人，焉声。于建切。

【译文】傿，夸大成价。从人，焉声。

偏 piān

偏，颇也。从人，扁声。芳连切。

【译文】偏，偏斜。从人，扁声。

佃 diàn

佃，中也。从人，田声。《春秋传》曰："乘中佃。"一辕车。堂练切。

【译文】佃，中等车乘（shèng）。从人，田声。《春秋左传》说："驾着中等车乘。"（中等车乘）是一辕夹在两马之中的车。

僻 pì

僻，避也。从人，辟声。《诗》曰："宛如左僻。"一曰：从旁牵也。普击切。

【译文】僻，避开。从人，辟声。《诗经》说："宛转地回避。"另一义说，从旁边牵掣。

侈 chǐ

侈，掩胁也。从人，多声。一曰：奢也。尺氏切。

【译文】侈，蒙蔽在上位的，胁迫控制其他人。从人，多声。另一义说，是奢侈。

偽 wèi

偽，诈也。从人，為声。危睡切。

【译文】偽，欺诈。从人，為声。

倡 chàng

倡，乐也。从人，昌声。尺亮切。

【译文】倡，（歌舞）乐人。从人，昌声。

俳 pái

俳，戏也。从人，非声。步皆切。

【译文】俳，杂戏。从人，非声。

俄 é

俄，行顷也。从人，我声。《诗》曰："仄弁之俄。"五何切。

【译文】俄，行步而头倾侧。从人，我声。《诗经》说："歪戴着的帽子是那样地倾斜。"

侮 wǔ

侮，（伤）[傷]也。从人，每声。文甫切。

【译文】侮，轻慢。从人，每声。

僵 jiāng

僵，偾也。从人，畺声。居良切。

【译文】僵，倒地。从人，畺声。

仆 pú

仆，顿也。从人，卜声。芳遇切。

【译文】仆，以头叩地。从人，卜声。

偃 yǎn

偃，僵也。从人，匽声。于幰切。

【译文】偃，仰卧。从人，匽声。

侉 kuā

侉，备词。从人，夸声。苦瓜切。

【译文】侉，表示疲惫的虚词。从人，夸声。

催 cuī

催，相（俦）[擣]也。从人，崔声。《诗》曰："室人交遍催我。"仓回切。

【译文】催，相迫促。从人，崔声。《诗经》

说："家里的人一个接着一个都来讥刺我。"

𠈁 伏 fú

伏①，司也②。从人，从犬③。房六切。

【译文】伏，伺候。由人、由犬会意。

【注释】①伏：埋伏。《周易·同人》："九三，伏戎于莽，升其高陵。"②司：今伺字。③从人，从犬：《段注》："小徐本有'犬司人'，谓犬伺人而吠之。"

𠌶 俑 yǒng

俑，痛也。从人，甬声。他红切。又，余陇切。

【译文】俑，痛。从人，甬声。

𠍁 係 xì

係①，絜束也。从人，从系，系亦声。胡计切。

【译文】系，用麻绳围束。由人、由系会意，系也表声。

【注释】①係：捆绑。《左传·僖公二十五年》："秦人过析隈，入而系舆人。"杜预注："系，缚也。"

𠈊 伐 fá

伐，击也。从人持戈。一曰：败也。房越切。

【译文】伐，击杀。由"人"持握"戈"会意。另一义说，是败坏。

𠊧 促 cù

促，迫也。从人，足声。七玉切。

【译文】促，急迫。从人，足声。

𠊾 例 lì

例，比也。从人，列声。力制切。

【译文】例，类。从人，列声。

𠊏 俘 fū

俘，军所获也。从人，孚声。《春秋传》曰："以为俘聝。"芳无切。

【译文】俘，军队擒获的敌人。从人，孚声。《春秋左传》说："以至成为您的俘虏。"

𠊆 但 dàn

但，裼也。从人，旦声。徒旱切。

【译文】但，（上身）肉外现，无衣。从人，旦声。

𠍖 傴 yǔ

傴，偻也。从人，區声。于武切。

【译文】傴，驼背。从人，區声。

𠍊 僂 lǚ

僂，尪也。从人，婁声。周公韈偻，或言背偻。力主切。

【译文】僂，背脊弯曲。从人，婁声。周公韈偻，或说成"背"脊伛"偻"。

𠎆 僇 liù

僇，痴行僇僇也。从人，翏声。读若雡。一曰：且也。力救切。

【译文】僇，痴病者行走，僇僇迟缓。从人，翏声。音读像"雡"字。另一义说，僇是聊且。

𠆺 仇 qiú

仇，雠也。从人，九声。巨鸠切。

【译文】仇，配偶。从人，九声。

𠐝 儡 léi

儡，相败也。从人，畾声。读若雷。鲁回切。

【译文】儡，容颜败坏。从人，畾声。音读像"雷"字。

咎 jiù

咎，灾也。从人，从各。各者，相违也。其久切。

【译文】咎，灾祸。由人、由各会意。各，表示相违背。

值 zhí

值，措也。从人，直声。直吏切。

【译文】值，措置。从人，直声。

像 xiàng

像，象也。从人，象亦声。读若养。徐两切。

【译文】像，像似。由人、由象会意，象也表声。音读像“养”字。

倦 juàn

倦，罢也。从人，卷声。渠眷切。

【译文】倦，疲劳。从人，卷声。

偶 ǒu

偶，桐人也。从人，禺声。五口切。

【译文】偶，桐木雕的人像。从人，禺声。

弔 diào

弔，问终也。古之葬者，厚衣之以薪。从人持弓，会驱禽。多啸切。

【译文】弔，慰问死丧。古代的安葬，用柴薪厚厚地覆盖着尸体。由“人”持握着“弓”，会合驱赶禽兽之意。

佋 zhāo

佋，庙佋穆。父为佋，南面。子为穆，北面。从人，召声。市招切。

【译文】佋，宗庙排列的佋、穆次序。（始祖庙居中，）父庙为佋，（居左）面向南方。子庙为穆，（居右）面向北方。从人，召声。

匕部

匕 huà

匕，变也。从到人。凡匕之属皆从匕。呼跨切。

【译文】匕，变化。由倒着的人字表示。大凡匕的部属都从匕。

化 huà

化，教行也[1]。从匕，从人，匕亦声。呼跨切。

【译文】化，教化实行。由匕、由人会意，匕也表声。

【注释】①教行：《段注》：“教行于上则化成于下。”徐灏笺：“教化者。”移风易俗之义。

真 zhēn

真，僊人变形而登天也。从匕，从目，从乚；八，所乘载也。侧邻切。

【译文】真，长生不死的人变化形体而升天。由匕、由目、由乚会意；八，是乘坐的风云之类的工具。

匕部

匕 bǐ

匕，相与比叙也。从反人。匕，亦所以（用比）取饭，一名柶。凡匕之属皆从匕。卑履切。

【译文】匕，一起比较而排列次第。由反向的人字表示。匕，也是用来舀取饭食的勺匙，又叫柶。大凡匕的部属都从匕。

匙 chí

匙，匕也。从匕，是声。是支切。

【译文】匙，匕勺。从匕，是声。

頃 qīng

頃，头不正也。从匕，从頁。去营切。

【译文】頃，头不正。由匕、由頁会意。

卬 áng

卬，望，欲有所庶及也。从匕，从卪。《诗》曰："高山卬止。"伍冈切。

【译文】卬，仰望，希望有可能达到这种境界。由匕、由卪会意。《诗经》说："高山，要仰望啊。"

卓 zhuó

卓，高也。早匕为阜，匕卪为卬，皆同义。竹角切。

【译文】卓，高。早、匕成卓字，匕、卪成卬字，从匕都同义。

艮 gèn

艮，很也。从匕目。匕目，犹目相匕，不相下也。《易》曰："艮其限。"匕目为艮，七目为真也。古恨切。

【译文】艮，互不听从，停滞不前。由匕目会意。"匕目"的意思，好比两人怒目相视，互不相让。《易经》说："目光停止在腰部的界限上。"匕、目会意成艮字，匕、目会意成真字。

从部

从 cóng

从，相听也[①]。从二人。凡从之属都从从。疾容切。

【译文】从，相听从。由两个人字相随会意。大凡从的部属都从从。

【注释】① 相听也：犹相从。

從 cóng

從，随行也。从辵，从从，从亦声。慈用切。

【译文】從，跟随行走。由辵、由从会意，从也表声。

并 bìng

并，相从也。从从，幵声。一曰：从持二为并[①]。府盈切。

【译文】并，相跟随。从从，幵（jiān）声。另一义说，"从"持握着"二"为并。

【注释】① 从持句：《段注》："二人持二竿，是人持一竿，并合之意。"

比部

比 bǐ

比，密也。二人为从，反从为比。凡比之属皆从比。毗至切。

【译文】比，亲密。两个"人"字相随为"从"，把"从"字反过来成了"比"。大凡比的部属都从比。

毖 bì

毖，慎也。从比，必声。《周书》曰："无毖于卹。"兵媚切。

【译文】毖，谨慎。从比，必声。《周书》说："不要被忧患吓倒。"

北部

北 běi

北，乖也[①]。从二人相背。凡北之属皆从北。博墨切。

【译文】北，违背。由两个"人"字背靠背表示。大凡北的部属都从北。

【注释】① 乖：相违背。

冀 jì

冀，北方州也。从北，異声。几利切。

【译文】冀，北方的州名。从北，異声。

丘部

丘 qiū

丘，土之高也，非人所为也。从北，从一。一，地也，人居在丘南，故从北。中邦之居，在昆崘东南。一曰：四方高，中央下为丘。象形，凡丘之属皆从丘。去鸠切。

【译文】丘，高高的土堆，不是人力堆造的。由北、由一会意。一表示地。人们住在丘南面，所以由“北”字表意。中国的集居，在昆崘山的东南。另一说说，四方高而中央低下叫丘。象形。大凡丘的部属都从丘。

虚 xū

虚，大丘也。昆崘丘谓之昆崘虚。古者九夫为井，四井为邑，四邑为丘。丘谓之虚。从丘，虍声。丘如切。又，朽居切。

【译文】虚，大丘。昆崘丘叫作昆崘虚。古时候，九个成年男子成一井，四井成一邑，四邑成一丘。丘又叫作虚。从丘，虍声。

㐺部

㐺 yín

㐺，众立也。从三人。凡㐺之属皆从㐺。读若钦崟。鱼音切。

【译文】㐺众人并立。由三个“人”字并立。大凡㐺的部属都从㐺。音读像“钦崟”的“崟”字。

聚 jù

聚，会也。从㐺，取声。邑落云聚。才句切。

【译文】聚，会合。从㐺，取声。乡邑中村落叫作聚。

眾 zhòng

眾[1]，多也。从㐺目，眾意。之仲切。

【译文】眾，多。由㐺、目会合众多的意思。

【注释】① 眾：许多人。《左传·襄公十年》：“众怒难犯。”

𡈼部

𡈼 tǐng

𡈼，善也。从人士；士，事也。一曰：象物出地，挺生也。凡𡈼之属皆从𡈼。他鼎切。

【译文】𡈼，善好。由人、士会意，士就是办事。另一义说，像植物长出地面，挺然而生的样子。大凡𡈼的部属都从𡈼。

徵 zhēng

徵，召也。[从𡈼，]从微省，𡈼為徵。行于微而（文）[闻]达者，即征之。陟陵切。

【译文】徵，征召。由𡈼、由微省会意。𡈼是古征字。行为隐蔽而声望显达挺著于外的人，就征召他。

重部

重 zhòng

重，厚也[1]。从𡈼，東声。凡重之属皆从重。柱用切。

【译文】重，厚重。从𡈼，東声。大凡重的部属都从重。

【注释】①厚：《段注》：“厚斯重矣。”引申之为郑重、重叠。

量 liáng

量，称轻重也。从重省，曏省声。吕张切。

【译文】量，称轻重。由重省亻为形旁，曏省乡为声旁。

卧部

卧 wò

卧，休也。从人臣，取其伏也。凡卧之属皆从卧。吾货切。

【译文】卧，休息。由人、臣会意，取“臣”字屈伏之意。大凡卧的部属都从卧。

監 jiān

監①，临下也。从卧，衉省声。古衔切。

【译文】監，居上视下。从卧，衉省声。

【注释】① 監：《书·酒诰》：“古人有言曰：‘人无于水监，当于民监。’”

臨 lín

臨①，监临也。从卧，品声。力寻切。

【译文】臨，临下监视。从卧，品声。

【注释】① 臨：从高处往下看。《诗经·小雅·小旻》：“战战兢兢，如临深渊。”

身部

身 shēn

身①，躳也。象人之身。从人，厂声。凡身之属皆从身。失人切。

【译文】身，全身躯。像人的身躯。从人，厂声。大凡身的部属都从身。

【注释】① 身：有了身子。《诗经·大雅·大明》：“大任有身，生此文王。”

軀 qū

軀，体也。从身，區声。岂俱切。

【译文】軀，身体。从身，區声。

㐆部

㐆 yī

㐆，归也。从反身。凡㐆之属皆从㐆。于机切。

【译文】㐆，归依。由身字反向表示。大凡㐆的部属都从㐆。

殷 yīn

殷，作乐之盛称殷。从㐆，从殳。《易》曰：“殷荐之上帝。”于身切。

【译文】殷，制作盛大乐舞叫殷。由㐆、由殳会意。《易经》说：“用这盛大的乐舞奉献给上帝。”

衣部

衣 yī

衣，依也。上曰衣，下曰裳。象覆二人之形。凡衣之属皆从衣。于稀切。

【译文】衣，（人们）依赖（其遮体身体）。上身穿的叫衣，下身穿的叫裳。像（用“人”）覆盖两个“人”字的形状。大凡衣的部属都叫衣。

裁 cái

裁，制衣也。从衣，𢦏声。昨哉切。

【译文】裁，剪裁衣服。从衣，𢦏声。

衮 gǔn

衮，天子享先王，卷龙绣于下幅，一龙蟠阿上乡。从衣，公声。古本切。

【译文】衮，天子用食物供奉先王之灵，卷曲的龙绣在龙衣的下面一幅，一条龙弯弯曲曲昂首向上。从衣，公声。

襁 jiǎng

襁，负儿衣。从衣，强声。居两切。

【译文】襁，背负婴儿的衣物。从衣，强声。

衽 rěn

衽，衣裣也[1]。从衣，壬声。如甚切。

【译文】衽，衣襟。从衣，壬声。

【注释】①裣：后作襟，指衣服胸前交领部分，也指衣的两旁掩盖下裳与上衣交际的地方。

褸 lǚ

褸，衽也。从衣，婁声。力主切。

【译文】褸，衣襟。从衣，婁声。

襲 xí

襲，左衽袍。从衣，龍省声。似入切。

【译文】襲，（死者穿的）衣襟在左边的内衣。从衣，龍省声。

袍 páo

袍[1]，襺也。从衣，包声。《论语》曰："衣弊缊袍。"薄褒切。

【译文】袍，有夹层、中装绵絮的长衣。从衣，包声。《论语》说："穿着破烂的旧丝绵袍子。"

【注释】①袍：徐灏《段注笺》："此云：'袍，茧也。'浑言之。"

袤 mào

袤，衣带以上。从衣，矛声。一曰：南北曰袤，东西曰广。莫候切。

【译文】袤。衣带以上。从衣，矛声。另一义说：南北之间的距离叫袤，东西之间叫广。

袛 dī

袛，袛裯，短衣。从衣，氐声。都兮切。

【译文】袛，袛裯，短衣。从衣，氐声。

裯 dāo

裯，衣袂，袛裯。从衣，周声。都牢切。

【译文】裯，衣袖；短衣。从衣，周声。

襤 lán

襤，裯谓之襤褸。襤，无缘也。从衣，監声。鲁甘切。

【译文】襤，衣被破败叫作襤褸。（又，）襤，无边饰的衣服。从衣，監声。

袂 mèi

袂，袖也。从衣，夬声。弥弊切。

【译文】袂，衣袖。从衣，夬声。

袪 qū

袪，衣袂也。从衣，去声。一曰：袪，褢也；褢者，裛也。袪，尺二寸。《春秋传》曰："披斩其袪。"去鱼切。

【译文】袪，衣袖。从衣，去声。另一义说，袪，怀；怀，怀抱。袖（口直径），长一尺二寸。《春秋左传》说："（宦官）披斩断他的衣袖。"

褍 duò

褍，无袂衣谓之褍。从衣，惰省声。徒卧切。

【译文】褍，无袖衣叫作褍。从衣，惰省声。

裾 jū

裾，衣（袍）[褢]也。从衣，居声。读与居同。九鱼切。

【译文】裾，衣服的前襟。从衣，居声。音读与"居"同。

複 fú

複，重衣皃。从衣，复声。一曰：褚衣。方

六切。

【译文】複，夹衣的样子。从衣，复声。另一义说，夹层里面装铺丝棉的衣服。

禔 tí

禔，衣厚禔禔。从衣，是声。杜兮切。

【译文】禔，衣厚禔禔的样子。从衣，是声。

襛 róng

襛，衣厚皃。从衣，農声。《诗》曰："何彼襛矣。"汝容切。

【译文】襛，衣服厚的样子。从衣，農声。《诗经》说："为什么它那么浓艳呢？"

裻 dú

裻，新衣声。一曰：背缝。从衣，叔声。冬毒切。

【译文】裻，穿新衣的声音。另一义说，是衣背缝。从衣，叔声。

裔 yì

裔，衣裾也。从衣，㕯声。余制切。

【译文】裔，衣边。从衣，㕯（nè）声。

袛 diāo

袛，短衣也。从衣，鳥声。《春秋传》曰："有空袛。"都僚切。

【译文】袛，短衣。从衣，鳥声。《春秋左传》说："有空袛。"

袳 chǐ

袳，衣张也。从衣，多声。《春秋传》曰："公会齐侯于袳。"尺氏切。

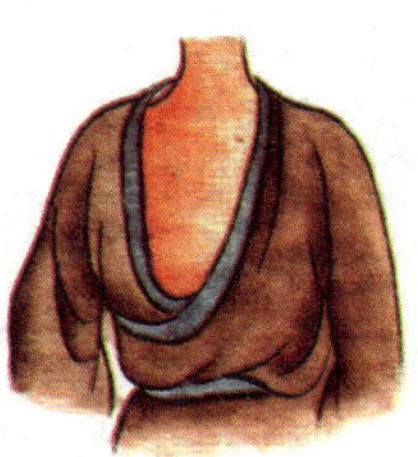

【译文】袳，衣服（因宽大而）张开。从衣，多声。《春秋左传》说："鲁桓公在袳地与齐侯会盟。"

袁 yuán

袁，长衣皃。从衣，叀省声。羽元切。

【译文】袁，长衣的样子。从衣，叀省声。

衯 fēn

衯[①]，长衣皃。从衣，分声。抚文切。

【译文】衯，长衣的样子。从衣，分声。

【注释】① 衯：衣服长大的样子。《史记·司马相如列传》："衯衯裶裶，扬袘恤削。"《类篇》："衣大谓之衯。"

襦 rú

襦，短衣也[①]。从衣，需声。一曰䰲衣。人朱切。

【译文】襦，短袄。从衣，需声。又叫䰲衣。

【注释】① 短衣：朱骏声《通训定声》："其长及膝，若今之短袄。"

襄 xiāng

襄，汉令：解衣耕谓之襄。从衣，𤕦声。息良切。

【译文】襄，汉朝的律令说：解脱衣服耕种田地叫作襄。从衣，𤕦声。

褊 biǎn

褊，衣小也。从衣，扁声。方沔切。

【译文】褊，衣服狭小。从衣，扁声。

袷 jiā

袷，衣无絮。从衣，合声。古洽切。

【译文】袷，衣中不装铺绵絮。从衣，合声。

被 bèi

被，寝衣，长一身有半。从衣，皮声。平义切。

【译文】被，被子，长度为身体的一又二分之一。从衣，皮声。

衾 qīn

衾，大被。从衣，今声。去音切。

【译文】衾，大被。从衣，今声。

衷 zhōng

衷，里亵衣。从衣，中声。《春秋传》曰："皆衷其衵服。"陟弓切。

【译文】衷，里面贴肉穿的私居之衣。从衣，中声。《春秋左传》说："(陈灵公与孔宁、仪行父)都贴肉穿着夏姬天天常穿的汗衣。"

褻 xiè

褻，私服。从衣，埶声。《诗》曰："是亵袢也。"私列切。

【译文】褻，私居在家的衣服。从衣，埶声。《诗经》说："这贴身的内衣无色泽了。"

雜 zá

雜，五彩相会[①]。从衣，集声。徂合切。

【译文】雜，各种彩色，相互配合(来制作衣服)。从衣，集声。

【注释】①五彩句：《段注》："所谓五采彰施于五色作服也。引伸为凡参错之偁。"

裕 yù

裕，衣物饶也。从衣，谷声。《易》曰："(有)[罔]孚，裕无咎。"羊孺切。

【译文】裕，衣物富余。从衣，谷声。《易经》说："没有见信于人，暂且宽裕待时，就没有祸害。"

裂 liè

裂，缯余也。从衣，列声。良薛切。

【译文】裂，缯帛的残余。从衣，列声。

袈 ná

袈，弊衣。从衣，奴声。女加切。

【译文】袈，破旧的衣服。从衣，奴声。

袒 zhàn

袒，衣缝裂开。从衣，旦声。丈苋切。

【译文】袒，衣缝裂开。从衣，旦声。

襭 xié

襭[①]，以衣衽扱物谓之襭。从衣，頡声。胡结切。

【译文】襭，把衣襟(掖在腰带上)收盛东西叫作襭。从衣，頡声。

【注释】①襭：朱骏声《通训定声》："今苏俗谓之衣兜。按：兜而扱(chā，插)于带间曰襭。"

衺 xié

衺，(褭)也。从衣，牙声。似嗟切。

【译文】衺，回邪乖僻。从衣，牙声。

裝 zhuāng

裝，裹也。从衣，壯声。侧羊切。

【译文】裝，包裹。从衣，壯声。

裹 guǒ

裹，缠也。从衣，果声。古火切。

【译文】裹，缠束。从衣，果声。

褐 hè

褐，编枲袜。一曰：粗衣。从衣，曷声。胡葛切。

【译文】褐，编织粗麻而成的袜子。另一义说，用兽毛或粗麻织成的衣服。从衣，曷声。

褗 yǎn

褗，褔谓之褗。从衣，奄声。依检切。

【译文】褗，衣领叫作褗。从衣，奄声。

卒 zú

卒，隶人给事者衣为卒。卒，衣有题识者。臧没切。

【译文】卒，隶役供给差事的人的衣服叫卒。卒，指衣上有标记的符号。

衰 suō

衰[①]，草雨衣。秦谓之萆。从衣，象形。穌禾切。

【译文】衰，草作的避雨衣。秦地叫作萆。从衣，像雨衣之形。

【注释】① 衰：徐灏《段注笺》："衰本象艹雨衣之形，假借为衰绖字。而艹雨衣加艹作蓑。其后衰绖字又加纟作縗。"按衰又借为盛衰字。

褚 chǔ

褚，卒也。从衣，者声。一曰：(制)[装]衣。丑吕切。

【译文】褚，士卒。从衣，者声。另一义说，(用丝绵)装铺衣服。

制 zhì

制，裁也。从衣，从制。征例切。

【译文】制，剪裁。由衣、由制会意。

裘部

裘 qiú

裘，皮衣也。从衣，求声。一曰：象形，与衰同意。凡裘之属皆从裘。巨鸠切。

【译文】裘，皮衣。从衣，求声。另一说，(求)像衣之形，与"衰"字像草雨衣之形，是同一构形原则。大凡裘的部属都从裘。

老部

老 lǎo

老，考也。七十曰老。从人毛匕，言须发变白也。凡老之属皆从老。卢皓切。

【译文】老，老年人。七十岁叫老。由人、毛、匕会意。是说鬍须毛发变白。大凡老的部属都从老。

耋 dié

耋，年八十曰耋。从老省，从至[①]。徒结切。

【译文】耋。年岁八十叫耋。由老省、由至会意。

【注释】① 从至：徐锴《繫传》作"至声"。按至是意兼声。

薹 mào

薹，年九十曰薹。从老，从蒿省。莫报切。

【译文】薹，年岁九十叫薹。由老、由蒿省会意。

耆 qí

耆[①]，老也。从老省，旨声。渠脂切。

【译文】耆，老年。由老省匕，旨声。

【注释】① 耆：《释名·释长幼》："六十曰耆。耆，指也，不从力役，指事使人也。"

壽 shòu

壽[①]，久也。从老省，𠷎声。殖酉切。

【译文】壽，长久。从老省，𠷎声。

【注释】① 壽：长命，长寿。《诗经·小雅·天保》："如南山之寿，不骞不崩。"

考 kǎo

考，老也。从老省，丂声。苦浩切。

【译文】考，老年人。从老省，丂声。

孝 xiào

孝，善事父母者。从老省，从子；子承老也。呼教切。

【译文】孝，善于奉侍父母的人。由老省、由子会意，表示子女承奉父老。

毛部

毛 máo

毛，眉发之属及兽毛也。象形。凡毛之属皆从毛。莫袍切。

【译文】毛，眉毛须发之类以及禽兽的毛。像毛之形。大凡毛的部属都从毛。

毴 rǒng

毴，毛盛也。从毛，隼声。《虞书》曰："鸟兽毴髦。"而尹切。又，人勇切。

【译文】毴，毛茂盛。从毛，隼声。《虞书》说："鸟兽长出了茂密的毛。"

毨 xiǎn

毨，仲秋，鸟兽毛盛，可选取以为器用。从毛，先声。读若选。稣典切。

【译文】毨，中秋时，鸟和兽的毛茂盛，可选取制作器具用品。从毛，先声。音读像"选"字。

倝毛 hàn

倝毛①，兽豪也。从毛，倝声。侯干切。

【译文】倝毛，兽的鬃毛。从毛，倝声。

【注释】① 倝毛：古书作翰。

毳部

毳 cuì

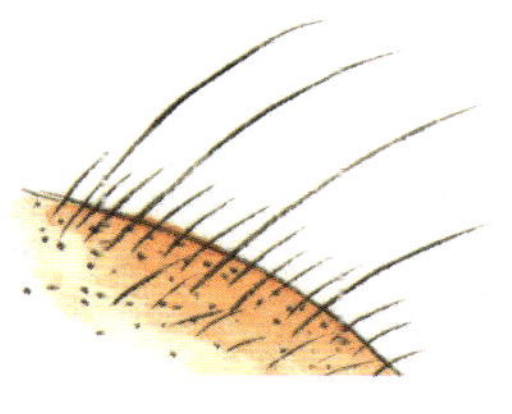

毳，兽细毛也。从三毛①。凡毳之属皆从毳。此芮切。

【译文】毳，鸟兽的细毛。由三个毛字会意。大凡毳的部属都从毳。

【注释】① 从三毛：《段注》："毛细则丛密，故从三毛，众意也。"

尸部

尸 shī

尸①，陈也。象卧之形。凡尸之属皆从尸。式脂切。

【译文】尸，陈列。像人卧的样子。大凡尸的部属都从尸。

【注释】① 尸：古代祭祀时，代表死者受祭的人。《仪礼·士虞礼》："祝迎尸。"

展 zhǎn

展①，转也。从尸，㠭省声。知衍切。

【译文】展，展转。从尸，㠭（zhǎn）省声。

【注释】① 展：朱骏声《通训定声》："单言之曰展，絫言之曰辗转。""辗转者，忽屈忽伸，不适之意态也。"

居 jū

居①，蹲也②。从尸古者，居从古。九鱼切。

【译文】居，蹲踞。由尸、古会意的缘故，是说蹲踞是从古而来的习俗。

【注释】① 居：今作踞。② 蹲：《段注》："蹲则足底着地而下其臀，耸其膝曰蹲。"

尼 ní

尼，从后近之[①]。从尸，匕声。女夷切。

【译文】尼，从后面接近他。从尸，匕声。

【注释】①从后句：王筠《句读》："从后者，于字形得之。尸是卧人，匕是反人。匕者，比也。人与人比，是相近也。人在人下，是从后也。"

屆 chā

屆，[屆㞕，]从后相(臿)[蹑]也。从尸，从臿[①]。楚洽切。

【译文】屆，屆㞕，从后面相随叠积。由尸、由臿会意。

【注释】①从尸，从臿：《段注》作："臿声。"

㞕 rǎn

㞕，屆㞕也。从尸，乏声。直立切。

【译文】㞕，屆㞕。从尸，乏声。

㞋 rǎn

㞋，柔皮也。从[叉]申尸之后[①]。尸或从又[②]。人善切。

【译文】㞋，使皮革柔软。由"叉"伸在"尸"的后面会意。"尸"下有时从"又"。

【注释】①从申句：当依王筠《句读》"从"后加"叉"。王注："尸，乃皮省也。申者，展之使平也。"按：此字会合的意思是：皮匠用手伸展皮革使之平软。②又：王筠《句读》："叉、又皆手，乃柔皮之工之手也。"

屒 zhěn

屒，伏皃。从尸[①]，辰声。一曰：屋宇。珍忍切。

【译文】屒，伏着的样子。从尸，辰声。另一义说，是屋檐。

【注释】①从尸：《段注》："尸象屋形。"

屖 xī

屖，屖遟也[①]。从尸，辛声。先稽切。

【译文】屖，栖迟。从尸，辛声。

【注释】①屖遟：《段注》："即《陈风》之'栖遟'也。《毛传》曰'栖遟，游息也。'"即滞留不进。

屝 fèi

屝，履也。从尸，非声。扶沸切。

【译文】屝，鞋履。从尸，非声。

屠 tú

屠，刳也。从尸，者声。同都切。

【译文】屠，刳剥。从尸，者声。

屋 wū

屋，居也。从尸[①]，尸，所主也。一曰：尸，象屋形。从至，至，所至止。室、屋皆从至。乌谷切。

【译文】屋，人们居处的地方。从尸，尸，表示人为屋主。另一说，尸像屋子（上有覆盖，旁有墙壁）的样子。从至，至，表示到了应该休止的地方。室字、屋字都从至。

【注释】①从尸：《段注》："凡尸皆得训主，屋从尸者，人为屋主也。"

屟 xiè

屟，履中荐也。从尸，枼声。稣叶切。

【译文】屟，木制鞋履挖空中间而用以垫脚的底板。从尸，枼声。

屏 bǐng

屏，屏蔽也。从尸，并声。必郢切。

【译文】屏，隐蔽的（屋室）。从尸，并声。

層 céng

層，重屋也[①]。从尸，曾声。昨棱切。

【译文】層，重叠的楼屋。从尸，曾声。

【注释】①重屋：《段注》："曾之言重也。曾祖、曾孙皆是也。故从曾之层为重屋。"

浅析汉字的起源

结绳记事

大事结大疙瘩，小事结小疙瘩。

结绳记事，在一条绳子上打结，或多根绳子横竖交叉打结，用以记事。如疙瘩的多少代表了东西的多少，等等。

刻契记事

刻契上的数目主要是做债务凭证。

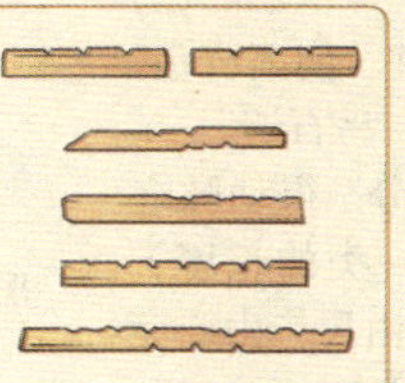

刻契记事，在木片或竹片上刻画记号，用来帮助记忆、表示数量。后来人们把木片或竹片从中间分开，作为两半，双方各持一半，以两者吻合为凭据。

图画记事

记录生存经验或事情。

图画记事，即用文字的线条或笔划把表达的物体的外形特征具体地勾画出来，以写实的图形，来帮助记忆表达思想。

图文混用

馬

马字的字体变化。

图画逐渐发挥文字的作用，如画了一个马，人们见了就叫它为“马”。久而久之，人们约定成俗，类似于“马”这样的图画，就介于图画和文字之间，久而用之了。

图文分离

文字不再是图画的，而是书写的。

随着图文混用的图画越来越多，最终导致文字从图画中分离出来。书写的技术不需要逼真的描绘，只要把特点写出来，大致不错，使人能认识就够了。这，就是原始的文字。

几万年前的旧石器时代的人类，已经有很好的绘画，这些画大抵是动物和人像，这是文字的前驱。

尺部

尺 chǐ

尺，十寸也。人手却十分动脉为寸口。十寸为尺。尺，所以指标尺榘事也。从尸，从乙。乙，所识也。周制，寸、尺、咫、寻、常、仞诸度量，皆以人之体为法。凡尺之属皆从尺。昌石切。

【译文】尺，十寸。人手后退十分，得动脉之处，就是寸口。十寸是一尺。尺（一类的长度），是用来标明方圆一类事物的标准。由尺、由乙会意。乙，是标志的符号。周朝的制度，寸、尺、咫、寻、常、仞各长度单位，都用人的身体作标准。大凡尺的部属都从尺。

咫 zhǐ

咫，中妇人手长八寸①，谓之咫。周尺也。从尺，只声。诸氏切。

【译文】咫，长短适中的妇人手长八寸，叫作咫。这是周朝的尺度。从尺，只声。

【注释】① 中：王筠《句读》："中者，长短适中也。"

尾部

尾 wěi

尾，微也。从到毛在尸后。古人或饰系尾，西南夷亦然。凡尾之属皆从尾。无斐切。

【译文】尾，微细的（尾巴）。由倒着的"毛"字在"尸"字之后会意。古人有的装饰着尾巴，西南少数民族也是这样。大凡尾的部属都从尾。

屬 zhǔ

屬，连也。从尾，蜀声。之欲切。

【译文】屬，连续。从尾，蜀声。

屈 jué

屈，无尾也。从尾，出声。九勿切。

【译文】屈，（衣服短得好像）没有尾巴。从尾，出声。

尿 niào

尿，人小便也。从尾，从水。奴吊切。

【译文】尿，人的小便。由尾、由水会意。

履部

履 lǐ

履，足所依也。从尸，从彳，从夊，舟象履形。一曰：尸声。凡履之属皆从履。良止切。

【译文】履，脚所依托的用具。由尸、由彳、由夊会意，舟像鞋履的样子。另一说，尸表声。大凡履的部属都从履。

屨 jù

屨，履也。从履省，婁声。一曰：鞮也。九遇切。

【译文】屨，鞋履。由履省作形符，婁声。另一义说，屨是皮鞋。

屐 jī

屐，屩也。从履省，支声。奇逆切。

【译文】屐，木屐。由履省为形符，支声。

舟部

舟 zhōu

舟，船也。古者，共鼓、货狄，刳木为舟，剡木为楫，以济不通。象形。凡舟之属皆从舟。职流切。

【译文】舟，船。古时候，共鼓、货狄两人，把木挖空作船，把木削作桨，来渡过不能通过的水流。像船的形状。大凡舟的部属都从舟。

俞 yú

俞，空中木为舟也。从亼，从舟，从巜。巜，水也。羊朱切。

【译文】俞，用中间空了的树木作船。由亼、由舟、由巜会意。巜，表示水。

船 chuán

船，舟也。从舟，鉛省声。食川切。

【译文】船，舟的今名。从舟，铅省声。

舳 zhú

舳，艫也。从舟，由声。汉律名船方(长)[丈]为舳艫。一曰：舟尾。直六切。

【译文】舳，舳艫。从舟，由声。汉朝的律令叫船只的计量单位每一方丈作舳艫。另一义说，舳是船尾。

朕 zhèn

朕，我也。阙。直禁切。

【译文】朕，我。阙其构形。

舫 fàng

舫[①]，船师也。《明堂月令》曰"舫人"。习水者。从舟，方声。甫妄切。

【译文】舫，船师。《明堂月令》曰"舫人"。(舫人)是熟悉水性的捕鱼的人。从舟，方声。

【注释】①舫：本指相并联的两只船。《尔雅·释言》："舫，舟也。"郭璞注："并两船。"

般 bān

般，辟也。象舟之旋，从舟；从殳，殳，所以旋也。北潘切。

【译文】般，盘旋。像船的旋转，所以从舟；从殳，殳是使之旋转的篙类工具。

服 fú

服，用也。一曰：车右騑，所以舟旋。从舟，𠬝声。房六切。

【译文】服，使用。另一义说，车右边的骖马，是用来(向右边)周旋的马。从舟，𠬝(fú)声。

方部

方 fāng

方，并船也。象两舟省、緫头形。凡方之属皆从方。府良切。

【译文】方，相并的两只船。(下)像两个舟字省并为一个的形状，(上)像两个船头用绳索总缆在一起的形状。大凡方的部属都从方。

斻 háng

斻，方舟也。从方，亢声。礼：天子造舟，诸侯维舟，大夫方舟，士特舟。胡郎切。

【译文】斻，两船相并。从方，亢声。礼制规定：天子(渡水)，船连着船一直到对岸，诸侯用绳索连着四只船，大夫并连两只船，士人用一只船。

儿部

儿 rén

儿，仁人也。古文奇字人也。象形。孔子曰："在人下，故诘屈。"凡儿之属皆从儿。如邻切。

【译文】儿，仁爱的人。是古文"人"字的异体。象形。孔子说："儿在字的下部，所以形体蛮曲。"大凡儿的部属都从儿。

兀 wù

兀，高而上平也。从一在儿上。读若夐。茂陵有兀桑里[①]。五忽切。

【译文】兀，高而上面平坦。由"一"在"儿"上会意。音读像"夐"字。茂陵县有兀桑里。

【注释】①茂陵：《汉书·地理志》："右扶风有茂陵县。"在今陕西省兴平东北。

兒 ér

兒，孺子也[①]。从儿，象小头囟(xìn)未合。汝移切。

【译文】兒，婴儿。从儿，(臼)像小孩脑盖顶门没有合拢来。

【注释】① 孺子：《段注》："子部曰：'孺，乳子也。乳子，乳下子也。'《礼记·杂纪》谓之婴儿。"

允 yǔn

允，信也。从儿，㠯声。乐准切。

【译文】允，诚信。从儿，㠯声。

兑 duì

兑，说也。从儿，㕣声。大外切。

【译文】兑，喜悦。从儿，㕣（yǎn）声。

充 chōng

充，长也；高也。从儿，育省声。昌终切。

【译文】充，长，高。从儿，育省声。

兄部

兄 xiōng

兄，长也[①]。从儿，从口。凡兄之属皆从兄。许荣切。

【译文】兄，滋长。由儿、由口会意。大凡兄的部属都从兄。

【注释】① 长：《段注》："兄之本义训益，许所谓长也。许不云'兹'者，许意言长则可晐长幼之义也。"

兢 jīng

兢，竞也。从二兄；二兄，竞意。从丯声。读若矜。一曰：兢，敬也。居陵切。

【译文】兢，强劲。由两个兄字会意，两个兄字，表示竞相滋长的意思。丯表声。音读像"矜"字。另一义说，竞，小心谨慎。

兂部

兂 zēn

兂，首笄也。从人，匕象簪形。凡兂之属皆从兂。侧岑切。

【译文】兂，头上的簪子。从人，匕像簪子的形状。大凡兂的部属都从兂。

皃部

皃 mào

皃，颂仪也。从人，白象人面形。凡皃之属皆从皃。莫教切。

【译文】皃，容貌。从人，白像人的面部的形状。大凡皃的部属都从皃。

兜部

兜 dōu

兜，兜鍪，首铠也。从兜，从皃省。皃像人头也。当侯切。

【译文】兜，兜鍪，头盔。由兜、由皃省会意。皃像人的头部。

先部

先 xiān

先，前进也。从儿，从之[①]。凡先之属皆从先。稣前切。

【译文】先，前进。由儿、由之会意。大凡先的部属都从先。

【注释】① 从儿，从之：王筠《句读》："之，出也。出人头地。是先也。"

兟 shēn

兟，进也。从二先。赞从此。阙。所臻切。

【译文】兟，进。由两个先字会意。赞字从这个兟字。阙其音读。

秃部

秃 tū

秃，无发也。从儿，上象禾（粟）[秀]之形，取其声。凡秃之属皆从秃。王育说：苍颉出见秃人伏禾中，因以制字。未知其审。他谷切。

【译文】秃，没有头发。从儿，上面的禾，像谷物开花吐穗的样子，又取秀表声。大凡秃的部属都从秃。王育说：（造字的圣人）仓颉外出看见秃顶的人伏在禾中，于是就用（人、禾会意）制秃字。不知其详细情况如何。

穨 tuí

穨，秃皃。从秃，貴声。杜回切。

【译文】穨，没有头发的样子。从秃，貴声。

見部

見 jiàn

見，视也[①]。从儿，从目。凡见之属皆从见。古甸切。

【译文】見，看见，由儿、由目会意。大凡见的部属都从见。

【注释】① 视：《段注》："析言之，有视而不见者。""浑言之，则视与见一也。"

視 shì

視，瞻也。从見，示［声］。神至切。

【译文】視，看。从見，示声。

觀 guàn

觀，谛视也。从見，雚声。古玩切。

【译文】觀，仔细看。从見，雚声。

覽 lǎn

覽，观也。从見監，監亦声。卢敢切。

【译文】覽，观察。由見、監会意，監也表声。

覾 lài

覾，内视也。从見，來声。洛代切。

【译文】覾，（凝神）内顾。从見，來声。

覻 qù

覻，拘覻，未致密也。从見，虘声。七句切。

【译文】覻，拘覻，不细致周密的意思。从見，虘声。

覺 jué

覺，寤也。从見，學省声。一曰：发也。古岳切。

【译文】覺，睡醒。从見，學省声。另一义说，是发觉。

覿 jì

覿，目赤也。从見，䀠省声。才的切。

【译文】覿，眼睛红赤。从見，䀠省声。

靚 jìng

靚，召也。从見，青声。疾正切。

【译文】靚，召见。从見，青声。

覲 jìn

覲，诸侯秋朝曰覲，劳王事[①]。从見，堇声。渠吝切。

【译文】覲，诸侯秋天朝见天子叫覲，意思是为天子之事而勤劳。从見，堇声。

【注释】① 劳王事：《段注》作"勤劳王事也"，注："郑（玄）曰：'覲之言勤也，欲其勤王之事。'"

親 qīn

親，至也。从見，亲声。七人切。

【译文】親，密切之至。从見，亲声。

覞部

覞 yào

覞，并视也。从二見。凡覞之属皆从覞。弋笑切。

【译文】覞，两人相对而视。由两个見字会意。大凡覞的部属都从覞。

覵 qiān

覵，很视也。从覞，肩声。齐景公之勇臣有成覵者。苦闲切。

【译文】覵，凶狠地注视。从覞，肩声。齐

景公的勇敢的臣子有叫成覵的人。

𩂣 xì

𩂣，见雨而比息。从覞，从雨。读若欷。虚器切。

【译文】𩂣，遇雨（急行）而呼吸急促。由覞、由雨会意。音读像“欷”字。

欠部

欠 qiàn

欠，张口气悟也。象气从人上出之形。凡欠之属皆从欠。去剑切。

【译文】欠，张开口，（壅塞、阻滞的）气伸散而出。像“气”从“人”上部出去的样子。大凡欠的部属都从欠。

欽 qīn

欽，欠皃。从欠，金声。去音切。

【译文】欽，打呵欠的样子。从欠，金声。

吹 chuī

吹，出气也。从欠，从口。昌垂切。

【译文】吹，（撮起嘴唇急促地）吐出气流。由欠、由口会意。

歑 hū

歑，温吹也。从欠，虖声。虎乌切。

【译文】歑，（缓缓）呵气使温暖。从欠，虖声。

歇 xiē

歇，息也。一曰：气越泄。从欠，曷声。许谒切。

【译文】歇，休息。另一义说：气散发、泄漏。从欠，曷声。

歡 huān

歡，喜乐也。从欠，雚声。呼官切。

【译文】欢，喜悦欢乐。从欠，雚声。

欣 xīn

欣，笑喜也。从欠，斤声。许斤切。

【译文】欣，欣笑喜悦。从欠，斤声。

弞 shěn

弞，笑不颜曰弞。从欠，引省声。式忍切。

【译文】弞，微笑而不改变面容的常态叫弞。从欠，引省声。

款 kuǎn

款，意有所欲也。从欠，𡨄省。苦管切。

【译文】款，（内中空空，）思想上有（向外羡慕、追求的）欲望。由欠、由𡨄省会意。

欲 yù

欲，贪欲也。从欠，谷声。余蜀切。

【译文】欲，贪图得到。从欠，谷声。

歌 gē

歌，咏也。从欠，哥声。古俄切。

【译文】歌，（依旋律）咏唱。从欠，哥声。

歂 chuán

歂，口气引也。从欠，耑声。读若车辁。市缘切。

【译文】歂，张口出气连续不绝。从欠，耑声。音读像车辁的“辁（quán）”字。

歔 xū

歔，欷也。从欠，虚声。一曰：出气也。朽居切。

【译文】歔，抽泣。从欠，虚声。另一义说，戏是出气。

欷 xī

欷，歔也。从欠，稀省声。香衣切。

【译文】欷，抽泣。从欠，稀省声。

歃 shà

歃，歠也。从欠，臿声。《春秋传》曰：“歃而忘。”山洽切。

【译文】歃，饮（血）。从欠，臿声。《春秋左传》说："临近喝血时却忘记了盟誓之辞。"

欶 shuò

欶，吮也。从欠，束声。所角切。

【译文】欶，吮吸。从欠，束声。

欱 hē

欱，歠也。从欠，合声。呼合切。

【译文】欱，饮。从欠，合声。

歉 qiàn

歉，歉食不满。从欠，兼声。苦簟切。

【译文】歉，食物少吃不饱。从欠，兼声。

歁 kǎn

歁，食不满也。从欠，甚声。读若坎。苦感切。

【译文】歁，吃不饱。从欠，甚声。音读像"坎"字。

歙 xī

歙，缩鼻也。从欠，翕声。丹阳有歙县。许及切。

【译文】歙，缩着鼻子（吸气）。从欠，翕声。丹阳郡有歙县。

次 cì

次，不前，不精也。从欠，二声。七四切。

【译文】次，不在前列的；未经精选的。从欠，二声。

歑 kāng

歑，饥虚也。从欠，康声。苦冈切。

【译文】歑，（腹中）饥饿空虚。从欠，康声。

欺 qī

欺，诈欺也。从欠，其声。去其切。

【译文】欺，欺诈。从欠，其声。

歆 xīn

歆，神食气也。从欠，音声。许今切。

【译文】歆，鬼神享食祭品的香气。从欠，音声。

㱃部

㱃 yǐn

㱃[1]，歠也。从欠，酓声。凡㱃之属皆从㱃。于锦切。

【译文】㱃，喝。从欠，酓声。大凡㱃的部属都从㱃。

【注释】① 㱃：《段注》："水流入口为饮，引申之可饮之物谓之饮。"

次部

次 xián

次，慕欲口液也。从欠，从水。凡次之属皆从次。叙连切。

【译文】次，因羡慕、因想要得到而流口水。由欠、由水会意。大凡次的部属都从次。

羡 xiàn

羡，贪欲也。从次，从羑省。羑呼之羑，文王所拘羑里。似面切。

【译文】羡，贪婪，想要得到。由次、由羑省会意。（羑，）是羑呼的羑字；或是文王被关押的羑里城的羑字。

㳄 yí

㳄，歠也。从次，厂声。读若移。以支切。

【译文】㳄，饮。从次，厂声。音读像"移"字。

盗 dào

盗，私利物也。从次，次欲皿者。徒到切。

【译文】盗，把对他人有利的物体窃为己有。从次，表示对别人的器皿羡慕得流着口水，想要得到。

旡部

旡 jì

旡，㱃食气屰不得息曰旡。从反欠。凡旡之属皆从旡。居未切。

【译文】旡，吃喝时气向上逆进、不能顺利通过咽喉叫旡。由欠字反过来表示。大凡旡的部属都从旡。

㒳 huò

㒳，屰恶惊词也。从旡，咼声。读若楚人名多伙。乎果切。

【译文】㒳，遇到可恶的或令人惊诧的事物所发出的呼声。从旡，咼声。音读像楚地人多为伙的“伙”字。

㾓 liàng

㾓，事有不善言㾓也。《尔雅》：“㾓，薄也。”从旡，京声。力让切。

【译文】㾓，对不好的事情（表示鄙薄意思）的词叫㾓。《尔雅》说：“㾓，薄。”从旡，京声。

頁部

頁 yè

頁，头也。从百[①]，从儿[②]。凡页之属皆从页。胡结切。

【译文】頁，头。由百、由儿会意。大凡页的部属都从页。

【注释】① 百（shǒu）：本书百部：“头也，象形。” ② 儿（rén）：“人”的古文奇字。

頭 tóu

頭，首也。从頁，豆声。度侯切。

【译文】頭，头脑的总称。从頁，豆声。

顏 yán

顏，眉（目）之间也。从頁，彦声。五奸切。

【译文】顏，两眉之间。从頁，彦声。

頌 sòng

頌，皃也。从頁，公声。余封切[①]。又，似用切[②]。

【译文】頌，容貌。从頁，公声。

【注释】① 余封切当读 yōng，今音 róng。② 似用切：今读 sòng，即歌颂之颂。是容（余封切）皃的引申义。

頊 duó

頊，颅也[①]。从頁，乇声。徒谷切。

【译文】頊，頊颅。从頁，乇声。

【注释】① 颅也：即头。按，頊颅本义指头骨。

頂 dǐng

頂[①]，颠也。从頁，丁声。都挺切。

【译文】頂，头顶。从頁，丁声。

【注释】① 頂：头顶。《周易·大过》：“过涉灭顶，凶。”《淮南子·脩务训》：“今不称九天之顶，则言黄泉之底。”

顱 lú

顱，𩕄颅，首骨也。从頁，盧声。洛乎切。

【译文】顱，𩕄颅，头骨。从頁，盧声。

顛 diān

顛，顶也。从頁，真声。都年切。

【译文】顛，头顶。从頁，真声。

顙 sǎng

顙，頟也[①]。从頁，桑声。苏郎切。

【译文】顙，额头。从頁，桑声。

【注释】① 頟（é）：今作“额”。

題 tí

題，頟也。从頁，是声。杜兮切。

【译文】題，额头。从頁，是声。

頟 é

頟，顙。从頁，各声。五陌切。

【译文】頟，额头。从頁，各声。

頞 è

頞，鼻茎也。从頁，安声。乌割切。

【译文】頞，鼻梁。从頁，安声。

頯 kuí

頯，权[①]也。从頁，癸声。渠追切。

【译文】頯，颧骨。从頁，癸声。

【注释】① 权：《段注》："今之颧字。"

頰 jiá

頰[①]，面旁也[②]。从頁，夾声。古叶切。

【译文】頰，面部的左右两侧。从頁，夾声。

【注释】① 頰：脸颊，腮帮子。《周易·咸》："上六，咸其辅、頰、舌。"② 面旁也：脸的两侧从眼到下颔（hàn）的部分。

頜 hàn

頜，顄也。从頁，合声。胡感切。

【译文】頜，下巴。从頁，合声。

頸 jǐng

頸，头茎也。从頁，巠声。居郢切。

【译文】頸，挨近头部像茎的颈项。从頁，巠声。

領 lǐng

領，（项）[颈]也。从頁，令声。良郢切。

【译文】領，颈。从頁，令声。

項 xiàng

項，（头）[颈]后也。从頁，工声。胡讲切。

【译文】項，脖子的后部。从頁，工声。

碩 shuò

碩，头大也。从頁，石声。常只切。

【译文】碩，头大。从頁，石声。

頒 bān

頒，大头也。从頁，分声。一曰：鬓也。《诗》[①]曰："有頒其首。"布还切。

【译文】頒，大头。从頁，分声。另一义说，鬓发。《诗经》说："多么大啊那脑袋。"

【注释】①《诗》：指《诗经·小雅·鱼藻》。有：语词。

顒 yóng

顒，大头也。从頁，禺声。《诗》曰[①]："其大有顒。"鱼容切。

【译文】顒，大头。从頁，禺声。《诗经》说："它们的大脑袋多么大。"

【注释】①《诗》：指《诗经·小雅·鱼藻》。顒：毛传："大皃。"

頑 wán

頑，梱头也。从頁，元声。五还切。

【译文】頑，难劈的囫囵木头。从頁，元声。

顝 guī

顝，小头顝顝也。从頁，枝声。读若规。又，己恚切。

【译文】顝，头小而圆的样子。从頁，枝声。音读像"规"字。

顆 kě

顆，小头也。从頁，果声。苦惰切。

【译文】顆，小头。从頁，果声。

頢 kuò

頢，短面也。从頁，𠯑声。五活切。又，下括切。

【译文】頢，短脸型。从頁，𠯑声。

頲 tǐng

頲，狭头頲也。从頁，廷声。他挺切。

【译文】頲，削狭的头頲頲而长。从頁，廷声。

頠 wěi

頠，头闲习也。从頁，危声。语委切。

【译文】頠，头俯仰自如。从頁，危声。

顄 hàn

顄，面黄也。从頁，含声。胡感切。

【译文】顄，面色黄。从頁，含声。

顧 gù

顧，还视也。从頁，雇声。古慕切。

【译文】顧，回头而视。从頁，雇声。

順 shùn

順，理也。从頁，从巛。食闰切。

【译文】順，梳理头发。由頁、由巛会意。

顓 zhuān

顓，头颛颛谨皃。从頁，耑声。职缘切。

【译文】顓，头颛颛而拘谨的样子。从頁，耑声。

頊 xū

頊，头项项谨皃。从頁，玉声。许玉切。

【译文】頊。头项项而拘谨的样子。从頁，玉声。

頫 fǔ

頫，低头也。从頁，逃省。太史卜书，俯仰字如此。杨雄曰：人面俯。方矩切。

【译文】頫，低头。由頁、由逃省会意。史官卜筮的字，俯仰字像这个样子。杨雄说：人的面部俯伏。

頓 dùn

頓，(下)[顿]首也。从頁，屯声。都困切。

【译文】頓，以头叩地。从頁，屯声。

𩔈 shěn

𩔈，举目视人皃。从頁，臣声。式忍切。

【译文】𩔈，抬起眼睛看人的样子。从頁，臣声。

顫 zhǎn

顫，倨视人也。从頁，善声。旨善切。

【译文】顫，傲视别人。从頁，善声。

頡 xié

頡，直项也。从頁，吉声。胡结切。

【译文】頡，僵直的颈项。从頁，吉声。

頗 pō

頗，头偏也。从頁，皮声。滂禾切。

【译文】頗，头偏。从頁，皮声。

顫 chàn

顫，头不(正)[定][①]也。从頁，亶声。之缮切。

【译文】顫，头摇动不定。从頁，亶声。

【注释】①正：当依《段注》作“定”。

煩 fán

煩，热头痛也。从頁，从火。一曰：焚省声。附袁切。

【译文】煩，(身)热头痛。由頁、由火会意。另一说，焚省林为声。

百部

𦣻 百 shǒu

百，头也。象形。凡百之属皆从百。书九切。

【译文】百，头。象形。大凡百的部属都从百。

𦣻 脜 róu

脜，面和也。从百，从肉。读若柔。耳由切。

【译文】脜，面色温和。由百、由肉会意。音读像“柔”字。

面部

面 面 miàn

面，颜前也。从百，象人面形。凡面之属皆从面。弥箭切。

【译文】面，颜额前的部分。从百，（口）像人的面孔与脑后分界之形。大凡面的部属都从面。

靦 靦 tiǎn

靦，面见也。从面見，見亦声。《诗》曰：“有靦面目。”他典切。

【译文】靦，面目可见的样子。由面見会意，見也表声。《诗经》说：“是那样（清晰）可见啊，你那面目。”

丏部

丏 丏 miǎn

丏，不见也。象壅蔽之形。凡丏之属皆从丏。弥兖切。

【译文】丏，不能看见。像阻隔蒙蔽的样子。大凡丏的部属都从丏。

𩠐部

首 首 shǒu

首，百同。古文百也。巛象髪，谓之鬊，鬊即巛也。凡𩠐之属皆从𩠐。书九切。

【译文】首，与百字同。是百的古文。巛象头髪，髪又叫做鬊，鬊就是巛字。大凡首的部属都从首。

𥄉部

𥄉 𥄉 jiāo

𥄉，到首也。贾侍中说，此断首到县𥄉字。凡𥄉之属皆从𥄉。古尧切。

【译文】𥄉，倒悬首级。贾侍中说，这是断首倒悬的𥄉字。大凡𥄉的部属都从𥄉。

縣 縣 xuán

縣，系也。从系持𥄉[①]。胡涓切。

【译文】縣，悬挂。由“系”持挂着“𥄉”会意。

【注释】①从系持𥄉：张舜徽《约注》：“犹云从系持倒人耳。”

須部

須 須 xū

須，面毛也[①]。从頁，从彡。凡須之属皆从須。相俞切。

【译文】須，脸上的须毛。由頁、由彡会意。大凡須的部属都从須。

【注释】①面毛：徐灏《段注笺》：“许云面毛，

统言之也。”

頿 zī

頿，口上须也。从須，此声。即移切。

【译文】頿，口的上面的胡须。从須。此声。

䫇 rán

䫇，颊须也。从須，从冄，冄亦声。汝盐切。

【译文】䫇，面颊上的胡须。由須、由冄会意。冄也表声。

彡部

彡 shān

彡，毛饰画文也。象形。凡彡之属皆从彡。所衔切。

【译文】彡，毛发、彩饰、笔画、花纹。象形。大凡彡的部属都从彡。

形 xíng

形，象形也。从彡，幵声。户经切。

【译文】形，描画成物体的形状。从彡，幵声。

㐱 zhěn

㐱，稠发也。从彡，从人。《诗》曰："㐱发如云。"之忍切。

【译文】㐱，稠密的头发。由彡、由人会意。《诗经》说："稠密的头发像云彩一样。"

修 xiū

修，饰也。从彡，攸声。息流切。

【译文】修，文饰。从彡，攸声。

彰 zhāng

彰，文彰也。从彡，从章，章亦声。诸良切。

【译文】彰，彩色花纹。由彡、由章会意，章也表声。

彫 diāo

彫，琢文也。从彡，周声。都僚切。

【译文】彫，雕琢成文。从彡，周声。

弱 ruò

弱，桡也。上象桡曲，彡像毛牦桡弱也。弱物并[①]，故从二弓。而勺切。

【译文】弱，柔曲。上面的弓，象弯曲的样子；彡，像毛牦柔弱。柔弱的东西并存（而不独立），所以弱字由两个“弓（juàn）”构成。

【注释】① 并：《段注》："不能独立。"

彣部

彣 wén

彣，䰼也。从彡，从文。凡彣之属皆从彣。无分切。

【译文】彣，彩色的花纹。由彡、由文会意。大凡彣的部属都从彣。

彦 yàn

彦，美士有文，人所言也。从彣，厂声。鱼变切。

【译文】彦，贤能的士人有文彩，是人们歌颂的对象。从文，从彡，厂声。

文部

文 wén

文，错画也[①]。象交文。凡文之属皆从文。无分切。

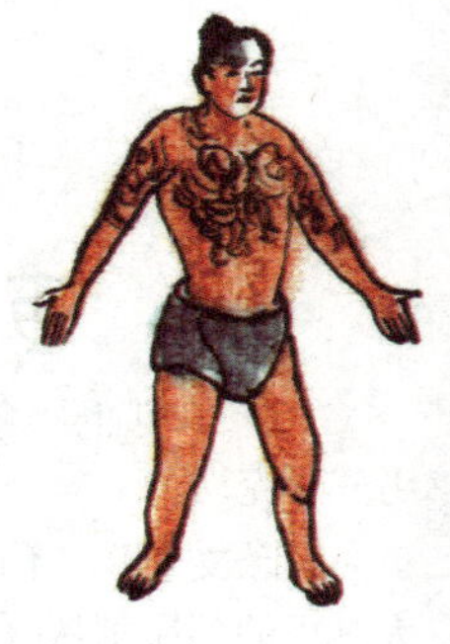

【译文】文，交错刻画（以成花纹）。像交错的花纹的样子。大凡文的部属都从文。

【注释】① 错画：王筠《句读》："交错而画之，乃成文也。"

斐 fěi

斐，分别文也。从文，非声。《易》曰："君子豹变，其文斐也。"敷尾切。

【译文】斐，用以分别的文彩。从文，非声。《易经》说："君子像豹一样变化，他的文彩分明。"

辩 bān

辩，驳文也。从文，辡声。布还切。

【译文】辩，驳杂的花纹。从文，辡(biàn)声。

嫠 lí

嫠，微画也。从文，犛声。里之切。

【译文】嫠，细微笔画的花纹。从文，犛声。

髟部

髟 biāo

髟，长发猋猋。从長，从彡。凡髟之属皆从髟。必凋切。又，所銜切。

【译文】髟，长发猋猋下垂的样子。由長、由彡会意。大凡髟的部属都从髟。

髮 fà

髮，根也。从髟，犮声。方伐切。

【译文】髮，(像草木的)根。从髟，犮声。

鬢 bìn

鬢，颊发也。从髟，賓声。必刃切。

【译文】鬢，脸旁(靠近耳朵)的头发。从髟，賓声。

鬈 quán

鬈，发好也。从髟，卷声。《诗》曰："其人美且鬈。"衢员切。

【译文】鬈，头发美好。从髟，卷声。《诗经》说："那个人体态优美而且须发美好。"

髦 máo

髦，发也。从髟，从毛。莫袍切。

【译文】髦，头发。由髟、由毛会意。

后部

后 hòu

后，继体君也。象人之形。施令以告四方，故厂之。从一口，发号者，君后也。凡后之属皆从后。胡口切。

【译文】后，继承王位的君主。(𠂆)像人字的形状。(君王)发布命令来告白四方，所以用厂字来表示发施命令牵引四方的意思。由一、口会意，表示发布号令的人，只是君后一人。大凡后的部属都从后。

㖃 hǒu

㖃，厚怒声。从口后，后亦声。呼后切。

【译文】㖃，盛怒的声音。由口、后会意，后也表声。

司部

司 sī

司，臣司事于外者。从反后。凡司之属皆从司。息兹切。

【译文】司，在外办事的官吏。由"后"字反过来表示。大凡司的部属都从司。

詞 cí

詞，意内而言外也。从司，从言。似兹切。

【译文】詞，意义寄托在语词之内而通过声音表达在外。由司、由言会意。

卮部

卮 zhī

卮，圜器也。一名觛。所以节饮食。象人，

卪在其下也。《易》曰："君子节饮食。"凡巵之属皆从巵。章移切。

【译文】巵，圆形酒器。又叫觛。（同时）也是用来节制饮食的东西。（⺈）像人字，卪字在它的下面。《易经》说："君子节制饮食。"大凡巵的部属都从巵。

䏙 zhuǎn

䏙，小巵也。从巵，耑声。读若捶击之捶。旨沇切。

【译文】䏙，小而圆的酒器。从巵，耑（zhuān）声。音读像捶击的"捶"字。

卪部

卪 jié

卪，瑞信也。守国者用玉卪，守都鄙者用角卪，使山邦者用虎卪，土邦者用人卪，泽邦者用龙卪，门关者用符卪，货贿用玺卪，道路用旌卪。象相合之形。凡卪之属皆从卪。子结切。

【译文】卪，信验凭证。把守邦园的诸侯（在境内）用玉作的节，把守都城和边界的大夫（在境内）用犀牛角作的节，出使山陵之国用刻有虎形的铜节，出使平土之国用刻有人形的铜节，出使湖泽之国用刻有龙形的铜节，管门守关的用竹作的节，管理货贝和财物交换的用刻有印章的节，管理道路交通的用装饰有五色羽毛的节。（卪）像（中分）而能相互吻合的形状。

令 lìng

令，发号也。从亼卪[①]。力正切。

【译文】令，发出命令。由亼、卪会意。

【注释】①从亼卪：徐灏《段注笺》："令者，持节以号召于人也。故从卪，从亼。亼者，集也。"

卮 ě

卮，科卮，木节也。从卪，厂声。贾侍中说以为：卮，裹也。一曰：卮，盖也。五果切。

【译文】卮，科卮，是树木的结巴。从卪，厂（hǎn）声。贾侍中的说法认为：卮，是裹。另一义说，卮是盖。

厀 xī

厀，胫头卪也。从卪，桼声。息七切。

【译文】厀，小腿上头的骨节。从卪，桼声。

卷 juǎn

卷，厀曲也。从卪，𠔉声。居转切。

【译文】卷，膝曲。从卪，𠔉（juàn）声。

卸 xiè

卸，舍车解马也。从卪止，午［声］。读若汝南人写书之写。司夜切。

【译文】卸，停车后解去套在焉身上的东西。由卪、止会意，午声。音读像汝南地方人们说"写书"的"写"字。

卻 què

卻，节（欲）［卻］也。从卪，谷声。去约切。

【译文】卻，节制它并使它退却。从卪，谷（jué）声。

印部

印 yìn

印，执政所持信也[①]。从爪，从卪。凡印之属皆从印。于刃切。

【译文】印，执政的人所持的印章。由瓜、由卪会意。大凡印的部属都从印。

【注释】①执政句：《段注》："凡有官守者，皆曰执政，其所持之卪信曰印，古上下通曰玺。"

归 yì

归，按也。从反印。于棘切。

【译文】归，按压。由“印”字反过来表示。

色部

色 sè

色，颜气也。从人，从卪。凡色之属皆从色。所力切。

【译文】色，脸上的颜色、气色。由人、由卪会意。大凡色的部属都从色。

艴 bó

艴，色艴如也。从色，弗声。《论语》曰：“色艴如也。”蒲没切。

【译文】艴，脸色甚为矜庄的样子。从色，弗声。《论语》说：“脸色矜庄的样子。”

艵 pīng

艵，缥色也。从色，并声。普丁切。

【译文】艵，丝织物的青白色。从色，并声。

卯部

卯 qīng

卯，事之制也。从卪𠨍。凡卯之属皆从卯。阙。去京切。

【译文】卯，办事的制度。由卪(jié)、𠨍(zòu)会意。大凡卯的部属都从卯。缺其音读。

卿 qīng

卿，章也。六卿：天官冢宰、地官司徒、春官宗伯、夏官司马、秋官司寇、冬官司空。从卯，皀声。去京切。

【译文】卿，表彰真善、明辨事理(的人)。(《周礼》的)六卿有：天官冢宰、地官司徒、春官宗伯、夏官司马、秋官司寇、冬官司空。从卯，皀声。

辟部

辟 bì

辟，法也。从卪，从辛，节制其辠也；从口，用法者也。凡辟之属皆从辟。必益切。

【译文】辟，法度。由卪、由辛会意，表示节制人们犯罪的意思；由口表示执法的人。大凡辟的部属都从辟。

勹部

勹 bao

勹，裹也。象人曲形，有所包裹。凡勹之属皆从勹。布交切。

【译文】勹，包裹。像人字弯曲的样子，(字中空，)像有所包裹的样子。大凡勹的部属都从勹。

匊 jū

匊，在手曰匊。从勹、米。居六切。

【译文】匊，(满满捧握)在手叫作匊。由勹、米会意。

匐 fú

匐，伏地也。从勹，畐声。蒲北切。

【译文】匐，趴伏在地上。从勹，畐声。

匍 pú

匍，手行也。从勹，甫声。簿乎切。

【译文】匍，用手爬行。从勹，甫声。

匀 yún

匀，少也。从勹、二。羊伦切。

【译文】匀，(物因两分而)少。由勹、二会意。

冢 zhǒng

冢，高坟也。从勹，豖声。知陇切。

【译文】冢，高大的坟墓。从勹，豖(chù) 声。

勼 jiū

勼[①]，聚也。从勹，九声。读若鸠。居求切。

【译文】勼，聚集。从勹，九声。音读像“鸠”字。

【注释】① 勼：邵瑛《群经正字》：“今经典统借用鸠字。”

旬 xún

旬，徧也。十日为旬。从勹、日。详遵切。

【译文】旬，周遍。十天是一旬。由勹、日会意。

勽 bào

勽，覆也。从勹覆人。薄皓切。

【译文】勽，庇覆。由“勹”字覆盖“人”字会意。

匈 xiōng

匈[①]，(声)[膺]也。从勹，凶声。许容切。

【译文】匈，胸膛。从勹，凶声。

【注释】① 匈：《段注》：“今胸行而匈废矣。”

匓 jiù

匓，饱也。从勹，𣪘声。民祭，祝曰：“厌匓。”己又切。又，乙庚切。

【译文】匓，吃饱。从勹，𣪘声。臣民祭祀，祝愿说：“(愿鬼神)吃饱。”

复 fù

复，重也。从勹，復声。扶富切。

【译文】复，重复。从勹，復声。

包部

包 bāo

包，象人裹妊，巳在中，象子未成形也。元气起于子。子，人所生也。男左行三十，女右行二十，俱立于巳，为夫妇。裹妊于巳，巳为子，十月而生。男起巳至寅，女起巳至申。故男年始寅，女年始申也。凡包之属皆从包。布交切。

【译文】包，像人怀着孕。“巳”字在“勹”的中间，像胎儿尚未成形的样子。阳气从地支以“子”为代表的夏历十一月滋生。子，是人们生育的婴儿。男子(从“子”位起)，从右往左数三十位，女子从左往右数二十位，都在“巳”位上迄止，(所以，男子三十而娶，女子二十而嫁，)成为夫妇。女人在巳位上怀孕，所以“巳”表示没有成形的胎儿，怀孕十月才能生下。男从巳位起，(从右往左数十位，)到寅位止；女从巳位起，(从左往右数十位，)到申位止。所以算命时，男的小运从寅开始，女的小运从申开始。大凡包的部属都从包。

匏 páo

匏，瓠也。从包，从夸声。包，取其可包藏物也。薄交切。

【译文】匏，葫芦。由包、由瓠省会意。之所以从包，是取它可用来包藏物体的意思。

胞 bāo

胞，儿生裹也。从肉，从包。匹交切。

【译文】胞，胎儿生活时包裹的胎衣。由肉、由包会意。

茍部

茍 jì

茍，自急敕也。从羊省，从包(省)、(从)口。[包]口犹慎言也。从羊，羊与义、善、美同意。凡茍之属皆从茍。己力切。

【译文】苟，自己赶紧警诫自己。由羊省、由包口会意。包口好比说（包封其口），谨慎说话。从羊，羊与义字、善字、美字所从的羊表示吉祥之意相同。大凡苟的部属都从苟。

敬 jìng

敬，肃也。从攴苟。居庆切。

【译文】敬，严肃。由攴、苟会意。

鬼部

鬼 guǐ

鬼，人所归为鬼。从人，象鬼头。鬼阴气贼害，从厶。凡鬼之属皆从鬼。居伟切。

【译文】鬼，人归向天地，变成了鬼。从人，甶像鬼的脑袋。鬼的阴滞之气伤害人们，所以又从厶。大凡鬼的部属都从鬼。

魂 hún

魂，阳气也。从鬼，云声。户昆切。

【译文】魂，阳气。从鬼，云声。

魄 pò

魄，阴神也。从鬼，白声。普百切。

【译文】魄，阴神。从鬼，白声。

魃 bá

魃，旱鬼也。从鬼，犮声。《周礼》有赤魃氏，除墙屋之物也。《诗》曰："旱魃为虐。"蒲拨切。

【译文】魃，造成干旱的鬼。从鬼，犮声。《周礼》有赤魃氏，（主管）清除墙中、屋内的精怪鬼物。《诗经》说："旱鬼肆行暴虐。"

魖 xū

魖，耗神也。从鬼，虚声。朽居切。

【译文】魖，损耗财物的鬼神。从鬼，虚声。

鬽 mèi

鬽，老精物也[①]。从鬼彡；彡，鬼毛。密秘切。

【译文】鬽，物老而变成的精怪。由鬼、彡会意。彡，表示鬼毛。

【注释】① 老精物：《段注》作"老物精"，注："《论衡》曰：'鬼者，老物之精也。'"

醜 chǒu

醜，可恶也。从鬼，酉声。昌九切。

【译文】醜，（丑陋）可恶。从鬼，酉声。

甶部

甶 fú

甶[①]，鬼头也。象形。凡甶之属皆从甶。敷勿切。

【译文】甶，鬼头。象形。大凡甶的部属都从甶。

【注释】① 甶：徐灏《段注笺》："此字不见经传，惟释氏书有之。"

禺 yù

禺[①]，母猴属[②]。头似鬼。从甶，从禸[③]。牛具切。

【译文】禺，猕猴一类。脑袋像鬼头。由甶、由禸会意。

【注释】① 禺：《段注》引《山海经传》："禺似猕猴而大，赤目长尾。" ② 母猴：犹称沐猴、猕猴。③ 从禸：徐锴《系传》："禸，禽兽迹也。"

畏 wèi

畏，恶也。从甶，虎省。鬼头而虎爪，可畏也。于胃切。

【译文】畏，（因可怕而）厌恶。由甶，由虎省而会意。鬼的头，虎的爪子，真可怕。

厶部

厶 sī

厶，奸衺也。韩非曰："苍颉作字，自营为厶。"凡厶之属皆从厶。息夷切。

【译文】厶，奸邪。韩非说："仓颉造字，自己围绕自己，是厶。"大凡厶的部属都从厶。

篡 cuàn

篡，屰而夺取曰篡[①]。从厶，算声。初官切。

【译文】篡，违背常理而强力夺取叫篡。从厶，算声。

【注释】①屰而句：张舜徽《约注》："谓于理不应得而强取之也。"

羑 yòu

羑，相訹呼也[①]。从厶，从羑。与久切。

【译文】羑，诱导、招呼别人。由厶、由羑会意。

【注释】①訹呼：訹，诱也。《段注》："今人以手相招而口言羑，正当作此字。"

嵬部

嵬 wéi

嵬[①]，高不平也。从山，鬼声。凡嵬之属皆从嵬。五灰切。

【译文】嵬，高而不平。从山，鬼声。大凡嵬的部属都从嵬。

【注释】①嵬：《段注》："此篆可入山部，而必立为部首者，巍从此也。"

巍 wēi

巍[①]，高也。从嵬，委声。牛威切。

【译文】巍，高大。从嵬。委声。

【注释】①巍：《段注》："后人省山作魏。分别其义与意。"

山部

山 shān

山，宣也。宣气散，生万物，有石而高。象形。凡山之属皆从山。所间切。

【译文】山，宣畅。使地气宣通，散布各方，产生万物，有石构成而又高峻。象形。大凡山的部属都从山。

嶽 yuè

嶽，东，岱；南，靃；西，华；北，恒；中，泰室。王者之所以巡狩所至。从山，獄声。五角切。

【译文】嶽，东岳岱山，南岳衡山，西岳华山，北岳恒山，中岳嵩山。是王者巡视所到的地方。从山，獄声。

岱 dài

岱，太山也。从山，代声。徒耐切。

【译文】岱，泰山。从山，代声。

嵎 yú

嵎，封嵎之山，在吴（楚）［越］之间，汪芒之国。从山，禺声。噳俱切。

【译文】嵎，封嵎山，在吴国、越国之间，是汪芒氏的封地。从山，禺声。

岑 cén

岑，山小而高。从山，今声。鉏箴切。

【译文】岑，山小而又高。从山，今声。

崟 yín

崟，山之岑崟也。从山，金声。鱼音切。

【译文】崟，山势岑崟。从山，金声。

巒 巒 luán

巒。山小而锐。从山，䜌声。洛官切。

【译文】巒。山小而又锐峭。从山，䜌声。

密 密 mì

密，山如堂者。从山，宓声。美毕切。

【译文】密，形状像堂室的山。从山，宓声。

岫 岫 xiù

岫，山穴也。从山，由声。似又切。

【译文】岫，山的洞穴。从山，由声。

陖 陖 jùn

陖，高也。从山，陖声。私闰切。

【译文】陖，高。从山，陵声。

崒 崒 zú

崒，崒危，高也。从山，卒声。醉绥切。

【译文】崒，崒危，高峻的意思。从山，卒声。

嶘 嶘 zhàn

嶘，尤高也。从山，棧声。士限切。

【译文】嶘，山特别高。从山，棧声。

崛 崛 jué

崛，山短高也。从山，屈声。衢勿切。

【译文】崛，山短而又高。从山，屈声。

巖 巖 yán

巖，岸也。从山，嚴声。五缄切。

【译文】巖，崖岸。从山，嚴声。

嵯 嵯 cuó

嵯，山皃。从山，差声。昨何切。

【译文】嵯，山的样子。从山，差声。

嶢 嶢 yáo

嶢，焦峣，山高皃。从山，堯声。古僚切。

【译文】嶢，焦峣，山高的样子。从山，堯声。

峨 峨 é

峨，嵯峨也。从山，我声。五何切。

【译文】峨，嵯峨。从山，我声。

崝 崝 zhēng

崝，嵘也。从山，青声。七耕切。

【译文】崝，崝嵘。从山，青声。

嶸 嶸 róng

嶸，崝嵘也。从山，榮声。户萌切。

【译文】嶸，崝嵘。从山，榮声。

崇 崇 chóng

崇，嵬高也。从山，宗声。鉏弓切。

【译文】崇，山高。从山，宗声。

崔 崔 cuī

崔，大高也。从山，隹声。胙回切。

【译文】崔，山高大。从山，隹声。

岊 岊 jié

岊，陬隅，高山之节。从山，从卪。子结切。

【译文】岊，山的转弯处，是高山的节巴。由山、由卪会意。

屾部

屾 屾 shēn

屾，二山也。凡屾之属皆从屾。所臻切。

【译文】屾，两座山。大凡屾的部属都从屾。

嵞 tú

嵞，会稽山。一曰：九江当嵞也。民以辛壬癸甲之日嫁娶[①]。从屾，余声。《虞书》曰："予娶嵞山。"同都切。

【译文】嵞，会稽山。另一义说，（嵞山）在九江郡当嵞县。百姓在辛、壬、癸、甲这四天内出嫁或婚娶。从屾，余声。《虞书》说："我在嵞山娶了个女人。"

【注释】① 嫁娶：《段注》："《水经注》引《吕氏春秋》：禹娶塗山氏女，不以私害公，自辛至甲四日复往治水，故江淮之俗以辛壬癸甲为嫁娶日也。"

屵部

屵 è

屵，岸高也。从山厂，厂亦声。凡屵之属皆从屵。五葛切。

【译文】屵，岸边高。由山厂会意，厂也表声。大凡屵的部属都从屵。

岸 àn

岸，水厓而高者。从屵，干声。五旰切。

【译文】岸，水边而高出的地方。从屵，干声。

崖 yá

崖，高边也。从屵，圭声。五佳切。

【译文】崖，高陗的山边。从屵，圭声。

广部

广 yǎn

广，因（广）［厂］为屋，象对刺高屋之形。凡广之属皆从广。读若俨然之俨。鱼俭切。

【译文】广，依傍岩岸架屋，像高耸的房屋的样子。大凡广的部属都从广。音读像俨然的"俨"字。

府 fǔ

府，文书藏也。从广，付声。方矩切。

【译文】府，文书储藏的地方。从广，付声。

庠 xiáng

庠，礼官养老。夏曰校，殷曰庠，周曰序。从广，羊声。似阳切。

【译文】庠，掌管礼仪的官敬养老人的地方。夏代叫校，殷代叫庠，周代叫序。从广，羊声。

庭 tíng

庭，宫中也。从广，廷声。特丁切。

【译文】庭，房室之中。从广，廷声。

庖 páo

庖，厨也。从广，包声。薄交切。

【译文】庖，厨房。从广，包声。

廚 chú

廚，庖屋也。从广，尌声。直株切。

【译文】廚，厨屋。从广，尌声。

廦 bì

廦，墙也。从广，辟声。比激切。

【译文】廦，墙壁。从广，辟声。

庫 kù

庫，兵车藏也。从車在广下。苦故切。

【译文】庫，兵甲车马收藏的处所。由"車"字在"广"会意。

序 xù

序，东西墙也。从广，予声。徐吕切。

【译文】序，（堂屋的）东西墙。从广，予声。

廣 guǎng

廣，殿之大屋也。从广，黄声。古晃切。

【译文】廣，四周无壁的大屋。从广，黄声。

厕 cì

厕，清也。从广，則声。初吏切。

【译文】厕，清除不洁的处所。从广，則声。

庾 yǔ

庾，水槽仓也。从广，臾声。一曰：仓无屋者。以主切。

【译文】庾，储存水路转运粮食的仓库。从广，臾声。另一义说，上面没有覆盖物的粮舍。

廛 chán

廛，(一)[二]亩半，一家之居。从广里八土。直连切。

【译文】廛，两亩半土地，一家居住的房地。由广、里、八、土会意。

廉 lián

廉，仄也。从广，兼声。力兼切。

【译文】廉，(堂屋的)侧边。从广，兼声。

底 dǐ

底，(山)[止]居也。一曰：下也。从广，氐声。都礼切。

【译文】底，止息、居住的地方。另一义说，是下面。从广，氐声。

庶 shù

庶，屋下众也[①]。从广、炗；炗，古文光字。商署切。

【译文】庶，屋下光彩众多。由广、炗会意，炗是古文光字。

【注释】①屋下众：朱骏声《通训定声》："屋下光多也。"按：引申为泛指众多。

庤 zhì

庤，储置屋下也。从广，寺声。直里切。

【译文】庤，储藏放置在屋下。从广，寺声。

庛 bì

庛，荫也。从广，比声。必至切。

【译文】庛，遮蔽。从广，比声。

廢 fèi

廢，屋顿也。从广，發声。方肺切。

【译文】廢，房屋倒塌。从广，發声。

厂部

厂 hǎn

厂，山石之厓岩，人可居。象形。凡厂之属皆从厂。呼旱切。

【译文】厂，山上石头形成的边岸，(它们下面的洞穴是)人们可以居住的地方。象形。大凡厂的部属都从厂。

厓 yá

厓，山边也。从厂，圭声。五佳切。

【译文】厓，山边。从厂，圭声。

厥 jué

厥，发石也。从厂，欮声。俱月切。

【译文】厥，发射石块。从厂，欮声。

厝 cù

厝，厉石也。从厂，昔声。《诗》曰："他山之石，可以为厝。"仓各切。

【译文】厝，磨刀石。从厂，昔声。《诗经》说："别的山上的石头，可以用来做磨刀石。"

汉字发展史

甲骨文

殷商时期

甲骨文，即契刻在龟甲或者兽骨上的文字。甲骨文既是象形字又是表音字，多是从图画文字演变过来的，象形程度较高。因为是刻在兽骨上，所以笔画比较细，直笔比较多。

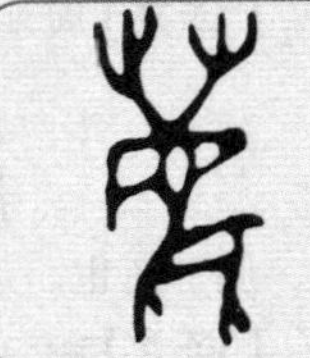

金文

西周时期

商代后期和西周时期，人们把字铸刻在青铜器上，形成了金文。与甲骨文相比，金文的象形程度更高，且有了线条化、平直化的趋势——金文的笔道肥粗，弯笔多。

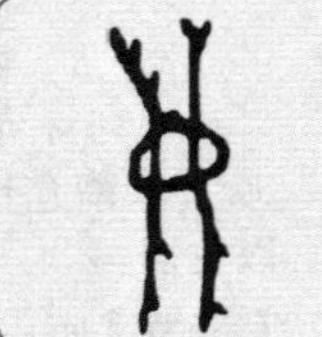

大篆

西周后期

西周后期，汉字发展演变为大篆。大篆线条均匀柔和，简练生动。字形结构趋向整齐，逐渐离开了图画的原形，奠定了方块字的基础。缺点是，字体繁复，书写不方便。

小篆

秦朝时期

秦朝丞相李斯对大篆去繁就简，改为小篆。小篆形体简化，脱离了图画文字，成为整齐和谐、十分美观的基本上长方形的方块字体。

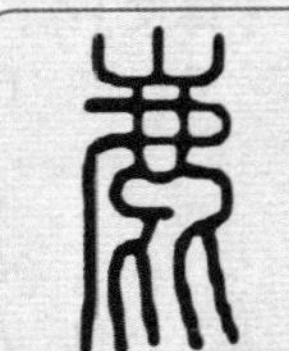

隶书

汉朝时期

汉代，隶书发展到了成熟阶段。隶书把小篆弯曲的线条改为平直的笔画，字体进一步简化，书写变得简便，但同时使汉字的象形程度大为降低，形体扁方而规整。

楷书

唐朝时期

楷书在唐朝开始盛行，一直使用到现在。楷书的字形方正严整，笔画平直，有撇、捺和硬钩，更便于书写。今天所用的印刷体就是由楷书演变而来的。

宋体

明朝时期

宋体是明代木版印刷中出现的字体。那何以谓作“宋体”？原来，明朝出版界多翻刻宋本，但为求便捷，这些仿宋刊本经常只刻出“肤廓字样”，而非原来楷味浓厚的字。

丸部

丸 wán

丸，圜，倾侧而转者。从反仄。凡丸之属皆从丸。胡官切。

【译文】丸，圆体，倾侧而圆转无碍的东西。由仄字反过来表示。大凡丸的部属都从丸。

危部

危 wēi

危，在高而惧也。从产，自卪止之。凡危之属皆从危。鱼为切。

【译文】危，人在高处，心情恐惧。由产、（由卪）表示自己节制、抑止这种临危而惧的心情。大凡产的部属都从产。

石部

石 shí

石，山石也。在厂之下；囗，象形。凡石之属皆从石。常只切。

【译文】石，山上的石头。在“厂”之下；囗（wéi）像方、圆的石头的形状。大凡石的部属都从石。

磺 kuàng

磺，铜铁朴石也。从石，黄声。读若穬。古猛切。

【译文】磺，铜铁之类的金属矿石。从石，黄声。音读像“穬”字。

碭 dàng

碭，文石也。从石，昜声。徒浪切。

【译文】碭，有花纹的石头。从石。昜声。

碝 ruǎn

碝，石次玉者。从石，耎声。而沇切。

【译文】碝，比玉次一等的石头。从石，耎声。

砮 nú

砮，可以为矢镞。从石，奴声。《夏书》曰：“梁州贡砮丹。”《春秋国语》曰：“肃慎氏贡楛矢石砮。”乃都切。

【译文】砮，石名，可用来做箭锋。从石，奴声。《夏书》说：“梁州地方贡献造箭镞的砮石和丹砂。”《春秋国语》说：“肃慎国贡献楛木箭和造箭镞的砮石。”

碣 jié

碣，特立之石。东海有碣石山。从石，曷声。渠列切。

【译文】碣，高耸独立的石头。东海郡有碣石山。从石，曷声。

磏 lián

磏，厉石也。一曰：赤色。从石，兼声。读若鎌。力盐切。

【译文】磏，磨刀石。另一义说，是红色。从石，兼声。音读像“鎌”字。

碬 xiá

碬，厉石也。从石，叚声。《春秋传》曰：“郑公孙碬字子石。”乎加切。

【译文】碬，磨刀石。从石，叚声。《春秋左传》说：“郑国公孙碬的字叫子石。”

礫 lì

礫，小石也。从石，樂声。郎击切。

【译文】礫，细小的石头。从石，樂声。

磧 qì

磧，水陼有石者。从石，責声。七迹切。

【译文】磧，水边滩头中有石头的地方。从

石，責声。

巩石 gǒng

巩石，水边石。从石，巩声。《春秋传》曰："阙巩石之甲。"居竦切。

【译文】巩石，水边的石头。从石，巩声。《春秋左传》说："阙巩石国出产的铠甲。"

磒 yǔn

磒，落也。从石，員声。《春秋传》曰："磒石于宋五。"于敏切。

【译文】磒，坠落。从石，員声。《春秋传》说："从天上坠落陨石到宋国，共五颗。"

碑 bēi

碑，竖石也。从石，卑声。府眉切。

【译文】碑，竖立的石头。从石，卑声。

磕 kài

磕，石声。从石，盍声。口太切。又，苦盖切。

【译文】磕，石声。从石，盍声。

硻 kēng

硻，余坚者。从石，坚省。口茎切。

【译文】硻，（除石头之外的）其余坚固的物体。由石，由坚省会意。

磿 lì

磿，石声也。从石，厤声。郎击切。

【译文】磿，石声。从石，厤声。

磛 chán

磛，礹，石（也）［皃］。从石，斬声。巨衔切。

【译文】磛，磛礹，是石头的样子。从石，斬声。

礹 yán

礹，石山也。从石，嚴声。五衔切。

【译文】礹，石山。扶石，嚴声。

罄 kè

罄，坚也。从石，㱿声。楷革切。

【译文】罄，坚硬。从石，㱿声。

确 què

确，罄石也。从石，角声。胡角切。

【译文】确，坚硬的石头。从石，角声。

磽 qiāo

磽，罄石也。从石，堯声。口交切。

【译文】磽，坚硬的百头。从石，堯声。

碞 yán

碞，磛（喦）［碞］也。从石、品。《周书》曰："畏于民碞。"读与岩同。五衔切。

【译文】碞，磛碞。由石、品会意。《周书》说："对于民心的险恶十分畏惧。"音读与"岩"字同。

磬 qìng

磬，乐石也。从石、殸。象县虡之形。殳，击之也。古者毋句氏作磬。苦定切。

【译文】磬，可奏打击乐的石器。由石、殸会意。（声）像悬挂石磬的架子的样子。殳，表示用器具敲击石磬。古时候毋句氏制作石磬。

硩 chè

硩，上摘岩空青、珊瑚堕之。从石，折声。《周礼》有硩蔟氏。丑列切。

【译文】硩，上山摘采山岩上的空青石、珊瑚石，让它坠落下来。从石，折声。《周礼》有硩蔟氏。

硪 é

硪，石岩也。从石，我声。五何切。

【译文】硪，石头形成的山的边岸。从石，我声。

礙 ài

礙，止也。从石，疑声。五溉切。

【译文】礙，阻止。从石，疑声。

碾 chàn

碾，以石扞缯也。从石，延声。尺战切。

【译文】碾，用石器碾压缯帛（使平展）。从石，延声。

碎 suì

碎，礦也。从石，卒声。苏对切。

【译文】碎，破碎。从石，卒声。

破 pò

破，石碎也。从石，皮声。普过切。

【译文】破，石头碎裂。从石，皮声。

研 yán

研，礦也。从石，幵声。五坚切。

【译文】研，磨。从石。幵声。

硯 yàn

硯，石滑也。从石，見声。五甸切。

【译文】硯，石性光滑。从石，見声。

砭 biān

砭，以石刺病也。从石，乏声。方影切。又，方验切。

【译文】砭，用石针刺破皮肉治病。从石，乏声。

砢 luǒ

砢，磊砢也[①]。从石，可声。来可切。

【译文】砢，磊砢。从石，可声。

【注释】①磊砢：《玉篇·石部》：“磊砢，众小石皃。”

碣 hé

碣，石（也）［地］恶也。从石，鬲声。下革切。

【译文】碣，石质土地十分贫瘠。从石，鬲声。

磊 lěi

磊，众石也。从三石。落猥切。

【译文】磊，众多的石头（累积在一起。）由三个石字会意。

長部

長 cháng

長，久远也。从兀，从匕。兀者，高远意也。久则变化。亾声。𠂆者，倒亾也。凡长之属皆从长。直良切。

【译文】長，长久；长远。由兀、由匕（huà）含意。兀是高而又远的意思。（匕）表示长久就变化。亡声。长字上部的𠂆，是倒写着的亡字。大凡长的部属都从长。

肆 sì

肆，极、陈也。从長，隶声。息利切。

【译文】肆，穷极，陈列。从長，隶声。

镻 dié

镻，蛇恶毒长。从長，失声。徒结切。

【译文】镻，蜃蛇，蛇毒深长。从長，失声。

勿部

勿 wù

勿，州里所建旗。象其柄，有三游。杂帛，

幅半异。所以趣民，故遽，称勿勿。凡勿之属皆从勿。文弗切。

【译文】勿，大夫、士所树立的旗帜。（丂）像旗的竿子，（彡）表示有三条缀在旗帜边缘上飘悬的游。游帛上颜色杂驳不纯，正幅上半赤半白而不同。是用以催促百姓集合的信号，所以有表示急遽的意思，（急遽）又称作勿勿。

昜 yáng

昜，开也。从日一勿。一曰：飞扬。一曰：长也。一曰：强者众皃。与章切。

【译文】昜，光明。由日、一、勿会意。另一义说，是飞举。又另一义说，是生长。又另一义说，是有很多强大的东西的样子。

冄部

冄 rǎn

冄，毛冄冄也。象形。凡冄之属皆从冄。而琰切。

【译文】冄，毛冉冉下垂的样子。象形。大凡冄的部属都从冄。

而部

而 ér

而，颊毛也。象毛之形。《周礼》曰："作其鳞之而。"凡而之属皆从而。如之切。

【译文】而，脸两旁的毛。像毛的样子。《周礼》说："振作起它的鳞和面颊的毛。"大凡而的部属都从而。

耏 nài

耏，罪不至髡也。从而，从彡。奴代切。

【译文】耏，判刑（只剃除颊须，）而不到剃除头发的地步。由而、由彡会意。

豕部

豕 shǐ

豕，彘也。竭其尾，故谓之豕。象（毛）[头四]足而后有尾。读与豨同。按：今世字，误以豕为（彘）[豕]，以（彘）[彖]为豕。何以明之？为（啄）[啄]（琢）[琢]从（豕）[豕]，蠡从（彘）[豕]。皆取其声，以是明之。凡豕之属皆从豕。式视切。

【译文】豕，猪。（猎发怒时）直竖着它的尾巴，所以叫作豕。像头、四只脚，而身后有尾巴的样子。音读与"豨"字同。按：当今的字，错误地把豕当作豕，把彖当作豕。怎么知道的呢？因为啄、琢本从豕（而常写作啄、琢），蠡本从豕（而常写作蠡）。（本来）都（分别）取用豕、豕作声，所以明白这个错误。大凡豕的部属都从豕。

豬 zhū

豬，豕而三毛丛居者。从豕，者声。陟鱼切。

【译文】豬，又叫豕，是三根毛丛生在同一毛孔的动物。从豕，者声。

豰 bó

豰，小豚也。从豕，𣪊声。步角切。

【译文】豰，小猪。从豕，𣪊声。

豯 xī

豯，生三月豚，腹豯豯皃也。从豕，奚声，胡鸡切。

【译文】豯，出生三个月的猪，肚子豯豯而大的样子。从豕，奚声。

豵 zōng

豵，生六月豚。从豕，從声。一曰：一岁豵，尚丛聚也。子红切。

【译文】豵，出生六个月的小猪。从豕，從

声。另一义说，一岁的猪，喜爱成群地聚居。

豝 豝 bā

豝，牝豕也。从豕，巴声。一曰：一岁，能相把拏也。《诗》曰："一发五豝。"伯加切。

【译文】豝，母猪。从豕，巴声。另一义说，一岁的猪，能持握、牵引。《诗经》说："一支箭发射出去，射中了五只母猪。"

豭 豭 jiā

豭，牡豕也。从豕，叚声。古牙切。

【译文】豭，公猪。从豕，叚声。

豶 豶 fén

豶，羠豕也。从豕，賁声。符分声（fén）。

【译文】豶，阉了的猪。从豕，賁声。

豣 豣 jiān

豣，三岁豕，肩相及者。从豕，幵声。《诗》曰："并驱从两豣兮。"古贤切。

【译文】豣，三岁的猪，肥肩赶得上它的母猪。从豕，幵声。《诗经》说："我和您并驾齐驱追赶两只大野猪啊。"

豛 豛 yì

豛，上谷名猪（豭）［豛］。从豕，役省声。营只切。

【译文】豛，上谷郡叫猪作豛。从豕，役省声。

豤 豤 kěn

豤，啮也。从豕，皀声。康很切。

【译文】豤，猪啃物。从豕，皀声。

豷 豷 yì

豷，豕息也。从豕，壹声。《春秋传》曰："生敖及豷。"许利切。

【译文】豷，猪喘息。从豕，壹声。《春秋左传》说："（寒浞就占有帝羿的妻妾，）生下了浇和豷两个儿子。"

豧 豧 fū

豧，豕息也。从豕，甫声。芳无切。

【译文】豧，猪喘息。从豕，甫声。

豢 豢 huàn

豢，以谷圈养豕也。从豕，𢍏声。胡惯切。

【译文】豢，用谷在围栏中喂养猪。从豕，𢍏声。

豠 豠 chú

豠，豕属。从豕，且声。疾余切。

【译文】豠，猪一类。从豕，且声。

豨 豨 xī

豨，豕走豨豨。从豕，希声。古有封豨修虵之害。虚岂切。

【译文】豨，猪边跑边嬉戏的样子。从豕，希声。又一义为猪。上古有大野猪长毒蛇的危害。

豲 豲 huán

豲，（逸）［豕属］也。从豕，原声。《周书》曰："豲有爪而不敢以撅。"读若桓。胡官切。

【译文】豲，猪一类。从豕，原声。《周书》说："豲有爪子却不敢用来爬掘。"音读像"桓"字。

豖 豖 chù

豖，豕绊足行豖豖。从豕系二足。丑六切。

【译文】豖，猪被绳子绊着脚而行走艰难的样子。由"豕"字捆系着两只脚表示。

豦 豦 jù

豦，斗相丮不解也。从豕、虍。豕、虍之斗，不解也。读若蘮蒘草之蘮。司马相如说："豦，封豕之属。"一曰：虎两足举。强鱼切。

【译文】豦，像野猪老虎互相搏斗，持久不能分解。由豕、虍会意。野猪、老虎的搏斗，是不能分解的。音读像藡蕫草的“藡”字。（又一义如）司马相如说：“㺜，是大猪之类。”又一义说，（㺜是）虎的两只脚高举起来。

豙 yì

豙，豕怒毛竖。一曰：残艾也。从豕辛。鱼既切。

【译文】豙，猪发怒而毛竖起。另一义说，是芟夷。由豕辛会意。

豩 huān

豩，二豕也。豳从此。阙。伯贫切。又，呼关切。

【译文】豩，两个“豕”字。豳字从豩。阙其音义。

㣇部

㣇 yì

㣇，修豪兽。一曰：河内名豕也。从彑，下象毛足。凡㣇之属皆从㣇。读若弟。羊至切。

【译文】㣇，长毛野兽。另一义说，河内郡叫猪（作㣇）。从彑，下面的彑像毛和脚。大凡㣇的部属都从㣇。音读像“弟”字。

𧰼 hū

𧰼，豕属。从㣇，𥄉声。呼骨切。

【译文】𧰼，猪一类。从㣇，𥄉声。

彙 wèi

彙，虫，似豪猪者。从㣇，胃省声。于贵切。

【译文】彙，蟲名，像豪猪的野兽。从㣇，胃省声。

彑部

彑 jì

彑，豕之头。象其锐，而上见也。凡彑之属皆从彑。读若罽。居例切。

【译文】彑，猪的头。像猪嘴长锐，而彑字的上画ㄥ能体现这一特点。大凡彑的部属都从彑。音读像“罽”字。

彘 zhì

彘，豕也。后蹏（发）［废］谓之彘。从彑，矢声；从二匕，彘足与鹿足同。直例切。

【译文】彘，猪。后脚废退叫做彘。从彑，矢声；又从二匕，彘的脚和鹿的脚都同用二匕表示。

彖 chǐ

彖[①]，豕也。从彑，从豕。读若弛。式视切。

【译文】彖，猪。由彑、由豕会意。音读像“弛”字。

【注释】①彖：当依徐锴《系传》作“彖”。王筠《释例》：“彑字，疑即豕字重文，音义皆同。”

𢑚 xiá

𢑚，豕也。从彑，下象其足。读若瑕。乎加切。

【译文】𢑚，猪。（上）从彑，下面的交象猪的脚。音读像“瑕”字。

豚部

豚 tún

豚，小豕也。从彖省，象形。从又持肉，以给祠祀。凡豚之属皆从豚。徒魂切。

【译文】豚，小猪。从彖省，象像猪形。又由“又”（手）持握着“肉”，表示供给祭祀之用。大凡豚的部属都从豚。

豸部

豸 zhì

豸，兽长脊，行豸豸然，欲有所司杀形。凡

豸之属皆从豸。池尔切。

【译文】豸，有着长长脊骨的猛兽，行走时突然豸豸地伸直脊背，像有所窥伺而加以格杀的形状。大凡豸的部属都从豸。

豹 bào

豹，似虎，圜文。从豸，勺声。北教切。

【译文】豹，像老虎，有圆形花纹。从豸，勺声。

貔 pí

貔[①]，豹属，出貉国。从豸，毘声。《诗》曰："献其貔皮。"《周书》曰："如虎如貔。"貔，猛兽。房脂切。

【译文】貔，豹一类，出产在北方的貉国。从豸，毘声。《诗经》说："贡献那貔兽的皮。"《周书》说："象虎象貔。"貔是凶猛的野兽。

【注释】① 貔：似虎，毛灰白色。又叫白熊、白狐、执夷。

豺 chái

豺，狼属，狗声[①]。从豸，才声。士皆切。

【译文】豺，狼一类，有像狗一样的叫声。从豸，才声。

【注释】① 狗声：《段注》："其声如犬。俗呼豺狼。"

貉 mò

貉，北方豸种。从豸，各声。孔子曰："貉之为言恶也。"莫白切。

【译文】貉，北方与豸兽共处的种族。从豸，各声。孔子说："貉作为言辞，是丑恶的意思。"

貆 huán

貆，貉之类。从豸，亘声。胡官切。

【译文】貆，貉兽一类。从豸，亘声。

貍 lí

貍，伏兽[①]，似貙。从豸，里声。里之切。

【译文】貍，善于藏伏的野兽，样子像貙。从豸，里声。

【注释】① 伏兽：《段注》："伏兽谓善伏之兽。""即俗所谓野猫。"

貛 huān

貛，野豕也。从豸，雚声。呼官切。

【译文】貛，野生小兽样子像猪。从豸，雚声。

貁 yòu

貁，鼠属。善旋。从豸，穴声。余救切。

【译文】貁，鼬鼠一类。善于旋转。从豸，穴声。

貒 tuān

貒，兽也。从豸，耑声。读若湍。他端切。

【译文】貒，貒兽。从豸，耑声。音读像"湍"字。

豻 àn

豻，胡地野狗[①]。从豸，干声。《诗》曰："宜豻宜狱。"五旰切。

【译文】豻，北方少数民族地区的野狗。从豸，干声。《诗经）说："(可悲啊，我们这些穷苦少钱的人，）大概将要陷入地方的牢狱，或将陷入朝廷的牢狱。"

【注释】① 胡地：北方少数民族地区。

貂 diāo

貂，鼠属。大而黄黑，出胡丁零国[①]。从豸，召声。都僚切。

【译文】貂，鼠一类。躯体大，色黄黑，出产在北方少数民族地区的丁零国。从豸，召声。

【注释】① 胡：王筠《句读》："胡，其总名。丁零，其一国之名也。"张舜徽《约注》："古丁零国，在今西伯利亚叶尼塞河上游，至贝加尔湖以南诸地。"

𤉡部

𤉡 sì

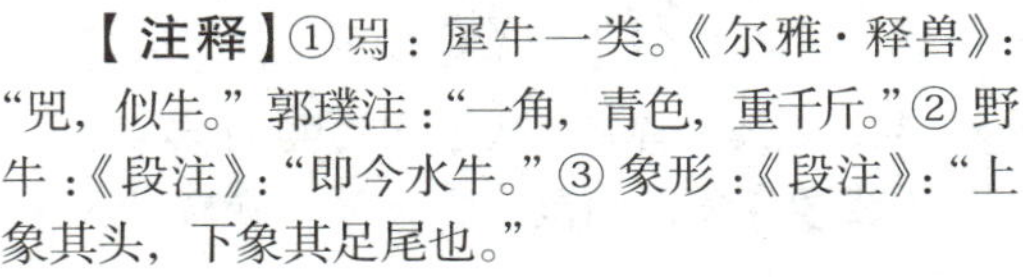

𤉡①，如野牛而青②。象形③。与禽、离头同。凡𤉡之属皆从𤉡。徐姊切。

【译文】𤉡，样子像水牛而毛色青。象形。（𤉡字的头部凹）与禽字、离字的头部有相同的地方。大凡𤉡的部属都从𤉡。

【注释】①𤉡：犀牛一类。《尔雅·释兽》：“兕，似牛。”郭璞注：“一角，青色，重千斤。”②野牛：《段注》：“即今水牛。”③象形：《段注》：“上象其头，下象其足尾也。”

易部

易 yì

易，蜥易①，蝘蜓，守官也。象形。《秘书》说，日月为易，象阴阳也。一曰：从勿。凡易之属皆从易。羊益切。

【译文】易，蜥易，又叫蝘蜓、守官。象形。《秘书》说，日、月二字会合成易字，象征着阴阳的变易。另一义说，（易）从旗勿的勿。大凡易的部属都从易。

【注释】①蜥易：《尔雅·释鱼》：“蝾螈，蜥蜴；蜥蜴，蝘蜓；蝘蜓，守宫也。”郭璞注：“转相解，博异语，别四名也。”朱骏声《通训定声》：“在壁为蝘蜓、守宫也，苏俗谓之壁虎；在草为蜥易、荣蚖也，苏俗谓之四脚蛇。”徐灏《段注笺》：“蜥蜴连名。单呼之，或谓之蜥，或谓之蜴。”

象部

象 xiàng

象，长鼻牙①，南越大兽②，三年一乳③，象耳牙四足之形。凡象之属皆从象。徐两切。

【译文】象，长鼻长牙，南越一带的大野兽，每三年产子一次，像耳朵、牙齿、四只脚的样子。大凡象的部属都从象。

【注释】①长鼻牙：《段注》：“有长鼻长牙。”②南越：今广东广西一带。③三年：王筠《句读》：“《太平广记》引古训云：‘象孕五岁始产。’”

豫 yù

豫，象之大者。贾侍中说①：“不害于物。”从象，予声。羊茹切。

【译文】豫，大象。贾侍中说：“（豫象虽大但）对别的物体没有害处。”从象，予声。

【注释】①贾侍中：《段注》：“贾侍中名逵，许所从受古学者也。侍中说：豫虽大，而不害于物。故宽大舒缓之义取此字。”

馬部

馬 mǎ

馬，怒也；武也。象马头髦尾四足之形。凡馬之属皆从馬。莫下切。

【译文】馬，是昂首怒目的动物，是勇武的动物。像马的头部、鬃毛、尾巴、四只脚的样子。大凡马的部属都从马。

騭 zhì

騭，牡马也。从馬，陟声。读若郅。之日切。

【译文】騭，公马。从馬，陟声。音读像“郅”（zhì）字。

馬 huán

馬，马一岁也。从馬；一，绊其足。读若弦；一曰：若环。户关切。

【译文】馬，马一岁。从馬，一，表示用绳子系绊马脚。音读像“弦”字，一说，音读像

“环”字。

駒 jū

駒，马二岁曰驹[①]，三岁曰駣。从馬，句声。举朱切。

【译文】駒，马两岁叫作驹，三岁叫作駣。从馬，句声。

【注释】①二岁：徐锴《段注笺》：驹为二岁马，浑言之则为儿马方壮之偁。”

馴 bā

馴，马八岁也。从馬，从八。博拔切。

【译文】馴，马八岁。由馬、由八会意。

驠 xián

驠，马一目白曰驠，二目白曰鱼。从馬，閒声。户闲切。

【译文】驠，马一只眼睛（病得）发白叫作驠，两只眼睛（病得）发白叫做鱼目。从馬，閒声。

騏 qí

騏，马青骊，文如博棊也。从馬，其声。渠之切。

【译文】騏，马青黑色，花纹像棋盘一样。从馬，其声。

驪 lí

驪，马深黑色。从馬，麗声。吕支切。

【译文】驪，马深黑色。从馬，麗声。

駽 xuān

駽，青骊马。从馬，肙声。《诗》曰：“駜彼乘駽。”火玄切。

【译文】駽，青黑色的马。从馬，肙声。《诗经》说：“多么肥壮而又力量强大啊，那一车驾的四匹青黑色的马。”

騩 guī

騩，馬淺黑色。从馬，鬼声。俱位切。

【译文】騩，马浅黑色。从馬，鬼声。

騢 xiá

騢，马赤白杂毛。从馬，叚声。谓色似鰕鱼也。乎加切。

【译文】騢，马（有着）红色、白色杂乱相间的毛。从馬，叚声。是说马的毛色像蝦鱼。

騅 zhuī

騅，马苍黑杂毛。从馬，隹声。职追切。

【译文】騅，马（有着）青苍色与黑色杂乱相间的毛。从馬，隹声。

騮 liú

騮，赤马黑（毛）[髦]尾也。从馬，留声。力求切。

【译文】騮，红色的马身，黑色的鬃毛和尾巴。从馬，留声。

駱 luò

駱，马白色黑鬣尾也。从馬，各声。卢各切。

【译文】駱，马白色的身子，黑色的鬃毛和尾巴。从馬，各声。

駰 yīn

駰，马阴白杂毛。黑。从馬，因声。《诗》曰：“有骃有騢。”于真切。

【译文】駰，马（有着）浅黑色和白色相间的毛。从馬，因声。《诗经》说：“有毛色黑白相间的骃马，有毛色红白相间的騢马。”

驄 cōng

驄，马青白杂毛也。从馬，悤声。仓红切。

【译文】驄，马（有着）青色、白色杂乱相间的毛。从馬，悤声。

驈 yù

驈，骊马白胯也。从馬，矞声。《诗》曰："有驈有騜。"食聿切。

【译文】驈，深黑色的马，大腿之间是白色。从馬，矞声。《诗经》说："有黑身白胯的驈马，有荧白色的騜马。"

驃 piào

驃，黄马发白色①。一曰：白髦尾也。从馬，票声。毗召切。

【译文】驃，黄色的马，起着白色点状花纹。另一义说，（黄色的马有）白色的鬃毛和尾巴。从馬，票声。

【注释】①发白色：《段注》："起白点斑驳也。"

駹 máng

駹，马面颡皆白也。从馬，尨声。莫江切。

【译文】駹，马（只有）面部、额部都是白色。从馬，尨声。

騧 guā

騧，黄马，黑喙。从馬，咼声。古华切。

【译文】騧，黄色的马，黑色的嘴。从馬，咼声。

駓 pī

駓，黄马白毛也。从馬，丕声。敷悲切。

【译文】駓，马有着黄色、白色杂乱相间的毛。从馬，丕声。

驖 tiě

驖，马赤黑色。从馬，戴声。《诗》曰："四驖孔阜。"他结切。

【译文】驖，马（有着）黑中带红的颜色。从馬，戴声。《诗经》说："四匹黑中带红的马非常肥大。"

騂 àn

騂，马头有发赤色者。从馬，岸声。五旰切。

【译文】騂，马有起着红色斑纹的头。从馬，岸声。

馰 dí

馰，马白頟也。从馬，的省声。一曰：骏也。《易》曰："为的颡。"都历切。

【译文】馰，马（有着）白色的额头。从馬，的省声。另一义说，馰是骏马。《易经》说："（震卦对于马来说，）是白色额头（的象征）。"

驔 diàn

驔，骊马黄脊。从馬，覃声。读若簟。徒玷切。

【译文】驔，深黑色的馬，黄色的脊梁。从馬，覃声。音读像"簟"字。

驠 yàn

驠，马白州也。从馬，燕声。于甸切。

【译文】驠，马（有着）白色的臀部。从馬，燕声。

駮 bó

駮，马色不纯。从馬，爻声。北角切。

【译文】駮，马的毛色不纯。从馬，爻声。

騽 xí

騽，马豪骭也。从馬，習声。似入切。

【译文】騽，马的膝头和小腿之间有长毛。从馬，習声。

駿 jùn

駿，马之良材者。从馬，夋声。子峻切。

【译文】駿，马中间有良好素质的马。从馬，夋声。

騛 fēi

騛，马逸足也。从馬，从飛。《司马法》："飞卫斯舆。"甫微切。

【译文】騛，马跑得飞快。由馬、由飛会意。《司马法》说："飞卫斯舆。"

騎 qí

騎，跨马也[1]。从馬，奇声。渠羈切。

【译文】騎，（两腿分张）跨在马上。从馬，奇声。

【注释】①跨马：《段注》："两髀跨马谓之骑，因之人在马上谓之骑。"

驍 jiōng

驍，马盛肥也。从馬，光声。《诗》曰："四牡驍驍。"古荧切。

【译文】驍，马十分肥壮。从馬，光声。《诗经》说："四匹公马多么肥壮。"

駕 jià

駕，马在轭中。从馬，加声。古讶切。

【译文】駕，马套在车轭之中。从馬，加声。

駉 àng

駉，駉駉，马怒皃。从馬，卬声。吾浪切。

【译文】駉，駉駉，马发怒的样子。从馬，卬声。

騑 fēi

騑，骖，旁马。从馬，非声。甫微切。

【译文】騑，又叫骖马，驾在车辕两旁的马。从馬，非声。

駢 pián

駢，驾二马也。从馬，并声。部田切。

【译文】駢，（一辆车并排）驾两匹马。从馬，并声。

驂 cān

驂，驾三马也。从馬，参声。仓含切。

【译文】驂，（独辕车）驾的三匹马。从馬，参声。

駟 sì

駟，一乘也。从馬，四声。息利切。

【译文】駟，一辆车所驾的四匹马。从馬，四声。

駙 fù

駙，副马也。从马，付声。一曰：近也。一曰：疾也。符遇切。

【译文】駙，驾副车的马。从馬，付声。另一义说，是附近。另一义说，是迅速（奔赴）。

騝 xié

騝，马和也。从馬，皆声。户皆切。

【译文】騝，马性和善。从馬，皆声。

騀 ě

騀，马摇头也。从馬，我声。五可切。

【译文】騀，马摇头。从馬，我声。

篤 dǔ

篤，马行顿迟。从馬，竹声。冬毒切。

【译文】篤，马行走，头低下如触地，较为迟缓。从馬，竹声。

馮 píng

馮，马行疾也。从馬，冫声。房戎切。

【译文】馮，马行走迅疾。从馬，冫(bīng) 声。

驅 qū

驅，马驰也[①]。从馬，區声。岂俱切。

【译文】驅，(用棰策鞭马) 使马奔驰。从馬，區声。

【注释】① 马驰：王筠《句读》："当作驰马。""言人御之使速也。"

馳 chí

馳，大驱也。从馬，也声。直离切。

【译文】馳，使马长驱。从馬，也声。

騁 chěng

騁，直驰也。从馬，甹声。丑郢切。

【译文】騁，径直奔驰。从馬，甹声。

馯 hàn

馯，马突也。从馬，旱声。侯旰切。

【译文】馯，马凶悍奔突。从馬，旱声。

騫 qiān

騫，马腹(縶)〔热〕也。从馬，寒省声。去虔切。

【译文】騫，马腹部因热病而亏损低陷。从馬，寒省声。

駉 jiōng

駉，牧马苑也。从馬，冋声。《诗》曰："在駉之野。"古荧切。

【译文】駉，牧马的苑囿。从馬，冋声。《诗经》说："(高大肥壮的公马，) 在可供牧马的野外。"

駃 jué

駃，駃騠，马父骡子也。从馬，夬声。古穴切。

【译文】駃，駃騠，以马为父，(以驴为母，杂交所生的) 骡崽。从馬，夬声。

騠 tí

騠，駃騠也。从焉，是声。杜兮切。

【译文】騠，駃騠。从馬，是声。

驘 luó

驘[①]，驴父马母。从馬，羸声。洛戈切。

【译文】驘，以驴为父，以马为母，(杂交所生的骡崽。) 从馬，羸声。

【注释】① 驘：骡子(公驴和母马杂交所生)。今作"骡"。《楚辞·九叹·忧苦》："同驽驘与乘驵兮。"

驢 lú

驢，似马，长耳。从馬，盧声。力居切。

【译文】驢，像马，长长的耳朵。从馬，盧声。

廌部

廌 zhì

廌，解廌兽也，似山牛，一角。古者决讼，令触不直。象形，从豸省。凡廌之属皆从廌。宅买切。

【译文】廌，獬豸兽，像野牛，一只角。古时候判决官司，叫廌去抵触那不正直的一方。𦍌像其头和角的形状，𠃜是豸的省略。大凡荐的部属都从荐。

薦 jiàn

薦，兽之所食艹。从廌，从艸。古者神人以廌遗黄帝。帝曰："何食？何处？"曰："食荐；夏处水泽，冬处松柏。"作甸切。

【译文】薦，兽畜吃的草。由廌、由艸会意。古时候神仙把廌兽送给黄帝。黄帝说："它吃什么？住在什么地方？"回答说："吃荐草。夏天住在水泽之中，冬天住在松柏之下。"

鹿部

鹿 lù

鹿，兽也。象头角四足之形。鸟鹿足相似，从匕。凡鹿之属皆从鹿。卢谷切。

【译文】鹿，兽名。像头、角和四只脚的样子。鸟、鹿的脚相像，所以都从匕。大凡鹿的部属都从鹿。

麟 lín

麟，大牝鹿也。从鹿，粦声。力珍切。

【译文】麟，大母鹿。从鹿，粦声。

麋 mí

麋，鹿属。从鹿，米声。麋冬至解其角。武悲切。

【译文】麋，鹿一类。从鹿，米声。麋，冬至左右脱落它的角。

麈 zhǔ

麈，麋属。从鹿，主声。之庾切。

【译文】麈，麋鹿一类。从鹿，主声。

麗 lì

麗，旅行也。鹿之性，见食急则必旅行。从鹿，丽声。礼：丽皮纳聘。盖鹿皮也。郎计切。

【译文】麗，结伴而行。鹿的特性是，发现食物虽情势紧急却也一定结伴而行。从鹿，丽声。礼制规定，把两张鹿皮交纳订婚。（丽）大概是鹿皮。

麀 yōu

麀，牝鹿也。从鹿，从牝省。于虬切。

【译文】麀，母鹿。由鹿、由牝省会意。

麤部

麤 cū

麤，行超远也。从三鹿。凡麤之属皆从麤。仓胡切。

【译文】麤，鹿行走时跳跃很远。由三个鹿字会意。大凡麤的部属都从麤。

塵 chén

塵，鹿行扬土也[①]。从麤，从土。直珍切。

【译文】塵，群鹿疾行使尘土飞扬。由麤、由土会意。

【注释】① 扬土：《段注》："群行则扬土甚。"

㲋部

㲋 chuò

㲋，兽也。似兔，青色而大。象形。头与兔同，足与鹿同。凡㲋之属皆从㲋。丑略切。

【译文】㲋，兽名。像兔子，全身青色，却比兔子大。象形。表示头的⺈与兔字的头部相同，表示足的"比"与"鹿"字的足部相同。大凡㲋的部属都从㲋。

毚 chán

毚，狡兔也，兔之骏者。从㲋、兔。士咸切。

【译文】毚，少壮的兔子，兔中的良才。由㲋、兔会意。

兔部

兔 tù

兔，兽名。象踞，后其尾形。兔头与龟头同。凡兔之属皆从兔。汤故切。

【译文】兔，兽名。像蹲坐的样子，后面的是它的尾巴的形状。兔字的头部⺈与龟字的头部相同。大凡兔的部属都从兔。

逸 yì

逸，失也。从辵、兔。兔谩訑善逃也。夷质切。

【译文】逸，逃跑。由辵、兔会意。兔性欺诈、善于逃逸。

冤 yuān

冤，屈也。从兔，从冂。兔在冂下，不得走，益屈折也。于袁切。

【译文】冤，屈缩不伸。由兔、由冖会意。兔字在冖字下，表示兔在覆罩之下不能跑，多屈折不伸。

娩 fàn

娩，兔子也。娩，疾也。从女兔。芳万切。

【译文】娩，兔崽。娩，迅疾。由女、兔会意。

萈部

萈 huán

萈，山羊细角者。从兔足，苜声。凡萈之属皆从萈。读若丸。宽字从此。胡官切。

【译文】萈，细角的山羊。从兔足，苜声。大凡萈的部属都从萈。音读像“丸”字。宽字从萈。

犬部

犬 quǎn

犬，狗之有县蹏者也。象形。孔子曰：“视犬之字如画狗也。”凡犬之属皆从犬。苦泫切。

【译文】犬，狗中有悬空而不着地的蹄趾的一种。象形。孔子说：“看犬字像画狗的样子。”大凡犬的部属都从犬。

狗 gǒu

狗，孔子曰：“狗，叩也。叩气吠以守。”从犬，句声。古厚切。

【译文】狗，孔子说：“狗，扣击。狗声硁硁如扣击，出气而吠叫，用以守御。”从犬，句声。

尨 máng

尨，犬之多毛者。从犬，从彡。《诗》曰：“无使尨也吠。”莫江切。

【译文】尨，多毛的狗。由犬、由彡会意。《诗经》说：“不要让那狮毛狗啊叫起来。”

狡 jiǎo

狡，少狗也。从犬，交声。匈奴地有狡犬，巨口而黑身。古巧切。

【译文】狡，少壮的狗。从犬，交声。（又，）匈奴地方有一种大狗，巨大的嘴巴，黑色的身子。

猲 xiē

猲，短喙犬也。从犬，曷声。《诗》曰：“载猃猲獢。”《尔雅》曰：“短喙犬谓之猲獢。”许谒切。

【译文】猲，短嘴巴狗。从犬，曷声。《诗经》说：“装载着长嘴（猎）犬和短嘴（猎）犬。”

《尔雅》说："短嘴巴狗叫作猲獢。"

獫 xiǎn

獫，长喙犬。一曰：黑犬，黄头。从犬，僉声。虚检切。

【译文】獫，長嘴巴狗。另一义说，是黑色的狗，黄色的头。从犬，僉声。

猈 bài

猈[①]，短胫狗。从犬，卑声。薄蟹切。

【译文】猈，短脚狗。从犬，卑声。

【注释】① 猈：王筠《句读》："即今之（哈）巴狗也。"

猗 yī

猗[①]，犗犬也。从犬，奇声。于离切。

【译文】猗，阉狗。从犬，奇声。

【注释】① 猗：《段注》："犬曰猗，如马曰騬，牛曰犗，羊曰羠，言之不妨通互耳。"桂馥《义证》引赵宧光曰："猗、犗，并列势异名。"

猨 ān

猨，窦中犬声。从犬，从音，音亦声。乙咸切。

【译文】猨，洞中狗叫的声音。由犬、由音会意，音也表声。

默 mò

默，犬（暂）［潜］逐人也。从犬，黑声。读若墨。莫北切。

【译文】默，狗偷偷地追逐人。从犬，黑声。音读像"墨"字。

猝 cù

猝，犬从艹暴出逐人也。从犬，卒声。麤没切。

【译文】猝，狗从草丛中突然窜出追逐人。从犬，卒声。

猩 xīng

猩，猩猩，犬吠声。从犬，星声。桑经切。

【译文】猩，猩猩然，是狗叫的声音。从犬，星声。

奖 jiǎng

奖，嗾犬厉之也。从犬，將省声。即两切。

【译文】奖，使唤狗而勉励它。从犬，将省声。

狠 yán

狠[①]，吠斗声。从犬，艮声。五还切。

【译文】狠，狗边叫边斗的声音。从犬，艮声。

【注释】① 狠：《段注》："今俗用狠为很（凶狠）。"

奘 zàng

奘，妄强犬也。从犬，从壯，壯亦声。徂朗切。

【译文】奘，狂妄强猛的狗。由犬、由壯会意，壮也表声。

獒 áo

獒，犬如人心可使者。从犬，敖声。《春秋传》曰："公嗾夫獒。"五牢切。

【译文】獒，狗中能如人意可以使唤的一种。从犬，敖声。《春秋左传》说："晋灵公唆使那猛狗。"

狀 zhuàng

狀，犬形也。从犬，爿声。盈亮切。

【译文】狀，狗的形状。从犬，爿声。

狎 xiá

狎，犬可习也。从犬，甲声。胡甲切。

【译文】狎，狗可训练。扶犬，甲声。

狃 niǔ

狃[①]，犬性骄也[②]。从犬，丑声。女久切。

【译文】狃，狗性骄横。从犬，丑声。

【注释】①狃：本义为狗爱亲近人。②骄：《段注》作“忕”。徐锴《系传》：“忕，惯习也。”存参。

犯 fàn

犯，侵也。从犬，㔾声。防险切。

【译文】犯，侵犯。从犬，㔾声。

猛 měng

猛，健犬也。从犬，孟声。莫杏切。

【译文】猛，健壮的狗。从犬，孟声。

犺 kàng

犺，健犬也。从犬，亢声。苦浪切。

【译文】犺，健壮的狗。从犬，亢声。

猜 cāi

猜[①]，恨贼也。从犬，青声。仓才切。

【译文】猜，嫉恨以至残害别人。从犬，青声。

【注释】①猜：徐锴《系传》：“犬性多情。”

倏 shū

倏，走也。从犬，攸声。读若叔。式竹切。

【译文】倏，（狗）奔跑。从犬，攸声。音读像“叔”字。

戾 lì

戾，曲也。从犬出户下。戾者，身曲戾也。郎计切。

【译文】戾，弯曲。由“犬”出于门“户”之下会意。戾，身体弯曲的意思。

獨 dú

獨，犬相得而斗也。从犬，蜀声。羊为群，犬为独也。一曰：北嚣山有独狢兽，如虎，白身，豕鬣，尾如马。徒谷切。

【译文】獨，狗相遇就争斗。从犬，蜀声。羊喜群居，狗爱独处。另一义说，北嚣山上有名叫独狢的野兽，样子像虎，白色的身子，像猪一样的鬃毛，尾巴像马一样。

狢 yù

狢，独狢兽也。从犬，谷声。余蜀切。

【译文】狢，名叫独狢的野兽。从犬，谷声。

狩 shòu

狩，犬田也。从犬，守声。《易》曰：“明夷于南狩。”书究切。

【译文】狩，用狗田猎。从犬，守声。《易经》说：“叫着的鹈鹕鸟在（人们）南去打猎的时候（受伤）。”

獵 liè

獵，（放）[畋]猎逐禽也。从犬，巤声。良涉切。

【译文】獵，打猎追逐禽兽。从犬，巤声。

獠 liáo

獠，獵也。从犬，尞声。力昭切。

【译文】獠，打猎。从犬，尞声。

臭 xiù

臭，禽走，臭而知其迹者，犬也。从犬，从自。尺救切。

【译文】臭，禽兽跑了，嗅其气味而知道其逃

跑的踪迹的，是狗。由犬、由自会意。

獟 yào

獟，狃犬也。从犬，尧声。五吊切。

【译文】獟，骁勇的狗。从犬，尧声。

獲 huò

獲，猎所获也。从犬，蒦声。胡伯切。

【译文】獲，打猎时捕获的禽兽。从犬，蒦声。

獻 xiàn

獻，宗庙犬名羹献。犬肥者以献之。从犬，鬳声。许建切。

【译文】獻，宗庙祭祀所用的狗叫作“羹献”。狗肥大的用以作为敬献的礼品。从犬，鬳声。

狾 zhì

狾，狂犬也。从犬，折声。《春秋传》曰：“狾犬入华臣氏之门。”征例切。

【译文】狾，疯狗。从犬，折声。《春秋左传》说：“疯狗进入华臣家的门。”

狂 kuáng

狂，狾犬也。从犬，㞷声。巨王切。

【译文】狂，疯狗。从犬，㞷声。

類 lèi

類，种类相似，唯犬为甚。从犬，頪声。力遂切。

【译文】類，同一种属、类别的事物相像，只有狗体现得最分明。从犬，頪声。

狄 dí

狄，赤狄，本犬种。狄之为言淫辟也。从犬，亦省声。徒历切。

【译文】狄，赤狄族，本与犬戎族同种。狄作为词语是表示邪恶乖僻的意思。从犬，亦省声。

狻 suān

狻，狻麑，如虦猫，食虎豹者。从犬，夋声。见《尔雅》。素官切。

【译文】狻，狻麑，像浅毛虎，是吃虎豹的野兽。从犬，夋声。

狙 jū

狙，玃属。从犬，且声。一曰：狙，犬也，暂啮人者。一曰：犬不啮人也。亲去切。

【译文】狙，猕猴一类。从犬，且声。另一义说，狙，是狗，是伺机突然出来咬人的狗。另一义说，狗不咬人叫狙。

玃 jué

玃，母猴也。从犬，矍声。《尔雅》云：“玃父善顾。”攫持人也。俱缚切。

【译文】玃，大猕猴。从犬，矍声。《尔雅》说：“大弥猴善于左右顾盼。”又喜欢用爪抓取、把持人。

猴 hóu

猴[①]，夒也。从犬，侯声。乎沟切。

【译文】猴，一种长臂猿。从犬，侯声。

【注释】①猴：朱骏声《通训定声》：“一名为，一名母猴，声转曰沐猴，曰猕猴，其大者曰玃，其愚者曰禺，其静者曰蝯，亦作猨，作猿。”

猶 yóu

猶，玃属。从犬，酋声。一曰：陇西谓犬子

为猷。以周切。

【译文】猶，猕猴一类。从犬，酋声。另一义说，陇西郡叫狗崽子作猷。

狛 bó

狛，如狼，善驱赶羊。从犬，白声。读若蘗。宁严读之若浅泊。匹各切。

【译文】狛，像狼，善于驱赶羊群。从犬，白声。音读像黄蘗的"蘗"字。宁严读它，像浅泊的泊字。

狼 láng

狼，似犬，锐头，白頰，高前，广后。从犬，良声。鲁当切。

【译文】狼，像狗，尖锐的头，白色的脸颊，身子前部高，后部宽。从犬，良声。

獌 màn

獌，狼属。从犬，曼声。《尔雅》曰[①]："貙、獌，似狸。"舞贩切。

【译文】獌，狼一类。从犬，曼声。《尔雅》说："貙和獌，都像野猫。"

【注释】①《尔雅》：指《释兽》。

狐 hú

狐，祅兽也。鬼所乘之。有三德：其色中和[①]，小前大后，死则丘首[②]。从犬，瓜声。户吴切。

【译文】狐，妖异的野兽。是鬼所凭借的东西。（它）有三种德行：它的毛色是中和的黄色，前面（的鼻尖）小，后面（的尾巴）大；临死的时候对着出生的山丘摆正自己的脑袋。从犬，瓜声。

【注释】①中和二句：桂馥《义证》："其色黄，故曰'中和'；鼻尖尾大，故曰'小前大后'。"②丘首：承培元《引经证例》：狐将死则正其首，以向所窟宅之丘，不忘本也。

猋 biāo

猋，犬走皃。从三犬。甫遥切。

【译文】猋，狗跑的样子。由三个"犬"字会意。

獺 tǎ

獺，如小狗也。水居食鱼。从犬，賴声。他达切。

【译文】獺，像小狗。在水里生活，吃鱼。从犬，賴声。

猵 biān

猵，獺属。从犬，扁声。布（兹）［玄］切。

【译文】猵，獺一类。从犬，扁声。

㹜部

㹜 yín

㹜，两犬相啮也。从二犬。凡㹜之属皆从㹜。语斤切。

【译文】㹜，两只狗相互咬。由两个犬字会意。大凡㹜的部属都从㹜。

獄 yù

獄，确也。从㹜，从言。二犬，所以守也。鱼欲切。

【译文】獄，（监狱）坚牢。由㹜、由言会意。两个犬字，表示用以守备的警犬。

鼠部

鼠 shǔ

鼠，穴虫之总名也。象形。凡鼠之属皆从鼠。书吕切。

【译文】鼠，住在洞穴里的虫兽的总名。象形。大凡鼠的部属都从鼠。

鼢 fén

鼢，地［中］行鼠，伯劳所（作）［化］也。一曰偃鼠。从鼠，分声。芳吻切。

【译文】鼢，在地中穿行的老鼠，是伯劳鸟化成的。一名偃鼠。从鼠，分声。

鼬 yòu

鼬，如鼠，赤黄而大，食鼠者。从鼠，由声。余救切。

【译文】鼬，像老鼠，红黄色，比老鼠大，是吃老鼠的野兽。从鼠，由声。

能部

能 néng

能。熊属。足似鹿。从肉，㠯声。能兽坚中，故称贤能；而强壮，称能杰也。凡能之属皆从能。奴登切。

【译文】能。熊一類。能字表示足的匕像鹿字表示足的比。从肉，㠯声。能兽里面的骨节坚实，所以引伸作贤能；能兽强壮，所以引伸作能杰。大凡能的部属都从能。

熊 xióng

熊，兽。似豕，山居，冬蛰。从能，炎省声。凡熊之属皆从熊。羽弓切。

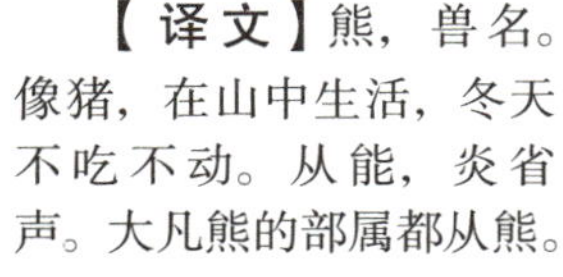

【译文】熊，兽名。像猪，在山中生活，冬天不吃不动。从能，炎省声。大凡熊的部属都从熊。

羆 pí

羆，如熊[①]，黄白文。从熊，罷省声。彼为切。

【译文】羆，像熊，黄白色的花纹。从熊，罷省声。

【注释】① 如熊二句：系《尔雅·释兽》文。郭璞注："似熊而长头高脚，猛憨多力，能拨树木。"俗俩人熊或马熊。

火部

火 huǒ

火，毁也。南方之行，炎而上[①]。象形。凡火之属皆从火。呼果切。

【译文】火，（齐人叫）毁。表示南方的一种物质，火光旺盛而向上。象形。大凡火的部属都从火。

【注释】① 炎而上：王筠《句读》："炎者，火光盛也。上者，其性上行，不能下也。"

炟 dá

炟，上讳。当割切。

【译文】炟，已故孝章皇帝之名。

然 rán

然[①]，烧也。从火，肰声。如延切。

【译文】然，燃烧。从火，肰声。

【注释】① 然：今作"燃"。

燒 shāo

燒，爇也。从火，堯声。式昭切。

【译文】燒，焚燒。从火，堯声。

烈 liè

烈，火猛也。从火，列声。良辥切。

【译文】烈，火势猛烈。从火，列声。

烝 zhēng

烝，火气上行也。从火，丞声。煑仍切。

【译文】烝，火气向上升。从火，丞声。

熯 hàn

熯，干皃。从火，漢省声。《诗》曰："我孔熯矣。"人善切。

【译文】熯，干燥的样子。从火，漢省声。《诗经》说："我是非常恭敬的了。"

煦 xù

煦，烝也。一曰：赤皃。一曰：温润也。从火，昫声。香句切。

【译文】煦，（日出）地气向上升。另一义说，是（日出时）红色的样子。又另一义说，是温暖湿润。从火，昫声。

烄 jiǎo

烄，交木然也。从火，交声。古巧切。

【译文】烄，架起木头燃烧。从火，交声。

燋 jiāo

燋，所以然持火也。从火，焦声。《周礼》曰："以明火爇燋也。"即消切。

【译文】燋，用来引燃手中持握的火炬的火种。从火，焦声。《周礼》说："利用借日光热度所取的火来燃引火柴。"

炭 tàn

炭，烧木余也。从火，岸省声。他案切。

【译文】炭，烧木不尽之余。从火，岸省声。

灰 huī

灰，死火余夷也。从火，从又；又，手也。火既灭，可以执持。呼恢切。

【译文】灰，已熄灭的火剩下的灰烬。由火、由又会意。又，就是手。火已经熄灭，可以拿着，握着。

炱 tái

炱，灰，炱煤也。从火，台声。徒哀切。

【译文】炱，灰；烟尘。从火，台声。

煨 wēi

煨，盆中火。从火，畏声。乌灰切。

【译文】煨，盆中的火。从火，畏声。

熄 xī

熄，畜火也。从火，息声。亦曰灭火[①]。相即切。

【译文】熄，蓄留的火种。从火，息声。也指灭火。

【注释】① 灭火：畜火义的反训。

烓 wēi

烓，行灶也。从火，圭声。读若冋。口迥切。

【译文】烓，可以移行的灶。从火，圭声。音读像"冋"字。

煁 chén

煁，烓也。从火，甚声。氏任切。

【译文】煁，烓灶。从火，甚声。

燀 chǎn

燀，炊也。从火，單声。《春秋传》曰："燀之以薪。"充善切。

【译文】燀，烧火煮熟食物。从火，單声。《春秋左传》说："用柴薪烧火煮熟它。"

炊 chuī

炊，爨也。从火，吹省声。昌垂切。

【译文】炊，烧火煮熟食物。从火，吹省声。

烘 hōng

烘，尞也。从火，共声。《诗》曰："卬烘于煁。"呼东切。

【译文】烘，烧。从火，共声。《诗经》说：

"我在可以移动的小火炉上烘烤东西。"

熹 xī

熹[1]，炙也。从火，喜声。许其切。

【译文】熹，用火烤（肉）。从火，喜声。

【注释】①熹：本义为烤肉。引申义为光明。《归去来辞》："问征夫以前路，恨晨光之熹微。"

煎 jiān

煎，熬也。从火，前声。子仙切。

【译文】煎，（有汁而）熬干。从火，前声。

熬 áo

熬，干煎也。从火，敖声。五牢切。

【译文】熬，用火煎炒致干。从火，敖声。

炮 páo

炮，毛炙肉也。从火，包声。薄交切。

【译文】炮，连毛在一起烧烤肉。从火，包声。

灸 jiǔ

灸，灼也。从火，久声。举友切。

【译文】灸，烧灼（龟甲）。从火，久声。

灼 zhuó

灼，（炙）[灸]也。从火，勺声。之若切。

【译文】灼，（点燃荆条，）灸烧（龟甲）。从火，勺声。

煉 liàn

煉，铄治金也。从火，柬声。郎电切。

【译文】煉，销熔并纯净金属。从火，柬声。

燭 zhú

燭，庭燎，（火）[大]烛也。从火，蜀声。之欲切。

【译文】燭，指插在斗内庭院中的火炬，也指插在门外的火炬。从火，蜀声。

熜 zǒng

熜，然麻蒸也。从火，悤声。作孔切。

【译文】熜，点燃麻秆捆扎而成的火炬。从火，悤声。

灺 xiè

灺，烛妻也。从火，乜声。徐野切。

【译文】灺，灯烛烧过后的灰烬。从火，也声。

焠 cuì

焠，坚刀刃也。从火，卒声。七内切。

【译文】焠，（从火中取出后又浸入水中），使刀刃坚硬。从火，卒声。

燓 fán

燓，燒田也。从火棥，棥亦声。附袁切。

【译文】燓，用火烧（山林宿草）而田猎。由火、棥会意，棥也表声。

㶳 jìn

㶳，火余也[1]。从火，聿声。一曰：薪也。徐刃切。

【译文】㶳，（物体）燃烧后的剩余部分。从火，聿声。另一义说：㶳是柴薪。

【注释】①火：用作动词。

煣 rǒu

煣，屈申木也。从火、柔，柔亦声。人久切。

【译文】煣，（用火烘烤）使木条弯曲或伸直。由火、柔会意，柔也表声。

汉字到底有多少

音：biáng。歌诀：一点一横长，二字口封梁，两边绕个丝瓤瓤，中间一个马代王，你也长我也长，心儿来铺底，月儿来靠墙，一笔穿身杠，砸个钉钉挂衣裳。

东汉许慎作《说文解字》，收 9353 字。
西晋吕忱作《字林》，收 12824 字。
北魏杨承庆作《字统》，收 13734 字。
南朝梁顾野王作《玉篇》，收 16917 字。
唐代孙强增字本《玉篇》，收 22561 字。
宋代司马光修《类篇》，收 31319 字。
清代《康熙字典》，收 47000 多字。
1915 年欧阳博存等《中华大字典》，收 48000 余字。
1959 年日本诸桥辙次《大汉和辞典》，收 49964 字。
1971 年张其昀主编《中文大辞典》，收 49888 字。
1990 年徐中舒主编《汉语大字典》，收 54678 字。
1994 年冷玉龙等《中华字海》，收 85000 字。

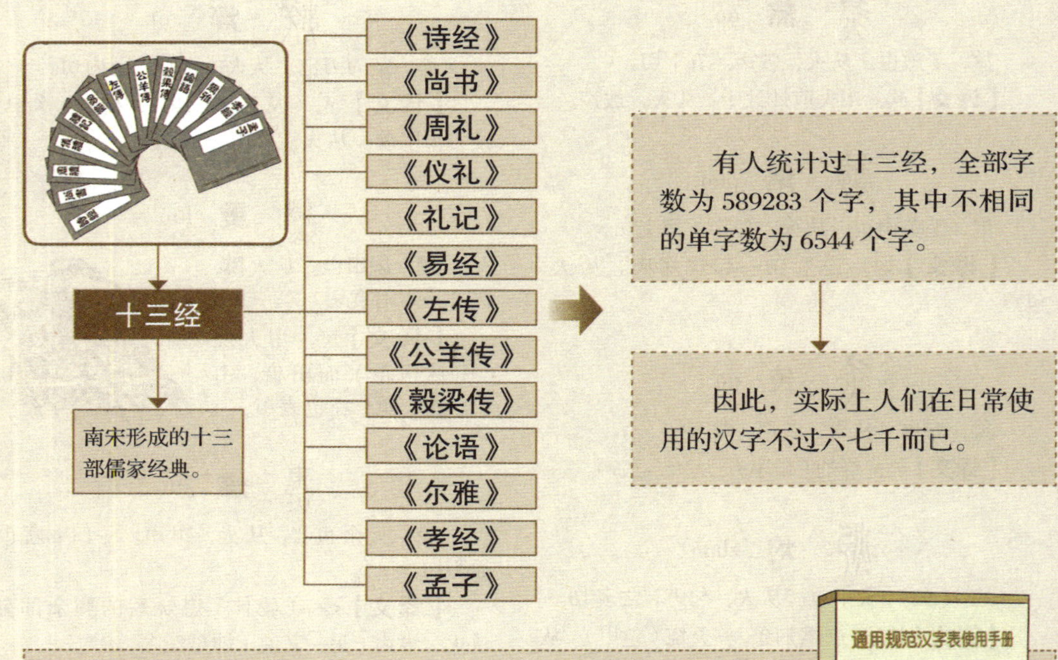

有人统计过十三经，全部字数为 589283 个字，其中不相同的单字数为 6544 个字。

因此，实际上人们在日常使用的汉字不过六七千而已。

经常使用的字是常用字，也就是阅读一般书报刊需要掌握的字。1988 年国家语委、国家教委发布了《现代汉语常用字表》，其中包括常用字 2500 个，次常用字 1000 个，共 3500 个。就阅读一般的汉语书报刊而言，这 3500 个常用字大体够用了。

熑 lián

熑，火煣车网绝也。从火，兼声。《周礼》曰："煣牙，外不熑。"力盐切。

【译文】熑，用火曲煣即将作为车轮外周的木条，（因火太燥烈，而木纹）断裂。从火，兼声。《周礼》说："用火把即将作为车轮外周的木条烘烤，并使它弯曲，木的外侧纹理不断绝。"

燎 liǎo

燎，放火也。从火，尞声。力小切。

【译文】燎，放火（烧）。从火，尞声。

烖 zāi

烖[①]，天火曰烖。从火，𢦏声。祖才切。

【译文】烖，天地自然发生的火灾叫烖。从火，𢦏声。

【注释】①烖：火灾。《左传·宣公十六年》："凡火，人火曰火，天火曰灾。"

煙 yān

煙，火气也。从火，垔声。乌前切。

【译文】煙，燃烧时产生的气状物。人火，垔声。

炳 bǐng

炳，明也。从火，丙声。兵永切。

【译文】炳，光明。从火，丙声。

照 zhào

照[①]，明也。从火，昭声。之少切。

【译文】照，光明照耀。从火，昭声。

【注释】①照：照耀。《周易·恒》："日月得天而能久照。"

熠 yì

熠，盛光也。从火，習声。《诗》曰："熠熠宵行。"羊入切。

【译文】熠，盛大的光亮。从火，習声。《诗经》说："熠熠发光啊，那萤火虫。"

煜 yù

煜，熠也。从火，昱声。余六切。

【译文】煜，炽盛的光亮。从火，昱声。

焯 zhuó

焯，明也。从火，卓声。《周书》曰："焯见三有俊心。"之若切。

【译文】焯，光明。从火，卓声。《周书》说："明显地看到宅事、宅牧、宅准的下属的思想。"

燿 yào

燿，照也。从火，翟声。弋笑切。

【译文】燿，照耀。从火，翟声。

煌 huáng

煌，煌，辉也。从火，皇声。胡光切。

【译文】煌，煌煌，光辉。从火，皇声。

焜 kūn

焜，煌也。从火，昆声。孤本切。

【译文】焜，辉煌。从火，昆声。

威 miè

威，灭也。从火戌。火死于戌，阳气至戌而尽。《诗》曰："赫赫宗周，褒似威之。"许劣切。

【译文】威，火熄灭。由火、戌会意。五行中的火死在夏历的戌月，即九月，因为阳气到了戌月就穷尽了。《诗经》说："十分显赫啊，被天下奉为主心骨的镐京，褒国姓似的女人将灭亡它。"

光 guāng

光①，明也。从火在人上，光明意也。古皇切。

【译文】光，光明。由“火”字在“人”字之上，会合光明的意义。

【注释】①光：光明，明亮。《周易·大畜》：“刚健笃实辉光。”

炯 jiǒng

炯，光也。从火，冋声。古迥切。

【译文】炯，光明。从火，冋声。

炫 xuàn

炫，（耀）[燿]耀也。从火，玄声。胡畎切。

【译文】炫，光耀。从火，玄声。

熾 chì

熾，盛也。从火；戠声。昌志切。

【译文】熾，火旺盛。从火，戠声。

炅 jiǒng

炅，见也。从火日。古迥切。

【译文】炅，光芒外现。由火、日会意。

熱 rè

熱，湿也。从火，埶声。如列切。

【译文】熱，湿暖。从火，埶声。

 炕 kàng

炕，干也①。从火，亢声。苦浪切。

【译文】炕，用火烘烤干。从火，亢声。

【注释】①干：《段注》：“谓以火干之也。”

燥 zào

燥，干也。从火，喿声。穌到切。

【译文】燥，用火烘烤干。从火，喿声。

熙 xī

熙，燥也。从火，巸声。许其切。

【译文】熙，曝晒并使干燥。从火，巸声。

炎部

炎 yán

炎，火光上也。从重火。凡炎之属皆从炎。于廉切。

【译文】炎，火光向上升腾。由重叠的两个火字构成。大凡炎的部属都从炎。

焰 yàn

焰，火行微焰焰也。从炎，臽声。以冉切。

【译文】焰，火（刚）点燃、火苗微弱却愈燃愈旺的样子。从火，名声。

舚 yǎn

舚①，火光也。从炎，舌声。以冉切。

【译文】舚，火光。从炎，舌声。

【注释】①舚：徐灏《斠诠》：“些后人光舚万丈字。”

煔 shǎn

煔①，火行也。从炎，占声。舒赡切。

【译文】煔，火燃烧闪烁的样子。从炎，占声。

【注释】①煔：徐灏《段注笺》：“此即今之闪字。”

粦 lín

粦①，兵死及牛马之血为粦②。粦，鬼火

也。从炎舛[3]。良刃切。

【译文】粦，因刀兵而死的人血以及牛马的血演化成粦。粦，就是鬼火。由炎、舛会意。

【注释】① 粦：徐锴《系传》：“《博物志》：战门死亡之处，其人马血积年化为粦。粦着地及草木，皆如霜露不可见。不触者，着人体便光，拂拭便散无数；又有吒声如熻豆。”邵瑛《群经正字》：“今经典作燐。后人以炎变作米，故又加火也。”② 兵死：王筠《句读》：“兵死者，死于刀兵也。”③ 舛：徐锴《系传》：“舛者，人足也。言光行着人也。”

燅 xián

燅，于汤中爚肉。从炎，从熱省。徐盐切。

【译文】燅，在热水中把肉温热。由炎、由熱省会意。

燮 xiè

燮，大熟也。从又持炎辛；辛者，物熟味也。苏侠切。

【译文】燮，十分成熟。由“又”（手）持握着“炎”“辛”会意；“辛”这个构件，表示食物成熟的味道。

黑部

黑 hēi

黑[1]，火所熏之色也。从炎上出囧。凡黑之属皆从黑。呼北切。

【译文】黑，被火熏成的颜色。由“炎”向上从“囧”中冒出会意。大凡黑的部属都从黑。

【注释】① 黑：火熏之色。《庄子·天运》：“夫鹄不日浴而白，乌不日黔而黑。”

黯 àn

黯，深黑色。从黑，音声。乙减切。

【译文】黯，深黑色。从黑，音声。

黝 yǒu

黝，微青黑色[1]。从黑，幼声。《尔雅》曰：“地谓之黝。”于纠切。

【译文】黝，微青黑色。从黑，幼声。《尔雅》说：“（用黑色涂饰）地面叫作黝。”

【注释】① 微青黑色：《段注》：“谓微青之黑也，微轻于浅矣。”

點 diǎn

點，小黑也。从黑，占声。多忝切。

【译文】點，细小的黑点。从黑，占声。

黔 qián

黔，黎也。从黑，今声。秦谓民为黔首，谓黑色也。周谓之黎民。《易》曰[1]：“为黔喙。”巨淹切。

【译文】黔，黧黑。从黑，今声。秦朝叫民众作“黔首”，是说黑色的肌肤。周朝叫民众作“黎民”。《易经》说：“（艮）代表黑色的鸟嘴（一类的猛禽）。”

【注释】①《易》：指《说卦》。原文：“为黔喙之属。”

黠 xiá

黠，坚黑也[1]。从黑，吉声[2]。胡八切。

【译文】黠，坚牢的黑色。从黑，吉声。

【注释】① 坚黑：《段注》：“黑之坚者也。”② 吉声：王筠《句读》：“从吉声之字有坚义也。字在黑部，故谓之黑。实则古籍用黠字，只有坚义也。”

黕 dǎn

黕，滓垢也[1]。从黑，冘声。都感切。

【译文】黕，渣滓和污垢。从黑，冘声。

【注释】① 滓垢：《段注》：“滓者，淀也；垢者，浊也。”

黨 dǎng

黨，不鲜也。从黑，尚声。多朗切。

【译文】黨，不鲜明。从黑，尚声。

黜 chù

黜，贬下也。从黑，出声。丑律切。

【译文】黜，贬摈下等（的色彩）。从黑，出声。

囱部

囱 chuāng

囱[①]，在墙曰牖，在屋曰囱[②]。象形。凡囱之属皆从囱。楚江切。

【译文】囱，在墙壁上的叫牖，在屋顶上的叫囱。象形。大凡囱的部属都从囱。

【注释】①囱：潘鸿《窗牖考》："（囱、牖）对文则别，散文亦或通用也。"②屋：《段注》："屋在上者也。"

悤 cōng

悤，多遽悤悤也。从心囱，囱亦声。仓红切。

【译文】悤，繁多急速，匆匆忙忙。由心、囱会意，囱亦表声。

炎部

炎 yàn

炎，火华也。从三火。凡炎之属皆从炎。以冄切。

【译文】炎，火花。由三个火字会意。大凡炎的部属都从炎。

熒 yìng

熒，屋下灯烛之光。从炎冂。户扃切。

【译文】熒，屋子底下灯烛的光亮。由炎、冂会意。

燊 shēn

燊，盛皃。从炎在木上。读若《诗》"莘莘征夫"。一曰：役也。所臻切。

【译文】燊，旺盛的样子。由"炎"在"木"上会意。音读像"莘莘众多啊使者随从"的"莘"字。另一义说，炎是服役的意思。

炙部

炙 zhì

炙，炮肉也。从肉在火上。凡炙之属皆从炙。之石切。

【译文】炙，（把肉串在火上）烧烤。由"肉"（夕）在"火"上会意。大凡炙的部属都从炙。

赤部

赤 chì

赤，南方色也。从大，从火。凡赤之属皆从赤。昌石切。

【译文】赤，南方的颜色。由大、由火会意。大凡赤的部属都从赤。

赧 nǎn

赧，面惭赤也。从赤，𠬝声。周失天下于赧王。女版切。

【译文】赧，脸因羞惭而发红。从赤，𠬝（niǎn）声。周朝在周赧王时代失去天下。

赭 zhě

赭，赤土也。从赤，者声。之也切。

【译文】赭，红土。从赤，者声。

赫 hè

赫，火赤皃。从二赤。呼格切。

【译文】赫，火红的样子。由两个赤字会意。

大部

大 dà

大，天大，地大，人亦大。故大象人形。古文大（他达切）也。凡大之属皆从大。徒盖切。

【译文】大，天大，地大，人也大。所以大字像人的形状。大是古文大字。大凡大的部属都从大。

奄 yǎn

奄，覆也。大有余也。又，欠也。从大，从申；申，展也。依检切。

【译文】奄，覆盖。（又，）大有余盈。又，哈欠。由大、由申会意，申是舒展的意思。

奎 kuí

奎，两体之间。从大，圭声。苦圭切。

【译文】奎，两条大腿之间。从大，圭声。

夾 jiā

夾，持也。从大俠二人[①]。古狎切。

【译文】夾，（左右）相扶持。由“大”字被左右两个“人”字挟持着会意。

【注释】①从大句：王筠《句读》：“大，受持者也；二人，持之者也。”

夸 kuā

夸，奢也。从大，于声。苦瓜切。

【译文】夸，张开两大腿。从大，于声。

契 qì

契，大约也。从大，从㓞。《易》曰：“后（代）[世]圣人易之以书契。”苦计切。

【译文】契，邦国之间的契约。由大、由㓞含意。《易经》说：“后代的圣人用契券来更替它。”

夷 yí

夷，平也。从大，从弓。东方之人也。以脂切。

【译文】夷，平。由大、由弓会意。夷又指东方各族的人。

亦部

亦 yì

亦，人之臂亦也[①]。从大，象两亦之形。凡亦之属皆从亦。羊益切。

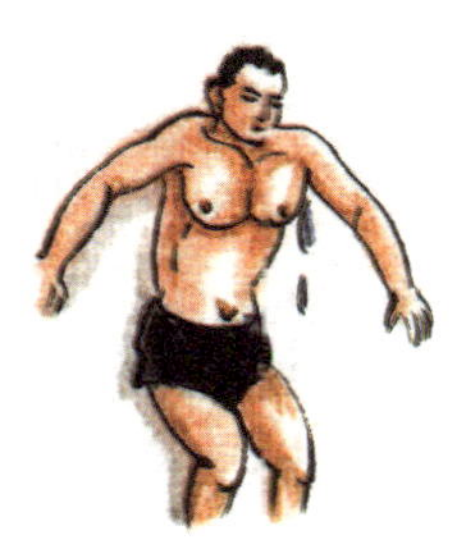

【译文】亦，人的腋窝。从大，八像两个腋窝位于臂下的形状。大凡亦的部属都从亦。

【注释】①臂亦：由“亦”连类而及“臂”。

夨部

夨 zè

夨，倾头也。从大，象形。凡夨之属皆从夨。阻力切。

【译文】夨，倾侧着头。从夨，ㄣ象头部倾侧的样子。大凡夨的部属都从夨。

吳 wú

吳，姓也[①]。亦郡也。一曰：吳，大言也。从夨口。五乎切。

【译文】吳，姓，也是郡名。另一义说，吳

是大声喧哗。由夨、口会意。

【注释】① 姓：《姓解·口部》："周太伯始封于吴，因以命氏姓。"

夭部

夭 yāo

夭，屈也。从大，象形。凡夭之属皆从夭。于兆切。

【译文】夭，弯曲。从大，（丿）像头弯曲的样子。大凡夭的部属都从夭。

喬 qiáo

喬，高而曲也。从夭，从高省。《诗》曰："南有乔木。"巨娇切。

【译文】喬，高而（上部）弯曲。由夭、由高省会意。《诗经》说："南方有高而上部弯曲的树木。"

奔 bēn

奔，走也。从夭，賁省声。与走同意，俱从夭。博昆切。

【译文】奔，快跑。从夭，賁省声。与走（赱）构形原则相同，都从夭字。

交部

交 jiāo

交，交胫也。从大[①]，象交形。凡交之属皆从交。古爻切。

【译文】交，交互着小腿。从大，又像两腿相交的样子。大凡交的部属都从交。

【注释】① 从大：王筠《句读》："夨、夭变大字之首，交、尣变大字之足。"

尣部

尣 wāng

尣，尳，曲胫也。从大，象偏曲之形。凡尣之属皆从尣。

【译文】尣，就是跛，就是一腿屈曲的意思。从大，右笔像一腿偏跛屈曲的样子。大凡尣的部属都从尣。

壺部

壺 hú

壺，昆吾[①]，圜器也。象形。从大，象其盖也。凡壺之属皆从壺。户吴切。

【译文】壺，又叫昆吾，一种圆形器皿。像壶的形状。上部从大，像壶的盖。大凡壶的部属都从壶。

【注释】① 昆吾：王筠《句读》："昆吾者，壶之别名也。昆读入浑，与壶双声；吾与壶叠韵。"张舜徽《约注》："盖急言曰壶，缓言则曰昆吾耳。"

壼 yūn

壼，壹壼。从凶，从壺。不得泄，凶也。《易》曰[①]："天地壹壼。"于云切。

【译文】壼，絪缊。由凶、由壶会意。（气在壶中，）不能泄露出去，向上升腾的样子。《易经）说："天地的元气絪缊凝聚。"

【注释】①《易》：《周易·系辞下》。

壹部

懿 yì

懿，专久而美也。从壹，从恣省声。乙冀切。

【译文】懿，专一而长久，因而美好。从壹，由恣省表声。

㚔部

圉 yǔ

圉，囹圄，所以拘罪人。从㚔，从囗。一曰：圉，垂也。一曰：圉人，掌马者。鱼举切。

【译文】圉，又叫囹圄，是用来拘禁罪人的牢狱。由㚔、由囗会意。另一义说，圉是边境。另一义说，（圉）指圉人，是主管养马的人。

執 zhí

執，捕罪人也。从丮，从㚔[①]，㚔亦声。之入切。

【译文】執，拘捕罪人。由丮、由㚔会意，㚔也表声。

【注释】①从㚔：手铐一类的刑具。

睪 yì

睪，目视也。从横目，从㚔。令吏将目捕罪人也。羊益切。

【译文】睪，伺察。由横着的目字、由㚔会意。叫吏人带领眼目去拘捕罪人。

報 bào

報，当罪人也[①]。从㚔，从𠬝。𠬝，服罪也。博号切。

【译文】報，判决罪人。由㚔、由𠬝会意。𠬝，适合其罪来定刑。

【注释】①当：判处罪犯。《段注》："当者汉人语，報亦汉人语。"

盩 zhōu

盩，引击也。从㚔、攴，见血也。扶风有盩厔县。张流切。

【译文】盩，牵引而又扑打。由㚔、攴会意，还能看见血。右扶风郡有盩厔县。

奢部

奢 shē

奢，张也。从大，者声。凡奢之属皆从奢。式车切。

【译文】奢，张大。从大，者声。大凡奢的部属都从奢。

亢部

亢 kàng

亢，人颈也[①]。从大省，象颈脉形。凡亢之属皆从亢。古郎切。

【译文】亢，人的颈项。（人）由大省去人，（几）像颈动脉的样子。大凡亢的部属都从亢。

【注释】①人颈：徐灏《段注笺》："颈为头颈之大名。其前曰亢，亢之内为喉。浑言则颈亦谓之亢。"

㐲 hàng

㐲，直项莽㐲皃。从亢，从夋[①]。夋，倨也。亢亦声。冈朗切。又，胡朗切。

【译文】㐲，倔强不屈、自大傲慢的样子。由亢、由夋会意。夋，傲慢的意思。亢也表声。

【注释】①从亢，从夋（qūn）：从亢，取高义；从夋，取傲义。

夲部

夲 tāo

夲，进趣也。从大，从十。大、十，犹兼十人也[①]。凡夲之属皆从夲。读若滔。土刀切。

【译文】夲，前进得很快。由大、由十会意。大、十表示如一个人兼有十个人的能力。大凡夲的部属都从夲。音读像"滔"字。

【注释】①犹兼十人：《段注》："言其进之疾，如兼十人之能也。"

奏 zòu

奏，奏进也。从夲，从収，从屮。屮，上进之义。则候切。

【译文】奏，进奉。由夲、由収、由屮会意。屮，向上进升的意义。

皋 gāo

皋，气皋白之进也。从夲，从白。《礼》：祝曰皋，登謌曰奏。故皋奏皆从夲。《周礼》曰："诏来鼓皋舞。"皋，告之也。古劳切。

【译文】皋，雾气皞白，上进升腾。由夲、由白会意。《仪礼》说，主持祝告的人（长声招魂）叫皋，在堂上献歌叫奏。（祝、献都有进义），所以皋、奏都从夲。《周礼》说："告诉人们，使击鼓的进来；又告诉人们，使跳舞的进来。"皋，是告诉的意思。

𠦬 yǔn

𠦬，进也。从夲，从屮[①]，允声。《易》曰："𠦬升大吉。"余准切。

【译文】𠦬，前进。由夲、由屮会意，允声。《易经》说："向前行走而又升登高处，是大吉利的象征。"

【注释】① 屮：《段注》："屮者，进之意也。"

夰部

夰 gǎo

夰，放也。从大而八分也。凡夰之属皆从夰。古老切。

【译文】夰，放散。从大，而八表示分散。大凡夰的部属都从夰。

奡 ào

奡，嫚也。从百，从夰，夰亦声。《虞书》曰："若丹朱奡。"读若傲。《论语》："奡汤舟。"五到切。

【译文】奡，傲慢。由百、由夰会意，夰也表声。《虞书》说："不要像丹朱一样傲慢。"音读像"傲"字。《谕语》："奡这个人能够陆地行船。"

昦 hào

昦，春为昦天，元气昦昦。从日、夰，夰亦声。胡老切。

【译文】昦，春叫昊天，（天地是）元气浩浩广大。由日、夰会意，夰也表声。

亣部

亣 dà

亣，籀文大，改古文。亦象人形。凡亣之属皆从亣。他达切。

【译文】亣，籀文大字，是古文大字的改写。也象人的形状。大凡亣的部属都从亣。

奕 yì

奕，大也。从大，亦声。《诗》曰："奕奕梁山。"羊益切。

【译文】奕，大。从大，亦声。《诗经》说："多么高大啊梁山。"

奘 zàng

奘，驵大也[①]。从大，从壯，壯亦声。徂朗切。

【译文】奘，粗大。由大、由壯会意，壯也表声。

【注释】① 驵：犹粗。

奚 xī

奚[①]，大腹也。从大，𦣻省声。胡鸡切。

【译文】奚，大肚子。从大，𦣻省。

【注释】① 奚：奴隶。《周礼·天官·冢宰》："酒人奄十人，女酒三十人，奚三百人。"

耎 ruǎn

耎，稍前大也。从大，而声。读若畏偄。而沇切。

【译文】耎，渐渐地、前面大于后面。从大，而声。音读像畏懦偄（ruǎn）弱的“偄”字。

夫部

夫 fū

夫，丈夫也。从大，一以象簪也。周制以八寸为尺，十足为丈。人长八尺，故曰丈夫。凡夫之属皆从夫。甫无切。

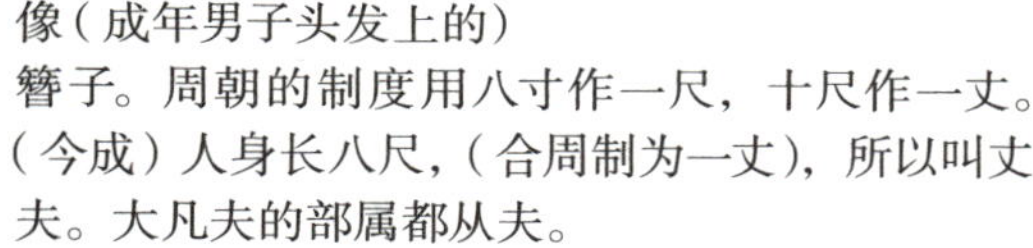

【译文】夫，成年男子。从大，一用以像（成年男子头发上的）簪子。周朝的制度用八寸作一尺，十尺作一丈。（今成）人身长八尺，（合周制为一丈），所以叫丈夫。大凡夫的部属都从夫。

規 guī

規，有法度也。从夫，从見。居随切。

【译文】規，有法度。由夫、由見会意。

立部

立 lì

立，住也。从大立一之上。凡立之属皆从立。力入切。

【译文】立，站住。由“大”字站立在“一”的上面会意。大凡立的部属都从立。

竦 lì

竦，临也。从立，从隶。力至切。

【译文】竦，莅临（看视）。由立、由隶会意。

竱 duì

竱，磊竱，重聚也。从立，享声。丁罪切。

【译文】竱，磊竱，重叠堆聚。从立，享声。

端 duān

端，直也。从立，耑声。多官切。

【译文】端，直。从立，耑声。

竱 zhuǎn

竱，等也。从立，専声。《春秋国语》曰：“竱本肇末。”旨兖切。

【译文】竱，等齐。从立，専声。《春秋国语》说：“使其根本等齐，使其末梢平正。”

竫 jìng

竫，亭安也。从立，争声。疾郢切。

【译文】竫，安静。从立，争声。

竦 sǒng

竦，敬也。从立，从束。束，自申束也。息拱切。

【译文】竦，肃敬。由立、由束会意。束，自我约束。

靖 jìng

靖，立竫也。从立，青声。一曰：细皃。疾郢切。

【译文】靖，伫立时仪容安静。从立，青声。另一义说，是细小的样子。

竢 sì

竢，待也。从立，矣声。床史切。

【译文】竢，等待。从立，矣声。

竘 qǔ

竘，健也。一曰：匠也。从立，句声。读若龋。《逸周书》有竘匠。丘羽切。

【译文】竘，健壮。另一义说，是匠人。从立，句声。音读像“龋（qǔ）”字。《逸周书》有“竘匠”。

竣 jùn

竣，偓竣也。从立，夋声。《国语》曰：“有司已事而竣。”七伦切。

【译文】竣，蹲伏。从立，夋声。《国语》说：“有关的官员完成了工作就退伏。”

竭 jié

竭，负举也。从立，曷声。渠列切。

【译文】竭，背举（在肩背上）。从立，曷声。

竝部

竝 bìng

竝，并也。从二立。凡竝之属皆从竝。蒲迥切。

【译文】竝，并肩而立。由两个立字会意。大凡竝的部属都从竝。

普 tì

普，废[①]，一偏下也。从竝，白声。他计切。

【译文】普，废弃，（两人并立，）其中一个废退而下。

【注释】①废：《段注》：“废者，鄐屋也。鄐屋，言空屋，人所不居。”

囟部

囟 xìn

囟，头会，匘盖也。象形。凡囟之属皆从囟。息进切。

【译文】囟，头骨会合的地方，大脑的盖。象形。大凡囟的部属都从囟。

巤 liè

巤，毛巤也。象发在囟上及毛发巤巤之形。良涉切。

【译文】巤，毛发。像头发长在脑门顶上以及毛发颤动的形状。

妣 pí

妣，人脐也。从囟，囟，取气通也；从比声。房脂切。

【译文】妣，人的肚脐。从囟，囟，（是说肚脐像囟门一样，）取其通气之功；从比声。

思部

思 sī

思，容也。从心[①]，囟声。凡思之属皆从思。息兹切。

【译文】思，（思想）包容（万物）。从心，囟声。大凡思的部属都从思。

【注释】①从心：古以心为思维器官，故从心。《孟子·告子上》：“心之官则思。”

慮 lǜ

慮，谋思也。从思，虍声。良据切。

【译文】慮，图谋周密的思考。从思，虍（hū）声。

心部

心 xīn

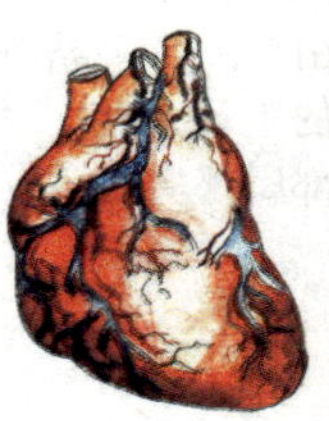

心，人心，土藏，在身之中。象形。博士说，以为火藏。凡心之属皆从心。息林切。

【译文】心，人的心脏。属土的脏器，在身躯的中部。象形。依博士的学说，把心当作属火的脏器。大凡心的部属都从心。

息 xī

息，喘也。从心，从自，自亦声。相即切。

【译文】息，气息。由心、由自会意，自也表声。

情 qíng

情，人之阴气有欲者。从心，青声。疾盈切。

【译文】情，人们有所欲求的从属于阴的心气。从心，青声。

性 xìng

性，人之阳气性善者也。从心，生声。息正切。

【译文】性，人的本性善良的从属于阳的心气。从心，生声。

志 zhì

志，意也。从心，之声。职吏切。

【译文】志，意念。从心，之声。

意 yì

意，志也。(从)[以]心察言而知意也[①]。从心，从音。于记切。

【译文】意，意向。用心去考察别人的言语就知道他的意向。由心、由音会意。

【注释】①从心句：王筠《句读》："'从'者，'以'之讹。'以心'者，说字之从心也。'察言'者，说字之从音也。'知意'者，又出全字也。纯是以形解义。"

恉 zhǐ

恉，意也。从心，旨声。职雉切。

【译文】恉，意旨。从心，旨声。

應 yīng

應，当也。从心，雁声。于陵切。

【译文】應，应当。从心，雁声。

慎 shèn

慎，谨也。从心，真声。时刃切。

【译文】慎，谨慎。从心，真声。

忠 zhōng

忠，敬也。从心，中声。陟弓切。

【译文】忠，肃敬（而尽心尽意）。从心，中声。

快 kuài

快，喜也。从心，夬声。苦夬切。

【译文】快，喜悦。从心，夬声。

愷 kǎi

愷，乐也。从心，豈声。苦亥切。

【译文】愷，安乐。从心，豈声。

㥦 qiè

㥦，快心。从心，匧声。苦叶切。

【译文】㥦，快意。从心，匧声。

念 niàn

念，常思也。从心，今声。奴店切。

【译文】念，长久思念。从心，今声。

忖 fū

忖，思也。从心，付声。甫无切。

【译文】忖，思。从心，付声。

憕 chéng

憕，平也。从心，登声。直陵切。

【译文】憕，心平。从心，登声。

忻 xīn

忻，闿也。从心，斤声。《司马法》曰："善者，忻民之善，闭民之恶。"许斤切。

【译文】忻，开启。从心，斤声。《司马法》说："最好的事，是开启百姓的善心，杜绝百姓的恶心。"

憅 zhòng

憅，迟也。从心，重声。直陇切。

【译文】憅，迟重。从心，重声。

惲 yùn

惲，重厚也。从心，軍声。于粉切。

【译文】惲，稳重浑厚。从心，軍声。

惇 dūn

惇，厚也。从心，享声。都昆切。

【译文】惇，敦厚。从心，享（chún）声。

忼 kàng

忼，慨也。从心，亢声。一曰：《易》："忼龙有悔。"苦浪切。又，口朗切。

【译文】忼，慷慨愤懑。从心，亢声。另一义说，如《易经》说的"处于高亢位置的龙（危险）有悔恨"的高亢。

悃 kǔn

悃，愊也。从心，困声。苦本切。

【译文】悃，诚心。从心，困声。

愊 bì

愊，诚志也。从心，畐声。芳逼切。

【译文】愊，诚心。从心，畐声。

慨 kǎi

慨，忼慨，壮士不得志也。从心，既声。古溉切。

【译文】慨，慷慨愤激，壮士不得志。从心，既声。

愿 yuàn

愿，谨也。从心，原声。鱼怨切。

【译文】愿，恭谨。从心，原声。

慧 huì

慧，儇也[①]。从心，彗声。胡桂切。

【译文】慧，聪明。从心，彗声。

【注释】① 儇：徐锴《系传》："儇，敏也。"

悊 zhé

悊，敬也。从心，折声。陟列切。

【译文】悊，敬重。从心，折声。

悰 cóng

悰，乐也。从心，宗声。藏宗切。

【译文】悰，快乐。从心，宗声。

恬 tián

恬，安也。从心，甛省声。徒兼切。

【译文】恬，安静。从心，甛（甜）省声。

恢 huī

恢，大也。从心，灰声。苦回切。

【译文】恢，（心志）宏大。从心，灰声。

恭 gōng

恭，肃也。从心，共声。俱容切。

【译文】恭，肃敬。从心，共声。

恕 shù

恕，仁也。从心，如声。商署切。

【译文】恕，推己及人。从心，如声。

怡 yí

怡，和也。从心，台声。与之切。

【译文】怡，和悦。从心，台（yí）声。

慈 cí

慈，爱也。从心，兹声。疾之切。

【译文】慈，（上对下的）慈爱。从心，兹声。

恩 ēn

恩，惠也。从心，因声。乌痕切。

【译文】恩，恩惠。从心，因声。

悈 jiè

悈，饰也。从心，戒声。《司马法》曰："有虞氏悈于中国。"古拜切。

【译文】悈，戒饬。从心，戒声。《司马法》说："有虞氏在邦国之中警戒。"

慶 qìng

慶，行贺人也。从心，从夊。吉礼以鹿皮为贽，故从鹿省。丘竟切。

【译文】慶，去祝贺别人。由心、由夊会意。吉祥的典礼，用鹿皮作为礼物，所以又由鹿字省去比会意。

愃 xuǎn

愃，宽娴心腹皃。从心，宣声。《诗》曰："赫兮愃兮。"况晚切。

【译文】愃，宽绰空娴的心腹的样子。从心，宣声。《诗经》说："道德盛大啊，心情宽娴啊。"

恂 xún

恂，信心也。从心，旬声。相伦切。

【译文】恂，诚信的心。从心，旬声。

忱 chén

忱，诚也。从心，冘声。《诗》曰："天命匪忱。"氏任切。

【译文】忱，诚信。从心，冘声。《诗经》说："上天（降下众多的人们，可是君王的）政令却不守信用。"

惟 wéi

惟，凡思也。从心，隹声。以追切。

【译文】惟，思考的总称。从心，隹声。

懷 huái

懷，念思也。从心，褱声。户乖切。

【译文】懷，（不能忘怀的）思念。从心，褱声。

想 xiǎng

想，冀思也。从心，相声。息两切。

【译文】想，因希望得到而思念。从心，相声。

懼 jù

懼，恐也。从心，瞿声。其遇切。

【译文】懼，恐惧。从心，瞿声。

慰 wèi

慰，安也。从心，尉声。一曰：恚怒也。于胃切。

【译文】慰，安慰。从心，尉声。另一义说，是愤怒。

怙 hù

怙，恃也。从心，古声。侯古切。

【译文】怙，凭恃。从心，古声。

恃 shì

恃，赖也。从心，寺声。时止切。

【译文】恃，依赖。从心，寺声。

慒 cóng

慒，虑也。从心，曹声。藏宗切。

【译文】慒，谋虑。从心，曹声。

悟 wù

悟，觉也。从心，吾声。五故切。

【译文】悟，觉悟。从心，吾声。

憮 wǔ

憮[1]，爱也。韩郑曰怃。一曰：不动。从心，無声。文甫切。

【译文】憮，爱抚。韩地、郑地叫爱抚作怃。另一义说，怅然失意的样子。从心，無声。

【注释】① 憮：《尔雅·释言》："怃，抚也。"郭璞注："怃，爱抚也。"

懋 mào

懋，勉也。从心，楙声。《虞书》曰："时惟懋哉。"莫候切。

【译文】懋，勤勉。从心，楙声。《虞书》说："这（百揆官）职务应该勤勉努力啊。"

悛 quān

悛，止也。从心，夋声。此缘切。

【译文】悛，停止。从心，夋声。

憺 dàn

憺，安也。从心，詹声。徒敢切。

【译文】憺，安静。从心，詹声。

怕 pà

怕，无为也。从心，白声。匹白切。又，葩亚切。

【译文】怕，（恬淡）不作。从心，白声。

恤 xù

恤，忧也；收也。从心，血声。辛聿切。

【译文】恤，忧虑，救济。从心，血声。

急 jí

急，褊也。从心，及声。居立切。

【译文】急，狭窄（的心）。从心，及声。

懁 juàn

懁，急也。从心，瞏声。读若绢。古县切。

【译文】懁，急性。从心，瞏声。音读像"绢"字。

悻 xìng

悻，恨也。从心，坙声。胡顶切。

【译文】悻，怨恨。从心，坙声。

慈 xián

慈，急也。从心，从弦，弦亦声。河南密县有慈亭。胡田切。

【译文】慈，心急。由心、由弦会意，弦也表声。河南郡密县有慈亭。

慓 piào

慓，疾也。从心，票声。敷沼切。

【译文】慓，心性迅疾。从心，票声。

懦 nuò

懦，驽弱者也。从心，需声。人朱切。

【译文】懦，像劣等马一样软弱的性情。从心，需声。

恁 rèn

恁，下赍也。从心，任声。如甚切。

【译文】恁，志气低下。从心，任声。

忒 tè

忒，更也。从心，弋声。他得切。

【译文】忒，变更。从心，弋声。

愉 yú

愉，薄也。从心，俞声。《论语》曰："私觌，愉愉如也。"羊朱切。

【译文】愉，浅薄。从心，俞声。《论语》

说："私下会见，他颜色和悦似的。"

愚 yú

愚，戇也。从心，从禺。禺，猴属，兽之愚者。麌俱切。

【译文】愚，愚笨。由心、由禺会意。禺，猴一类，是野兽中愚蠢的东西。

悍 hàn

悍，勇也。从心，旱声。侯旰切。

【译文】悍，勇敢。从心，旱声。

態 tài

態，意也。从心，从能。他代切。

【译文】態，意态。由心、由能会意。

怪 guài

怪，异也。从心，圣声。古坏切。

【译文】怪，奇异。从心，圣（kū）声。

像 dàng

像，放也。从心，象声。徒朗切。

【译文】像，放荡。从心，象声。

慢 màn

慢[①]，惰也。从心，曼声。一曰：慢，不畏也。谋晏切。

【译文】慢，怠惰。从心，曼声。另一义说，慢，（骄而）不惧。

【注释】①慢：懈怠，懒惰。《出师表》："若无兴德之言，则责攸之、祎、允等之慢，以彰其咎。"

懝 ài

懝，騃也。从心，从疑，疑亦声。一曰：惶也。五溉切。

【译文】懝，痴呆。由心、由疑会意，疑也表声。另一义说，是惶恐。

怠 dài

怠，慢也。从心，台声。徒亥切。

【译文】怠，怠慢。从心，台声。

懈 xiè

懈，怠也。从心，解声。古隘切。

【译文】懈，懈怠。从心，解声。

憜 duò

憜，不敬也。从心，嫷省。《春秋左传》曰："执玉憜。"徒果切。

【译文】憜，（轻侮）不敬。由心，由嫷省会意。《春秋左传》说："拿着玉显出怠慢不敬的神色。"

怫 fú

怫，郁也。从心，弗声。符弗切。

【译文】怫，抑郁。从心，弗声。

忦 xiè

忦，忽也。从心，介声。《孟子》曰："孝子之心不若是忦。"呼介切。

【译文】忦，忽略。从心，介声。《孟子》说："孝子的心，不会像这样的忽略。"

忽 hū

忽，忘也。从心，勿声。呼骨切。

【译文】忽，恍惚而不记。从心，勿声。

懣 mán

懣，忘也；懣兜也。从心，㒼声。（毋）[母][①]官切。

【译文】懣，忘记，糊涂不晓事理。从心，㒼声。

【注释】①毋字误，据《段注》校改。

忘 wàng

忘，不识也[1]。从心，从亡，亡亦声。武方切。

【译文】忘，不记得。由心、由亡会意，亡也表声。

【注释】①识：张舜徽《约注》："识即记也，亦读同志。"

恣 zì

恣，纵也。从心，次声。资四切。

【译文】恣，放纵。从心，次声。

愓 dàng

愓，放也。从心，昜声。一曰：平也。徒朗切。

【译文】愓，放荡。从心，昜声。另一义说，是荡平。

憧 chōng

憧，意不定也。从心，童声。尺容切。

【译文】憧，心意不定。从心，童声。

悝 kuī

悝，啁也。从心，里声。《春秋传》有孔悝。一曰：病也。苦回切。

【译文】悝，诙谐嘲笑。从心，里声。《春秋左传》有个叫孔悝的。另一义说，是疾病。

悸 jì

悸，心动也。从心，季声。其季切。

【译文】悸，心慌而动。从心，季声。

愆 qiān

愆，过也。从心，衍声。去虔切。

【译文】愆，超越。从心，衍声。

惑 huò

惑，乱也。从心，或声。胡国切。

【译文】惑，迷乱。从心，或声。

怋 mín

怋，怓也。从心，民声。呼昆切。

【译文】怋，乱。从心，民声。

怓 náo

怓，乱也。从心，奴声。《诗》曰："以谨惛怓。" 女交切。

【译文】怓，乱。从心，奴声。《诗经》说："用以谨慎地对待（天下）大乱。"

慊 xián

慊[1]，疑也。从心，兼声。户兼切。

【译文】慊，疑惑。扶心，兼声。

【注释】①慊：今多作嫌。

惛 hūn

惛，不憭也。从心，昏声。呼昆切。

【译文】惛（惽），不聪明。从心，昏声。

憒 kuì

憒，乱也。从心，貴声。胡对切[1]。

【译文】憒，心乱。从心，貴声。

【注释】①当读 huì，今读 kuì。

惷 chǔn

惷，乱也。从心，春声。《春秋传》曰："王室日惷惷焉。" 一曰：厚也。尺允切。

【译文】惷，扰乱。从心，春声。《春秋左传》说："王室一天天被扰乱不安宁。"另一义说，是厚。

忌 jì

忌，憎恶也。从心，己声。渠记切。

【译文】忌，憎恨怨恶。从心，己声。

忿 fèn

忿，悁也。从心，分声。敷粉切。

【译文】忿，忿怒。从心，分声。

悁 yuān

悁，忿也。从心，肙声。一曰：忧也。于缘切。

【译文】悁，忿怒。从心，肙声，另一义说，是忧愁。

恚 huì

恚，恨也。从心，圭声。于避切。

【译文】恚，忿恨。从心，圭声。

黎 lí

黎，恨也。从心，黎声。一曰：怠也。郎尸切。

【译文】黎，恨。从心，黎（lí）声。另一义说，是懈怠。

怨 yuàn

怨，恚也。从心，夗声。于愿切。

【译文】怨，怨恨。从心，夗声。

怒 nù

怒，恚也。从心，奴声。乃故切。

【译文】怒，愤怒。从心，奴声。

憝 duì

憝，怨也。从心，敦声。《周书》曰："凡民罔不憝。"徒对切。

【译文】憝，怨恨。从心，敦声。《周书》说："大凡是百姓，没有什么人不怨恨的。"

愠 yùn

愠，怒也。从心，昷声。于问切。

【译文】愠，蕴怒。从心，昷声。

惡 è

惡，过也。从心，亞声。乌各切。

【译文】惡，罪过。从心，亞声。

憎 zēng

憎，恶也。从心，曾声。作滕切。

【译文】憎，恨恶。从心，曾声。

怖 pèi

怖，恨怒也。从心，市声。《诗》曰："视我沛沛。"蒲昧切。

【译文】怖，恨怒（不悦）。从心，市（pó）声。《诗经）说："对我恨怒不悦。"

慊 xié

慊，怨恨也。从心，（彖）［象］声。读若膎。户佳切。

【译文】慊，怨恨。从心，像声。音读像"膎（xié）"字。

恨 hèn

恨，怨也。从心，艮声。胡艮切。

【译文】恨，怨恨。从心，艮声。

懟 duì

懟，怨也。从心，對声。丈泪切。

【译文】懟，怨恨。从心，對声。

悔 huǐ

悔，悔恨也。从心，每声。荒内切。

【译文】悔，悔恨。从心，每声。

怏 yàng

怏，不服怼也。从心，央声。于亮切。

【译文】怏，因心不服而怨恨。从心，央声。

懣 mèn

懣，煩也。从心，从滿。莫困切。

【译文】懣，烦闷。由心、由滿会意。

慅 cǎo

慅，愁不安也。从心，喿声。《诗》曰："念子慅慅。"七早切。

【译文】慅，忧愁不安。从心，喿声。《诗经》说："思念您思念得忧愁不安。"

憤 fèn

憤，懣也。从心，賁声。房吻切。

【译文】憤，愤怒之气充满。从心，賁声。

悵 chàng

悵，望恨也。从心，長声。丑亮切。

【译文】悵，望其归还却不到，引以为遗憾。从心，長声。

愾 xì

愾，大息也。从心，从氣，氣亦声。《诗》曰："忾我寤叹。"许既切。

【译文】愾，叹息。由心、由氣会意，氣也表声。《诗经》说："唉，我醒过来就叹气啊。"

愴 chuàng

愴，伤也。从心，倉声。初亮切。

【译文】愴，悲伤。从心，倉声。

悶 mèn

悶，懣也。从心，門声。莫困切。

【译文】悶，烦闷。从心，門声。

惆 chóu

惆，失意也。从心，周声。敕鸠切。

【译文】惆，失意。从心，周声。

怛 dá

怛，憯也。从心，旦声。得案切。又，当割切。

【译文】怛，痛苦。从心，旦声。

憯 cǎn

憯，痛也。从心，朁声。七感切。

【译文】憯，痛苦。从心，朁声。

慘 cǎn

慘，毒也。从心，參声。七感切。

【译文】慘，毒害。从心，參声。

悽 qī

悽，痛也。从心，妻声。七稽切。

【译文】悽，悲痛。从心，妻声。

恫 tōng

恫，痛也。一曰：呻吟也。从心，同声。他红切。

【译文】恫，痛苦。另一义说，是呻吟。从心，同声。

悲 bēi

悲，痛也。从心，非声。府眉切。

【译文】悲，悲痛。从心，非声。

惜 xī

惜，痛也。从心，昔声。思积切。

【译文】惜，哀痛。从心，昔声。

愍 mǐn

愍，痛也。从心，敃声。眉殞切。

【译文】愍，悲痛。从心，敃声。

感 gǎn

感，动人心也。从心，咸声。古禫切。

【译文】感，使人心动。从心，咸声。

忧 yòu

忧，（不）［心］动也。从心，尤声。读若祐。于救切。

【译文】忧，心动。从心，尤声。音读像“祐”字。

怮 yōu

怮，忧皃。从心，幼声。于虯切。

【译文】怮，忧愁的样子。从心，幼声。

惴 zhuì

惴，忧惧也。从心，耑声。《诗》曰：“惴惴其栗。”之瑞切。

【译文】惴，忧惧。从心，耑声。《诗经》说：“惴惴恐惧而战栗。”

怲 bǐng

怲，忧也。从心，丙声。《诗》曰：“忧心怲怲。”兵永切。

【译文】怲，忧愁。从心，丙声。《诗经》说：“忧愁的心十分深重。”

忦 jiá

忦，忧也。从心，介声。五介切。

【译文】忦，忧惧。从心，介声。

恙 yàng

恙，忧也。从心，羊声。余亮切。

【译文】恙，忧愁。从心，羊声。

惙 chuò

惙，忧也。从心，叕声。《诗》曰：“忧心惙惙。”一曰：意不定也。陟劣切。

【译文】惙，忧愁。从心，叕声。《诗经》说：“忧愁的心惙惙不断。”另一义说，惙是心意不定的意思。

愁 chóu

愁，忧也。从心，秋声。士尤切。

【译文】愁，忧愁。从心，秋声。

愵 nì

愵，忧皃。从心，弱声。读与惄同。奴历切。

【译文】愵，忧愁的样子。从心，弱声。音读与“惄（nì）”同。

悠 yōu

悠，忧也。从心，攸声。以周切。

【译文】悠，忧思。从心，攸声。

悴 cuì

悴[1]，忧也。从心，卒声。读与《易》萃卦同。秦醉切。

【译文】悴，忧愁。从心，卒声。音读与《易经》的萃卦的“萃”字相同。

【注释】① 悴：忧伤。《文子·上德》：“有荣华者，必有愁悴。”

忡 chōng

忡，忧也。从心，中声。《诗》曰：“忧心忡忡。”敕中切。

【译文】忡，忧愁。从心，中声。《诗经》说：“忧愁之心忡忡不宁。”

悄 qiǎo

悄，忧也。从心，肖声。《诗》曰："忧心悄悄。"亲小切。

【译文】悄，忧愁。从心，肖声。《诗经》说："忧愁之心悄悄深沉。"

患 huàn

患[1]，忧也。从心贯吅，吅亦声。胡丱切。

【译文】患，忧虑。由"心"字向上贯穿"吅(xuān)"字，吅也表声。

【注释】①患：忧虑，担忧。《论语·学而》："不患人之不己知，患不知人也。"

憚 dàn

憚，忌难也。从心，單声。一曰：难也。徒案切。

【译文】憚，因忌恶(wù)而认为艰难。从心，單声。另一义说，惮是畏惧的意思。

悼 dào

悼，惧也。陈楚谓惧曰悼。从心，卓声。徒到切。

【译文】悼，恐惧。陈地和楚地叫恐惧作悼。从心，卓声。

恐 kǒng

恐，惧也。从心，巩声。丘眬切。

【译文】恐，畏惧。从心，巩声。

怵 chù

怵，恐也。从心，术声。丑律切。

【译文】怵，恐惧。从心，术声。

惕 tì

惕，敬也。从心，易声。他历切。

【译文】惕，恭敬。从心，易声。

惶 huáng

惶，恐也。从心，皇声。胡光切。

【译文】惶，恐惧。从心，皇声。

恥 chǐ

恥，辱也。从心，耳声。敕里切。

【译文】恥，羞辱。从心，耳声。

慙 cán

慙（惭），媿也。从心，斬声。昨甘切。

【译文】慙（惭），羞愧。从心，斬声。

怍 zuò

怍，惭也。从心，作省声。在各切。

【译文】怍，惭愧。从心，作省声。

忍 rěn

忍，能也。从心，刃声。而轸切。

【译文】忍，忍耐。从心，刃声。

憐 lián

憐，哀也。从心，粦声。落贤切。

【译文】憐，哀怜。从心，粦声。

懲 chéng

懲，㣻也。从心，徵声。直陵切。

【译文】懲，改正（以前的过失）。从心，徵声。

憬 jǐng

憬，觉寤也。从心，景声。《诗》曰："憬彼淮夷。"俱永切。

【译文】憬，觉悟。从心，景声。《诗经》说："已经觉悟了，那淮河一带的夷族。"

秦始皇统一文字

秦始皇小档案

姓名： 嬴姓，赵氏，名政。
出身： 秦庄襄王之子。
籍贯： 邯郸（今河北省邯郸市）。
职业： 皇帝、政治家、战略家。
生卒： 公元前 259 — 前 210 年。
在位： 公元前 246 — 前 210 年。
成就： 统一华夏。

嬴政 13 岁继承王位，39 岁称皇帝。他是中国历史上首位完成华夏大一统的铁腕政治人物。采用三皇之“皇”、五帝之“帝”构成“皇帝”的称号，是古今中外第一个称皇帝的封建王朝君主。

统一六国

秦统一六国图

从公元前 230 年到公元前 221 年，不到 10 年间，秦先后消灭韩、赵、魏、燕、楚、齐六国，结束了东周几百年混战割据的局面，一统天下。为了巩固秦王朝，秦始皇采取了一系列加强统治的措施，推行统一货币、统一度量、统一文字等政策。

统一文字

公元前 221 年，秦灭齐，全国统一。当时各地文书极不一致，字体结构没有统一规定，汉字形体非常混乱，不仅妨碍秦王朝政令的推行，而且不利于地区经济、文化的交流与发展。秦始皇实行“书同文”的政策，由丞相李斯等人整理文字，改定字体，废除各国文字。

燕 齐 赵 魏 韩 楚 秦 秦统一后的文字

秦篆是图画文字的终结。

李斯主持

李斯等人编写时，先参照当时各地（秦地和原六国各地）流行的简体字，把大篆简化而为小篆（秦篆），将其作为文字的典范。李斯作《仓颉篇》、赵高作《爰历篇》、胡毋敬作《博学篇》三书，作为推广秦篆的课本。

李斯作《仓颉篇》

惢部

惢 suǒ

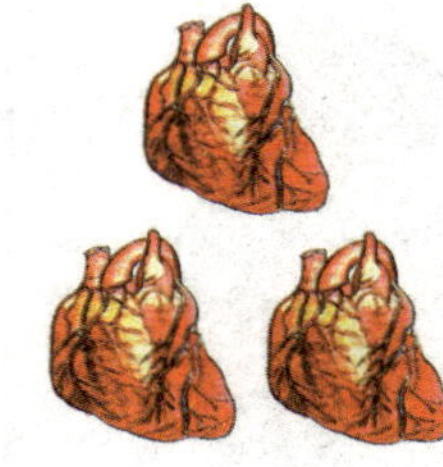

惢，心疑也。从三心。凡惢之属皆从惢。讀若《易》“旅琐琐”。又，才规、才累二切。

【译文】惢，心疑。由三个心字会意。大凡惢的部属都从惢。音读像《易经》“旅琐琐”的“琐”字。

縈 ruǐ

縈，垂也。从惢，糸声。如垒切。

【译文】縈，下垂。从惢，糸声。

水部

水 shuǐ

水，准也。北方之行。象众水并流，中有微阳之气也。凡水之属皆从水。式轨切。

【译文】水，平。代表北方的一种物质。巛像许多水一同流去；中间的⺄，表示有深隐在内的阳气。大凡水的部属都从水。

汃 bīn

汃，西极之水也。从水，八声。《尔雅》曰：“西至汃国，谓四极。”府巾切。

【译文】汃，西方极速的地方的水流。从水，八声。《尔雅》说：“西边到汃国，叫作（西东南北）四方极速的地方（之一）。”

河 hé

河，水。出（焞）［敦］煌塞外昆仑山，发原注海。从水，可声。乎哥切。

【译文】河，水名。出自敦煌、边塞之外的昆仑山，从水源出发，注入渤海。从水，可声。

涷 dōng

涷，水。出发鸠山，入于河。从水，東声。德红切。

【译文】涷，水名。从发鸠山流出，注入黄河。从水，東声。

潼 tóng

潼，水。出广汉梓潼北界，南入垫江。从水，童声。徒红切。

【译文】潼，水名。从广汉郡梓潼北面边界流出，向南注入垫江。从水，童声。

涪 fú

涪，水。出广汉刚（邑）［氐］道徼外，南入汉。从水，咅声。缚牟切。

【译文】涪，水名。从广汉郡刚氐道边塞之外流出，向南注入汉水。从水，咅声。

江 jiāng

江，水。出蜀湔氐徼外崏山，入海。从水，工声。古双切。

【译文】江，水名。从蜀郡湔氐道边塞之外的岷山流出，注入大海。从水，工声。

沱 tuó

沱，江别流也。出崏山，东，别为沱。从水，它声。徒何切。

【译文】沱，长江的支流。从岷山流出，向东流去，另外成为沱水。从水，它声。

浙 zhè

浙，江。水东至会稽山阴为浙江。从水，折声。旨热切。

【译文】浙，江名。水向东流到会稽郡山阴县叫浙江。从水，折声。

涐 é

涐，水。出蜀汶江徼外，东南入江。从水，我声。五何切。

【译文】涐，水名。从蜀郡汶江县边塞之外流出，向东南注入长江（的支流岷江）。从水，我声。

湔 jiān

湔，水。出蜀郡绵虒玉垒山，东南入江。从水，前声。一曰：手瀚之。子仙切。

【译文】湔，水名。从蜀郡县虒县玉垒山流出，向东南注入长江。从水，前声。另一义说，是用手洗物。

沫 mò

沫，水。出蜀西徼外，东南入江。从水，末声。莫割切。

【译文】沫，水名。从蜀郡西部边塞之外流出，向东南注入长江。从水，末声。

溫 wēn

溫，水。出犍为（涪）［符］，南入黚水。从水，昷声。乌魂切。

【译文】溫，水名。从犍为郡符县流出，向南注入黚水。从水，昷声。

沮 jū

沮，水。出汉中房陵，东入江。从水，且声。子余切。

【译文】沮，水名。从汉中郡房陵县流出，向东注入长江。从水，且声。

涂 tú

涂，水。出益州牧靡南出，西北入（渑）［绳］。从水，余声。同都切。

【译文】涂，水名。从益州郡牧靡县南山流出，向西北注入金沙江。从水，余声。

沅 yuán

沅，水。出牂牁故且兰，东北入江。从水，元声。愚袁切。

【译文】沅，水名。从牂牁郡故且兰县流出，向东北（经洞庭湖）注入长江。从水，元声。

溺 ruò

溺，水。自张掖删丹西，至酒泉合黎，余波入于流沙。从水，弱声。桑钦所说。而灼切。

【译文】溺，水名。从张掖郡删丹县西，至酒泉的合黎山，下游流到居延泽一带的沙漠。从水，弱声。这是桑钦的说法。

淹 yān

淹，水。出越嶲徼外，东入若水。从水，奄声。英廉切。

【译文】淹，水名。从越嶲郡边塞之外流出，向东注入若水。从水，奄声。

滇 diān

滇，益州池名。从水，真声。都年切。

【译文】滇，益州郡池泽之名。从水，真声。

洮 táo

洮，水。出陇西临洮，东北入河。从水，兆声。土刀切。

【译文】洮，水名。从陇西郡临洮县流出，向东北注入黄河。从水，兆声。

涇 jīng

涇，水。出安定泾阳开头山，东南入渭。雝州之川也。从水，巠声。古灵切。

【译文】涇，水名。从安定郡泾阳县开头山流出，向东南注入渭河。是雍州的河流。从水，巠声。

渭 wèi

渭，水。出陇西首阳渭首亭南谷，东入河。从水，胃声。杜林说。《夏书》以为出鸟鼠山。雝州浸也。云贵切。

【译文】渭，水名。从陇西郡首阳县渭首亭的南谷流出，向东注入黄河。从水，胃声。这是杜林的说法。《夏书》认为从鸟鼠山流出。是雝州地方的河泽。

漾 yàng

漾，水。出陇西（相）［氐］道，东至武都为汉。从水，羕声。余亮切。

【译文】漾，水名。从陇西郡氐道县流出，向东到武都郡就是汉水。从水，羕声。

漢 hàn

漢，漾也。东为沧浪水。从水，難省声。呼旰切。

【译文】漢，漾水。向东（流到湖北省均县以下）叫沧浪水。从水，難省声。

浪 làng

浪，沧浪水也。南入江。从水，良声。来宕切。

【译文】浪，沧浪水。向南注入长江。从水，良声。

沔 miǎn

沔，水。出武都沮县东狼谷，东南入江。或曰：入夏水。从水，丏声。弥兖切。

【译文】沔，水名。从武都郡沮县的东狼谷流出，向东南注入长江。另一说，注入夏水。从水，丏声。

洛 luò

洛，水。出左冯翊（归）［褱］德北夷界中，东南入渭。从水，各声。卢各切。

【译文】洛，水名。从左冯翊郡怀德县北面少数民族边界之中流出，向东南注入渭河。从水，各声。

沁 qìn

沁，水。出上党羊头山，东南入河。从水，心声。七鸩切。

【译文】沁，水名。从上党郡羊头山流出，向东南注入黄河。从水，心声。

沾 tiān

沾，水。出壶关，东入淇。一曰：沾，益也。从水，占声。他兼切。

【译文】沾（zhān），水名。从壶关县流出，向东注入淇水。另一义说，沾（tiān）是增添的意思。

潞 lù

潞，冀州浸也。上党有潞县。从水，路声。洛故切。

【译文】潞，冀州地方的川泽。上党郡有潞县。从水，路声。

漳 zhāng

漳，浊漳，出上党长子鹿谷山，东入清漳；清漳，出沾山大要谷，北入河。南漳，出南郡临沮。从水，章声。诸良切。

【译文】漳，（漳河有两个源头：）浊漳水，从上党郡长子县鹿谷山流出，向东注入清漳水；清漳水，从（上党郡）沾县山地大要谷流出，向北注入黄河。漳又指南漳水，从南郡临沮县流出。从水，章声。

淇 qí

淇，水。出河内共北山，东入河。或曰：出隆虑西山。从水，其声。渠之切。

【译文】淇，水名。从河内郡共县北山流出，向东注入黄河。另一义说，从隆虑县西山流出。从水，其声。

蕩 tāng

蕩，水。出河内荡阴，东入黄泽。从水，募声。徒朗切。

【译文】蕩，水名。从河内郡荡阴县流出，向东注入内黄地方的川泽。从水，募声。

沇 yǎn

沇，水。出河东（东）垣王屋山，东为泲。从水，允声。以转切。

【译文】沇，水名。从河东郡垣县王屋山流出，向东流去叫泲（jǐ）水。从水，允声。

渔 危 guǐ

洈，水。出南郡高城洈山，东入繇。从水，危声。过委切。

【译文】洈，水名。从南郡高城县洈山流出，向东注入繇水。从水，危声。

沸 泲 jǐ

泲，沇也。东入于海。从水，𠂔声。子礼切。

【译文】泲，沇水。向东流入大海。从水，𠂔声。

溠 溠 zhā

溠，水。在汉（南）[东]。从水，差声。荆州浸也。《春秋传》曰："修涂梁溠。"侧驾切。

【译文】溠，水名。在汉水的东部。从水，差声。是荆州地方的川泽。《春秋左传》说："修好的路途，在溠水上筑桥梁。"

洭 洭 kuāng

洭，水。出桂阳县卢聚，（山）[南出]洭浦关为桂水。从水，匡声。去王切。

【译文】洭，水名。从桂阳县卢聚山流出，向南过了洭浦关叫桂水。从水，匡声。

潓 潓 huì

潓，水。出卢江，入淮。从水，惠声。胡计切。

【译文】潓，水名。从卢江郡流出，注入淮河。从水，惠声。

灌 灌 guàn

灌，水。出庐江雩娄，北入淮。从水，雚声。古玩切。

【译文】灌，水名。从庐江郡雩娄县流出，向北注入淮河。从水，雚声。

漸 渐 jiàn

渐，水。出丹阳黟南蛮中，东入海。从水，斬声。兹冉切。

【译文】渐，水名。从丹阳郡黟县南方少数民族地域中流出，向东注入大海。从水，斬声。

泠 泠 líng

泠，水。出丹阳宛陵，西北入江。从水，令声。郎丁切。

【译文】泠，水名。从丹阳郡宛陵县流出，向西北注入长江。从水，令声。

溧 溧 lì

溧，水。出丹阳溧阳县。从水，栗声。力质切。

【译文】溧，水名。从丹阳郡溧阳县流出。从水，栗声。

湘 湘 xiāng

湘，水。出零陵阳海山，北入江。从水，相声。息良切。

【译文】湘，水名。从零陵县阳海山流出，向北（经洞庭湖）注入长江。从水，相声。

汨 汨 mì

汨，长沙汨罗渊，屈原所沉之水。从水，冥省声。莫狄切。

【译文】汨，长沙国汨罗江，是屈原自沉的江水。从水，冥省声。

深 深 shēn

深，水。出桂阳南平，西入营道。从水，罙声。式针切。

【译文】深，水名。从桂阳郡南平县流出，向西进入营道县境。从水，罙声。

潭 潭 tán

潭，水。出武陵镡成玉山，东入郁（林）。从水，覃声。徒含切。

【译文】潭，水名。从武陵郡镡成县玉山流出，向东注入郁水。从水，覃声。

油 yóu

油，水。出武陵孱陵西，东（南）［北］入江。从水，由声。以周切。

【译文】油，水名。从武陵郡孱陵县西界流出，向东北注入长江。从水，由声。

淮 huái

淮，水出南阳平氏桐柏大复山，东南入海。从水，隹声。户乖切。

【译文】淮，水名。从南阳郡平氏县桐柏大复山流出，向东南注入大海。从水，隹声。

泡 pāo

泡，水。出山阳平乐，东北入泗。从水，包声。匹交切。

【译文】泡，水名。从山阳郡平乐县流出，向东北注入泗水。从水，包声。

泗 sì

泗，受泲（济）水，东入淮。从水，四声。息利切。

【译文】泗，上承济水，向东注入淮河。从水，四声。

菏 gē

菏，菏泽、水。在山阳胡陵。《禹贡》："浮于淮泗，达于菏。"从水，苛声。古俄切。

【译文】菏。菏泽、菏水。（水）在山阳郡胡陵县。《禹贡》说："（进贡的船只）从淮水、泗水浮进，到达菏水。"从水，苛声。

洹 huán

洹，水。在（齐鲁）［晋卫］间。从水，亘声。羽元切。

【译文】洹，洹水。在晋地、卫地之间。从水，亘声。

沭 shù

沭，水。出青州浸。从水，朮声。食聿切。

【译文】沭，水名。从琅邪郡东莞县流出，向南注入泗水。是青州地方的河泽。从水，朮声。

洋 xiáng

洋，水。出齐临朐高山，东北入巨定。从水，羊声。似羊切。

【译文】洋，水名。从齐郡临朐县高山流出，向东北注入巨定湖。从水，羊声。

沂 yí

沂，水。出东海费东，西入泗。从水，斤声。一曰：沂水，出泰山盖。青州浸。鱼衣切。

【译文】沂，水名。从东海郡费县之东流出，向西注入泗水。从水，斤声。另一说，沂水从泰山郡盖县流出。是青州地方的河泽。

浯 wú

浯，水。出琅邪灵门壶山，东北入潍。从水，吾声。五乎切。

【译文】浯，水名。从琅邪郡灵门县壶山流出，向东北注入潍河。从水，吾声。

治 chí

治，水。出东莱曲（城）［成］阳丘山。南入海。从水，台声。直之切。

【译文】治，水名。从东莱郡曲成县阳丘山流出，向南注入大海。从水，台声。

汶 wèn

汶，水。出琅邪朱虚东泰山，东入潍。从水，文声。桑钦说："汶水出泰山莱芜，西南入泲。"亡运切。

【译文】汶，水名。从琅邪郡朱虚县东泰山流出，向东注入潍河。从水，文声。桑钦说："汶水从泰山郡莱芜县流出，向西南注入济水。"

浸 jìn

浸，水。出魏郡武安，东北入呼沱水。从水，㑴声。子鸩切。

【译文】寖，水名。从魏郡武安县流出，向东北注入呼沱水。从水，𡪢声。

沽 gū

沽，水。出渔阳塞外，东入海。从水，古声。古胡切。

【译文】沽，水名。从渔阳郡渔阳县边塞之外流出，向东注入大海。从水，古声。

沛 pèi

沛，水。出辽东番汗塞外，西南入海。从水，巿声。普盖切。

【译文】沛，水名。从辽东郡番汗县边塞之外流出，向西南注入大海。从水，巿（pèi）声。

海 hǎi

海，天池也。以纳百川者。从水，每声。呼改切。

【译文】海，天然的大池泽。用以接纳百川的水流。从水，每声。

濥 yǐn

濥，水脉行地中濥濥也[①]。从水，夤声。弋刃切[②]。

【译文】濥，水系在地中穿行伏流不见的样子。从水，夤声。

【注释】① 脉：比喻像血管一样连贯而成系统的水流。② 今读依《广韵》余忍切。

洪 hóng

洪，洚水也。从水，共声。户工切。

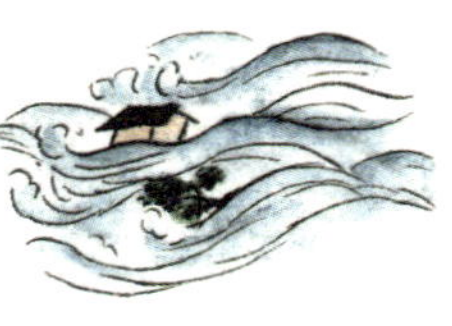

【译文】洪，大水。从水，共声。

衍 yǎn

衍，水朝宗于海也。从水，从行。以浅切。

【译文】衍，水流（循着河道）像诸侯朝见天子一样奔向大海。由水、由行会意。

滔 tāo

滔，水漫漫大皃。从水，舀声。土刀切。

【译文】滔，水弥漫盛大的样子。从水，舀声。

混 hùn

混，丰流也。从水，昆声。胡本切。

【译文】混，盛大的水流。从水，昆声。

涓 juān

涓[①]，小流也。从水，肙声。《尔雅》曰："汝为涓。"古玄切。

【译文】涓，细小的流水。从水，肙声。《尔雅》说："汝水叫涓。"

【注释】① 涓：《段注》："凡言涓涓者，皆谓细小之流。"

演 yǎn

演，长流也[①]。一曰：水名。从水，寅声。以浅切。

【译文】演，长远的水流。另一义说，演是水名。从水，寅声。

【注释】① 长流：《段注》："演之言引也，故为长远之流。"

涣 huàn

涣，流散也。从水，奂声。呼贯切。

【译文】涣，水流分散。从水，奂声。

泌 bì

泌，侠流也。从水，必声。兵媚切。

【译文】泌，像侠士般轻快地流去。从水，必声。

湝 jiē

湝，水流湝湝也。从水，皆声。一曰：湝湝，寒也。《诗》曰："风雨湝湝。"古谐切。

【译文】湝（jiē），水流众多的样子。从水，皆声。另一义说，湝湝（xié），寒冷。《诗经》说："风雨寒冷。"

漻 liáo

漻，清深也。从水，翏声。洛箫切。

【译文】漻，清而又深。从水，翏声。

泫 xuān

泫，湝流也。从水，玄声。上党有泫氏县。胡畎切。

【译文】泫，清寒的水流。从水，玄声。上党郡有泫氏县。

淲 biāo

淲，水流皃。从水，彪省声。《诗》曰："淲沱北流。"皮彪切。

【译文】淲，水流的样子。从水，彪省声。《诗经》说："淲池的水向北流去。"

淢 yù

淢，疾流也[1]。从水，或声。于逼切。

【译文】淢，疾速的水流。从水，或声。

【注释】① 疾流：《段注》："急疾之流也。"

滂 pāng

滂，沛也。从水，旁声。普郎切。

【译文】滂，水广大奔流的样子。从水，旁声。

汪 wāng

汪，深广也。从水，㞷声。一曰：汪，池也。乌光切。

【译文】汪，深而又广。从水，㞷聲。另一义说，汪是污浊的水池。

冲 chōng

冲，涌摇也。从水中。读若动[1]。直弓切。

【译文】冲，动摇。从水，中声。音读像"动"字。

【注释】① 读若动：冲、动上古都属定纽。

泚 cǐ

泚，清也。从水，此声。千礼切。

【译文】泚，清澈。从水，此声。

况 kuàng

况，寒水也。从水，兄声。许访切。

【译文】况，寒冷的水。从水，兄声。

汎 fàn

汎，浮皃。从水，凡声。孚梵切。

【译文】汎，浮游的样子。从水，凡声。

沄 yún

沄，转流也。从水，云声。读若混。王分切。

【译文】沄，水旋转而流。从水，云声。音读像"混"字。

浩 hào

浩，浇也。从水，告声。《（虞）[唐]书》曰[1]："洪水浩浩。"胡老切。

【译文】浩，大水。从水，告声。《唐书》说："洪水浩大。"

【注释】① 虞书：当依《段注》作"唐"。《唐书》指《尧典》。原文："汤汤洪水方割，荡荡怀山襄陵，浩浩滔天。"《段注》："（许氏引文）'洪水'与'浩浩'不相属为句，檃栝举之耳。"

沆 hàng

沆，莽沆，大水也。从水，亢声。一曰：大

泽皃。胡朗切。

【译文】沆，莽沆，广大的水域。从水，亢声。另一义说，广大的湖泽的样子。

𣶒 泬 jué

泬，水从孔穴疾出也。从水，从穴，穴亦声。呼穴切[①]。

【译文】泬，水从孔穴中疾速流出。由水、由穴会意，穴也表声。

【注释】① 今读依《集韵》古穴切。

𣿅 濞 pì

濞，水暴至声。从水，鼻声。匹备切。

【译文】濞，水迅猛而至的声音。从水，鼻声。

𤄷 灂 zhuó

灂，水小声。从水，爵声。士角切。

【译文】灂，水流细小的响声。从水，爵声。

𤁳 潝 xī

潝，水疾声。从水，翕声。许及切。

【译文】潝，水流迅疾的声音。从水，翕声。

𤅊 潏 jué

潏，涌出也[①]。一曰：水中坻，人所为，为潏。一曰：潏，水名，在京兆杜陵。从水，矞声。古穴切。

【译文】潏(jué)，水向上涌出。另一义说，水中的小洲或高地，是人力所形成的，叫作潏(shù)。另一义说，潏(jué)。水流名。在京兆尹杜陵县。从水，矞声。

【注释】① 涌出：桂馥《义证》引李巡注《尔雅》："水泉从下上出曰涌泉。"

𣼼 滕 téng

滕，水超涌也。从水，朕声。徒登切。

【译文】滕，水像跳跃一样向上涌。从水，朕声。

𣲿 洸 guāng

洸，水涌光也。从水，从光，光亦声。《诗》曰[①]："有洸有溃。"古黄切。

【译文】洸，水波涌动而闪光。由水、由光会意，光也表声。《诗经》说："你是那么粗暴啊那么愤怒。"

【注释】①《诗》：指《诗经·邶风·谷风》。

𣲖 波 bō

波，水涌流也。从水，皮声。博禾切。

【译文】波，水面汹涌而又流动。从水，皮声。

𣿦 澐 yún

澐，江水大波谓之澐。从水，雲声。王分切。

【译文】澐，长江之水的大波叫作澐。从水，雲声。

𤅴 瀾 lán

瀾，大波为瀾。从水，闌声。洛干切。

【译文】瀾，大波叫作瀾。从水，闌声。

𤃋 漂 piào

漂，浮也。从水，票声。匹消切。又，匹妙切。

【译文】漂，浮游。从水，票声。

𣳰 浮 fú

浮，(泛)[氾]也。从水，孚声。缚牟切。

【译文】浮，漂在水面。从水，孚声。

濫 làn

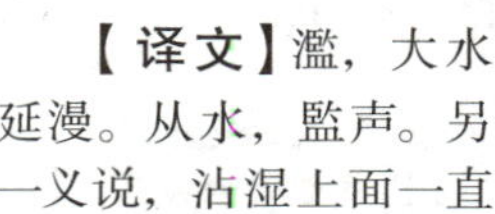

濫，泛也。从水，監声。一曰：濡上及下也。《诗》曰："觱沸濫泉。"一曰：清也。卢瞰切。

【译文】濫，大水延漫。从水，監声。另一义说，沾湿上面一直湿到下面。《诗经》说："那喷涌而上出、从上湿到下的泉水翻腾着。"另一义说，濫是清的意思。

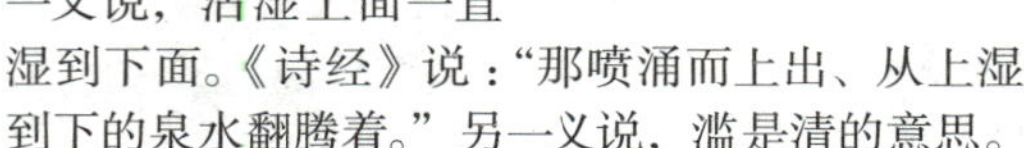

測 cè

測，深所至也。从水，則声。初側切。

【译文】測，测量深度所到的地方。从水，則声。

泓 hóng

泓，下深皃。从水，弘声。乌宏切。

【译文】泓，下面很深的样子。从水，弘声。

淪 lún

淪，小波为沦。从水，侖声。《诗》曰："河水清且沦漪。"一曰：没也。力迍切。

【译文】淪，小波纹叫沦。从水，侖声。《诗经》说："河水又清又泛起小波纹啊。"另一义说，沦是沉没的意思。

湋 wéi

湋，回也。从水，韋声。羽非切。

【译文】湋，（水流）回旋。从水，韋声。

湍 tuān

湍，疾濑也[①]。从水，耑声。他端切。

【译文】湍，迅疾的水流。从水，耑声。

【注释】①疾濑：《段注》："濑，水流沙上也。疾濑，濑之急者也。"

淙 cóng

淙，水声也。从水，宗声。藏宗切。

【译文】淙，水声。从水，宗声。

激 jī

激，水碍衺疾波也。从水，敫声。一曰：半遮也。古历切。

【译文】激，水受阻碍而斜行，（扬起）迅疾的波涛。从水，敫声。另一义说，激是半遮拦的意思。

洞 dòng

洞，疾流也。从水，同声。徒弄切。

【译文】洞，迅疾的水流。从水，同声。

涌 yǒng

涌，滕也。从水，甬声。一曰：涌水，在楚国。余陇切。

【译文】涌（湧），水向上腾跃。从水，甬声。另一义说，涌是涌水，在楚国。

洌 liè

洌，水清也。从水，列声。《易》[①]曰："井洌，寒泉，食。"良辥切。

【译文】洌，水清澈。从水，列声。《易经》说："井水清澈，泉水芳凉，可喝。"

【注释】①《易》：指《井卦·九五爻》。寒泉：即泉寒。

淑 shū

淑，清湛也。从水，叔声。殊六切。

【译文】淑，又清又深。从水，叔声。

溶 yǒng

溶，水盛也。从水，容声。余陇切。又，音荣。

【译文】溶，水盛大。从水，容声。

澂 chéng

澂，清也。从水，徵省声。直陵切。

【译文】澂，清澈。从水，徵省声。

清 qīng

清，朖也。澄水之皃。从水，青声。七情切。

【译文】清，水透明。是使水清澈后的样子。从水，青声。

滲 shèn

滲，下漉也。从水，參声。所禁切。

【译文】滲，向下泄漏出去。从水，參声。

淵 yuān

淵[①]，回水也。从水，象形。左右，岸也。中象水皃。乌玄切。

【译文】淵，回旋的水。从水，（𣶒）象形。左右的丨，表示水岸。中间的𣶒，像水的样子。

【注释】① 淵：深潭。《诗经·大雅·旱麓》：“鸢飞戾天，鱼跃于渊。”引申为鼓声。《诗经·商颂·那》：“鞉鼓渊渊，嘒嘒管声。”

澹 dàn

澹，水摇也。从水，詹声。徒滥切。

【译文】澹，水波摇荡。从水，詹声。

潯 xún

潯，旁深也。从水，尋声。徐林切。

【译文】潯，水旁深。从水，尋声。

滿 mǎn

滿，盈溢[①]也。从水，㒼声。莫旱切。

【译文】滿，水充盈。从水，㒼声。

【注释】① 盈溢：同義连用。本书：“盈，滿器也。”“溢，器满也。”

泙 píng

泙，谷也。从水，平声。符兵切。

【译文】泙，谷。从水，平声。

滑 huá

滑，利也。从水，骨声。户八切。

【译文】滑，（往来）流利。从水，骨声。

澀 sè

澀，不滑也。从水，嗇声。色立切。

【译文】澀，（往来）不流利。从水，嗇声。

淫 yín

淫，侵淫随理也。从水，㸒声。一曰：久雨为淫。余箴切。

【译文】淫，随其脉理渐渐浸渍。从水，㸒声。另一义说，久雨叫淫。

淺 qiǎn

淺，不深也。从水，戔声。七衍切。

【译文】淺，水不深。从水，戔声。

洔 zhǐ

洔，水暂益且止，未减也。从水，寺声。直里切[①]。

【译文】洔，水不增益而停滞，不减少。从水，寺声。

【注释】① 今读依《广韵》诸市切。

淖 nào

淖，泥也。从水，卓声。奴教切。

【译文】淖，泥。从水，卓声。

溼 zuǐ

溼，小湿也。从水，翠声。遵诔切。

【译文】溼，小小浸湿。从水，翠声。

溽 rù

溽，湿暑也。从水，辱声。而蜀切。

【译文】溽，潮湿而暑热。从水，辱声。

涅 niè

涅，黑土在水中［者］也。从水，从土，日声。奴结切。

【译文】涅，在水中的黑土。由水、由土会意，日声。

渻 shěng

渻，少减也。一曰：水门；又，水出丘前谓之渻丘。从水，省声。息并［井］切。

【译文】渻，少少减损。另一义说，渻是水门的意思；又一义说，水从山丘之前流出，叫作渻丘。从水，省声。

滋 zī

滋，益也。从水，兹声[①]。一曰：滋水，出牛饮山白陉谷，东入呼沱。子之切。

【译文】滋，增益。从水，兹声。另一义说，滋水，从牛饮山白陉谷流出，向东注入呼沱河。

【注释】①兹：当依《段注》作"玆"，注："各本篆文作滋，解作兹声，误也。"

沙 shā

沙，水散石也。从水，从少。水少沙见。楚东有沙水。所加切。

【译文】水中散碎的石粒。由水、由少会意。水少，沙就显现出来了。楚地之东有沙水。

沚 zhǐ

沚，小渚曰沚。从水，止声。《诗》曰："于沼于沚。"诸市切。

【译文】沚，小小水洲叫沚。从水，止声。《诗经》说："在那水池边，在那小小水洲上。"

沸 fèi

沸，泽沸，滥泉。从水，弗声。分勿切。又，方未切。

【译文】沸，向上喷出、从上沾湿到下的泉水，翻涌而出。从水，弗声，

派 pài

派，别水也。从水，从𠂢，𠂢亦声。匹卖切。

【译文】派，分支的水流。由水、由𠂢会意，𠂢也表声。

洼 wā

洼，深池也。从水，圭声。一佳切。又，于瓜切。

【译文】洼，深的池沼。从水，圭声。

漥 yǐng

漥，清水也。一曰：窊也。从水，窐声。一颖切。又，屋瓜切。

【译文】漥，清水。另一义说，是低凹。从水，窐声。

潢 huáng

潢，积水也。从水，黄声。乎光切。

【译文】潢，积水的池坑。从水，黄声。

沼 zhǎo

沼，池水。从水，召声。之少切。

【译文】沼，小池。从水，召声。

汥 zhī

汥，水都也。从水，支声。章移切。

【译文】汥，水积聚。从水，支声。

湖 hú

湖，大陂也。从水，胡声。扬州浸，有五湖。浸，川泽所仰以灌溉也。户吴切。

【译文】湖，大池泽。从水，胡声。扬州地

方的“浸”，有个名叫太湖的五湖。浸，河川湖泽赖以灌溉的水域。

洫 xù

洫，十里为成。成闲广八尺、深八尺谓之洫。从水，血声。《论语》曰：“尽力于沟洫。”况逼切。

【译文】洫，（纵横）十里是一成。成与成之间，宽八尺、深八尺叫作洫。从水，血声。《论语》说：“用尽力量在开沟疏洫的水利事业上。”

溝 gōu

溝，水渎。广四尺、深四尺。从水，冓声。古侯切。

【译文】溝，水道。宽尺四、深四尺。从水，冓声。

瀆 dú

瀆，沟也。从水，賣声。一曰：邑中沟。徒谷切。

【译文】瀆，沟渠。从水，賣声。另一义说，邑落中的水沟。

瀶 lín

瀶，谷也。从水，臨声。读若林。一曰：寒也。力寻切。

【译文】瀶，山谷。从水，臨声。音读像“林”字。另一义说，瀶是寒冷的意思。

渠 qú

渠，水所居。从水，榘省声。强鱼切。

【译文】渠，水居留的地方。从水，榘省声。

湄 méi

湄，水艹交为湄。从水，眉声。武悲切。

【译文】湄，水与草交会的岸边叫湄。从水，眉声。

洐 xíng

洐，沟水行也。从水，从行。户庚切。

【译文】洐，沟水流行。由水、由行会意。

澗 jiàn

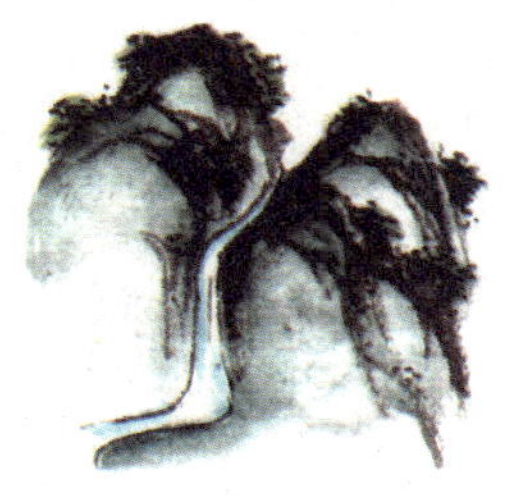

澗，山夹水也。从水，間声。一曰：涧水，出弘农新安，东南入洛。古莧切。

【译文】澗，两山夹着水流。从水，間声。另一义说，涧水，从弘农郡新安县流出，向东南注入洛水。

汕 shàn

汕，鱼游水皃。从水，山声。《诗》曰：“蒸然汕汕。”所晏切。

【译文】汕，鱼在水中游（得舒散）的样子。从水，山声。《诗经》说：“（鱼儿）众多游得十分舒散。”

滴 dī

滴[1]，水注也。从水，啻声。都历切。

【译文】滴，水（往下）滴注。从水，啻（dī）声。

【注释】①滴：水珠一点一点往下落。《文选·雪赋》：“尔其流滴垂冰，缘溜承隅，粲兮若冯夷，剖蚌列明珠。”

注 zhù

注，灌也。从水，主声。之戍切。

【译文】注，灌入。从水，主声。

津 jīn

津，水渡也。从水，𦘔声。将邻切。

【译文】津，河流的渡口。从水，𦘔声。

沿 yán

沿，缘水而下也。从水，㕣声。《春秋传》曰："王沿夏。"与专切。

【译文】沿，顺着水流而下。从水，㕣声。《春秋左传》说："王顺着夏水而下。"

泝 sù

泝，逆流而上曰㴑洄。㴑，向也。水欲下违之而上也。从水，㴑声。桑故切。

【译文】泝，逆水而向上行叫作泝洄。泝，流向。（洄，）水想向下流而又违背它的方向向上行。从水，㴑声。

潛 qián

潛，涉水也。一曰：藏也。一曰：汉水为潛。从水，朁声。昨盐切。

【译文】潛，蹚水。另一义说，潜是隐藏的意思。又另一义说，溪水（的一条支流）叫潜水。从水，朁声。

洄 huí

洄，㴑洄也[①]。从水，从回。户灰切。

【译文】洄，逆水而向上行。由水、由回会意。

【注释】①㴑：邵瑛《群经正字》："今经典作泝。"按：今通用"溯"。

泳 yǒng

泳，潛行水中也。从水，永声。为命切[①]。

【译文】泳，潜没在水中而前行。从水，永声。

【注释】①当读yòng，今读yǒng。

泛 fàn

泛，浮也。从水，乏声。孚梵切。

【译文】泛，浮。从水，乏声。

湮 yīn

湮，没也。从水，垔声。于真切。

【译文】湮，沉没。从水，垔声。

湛 zhàn

湛（chén），没也。从水，甚声。一曰湛水，豫章［州］浸。宅减切[①]。

【译文】湛（chén），沉没。从水，甚声。另一义说，湛（zhàn）是湛水，豫州地方的川泽。

【注释】①《广韵》徒减切，是湛水今音。沈没义今音chén，依《广韵》直深切。

凄 qī

凄，云雨起也。从水，妻声。《诗》曰："有渰凄凄。"七稽切。

【译文】凄，将要下雨的云彩正在兴起。从水，妻声。《诗经》说："（将要下雨的云彩）渰渰凄凄地兴起。"

泱 yāng

泱，滃也。从水，央声。于良切。

【译文】泱，云气涌起。从水，央声。

渰 yǎn

渰，云雨皃。从水，弇声。衣检切。

【译文】渰，将要下雨的云彩（兴起的样子）。从水，弇声。

溟 míng

溟，小雨溟溟也。从水，冥声。莫经切。

【译文】溟，小雨蒙蒙。从水，冥声。

涑 sè

涑，小雨零皃。从水，束声。所责切。

【译文】涑，小雨落下的样子。从水，束声。

瀑 bào

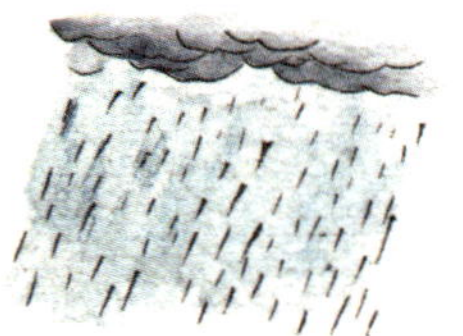

瀑，疾雨也。一曰：沫也。一曰：瀑，(资)[賨]也。从水，暴声。《诗经》曰："终风且瀑。"平到切。

【译文】瀑，急雨。另一义说，瀑是水沫飞溅的意思。另一义说，瀑是雷。从水，暴声。《诗经》说："既已刮起了风，又下起了暴雨。"

澍 shù

澍，时雨，澍生万物。从水，尌声。常句切。

【译文】澍，时雨，是用以灌注滋生万物的东西。从水，尌声。

涿 zhuó

涿，流下滴也。从水，豖声。上谷有涿县。竹角切。

【译文】涿，流下的水滴。从水，豖声。上谷郡有涿鹿县。

沈 shěn

沈，陵上滈水也。从水，冘声。一曰：浊黕也。直深切。又，尸甚切。

【译文】沈，山岭上凹处的积水。从水，冘声。另一义说，沈是秽浊的渣滓污垢。

漬 zì

漬，沤也。从水，責声。前智切。

【译文】漬，浸泡。从水，責声。

洽 qià

洽，沾也。从水，合声。侯夹切。

【译文】洽，沾浸。从水，合声。

濃 nóng

濃，露多也。从水，農声。《诗》曰："零露浓浓。"女容切。

【译文】濃，露水多。从水，農声。《诗经》说："落下的露水真多啊。"

渥 wò

渥，沾也。从水，屋声。于角切。

【译文】渥，沾湿。从水，屋声。

滯 zhì

滯，凝也。从水，帶声。直例切。

【译文】滯，凝聚。从水，帶声。

涸 hé

涸，渴也。从水，固声。读若狐貈之貈。下各切。

【译文】涸，水枯竭。从水，固声。音读像狐貈的"貈"字。

渴 kě

渴，尽也。从水，曷声。苦葛切①。

【译文】渴，水干涸。从水，曷声。

【注释】①苦葛切：是"口喝"义的读音。"竭尽"义，《广韵》音渠列切，读jié。

消 xiāo

消，尽也。从水，肖声。相么切。

【译文】消，使之消减。从水，肖声。

洿 wū

洿，浊水不流也。一曰：窳下也。从水，夸声。哀都切。

【译文】洿，污浊的水不流动。另一义说，凹陷低下。从水，夸声。

汙 wū

汙，薉也。一曰：小池为汙。一曰：涂也。从水，于声。乌故切。

【译文】汙，污秽。另一义说，小池叫汙。又另一义说，是涂抹。从水，于声。

湫 jiǎo，jiū

湫，隘。下也。一曰：有湫水，在周地。《春秋传》曰："晏子之宅秋隘。"安定朝那有湫泉。从水，秋声。子了切。又，即由切。

【译文】湫，湫隘的湫。（湫，）低下。另一义说，有一条名叫湫的水流，在周地。《春秋左传》说："晏子的房子又低下又窄小。"安定郡朝那县有名叫湫的渊泽。从水，秋声。

潤 rùn

潤，水曰润下。从水，閏声。如顺切。

【译文】潤，水的特点是滋润万物和往下处流。从水，閏声。

準 zhǔn

準，平也。从水，隼声。之允切。

【译文】準，（水）平。从水，隼声。

湯 tāng

湯，热水也。从水，昜声。土郎切。

【译文】湯，热水。从水，昜声。

渜 nuǎn

渜，汤也。从水，耎声。乃管切。

【译文】渜，热水。从水，耎声。

洝 àn

洝，渜水也。从水，安声。乌旰切。

【译文】洝，温水。从水，安声。

洏 ér

洏，洝也。一曰：煑孰也。从水，而声。如之切。

【译文】洏，温水。另一义说，是煮熟。从水，而声。

涚 shuì

涚，财温水也。从水，兑声。《周礼》曰："以涚沤其丝。"输芮切。

【译文】涚，才温的水。从水，兑声。《周礼》说："用微温的水久久浸泡那蚕丝。"

淅 xī

淅，汏米也。从水，析声。先击切。

【译文】淅，淘米。从水，析声。

浚 jùn

浚，（杼）[抒]也[1]。从水，夋声。私闰切。

【译文】浚，舀取。从水，夋声。

【注释】①杼：徐锴《系传》作"抒"。《段注》："抒者，挹（舀）也，取诸水中也。"按："舀"字从爪，即从手，用手舀，就有漉滤义。

淤 yū

淤，淀滓；浊；泥。从水，於声。依据切。

【译文】淤，渣滓，污浊，泥巴。从水，於声。

滓 zī

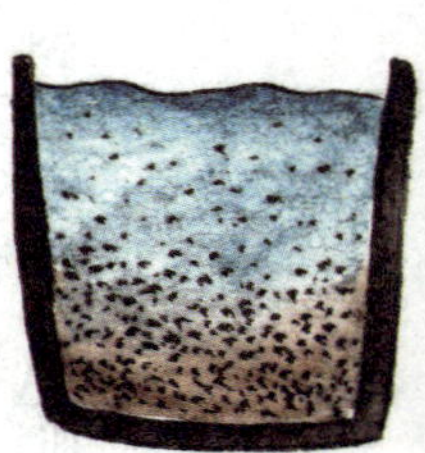

滓，淀也[1]。从水，宰声。阻史切。

【译文】滓，渣子。从水，宰声。

【注释】①淀：《广雅·释器》："淀谓之滓。"王念孙疏证："淀之言定也。其滓定在下也。"

湎 miǎn

湎，沈于酒也。从水，面声。《周书》曰："罔敢湎于酒。"弥兖切。

【译文】湎，沉迷在酒中。从水，面声。《周书》说："不敢沉迷在酒中。"

漿 jiāng

漿，酢漿也。从水，將省声。即良切。

【译文】漿，带酸味的饮料。从水，將省声。

液 yè

液，䀇也。从水，夜声。羊益切[1]。

【译文】液，口液。从水，夜声。

【注释】① 当读 yè，今读 yì。

淡 dàn

淡，薄味也。从水，炎声。徒敢切。

【译文】淡，不浓的味道。从水，炎声。

涒 tūn

涒，食已而复吐之。从水，君声。《尔雅》曰："太岁在申曰涒滩。"他昆切。

【译文】涒，吃完了而又再吐出来。从水，君声。《尔雅》说："太岁星（在黄道运行）到申的部分叫涒滩。"

涼 liáng

涼，薄也。从水，京声。吕张切。

【译文】涼，淡薄（的酒）。从水，京声。

澆 jiāo

澆，渎也。从水，堯声。古尧切。

【译文】澆，（用汤汁）泡饭。从水，堯声。

汁 zhī

汁，液也。从水，十声。之入切。

【译文】汁，（与别的物体和煮而形成的）液体。从水，十声。

灝 hào

灝[1]，豆汁也。从水，顥声。乎老切。

【译文】灝，豆浆。从水，顥声。

【注释】① 灝：本义是煮豆子的汁。

洒 xǐ

洒，涤也。从水，西声。古文为洒埽字。先礼切。

【译文】洒，洗涤。从水，西声。古文借用它作洒（sǎ）扫的"洒"字。

渮 gē

渮，多汁也。从水，哥声。读若哥。古俄切。

【译文】渮，多汁液。从水，哥声。音读像"哥"字。

溢 yì

溢，器满也。从水，益声。夷质切。

【译文】溢，器皿中水满（而流出来）。从水，益声。

沐 mù

沐，濯发也。从水，木声。莫卜切。

【译文】沐，洗头发。从水，木声。

浴 yù

浴，洒身也。从水，谷声。余蜀切。

【译文】浴，洗澡。从水，谷声。

澡 zǎo

澡，洒手也。从水，喿声。子皓切。

【译文】澡，洗手。从水，喿声。

洗 xiǎn

洗①，洒足也。从水，先声。穌典切。

【译文】洗，洗脚。从水，先声。

【注释】①洗：《段注》："洗读如跣足之跣（xiǎn），自后人以洗代洒涤字，读先礼切。"

汲 jí

汲，引水于井也。从水，从及，及亦声。居立切。

【译文】汲，从井里提引水。由水、由及会意，及也表声。

淋 lín

淋，以水洪也。从水，林声。一曰：淋淋，山下水皃。力寻切。

【译文】淋，用水浇淋。从水，林声。另一义说，淋淋，山水奔下的样子。

汛 xùn

汛，洒也。从水，卂声①。息晋切。

【译文】汛，（扫地）洒水，水散如飞。从水，卂声。

【注释】①卂声：声中有义。《段注》："卂，疾飞也。水之散如飞。此以形声包会意也。"

染 rǎn

染，以缯染为色①。从水，杂声。而琰切。

【译文】染，把布帛浸染着色。从水，杂声。

【注释】①缯：帛。

泰 tài

泰，滑也。从収，从水，大声。他盖切。

【译文】泰，滑溜。由収、由水会意，大声。

潸 shān

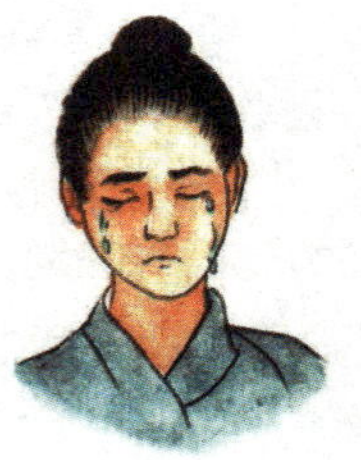

潸，涕流皃①。从水，散省声。《诗》曰："潸焉出涕。"所奸切。

【译文】潸，眼泪下流的样子。从水，散省声。（诗经）说："飒飒地流泪。"

【注释】①涕：眼泪。

汗 hàn

汗，人液也①。从水，干声。矦旰切。

【译文】汗，人身上（排泄出来）的汗液。从水，干声。

【注释】①人：《段注》：作"身"。

洟 tì

洟①，鼻液也。从水，夷声。他計切。

【译文】洟，鼻涕。从水，夷声。

【注释】①洟：钱坫《斠诠》引郑康成说："自目曰涕，自鼻曰洟。"《段注》："古书弟、夷二字多乱，于是谓自鼻出者曰涕，而自目出者别制泪字。皆许不取也。"

泣 qì

泣①，无声出涕曰泣。从水，立声。去急切。

【译文】泣，没有哭声而流眼泪叫泣。从水，立声。

【注释】①泣：徐锴《系传》："哭无泪曰泣。泣，哭之细也。"

涕 tì

涕，泣也①。从水，弟声。他礼切。

【译文】涕，眼泪。从水。弟声。

【注释】①泣也：《段注》："当作'目液也'。毛传皆云：'自目出曰涕。'"

湅 liàn

湅，瀧也。从水，柬声。郎甸切。

【译文】湅，像淘米一样练丝。从水，柬声。

渝 yū

渝，变污也[①]。从水，俞声。一曰：渝水[②]，在辽西临俞，东出塞。羊朱切。

【译文】渝，变污浊。从水，俞声。另一义说，渝是渝水，在辽西郡临俞县，向东流出边塞之外。

【注释】① 变污：《段注》："许静而变污。" ② 渝水：今辽宁大凌河。

減 jiǎn

減，损也。从水，咸声。古斩切。

【译文】減，减少。从水，咸声。

滅 miè

滅，尽也。从水，威声[①]。亡列切。

【译文】滅，尽。从水，威声。

【注释】① 从水，威声：《段注》："此举形声包会意也。"

漕 cáo

漕，水转（穀）[谷]也[①]。一曰：人之所乘及船也[②]。从水，曹声。在到切[③]。

【译文】漕，水道转运粮谷。另一义说，漕是人们乘坐的船。从水，曹声。

【注释】① 穀：当依《段注》作"谷"。② 乘：《段注》"'乘'下疑夺'车'字。盖车亦得称漕。或云'及'盖误字。" ③ 今读依《广韵》昨劳切。

漏 lòu

漏[①]，以铜受水，刻节[②]，昼夜百刻。从水，屚声[③]。卢后切。

【译文】漏，用铜器接受水，（并在器中立箭之上）刻成度数，昼夜之间共一百度。从水，屚声。

【注释】① 漏：张舜徽《约注》："漏刻为古计时之器。以铜壶盛水，底穿一孔，壶中立箭，上刻度数。壶中水以漏渐减；箭上所刻，亦以次出露，即可知晓。" ② 刻节：王筠《句读》："刻以为节，即许所谓刻节。" ③ 屚声：声中有义徐锴《系传》："屚音漏，屋屚也。"

濊 huì

濊，水多皃。从水，歲声。呼会切。

【译文】濊，水多的样子。从水，歲声。

泮 pàn

泮，诸侯乡射之官，西南为水，东北为墙。从水，从半，半亦声。普半切。

【译文】泮，诸侯举行乡饮酒礼、乡射礼的学宫，西南边是水，东北边是墙。由水、由半会意，半也表声。

澒 hòng

澒，丹沙所化[①]，为水银也。从水，項声。呼孔切。

【译文】澒，是朱砂烧煅变化的东西，叫水银。从水，項声。

【注释】① 丹沙句：《段注》："后代烧煅麁次朱砂为之。"

萍 píng

萍，苹也。水艸也[①]。从水、苹，苹亦声。薄经切。

【译文】萍，浮萍。（浮生）水面的草。由水、苹会意，苹也表声。

【注释】① 水艸：《段注》："'水艸也'三字释从水之意。"

汩 gǔ

汩，治水也。从水，曰声。于笔切[①]。

【译文】汩，治理水。从水，曰声。

【注释】① 于笔切：今读 yù。《段注》："俗音古忽切。"今读从俗，音 gǔ。

李斯与小篆

李斯小档案

姓名： 姓李，名斯，字通古。
生卒： 约公元前 284 — 前 208 年。
籍贯： 战国末期楚国上蔡（今河南上蔡）人。
职业： 政治家、文学家和书法家。
成就： 由他创新并发展起来的小篆，至今仍是书法艺术中一种重要的书体。

李斯在秦始皇统一天下过程中发挥了重要作用。秦朝建立后，李斯升任丞相。他继续辅佐秦始皇，建议废除分封制，实行郡县制。又提出了统一文字的建议，之后在统一法律、货币、度量衡和车轨等方面做出了卓越的贡献。

《说文解字·叙》中说：李斯等人在奉秦始皇之命制作标准字样时，“皆取史籀大篆或颇省改，所谓小篆者也”。小篆的名称是为了尊崇大篆而卑称其小的。为了推广小篆，李斯作《仓颉篇》七章，每四字为句，作为学习课本，供人临摹。

方正，结字多为长方形。

笔画横平竖直，圆劲均匀，粗细基本一致。

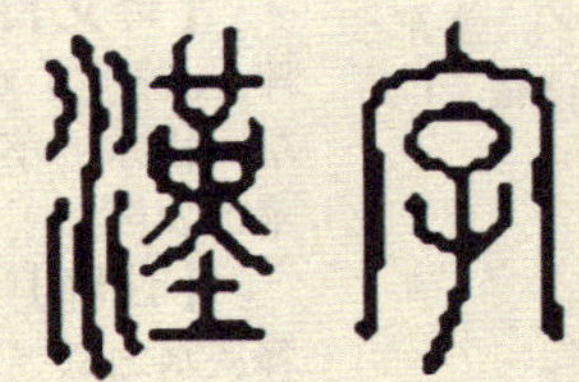
“汉字”小篆体

上紧下松，小篆的大部分字主体部分在上大半部，下小半部是伸缩的垂脚。

平衡对称，空间分割均衡与对称是小篆的独特魅力。

小篆对汉字的规范化起了很大作用，是汉字发展史上一大进步。鲁迅说，李斯在我国文学史上是有“殊勋”的。令人遗憾的是，李斯手书已大多散佚。

㳅部

㳅 zhuǐ

㳅，二水也。阙。凡㳅之属皆从㳅。之垒切。

【译文】㳅，二水。阙其音读。大凡㳅的部都从㳅。

涉 shè

涉，徒行厉水也①。从㳅，从步。时摄切。

【译文】涉，徒步行走而过水。由㳅、由步会意。

【注释】①厉：王筠《句读》："濿之省文也。"《段注》："濿，或砅字。砅本履石渡水之偁，引申为凡渡水之偁。"

頻部

瀕 pín

瀕，水厓。人所宾附，频蹙不前而止。从頁，从涉。凡频之属皆从频。符真切。

【译文】瀕，水边。人们走近这个地方，皱着额头，不进而止。由頁，由涉会意。大凡频的部属都从频。

顰 pín

顰，涉水顰蹙。从頻，卑声。符真切。

【译文】顰，临到过水，皱着眉头皱着额头。从頻，卑声。

〈部

〈 quǎn

〈，水小流也。《周礼》："匠人为沟洫，梠广五寸，二梠为耦；一耦之伐，广尺、深尺，谓之〈。"倍〈谓之遂；倍遂曰沟；倍沟曰洫；倍洫曰巜。凡〈之属皆从〈。姑泫切。

【译文】〈，（田间）小水流。《周礼》说："做工的人修筑田间沟洫（xù），像锹似的梠（sì）宽五寸，两梠的宽度是一耦。一耦的挖土，宽一尺，深一尺，叫作〈。"比〈增一倍，叫作遂；比遂增一倍，叫沟；比沟增一倍，叫洫；比洫增一倍，叫巜。大凡〈的部属都从〈。

巜部

巜 kuài

巜，水流浍浍也。方百里为巜，广二寻，深二仞。凡巜之属皆从巜。古外切。

【译文】巜，水流之声浍浍而响。纵横百里之地有巜，宽一丈六尺，深一丈六尺。大凡巜的部属都从巜。

粼 lín

粼，水生厓石间粼粼也①。从巜，粦声。力珍切。

【译文】粼，水在山边石间渗流出来的清澈的样子。从巜，粦声。

【注释】①厓：山边。

川部

川 chuān

川，川，贯穿通流水也。《虞书》曰："濬〈巜距川。"言深〈巜之水会为川也。凡川之属皆从川。昌缘切。

【译文】川，使水贯穿通流。《虞书》说："濬（jùn）〈（quǎn）巜（kuài）距川。"意思是说：深深疏通畎浍之类的田间水沟，使它们会合成为大川。大凡川的部属都从川。

巠 jīng

巠，水脉也。从川在一下；一，地也。壬省

声。一曰：水冥巠也。古灵切。

【译文】巠，像血脉一样分布的水流。由“川”在“一”下会意；“一”表示地。壬省声。另一义说，巠是水盛大的样子。

巟 huāng

巟，水广也。从川，亡声。《易》曰：“包巟用冯河。”呼光切。

【译文】巟，水广大。从川，亡声。《易经》说：“葫芦广大，用它作为腰舟去渡河。”

邕 yōng

邕，四方有水，自邕（城）［成］池者。从川，从邑。于容切。

【译文】邕，四面有水来，自相拥抱，旋绕而成护城河。由川、由邑会意。

侃 kǎn

侃，刚直也。从㐰，㐰，古文信；从川，取其不舍昼夜。《论语》曰：“子路侃侃如也。”空旱切。

【译文】侃，刚强正直。从㐰，㐰，是古文信字，（表示真实之意）；从川，取用它日夜滔滔不绝的意思。《论语》说：“子路是刚直不阿的样子。”

州 zhōu

州，水中可居曰州，周遶其旁，从重川。昔尧遭洪水，民居水中高土，或曰九州。《诗》曰：“在河之州。”一曰：州，畴也。各畴其土而生之。职流切。

【译文】州，水中可以居住的地方叫州，四周的水围绕在它的旁边，由两个川字叠起来会意。过去尧那个时代遇上洪水，百姓居住在水中高土上，有人叫这些高土作九州岛。《诗经》说：“在河中的洲子上。”另一义说，州是耕治的田畴，各自耕治各自的土地而生活。

泉部

泉 quán

泉，水原也。象水流出成川形。凡泉之属皆从泉。疾缘切。

【译文】泉，水的源头。像水流出成为川流的样子。大凡泉的部属都从泉。

𩆊 fàn

𩆊，泉水也。从泉，緐声。读若饭。符万切。

【译文】𩆊，泉源涌出的水。从泉，緐声。音读像“饭”字。

灥部

灥 xún

灥，三泉也。阙。凡灥之属皆从灥。详遵切。

【译文】灥，众多的泉流。阙其音读。大凡灥的部属都从灥。

厵 yuán

厵，水泉本也。从灥出厂下[①]。愚袁切。

【译文】厵，水泉的本源。由“灥”出“厂”下而会意。

【注释】①从灥句：徐灏《段注笺》：“源泉所出，往往数处合流，多者至百源，故从三泉。”

永部

永 yǒng

永，长也。象水巠理之长。《诗》曰：“江之永矣。”凡永之属皆从永。于憬切。

【译文】永，（水流）长。像水的直流和波纹的漫长。《诗经》说："长江那么长啊。"大凡永的部属都从永。

羕 yàng

羕，水长也。从永，羊声。《诗》曰："江之羕矣。"余亮切。

【译文】羕，水流长。从永，羊声。《诗经》说："长江那么长啊。"

𠂢部

𠂢 pài

𠂢，水之衺流，别也。从反永。凡𠂢之属皆从𠂢。读若稗县。匹卦切。

【译文】𠂢，水的斜出的支流，是（从大河出来而）分流。由永字反过来表示。大凡𠂢的部属都从𠂢。音读像稗县的"稗"字。

衇 mài

衇，血理分衺行体者。从𠂢，从血。莫获切。

【译文】衇，在躯体中分流的血的纹理。由𠂢、由血会意。

覛 mì

覛，衺视也。从𠂢，从見。莫狄切。

【译文】覛，斜着眼睛看。从𠂢、由見会意。

谷部

谷 gǔ

谷，泉出通川为谷。从水半见，出于口。凡谷之属皆从谷。古禄切。

【译文】谷，源泉的出口一直通达川流的地方，叫作谷，由水（水）字显现一半而出现在"口"字上面。大凡是谷的部属都从谷。

谿 xī

谿，山渎无所通者[1]。从谷，奚声。苦兮切。

【译文】谿，山中没有通达川流的小沟渠。从谷，奚声。

【注释】①渎（dú）：小沟渠。

豁 huò

豁，通谷也。从谷，害声。呼括切。

【译文】豁，通敞的山谷。从谷，害声。

谹 hóng

谹，谷中响也。从谷，厷声。户萌切。

【译文】谹，山谷中的回声。从谷，厷声。

谸 qiān

谸，望山谷谸谸青也。从谷，千声。仓绚切[1]。

【译文】谸，望山谷之中（草木）谸谸而青葱。从谷，千声。

【注释】①今读依《广韵》苍先切。

仌部

仌 bīng

仌，冻也。象水凝之形。凡仌之属皆从仌。笔陵切。

【译文】仌，（初）冻。像水凝结成冰的样子。大凡仌的部属都从仌。

冰 níng

冰[1]，水坚也。从仌，从水。鱼陵切。

【译文】冰，水凝结成坚冰。由仌、由水会意。

【注释】①冰：桂馥《义证》："顾炎武曰：仌于隶、楷不能独成文，故后人加水焉。"《段注》："以冰代仌，用别制凝字。经典凡凝字皆冰之变也。"

𠗨 lǐn

𠗨，寒也。从仌，廩声。力稔切。

【译文】𠗨，寒冷。从仌。从仌，廩声。

清 qìng

清，寒也。从仌，青声。七正切。

【译文】清，寒凉。从仌，青声。

凍 dòng

凍，仌也。从仌，東声。多贡切。

【译文】凍，冰冻。从仌，東声。

滕 líng

滕，仌出也。从仌，朕声。《诗》曰："纳于滕阴。"力膺切。

【译文】滕，冰的凌角。从仌，朕声。《诗经》说："收藏在装冰的地窖里。"

冬 dōng

冬，四时尽也。从仌，从夂。夂，古文终字。都宗切。

【译文】冬，（春夏秋冬）四个时令的尽头。由仌、由夂会意。夂，古文终字。

凘 sī

凘，流仌也。从仌，斯声。息移切。

【译文】凘，（解冻后）随流而行的冰块。从仌，斯声。

凋 diāo

凋，半伤也①。从仌②，周声。都僚切。

【译文】凋，（草木）部分逐渐衰败。从仌，周声。

【注释】① 半伤：《段注》："伤，创也。半伤，未全伤也。"王筠《句读》："艹木零落又渐，故曰半伤。"② 从仌：《段注》："仌霜者，伤物之具，故从仌。"

冶 yě

冶，销也。从仌，台声。羊者切。

【译文】冶，（冰）消融。从仌，台（yí）声。

冷 lěng

冷，寒也。从仌，令声。鲁打切。

【译文】冷，寒气（凛然）。从仌，令声。

雨部

雨 yǔ

雨，水从云下也。一象天，冂象云，水霝其间也。凡雨之属皆从雨。王矩切。

【译文】雨，水从云中降下。一像天，冂像云，（⺘）像水从天空云彩间滴落下来。大凡雨的部属都从雨。

霆 tíng

霆，雷余声也铃铃。所以挺出万物。从雨，廷声。特丁切。

【译文】霆，雷的余声铃铃地响。是用以使万物挺生而出的东西。从雨，廷声。

震 zhèn

震，劈历，振物者。从雨，辰声。《春秋传》曰："震夷伯之庙。"章刃切。

【译文】震，霹雳，使万物振动的疾雷。从雨，辰声。《春秋左传》说："疾雷击中（鲁国臣子）夷伯的庙宇。"

霅 zhá

霅，霅霅。震电皃。一曰：众言也。从雨，嚞省声。丈甲切。

【译文】霅，霅霅。疾雷闪电（交作）的样子。另一义说，霅是众多的言语。从雨，嚞省声。

電 diàn

電，阴阳激耀也[①]。从雨，从申。堂练切。

【译文】電，阴气和阳气彼此冲击而飞溅出来的光耀。由雨、由申会意。

【注释】①阴阳句：王筠《句读》："谓阴阳相激而有耀也。"

霄 xiāo

霄，雨霓為霄。从雨，肖声。齐语也。相邀切。

【译文】霄，下雪珠儿叫作霄。从雨，肖声。是齐地方言。

霰 xiàn

霰，稷雪也。从雨，散声。稣甸切。

【译文】霰，像小米颗粒一般的雪。从雨，散声。

雹 báo

雹，雨冰也。从雨，包声。蒲角切。

【译文】雹，（从天空）降下的冰圈。从雨，包声。

零 líng

零，余雨也。从雨，令声。郎丁切。

【译文】零，徐徐而下的雨。从雨，令声。

霖 lín

霖，雨三日已往。从雨，林声。力寻切。

【译文】霖，下雨三天以上。从雨，林声。

屚 lòu

屚，屋穿水下也。从雨在尸下。尸者，屋也。卢后切。

【译文】屚，屋穿孔雨水由孔而下。由"雨"在"尸"下会意。尸，表示屋。

霩 kuò

霩，雨止云罢皃。从雨，郭声。苦郭切。

【译文】霩，雨停止云散去的样子。从雨，郭声。

露 lù

露，润泽也[①]。从雨，路声。洛故切。

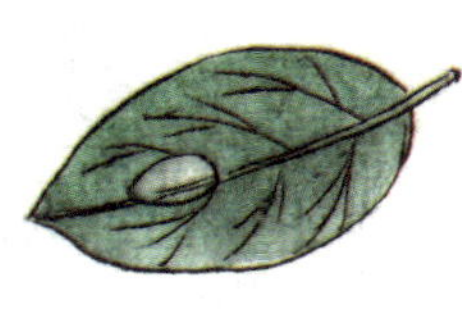

【译文】露，（用来）滋润（万物的东西）。从雨，路声。

【注释】①润泽：王筠《句读》："当云'所以润泽万物者也。'"润泽：同义连用。

霜 shuāng

霜，丧也。成物者。从雨，相声。所庄切。

【译文】霜，（使万物）丧失的东西。也是成就万物的东西。从雨，相声。

霚 wù

霚，地气发，天不应。从雨，敄声。亡遇切。

【译文】霚，地气蒸发，天不应和。从雨，敄声。

霾 mái

霾，风雨土也。从雨，貍声。《诗》曰："终风且霾。"莫皆切。

【译文】霾，刮着风而又像下雨一样落下尘土。从雨，貍声。《诗经》说："既刮着风又落下尘土。"

霓 ní

霓，屈虹，青赤，或白色，阴气也。从雨，兒声。五鸡切。

【译文】霓，弯曲的虹，青赤色，有的是白色。是阴气形成

的。从雨。兒声。

需 xū

需，顉也[①]。遇雨不进，止顉也。从雨，而声。《易》曰："云上于天，需。"相俞切。

【译文】需，等待。遇着雨，不前进，停在那里等待。从雨，而声。《易经》说："云上升到天顶，是需卦卦象的含义。"

【注释】① 顉（xū）：《段注》："顉者，待也。以叠韵为训。"

雩 yú

雩，夏祭，乐于赤帝，以祈甘雨也。从雨，于声。羽俱切。

【译文】雩，夏天的祭祀，对着赤帝跳舞。用来祈求甜美的雨。从雨，于声。

雲部

雲 yún

雲，山川气也。从雨，云象云回转形。凡云之属皆从云。王分切。

【译文】雲，山河升腾之气。从雨，云象云彩回旋转动的形状。大凡云的部属都从云。

魚部

魚 yú

魚，水虫也。象形。鱼尾与燕尾相似。凡鱼之属从鱼。语居切。

【译文】魚，水中的动物。像鱼的形状。篆文鱼字的尾形与燕字的尾形相像。大凡鱼的部属都从鱼。

鰥 guān

鰥，鱼也。从魚，罤声。古玩切。

【译文】鰥，鱼名。从魚，罤声。

鯉 lǐ

鯉，鱣也。从魚，里声。良止切。

【译文】鯉，鲤鱼。从魚，里声。

鯈 tiáo

鯈，鱼名。从魚，攸声。直由切[①]。

【译文】鯈，鱼名。从魚，攸声。

【注释】① 直由切：《段注》："其音旧直由切。今音迢。"今读依《集韵》田聊切。

鮮 xiān

鮮[①]，鱼名。出貉国。从魚，羴省声。相然切。

【译文】鮮，鱼名。出产在貉国。从魚，羴省声。

【注释】① 鲜：《段注》："经传乃叚为新鱻字。又叚为尟字，而本义废矣。"

鯁 gěng

鯁，鱼骨也。从魚，更声。古杏切。

【译文】鯁，鱼的骨头。从魚，更声。

鮫 jiāo

鮫，海鱼，皮可饰刀。从魚，交声。古肴切。

【译文】鮫，海里的鱼，皮可以装饰刀剑。从魚，交声。

鳞 lín

鳞，鱼甲也。从魚，粦声。力珍切。

【译文】鳞，鱼身上像铠甲的表层薄片。从魚，粦声。

鮚 jí

鮚[1]，蚌也。从魚，吉声。汉律：会稽郡献鮚酱。巨乙切。

【译文】鮚，蚌蛤。从魚，吉声。汉朝的律令规定，会稽郡贡献鮚蚌作成的酱。

【注释】① 鮚：《段注》引颜师古说："鮚，蚌也。长一寸，广二分，有小蟹在其腹中。"

鱮 zhuó

鱮，烝然[1]鱮鱮。从魚，卓声。都教切。

【译文】鱮，（鱼儿）一群群地游着水。从魚，卓声。

【注释】① 烝然句：见《诗·小雅·南有嘉鱼》。今本原文作："南有嘉鱼，'烝然罩罩'。"马瑞辰《诗经通释》："《说文》引《诗》'烝然鱮鱮'，不言其义。据《说文》：'汕，鱼游水貌。'引《诗》'烝然汕汕'。则罩罩亦当同义。《释文》引王肃云：'烝，众也。'罩罩、汕汕皆众鱼游水之貌。"承培元《引经证例》："此作鱮，盖三字《诗》异文也。"

鮅 bì

鮅，鱼名。从魚，必声。毗必切。

【译文】鮅，鱼名。从魚，必声。

鯸 hóu

鯸，魚名。从魚，侯声。乎钩切。

【译文】鯸，魚名。从魚，侯声。

鮁 bō

鮁，鱣鮪鮁鮁。从魚，犮声。北末切。

【译文】鮁，鲤鱼（尾巴摆得）鮁鮁地响。从魚，犮声。

鈇 fū

鈇，鯕鱼[1]。出东莱。从魚，夫声。甫无切。

【译文】鈇，鈇鯕鱼。出产在东莱郡。从魚，夫声。

【注释】① 鯕鱼：应连篆为读。王筠《释例》："盖夫其连文，为青齐口语。"按："夫其"为联绵词。

鯛 diāo

鯛，［魚。］骨端脆也。从魚，周声。都僚切。

【译文】鯛，（鱼名。）骨的末端脆弱。从魚，周声。

鯕 qí

鯕，鱼名。从魚，其声。渠之切。

【译文】鯕，鱼名。从魚，其声。

鮡 zhào

鮡，鱼名。从魚，兆声。治小切。

【译文】鮡，鱼名。从魚，兆声。

魮 huà

魮，鱼名。从魚，匕声。呼跨切。

【译文】魮，鱼名。从魚，匕（huà）声。

鱻部

鱻 yú

鱻，二鱼也[1]。凡鱻之属皆从鱻。语居切。

【译文】鱻，两条鱼。大凡鱻的部属都从鱻。

【注释】① 二鱼：《段注》："此即形为义，故不言从二鱼。二鱼重而不竝，《易》所谓贯鱼也。鱼行必相随也。"

瀺 瀺 yú

瀺[1]，捕鱼也。从𩺰，从水。语居切。

【译文】瀺，捕鱼。由𩺰、由水会意。

【注释】① 瀺：今作"渔"。捕鱼。《孟子·公孙丑上》："自耕稼、陶、渔以至为帝，无非取于人者。"

燕部

燕 燕 yàn

燕，玄鸟也[1]。籋口[2]，布翄[3]，枝尾[4]。象形[5]。凡燕之属皆从燕。于甸切。

【译文】燕，赤黑色的鸟。长着小钳子似的嘴，布帛一样的翅膀，枝丫一样的尾巴。象形。大凡燕的部属都从燕。

【注释】① 玄鸟：桂馥《义证》："玄乃赤黑色燕羽是也。" ② 籋口：徐锴《段注》："籋音聂，小钳也。"《段注》："故以廿像之。" ③ 布翄：《段注》："故以北像之。" ④ 枝尾：《段注》："与鱼尾同，故以火像之。" ⑤ 象形：王筠《释例》："背面形也。"

龍部

龍 龍 lóng

龍，鳞虫之长。能幽，能明，能细，能巨，能短，能长；春分而登天，秋分而潜渊。从肉[1]，飞之形；童省声。凡龙之属皆从龙。力钟切。

【译文】龍，有鳞甲的动物的首领。能使天地幽暗，也能使天地光明；能变细，也能变大；能变短，也能变长。春分登上天空，秋分潜入深渊。（月）表示肉，（𠃉）像飞的形状；（辛）是童省去里为声。大凡龙的部属都从龙。

【注释】① 从肉：《段注》："与熊从肉同。"

龓 龓 jiān

龓，龙耆脊上龓龓。从龍，幵声。古贤切。

【译文】龓，龙的鬐鬣在背脊上很刚硬。从龍，幵（jiān）声。

龖 龖 tà

龖，飞龙也。从二龙。读若沓。徒合切。

【译文】龖，飞腾的龙。由两个龍字会意。音读像"沓"字。

龗 龗 líng

龗，龙也。从龍，霝声。郎丁切。

【译文】龗，龙。从龍，霝声。

龕 龕 kān

龕，龙皃。从龍，合声。口含切。

【译文】龕，龙的样子。从龍，合声。

飛部

飛 飛 fēi

飛，鸟翥也[1]。象形。凡飞之属皆从飞。甫微切。

【译文】飛，鸟飞举。像鸟飞之形。大凡飞的部属都从飞。

【注释】① 翥：本书羽部："翥，飞举也。"

翼 翼 yì

翼，翄也。从飛[1]，異声。与职切。

【译文】翼，翅膀。从飛，異声。

【注释】① 从飛：徐灏《段注笺》："翼可以飞也，故从飞。"

非部

非 fēi

非，违也。从飞下翄，取其相背[①]。凡非之属皆从非。甫微切。

【译文】非，违背。由飞字下部表示翅的部分构成，取两翅相背的意义。大凡非的部属都从非。

【注释】① 其相背：徐锴《系传》："两翅自可相背。"

翡 fěi

翡，别也[①]。从非，己声。非尾切。

【译文】翡，分解。从非，己声。

【注释】① 别：《段注》："别者，分解也。"

靡 mǐ

靡，披靡也[①]。从非，麻声。文彼切。

【译文】靡，分散倾倒。从非。麻声。

【注释】① 披靡：徐灏《段注笺》："披谓分散，靡谓倾倚也。"

靠 kào

靠，相违也[①]。从非，告声。苦到切。

【译文】靠，相违背。从非，告声。

【注释】① 相违：《段注》："相背也，故从非。今俗谓相依相靠，古人谓相背曰靠。其义一也。犹分之合之皆曰离。"

卂部

卂 xùn

卂，疾飞也。从飞而羽不见[①]。凡卂之属皆从卂。息晋切。

【译文】卂，疾速地飞。由小篆飞字省去表示羽毛的笔画构成。大凡卂的部属都从卂。

【注释】① 从飞句：饶炯《部首订》："盖迅疾之事，凡物皆有，情亦难状，惟飞较疾，而飞不见羽则尤疾。故迅疾字，古文从飞省其毛羽以指事。"

煢 qióng

煢，回疾也[①]。从卂，熒省声。渠营切。

【译文】煢，（鸟）回转来疾飞。从卂，熒省声。

【注释】① 回疾：《段注》："回转之疾飞也。"

乙部

乚 yǐ

乚，玄鸟也。齐鲁谓之乙。取其鸣自呼。象形。凡乙之属皆从乙。乌辖切。

【译文】乚，黑红的燕鸟。齐地鲁地叫它乙。根据它的叫声是自己呼叫自己的名字来命名。象形。大凡乙的部属都从乙。

乳 rǔ

乳，人及鸟生子曰乳，兽曰产。从孚，从乙。乙者，玄鸟也。《明堂月令》："玄鸟至之日，祠于高禖，以请子。"故乳从乙。请子必以乙至之日者，乙，春分来，秋分去，开生之候鸟，帝少昊司分之官也。而主切。

【译文】乳，人生育子女以及鸟孵化雏鸟叫作乳，兽生幼兽叫作产。由孚、由乙会意。乙，表示黑色的燕子鸟。《明堂月令》说："黑色的燕子来到的日子，向高贵的禖神祭祀，来请求获得子女。"所以乳字从乙。祈求子女一定要在燕子来到的日子的原因是，燕子，春分时节飞来，秋分时节飞去，是发育生育的、随季节而迁徙的鸟，是先帝少昊氏主管春分秋分的官员。

孔 kǒng

孔，通也。从乙，从子。乙，请子之候鸟也。乙至而得子，嘉美之也。古人名嘉字子孔。康董切。

【译文】孔，通达。由乙、由子会意。乙，是祈请子女的、随季节转换而迁徙的鸟。乙鸟来到，就会得到子女，使人们生活嘉美。所以古人名嘉，字就叫子孔。

不部

不 fǒu

不，鸟飞上翔不下来也。从一，一犹天也。象形。凡不之属皆从不。方久切。

【译文】不，鸟飞向上翱翔卸不落下来。从一，一好比是天。（不）象鸟飞的形状。大凡不的部属都从不。

否 fǒu

否，不也。从口，从不，不亦声。方久切。

【译文】否，不。由口、由不会意，不也表声。

至部

至 zhì

至，鸟飞从高下至地也。从一，一犹地也。象形。不，上去；而至，下来也。凡至之属皆从至。脂利切。

【译文】至，鸟飞从高处下落到地面上。从一，一好比是地面。像鸟下飞的形状。“不”字是鸟飞上去，而“至”字是鸟飞下来。大凡至的部属都从至。

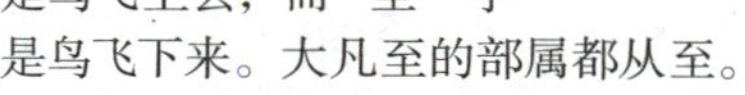

到 dào

到，至也。从至，刀声。都悼切。

【译文】到，到达。从至，刀声。

臺 tái

臺，观。四方而高者。从至，从之，从高省。与室屋同意。徒哀切。

【译文】臺，台观。四方形而高耸出地面的土筑物。由至、由之、由高省会意。（从至）与“室”“屋”从至而表示止息义的构形原则相同。

臻 zhēn

臻，至也。从至，秦声。侧诜切。

【译文】臻，至。从至，秦声。

臸 rì

臸，到也。从二至。人质切。

【译文】臸，到达。由两个“至”字会意。

西部

西 xī

西，鸟在巢上。象形。日在西方而鸟棲，故因以为东西之西。凡西之属皆从西。先稽切。

【译文】西，鸟儿（歇宿）在巢上。象形。日头移在西方，鸟儿就栖息，所以就把栖息的西用作东方西方的西。大凡西的部属都从西。

卤部

卤 lǔ

卤，西方咸地也。从西省，象盐形。安定有卤县。东方谓之庐，西方谓之卤。凡卤之属皆从卤。郎古切。

【译文】卤，西方的盐碱地。由籀文卤（xī）省去乂，※像盐形。安定郡有卤县。东方叫盐碱地作斥，西方叫作卤。大凡卤的部属都从卤。

𪉖 cuó

𪉖，咸也。从鹵，差省声。河内谓之𪉖，沛人言若虘。昨河切。

【译文】𪉖，咸味。从鹵，差省声。河内郡一带叫作𪉖，沛地人说𪉖好像"虘"。

鹹 xián

鹹，衔也。北方味也。从卤，咸声。胡毚切。

【译文】鹹，可衔在口里品味。是代表北方的口味。从鹵，咸声。

鹽部

鹽 yán

鹽，咸也。从鹵，監声。古者，宿沙初作煮海盐。凡盐之属皆从盐。余廉切。

【译文】鹽，具有咸味的（调料）。从鹵，監声。古时候，名叫宿沙的最初制作煮炼海水的盐。大凡盐的部属都从盐。

鹼 jiǎn

鹼，卤也。从鹽省，佥声。鱼欠切。

【译文】鹼，盐卤。由鹽省去監作形旁，佥声。

户部

户 hù

户，护也①。半门曰户。象形。凡户之属皆从户。侯古切。

【译文】户，保护（室内的门户）。门一半叫户。象形。大凡户的部属都从户。

【注释】① 护：《段注》："以叠韵为训。"《释名·释宫室》："户，护也。所以谨慎闭塞也。"

扉 fēi

扉，户扇也。从户，非声。甫微切。

【译文】扉，门扇。从户，非声。

扇 shàn

扇，扉也。从户，从翄声。式战切。

【译文】扇，门扇。由户、由翍省支会意。

房 fáng

房，室在旁也。从户，方声。符方切。

【译文】房，房室在（正室的）两旁。从户，方声。

戾 tì

戾，辎车旁推户也。从户，大声。读与釱同。徒盖切。

【译文】戾，有帷盖的车子两旁可以推开的门。从户，大声。音读与"釱（tì）"相同。

門部

門 mén

門，闻也。从二户。象形。凡门之属皆从门。莫奔切。

【译文】門，内外相互闻听得到。由两个户字会意。象形。大凡门的部属都从门。

閭 lǘ

閭，里门也。从門，吕声。《周礼》："五家为比，五比为闾。"闾，侣也，二十五家相群侣也。力居切。

【译文】閭，里巷的门。从門，吕声。《周礼》说："五家成为一比，五比成为一闾。"闾，伴侣，二十五家相互群居成为伴侣。

闉 yīn

闉，城（内）［曲］重门也。从門，垔声。《诗》曰："出其闉阇。"于真切。

【译文】闉，保护城门的月城的门。从門，垔声。《诗经》说："走出那月城的门。"

闕 què

闕，门观也。从門，欮声。去月切。

【译文】闕，官门外两边的楼台。从門，欮声。

闢 pì

闢[①]，开也。从門，辟声。房益切。

【译文】闢，开启。从門，辟声。

【注释】①闢：今作"辟"。打开。《左传·宣公二年》："晨往，寝门辟矣。"

開 kāi

開，张也[①]。从門，从幵。苦哀切。

【译文】開，开门。由門、由幵会意。

【注释】①张：《段注》："张者施弓弦也。门之开如弓之张，门之闭如弓之驰。"

閒 jiàn

閒，隙也。从門，从月[①]。古闲切。

【译文】閒，空隙。由門、由月会意。

【注释】①从門，从月：徐锴《系传》："夫门当夜闭，闭而见月光，是有间隙也。"

閣 gé

閣，所以止扉也。从門，各声。古洛切。

【译文】閣，用来固定门扇的东西。从門，各声。

閑 xián

閑[①]，阑也。从门中有木。卢闲切。

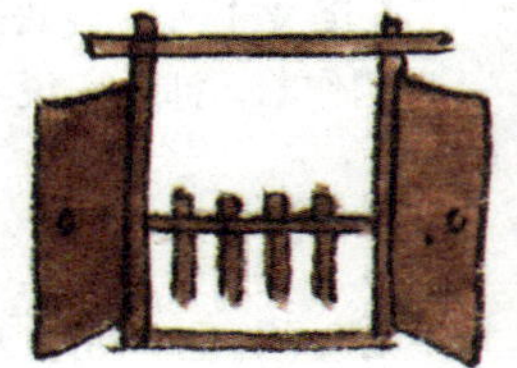

【译文】閑，木栏。由"門"中有"木"会意。

【注释】①閑：《段注》："引申为防闲。古多借为清闲字，又借为娴习字。"

閉 bì

閉，阖门也。从門；才，所以歫门也。博计切。

【译文】閉，开门。从門，才，是用来支撑门的木棒之类。

闇 àn

闇，闭门也。从門，音声。乌绀切。

【译文】闇，闭门。从門，音声。

關 guān

關，以木横持门户也。从門，𢇇声。古还切。

【译文】關，用木横着支撑门扇。从門，𢇇（guān）声。

閃 shǎn

閃[①]，窥头门中也。从人在门中。失冉切。

【译文】閃，把头伸在门中偷看。由"人"在"門"中会意。

【注释】①閃：偷看。《三国志·魏

书·梁习传》："白日常自于墙壁间窥闪，夜使干廉察诸曹。"

閱 yuè

閱，具数于门中也。从門，說省声。弋雪切。

【译文】閱，在门中逐一清点计算。从門，說省声。

闋 què

闋，事已，闭门也。从門，癸声。倾雪切。

【译文】闋，事情终止了，已经关门了。从門，癸声。

闊 kuò

闊，疏也。从門，活声。苦括切。

【译文】闊，疏远。从門，活声。

閔 mǐn

閔，吊者在门也。从門，文声。眉殒切。

【译文】閔，吊唁的人在门口。从門，文声。

耳部

耳 ěr

耳[①]，主听也。象形。凡耳之属皆从耳。而止切。

【译文】耳，主管听觉（的器官）。象形。大凡耳的部属都从耳。

【注释】① 耳：耳朵。《老子·检欲》："五音令人耳聋。"

耵 zhé

耵，耳垂也。从耳下垂。象形。《春秋传》曰"秦公子（辄）［耵］者"，其耳下垂，故以为名。陟叶切。

【译文】耵，耳朵下垂。由耳字延长一笔而向下垂表示。象形。《春秋左传》所说的"秦国公子耵"这个人，他的耳朵下垂，所以用耵作为名字。

耼 diān

耼，小垂耳也。从耳，占声。丁兼切。

【译文】耼，小的耳垂。从耳，占声。

聃 dān

聃，耳曼也。从耳，冄声。他甘切。

【译文】聃，耳朵长大。从耳，冄声。

耽 dān

耽，耳大垂也。从耳，冘声。《诗》曰："士之耽兮。"丁含切。

【译文】耽，耳朵大而下垂（至肩）。从耳，冘声。《诗经》说："男人们多快乐啊。"

瞻 dān

瞻，垂耳也。从耳，詹声。南方瞻耳之国。都甘切。

【译文】瞻，垂下耳朵。从耳，詹声。南方有耳朵下垂在肩上的人的地域。

耿 gěng

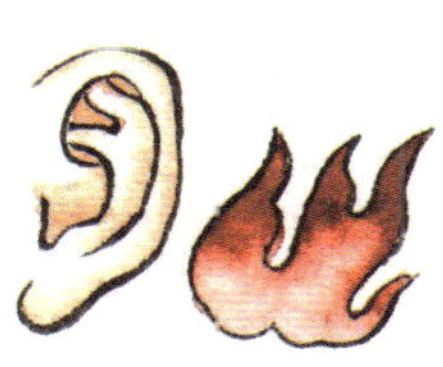

耿，耳箸颊也。从耳，烓省声。杜林说：耿，光也。从光，聖省［声］。凡字皆左形右声。杜林非也。古杏切。

【译文】耿，耳朵贴在脸颊上。从耳，烓省声。杜林说：耿，光明。（从火好比）从光，聖省呈为声。大凡形声字全都左边是形，右边是声。杜林的解说不对。

聯 lián

聯，连也。从耳，耳连于颊也；从丝，丝连不绝也。力延切。

【译文】聯，接连不断。从耳，表示耳朵连接在脸颊上；从丝，表示丝缕接连不绝。

聊 liáo

聊，耳鸣也。从耳。丣声。洛萧切。

【译文】聊，耳鸣。从耳，丣声。

聖 shèng

聖，通也。从耳，呈声。式正切。

【译文】聖，双耳通顺。从耳，里声。

聰 cōng

聰，察也。从耳，悤声。仓紅切。

【译文】聰，（耳顺而）能审察。从耳，悤声。

聽 tīng

聽，聆也。从耳、悳，壬声。他定切。

【译文】聽，声音通顺于耳。由耳、悳会意，壬（tǐng）声。

聆 líng

聆，听也。从耳，令声。郎丁切。

【译文】聆，听。从耳，令声。

職 zhí

職，记微也。从耳，戠声。之弋切。

【译文】職，记住微妙的事物。从耳，戠声。

聲 shēng

聲，音也。从耳，殸声[1]。书盈切。

【译文】聲，乐音。从耳，殸声。

【注释】①从耳，殸声：徐锴《系传》："八音之中，惟石之声为精诣，入于耳。"按：石指磬，可见殸声还兼表义。

聞 wén

聞，知（闻）［声］也[1]。从耳，門声。无分切。

【译文】聞，知晓其声。从耳，門声。

【注释】①闻：当依徐锴《段注》作"声"。

聘 pìn

聘，访也。从耳，甹声。匹正切。

【译文】聘，访问。从耳，甹声。

聾 lóng

聾，无闻也。从耳，龍声。卢红切。

【译文】聾，没有听觉。从耳，龍声。

聳 sǒng

聳，生而聋曰聳。从耳，從省声。息拱切。

【译文】聳，生下来就聋叫作聳。从耳，從省声。

聶 niè

聶，附耳私小语也。从三耳。尼辄切。

【译文】聶，附在耳旁窃窃私语。由三个"耳"会意。

聆 qín

聆，《国语》曰："回禄信于聆遂。"阙。巨今切。

【译文】聆，《国语》说："（火神）回禄在聆遂这个地方，连续睡了两夜。"阙聆字的形、音、义。

耴 tiē

耴[1]，安也。从二耳。丁帖切。

【译文】耴，安妥。由两个"耳"字会意。

【注释】①耴：《段注》："凡帖妥当作此字。帖，其假借字也。"

匠部

匠 yí

匠，顄也。象形[①]。凡匠之属皆从匠。与之切。

【译文】匠，指腮颊、下巴。象形。大凡匠的部屬都从匠。

【注释】①象形《段注》："此文当横视之。横视之则口上、口下、口中之形俱见矣。"

配 yí

配，广匠也。从匠，已声。与之切。

【译文】配，宽阔的下巴。从匠，已声。

手部

手 shǒu

手，拳。象形[①]。凡手之属皆从手。书九切。

【译文】手，握拳的部分。象形。大凡手的部属都从手。

【注释】①象形：徐灏《段注笺》："象指、掌之形。小篆中画微曲，书势取茂美也。"

掌 zhǎng

掌，手中也。从手，尚声。诸两切。

【译文】掌，手心。从手，尚聲。

拇 mǔ

拇，将指也。从手，母声。莫厚切。

【译文】拇，大指。从手，母声。

指 zhǐ

指，手指也。从手，旨声。职雉切。

【译文】指，手指。从手，旨声。

拳 quán

拳，手也。从手，𢍏声。巨员切。

【译文】拳，（屈指卷握的）手。从手，𢍏声。

攕 xiān

攕，好手皃。《诗》曰："攕攕女手。"从手，韱声。所咸切。

【译文】攕，美好的手的样子。《诗经》说："多么纤细美好啊这女人的手。"从手。韱声。

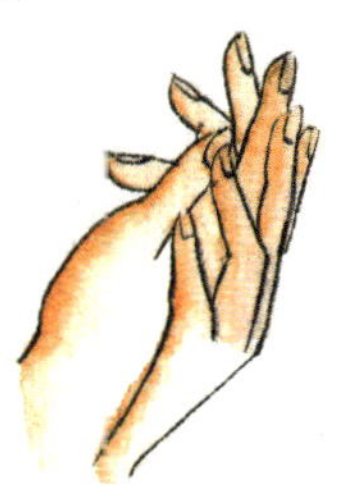

摳 kōu

摳，繑也。一曰：抠衣升堂。从手，區声。口侯切。

【译文】摳，扣结裤纽。另一义说，提起衣裳登上堂屋。从手，區声。

拱 gǒng

拱，敛手也。从手，共声。居竦切。

【译文】拱，收敛其手（而抱拳）。从手，共声。

撿 liǎn

撿，拱手也。从手，僉声。良冉切。

【译文】撿，敛手抱拳。从手，僉声。

揖 yī

揖，攘也。从手，咠声。一曰：手箸胷曰揖。伊入切。

【译文】揖，（拱手）推（至胸前）。从手，咠声。另一义说，拱手引附胸前叫揖。

排 pái

排，挤也。从手，非声。步皆切。

【译文】排，用手推挤物体（使离开）。从手，非声。

推 tuī

推，排也。从手，隹声。他回切。

【译文】推，用手排物（使移动）。从手，隹声。

擠 jǐ

擠，排也。从手，齊声。子计切。

【译文】擠，推排（使坠落）。从手，齊声。

抵 dǐ

抵，挤也。从手，氐声。丁礼切。

【译文】抵，排挤（而相抗拒）。从手，氐声。

扶 fú

扶[①]，左也[②]。从手，夫声。防无切。

【译文】扶，佐助。扶手，夫声。

【注释】① 扶：搀扶，扶持。《战国策·齐策》："扶老携幼。" ② 左：《段注》："'左' 下曰：'手相助也。'"

摧 cuī

摧，挤也。从手，崔声。一曰：掮也。一曰：折也。昨回切。

【译文】摧，推挤。从手，崔声。另一义说，摧是推动的意思。又另一义说，摧是折断的意思。

拉 lā

拉，摧也。从手，立声。卢合切。

【译文】拉，摧折。从手，立声。

挫 cuò

挫，摧也。从手，坐声。则卧切。

【译文】挫，摧折。从手，坐声。

持 chí

持，握也。从手，寺声。直之切。

【译文】持，握住。从手，寺声。

挈 qiè

挈，县持也。从手，㓞声。苦结切。

【译文】挈，物似倒悬而手提握。从手，㓞声。

拑 qián

拑，胁持也。从手，甘声。巨淹切。

【译文】拑，用肘拑制于胁下而夹持。从手，甘声。

揲 shé

揲，阅持也。从手，枼声。食折切。

【译文】揲，按定数等分而轮番握取。从手，枼声。

摯 zhì

摯，握持也。从手，从執。脂利切。

【译文】摯，握持。由手、由執会意。

操 cāo

操，把持也。从手，喿声。七刀切。

【译文】操，握持。从手，喿声。

搏 bó

搏，索持也。一曰：至也。从手，尃声。补各切。

【译文】搏，用搜索的方式捕捉。另一义说，搏是至的意思。从手，尃声。

據 jù

據，杖持也[①]。从手，豦声。居御切。

【译文】據，用手杖扶持。从手，豦声。

【注释】① 杖持：《段注》："谓

倚杖而持之。杖者，人所据，凡所据皆曰杖。”

握 wò

握，搤持也。从手，屋声。于角切。

【译文】握，捉扼而持。从手，屋声。

把 bǎ

把，握也。从手，巴声。搏下切。

【译文】把，握持。从手，巴声。

按 àn

按，下也。从手，安声。乌旰切。

【译文】按，用手压、使向下。从手，安声。

控 kòng

控，引也。从手，空声。《诗》曰：“控于大邦。”匈奴名引弓控弦。苦贡切。

【译文】控，拉开（弓弦）。从手，空声。《诗经》说：“像拉开弓弦一样向大国申明心曲。”匈奴人叫拉开弓弦作控弦。

揗 shùn

揗，摩也。从手，盾声。食尹切。

【译文】揗，用手顺摩。从手，盾声。

掾 yuàn

掾，缘也。从手，彖声。以绢切。

【译文】掾，佐助。从手，彖声。

拍 pāi

拍，拊也。从手，百声。普百切。

【译文】拍，抚拍。从手，百声。

掊 póu

掊，把也。今盐官入水取盐为掊。从手，音声。父沟切。

【译文】掊，把。如今以盐为职业的人入水取盐叫掊。从手，音声。

拊 fǔ

拊，揗也。从手，付声。芳武切。

【译文】拊，抚摩。从手，付声。

捋 luō

捋，取易也。从手，寽声。郎括切。

【译文】捋，用手指取物轻而易举。从手，寽声。

撩 liáo

撩，理也。从手，尞声。洛箫切。

【译文】撩，料理。从手，尞声。

措 cuò

措，置也。从手，昔声。仓故切。

【译文】措，放置。从手，昔声。

插 chā

插，刺（肉）［内］也。从手，从臿。楚洽切。

【译文】插，刺入。从手，臿声。

掄 lún

掄，择也。从手，侖声。卢昆切。

【译文】掄，选择。从手，侖声。

擇 zé

擇，柬选也。从手，睪声。丈伯切。

【译文】擇，挑选。从手，睪声。

捉 zhuō

捉，搤也。从手，足声。一曰：握也。侧角切。

【译文】捉，追促处而扼取。从手，足声。另一义说，是握持。

搤 è

搤[①]，捉也。从手，益声。于革切。

【译文】搤，捉握。从手，益声。

【注释】① 搤：《汉书·扬雄传》：“搤熊罴。”颜师古注：“搤，捉持也。”

挻 shān

挻，长也。从手，从延，延亦声。式连切。

【译文】挻，用手使长。由手、由延会意，延也表声。

揃 jiǎn

揃，搣也。从手，前声。即浅切。

【译文】揃，剪理鬓发。从手，前声。

授 shòu

授，予也。从手，从受，受亦声。殖酉切。

【译文】授，给予。由手、由受会意，受也表声。

承 chéng

承，奉也[①]，受也。从手，从卪，从収。署陵切。

【译文】承，是捧授的意思，又是收受的意思。由手、由卪、由収会意。

【注释】① 奉：王筠《句读》：“谓授之人也。”

接 jiē

接，交也。从手，妾声。子叶切。

【译文】接，用手相交引。从手，妾声。

招 zhāo

招，手呼也。从手、召[①]。止摇切。

【译文】招，用手呼叫人。由手、召会意。

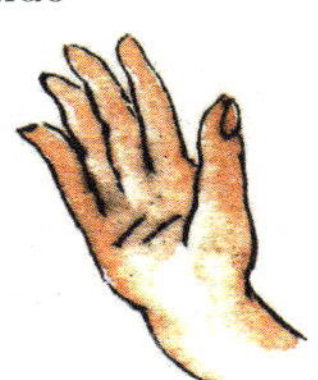

【注释】① 从手、召：桂馥《义证》：“以手曰招，以言曰召。”

撫 fǔ

撫，安也。从手，無声。一曰：（循）[揗]也。芳武切。

【译文】撫，安抚。从手，無声。另一义说，抚是抚摩的意思。

播 mín

播，抚也。从手，昏声。一曰：摹也。武巾切。

【译文】播，抚摩。从手，昏声。另一义说，播是摹仿的意思。

揣 chuǎi

揣，量也。从手，耑声。度高曰揣。一曰：捶之。初委切。

【译文】揣，量轻重。从手，耑声。量度高（低）叫揣。另一义说，揣是捶击的意思。

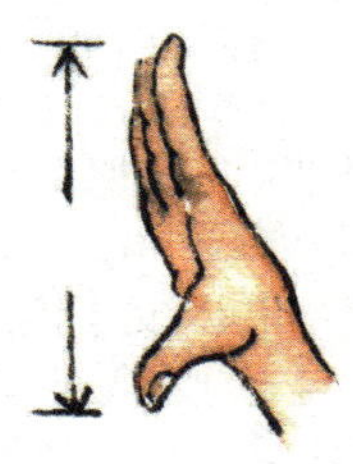

投 tóu

投，擿也。从手，从殳。度侯切。

【译文】投，投掷。由手、由殳会意。

摽 piāo

摽，击也。从手，票声。一曰：挈（门壮）[闑牡]也[①]。符少切。

【译文】摽，拍击。从手，票声。另一义说，提启门闩。

【注释】① 挈门壮：当依《段注》“门壮”作“闑牡”。段注：“闑牡，一物也。见门部。挈者，提而启之也。”

挑 tiāo

挑，挠也。从手，兆声。一曰：摷也。《国语》曰："卻至挑天。"土凋切。

【译文】挑，挑拨。从手，兆声。另一义说，挑是拘留而打击的意思。《国语》说："却至偷天之功（来作为自己的力量）。"

抉 jué

抉，挑也。从手，夬声。于说切。

【译文】抉，挑出。从手，夬声。

撓 náo

撓，扰也。从手，堯声。一曰捄也。奴巧切。

【译文】撓，扰乱。从手，堯声。又叫"捄"。

挶 jū

挶，戟持也。从手，局声。居玉切。

【译文】挶，手像戟一样弯曲挎握着。从手，局声。

摘 zhāi

摘[①]，拓果树实也。从手，啻声。一曰：指近之也。他历切。又，竹戹切。

【译文】摘，采摘果树的果实。从手，啻声。另一义说，摘是指摘的意思。

【注释】①摘：王筠《句读》："《仓颉篇》：'摘，以指摘取也。'"

据 jū

据，戟挶也。从手，居声。九鱼切。

【译文】据，拮据。从手，居声。

披 pī

披，从旁持曰披。从手，皮声。敷羁切。

【译文】披，灵柩两旁持握（的帛）叫作披。从手，皮声。

掉 diào

掉，摇也。从手，卓声。《春秋传》曰："尾大不掉。"徒吊切。

【译文】掉，摇动。从手，卓声。《春秋左传》说："尾巴太大不能摆动。"

摇 yáo

摇，动也。从手，䍃声。余招切。

【译文】摇，摆动。从手，䍃声。

揚 yáng

揚，飞、举也。从手，昜声。与章切。

【译文】揚，飞起；举起。从手，昜声。

掔 qiān

掔，固也。从手，臤声。读若《诗》"赤舄掔掔"。苦闲切。

【译文】掔，坚固。从手，臤声。音读像"赤舄掔掔"的"掔"字。

擧 jǔ

擧，对举也。从手，與声。居许切。

【译文】擧，两手相对而举。从手，與声。

掀 xiān

掀，举出也。从手，欣声。《春秋传》曰："掀公出于淖。"虚言切。

【译文】掀，举着出去。从首，欣声。《春秋左传》说："用手高举起晋厉公的战车从泥沼里出来。"

揭 jiē

揭，高举也[①]。从手，曷声。去例切。又，基竭切。

【译文】揭，高举。从手，曷声。

【注释】①高举：贾谊《过秦论》："揭竿为旗。"正是高举义。

拯 zhěng

拯①，上举也。从手，升声。《易》曰②："拯马，壮，吉。"。

【译文】拯，上举。从手，升声。《易经》说："(马伤了左边的大腿，)因此拯救马，马健壮了，可获得吉祥。"

【注释】①拯：今作拯。②《易》：指《明夷卦·六二爻辞》。

振 zhèn

振，举救也。从手，辰声。一曰：奋也。章刃切。

【译文】振，举而救助。从手，辰声。另一义说，是奋起。

扛 gāng

扛，横关对举也。从手，工声。古双切。

【译文】扛，用双手把横着的门闩一样的重木杠对举起来。从手，工声。

扮 fěn

扮，握也。从手，分声。读若粉。房吻切。

【译文】扮，握持。从手，分声。音读像"粉"字。

撟 jiǎo

撟，举手也。从手，喬声。一曰：挢，擅也。居少切。

【译文】撟，举手。从手，喬声。另一义说，挢是专擅的意思。

捎 shāo

捎，自关以西，凡取物之上者为挢捎。从手，肖声。所交切。

【译文】捎，从关往西，大凡选取物体的上等，叫作挢捎。从手，肖声。

擎 pán

擎，擎擭，不正也。从手，般声。薄官切。

【译文】擎，擎擭，手不正。从手，般声。

擅 shàn

擅，专也。从手，亶声。时战切。

【译文】擅，独揽。从手，亶声。

失 shī

失，纵也。从手，乙声。式质切。

【译文】失，放(手而掉落)。从手，乙声。

抒 shū

抒，挹也①。从手，予声。神与切。

【译文】抒，舀。从手，予声。

【注释】①挹：《段注》："凡挹彼注兹曰抒。"

掇 duó

掇，拾取也。从手，叕声。都括切。

【译文】掇，拾取。从手，叕声。

拾 shí

拾①，掇也。从手，合声。是执切。

【译文】拾，捡取。从手，合声。

【注释】①拾：拾取，捡。《庄子·盗跖》："昼拾橡栗，暮栖木上。"《史记·货殖列传》："俯有拾，仰有取。"

擢 zhuó

擢①，引也。从手，翟声。直角切。

【译文】擢，拔引。从手，翟声。

【注释】①擢：徐锴《系传》："谓拔擢也。"

徐灏《段注笺》:“此当以拔擢为本义，叚借为擢舟（划船）字。”

援 yuán

援，引也。从手，爰声。雨元切。

【译文】援，引拉。从手，爰声。

拔 bá

拔，擢也[①]。从手，犮声。蒲八切。

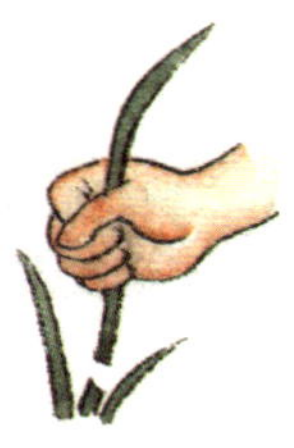

【译文】拔，抽引。从手，犮声。

【注释】①擢:《方言》卷三:“擢，拔也。自关而西或曰拔，或曰擢。”

揠 yà

揠，拔也。从手，匽声。乌黠切。

【译文】揠，拔引。从手，匽声。

挺 tǐng

挺，拔也。从手，廷声。徒鼎切。

【译文】挺，引拔出来。从手，廷声。

探 tān

探，远取之也。从手，罙声。他含切。

【译文】探，深入摸取。从手，罙声。

撢 tàn

撢，探也。从手，覃声。他绀切。

【译文】撢，探求。从手，覃声。

捼 ruó

捼，推也。从手，委声。一曰：两手相切摩也。奴禾切。

【译文】捼，推委。从手，委声。另一义说，捼是两只手相互切摩挲的意思。

搦 nuò

搦，按也[①]。从手，弱声。尼革切[②]。

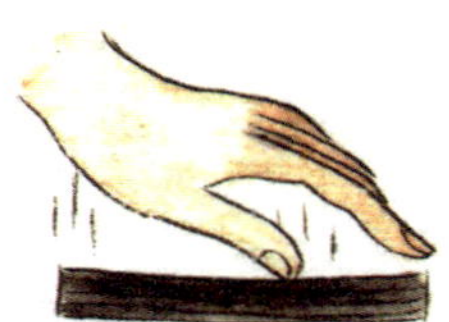

【译文】搦，按压。从手，弱声。

【注释】①按:《段注》:“按者，抑也。”②拼音依《广韵》女角切。

掎 jǐ

掎，偏引也。从手，奇声。居绮切。

【译文】掎，偏向一方牵引。从手，奇声。

揮 huī

揮，奋也。从手，軍声。许归切。

【译文】揮，振洒。从手，軍声。

揖 rǒng

揖，推持也。从手，茸声。而陇切。

【译文】揖，推开而又捶捣。从手，茸声。

撞 zhuàng

撞，卂捣也。从手，童声。宅江切。

【译文】撞，迅疾而捣。从手，童声。

捆 yīn

捆，就也。从手，因声。于真切。

【译文】捆，依凭。从手，因声。

扔 rēng

扔，因也。从手，乃声。如乘切。

【译文】扔，依旧。从手，乃声。

括 kuò

括，絜也。从手，𠯑声。古活切。

【译文】括，捆扎。从手，𠯑声。

抲 hē

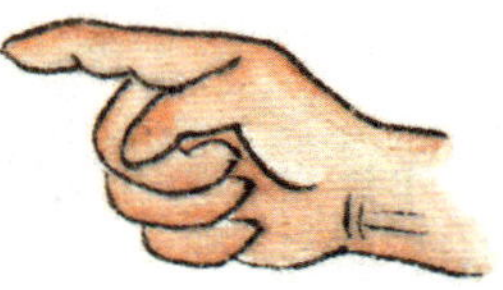

抲，抲撝也。从手，可声。《周书》曰："尽执，抲。"虎何切。

【译文】抲，指挥。从手，可声。《周书》说："全部抓起来，指挥他们（回归周地）。"

捇 huò

捇，裂也。从手，赤声。呼麦切。

【译文】捇，裂开。从手，赤声。

扐 lè

扐，《易》筮，再扐而后卦。从手，力声。卢则切。

【译文】扐，《易经》中用蓍草占卜的方法，将蓍草两次夹在手指之间然后布一卦爻。从手，力声。

技 jì

技，巧也。从手，支声。渠绮切。

【译文】技，技巧。从手，支声。

拙 zhuō

拙，不巧也。从手，出声。职说切。

【译文】拙，不能作技巧的事。从手，出声。

摶 tuán

摶，圜也。从手，專声。度官切。

【译文】摶，用手搓捏成团。从手，專声。

拮 jié

拮，手口共有所作也。从手，吉声。《诗》曰："予手拮据。"古屑切。

【译文】拮，手和口同时有所劳作。从手，吉声。《诗经》说："我们的手，操作十分劳苦。"

搰 hú

搰[①]，掘也。从手，骨声。户骨切。

【译文】搰，发掘。从手，骨声。

【注释】①搰：挖掘。《国语·吴语》："狐埋之，而狐搰之。"

掘 jué

掘，搰也。从手，屈声。衢勿切。

【译文】掘，挖。从手，屈声。

掩 yǎn

掩，敛也。小上曰掩。从手，奄声。衣检切。

【译文】掩，收手（覆盖）。稍稍举手放在被覆盖的物体上面叫掩。从手，奄声。

揟 xū

揟，取水沮也。从手，胥声。武威有揟次县。相居切。

【译文】揟，滤取水中的渣滓。从手，胥声。武威郡有揟次县。

播 bō

播，种也。一曰：布也[①]。从手，番声。补过切。

【译文】播，下种。另一义说，播是传布的意思。从手，番声。

【注释】①布：王筠《句读》："此前义之引申耳。"

摡 gài

摡，涤也。从手，既声。《诗》曰："摡之釜鬵。"古代切。

【译文】摡，洗涤。从手，既声。《诗经》说："洗涤那小锅大锅。"

挃 zhì

挃，穫禾声也。从手，至声。《诗》曰："穫之挃挃。"陟栗切。

【译文】挃，割禾声。从手，至声。《诗经》说："割禾割得挃挃地响。"

扤 wù

扤，动也。从手，兀声。五忽切。

【译文】扤，摇动。从手，兀声。

抈 yuè

抈，折也。从手，月声。鱼厥切。

【译文】抈，折断。从手，月声。

摎 jiū

摎，缚杀也。从手，翏声。居求切。

【译文】摎，绞杀。从手，翏声。

撻 tà

撻，乡饮酒，罚不敬，挞其背。从手，達声。他达切。

【译文】撻，乡人按时聚会饮酒行礼时，处罚不敬的人，鞭挞他们的背。从手，達声。

掕 líng

掕[①]，止马也。从手，夌声。里甑切。

【译文】掕，勒马使停止。从手，夌声。

【注释】① 掕：《段注》："掕马犹勒马也。"

抨 pēng

抨，(掸)[弹]也。从手，平声。普耕切。

【译文】抨，开弓射丸。从手，平声。

捲 quán

捲，气势也。从手，卷声。《国语》曰："有卷勇。"一曰：卷，收也。巨员切。

【译文】捲，气壮有声势。从手，卷声。《国语》说："有气势而又勇敢(的人)。"另一义说，卷是收卷的意思。

扱 xī

扱，收也。从手，及声。楚洽切。

【译文】扱，收敛。从手，及声。

摷 jiǎo

摷，拘击也。从手，巢声。子小切。

【译文】摷，拘留打击。从手，巢声。

挨 āi

挨，击背也。从手，矣声。于駭切。

【译文】挨，朝背部捶击。从手，矣声。

撲 pū

撲，挨也。从手，菐声。蒲角切。

【译文】撲，用鞭扑打。从手，菐声。

扚 diǎo

扚，疾击也。从手，勺声。都了切。

【译文】扚，快速击打。从手，勺声。

抶 chì

抶，笞击也[①]。从手，失声。敕栗切。

【译文】抶，用竹板荆条击打。从手，失声。

【注释】① 笞：《段注》："笞，所以击也。"

抵 zhǐ

抵[①]，侧击也。从手，氏声。诸氏切。

【译文】抵，侧着手击打。从手，氏声。

【注释】① 抵：钱坫《斠诠》："此抵掌而谈字。《广韵》引作'侧手击也'。"张舜徽《约注》："今之剧谈者，常扬手侧击以作气势，即抵掌也。"

抰 yǎng

抰，以车鞅击也。从手，央声。于两切。

【译文】抰，用车上套马脖的皮子击打。从手，央声。

捊 fǒu

捊，衣上击也。从手，保声。方苟切。

【译文】捊，在衣上拍击，（振去灰尘。）从手，保声。

捭 bǎi

捭，两手击也。从手，卑声。北买切。

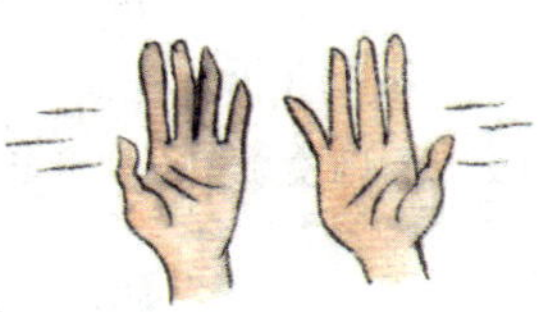

【译文】捭，（左右）两手（横开从旁）击打。从手，卑声。

捶 chuí

捶，以杖击也。从手，垂声。之垒切。

【译文】捶，用棍棒击打。从手，垂声。

擿 yǐng

擿，中击也。从手，竟声。一敬切。

【译文】擿，击中。从手，竟声。

拂 fú

拂，过击也。从手，弗声。敷物切。

【译文】拂，飞掠而击。从手，弗声。

擊 jī

擊，攴也[①]。从手，毄声。古历切。

【译文】擊，打。从手，毄声。

【注释】① 攴：《段注》："攴下曰：'小击也。'攴训小击，击则兼大小言之。而但云攴也者，于攴下见析言之理，于击下见浑言之理，互相足也。"

扞 hàn

扞，忮也[①]。从手，干声。侯旰切。

【译文】扞，枝格捍蔽。从手，干声。

【注释】① 忮：《段注》："'忮'当作'枝'。枝持字，古书用枝。"《广韵·翰韵》："扞，以手扞，又卫也。"王筠《句读》："（枝）即枝格之谓也。"

抗 kàng

抗，扞也。从手，亢声。苦浪切。

【译文】抗，捍御。从手，亢声。

捕 bǔ

捕[①]，取也。从手，甫声。薄故切。

【译文】捕，捉取。从手，甫声。

【注释】① 捕：《广韵·暮韵》："捕，捉也。"

挂 guà

挂[①]，画也。从手，圭声。古卖切。

【译文】挂，画分。从手，圭声。

【注释】① 挂：《段注》："有分别画出之意。"张舜徽《约注》："谓界画也。"

拕 tuō

拕[①]，曳也。从手，它声。托何切。

【译文】拕，曳引。从手，它声。

【注释】① 拕：《广雅·释诂一》："拕，引也。"朱骏声《通训定声》："今作拖。"

捈 tú

捈，卧引也[①]。从手，余声。同都切。

【译文】捈，横引。从手，余声。

【注释】① 卧引：《段注》："谓横而引之也。"

抴 yè

抴[①]，捈也。从手，世声。余制切。

【译文】抴，拉引。从手，世声。

【注释】① 抴：王筠《句读》："谓牵引也。"《段注》："抴与曳音义皆同。俗作拽。"

拏 ná

拏[①]，持也。从手，如声。女加切。

【译文】拏，拿持。从手，如声。

【注释】① 拏：桂馥《义证》："拏，通作拏。拘捕有罪曰拏，今俗作拿。" 按：今拿持、捉拿全用"拿"。

捷 jié

捷，猎也[①]；军获得也。从手，疌声。《春秋传》曰[②]："齐人来献戎捷。" 疾叶切。

【译文】捷，像追逐禽兽一样而捕得，在军事行动中获得。从手，疌声。《春秋左传》说："齐国人来贡献攻打山戎的战利品。"

【注释】① 猎：《段注》："谓如逐禽而得之也。" ②《春秋传》：指《左传·庄公三十一年》。

捐 juān

捐[①]，弃也。从手，昌声。与专切。

【译文】捐，舍弃。从手，目声。

【注释】① 捐：朱骏声《通训定声》："粪除薉污谓之捐。"

掫 zōu

掫，夜戒守，有所击。从手，取声。《春秋传》曰："宾将掫。" 子侯切。

【译文】掫，夜里警戒巡守，有所敲击。从手，取声。《春秋左传》说："客人将要巡夜。"

掤 bīng

掤[①]，所以覆矢也。从手，朋声。《诗》曰："抑释掤忌。"[②] 笔陵切。

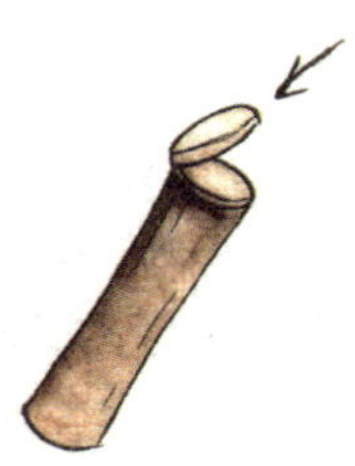

【译文】掤，用来遮覆箭筒的盖。从手，朋声。《诗经》说："打开箭筒盖啊。"

【注释】① 掤：徐锴《系传》："箭桶盖也。" ②《诗》：指《郑风·大叔于田》。抑：发语词。忌：语末助词。

扜 yū

扜[①]，指麾也。从手，亏声。亿俱切。

【译文】扜，指挥。从手，亏声。

【注释】① 扜：《方言》卷十二："扜，扬也。" 张舜徽《约注》："谓手持其物而飞扬之也。"

扣 kòu

扣，牵马也。从手，口声。丘后切。

【译文】扣，牵马。从手，口声。

掍 hùn

掍，同也。从手，昆声。古本切。

【译文】掍，混同。从手，昆声。

接 sōu

接，众意也。一曰：求也。从手，叜声。《诗》曰："束矢其接。" 所鸠切。

【译文】接，表示众多的意味。另一义说，接是求索的意思。从手，叜声。《诗经》说："一捆箭何其多。"

换 huàn

换，易也。从手，奂声。胡玩切。

【译文】换，更易。从手，奂声。

掖 yè

掖，以手持人臂投地也[①]。从手，夜声。一曰：臂下也。羊益切。

【译文】掖，用手挟持人的臂膀。从手，夜声。另一义说，掖是臂下腋窝的意思。

【注释】① 投地：段桂王朱均主删此二字。

楷体发明者——钟繇

钟繇在书法史上的地位

钟 繇 → 卫夫人 → 王羲之

规摹钟繇　　师徒关系

卫夫

王羲之

钟繇，三国时期曹魏著名书法家，楷书的创始人，被后世尊为楷书鼻祖。南朝庾肩吾将钟繇的书法列为上品之上，唐张怀瓘在《书断》中则评其书法为神品。

卫夫人，东晋著名女书法家，尤善楷书。其书法如插花舞女，低昂美容；又如美女登台、仙娥弄影，红莲映水、碧沼浮霞。卫夫人曾“随世所学，规摹钟繇，遂历多载”。

王羲之，东晋时期著名书法家，有“书圣”之称。善隶、草、楷、行各体，摆脱了汉魏笔风，自成一家，影响深远。王羲之早年师从卫夫人学书法。

钟繇：主业从政，副业书法

钟繇生于东汉末年，其对曹操统一北方贡献极大。后来曹丕代汉，建立魏朝，钟繇被封为相国、太尉、平阳乡侯。魏明帝曹睿即位，迁升太傅，封定陵侯，史称钟太傅。

钟繇少年时就酷爱书法，一旦听说哪个人的书法好，就去拜师学艺。长大后，即使从政很忙，但一有时间他就练习书法。据说，钟繇任太傅时，每日练笔之后，必到洗砚涮笔，天长日久，池水变黑，渗透地下。几十年如一日地刻苦练习，钟繇独创出了“楷书体”。

南朝刘宋时人羊欣《采古未能书人名》说：“钟有三体，一曰铭石之书，最妙者也；二曰章程书，传秘书教小学者也；三曰行押书，相闻者也。”铭石书，指正楷，章程书即隶书，行押书指行书。钟繇的书法古朴、典雅，字体大小相间，整体布局严谨、缜密，历代评论成就极高。

𠦝部

𠦝 guāi

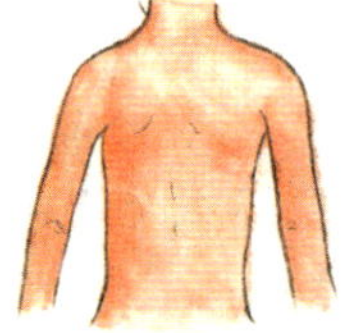

𠦝，背吕也[①]。象胁肋也。凡𠦝之属皆从𠦝。古怀切。

【译文】𠦝，背脊。像胸胁肋骨的样子。大凡𠦝的部属都从𠦝。

【注释】① 背吕：《段注》："吕下曰：'脊骨也。'脊兼骨肉言之，吕则其骨。析言之如是，浑言之则统曰背吕。犹俗支背脊也。"

脊 jǐ

脊，背吕也。从𠦝，从肉。资昔切。

【译文】脊，背脊。由𠦝、由肉会意。

女部

女 nǚ

女，妇人也。象形。王育说。凡女之属皆从女。尼吕切。

【译文】女，女人。象形。是王育的说法。大凡女的部属都从女。

姓 xìng

姓，人所生也。古之神圣母，感天而生子，故称天子。从女，从生，生亦声。《春秋传》曰："天子因生以赐姓。"息正切。

【译文】姓，人出生的那个家族的姓氏。古代的神圣的母亲，由于上天的感动而生育子女，所以叫作"天子"。由女、由生会意，生也表声。《春秋左传》说："天子凭借出生的由来而赐给诸侯姓氏。"

姜 jiāng

姜，神农居姜水[①]，以为姓。从女，羊声。居良切。

【译文】姜，神农氏居住在姜水边，用姜作为姓氏。从女，羊声。

【注释】① 神农：王筠《句读》："炎帝即神农氏。炎帝，身号；神农，代号也。"姜水：即岐水。

姬 jī

姬，黄帝居姬水，以为姓。从女，𦣞声。居之切。

【译文】姬，黄帝族居住在姬水边，用姬作为姓氏。从女，𦣞声。

嬴 yíng

嬴，少昊氏之姓。从女，羸省声。以成切。

【译文】嬴，少昊族的姓。从女，羸省声。

姚 yáo

姚，虞舜居姚虚，因以为姓。从女，兆声。或为：姚，娆也。《史篇》以为：姚，易也。余招切。

【译文】姚，虞舜居住在姚山，于是用姚作姓。从女，兆声。另一义说，姚是美好的意思。《史篇》认为，姚是轻易的意思。

媒 méi

媒，谋也，谋合二姓。从女，某声。莫桮切。

【译文】媒，谋划，谋划使两个不同姓氏的男女结合。从女，某声。

妁 shuò

妁，酌也，斟酌二姓也。从女，勺声。市勺切。

【译文】妁，斟酌，斟酌两个不同姓氏的男女（可否结合）。从女，勺声。

嫁 jià

嫁，女适人也。从女，家声。古讶切。

【译文】嫁，女子（从自家出来）到男人家里（为妻）。从女，家声。

娶 qǔ

娶，取妇也。从女，从取，取亦声。七句切。

【译文】娶，选取（女人做）妻子。由女、由取会意，取也表声。

婚 hūn

婚，妇家也。礼：娶妇以昏时，妇人阴也，故曰婚。从女，从昏，昏亦声。呼昆切。

【译文】婚，妻子的家。礼规定：娶妻子应在黄昏的时候，因为女人属阴，所以叫作婚。由女、由昏会意，昏也表声。

姻 yīn

姻，壻家也。女之所因，故曰姻。从女，从因，因亦声。于真切。

【译文】姻，女壻的家。是女人依就的对象，所以叫作姻。由女、由因会意，因也表声。

妻 qī

妻，妇，与夫齐者也。从女，从屮，从又。又，持事，妻职也。七稽切。

【译文】妻，又叫妇人，与丈夫一致的人。由女、由屮、由又会意。又，表示操持事务的意思，是妻子的职责。

妇 fù

妇，服也[①]。从女持帚，洒扫也。房九切。

【译文】妇，服侍（家事）的人。由“女”持握着扫“帚”，表示洒扫庭除的意思。

【注释】① 服：《释名·释亲属》：“妇，服也，服家事也。”《段注》：“亦以叠韵为训。妇，主服事人者。”

妃 fēi

妃，匹也。从女，己声。芳非切。

【译文】妃，匹偶。从女，己声。

媲 pì

媲，妃也。从女，𣬉声。匹计切。

【译文】媲，配偶。从女，𣬉声。

妊 rèn

妊，孕也。从女，从壬，壬亦声。如甚切。

【译文】妊，怀孕。由女、由壬会意，壬也表声。

娠 shēn

娠，女妊身动也。从女，辰声。《春秋传》曰：“后缗方娠。”一曰：宫婢女隶谓之娠。失人切。

【译文】娠，女人怀孕后身孕在动。从女，辰声。《春秋左传》说：“后缗正怀了孕。”另一义说，宫中的奴婢、女差役叫作娠。

母 mǔ

母，牧也[①]。从女，象褱子形。一曰：象乳子也。莫后切。

【译文】母，像养牛一样哺育子女。从女，像怀抱子女的样子。另一说说，母像给子女喂奶的样子。

【注释】① 牧：《段注》：“以叠韵为训。牧者，养牛人也。以譬人之乳子。”

姑 gū

姑，夫母也。从女，古声。古胡切。

【译文】姑，丈夫的母亲。从女，古声。

妪 yù

妪，母也。从女，區声。衣遇切。

【译文】妪，母亲。从女，區声。

媪 ǎo

媪，女老偁也。从女，昷声。读若奥。乌皓切。

【译文】媪，妇女年老的尊称。从女，昷声。音读像“奥”字。

姁 xǔ

姁①，妪也②。从女，句声。况羽切。

【译文】姁，母亲。从女，句声。

【译文】① 姁：徐灏《段注笺》：“姁盖即妪之异文。”② 妪：《段注》：“然则妪亦母偁也。”

姐 jiě

姐，蜀谓母曰姐，淮南谓之社。从女，且声。兹也切。

【译文】姐，蜀地叫母亲作姐，淮南地方叫作社。从女，且声。

威 wēi

威，姑也①。从女，从戌。汉律曰：“妇告威姑。”於非切。

【译文】威，丈夫的母亲。从女、由戌含意。汉朝的律令说：“妇人告发丈夫的母亲。”

【注释】① 姑：《段注》：“（威姑义）引申为有威可畏。”

妣 bǐ

妣，殁母也。从女，比声。卑履切。

【译文】妣，死去的母亲。从女，比声。

姊 zǐ

姊，女兄也。从女，𠂔声。将几切。

【译文】姊，女人中（同父母）而又比自己大的。从女，𠂔声。

妹 mèi

妹，女弟也。从女，未声。莫佩切。

【译文】妹，女人中（同父母）而又比自己小的。从女，未声。

娣 dì

娣，女弟也。从女，从弟，弟亦声。徒礼切。

【译文】娣，（同嫁一夫的）女子年幼者。由女、由弟会意，弟也表声。

姪 zhí

姪，兄之女也。从女，至声。徒结切。

【译文】姪，（女人称呼）哥哥的子女。从女，至声。

姨 yí

姨，妻之女弟同出为姨。从女，夷声。以脂切。

【译文】姨，妻子的姊妹都已出嫁的叫姨。从女，夷声。

媾 gòu

媾，重婚也①。从女，冓声。《易》曰：“匪寇，婚媾。”古候切。

【译文】媾，重叠互结为婚亲、姻亲。从女，冓声。《易经》说：“不是来抢劫，而是来结成婚亲和姻亲。”

【注释】① 重婚：《段注》：“重叠交互为婚姻也。”张舜徽《约注》：“谓二姓互为婚姻，即今俗所称连反亲也。”

妭 bá

妭，妇人美也。从女，犮声。蒲拨切。

【译文】妭，女人美丽。从女，犮声。

妿 ē

妿，女师也。从女，加声。杜林说，加教于女也。读若阿。乌何切。

【译文】妿，（用妇女的道德教育妇女的）女教师。从女，加声。杜林说，（妿是）对“女”人“加”以教育。音读像“阿”字。

娒 mǔ

娒，女师也。从女，每声。读若母。莫后切。

【译文】娒，（能以妇道教人的）女教师。从女，每声。音读像“母”字。

姼 chǐ

姼[①]，美女也。从女，多声。尺氏切[②]。

【译文】姼，美女。从女，多声。

【注释】① 姼：姼姼美好。《前汉·西域传》：“姼姼公主，乃女乌孙。”② 尺氏切：今读依《广韵》是支切。

婢 bì

婢，女之卑者也。从女，从卑，卑亦声。便俾切。

【译文】婢，女人中地位低下的人。由女、由卑会意，卑也表声。

奴 nú

奴，奴婢，皆古之辠人也。《周礼》曰：“其奴，男子入于辠隶，女子入于舂藁。”从女，从又。乃都切。

【译文】奴，奴和婢，都是古代的罪人。《周礼》说：“那些（因犯有盗贼罪而没收其家属和财产而）成为奴隶的人，男人交给掌管为官府提供差役的官员，女人交给掌管供应米粮的官员和主管闲散人员饮食的官员。”由“女”、由“又”含意。

媊 qián

媊，甘氏《星经》曰：“太白上公，妻曰女媊。女媊居南斗，食厉，天下祭之。曰明星。”从女，前声。昨先切。

【译文】媊，姓甘的所著《星经》说：“（大臣）太白，（他的号叫）上公，他的妻子叫女媊。女媊居住在南斗星宿，能吃掉恶鬼，普天下都祭祀她。（人们）叫太白作启明星。”从女，前声。

娲 wā

娲[①]，古之神圣女，化万物者也。从女，咼声。古蛙切。

【译文】娲，古代神圣的女人，化育万物的人。从女，咼声。

【注释】① 娲：桂馥《义证》引《风俗通》说：“天地初开，未有人。女娲抟黄土为人。”

娀 sōng

娀，帝高辛之妃，偰母号也。从女，戎声。《诗》曰：“有娀方将。”息弓切。

【译文】娀，帝誉高辛氏的妃子，偰的母亲的名号。从女，戎声。《诗经》说：“有娀氏的国家正当地域广大之际。”

娥 é

娥，帝尧之女[①]，舜妻娥皇字也。秦晋谓好曰娙娥。从女，我声。五何切。

【译文】娥，帝尧的女儿，舜的妻子娥皇的表字。秦地晋地一带叫美好作娙娥。从女，我声。

【注释】① 帝尧：王筠《句读》引《帝王世纪》：“舜年二十，始以孝闻。尧以儿女娥皇、女英妻之。”

嫄 yuán

嫄，台国之女，周弃母字也。从女，原声。愚袁切。

【译文】嫄，邰国的女儿，周国祖先后稷之母的表字。从女，原声。

媚 mèi

媚，说也[①]。从女，眉声。美秘切。

【译文】媚，爱悦。从女，眉声。

【注释】① 说：《段注》："说，今悦字。《大雅》毛传曰：'媚，爱也。'"

媄 měi

媄，色好也[①]。从女，从美，美亦声。无鄙切。

【译文】媄，（女人）颜色美好。由女、由美会意，美也表声。

【注释】① 色好：桂馥《义证》："《颜氏字样》：'媄，颜色姝好也。'"

嫡 xù

嫡，媚也。从女，畜声。丑六切。

【译文】嫡，媚悦。从女，畜声。

姝 shū

姝，好也。从女，朱声。昌朱切。

【译文】姝，（女色）美好。从女，朱声。

好 hǎo

好[①]，美也。从女子。呼皓切。

【译文】好，（女色）美。由女、子会意。

【注释】① 好：《方言》卷二："凡美色或谓之好。"《段注》："本谓女子，引申为凡美之偁。"

嫣 yān

嫣，长皃。从女，焉声。于建切。

【译文】嫣，（女人）修长的样子。从女，焉声。

委 wěi

委，委随也。从女，从禾。于诡切。

【译文】委，逶迤（委曲自得的样子）。由女、由禾会意。

嫺 xián

嫺，雅也。从女，閒声。户闻切。

【译文】嫺，娴雅。从女，閒声。

娱 yú

娱，乐也。从女，吴声。噳俱切。

【译文】娱，欢乐。从女，吴声。

娭 xī

娭，戏也。从女，矣声。一曰：卑贱名也。遏在切。

【译文】娭，嬉戏。从女，矣声。另一义说，娭是（妇人的）卑贱的名称。

媅 dān

媅，乐也。从女，甚声。丁含切。

【译文】媅，乐。从女，甚声。

娓 wěi

娓，顺也。从女，尾声。读若媚。无匪切。

【译文】娓，顺从。从女，尾声。音读像"媚"字。

如 rú

如，从随也[①]。从女，从口[②]。人诸切。

【译文】如，依从。由女、由口会意。

【注释】① 从随：《段注》："即随从也。"② 从女，从口：《段注》："随从必以口。从女者，女子，从人者也。"

娕 chuò

娕，谨也。从女，束声。读若谨敕数数。测角切。

【译文】娕，谨慎。从女，束声。音读像谨慎肃敬数数整齐的"数"字。

𡛷 妟 yàn

妟，安也。从女日。《诗》曰："以妟父母。"乌谏切。

【译文】妟，安。由女、日会意。《诗经》说："用以安定父母的心。"

𡢢 嬗 shàn

嬗，缓也。从女，亶声。一曰：传也。时战切。

【译文】嬗，宽缓。从女，亶声。另一义说，嬗是相传授的意思。

𡣪 媻 pó

媻[①]，奢也。从女，般声。薄波切。

【译文】媻，张大。从女，般声。

【注释】① 媻：邵瑛《群经正字》："此即俗婆娑之婆。今经典作婆。"

𡟭 娑 shā

娑，舞也。从女，沙声。《诗》曰："市也媻娑。"素何切。

【译文】娑，（婆娑，）舞蹈。从女，沙声。《诗经》说："到街市上啊，婆娑起舞。"

𡛟 姷 yòu

姷，耦也。从女，有声。读若佑。于救切。

【译文】姷，相助。从女，有声。音读像"佑"字。

𡝩 姰 jūn

姰，钧适也。男女并。从女，旬声。居匀切。

【译文】姰，均等，男女地位并齐。从女，旬声。

𡣙 嬰 yīng

嬰，颈饰也。从女賏。賏，（其）[貝]连也[①]。于盈切。

【译文】嬰，（妇人）颈脖上的装饰品。由女、賏会意。賏，表示用貝相连。

【注释】① 其连：桂馥《义证》："赵宧光曰：'其连当是贝连。'古人连贝为婴。"婴，类似今天的项链。

𡜲 娉 pìn

娉，问也。从女，甹声。匹正切。

【译文】娉，（媒人）问（女方名字）。从女，甹声。

𡚬 妓 jì

妓，妇人小物也。从女，支声。读若跂行。渠绮切。

【译文】妓，妇人用的琐屑之物。从女，支声。音读像跂行的"跂"字。

𡢸 媛 yuàn

媛，美女也。人所援也。从女，从爰。爰，引也。《诗》曰："邦之媛兮。"玉眷切。

【译文】媛，美女。是人们攀缘的对象。由女、由爰会意。爰，表示牵弓的意思。《诗经》说："是国家的美女啊。"

𡚷 妝 zhuāng

妝，饰也。从女，牀省声。侧羊切。

【译文】妝，修饰。从女，牀省声。

𡡉 媢 mào

媢，夫妒妇也。从女，冒声。一曰：相视也。莫报切。

【译文】媢，丈夫忌妒妻妾。从女，冒声。另一义说，媢是微睁眼睛看的意思。

𡛜 妎 hài

妎，妒也。从女，介声。胡盖切。

【译文】妎，忌妒。从女，介声。

妒 dù

妒，妇妒夫也。从女，户声。当故切。

【译文】妒，妇人忌妒丈夫。从女，户声。

嬖 bì

嬖，便嬖、爱也[①]。从女，辟声。博计切。

【译文】嬖，地位低下而获得宠幸的人，宠爱别人。从女，辟声。

【注释】①便嬖、爱也：一句数读。徐锴《系传》作"便辟也，爱也。"王筠《系传校录》："'便辟'为一义，指见嬖之人言也；'爱也'为一义，指嬖之之人言也。"《玉篇·女部》："嬖，《春秋传》曰：贱而获幸曰嬖。"

佞 nìng

佞，巧讇高材也。从女，信省。乃定切。

【译文】佞，巧慧谄谀而又有高强的口才。由女、由信字的省略而会意。

嫈 yīng

嫈，小心态也。从女，荧省声。乌茎切。

【译文】嫈，小心的样子。从女，荧省声。

嫪 lào

嫪，婟也。从女，翏声。郎到切。

【译文】嫪，恋惜。从女，翏声。

姿 zī

姿[①]，态也。从女，次声。即夷切。

【译文】姿，姿态。从女，次声。

【注释】①姿：张舜徽《约注》："谓身材也。"

嫌 xián

嫌，不平于心也。一曰：疑也。从女，兼声。户兼切。

【译文】嫌，（怨恨）在心里不平静。另一义说，嫌是疑惑的意思。从女，兼声。

妨 fáng

妨，害也。从女，方声。敷方切。

【译文】妨，损害。从女，方声。

妄 wàng

妄，乱也。从女，亡声。巫放切。

【译文】妄，荒乱。从女，亡声。

娃 wā

娃，圜深目皃。或曰：吴楚之间谓好曰娃[①]。从女，圭声。于佳切。

【译文】娃，眼睛圆而又深的样子。另一义说，吴地、楚地之间叫美好作娃。从女，圭声。

【注释】①吴楚句：《方言》卷二："娃，美也。吴、楚、衡、淮之间曰娃。"

妜 yuè

妜，鼻目间皃。读若烟火炔炔。从女，决省声。于说切。

【译文】妜，鼻目之间（轻薄而不庄重）的样子。音读像烟火炔（guì）炔而出的"炔"字。从女，决省声。

嫖 piào

嫖，轻也。从女，票声。匹招切。

【译文】嫖，轻捷。从女，票声。

姕 qiē

姕，訬疾也。从女，坐声。昨禾切。

【译文】娷，吵扰轻薄。从女，坐声。

姎 yāng

姎，女人自偁，我也。从女，央声。乌浪切。

【译文】姎，女人的自偁，（姎）就是我的意思。从女，央声。

媁 wéi

媁，不说皃。从女，韋声。羽非切。

【译文】媁，不高兴的样子。从女，韋声。

婱 xián

婱，有守也。从女，弦声。胡田切。

【译文】婱，（寡妇）有守节之志。从女，弦声。

媥 piān

媥，轻皃。从女，扁声。芳连切。

【译文】媥，（身体）轻便的样子。从女，扁声。

嫚 màn

嫚，侮易也。从女，曼声。谋患切。

【译文】嫚，侮慢。从女，曼声。

婪 lán

婪，贪也。从女，林声。杜林说：卜者党相诈验为婪。读若潭。卢含切。

【译文】婪，贪婪。从女，林声。杜林说，占卦的人用骗人的征兆使人知晓，叫作婪。音读像“潭”字。

姍 shān

姍①，诽也。一曰：翼便也。从女，删省声。所晏切。

【译文】姍，诽谤。另一义说，姍是翼便。从女，删省声。

【注释】① 姍：徐锴《系传》：“《汉书》多用为讪字。”

奸 jiān

奸，犯淫也。从女，从干，干亦声。古寒切。

【译文】奸，犯奸婬（的罪恶）。由女、由干会意，干也表声。

娷 zhuì

娷，诿也。从女，垂声。作恚切。

【译文】娷，推诿。从女，垂声。

媿 kuì

媿，惭也。从女，鬼声。俱位切。

【译文】媿，惭愧。从女，鬼声。

奻 nuán

奻，讼也。从二女。女还切。

【译文】奻，争吵。由两个女字会意。

姦 jiān

姦，私也。从三女。从心，旱声。古颜切。

【译文】姦，私通。由三个女字会意。从心，旱声。

毋部

毋 wú

毋，止之也。从女，有奸之者。凡毋之属皆从毋。武扶切。

【译文】毋，使之停止。从文，（一）表示有与女人奸淫的人。大凡毋的部属都从毋。

毐 ǎi

毐，人无行也。从士，从毋。贾侍中说：秦始皇母与嫪毐淫，坐诛，故世骂淫曰嫪毐。读若娭。遏在切。

【译文】毐，人没有好的品行。由士、由毋

会意。贾侍中说，秦始皇的母亲同嫪毐淫乱，因而被诛杀，所以世人骂淫乱叫嫪毐。音读像“娭”字。

民部

民 mín

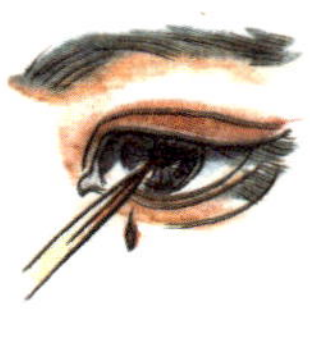

民，众萌也。从古文之象。凡民之属皆从民。弥邻切。

【译文】民，众人懵懵无知的样子。由下面古文的形体稍稍整齐而成。大凡民的部属都从民。

氓 méng

氓，民也。从民，亡声。读若盲。武庚切。

【译文】氓，百姓。从民，亡声。音读像“盲”字。

丿部

丿 piě

丿，右戾也。象左引之形。凡丿之属皆从丿。房密切。

【译文】丿，从右着笔，向左弯曲。像向左拉长的样子。大凡丿的部属都从丿。

乂 yì

乂，芟艸也。从丿、从乀相交。鱼废切。

【译文】乂，割草。由丿、由乀互相交叉。

弗 fú

弗，挢也[①]。从丿[②]、从乀、从韋省。分勿切。

【译文】弗，矫正。由丿、由乀、由韋字的省略会意。

【注释】①挢：《段注》作“矫”，注：“矫者，揉箭箝也。引申为矫拂之用。”②从丿句：《段注》：“韦者，相背也。故取以会意。谓或左或右，皆背而矫之也。”

厂部

厂 yì

厂，抴也；明也。象抴引之形。凡厂之属皆从厂。虒字从此。余制切。

【译文】厂，横看牵引。明。像横着牵引的样子。大凡厂的部属都从厂。虒字用厂（为声）。

弋 yì

弋，橜也。象折木衺锐着形。从厂，象物挂之也。与职切。

【译文】弋，木桩。像折断树木中歪斜而尖锐的枝干并把它附着在物体上的样子。从厂，像有物体挂在木桩上。

乁部

乁 yí

乁，流也。从反厂。读若移。凡乁之属皆从乁。弋支切。

【译文】乁，移动。由厂字反过来表示。音读像“移”字。大凡乁的部属都从乁。

也 yě

也，女阴也。象形。羊者切。

【译文】也，女人的阴部。象形。

氏部

氏 shì

巴蜀山名岸胁之旁箸欲落墒者曰氏[①]，氏崩，闻数百里。象形，乁声。凡氏之属皆从氏。杨雄赋：响若氏隤。承旨切。

【译文】巴地、蜀地叫山崖侧边的附着而将要堕落的山岩作氏。氏崩塌，方圆几百里都能听到。(𠂈)象形，乀表声。大凡氏的部属都从氏。杨雄赋说："声响像氏的坠落。"

【注释】① 山名：当依《段注》作"名山"，注："此谓巴蜀方语也。"

𠂤 氒 jué

氒，木本。从氏。大于末。读若厥。居月切。

【译文】氒，树木的根本。由氏、下会意。根本大于树木的末梢。音读像"厥"字。

氐部

𢀓 氐 dǐ

氐，至也。从氏下箸一。一，地也。凡氐之属皆从氐。丁礼切。

【译文】氐，抵达。由"氏"下附着"一"会意，一表示地。大凡氐的部属都从氐。

𢀔 㲸 yìn

㲸，卧也。从氐，垔声。于进切。

【译文】㲸，卧。从氐，垔声。

𢀕 䟦 dié

䟦，触也。从氐，失声。徒结切。

【译文】䟦，触。从氐，失声。

戈部

戈 戈 gē

戈，平头戟也。从弋，一横之。象形。凡戈之属皆从戈。古禾切。

【译文】戈，没有向上尖刃的戟类兵器。由弋字、由一横贯在弋上会意。像戈的形状。大凡戈的部属都从戈。

肇 肈 zhào

肈，上讳。直小切。

【译文】肈，已故孝和皇帝之名。

戛 戛 jiá

戛，戟也。从戈，从百。读若棘。古黠切。

【译文】戛，戟。由戈、由百会意。音读像"棘"字。

戎 戎 róng

戎，兵也。从戈，从甲[1]。如融切。

【译文】戎，兵器。由戈、由甲会意。

【注释】① 从戈，从甲：《段注》："金部曰：'铠者，甲也。'甲亦兵之类。故从戈、甲会意。"

戟 戟 gān

戟，盾也。从戈，旱声。侯旰切。

【译文】戟，盾牌。从戈，旱声。

賊 賊 zéi

賊，败也。从戈，则声。昨则切。

【译文】賊，伤害。从戈，则声。

戍 戍 shù

戍[1]，守边也。从人持戈。伤遇切。

【译文】戍，防守边疆。由"人"持握着"戈"会意。

【注释】① 戍：朱骏声《通训定声》："与从戊从一之戌迥别。"

戰 戰 zhàn

戰，鬭也。从戈，單声。之扇切。

【译文】戰，战鬭。从戈，單声。

戲 戲 xì

戲，三军之偏也。一曰：兵也。从戈，䖒声。香义切。

【译文】戲，三军的偏师。另一义说，是兵器。从戈，䖒声。

戜 戜 dié

戜，利也。一曰：剔也。从戈，呈声。徒结切。

【译文】戜，锋利。另一义说，是鬄发。从戈，呈声。

或 或 yù

或，邦也。从口，从戈，以守一。一，地也。于逼切。

【译文】或，邦国。由口、由用"戈"来把守"一"会意。一，表示地域。

戕 戕 qiāng

戕，枪也[①]。他国臣来弑君曰戕。从戈，爿声。士良切。

【译文】戕，残害。别国的臣子来杀害（本国的）国君叫做戕。从戈，爿声。

【注释】①枪：《段注》："枪者，歫也。歫谓相抵为害。《小雅》曰：'子不戕。'传曰：'戕，残也。'此戕之正义。"

戮 戮 lù

戮，杀也。从戈，翏声。力六切。

【译文】戮，杀。从戈，翏声。

武 武 wǔ

武，楚庄王曰："夫武，定功戢兵。故止戈为武。"文甫切。

【译文】武，楚庄王说："武力，确定战功，止息战争。所以'止''戈'二字会合成'武'字。"

戔 戔 cán

戔，贼也。从二戈。《周书》曰："戔戔巧言。"昨千切。

【译文】戔，残害。由两个"戈"字会意。《周书》说："戋戋浅薄而又乖巧的话。"

戉部

戉 戉 yuè

戉，斧也。从戈，𠄌声。《司马法》曰："夏执玄戉，殷执白戚，周左杖黄戉，右秉白髦。"凡戉之属皆从戉。王伐切。

【译文】戉，斧头。从戈，𠄌声。《司马法》说："夏朝拿着黑红色的斧头，殷朝拿着白色的斧头，周朝左手拿着黄色的斧头，右手握着白色的牦牛尾。"大凡戉的部属都从戉。

戚 戚 qī

戚，戉也。从戉，尗声。仓历切。

【译文】戚，钺一类的斧头。从戉，尗声。

我部

我 我 wǒ

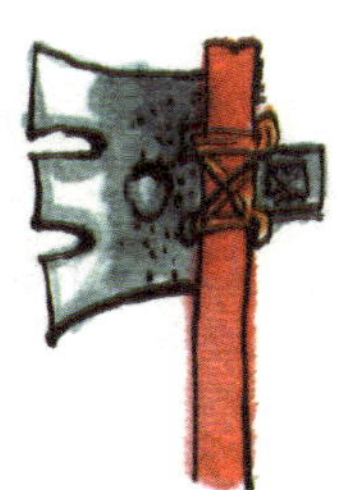

我，施身自谓也。或说：我，顷顿也。从戈，从手。手，或说古垂字。一曰：古杀字。凡我之属皆从我。五可切。

【译文】我，用在自己身上，自己称自己。另一义说，我，倾斜。由戈、由手会意。手，有人说是古垂字。又另一义说，我是古杀字。大凡我的部属都从我。

義 義 yí

義，己之威仪也。从我羊。

【译文】義，自己的庄严的仪容举止。由"我""羊"会意。

亅部

亅 jué

亅，钩逆者谓之亅。象形。凡亅之属皆从亅。读若橜。衢月切。

【译文】亅，倒须钩叫作亅。像（曲钩从下面倒着向上的）形状。凡亅的部属都从亅。音读像“橜”字。

𠄌 jué

𠄌，钩识也。从反亅。读若捕鸟罬。居月切。

【译文】𠄌，用钩状符号来标志。由亅字反过来表示。音读像捕鸟的网罬的“罬”字。

珡部

琴 qín

琴，禁也。神农所作。洞越。练朱五弦，周加二弦。象形。凡珡之属皆从珡。巨今切。

【译文】琴，用来禁止（淫邪、端正人心）。是神农制作的乐器。（底板）有通达的出音孔。朱红色的熟绢丝作成五根弦，周朝又增加两根弦。象形。大凡珡的部属都从珡。

瑟 sè

瑟，庖牺所作弦乐也。从珡，必声。所栉切。

【译文】瑟，庖牺氏制作的有弦的乐器。从珡，必声。

乚部

乚 yǐn

乚，匿也。像迟曲隐蔽形。凡乚之属皆从乚。读若隐。于谨切。

【译文】乚，隐藏。像曲折逃亡隐蔽的踪迹。大凡乚的部属都从乚。音读象“隐”字。

直 zhí

直，正见也。从乚[①]，从十，从目。除力切。

【译文】直，正视。由乚、由十、由目会意。

【注释】①从乚句：《段注》：“谓以十目视乚。乚者，无所逃也。”王筠《句读》：“十目所视，无微不见，爰得我直矣。”

亡部

亡 wáng

亡，逃也。从入，从乚。凡亡之属皆从亡。武方切。

【译文】亡，逃跑。由入、由乚会意。大凡亡的部属都从亡。

無 wú

無，亡也。从亡，無声。武扶切。

【译文】無，没有。从亡，無声。

乍 zhà

乍，止也。一曰：亡也。从亡，从一。鉏驾切。

【译文】乍，制止。另一义说，是逃亡。由亡、由一会意。

望 wàng

望，出亡在外，望其还也[①]。从亡，朢省声。巫放切。

【译文】望，出门流亡在外，家里盼望他回来。从亡，朢省声。

【注释】①还：复。

匃 gài

匃，气也。逯安说，亡人为匃。古代切。

【译文】匃，乞求。逯安说，“亡”“人”组合成“匃”字。

匸部

匸 匸 xì

匸，衺徯，有所侠藏也。从乚，上有一覆之。凡匸之属皆从匸。读与傒同。胡礼切（xì）。

【译文】匸，斜向站着，（因为）胁下有挟藏的东西。由“乚”上面有“一”覆盖掩蔽表示。大凡匸的部属都从匸。音读与“傒”字同。

區 區 qū

區，踦区，藏匿也。从品在匸中；品，众也。岂俱切。

【译文】區，踦區，收藏隐匿。由“品”在“匸（xì）”之中会意；品表示众多对象的意思。

匿 匿 nì

匿，亡也。从匸，若声。女力切。

【译文】匿，逃亡。从匸，若声。

匽 匽 yǎn

匽，匿也。从匸，妟声。于蹇切。

【译文】匽，隐匿。从匸，妟声。

医 医 yì

医，盛弓弩矢器也。从匸，从矢。《国语》曰：“兵不解医。”于计切。

【译文】医，装弓、弩、箭的器具。由匸、由矢会意。《国语》说：“武器（让它收藏着），不用解开装弓、弩、矢的医器。”

匹 匹 pǐ

匹，四丈也。从八匸。八揲一匹，八亦声。普吉切。

【译文】匹，（布帛）四丈。由“八”“匸”会意。八摺成一匹，八也表声。

匚部

匚 匚 fāng

匚，受物之器。象形。凡匚之属皆从匚。读若方。府良切。

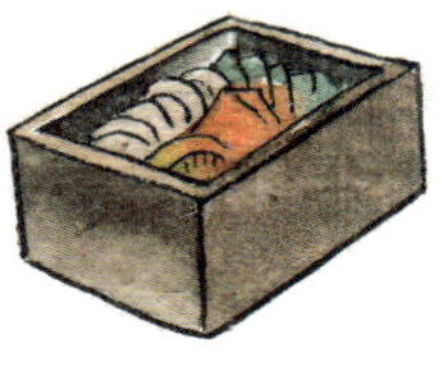

【译文】匚，（方形）盛物的器具。象形。大凡匚的部属都从匚。音读像“方”字。

匠 匠 jiàng

匠，木工也。从匚，从斤。斤，所以作器也。疾亮切。

【译文】匠，木工。由匚、由斤会意。斤，是用来制作器物的工具。

匧 匧 qiè

匧，［械］藏也。从匚，夾声。苦叶切。

【译文】匧，狭长的箱子，收藏。从匚，夾声。

匡 匡 kuāng

匡，（饮）［饭］器，筥也。从匚，㞷声。去王切。

【译文】匡，盛饭的器具，象喂牛的筐一类的东西。从匚，㞷声。

匜 匜 yí

匜，似羹魁，柄中有道，可以注水。从匚，也声。移尔切。

【译文】匜，像汤勺，柄中有道漕，可用来灌注水。从匚，也声。

匴 匴 suàn

匴，渌米籔也。从匚，算声。稣管切。

【译文】匴，淘米的溲箕。从匚，算声。

匪 fěi

匪，器。似竹筐。从匚，非声。《逸周书》曰："实玄黄于匪。"非尾切。

【译文】匪，器名。像竹筐。从匚，非声。《逸周书》说："把黑色的、黄色的（束帛）装满在竹匪里。"

匱 guì

匱，匣也。从匚，貴声。求位切。

【译文】匱，柜子。从匚，貴声。

匵 dú

匵，匮也。从匚，賣声。徒谷切。

【译文】匵，椟匣。从匚，賣声。

匣 xiá

匣，匮也。从匚，甲声。胡甲切。

【译文】匣，箱匣。从匚，甲声。

匯 huì

匯，器也。从匚，淮声。胡罪切。

【译文】匯，器名。从匚，淮声。

柩 jiù

柩，棺也。从匚，从木，久声。巨救切。

【译文】柩，（装着尸体的）棺材。由匚、由木会意，久声。

曲部

曲 qū

曲，象器曲受物之形。或说，曲，蚕薄也。凡曲之属皆从曲。丘玉切。

【译文】曲，像器物中间圆曲能够盛受物体的样子。又一义说，曲是（像筛子一样的）蚕薄。大凡曲的部属都从曲。

豊 qū

豊，骫曲也。从曲，玉声。丘玉切。

【译文】豊，委曲。从曲，玉声。

䚯 tāo

䚯，古器也。从曲，舀声。土刀切。

【译文】䚯，古器。从曲，舀声。

甾部

甾 zī

甾，东楚名缶曰甾。象形。凡甾之属皆从甾。侧词切。

【译文】甾，东楚地方叫盛酒浆的陶器缶作甾。象形。大凡甾的部属都从甾。

疀 chā

疀，斛也，古田器也。从甾，疌声。楚洽切。

【译文】疀，锹，古代种田的器具。从甾，疌声。

瓦部

瓦 wǎ

瓦，土器已烧之总名。象形。凡瓦之属皆瓦。五寡切。

【译文】瓦，用泥土作成的、已通过烧制的器皿的总称。象形。大凡瓦的部属都从瓦。

瓬 fǎng

瓬，周（家）［礼］搏埴之工也。从瓦，方声。读若抵破之抵。分两切。

【译文】瓬，《周礼》上说的拍打着黏土（制作簋、豆类瓦器的）匠工。从瓦，方声。音读像

“瓨破”的“瓨”字。

甄 zhēn

甄，匋也。从瓦，垔声。居延切。

【译文】甄，制作陶器。从瓦，垔声。

甍 méng

甍，屋栋也。从瓦，夢省声。莫耕切。

【译文】甍，屋脊梁。从瓦，夢省声。

甑 zèng

甑，甗也。从瓦，曾声。子孕切。

【译文】甑，像甗一类的蒸饭食的器皿。从瓦，曾声。

瓮 wèng

瓮，罂也。从瓦，公声。乌贡切。

【译文】瓮，罂类陶器。从瓦，公声。

弓部

弓 gōng

弓，以近穷远。象形。古者挥作弓。《周礼》六弓：王弓、弧弓以射甲革甚质；夹弓、庾弓以射干侯鸟兽；唐弓、大弓以授学射者。凡弓之属皆从弓。居戎切。

【译文】弓，从近射及远方（的武器）。象形。古时候，名叫挥的人制作了弓。《周礼》上说的六弓是：王弓、弧弓用来射击铠甲或砍削用的垫板作成的靶子，夹弓、庾弓用来射击胡地野狗皮或其他鸟兽皮作的靶子，唐弓、大弓用来授予学习射箭的人。大凡弓的部属都从弓。

弭 mǐ

弭，弓无缘。可以解辔纷者。从弓，耳声。绵婢切。

【译文】弭，弓的末端不缠丝绫而用骨角镶嵌。是可用来解开马缰绳纷乱的结巴的东西。从弓，耳声。

弧 hú

弧，木弓也。从弓，瓜声。一曰：往体寡，来体多曰弧。户吴切。

【译文】弧，木弓。从弓，瓜声。另一义说，（木性坚直，）往屈之形较少，（用弦强拳，）希望来弯之度较多，叫作弧。

張 zhāng

張，施弓弦也。从弓，長声。陟良切。

【译文】張，把弦绷在弓上。从弓，長声。

引 yǐn

引，开弓也。从弓丨。余忍切。

【译文】引，拉开弓。由弓和丨会意。

弘 hóng

弘，弓声也。从弓，厶声。厶，古文肱字。胡肱切。

【译文】弘，弓声。从弓，厶声。厶，古文“肱（gōng）”字。

弛 chí

弛，弓解也。从弓，从也。施氏切。

【译文】弛，弓弦松懈。由弓、由也会意。

弩 nǔ

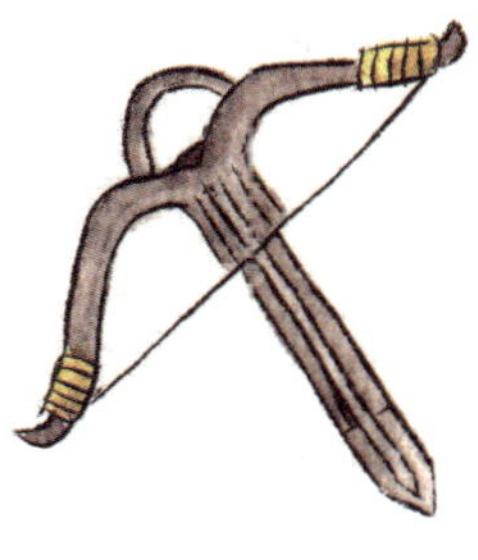

弩，弓有臂者。《周礼》四弩：夹弩、庾弩、唐弩、大弩。从弓，奴声。奴古切。

【译文】弩，弓上有像人的手臂一样的柄。《周礼》四弩：是夹弩、庾弩、唐弩、大弩。从弓，奴声。

弢 tāo

弢，弓衣也。从弓，从𢆉。𢆉，垂饰，与鼓同意。土刀切。

【译文】弢，盛弓的袋子。由弓、由𢆉会意。𢆉，下垂的装饰品。与“鼓”字从“屮”同一造字法则。

彀 gòu

彀，张弩也。从弓，㱿声。古候切。

【译文】彀，张满弓弩。从弓，㱿声。

彈 tán

彈，行丸也。从弓，單声。徒案切。

【译文】彈，（弹弓）使丸疾行。从弓，單声。

發 fā

發，䠶发也。从弓，癹声。方伐切。

【译文】發，发射。从弓，癹声。

弜部

弜 jiàng

弜，强也。从二弓。凡弜之属皆从弜。其两切。

【译文】弜，强。由两个“弓”字会意。大凡弜的部属都从弜。

弼 bì

弼，辅也，重也。从弜，丙声。房密切。

【译文】弼，辅正，重复。从弜，丙声。

弦部

弦 xián

弦，弓弦也。从弓，象丝轸之形。凡弦之属皆从弦。胡田切。

【译文】弦，弓弦。从弓，（玄）像丝束绑缚在系弦的地方的样子。大凡弦的部属都从弦。

玅 yāo

玅，急戾也。从弦省，少声。于霄切。

【译文】玅，（弦）紧而乖戾。由弦省弓作形旁，少声。

竭 yì

竭，不成，遂急戾也。从弦省，曷声。读若瘗葬。于罽切。

【译文】竭，办事不成，于是就急躁而乖戾。由弦省去弓作形旁，曷声。音读像“瘗葬”的“瘗”字。

系部

系 xì

系[①]，系也。从糸，丿声。凡系之属皆从系。胡计切。

【译文】系，相联系。从糸，丿声。大凡系的部属都从系。

【注释】①系：朱骏声《通训定声》：“垂统于上而连属于下，谓之系，犹连缀也。经传多以系为之。”

孫 sūn

孫，子之子曰孙。从子，从系。系，续也。思魂切。

【译文】孫，儿子的儿子叫孙子。由子、由系会意。系，是连续的意思。

緜 mián

緜，联微也。从系，从帛[①]。武延切。

【译文】緜，将微小的丝连续起来，（绵绵不绝。）由系、由帛会意。

【注释】①从系，从帛：《段注》：“谓帛之所系也。系取细丝。系取细丝，而积细丝可以成帛。”

糸部

糸 mì

糸，细丝也。象束丝之形。凡糸之属皆从糸。读若覛。莫狄切。

【译文】糸，捆丝。像一束丝的样子。大凡糸的部属都从糸。音读像“覛（mì）”字。

緒 xù

緒，丝端也。从糸，者声。徐吕切。

【译文】緒，丝头。从糸，者声。

緬 miǎn

緬，微丝也。从糸，面声。弭沇切。

【译文】緬，细丝。从糸，面声。

純 chún

純，丝也。从糸，屯声。《论语》曰：“今也纯，俭。”常伦切。

【译文】純，蚕丝。从糸，屯声。《论语》说：“如今呀用丝料（作礼帽），是省俭的。”

綃 xiāo

綃，生丝也。从糸，肖声。相幺切。

【译文】綃，生丝。从糸，肖声。

經 jīng

經，织也。从糸，巠声。九丁切。

【译文】經，编织品的纵线。从糸，巠声。

織 zhī

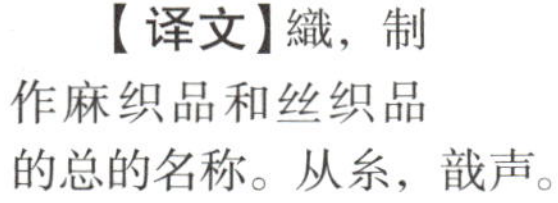

織，作布帛之总名也。从糸，戠声。之弋切。

【译文】織，制作麻织品和丝织品的总的名称。从糸，戠声。

緯 wěi

緯，织横丝也。从糸，韋声。云贵切。

【译文】緯，编织品的横线。从糸，韋声。

紀 jì

紀，丝别也。从糸，己声。居拟切。

【译文】紀，丝的另一头绪。从糸，己声。

絕 jué

絕，断丝也①。从糸，从刀，从卩。情雪切。

【译文】絕，（用刀）断丝（为二）。由糸、由刀、由卩会意。

【注释】①断丝：《段注》：“断之则为二，是曰绝。”

繼 jì

繼，续也。从糸㡭。一曰：反㡭为继。古诣切。

【译文】繼，继续。由糸、㡭会意。另一义说，把断绝字“㡭”反过来，就是继。

續 xù

續，连也。从糸，賣声。似足切。

【译文】續，连接。从糸，賣（yù）声。

纘 zuǎn

纘，继也。从糸，贊声。作管切。

【译文】纘，继承。从糸，贊声。

纖 xiān

纖，细也。从糸，韱声。息廉切。

【译文】纖，细小。从糸，韱声。

細 xì

細，微也。从糸，囟声。穌计切。

【译文】細，丝微小。从糸，囟声。

縮 缩 suō

縮，乱也。从糸，宿声。一曰：蹴也。所六切。

【译文】縮，杂乱。从糸，宿声。另一义说，是踩踏。

紊 紊 wèn

紊，乱也。从糸，文声。《商书》曰："有条而不紊。"亡运切。

【译文】紊，丝乱。从糸，文声。《商书》说："有条理却不紊乱。"

級 级 jí

級，丝次弟也。从糸，及声。居立切。

【译文】級，丝的等第。从糸，及声。

約 约 yuē

約，缠束也。从糸，勺声。于略切。

【译文】約，缠绕捆缚。从糸，勺声。

繚 缭 liǎo

繚，缠也。从糸，尞声。卢鸟切。

【译文】繚，缠绕。从糸，尞声。

纏 缠 chán

纏，绕也。从糸，廛声。直连切。

【译文】纏，缭绕。从糸，廛声。

繞 绕 rǎo

繞，缠也。从糸，堯声。而沼切。

【译文】繞，缠绕。从糸，堯声。

結 结 jié

結，缔也。从糸，吉声。古屑切。

【译文】結，丝结巴。从糸，吉声。

絿 絿 qiú

絿，急也。从糸，求声。《诗》曰："不竞不絿。"巨鸠切。

【译文】絿，纠缠得急。从糸，求声。《诗》说："不竞争，不急躁。"

給 给 jǐ

給，相足也。从糸，合声。居立切。

【译文】給，（引丝）相继续。从糸，合声。

紈 纨 wán

紈，素也。从糸，丸声。胡官切。

【译文】紈，白色细绢。从糸，丸声。

終 终 zhōng

終，絿丝也[1]。从糸，冬声。职戎切。

【译文】終，缠紧丝。从糸，冬声。

【注释】①絿丝：章炳麟《文始》："絿训急，则终为缠丝急也。"

綾 绫 líng

綾，东齐谓布帛之细曰綾。从糸，夌声。力膺切。

【译文】綾，东齐地方叫细薄的布帛作綾。从糸，夌声。

縵 缦 màn

縵，缯无文也。从糸，曼声。《汉律》曰："赐衣者縵表白里。"莫半切。

【译文】縵，丝织品没有花纹。从糸。曼声。《汉律》说："赐给的衣服，是没有花纹的面子、白色的里子。"

繡 绣 xiù

繡，五采备也。从糸，肅声。息救切。

【译文】繡，设色五彩俱备。从糸，肅声。

絢 xuàn

絢，《诗》云："素以为絢兮。"从糸，旬声。许掾切。

【译文】絢，《诗》说："在洁白的底子上画着文彩啊。"从糸，旬声。

繪 huì

繪，会五采绣也。《虞书》曰："山龙华虫作绘。"《论语》曰："绘事后素。"从糸，會声。黄外切。

【译文】繪，会合五彩的刺绣。《虞书》说："用山、龙、五色的虫类描画。"《论语》说："绘画的事在白色底子之后。"从系，會声。

絹 juàn

絹，缯如麦稍。从系，肙声。吉掾切。

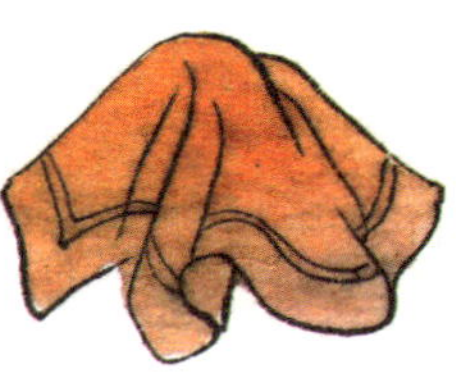

【译文】絹，丝织品象麦茎的青色。从系，肙声。

绿 lǜ

绿，帛青黄色也。从糸，录声。力玉切。

【译文】绿，缕织品呈青黄色。从糸，录声。

綪 qiàn

綪，赤缯也。以茜染，故谓之綪。从糸，青声。仓绚切。

【译文】綪，赤色丝织品。用茜草染成，所以叫它綪。从糸，宵声。

緹 tǐ

緹，帛丹黄色[①]。从糸，是声。他礼切。

【译文】緹，丝织品呈橘红色。从糸，是声。

【注释】①丹黄：《段注》："谓丹而黄也。"

紺 gàn

紺，帛深青扬赤色。从糸，甘声。古暗切。

【译文】紺，丝织品呈深青色而又发射着赤光。从糸，甘声。

縓 quàn

縓，帛赤黄色。一染谓之縓，再染谓之䞓，三染谓之纁。从糸，原声。七絹切。

【译文】縓，丝织品赤黄色。染一次，叫作縓；染两次，叫作䞓；染三次，叫做纁。从糸。原声。

紫 zī

紫[①]，帛青赤色[②]。从糸，此声。将此切。

【译文】紫，丝织品呈青赤色。从糸，此声。

【注释】①紫：红、黑合成的颜色。②青赤：《段注》："以赤入于黑。"张舜徽《约注》："青即黑色。今语称布帛之色黑着，但曰青布青绸，不言黑也。"

紅 hóng

紅，帛赤白色[①]。从系，工声。户公切。

【译文】紅，丝织品呈浅赤色。从系，工声。

【注释】①赤白：《段注》引《春秋释例》："以白入于赤。"徐灏《段注笺》："赤中有白，盖若今人所谓桃红；白中由赤，乃粉红耳。今人称纯朱曰红。"

紘 hóng

紘[①]，冠卷也。从糸，厷声。户萌切。

【译文】紘，帽上的系带。从糸，厷声。

【注释】①紘：《仪礼·士冠礼》："缁组紘纁边。"郑玄注："有笄者屈组为紘，垂为饰。"

紞 dǎn

紞，冕冠塞耳者。从糸，冘声。都感切。

【译文】紞，帽子两侧用以悬挂塞耳瑱的带子。从糸，冘声。

紻 yǎng

紻，缨卷也。从糸，央声。于两切。

【译文】紻，系帽子的带子变曲而环绕。从糸，央声。

緄 gǔn

緄①，织带也。从糸，昆声。古本切。

【译文】緄，编织的带子。从糸，昆声。

【注释】① 緄 :《诗经·秦风·小戎》:“竹闭绲縢。”《后汉书·南匈奴传》:“绲带。”

緌 ruí

緌，系冠缨也。从糸，委声。儒隹切。

【译文】緌，继续系帽带结子的下垂部分。从糸，委声。

繟 chǎn

繟，带缓也。从糸，單声。昌善切。

【译文】繟，丝带宽缓。从糸，單声。

紳 shēn

紳，大带也。从糸，申声。失人切。

【译文】紳，（束腰）大带（的下垂部分）。从糸，申声。

綬 shòu

綬，韍维也。从糸，受声。植酉切。

【译文】綬，拴系蔽膝的丝带。从糸，受声。

組 zǔ

組，绶属。其小者以为冕缨。从糸，且声。则古切。

【译文】組，绶带一类。那窄小的用来作帽带子。从糸，且声。

綸 lún

綸①，青丝绶也。从糸，侖声。古还切。

【译文】綸，青丝绶带。从糸，侖声。

【注释】① 綸：徐灏《段注笺》:“纶本丝绳之名。用青丝为纶以佩印，乃其一端耳。”

緄 huán

緄，缓也。从糸，亘声。胡官切。

【译文】緄，宽缓。从糸，亘声。

纂 zuǎn

纂，似组而赤。从糸，算声。作管切。

【译文】纂，像组一样的宽而薄的丝带，呈赤色。从糸，算声。

紐 niǔ

紐，系也。一曰：结而可解。从糸，丑声。女久切。

【译文】紐，绑束。另一义说，打结而可以解散。从糸，丑声。

綎 tīng

綎，系綬也。从糸，廷声。他丁切。

【译文】綎，用以拴系佩玉的绶带。从糸，廷声。

緣 yuàn

緣，衣纯也。从糸，彖声。以绢切。

【译文】緣，装饰衣边。从糸，彖声。

縷 lǚ

縷，线也。从糸，婁声。力主切。

【译文】縷，线。从糸，婁声。

綫 xiàn

綫，缕也。从糸，戋声。私箭切。

【译文】綫，丝麻制成的细长物。从糸，戋声。

縫 féng

縫，以针紩衣也。从糸，逢声。符容切。

【译文】縫，用针把布帛连缀成衣。从糸，逢声。

緊 yī

緊，㡛衣也。从糸，殹声。一曰：赤黑色缯。乌鸡切。

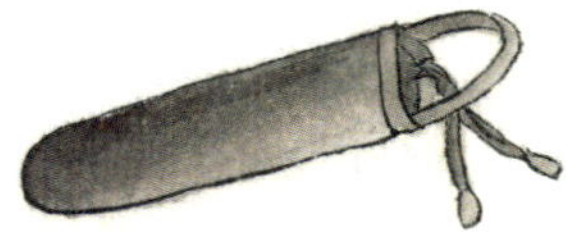

【译文】緊，装㡛的布帛套子。从糸，殹声。另一义说，赤黑色的丝织品。

縋 zhuì

縋，以绳有所县也。《春秋传》曰："夜縋纳师。"从糸，追声。持伪切。

【译文】縋，用绳悬挂着东西。《春秋左传》说："趁夜晚用绳悬着垂下城而使齐军进城。"从糸，追声。

絭 quàn

絭，攘臂绳也。从糸，舜声。居愿切。

【译文】絭，用以束臂袖的绳子。从糸，舜声。

紛 fēn

紛，马尾韬也[1]。从糸，分声。抚文切。

【译文】紛，包藏马尾的套子。从糸，分声。

【注释】①马尾韬：《段注》："韬，剑衣也。引申为凡衣之偁。"张舜徽《约注》："马尾毛长而多，古人驰马，恐其尾散乱飘荡，过山谷时结系荆棘，不利于行，故必为韬以包藏之。亦有编其尾成辫者，皆所以收聚之也。"

縻 mí

縻，牛辔也。从糸，麻声。靡为切。

【译文】縻，牛缰绳。从糸，麻声。

紲 xiè

紲，系也。从糸，世声。《春秋传》曰："臣负羁紲。"私列切。

【译文】紲，绳索。从糸，世声。《春秋左传》说："臣（像随行的马）背负着马笼头、马缰绳，（跟着您在天下巡行。）"

絮 xù

絮，敝绵也。从糸，如声。息据切。

【译文】絮，破旧的丝绵。从糸，如声。

紙 zhǐ

紙，絮一苫也。从糸，氏声。诸氏切。

【译文】紙，（漂洗后）附着在一方形竹帘上的丝绵渣。从糸，氏声。

績 jī

績，缉也。从糸，責声。则历切。

【译文】績，把麻捻续成绳线。从糸。責声。

絟 quán

絟，细布也。从糸，全声。此缘切。

【译文】絟，细麻布。从糸，全声。

紵 zhù

紵，荣属。细者为絟，粗者为纻。从糸，宁声。直吕切。

【译文】紵，用麻类植物（织成的布）。细麻布叫絟，粗麻布叫纻。从糸，宁声。

印刷体是如何产生的

印刷术

宋代印刷基本流程

宋代，印刷术达到了成熟时期。宋代雕版印刷在刻本数量、刻印种类、刻书地域的分布，都达到了相当的高度，堪称中国古代雕版印刷的盛世。

宋代刻工刻活字

印刷字——宋体字

早期印刷品上什么字体都有，正楷、行书、古体，以及俗体等。随着活字印刷术的发明，迫切需要一种规范化的印刷专用字体。宋代刻工经过长期的实践，逐渐摸索出一种横平竖直、纵向略长、笔画瘦硬的刻书体，这种刻书体即是“宋体字”的雏形。

明代成熟

明代版刻极力效仿宋本，而模仿难免渗透刻工的操作意识和习惯，宋版字体的风貌逐渐改变，斜势的笔画渐趋平整，中宫收缩改为均匀布局。明代中期产生了一种便于缮写、实刀刻版、印刷、专供阅读的字体。因为仿照宋版书上的字体发展而来，所以最初叫作仿宋体，后称为老宋体，现在通称宋体字。

清代定型

清代宋体字进一步发展，字体略呈扁方，横细竖粗，笔画棱角分明，成为印刷宋体的标准形体。这种扁宋体成为宋体的重要形式，对直行来说可以多排字，节约纸张。近代西洋铅字技术进入中国，使得明清以来的宋体字实行标准化、进行大规模生产。

緦 sī

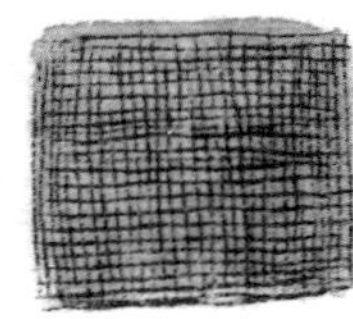

緦，十五升布也。一曰：两麻一丝布也。从糸，思声。息兹切。

【译文】緦，六百纵线织成的（二尺二寸宽的）麻布。另一义说，两根麻线夹一根丝线织成的布。从糸，思声。

緆 xī

緆，细布也。从糸，易声。先击切。

【译文】緆，细麻布。从糸，易声。

緰 tóu

緰，纶赀，布也。从糸，俞声。度侯切。

【译文】緰，纶赀，（上等细）麻布。从糸，俞声。

縗 cuī

縗，[丧]服衣。长六寸，博四寸，直心。从糸，衰声。仓回切。

【译文】縗，丧服的上衣。（下巴下揩泪的佩巾）长六寸，宽四寸，正当胸上。从心，衰声。

絰 dié

絰，丧首戴也。从糸，至声。徒结切。

【译文】絰，服丧期间头上戴的葛麻布带。从糸，至声。

絜 jié

絜，麻一端也。从糸，㓞声。古屑切。

【译文】絜，麻一束。从糸，㓞声。

繆 móu

繆，枲之十絜也。一曰：绸繆。从糸，翏声。武彪切。

【译文】缪，麻的十束。另一义说，缠绵束缚。从糸，翏声。

綢 chóu

綢，繆也。从糸，周声。直由切。

【译文】绸，就是缪。从糸，周声。

緼 yùn

緼，紼也。从糸，昷声。于云切。

【译文】緼，乱麻。从糸。显声。

紼 fú

紼，乱系也。从糸，弗声。分勿切。

【译文】绋，乱麻。从糸，弗声。

絣 bēng

絣，氐人殊缕布也。从糸，并声。北萌切。

【译文】絣，氐族人用不同色彩的线缕织成的布。从糸，并声。

綏 suī

綏，车中把也。从糸，从妥。息遗切。

【译文】綏，车中用手把持用以登车的绳索。由糸、由妥会意。

縊 yì

縊，经也。从糸，益声。《春秋传》曰："夷姜縊。"于赐切。

【译文】縊，（自己）吊死。从糸，益声。《春秋左传》说："夷姜自己吊死。"

彝 yí

彝，宗庙常器也。从糸；糸，綦也。収持米，器中宝也。彑声。此与爵相似。《周礼》："六彝：鸡彝、乌彝、黄彝、虎彝、虫彝、斝彝。以待祼将之礼。"以脂切。

【译文】彝，宗庙祭器的通名。从糸；糸，表示用以覆盖的丝织品。由表示双手的収捧持着"米"，（米）是祭器中的宝物。彑表声。这个字与爵字构形相似。《周礼》说："有六种彝器：画有鸡形的彝器、画有鸟形的彝器、用黄铜刻镂为眼目的彝器、画有虎形的彝器。画有虫形的彝器、画有禾稼的彝器。用来等待用酒灌地以祭奠祖先的礼仪。”

緻 zhì

緻，密也。从糸，致声。直利切。

【译文】緻，细密。从糸，致声。

素部

素 sù

素[①]，白致缯也[②]。从糸𠂹，取其泽也。凡素之属皆从素。桑故切。

【译文】素，白色而又细密的（未加工的）丝织品。由糸、𠂹会意，取其毛光润下垂的意思。大凡素的部属都从素。

【注释】①素：《释名·释采帛》：“素，朴素也。已织则供用，不复加功饰也。”②白致缯：《段注》：“缯之白而细者。”

䘕 yuè

䘕，白（约）[䘕]，缟也。从素，勺声。以灼切。

【译文】䘕，白色的光彩䘕䘕的绢，就是缟。从素，勺声。

𦃃 lù

𦃃，素属。从素，率声。所律切。

【译文】𦃃，素一类的丝织品。从素，率声。

䋘 chuò

䋘，𦅇也。从素，卓声。昌约切。

【译文】䋘，宽缓。从素，卓声。

𦅇 huǎn

𦅇，䋘也。从素，爰声。胡玩切。

【译文】𦅇，宽缓。从素，爰声。

絲部

絲 sī

絲[①]，蚕所吐也。从二糸。凡丝之属皆从丝。息兹切。

【译文】絲，蚕吐的丝。由两个糸字会意。大凡丝的部属都从丝。

【注释】①絲：罗振玉《增订殷墟书契考释》：“像束丝形，两端则束余之绪也。”

轡 pèi

轡，马辔也。从絲，从叀。与连同意。《诗》曰：“六辔如丝。”兵媚切。

【译文】轡，驾马的缰绳。由絲、由叀会意。与连构形原则相同。《诗经》说：“六条马缰绳像丝一样牵引着。”

率部

率 shuài

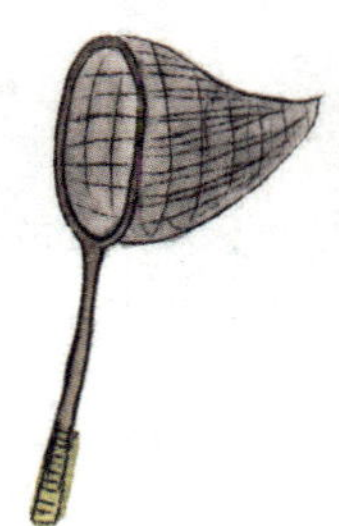

率，捕鸟毕也[①]。象丝罔，上下其竿柄也。凡率之属皆从率。所律切。

【译文】率，捕鸟的网。（𢆶）像丝织的网，上部的亠下部的十，是网的竿和把。大凡率的部属都从率。

【注释】①毕：《段注》：“毕者，田网也。所以捕鸟，亦名率。”

虫部

虫 huǐ

虫，一名蝮。博三寸，首大如擘指。象其卧形。物之微细，或行，或毛，或蠃，或介，或蟲，以虫为象。凡虫之属皆从虫。许伟切。

【译文】虫，又叫蝮虺，身宽三寸，头大像大拇指。篆文像它卧着的形状。活物中的微小的东西，有的行走，有的长毛，有的裸露，有的长着甲壳，有的长着鳞，（造字时）都以虫字作为象征。大凡虫的部属都从虫。

蝮 fù

蝮，虫也。从虫，复声。芳目切。

【译文】蝮，土虺。从虫，复声。

螣 téng

螣，神蛇也。从虫，朕声。徒登切。

【译文】螣，神蛇。从虫，朕声。

蝓 wēng

蝓，虫，在牛马皮者。从虫，翁声。乌红切。

【译文】蝓，虫名，寄生在牛马的皮肤上的虫子。从虫，翁声。

蛹 yǒng

蛹，茧虫也。从虫，甬声。余陇切。

【译文】蛹，蚕茧中的蛹虫。从虫，甬声。

雖 suī

雖，似蜥蜴而大。从虫，唯声。息遗切。

【译文】雖，样子像蜥蜴，而身体比蜥蜴大。从虫，唯声。

虺 huǐ

虺，虺以注鸣。《诗》曰："胡为虺蜥。"从虫，兀声。许伟切。

【译文】虺，虺用口鸣叫。《诗经》说："为什么成为虺蜥呢？"从虫，兀声。

蜥 xī

蜥，蜥易也。从虫，析声。先击切。

【译文】蜥，蜥易。从虫，析声。

蝘 yǎn

蝘，在壁曰蝘蜓，在艹曰蜥易。从虫，匽声。于殄切。

【译文】蝘，在屋壁活动的叫蝘蜓，在草中活动的叫蜥易。从虫，匽声。

蜓 diàn

蜓，蝘蜓也。从虫，廷声。一曰螾蜓。徒典切。

【译文】蜓，蝘蜓也。从虫，廷声。又叫螾蜓。

蚖 yuán

蚖，荣蚖[①]，蛇医，以注鸣者。从虫，元声。愚袁切。

【译文】蚖，荣蚖，又叫蛇医，用口鸣叫的动物。从虫，元声。

【注释】①蚖：今经典作"螈"。

蟣 jǐ

蟣，虱子也。一曰：齐谓蛭曰蟣。从虫，幾声。居狶切。

【译文】蟣，虱子的卵。另一义说，齐地叫马蟥作蟣。从虫，幾声。

蠸 quán

蠸，虫也。一曰：大螫也。读若蜀都布名。从虫，雚声。巨员切。

【译文】蠸，（守瓜）虫。另一义说，大口（咬刺）而布毒。音读像蜀地细绪布的"绪"字。从虫，雚声。

螟 míng

螟，虫，食谷叶者。吏冥冥犯法即生螟。从虫，从冥，冥亦声。莫经切。

【译文】螟，虫名。吃禾谷之心的害虫。官吏昏聩无知而犯法就产生螟虫。由虫、由冥会意，冥也表声。

蟘 tè

蟘，虫，食苗叶者。吏乞贷则生蟘。从虫，从貸，貸亦声。《诗》曰："去其螟蟘。"徒得切。

【译文】蟘，虫名，吃苗叶的害虫。官吏谋取贿赂，自然界就会产生蟘虫。由虫、由貸会意，貸也表声。《诗经》说："除掉那些螟虫、蟘虫。"

蛭 zhì

蛭，虮也。从虫，至声。之日切。

【译文】蛭，马蟥。从虫，至声。

蝚 róu

蝚，蛭蝚，至掌也。从虫，柔声。耳由切。

【译文】蝚，马蟥，又叫至掌。从虫，柔声。

蛣 jié

蛣，蛣蚰，蝎也。从虫，吉声。去吉切。

【译文】蛣，蛣蚰，又叫蝎。从虫，吉声。

蚰 qū

蚰，蛣蚰也。从虫，出声。区勿切。

【译文】蚰，蛣蚰。从虫，出声。

蜀 shǔ

蜀，葵中蚕也。从虫，上目象蜀头形，中象其身蜎蜎。《诗》曰："蜎蜎者蜀。"市玉切。

【译文】蜀，桑木中形状像蚕一样的害虫。虫作形旁，上面的"目"象征着蜀虫的头的样子，中间的勹像它的体形蜎蜎屈曲的样子。《诗经》说："身躯蜎蜎屈曲的是蜀虫。"

蝎 hé

蝎，蝤蛴也。从虫，曷声。胡葛切。

【译文】蝎，蝤蛴。从虫，曷声。

强 qiáng

强，蚚也。从虫，弘声。巨良切。

【译文】强，蚚类蝇。从虫，弘声。

蚚 qí

蚚，强也。从虫，斤声。巨衣切。

【译文】蚚，强类蝇。从虫，斤声。

蠲 juān

蠲，马蠲也。从虫目，益声。了，象形。《明堂月令》曰："腐艹为蠲。"古玄切。

【译文】蠲，马蠲虫。由虫、目会意，益表声，了像蠲之形。《明堂月令》说："腐朽的草中产生蠲。"

螕 bī

螕，啮牛虫也。从虫，毘声。边兮切。

【译文】螕，啮食牛血的害虫。从虫，毘声。

蠖 huò

蠖，尺蠖，屈申虫。从虫，蒦声。乌郭切。

【译文】蠖，尺蠖，（行进时）身子一屈一伸的虫子。从虫，蒦声。

蝝 yuán

蝝，复陶也。刘歆说：蝝，蚍蜉子。董仲舒说：蝗子也。从虫，彖声。与专切。

【译文】蝝，蝗的没有翅膀的幼虫。刘歆说，蝝，是大蚂蚁的卵。董仲舒说，是蝗虫的卵。从虫，彖声。

蛄 gū

蛄，蝼蛄也[①]。从虫，古声。古乎切。

【译文】蛄，蝼蛄。从虫，古声。

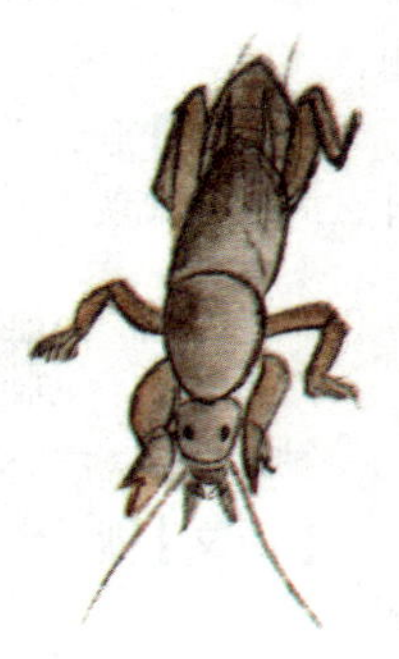

【注释】①蝼蛄：朱骏声《通训定声》："今谓之土狗。黄色，四足，头如狗，喜夜鸣，声如蚯蚓，喜就灯光。"

蛾 yǐ

蛾，罗也。从虫，我声。五何切。

【译文】蛾，又叫罗。从虫，我声。

蛺 jiá

蛺，蛺蜨也[1]。从虫，夾声。兼叶切。

【译文】蛺，蝴蝶。从虫，夾声。

【注释】① 蛺蜨：《段注》："今俗云胡蝶。"

蜨 dié

蜨，蛺蜨也。从虫，疌声。徒叶切。

【译文】蜨，蝴蝶。从虫，疌声。

蚩 chī

蚩，虫也。从虫，之声。赤之切。

【译文】蚩，虫名。从虫，之声。

蝥 máo

蝥，盤蝥也[1]。从虫，敄声。莫交切。

【译文】蝥，斑蝥。从虫，敄声。

【注释】① 盤蝥：双声联绵词。又作斑蝥。《本草纲目·虫部·斑蝥》："盤蝥充。时珍曰：斑言其色，蝥刺言其毒，如矛刺也。"

蠜 bān

蠜，盤蝥，毒虫也。从虫，般声。布还切。

【译文】蠜，斑蝥，毒虫。从虫，般声。

蛜 yī

蛜，蛜威，委黍；委黍，鼠妇也。从虫，伊省声。于脂切。

【译文】蛜，蛜威，又叫作委黍；委黍就是鼠妇虫。从虫，伊省声。

蚣 sōng

蚣，蚣蝑，以股鸣者[1]。从虫，松声。息恭切。

【译文】蚣，蚣蝑，用大腿相切摩而发声的虫子。从虫，松声。

【注释】① 股鸣：其实是以翅膀摩擦发音。

蝑 xū

蝑，蚣蝑也。从虫。胥声。相居切。

【译文】蝑，蚣蝑。从虫，胥声。

蟅 zhè

蟅，虫也。从虫，庶声。之夜切。

【译文】蟅，虫名。从虫，庶声。

蝗 huáng

蝗，螽也。从虫，皇声。乎光切。

【译文】蝗，螽虫。从虫，皇声。

蟬 chán

蟬，以(旁)[膀]鸣者[1]。从虫，單声。市连切。

【译文】蟬，用翅膀摩擦而发声的虫子。从虫，單声。

【注释】① 旁：沈涛《古本考》："古本作'膀'不作'旁'也。蝉鸣在翅，今俗犹言翅膀。"

蜩 tiáo

蜩，蝉也。从虫，周声。《诗》曰："五月鸣蜩。"徒聊切。

【译文】蜩，蝉。从虫，周声。《诗经》说："五月份蝉儿鸣叫。"

蜺 ní

蜺，寒蜩也。从虫，兒声。五鸡切。

【译文】蜺，寒蝉。从虫，兒声。

螇 xī

螇，螇鹿，蛁蟟也。从虫，奚声。胡鸡切。

【译文】螇，螇鹿，又叫蛁蟟。从虫，奚声。

蚗 jué

蚗，蛶蚗，蛁蟟也。从虫，央声。于悦切。

【译文】蚗，蛶蚗，又叫蛁蟟。从虫，央声。

蛚 liè

蛚，蜻蛚也。从虫，列声。良薛切。

【译文】蛚，蜻蛚。从虫，列声。

蜻 jīng

蜻，蜻蛚也。从虫，青声。子盈切。

【译文】蜻，蜻蛚。从虫，青声。

蛉 líng

蛉，蜻蛉也[①]。从虫，令声。一名桑根。郎丁切。

【译文】蛉，蜻蜓。从虫，令声。又叫桑根。

【注释】① 蜻蛉：《段注》："今人作蜻蝏、蜻蜓。"

蜕 tuì

蜕，蛇蝉所解皮也。从虫，挩省。输芮切。

【译文】蜕，蛇和蝉一类动物解脱的那张皮。由虫、由挩字省去手会意。

蛟 jiāo

蛟，龙之属也。池鱼满三千六百，蛟来为之长，能率鱼飞。置笱水中[①]，即蛟去。从虫，交声。古肴切。

【译文】蛟，龙一类的动物。池中鱼超过三千六百尾，蛟龙来到，作它们的首领，能率领鱼群飞去。把曲竹捕鱼器具放在池水中，蛟龙就离开那里。从虫，交声。

【注释】① 笱：曲竹捕鱼器。

螭 chī

螭，若龙而黄，北方谓之地蝼。从虫，离声。或云：无角曰螭。丑知切。

【译文】螭，像龙而呈黄色，北方叫作地蝼。从虫，离声。另一说，没有角的龙叫螭。

虯 qiú

虯，龙子有角者。从虫，丩声。渠幽切。

【译文】虯，有角的幼龙。从虫，丩声。

蜦 lún

蜦[①]，蛇属，黑色，潜于神渊，能兴风雨。从虫，侖声。力屯切。

【译文】蜦，蛇一类，黑色。潜藏在神奇的渊水之中，能兴风作雨。从虫，侖声。

【注释】① 蜦：传说中的神蛇。

蜃 shèn

蜃，雉入海，化为蜃。从虫，辰声。时忍切。

【译文】蜃，野鸡沉入海，化作了蜃。从虫，辰声。

蠊 lián

蠊，海虫也。长寸而白，可食。从虫，兼声。读若嗛。力盐切。

【译文】蠊，海中的介虫。（壳）长一寸而呈白色，肉可吃。从虫，兼声。音读像“嗛”字。

蜗 wō

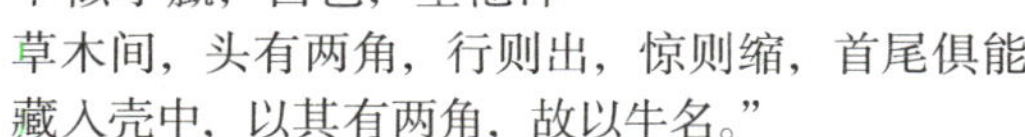

蜗[①]，蜗蠃也。从虫，咼声。古华切。

【译文】蜗，蜗牛。从虫，咼声。

【注释】① 蜗：桂馥《义证》引《尔雅翼》："蜗牛似小蠃，白色，生池泽草木间，头有两角，行则出，惊则缩，首尾俱能藏入壳中，以其有两角，故以牛名。"

蚌 bàng

蚌，蜃属。从虫，丰声。步项切。

【译文】蚌，蜃蛤一类。从虫，丰声。

蝓 yú

蝓，虒蝓也。从虫，俞声。羊朱切。

【译文】蝓，蜗牛。从虫，俞声。

蜎 yuān

蜎，蜎也。从虫，肙声。狂沇切。

【译文】蜎，蜎蜎。从虫，肙声。

蟺 shàn

蟺，夗蟺也。从虫，亶声。常演切。

【译文】蟺，虫类曲折宛转的样子。从虫，亶声。

蛰 zhé

蛰，藏也。从虫，执声。直立切。

【译文】蛰，虫类（遇冬）藏隐不出。从虫，执声。

蚨 fú

蚨，青蚨，水虫，可还钱。从虫，夫声。房无切。

【译文】蚨，青蚨，水虫。（传说用它的血涂在钱上，）可使钱还归。从虫，夫声。

蝌 jú

蝌，蝌鼁，詹诸，以脰鸣者。从虫，匊声。居六切。

【译文】蝌，蝌鼁，又叫蟾蜍，用颈脖鸣叫的虫子。从虫，匊声。

蝦 há

蝦，虾蟆也[①]。从虫，叚声。乎加切。

【译文】蝦，虾蟆。从虫，叚声。

【注释】① 虾蟆：叠韵联绵词。是青蛙和癞蛤蟆的通称。《段注》："（蝦蟆）背有黑点，身小能跳接百虫，解作呷呷声，举动极急。蟾蜍（癞蛤蟆）身大，背黑无点，多痱磊，不能跳，不解作声，行动迟缓。绝然二物。"

蟆 má

蟆，虾蟆也。从虫，莫声。莫遐切。

【译文】蟆，虾蟆。从虫，莫声。

蝯 yuán

蝯，善援，禺属。从虫，爰声。雨元切。

【译文】蝯，善于攀援，猴一类。从虫，爰声。

蠗 zhuó

蠗，禺属[①]。从虫，翟声。直角切。

【译文】蠗，猴一类。从虫，翟声。

【注释】① 禺属：《段注》："亦与母猴（猕猴）属而别也。"

蜼 wèi

蜼，如母猴，印鼻，长尾。从虫，隹声。余季切。

【译文】蜼，如猕猴，向上高昂着鼻子，长尾巴。从虫，隹声。

蚼 gǒu

蚼[①]，北方有蚼犬，食人。从虫，句声。古厚切。

【译文】蚼，北方有蚼犬，吃人。从虫，

句声。

【注释】① 蚼：《山海经·海内北经》："蜪犬，如犬，青，食人，从首始。"郭璞注："（蜪）音蜪。或作蚼。蚼音钩。"

蛩 qióng

蛩，蛩蛩，兽也。一曰：秦谓蝉蜕曰蛩①。从虫，巩声。渠容切。

【译文】蛩，蛩蛩，野兽。另一义说，秦地叫蝉蜕下的皮作蛩。从虫，巩声。

【注释】① 蝉蜕：傅云龙《古语考补正》："蝉蜕今俗谓之蝉衣。"

蟨 jué

蟨，鼠也。一曰：西方有兽①，前足短，与蛩蛩、巨虚比，其名谓之蟨。从虫，厥声。居月切。

【译文】蟨，鼠名。又一说，西方有一种兽，前脚短，与像马一样的蛩蛩，或与像骡一样的巨虚相亲近，它的名字叫作蟨。从虫，厥声。

【注释】① 西方句：《尔雅·释地》："西方有比肩兽焉，与邛邛、岠虚比、岠虚啮甘草。即有难，邛邛、岠虚负而走，其名谓之蟨。"《段注》引张揖说："蛩蛩，状如马。距虚，似骡而小。"

蝙 biān

蝙，蝙蝠也①。从虫，扁声。布玄切。

【译文】蝙，蝙蝠。从虫，扁声。

【注释】① 蝙蝠：张舜徽《约注》："蝙蝠，似鼠，黑色，肉翅与足相连，栖于屋檐，孳乳其中，黄昏出飞掠蚊蚋食之。湖湘间称为檐老鼠。"

蠻 mán

蠻，南蛮，蛇种。从虫①，䜌声。莫还切。

【译文】蠻，南方的蛮族，与蛇虫习居的种族。从虫，䜌声。

【注释】① 从虫：徐灏《段注笺》："南方多虫蛇，故蛮闽从虫。皆名其地而移以言人耳。"

蝠 fú

蝠，蝙蝠，服翼也。从虫，畐声。方六切。

【译文】蝠，蝙蝠，又叫服翼。从虫，畐声。

閩 mǐn

閩①，东南越，蛇种。从虫，門声。武巾切。

【译文】閩，东南方的越族，与蛇虫习居的种族。从虫，門声。

【注释】① 閩：《段注》引后郑说："闽，蛮之别也。"

蠥 niè

蠥，衣服、歌谣、艹木之怪，谓之祅。禽兽、虫蝗之怪，谓之蠥。从虫①，辥声。鱼列切。

【译文】蠥，衣服、歌谣、草木的怪异现象，叫作妖。禽兽、虫蝗的怪异现象，叫作蠥。从虫，辥声。

【注释】① 从虫：《段注》："禽兽、虫蝗之字皆得从虫，故蠥从虫。"

虹 hóng

虹，螮蝀也①。状似虫。从虫，工声。《明堂月令》曰②："虹始见。"户工切。

【译文】虹，螮蝀。样子弯曲像虫。从虫，工声。《明堂月令》说："虹才出现。"

【注释】① 螮蝀：《尔雅·释天》："螮蝀谓之雩。螮蝀，虹也。"郭璞注："俗名为美人虹。"王筠《句读》引蔡氏章句："雄曰红，雌曰蜺。"②《明堂月令》：指《礼记·月令》。

螮 dì

螮，螮蝀①，虹也。从虫，帶声。都计切。

【译文】螮，螮蝀，又叫虹。从虫，帶声。

【注释】① 螮蝀：双声联绵词。

䖵部

䖵 kūn

䖵，虫之总名也。从二虫。凡䖵之属皆从䖵。读若昆。古魂切。

【译文】䖵，虫类的总称。由两个虫字会意。大凡䖵的部属都从䖵。音读像“昆”字。

蚤 zǎo

蚤，啮人跳虫[①]。从䖵，叉声。子皓切。

【译文】蚤，咬噬人的善跳跃的虫子。从䖵，叉声。

【注释】①啮人句：《段注》：“啮，噬也。跳，跃也。虱但啮人，蚤则加之善跃。”

虱 shī

虱，啮人虫。从䖵，卂声。所栉切。

【译文】虱，咬噬人的虫子。从䖵，卂声。

螽 zhōng

螽，蝗也。从䖵，夂声。职戎切。

【译文】螽，蝗虫。从䖵，夂声。

蟊 máo

蟊，蠿蟊也。从䖵，矛声。莫交切。

【译文】蟊，蠿蟊。从䖵，矛声。

蟁 wén

蟁，啮人飞虫[①]。从䖵，民声。无分切。

【译文】蟁，咬噬人的善飞的虫子。从䖵，民声。

【注释】①啮人飞虫：《段注》：“啮人而又善飞者。”

蠷 qú

蠷，蠷蝚也。从䖵，巨声。强鱼切。

【译文】蠷，蠷蝚。从䖵，巨声。

䖟 méng

䖟，啮人飞虫。从䖵，亡声。武庚切。

【译文】䖟，咬噬人的善飞的虫子。从䖵，亡声。

蠹 dù

蠹[①]，木中虫。从䖵，橐声。当故切。

【译文】蠹，寄生木中（吃木）的虫子。从䖵，橐声。

【注释】①蠹：蛀虫。《段注》：“在木中食木者也。今俗谓之蛀，音注。”

蠡 lǐ

蠡，虫啮木中也。从䖵，彖声。卢启切。

【译文】蠡，虫在木中咬木头。从䖵，彖声。

蠢 chǔn

蠢[①]，虫动也。从䖵，春声。尺尹切。

【译文】蠢，虫蠕动。从䖵，春声。

【注释】①蠢：《段注》：“此与蝡（蠕动）义同。引申为凡动之偁。”

蟲部

蟲 chóng

蟲[①]，有足谓之虫，无足谓之豸。从三虫。凡虫之属皆从虫。直弓切。

【译文】蟲，有脚叫作虫，无脚叫作豸。由三个虫字含意。大凡虫的部属都从虫。

【注释】①蟲：动物的通称。《集韵·东韵》：“蟲，李阳冰曰：裸、毛、羽、鳞、介之总称。”

蠱 gǔ

蠱，腹中虫也。《春秋传》曰[①]：“皿虫为蛊。”“晦淫之所生也。”枭桀死之鬼亦为蛊。从蟲，从皿。皿，物之用也。公户切。

【译文】蠱，腹内中了虫蚀的毒。《春秋左传》说：“‘皿’上有‘虫’是蛊字。”“这种蛊毒是在夜晚淫乱的时候产生的。”斩首倒悬而死的鬼、分裂肢体而死的鬼，也变成蛊。由蟲、由皿会意。皿，是使用的器物。

【注释】①《春秋传》：指《左传·昭公元年》。

風部

風 fēng

風，八风也。东方曰明庶风，东南曰清明风，南方曰景风，西南曰凉风，西方曰阊阖风，西北曰不周风，北方曰广莫风，东北曰融风。风动虫生。故虫八日而化。从虫，凡声。凡风之属皆从风。方戎切。

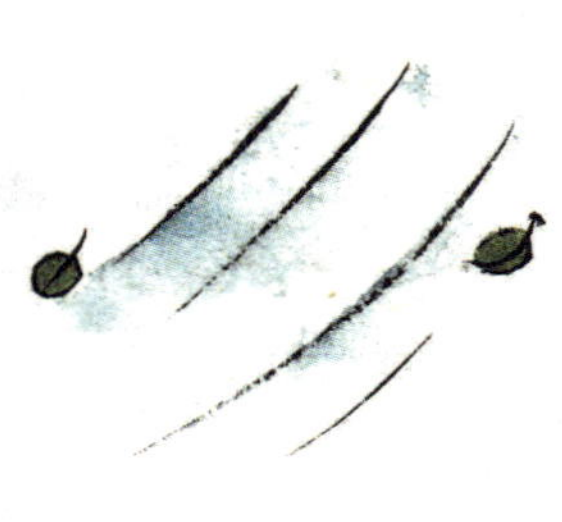

【译文】風，八方的风。东方来的，叫明庶风；东南来的，叫清明风；南方来的，叫景风；西南来的，叫凉风；西方来的，叫阊阖风；西北来的，叫不周风；北方来的，叫广莫风；东北来的，叫融风。风吹动，虫产生，虫八天就变化成形。从虫，凡声。大凡风的部属都从风。

飆 biāo

飆，扶摇风也。从風，猋声。甫遥切。

【译文】飆，暴风。从風，猋声。

飄 piāo

飄，回风也。从風，票声。抚招切。

【译文】飄，回旋的风。从風，票声。

颯 sà

颯，翔风也。从風，立声。穌合切。

【译文】颯，回旋的风。从風，立声。

颮 hū

颮，疾风也。从風，从忽，忽亦声。呼骨切。

【译文】颮，疾风。由風、由忽会意，忽也表声。

颺 yáng

颺，风所飞扬也。从風，昜声。与章切。

【译文】颺，风吹物飞扬。从風，昜声。

它部

它 tā

它，虫也。从虫而长，象冤曲垂尾形。上古艸居患它，故相问无它乎。凡它之属皆从它。托何切。

【译文】它，蛇虺。由虫字延长它的尾巴构成，像弯曲身体垂下尾巴的样子。上古，人们居住在草野之中，忧虑蛇虺，所以互相询问：没遇着蛇虺吧。大凡它的部属都从它。

龜部

龜 guī

龜，旧也。外骨内肉者也。从它，龟头与它头同。天地之性，广肩无雄；龟鼈之类，以它为雄。象足甲尾之形。凡龟之属皆从龟。居追切。

【译文】龜，年岁长久。外面是骨头、里面是肉的动物。从它，龟字的头与蛇字的头相同。天地的本性是，宽肩大腰的动物，没有雄性；乌龟和甲鱼之类的动物，用蛇作为雄性。像脚、背甲、尾巴的形状。大凡龟的部属都从龟。

黽部

黽 měng

黽，鼃黽也。从它，象形。黽头与它头同。凡黽之属皆从黽。莫杏切。

【译文】黽，名叫耿黽的蛙。从它，像大肚子的样子。蛙黽的头部与蛇的头部相同。大凡黽的部属都从黽。

黿 yuán

黿，鼈也。从黽，元声。愚袁切。

【译文】黿，大的甲鱼。从黽，元声。

鼃 wā

鼃，虾蟇也。从黽，圭声。乌娲切。

【译文】鼃，虾蟆一类。从黽，圭声。

蠅 yíng

蠅，营营青蠅。虫之大腹者。从黽，从虫。余陵切。

【译文】蠅，来回飞得营营响的苍蝇。是大肚子的虫子。由黽、由虫会意。

卵部

卵 luǎn

卵，凡物无乳者卵生[①]。象形。凡卵之属皆从卵。卢管切。

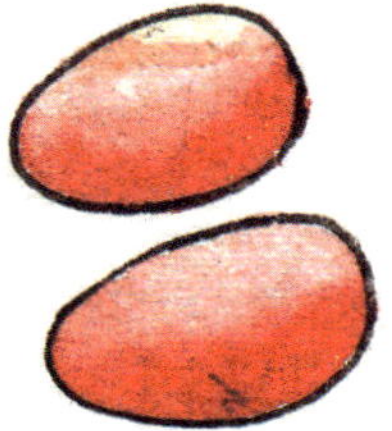

【译文】卵，大凡动物没有乳汁的，就是卵生。像卵之形。大凡卵的部属都从卵。

【注释】①凡物句：《段注》："此乳，谓乳汁也。惟人及四足之兽有之，故其子胎生。羽虫、鳞虫、介虫及一切昆虫皆无乳汁，其子卵生，故曰：凡物无乳者卵生。"

毈 duàn

毈，卵不孚也。从卵，段声。徒玩切。

【译文】毈，卵不育子。从卵，段声。

二部

二 èr

二，地之数[①]也。从偶一。凡二之属皆从二。而至切。

【译文】二，表示地的数字。由成对的两个一字构成。大凡二的部属都从二。

【注释】①地之数：《段注》："《易》曰：天一、地二。惟初大始，道立于一。有一而后有二。元气初分，轻清昜为天，重浊侌为地。"

亟 qì

亟，敏疾也。从人，从口，从又，从二。二，天地也。纪力切。又，去吏切。

【译文】亟，敏捷。由人、由口、由又、由二会意。二表示天地。

恒 héng

恒，常也。从心，从舟，在二之间上下。心以舟施，恒也。胡登切。

【译文】恒，长久。由心、由舟、由舟在天地之间上下往返会意。思念之心靠舟运转，（经久不衰，）是恒的意思。

竺 dǔ

竺，厚也。从二，竹声。冬毒切。

【译文】竺，厚。从二，竹声。

凡 fán

凡，最括[①]也。从二。二，偶也。从乃，乃，古文及。浮芝切。

【译文】凡，积聚而总括。从二，二表示多的意思。从乃，乃是古文及字。

【注释】①最括：《段注》"最"作"冣"，注："冣者，积也。（凡）皆聚括之谓，凡之言泛也。包举泛滥一切之称也。”

土部

土 tǔ

土，地之吐生物者也。二象地之下、地之中，物出形也。凡土之属皆从土。它鲁切。

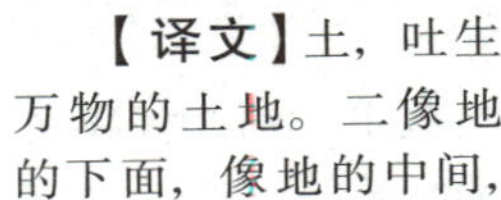

【译文】土，吐生万物的土地。二像地的下面，像地的中间，(丨)像万物从土地里长出的形状。大凡土的部属都从土。

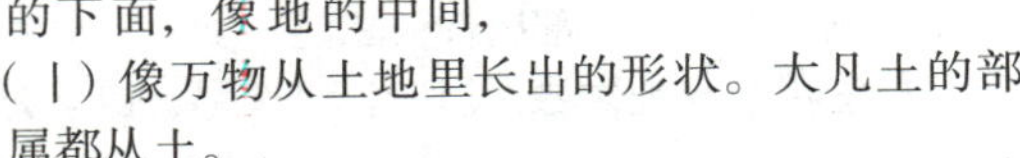

地 dì

地，元气初分，轻清阳为天，重浊阴为地。万物所陈列也。从土，也声。徒四切。

【译文】地，混沌之气刚刚分离，轻的、清的、阳的气上升成为天，重的、浊的、阴的气下降为地。地是万物陈列的地方。从土，也声。

坤 kūn

坤，地也；《易》之卦也。从土，从申；土位在申。苦昆切。

【译文】坤，土地，又指《易》的卦象。由土、由申会意，因为坤的位置在西南方的申位上。

垓 gāi

垓，兼垓八极地也。《国语》曰：“天子居九垓之田。”从土，亥声。古哀切。

【译文】垓，兼备八方所到之地。《国语》说：“天子居于九州八极的田地之上。”从土，亥声。

墺 ào

墺，四方土可居也。从土，奥声。于六切。

【译文】墺，四方土地中可以定居的地方。从土，奥声。

坪 píng

坪，地平也。从土，从平，平亦声。皮命切。

【译文】坪，平坦的地方。由土、由平会意，平也表声。

坶 mù

坶，朝歌南七十里地。《周书》：“武王与纣战于坶。”从土，母声。莫六切。

【译文】坶，朝歌以南七十里的地方。《周书》说：“武王与纣王在坶地作战。”从土，母声。

坡 pō

坡，阪也。从土，皮声。滂禾切。

【译文】坡，斜坡。从土，皮声。

均 jūn

均，平、徧也。从土，从匀，匀亦声。居匀切。

【译文】均，平均，普遍。由土、由匀会意，匀也表声。

壤 rǎng

壤，柔土也。从土，襄声。如两切。

【译文】壤，柔软的土。从土，襄声。

塙 què

塙，坚不可拔也。从土，高声。苦角切。

【译文】塙，刚硬的土不可拔起。从土，高声。

墽 qiāo

墽，硗也。从土。敫声。口交切。

【译文】墽，土壤坚硬贫瘠。从土，敫声。

埴 zhí

埴，黏土也。从土，直声。常职切。

【译文】埴，黄色而如脂膏细腻的土。从土，直声。

基 jī

基，墙始也。从土，其声。居之切。

【译文】基，墙的起始部分。从土，其声。

坺 bá

坺，治也。一曰：臿土谓之坺。《诗》曰："武王载坺。"一曰：尘皃。从土，犮声。蒲拨切。

【译文】坺，耕治田地。另一义说，一锹土叫作一坺。《诗经》说："武王汤开始发兵讨伐夏桀。"另一义说，尘土的样子。从土，犮声。

垣 yuán

垣，墙也。从土，亘声。雨元切。

【译文】垣，墙。从土，亘（xuān）声。

圪 yì

圪，墙高也。《诗》曰："崇墉圪圪。"从土，气声。鱼迄切。

【译文】圪，墙高大。《诗经》说："崇国的城墙那么高大。"从土，气声。

堵 dǔ

堵，垣也。五版为一堵。从土，者声。当古切。

【译文】堵，墙垣。又，五层版的高度合成一堵。从土，者声。

壁 bì

壁，垣也。从土，辟声。比激切。

【译文】壁，墙壁。从土，辟声。

堨 yè

堨，壁间隙也。从土，曷声。读若谒。鱼列切。

【译文】堨，墙壁的缝隙。从土，曷声。音读像"谒"字。

埒 liè

埒，卑垣也。从土，寽声。力辍切。

【译文】埒，矮墙。从土，寽声。

堪 kān

堪，地突也。从土，甚声。口含切。

【译文】堪，地面突起的地方。从土，甚声。

堂 táng

堂，殿也[①]。从土，尚声。徒郎切。

【译文】堂，有屋基的正室。从土，尚声。

【注释】①殿：《段注》："殿者，击声也。假借为宫殿字者。许以殿释堂者，以今释古也。古曰堂，汉以后曰殿。"

堀 kū

堀，突也；《诗》曰："蜉蝣堀阅。"从土，屈省声。苦骨切。

【译文】堀，洞穴。《诗经》说："蜉蝣穿穴（而出地面）。"从土，屈声。

坫 diàn

坫，屏也。从土，占声。都念切。

【译文】坫，（堂中用以搁置器物）可为屏障的土台。从土，占声。

埽 sǎo

埽，弃也。从土，从帚。稣老切。

【译文】埽，（用扫帚）弃除尘秽。由土、由帚会意。

在 zài

在，存也[①]。从土，才声。昨代切。

【译文】在，存在。从土，才声。

【注释】①存：《段注》："在之义，古副为存问，今义但训为存亡之存。"训释依今义。

坁 zhǐ

坁[①]，箸也。从土，氏声。诸氏切。

【译文】坁，有所附箸而止。从土，氏声。

【注释】①坁：王筠《句读》："谓有所附箸

而止。”

𡒄 填 tián

填，塞也。从土，真声。陟邻切。今，待年切。

【译文】填，充塞。从土，真声。

坦 坦 tǎn

坦，安也。从土，旦声。他但切。

【译文】坦，（土地平坦而）行步安舒。从土，旦声。

坒 坒 bì

坒，地相次比也。卫大夫贞子名坒。从土，比声。毗至切。

【译文】坒，土地依次相连接。卫国的大夫贞子名叫坒。从土，比声。

堤 堤 dǐ

堤，滞也。从土，是声。丁礼切。

【译文】堤，阻滞。从土，是声。

壎 壎 xūn

壎，乐器也。以土为之，六孔。从土，熏声。况袁切。

【译文】壎，乐器。用土烧制而成，六个孔。从土，熏声。

封 封 fēng

封，爵诸侯之土也。从之，从土，从寸，守其制度也。公侯，百里；伯，七十里；子男，五十里。府容切。

【译文】封，把这块土地按爵位的等级分封给诸侯。由之、由土、由寸会意，（寸）表示遵守分封的制度。公侯，方圆百里；伯，方圆七十里；子男，方圆五十里。

墨 墨 mò

墨，书墨也。从土，从黑，黑亦声。莫北切。

【译文】墨，用以书写的墨。由土、由黑会意，黑也表声。

垸 垸 huán

垸，以桼和灰而𩬆也。从土，完声。一曰：补（垸）［垣］。胡玩切。

【译文】垸，用漆掺和着骨灰涂漆器物。从土，完声。另一义说，修补垣墙。

型 型 xíng

型，铸器之法也。从土，刑声。户经切。

【译文】型，铸造器物的模制。从土，刑声。

埻 埻 zhǔn

埻，射臬也。从土，享声。读若准。之允切。

【译文】埻，射箭的靶子。从土，享声。音读像“准”字。

塒 塒 shí

塒，鸡栖垣为塒。从土，時声。市之切。

【译文】塒，鸡栖息在矮墙边叫作塒。从土，時声。

城 城 chéng

城，以盛民也[①]。从土，从成，成亦声。氏征切。

【译文】城，用来盛受容纳臣民。由土、由成会意，成也表声。

【注释】①以盛民：徐锴《系传》引《古今注》：“城，盛也，所以盛受人物。”《段注》：“言盛者，如黍稷之在器中也。”

墉 墉 yōng

墉，城垣也。从土，庸声。余封切。

【译文】墉，城墙。从土，庸声。

坎 坎 kǎn

坎，陷也。从土，欠声。苦感切。

【译文】坎，低陷（的地方）。从土，欠声。

坻 坻 chí

坻，小渚也。《诗》曰："宛在水中坻。"从土，氐声。直尼切。

【译文】坻，小水洲。《诗经》说："仿佛在水中的小沙洲上。"从土，氐声。

垎 垎 hè

垎，水干也。一曰：坚也。从土，各声。胡格切。

【译文】垎，（土中的）水干燥。另一义说，土坚硬。从土，各声。

垐 垐 cí

垐[①]，以土增大道上。从土，次声。疾资切。

【译文】垐，用土依次增垫在大路上。从土，次声。

【注释】① 垐：《段注》："以土次于道上曰垐。"

增 增 zēng

增，益也。从土，曾声。作滕切。

【译文】增，添益。从土，曾声。

埤 埤 pí

埤，增也。从土，卑声。符支切。

【译文】埤，增加。从土，卑声。

坿 坿 fù

坿，益也。从土，付声。符遇切。

【译文】坿，增益。从土，付声。

塞 塞 sài

塞，隔也。从土，从寒。先代切。

【译文】塞，（边塞）障隔。由土、由寒会意。

圣 圣 kū

圣，汝颍之间谓致力于地曰圣。从土，从又。读若兔窟。苦骨切。

【译文】圣，汝河、颍水之间说用手在土地上尽力叫圣。由土、由又会意。音读像兔窟的"窟"字。

培 培 péi

培，培敦。土田山川也。从土，音声。薄回切。

【译文】培，加厚。是指土地、田园、山川等等而言。从土，音声。

埩 埩 zhēng

埩，治也。从土，争声。疾郢切。

【译文】埩，治土。从土，争声。

墇 墇 zhàng

墇，（拥）[壅]也。从土，章声。之亮切。

【译文】墇，障隔。从土，章声。

壍 壍 qiàn

壍，坑也。一曰：大也。从土，斬声。七艳切。

【译文】壍，是坑。另一义说，是大。从土，斬声。

埂 埂 gěng

埂，秦谓坑为埂。从土，更声。读若井汲绠。古杏切。

【译文】埂，秦叫坑作埂。从土，更声。音读像井中汲水的绠绳的"绠"字。

坷 坷 kě

坷，坎坷也。梁国宁陵有坷亭。从土，可声。康我切。

【译文】坷，坎坷不平。梁国宁陵县有坷亭。从土，可声。

壓 yā

壓，坏也。一曰：塞补。从土，厭声。乌狎切。

【译文】壓，自然崩坏。另一义说，堵塞填补。从土，厭声。

毀 huǐ

毀，缺也。从土，毇省声。许委切。

【译文】毁，瓦器破缺。从土，毇省声。

壞 huài

壞①，败也。从土，褱声。下怪切。

【译文】壞，破败。从土，褱声。

【注释】① 壞：《段注》："毁坏字皆谓自毁自坏。"

墟 xià

墟，𡑞也。从土，虖声。呼讶切（xià）。

【译文】墟，坼裂。从土，虖声。

坼 chè

坼，裂也。《诗》曰："不𡑞不疈。"从土，㡿声。丑格切。

【译文】坼，裂开。《诗经》说："不裂开不剖开。"从土，斥声。

埠 fèi

埠，尘也。从土，非声。房未切。

【译文】埠，灰尘。从土，非声。

埃 āi

埃，尘也。从土，矣声。乌开切。

【译文】埃，灰尘。从土，矣声。

坋 fèn

坋，尘也。从土，分声。一曰：大防也。房吻切。

【译文】坋，灰尘。从土，分声。另一义说，大堤。

垢 gòu

垢，浊也。从土，后声。古厚切。

【译文】垢，浊薉物。从土，后声。

坏 pēi

坏，丘再成者也。一曰：瓦未烧。从土，不声。芳栝切。

【译文】坏，一重的山丘。另一义说，土器没有经过烧制。从土，不声。

垤 dié

垤，蚁封也。《诗》曰："鹳鸣于垤。"从土，至声。徒结切。

【译文】垤，蚂蚁堆在洞口的小土堆。《诗经》说："鹳鸟在蚂蚁洞口土堆上鸣叫。"从土，至声。

坥 qū

坥，益州部谓螾场曰坥。从土，且声。七余切。

【译文】坥，益州刺史部一带叫蚯蚓的粪便作坥。从土，且声。

埍 juǎn

埍，徒隶所居也。一曰：女牢。一曰：亭部。从土，肙声。古泫切。

【译文】埍，服劳役者、奴隶或罪犯居住的土房。另一义说，女人的牢房。另一义说，乡亭基层政权的牢狱。从土，肙声。

墓 mù

墓，丘也。从土，莫声。莫故切。

【译文】墓，坟墓。从土，莫声。

简体字与繁体字

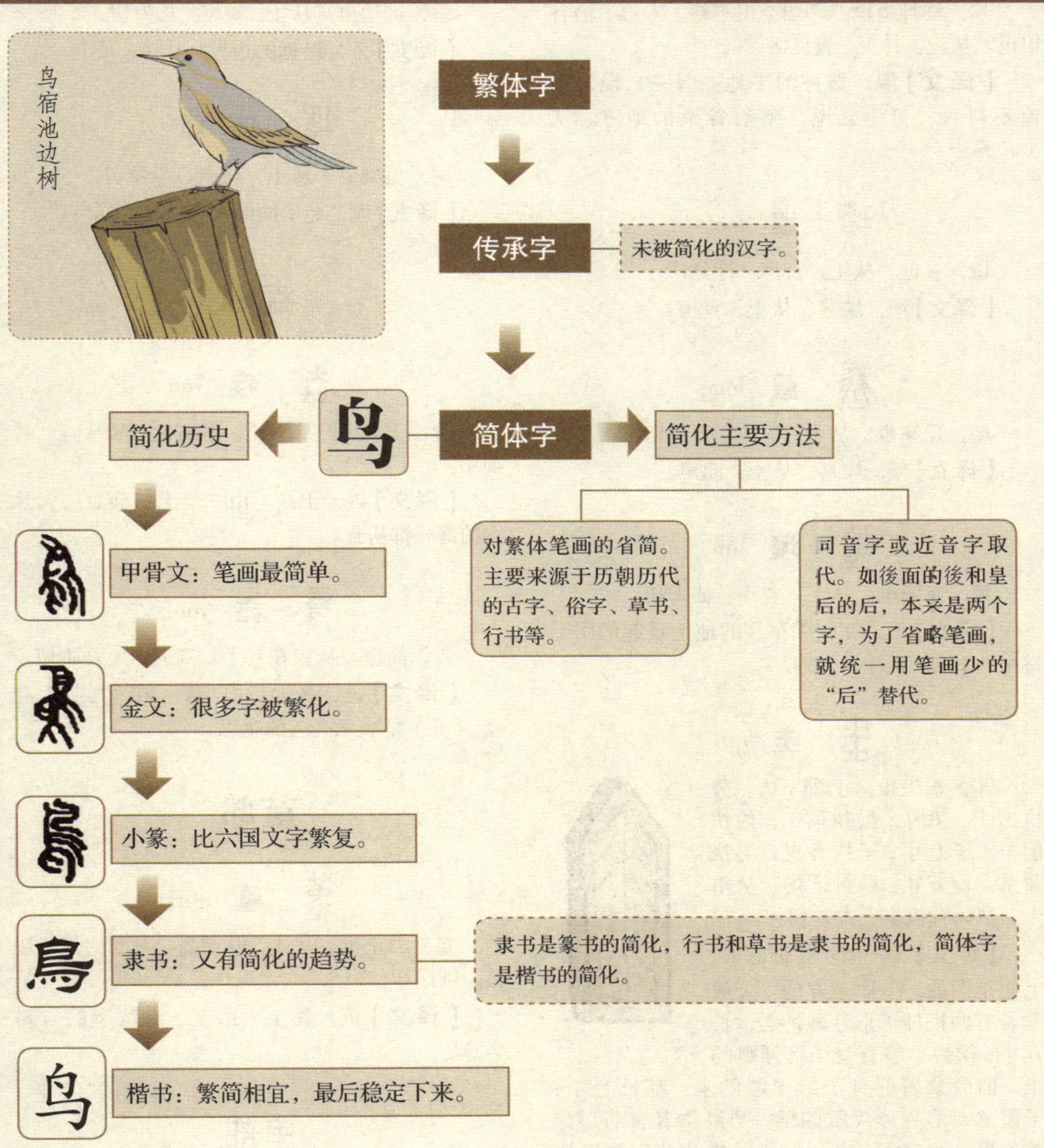

繁体字有数千年的历史，2001 年实施的《中华人民共和国国家通用语言文字法》明确规定国家推行规范汉字，同时明确了可以保留或使用繁体字的范围：（1）文物古迹；（2）姓氏中的异体字；（3）书法、篆刻等艺术作品；（4）题词和招牌的手书字；（5）出版、教学、研究中需要使用的；（6）经国务院有关部门批准的特殊情况。

場 cháng

場，祭神道也。一曰：田不耕。一曰：治谷田也。从土，昜声。直良切。

【译文】場，祭神的平地。另一义说，田地不耕种。另一义说，整治谷粟的地方。从土，昜声。

墳 fén

墳，墓也。从土，賁声。符分切。

【译文】墳，坟墓。从土，賁声。

壟 lǒng

壟，丘垄也。从土，龍声。力趣切。

【译文】壟，坟墓。从土，龍声。

壇 tán

壇，祭场也。从土，亶声。徒干切。

【译文】壇，在扫除草秽的地上筑起的用于祭祀的土台。从土，亶声。

圭 guī

圭，瑞玉也。上圜下方。公执桓圭，九寸；侯执信圭，伯执躬圭，皆七寸；子执谷璧，男执蒲璧，皆五寸：以封诸侯。从重土。楚爵有执圭。古畦切。

【译文】圭，用作凭证的玉。上面是圆的，下面是方的。公爵拿着有两根柱子形浮雕的圭，长九寸；侯爵拿着直身子形浮雕的圭，伯爵拿着躬身子形浮雕的圭，都长七寸；子爵拿着有谷形浮雕的璧，男爵拿着有蒲形浮雕的璧，直径都长五寸。天子把这些玉封给诸侯。由两个土字重叠含意。楚国的爵位有执圭这个等级。

圯 yí

圯，东楚谓桥为圯。从土，巳声。与之切。

【译文】圯，东楚地方叫桥作圯。从土，巳声。

垂 chuí

垂，远边也。从土，𠂹声。是为切。

【译文】垂，遥远的边界。从土，𠂹声。

堀 kū

堀，兔堀也。从土，屈声。苦骨切。

【译文】堀，兔子的洞穴。从土，屈声。

垚部

垚 yáo

垚，土高也。从三土。凡垚之属皆从垚。吾聊切。

【译文】垚，土高。由三个土字会意。大凡垚的部属都从垚。

堯 yáo

堯，高也。从垚在兀上，高远也。吾聊切。

【译文】堯，高远。由“垚”在“兀”上会意，（兀）是表示高远的意思。

堇部

堇 qín

堇，黏土也。从土，从黄省。凡堇之属皆从堇。巨斤切。

【译文】堇，黏土。由土、由黄字的省略会意。

里部

里 lǐ

里，居也。从田，从土。凡里之属皆从里。良止切。

【译文】里，居住的地方。由田、由土会意。大凡里的部属都从里。

釐 xī

釐，家福也。从里，𠩺声。里之切。

【译文】釐，生活在家里获得福佑。从里，𠩺声。

野 yě

野，郊外也。从里，予声。羊者切。

【译文】野，郊外。从里，予声。

田部

田 tián

田，陈也。树谷曰田。象四囗；十，阡陌之制也。凡田之属皆从田。待年切。

【译文】田，陈列(得整整齐齐)。种植稻谷的地方叫田。(囗)像田四周的界限；十，表示东西南北纵横沟涂。大凡田的部属都放田。

町 tīng

町，田践处曰町。从田，丁声。他顶切。

【译文】町，田中供人践踏行走的地方叫町。从田，丁声。

疇 chóu

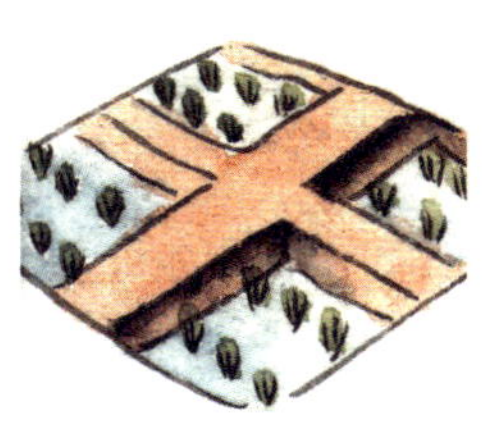

疇，耕治之田也。从田，象耕屈之形。直由切。

【译文】疇，已犁耕整治的田地。从田，像犁耕的田沟弯弯曲曲的形状。

畱 liú

畱，烧种也。《汉律》曰："畱田茠艹"从田，翏声。力求切。

【译文】畱，焚烧地中草木而下种。《汉律》说："焚烧田地草木而下种，并且拔除一切野草。"从田，翏声。

畸 jī

畸，残田也。从田，奇声。居宜切。

【译文】畸，不可作井田的零星而不整齐的田。从田，奇声。

嗟 cuó

嗟，残田也。《诗》曰："天方荐嗟。"从田，差声。昨何切。

【译文】嗟，零星(而又荒芜)的田地。《诗经》说："上天正在重复降下灾荒。"从田，差声。

畮 mǔ

畮，六尺为步，步百为畮。从田，每声。莫厚切。

【译文】畮，六尺是一步，(横一步)，直百步是一畮。从田，每声。

畿 jī

畿，天子千里地。以远近言之，则言畿也。从田，幾省声。巨衣切。

【译文】畿，天子所属的千里地面。凭着距王城很近的角度命名，就叫畿。从田，幾省声。

甸 diàn

甸，天子五百里地①。从田，包省。堂练切。

【译文】甸，天子所属的离王城五百里内的田地。由田、由包省会意。

【注释】①五百里地：徐锴《系传》作"五百里内田"。

畦 qí

畦，田五十亩曰畦。从田，圭声。户圭切。

【译文】畦，田有五十亩叫作畦。从田。圭声。

畹 wǎn

畹，田三十亩也。从田，宛声。于阮切。

【译文】畹，田三十亩。从田，宛声。

畔 pàn

畔，田界也。从田，半声。薄半切。

【译文】畔，田地的界限。从田，半声。

略 lüè

略，经略土地也。从田，各声。离约切。

【译文】略，划定土地的疆界。从田，各声。

當 dāng

當，田相值也。从田，尚声。都郎切。

【译文】當，田与田相对峙。从田，尚声。

畯 jùn

畯，农夫也。从田，夋声。子峻切。

【译文】畯，掌管农事的官。从田，夋声。

畷 zhuì

畷，两陌间道也，广六尺。从田，叕声。陟劣切。

【译文】畷，连接两条田间小道之间的道路，宽六尺。从田，叕声。

畤 zhì

畤，天地五帝所基址，祭地。从田，寺声。右扶风有五畤。好畤、鄜畤，皆黄帝时祭。或曰：秦文公立也。周市切。

【译文】畤，为祭祀天地和五帝所建筑的祭坛，是祭祀的场所。从田，寺声。右扶风郡有五个祭坛。名叫好的祭坛、名叫鄜的祭坛，都是黄帝时代建筑的。有人说，是秦文公建立的。

甿 méng

甿，田民也。从田，亡声。武庚切。

【译文】甿，田野的老百姓。从田，亡声。

疄 lìn

疄，轹田也。从田，粦声。良刃切。

【译文】疄，车轮辗压田地。从田，粦声。

畜 xù

畜，田畜也[①]。《淮南子》曰："玄田为畜。"丑六切。

【译文】畜，尽力种田所得的积蓄。《淮南子》说："由'玄'、'田'组成畜字。"

【注释】①田畜：《段注》："谓力田之畜积也。"

畽 tuǎn

畽，禽兽所践处也。《诗》曰："町畽鹿场。"从田，童声。土短切。

【译文】畽，禽兽践踏的地方。《诗经》说："鹿践踏的痕迹布满着养鹿的场地。"从田，童声。

畼 chàng

畼，不生也。从田，昜声。丑亮切。

【译文】畼，（草木畅盛而）五谷不生。从田，昜声。

畕部

畕 jiāng

畕，比田也。从二田。凡畕之属皆从畕。居良切。

【译文】畕，紧密相连的田地。由两个田字会意。大凡畕的部属都从畕。

畺 jiāng

畺，界也。从畕，三，其界画也。居良切。

【译文】畺，疆界。从畕，三是田与田之间的界限。

黄部

黄 huáng

黄，地之色也。从田，从炗，炗亦声。炗，古文光。凡黄之属皆从黄。乎光切。

【译文】黄，土地的颜色。由田、由炗会意，炗也表声。炗，古文光字。大凡黄的部属都从黄。

黇 tuān

黇，黄黑色也。从黄，耑声。他端切。

【译文】黇，黑黄色。从黄，耑声。

黊 wěi

黊，青黄色也。从黄，有声。呼辠切。

【译文】黊，青黄色。从黄，有声。

黇 tiān

黇，白黄色也。从黄，占声。他兼切。

【译文】黇，白黄色。从黄，占声。

䵘 xiān

䵘，赤黄也。一曰：轻易人䵘姁也。从黄，夾声。许兼切。

【译文】䵘，赤黄色。另一义说，指轻视侮慢人的人显得很轻薄。从黄，夾声。

鞋 xié

鞋，鲜明黄也。从黄，圭声。户圭切。

【译文】鞋，鲜明的黄色。从黄，圭声。

男部

男 nán

男，丈夫也。从田，从力。言男用力于田也。凡男之属皆从男。那含切。

【译文】男，成年男子。由田、由力会意，是说男子在田地里尽力。大凡男的部属都从男。

舅 jiù

舅，母之兄弟为㽸，妻之父为外㽸。从男，臼声。其久切。

【译文】舅，母亲的哥哥或弟弟叫作舅，妻子父亲叫作外舅。从男，臼声。

甥 shēng

甥，谓我㽸者，吾谓之甥也。从男，生声。所更切。

【译文】甥，叫我舅舅的人，我叫他作外甥。从男，生声。

力部

力 lì

力，筋也。象人筋之形。治功曰力，能圉大灾。凡力之属皆从力。林直切。

【译文】力，筋肉张缩的功用。像人的筋肉纵横鼓起的形状。又，能使天下大治的功劳叫力，力能抵御大的灾难。大凡力的部属都从力。

勳 xūn

勳，能成王功也。从力，熏声。许云切。

【译文】勳，能成就辅佐天子的大功劳。从

力，熏声。

功 gōng

功，以劳定国也。从力，从工，工亦声。古红切。

【译文】功，用尽力量建立和稳定国家。由力、由工会意，工也表声。

助 zhù

助，左也。从力，且声。床倨切。

【译文】助，辅佐。从力，且声。

務 wù

務，趣也。从力，敄声。亡遇切。

【译文】務，为某事两奔走。从力，敄声。

勉 miǎn

勉，强也。从力，免声。亡辨切。

【译文】勉，自强而尽力。从力，免声。

勸 quàn

勸，勉也。从力，雚声。去愿切。

【译文】勸，勉励。从力，雚声。

劭 shào

劭，勉也。从力，召声。读若舜乐《韶》。寔照切。

【译文】劭，自强而努力。从力，召声。音读像舜作的乐曲《韶乐》的“韶”字。

勝 shēng

勝，任也。从力，朕声。识蒸切。

【译文】勝，能够担当。从力，朕声。

動 dòng

動，作也。从力，重声。徒总切。

【译文】動，起旁行动。从力，重声。

勞 láo

勞，剧也。从力，熒省。熒，火烧冂，用力者劳。鲁刀切。

【译文】勞，十分勤苦。由力、由熒省去下面的火会意。熒，表示火灾烧屋，用力救火的人十分辛苦。

勖 lèi

勖，推也。从力，畾声。卢对切。

【译文】勖，(作战)推礌石(自高而下打击敌人)。从力，畾声。

劣 liè

劣，弱也。从力少(声)。力辍切。

【译文】劣，弱。由力、少会意。

勮 jù

勮，务也。从为，豦声。其据切。

【译文】勮，特别尽力。从力，豦声。

勩 yì

勩，劳也。《诗》曰：“莫知我勩。”从力，貰声。余制切。

【译文】勩，辛劳。《诗经》说：“没有什么人知道我的辛劳。”从力，貰声。

勀 kè

勀，尤极也。从力，克声。苦得切。

【译文】勀，极其尽力辛劳。从力，克声。

勦 chāo

勦，劳也。《春秋传》曰：“安用勦民？”从力，巢声。子小切。又，楚交切。

【译文】勦，劳累。《春秋左传》说：“怎么用得着劳累民众？”从力，巢声。

券 juàn

券，劳也。从力，卷省声。渠卷切。

【译文】券，疲劳。从力，卷省聲。

勤 qín

勤，劳也。从力。堇声。巨巾切。

【译文】勤，辛劳。从力，堇声。

加 jiā

加，语相（增）[譖] 加也。从力，从口。古牙切。

【译文】加，用言语欺诬人。由力、由口会意。

勢 háo

勢，健也。从力，敖声。读若豪。五牢切。

【译文】勢，豪杰。从力，敖声。音读像“豪”字。

勇 yǒng

勇，气也。从力，甬声。余陇切。

【译文】勇，气上涌而有胆量。从力，甬声。

勃 bó

勃，排也。从力，孛声。薄没切。

【译文】勃，推排。从力，孛声。

劾 hé

劾，法有辠也。从力，亥声。胡槩切。

【译文】劾，依照法律把罪名施加给有罪的人。从力，亥声。

飭 chì

飭，致坚也。从人，从力，食声。读若敕。耻力切。

【译文】飭，（用人力整治）使之坚牢。由人、由力会意，食声。音读像“敕”字。

劫 jié

劫，人欲去，以力胁止曰劫。或曰：以力止去曰劫。居怯切。

【译文】劫，人想离开。用力量胁迫其留止叫作劫。另一义说，用力量止住人、物的离失叫作劫。

募 mù

募，广求也。从力，莫声。莫故切。

【译文】募，广泛征求。从力，莫声。

劦部

劦 xié

劦，同力也。从三力。《出海经》曰：“惟号之山，其风若劦。”凡劦之属皆从劦。胡颊切。

【译文】劦，会同众多的力量成为一个力量。由三个力字会意。《山海经》说：“鸡号山上，那风像会合众多的力量吹来似的。”大凡劦的部属都从劦。

恊 xié

恊，同心之和。从劦。从心。胡颊切。

【译文】恊，同心的和谐。由劦、由心会意。

勰 xié

勰，同思之和。从劦，从思。胡颊切。

【译文】勰，同思虑的和谐。由劦、由思会意。

協 xié

協，众之同和也。从劦，从十。胡颊切。

【译文】協，众人的协同和谐。由劦、由十会意。

金部

金 jīn

金，五色金也[①]。黄为之长。久薶不生衣，百炼不轻，从革不违。西方之行。生于土，从土；左右注，象金在土中形；今声。凡金之属皆从金。居音切。

【译文】金，白、青、赤、黑、黄五色金属的总称。黄金作它们的代表。久埋在地下，不产生朽败的外层，千锤百炼，不损耗变轻，顺从人意，变更成器，不违背其本性。是代表西方的一种物质。产生在土里面，所以从土；土字左右两笔，像金属块状物在土中的样子；今表声。大凡金的部属都从金。

【注释】① 五色金：《段注》："下文白金、青金、赤金、黑金，合黄金为五色。"

銀 yín

銀，白金也。从金，艮声。语巾切。

【译文】銀，白色的金属。从金，艮声。

鋈 wù

鋈，白金也。从金，芺省声。乌酷切。

【译文】鋈，白色的金属。从金，芺省声。

鉛 qiān

鉛，青金也。从金，㕣声。与专切。

【译文】鉛，青色的金属。从金，㕣声。

錫 xī

錫，银铅之间也。从金，易声。先击切。

【译文】錫，介乎银和铅之间的金属。从金，易声。

鈏 yǐn

鈏，锡也。从金，引声。羊晋切。

【译文】鈏，又叫锡。从金，引声。

鐵 tiě

鐵，黑金也。从金，䥫声。天结切。

【译文】鐵，黑色的金属。从金，䥫声。

銅 tóng

銅，赤金也。从金，同声。徒红切。

【译文】銅，赤色的金属。从金，同声。

鏈 lián

鏈，铜属。从金，連声。力延切。

【译文】鏈，铜一类。从金，連声。

鍇 kǎi

鍇，九江谓铁曰锴。从金，皆声。苦骇切。

【译文】鍇，九江郡叫铁叫锴。从金，皆声。

鋚 tiáo

鋚，铁也。一曰：辔首铜。从金，攸声。以周切。

【译文】鋚，又叫铁。另一义说，马笼头上的铜饰品。从金，攸声。

録 lù

録，金色也。从金，彔声。力玉切。

【译文】録，金属的青黄之间的色泽。从金，彔声。

鋻 jiàn

鋻，刚也。从金，臤声。古甸切。

【译文】鋻，刚硬。从金，臤声。

釘 dīng

釘，炼鉼黄金。从金，丁声。当经切。

【译文】釘，冶炼而成的饼块黄金。从金，丁声。

鏡 jìng

鏡，景也[①]。从金，竟声。居庆切。

【译文】鏡，（可照见）形影。从金，竟声。

【注释】① 景：张舜徽《约注》："当读为影，谓形影也。"

鍾 zhōng

鍾[①]，酒器也。从金，重声。职容切。

【译文】鍾，盛酒的器皿。从金，重声。

【注释】① 鍾：《段注》："古者此器盖用以宁酒，故大其下、小其颈。"

銚 yáo

銚，温器也。一曰：田器。从金，兆声。以招切。

【译文】銚，暖物的器皿。另一义说，种田的器具。从金，兆声。

鐎 jiāo

鐎，鐎斗也。从金，焦声。即消切。

【译文】鐎，刁斗。从金，焦声。

鋗 xuān

鋗，小盆也。从金，肙声。火玄切。

【译文】鋗，小盆。从金，肙声。

鏏 wèi

鏏，鼎也。从金，彗声。读若彗。于岁切。

【译文】鏏，鼎。从金，彗声。音读像"彗"字。

鍵 jiàn

鍵，铉也。一曰：车辖。从金，建声。渠偃切。

【译文】鍵，贯通鼎耳的横杠。另一义说，安在车轴末端以固定车轮的铁棍。从金，建声。

鉉 xuàn

鉉，举鼎也。《易》谓之铉，《礼》谓之鼏。从金，玄声。胡犬切。

【译文】鉉，举鼎（的木杠）。《易经》叫它作铉，《仪礼》叫它作鼏。从金，玄声。

鋊 yù

鋊，可以句鼎耳及炉炭。从金，谷声。一曰：铜屑。读若浴。余足切。

【译文】鋊，可用来钩举鼎耳以及钩出炉炭（的器具）。从金，谷声。另一义说，是铜屑。音读像"浴"字。

錯 cuò

錯，金涂也。从金，昔声。仓各切。

【译文】錯，用金涂饰。从金，昔声。

鍥 qiè

鍥，镰也。从金，契声。苦结切。

【译文】鍥，镰刀。从金，契声。

鉊 zhāo

鉊，大（铁）[镰]也。从金，召声。镰谓之鉊，张彻说。止摇切。

【译文】鉊，大镰刀的专名。从金，召声。镰又叫作鉊，是张彻的说法。

鉆 chān

鉆，铁銸也。从金，占声。一曰：膏车铁钻。敕淹切。

【译文】鉆，铁做的镊子。从金，占声。另一义说，在车毂上加油的铁做的器具。

銍 zhì

銍，获禾短镰也。从金，至声。陟栗切。

【译文】銍，收获禾穗的短镰。从金，至声。

鎮 鎮 zhèn

鎮，博压也。从金，真声。陟刃切。

【译文】鎮，广泛地镇压。从金，真声。

鋝 鋝 lüè

鋝，十［一］铢二十五分［铢］之十三也。从金，寽声。《周礼》曰："重三鋝。"北方以二十两为［三］鋝。力辍切。

【译文】鋝，十一又二十五分之十三铢。从金，寽声。《周礼》说："重三鋝。"北方用二十两作三鋝。

鉗 鉗 qián

鉗，以铁有所劫束也。从金，甘声。巨淹切。

【译文】鉗，用铁（圈束颈脖），有强迫捆绑的对象。从金，甘声。

釱 釱 dì

釱，铁钳也。从金，大声。特计切。

【译文】釱，铁柞的圈束着脚的刑具。从金，大声。

鋸 鋸 jù

鋸，枪唐也。从金，居声。居御切。

【译文】鋸，（分解木石）响声枪唐（的金属工具）。从金，居声。

鐕 鐕 zān

鐕，可以缀着物者。从金，朁声。则参切。

【译文】鐕，可用来连缀附着物体的钉子。从金，朁声。

錐 錐 zhuī

錐[①]，锐也。从金，隹声。职追切。

【译文】錐，锐利。从金，隹声。

【注释】① 錐：如用作名词，指锥子，锐利的工具。

鈞 鈞 jūn

鈞，三十斤也。从金，匀声。居匀切。

【译文】鈞，三十斤。从金，匀声。

鈀 鈀 bā

鈀，兵车也。一曰：铁也。《司马法》："晨夜内鈀车。"从金，巴声。伯加切。

【译文】鈀，兵车。另一义说，是铁。《司马法》说："晨夜内鈀车。"

鐲 鐲 zhuó

鐲，钲也。从金，蜀声。军法：司马执镯。直角切。

【译文】鐲，钟状的铃。从金，蜀声。军法规定，公司马执掌着钟状的铃。

鈴 鈴 líng

鈴[①]，令丁也。从金，从令，令亦声。郎丁切。

【译文】鈴，又叫令丁。由金、由令会意，令也表声。

【注释】① 鈴：朱骏声《通训定声》："有柄有舌，似钟而小。"

鉦 鉦 zhēng

鉦，铙也。似铃，柄中，上下通。从金，正声。诸盈切。

【译文】鉦，样子像钟的乐器。像铃，把柄，一半在上一半在铃中，上下相通。从金，正声。

鐘 鐘 zhōng

鐘，乐钟也。秋分之音，物穜成。从金，童声。古者垂作钟。职茸切。

【译文】鐘，乐器鐘。代表秋分时节的音律，至秋而物穗成熟。从金，童声。古时候一个叫垂的制作钟。

鈁 fāng

鈁，方钟也。从金，方声。府良切。

【译文】鈁，方形酒壶。从金，方声。

鍠 huáng

鍠，钟声也。从金，皇声。《诗》曰："钟鼓锽锽。"乎光切。

【译文】鍠，钟声。从金，皇声。《诗经》说："钟声、鼓声锽锽地应和。"

鎛 bó

鎛，镈鳞也。钟上横木上金华也。一曰：田器。从金，尃声。《诗》曰："庤乃钱镈。"补各切。

【译文】鎛，附着的龙蛇之类。是悬钟的横木上用金涂饰约花纹。另一义说，种田的（锄头一类的）器具。从金，尃声。《诗经》说："准备好你们的锹和锄。"

錚 zhēng

錚，金声也。从金，争声。侧茎切。

【译文】錚，金属撞击声。从金，争声。

鏠 fēng

鏠，兵端也[1]。从金，逢声。敷容切。

【译文】鏠，兵器的尖端。从金，逢声。

【注释】①兵端：《段注》："兵，械也；端，物初生之题，引申为凡物之颠与末。凡金器之尖曰鏠。"

鏐 liú

鏐，弩眉也。一曰：黄金之美者[1]。从金，翏声。力幽切。

【译文】鏐，弩眉。另一义说，精美的黄金。从金，翏声。

【注释】①黄金句：《尔雅·释器》："黄金谓之璗，其美者谓之镠。"郭注："镠即紫磨金。"

鍭 hóu

鍭，矢。金鍭翦羽谓之鍭[1]。从金，侯声。乎钩切。

【译文】鍭，就是箭。金属制的箭头、整齐的箭羽，叫作鍭。从金，侯声。

【注释】①鍭：箭头。

鐏 zùn

鐏，柲下铜也。从金，尊声。徂寸切。

【译文】鐏，（戈的）把柄末端铜制锥形套。从金，尊声。

鏑 dí

鏑，矢鏠也。从金，啻声。都历切。

【译文】鏑，箭的锋利的头部。从金，啻声。

鎧 kǎi

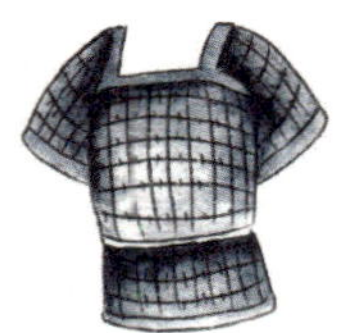

鎧，甲也。从金，豈声。苦亥切。

【译文】鎧，用金属薄片连缀而成的、作战时用于护身的衣服。从金，豈声。

釬 hàn

釬，臂铠也。从金，干声。侯旰切。

【译文】釬，战时套在臂上的用金属薄片连缀而成的袖套。从金，干声。

釣 diào

釣，钩鱼也。从金，勺声。多啸切。

【译文】釣，用钓钩钓鱼。从金，勺声。

鋪 pū

鋪，箸门铺首也[1]。从金，甫声。普胡切。

【译文】鋪，附箸在门扇上衔着门环的金属螺形兽面。从金，甫声。

【注释】① 铺首：朱骏声《通训定声》："古者箸门为螺形，谓之椒图，是曰铺首。以金为之，则曰金铺。"王筠《句读》："《三辅黄图》：'金铺玉户。'注：'金铺，扇上有金华，中作兽及龙蛇，铺首以衔环也。'"

鈔 chāo

鈔，叉取也。从金，少声。楚交切。

【译文】鈔，用手指突入取物。从金，少声。

鏃 zú

鏃，利也。从金，族声。作木切。

【译文】鏃，锐利。从金，族声。

鐜 duī

鐜，下垂也。一曰：千斤椎。从金，敦声。都回切。

【译文】鐜，下垂。另一义说，千斤的锤子。从金，敦声。

鈌 jué

鈌，刺也。从金，夬声。于决切。

【译文】鈌，刺。从金，夬声。

鏉 shòu

鏉，利也。从金，欶声。所右切。

【译文】鏉，锋利。从金，欶声。

錉 mín

錉，业也。贾人占錉。从金，昏声。武巾切。

【译文】錉，本钱。商人估计自己的本钱。从金，昏声。

鈋 é

鈋，吪圜也。从金，化声。五禾切。

【译文】鈋，转动着使不圆的器物变圆。从金，化声。

鎕 táng

鎕，鎕銻，火齐。从金，唐声。徒郎切。

【译文】鎕，鎕銻，火齐珠。从金，唐声。

鉅 jù

鉅，大刚也。从金，巨声。其吕切。

【译文】鉅，巨大而刚硬。从金，巨声。

銻 tí

銻，鎕銻也。从金，弟声。杜兮切。

【译文】銻，鎕銻。从金，弟声。

鍒 róu

鍒，铁之耎也。从金，从柔，柔亦声。耳由切。

【译文】鍒，软铁。由金、由柔会意，柔也表声。

鈍 dùn

鈍，錭也。从金。屯声。徒困切。

【译文】鈍，（刀剑）不锋利。从金。屯声。

鈰 qí

鈰，利也。从金，朿声。读若齐。徂奚切。

【译文】鈰，锋利。从金，朿声。音读像"齐"字。

幵部

幵 jiān

幵，平也。象二干对构，上平也。凡幵之属皆从幵。古贤切。

【译文】幵，平。像两个干相对举起，上面是平的。大凡幵的部属都从幵。

勺 zhuó

勺，挹取也。象形，中有实，与包同意。凡勺之属皆从勺。之若切。

【译文】勹，舀取。(㇉)，像勺(sháo)形，中间的一表示盛着的酒浆，与包字的“子在胞中”的构字原则相同。大凡勺的部属都从勺。

与 与 yǔ

与，赐予也。一勺为与。此与与同。余吕切。

【译文】与，赐给。由一、勺构成与字。这个字的用法与“与”字相同。

几部

几 几 jǐ

几，踞几也。象形。《周礼》五几：玉几、雕几、彤几、纂几、素几。凡几之属皆从几。居履切。

【译文】几，蹲踞在地的几。像几的正面和两侧的形状。《周礼》有五几：嵌玉的几，雕花的几，丹饰的几，漆饰的几，不雕饰的几。大凡几的部属都从几。

凥 凥 jū

凥，处也。从尸得几而止。《孝经》曰：“仲尼凥。”凥，谓闲居如此。九鱼切。

【译文】凥，(靠在几上而)止息。由表示人的“尸”得靠“几”上而会止息之意。《孝经》说：“孔仲尼凥处。”凥，是说如此独自悠闲地凭几止息。

処 処 chǔ

処，止也。得几而止。从几，从夂。昌与切。

【译文】処，止息。人得到几(就凭几)而止息。由几、由夂会意。

凭 凭 píng

凭，依几也。从几，从任。《周书》：“凭玉几。”读若冯。皮冰切。

【译文】凭，依靠在几上。由几、由任会意。《周书》说：“依靠在玉几上。”音读像“冯”字。

且部

且 且 jū，qiě

且，荐也。从几，足有二横，一其下地也。凡且之属皆从且。子余切。又，千也切。

【译文】且，垫放物体的器具。从几，几足间有两横，(表示连足的桄；)一，表示器具下的地。凡且的部属都从且。

俎 俎 zǔ

俎，礼俎也。从半肉白在且上。侧吕切。

【译文】俎，行礼时盛放牲体的器具。由半个肉字(夂)放在“且”之上会意。

斤部

斤 斤 jīn

斤，斫木[斧]也。象形。凡斤之属皆从斤。举欣切。

【译文】斤，砍削木头的横刃小斧。象形，大凡斤的部属都从斤。

斧 斧 fǔ

斧①，斫也。从斤，父声。方矩切。

【译文】斧，砍东西用的纵刃大斧。从斤，父声。

【注释】①斧：斧子，斧头。《诗经·齐风·南山》：“析薪如之何？匪斧不克。”

斨 斨 qiāng

斨，方銎斧也。从斤，爿声。《诗》曰，“又缺我斨。”七羊切。

【译文】斨，方形孔的斧头。从斤，爿声。《诗经》说："又使我那方孔的斧头战缺了口。"

斫 zhuó

斫，击也。从斤，石声。之若切。

【译文】斫，砍击。从斤，石声。

斪 qú

斪，斫也。从斤，句声。其俱切。

【译文】斪，斫（地的锄头一类）。从斤，句声。

所 suǒ

所，伐木声也。从斤，户声。《诗》曰："伐木所所。"疏举切。

【译文】所，砍伐树木的声音。从斤，户声。《诗经》说："砍伐树木啊所所地响。"

斯 sī

斯，析也。从斤，其声。《诗》曰[①]："斧以斯之。"息移切。

【译文】斯，劈开。从斤，其声。《诗经》说："用斧头把它劈开。"

【注释】①《诗》：指《诗经·陈风·墓门》。

新 xīn

新，取木也。从斤，亲声。息邻切。

【译文】新，砍取树木。从斤，亲声。

斦 yín

斦[①]，二斤也。从二斤。语斤切。

【译文】斦，两把斧头。由两个斤字相并表示。

【注释】① 斦：一义为砧，铡刀垫座。

斮 zhuó

斮，斩也。从斤，昔声。侧略切。

【译文】斮，斩断。从斤，昔声。

斷 duàn

斷，截也。从斤，从㡭；《周书》曰："韶韶猗无他技。"徒玩切。

【译文】斷，截断。由斤、由㡭会意；《周书》说："为人诚实专一啊却没有别的技能。"

斗部

斗 dǒu

斗，十升也。象形，有柄。凡斗之属皆从斗。当口切。

【译文】斗，（它的容积是）十升。象形，有把柄。大凡斗的部属都从斗。

斝 jiǎ

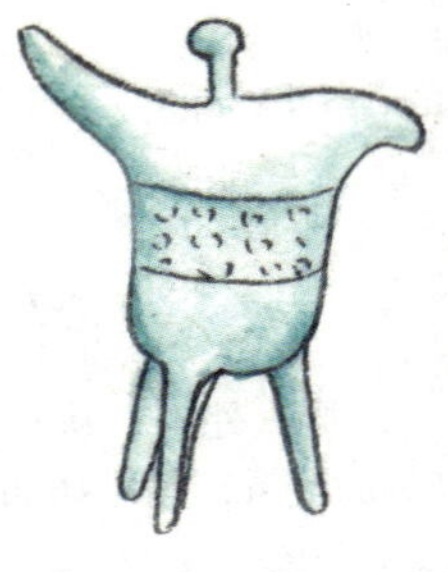

斝，玉爵也。夏曰琖，殷曰斝，周曰爵。从吅，从斗，冂象形。与爵同意。或说斝受六斗。古雅切。

【译文】斝，玉制的酒爵。夏代叫作琖，殷代叫作斝，周代叫作爵。由吅、由斗会意，冂象形。与爵构形原则相同。有人说，斝可收受的容积为六斗。

斛 hú

斛，十斗也。从斗，角声。胡谷切。

【译文】斛，（它的容积为）十斗。从斗，角声。

料 liào

料，量也。从斗，米在其中。读若辽。洛萧切。

【译文】料，称量（其多少）。从斗，由"米"在"斗"中会意。音读像"辽"字。

斡 wò

斡，蠡柄也。从斗，倝声。杨雄、杜林说，皆以为轺车轮斡。乌括切。

【译文】斡，瓢把。从斗，倝声。杨雄、杜林的学说，都认为小车车轮叫作斡。

魁 kuí

魁，羹斗也。从斗，鬼声。苦回切。

【译文】魁，舀羹汁的勺子。从斗，鬼声。

斟 zhēn

斟，勺也。从斗，甚声。职深切。

【译文】斟，用勺子舀取。从斗，甚声。

斜 xié

斜[①]，(杼)[抒]也。从斗，余声。读若荼。似嗟切。

【译文】斜，舀出。从斗，余声。音读像"荼"字。

【注释】①斜：《段注》："凡以斗挹出之，谓之斜。"

升 shēng

升，[二]十龠也。从斗，亦象形。识蒸切。

【译文】升，二十龠。从斗。也是象形字。

矛部

矛 máo

矛[①]，酋矛也。建于兵车，长二丈。象形。凡矛之属皆从矛。莫浮切。

【译文】矛，长矛。树立在兵车车上，长两丈。象形。大凡矛的部属都从矛。

【注释】①矛：徐锴《系传》："酋矛，长矛也。"

矟 láng

矟，矛属，良声。鲁当切。

【译文】矟，矛一类。从矛，良声。

矠 kuài

矠，矛属。从害声。苦盖切。

【译文】矠，矛一类。从矛，害声。

矠 zé

矠，矛属。从矛，昔声。读若笮。士革切。

【译文】矠，矛一类。从矛，昔声。音读像"笮(zé)"字。

矜 qín

矜，矛柄也。从矛，今声。居陵切。又，巨巾切。

【译文】矜，矛的把。从矛，今声。

矵 niǔ

矵，(刺)[刺]也。从矛，丑声。女久切。

【译文】矵，刺。从矛，丑声。

車部

車 chē

車，舆轮之总名。夏后时奚仲所造。象形。凡车之属皆从车。尺遮切。

【译文】車，车箱、车轮等部件汇成一个整体，其总称叫车。是夏后时代名叫奚仲的人制造的。象形。大凡车的部属都从车。

軒 xuān

軒，曲辀藩车。从車，干声。虚言切。

【译文】軒，有穹隆曲上的辀辕、而箱后有围蔽的车。从車，干声。

輜 zī

輜，軿车前，衣车后也。从車，甾声。侧持切。

【译文】輜，前面(有帷幕遮蔽)，像軿车；后面(开有门窗)，又像衣车。从車，甾声。

軿 píng

軿，辎车也。从車，并声。薄丁切。

【译文】軿，辎车(一类)。从車，并声。

轀 wēn

轀，卧车也。从車，昷声。乌魂切。

【译文】轀，供人卧息的车。从車，昷声。

輬 liáng

輬，卧车也。从車，京声。吕张切。

【译文】輬，供人卧息的车。从車，京声。

軺 yáo

軺，小车也。从車，召声。以招切。

【译文】軺，小车。从車，召声。

輕 qīng

輕，轻车也。从車，巠声。去盈切。

【译文】輕，轻车。从車，巠声。

輣 péng

輣，兵车也。从車，朋声。薄庚切。

【译文】輣，兵车。从車，朋声。

軘 tún

軘，兵车也。从車，屯声。徒魂切。

【译文】軘，兵车。从車，屯声。

轈 cháo

轈，兵高车加巢以望敌也。从車，巢声。《春秋传》曰："楚子登轈车。"鉏交切。

【译文】轈，作战的高大的车上着一个像鸟巢的板屋来瞭望敌情。从車，巢声。《春秋左传》说："楚共王登上轈车。"

轒 chōng

轒，陷敶车也。从車，童声。尺容切。

【译文】轒，冲锋陷阵的战车。从車，童声。

輯 jí

輯，车和辑也。从車，咠声。秦入切。

【译文】輯，车必汇合(众多材料)集中(众多工匠方可造成)。从車，咠声。

輿 yú

輿，车舆也。从車，舁声。以诸切。

【译文】輿，车箱。从車，舁声。

輓 màn

輓，衣车盖也。从車，曼声。莫半切。

【译文】輓，四围有帷幕的车的布制顶盖。从車，曼声。

軓 fàn

軓，车轼前也。从車，凡声。《周礼》曰："立当前軓。"音范(fàn)。

【译文】軓，车前横木下掩蔽车箱的木板。从車，凡声。《周礼》说："站着面对前面车轼下掩蔽车箱的木板。"

軾 shì

軾，車前也。从車，式声。赏职切。

【译文】軾，车箱前面(供立乘者凭借的横木)。从車。式声。

輅 hé

輅，车軨前横木也。从車，各声。洛故切。

【译文】輅，绑在车栏前(车辕上供人牵挽的)横木。从車，各声。

較 jué

較，车（骑）［輢］上曲铜也。从車，爻声。古岳切。

【译文】較，车箱两旁轿板上弯曲的铜钩。从車，爻声。

皈 fǎn

皈，车耳反出也。从車，从反，反亦声。府远切。

【译文】皈，车箱两旁像耳的部分向外反出。由車、由反会意，反也表声。

輢 yǐ

輢，车旁也。从車，奇声。于绮切。

【译文】輢，车箱两旁（人可凭倚的木板）。从車，奇声。

輒 zhé

輒，车两輢也。从車，耴声。陟叶切。

【译文】輒，车箱左右可以凭倚的木板。从車，耴声。

軸 zhóu

軸，持轮也。从車，由声。直六切。

【译文】軸，贯持着车轮（的柱形长杆）。从車，由声。

輻 fú

輻，轮轑也。从車，畐声。方六切。

【译文】輻，车轮中连接车毂和车辋的直木条。从車，畐声。

載 zài

載，乘也。从車，𢦏声。作代切。

【译文】載，乘坐。从車，𢦏声。

軍 jūn

軍，圜围也。四千人为军。从車，从包省。（军）［车］，兵车也。举云切。

【译文】軍，包围。四千人成为一军。由車、由包省会意。车，就是兵车。

轄 xiá

轄，车声也[①]。从車，害声。一曰：辖，键也[②]。胡八切。

【译文】轄，车声。从車，害声。另一义说，辖是横穿车轴末端控制车毂的插栓。

【注释】① 车声：《段注》："毂与轴相切声也。" ② 辖，键："车辖，贯轴端孔以关毂。"

轉 zhuǎn

轉，运也。从車，專声。知恋切。

【译文】轉，用车运输。从車，專声。

軋 yà

軋，輾也。从車，乙声。乌辖切。

【译文】軋，车辗压。从車，乙声。

軌 guǐ

軌，车彻也。从車，九声。居有切。

【译文】軌，车迹。从車，九声。

軼 yì

軼，车相出也。从車，失声。夷质切。

【译文】軼，后车超出前车。从車，失声。

毄 jí

毄，车辖相毄也。从車，从毄，毄亦声。《周礼》曰："舟舆毄互者。"古历切。

【译文】毄，车辖互相毄撞。由車、由毄会意，毄也表声。《周礼》说："船和车相互撞毄交错的地方。"

篹 shuàn

篹，治车轴也。从車，算声。所眷切。

【译文】篹，用旋转的办法来制造车轴。从車，算声。

轚 kēng

轚，车坚也。从車，殸声[①]。口茎切。

【译文】轚，车坚牢。从車，殸声。

【注释】① 殸声：声中有义。

輪 lún

輪[①]，有辐曰轮，无辐曰辁[②]。从車，侖声。力屯切。

【译文】輪，有车辐的叫轮，没有车辐的叫辁。从車，侖声。

【注释】① 輪：《段注》："轮之言伦也。从侖；侖，理也。三十辐两两相当而不迪，故曰轮。" ② 辁：张舜徽《约注》："辁之言全也，谓直斫木为之，其形完满，不见空虚也。"

輗 ní

輗[①]，大车辕端持衡者[②]。从車，兒声。五鸡切。

【译文】輗，大车车辕前端用以贯持车衡木的活插销。从車，兒声。

【注释】① 輗：《段注》："辕与衡相接之关键也。" ② 衡：桂馥《义证》引戴侗说："辕端横木即衡也。"

軵 rǒng

軵，反推车，令有所付也。从車，从付。读若胥。而陇切。

【译文】軵，反向推车，使车有可附着的地方。由車、由付会意。音读像"胥"字。

軧 dǐ

軧[①]，大车后也。从車，氐声。丁礼切。

【译文】軧，大车后部的蔽栏。从車，氐声。

【注释】① 軧：《段注》："軧之言底也。"

輇 quán

輇，蕃车下庳轮也。一曰：无辐也[①]。从車，全声。读若馔。市缘切。

【译文】輇，藩车下面的低矮的车轮。另一义说，车轮没有车辐。从車，全声。音读像"馔"字。

【注释】① 无辐：张舜徽《约注》："其无辅者，以实木为之，体质为重，形似圜盘。乡僻所用独轮车，大氐然矣。"

轃 zhēn

轃，大车箦也[①]。从車，秦声。读若臻。侧诜切。

【译文】轃，大车像床箦似的竹垫。从車，秦声。音读像"臻"字。

【注释】① 大车箦：《段注》："箦者床栈也，大车之藉似之。竹木为之。"

輓 yuān

輓[①]，大车后压也[②]。从車，宛声。于云切。

【译文】輓，大车后部用以压车的东西。从車，宛声。

【注释】① 輓：《段注》："所以镇大车后者。" ② 压：压榨，镇压。

䡨 chái

䡨，连车也[①]。一曰：却车抵堂为䡨。以車，差省声。读若遲。士皆切。

【译文】䡨，群车牵联（而行进时有等次差别）。另一义说，使车退到堂下叫䡨。从車，差省声。音读像"遲"字。

【注释】① 连车：《段注》："谓车牵聊而行有等差也。"

轒 fén

轒，淮阳名车穹隆轒。从車，賁声。符分切。

【译文】轒，淮阳地方叫车篷骨架作轒。从車，賁声。

輂 jú

輂，大车驾马[者]也[①]。从車，共声。居玉切。

【译文】輂，驾马的大车。从車，共声。

【注释】① 大车驾马：当依《段注》"马"后

加“者”，注：“‘者’，此别于驾牛也。古大车多驾牛，其驾马者谓之輦。”

輦 niǎn

輦，挽车也[①]。从車，从㚘在車前引之。力展切。

【译文】輦，人挽的车。从車，由表示两人的“㚘”在“車”前牵引会意。

【注释】① 挽车：《段注》：“谓人輓以行之车也。”

軖 kuáng

軖，纺车也[①]。一曰：一轮车[②]。从車，㞷声。读若狂。巨王切。

【译文】軖，纺丝的车。另一义说，独轮车。从車，㞷声。音读像“狂”字。

【注释】① 纺车：《段注》：“纺者，纺丝也。” ② 一轮车：《正字通·车部》：“即今役夫小车运载者。”即独轮车。

轘 huàn

轘，车裂人也。从車，瞏声。《春秋传》曰：“轘诸栗门。”胡惯切。

【译文】轘，用车撕裂人体。从車，瞏声。《春秋左传》说：“在（陈国都城）栗门车裂夏征舒。”

斬 zhǎn

斬，截也。从車，从斤。斩法车裂也。侧减切。

【译文】斬，斩杀。由車、由斤会意。斩杀效法车裂。

輓 wǎn

輓，引之也。从車，免声。无远切。

【译文】輓，（在前面）牵车辆。从車，免声。

輀 ér

輀[①]，丧车也。从車，而声。如之切。

【译文】輀，运载灵柩的车。从車，而声。

【注释】① 輀：《释名·释丧制》：“舆棺之车曰輀。”

輔 fǔ

輔，人颊车也。从車，甫声。扶雨切。

【译文】輔，牙床上的面颊。从車，甫声。

轟 hōng

轟，群车声也。从三車。呼宏切。

【译文】轟，成群的车辆行进的声音。由三个“車”字合成群之意。

𠂤部

𠂤 duī

𠂤，小𠂤也。象形。凡𠂤之属皆从𠂤。都回切。

【译文】𠂤，小土山。象形。大凡𠂤的部属都从𠂤。

𡴀 niè

𡴀，危高也。从𠂤，屮声[①]。读若臬。鱼列切。

【译文】𡴀，险而高。从𠂤，屮声。音读像“臬”字。

【注释】① 屮声：林义光《文源》：“（屮）象高出之貌。”

官 guān

官，吏[①]，事君也。从宀，从𠂤。𠂤犹众也，此与师同意。古丸切。

【译文】官，官吏，奉事国君的人。由宀、由𠂤会意。𠂤好比说众人的意思，这与“師”字从𠂤是同一造字原则。

【注释】① 吏：王筠《句读》：“句。谓官、吏同意也。”

古代的书写工具

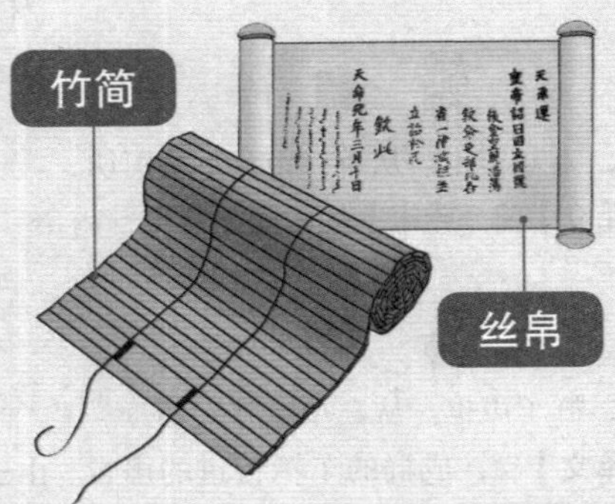

竹简：自战国起，经秦、汉至三国、两晋。可用线绳或牛皮绳穿起来成书册。缺点：太过笨重。

丝帛：宫廷贵族所用，例如圣旨。缺点：太过昂贵。

造纸流程图

蔡伦改进造纸术，用树皮、麻头及散布、渔网等原料，经过挫、捣、抄、烘等工艺制造的纸，是现代纸的起源。这种纸，原料易找到，又很便宜，逐渐普遍使用，最终发展为中国古代最主要的书写工具。

毛笔

蒙恬造笔

《史记》载：“秦始皇命太子扶苏与蒙恬筑长城以御北方匈奴，蒙恬取山中之兔毛以造笔。”《文房四谱》也记载：“昔日蒙恬造笔，以拓木为管，鹿毛为柱，兔毛为被，此乃谓苍毫也。”《博物志》云：“秦之蒙恬将军取狐狸毛为柱，兔毫为被以书。”因此，人们通常称蒙恬为毛笔的始祖。

刀笔吏

古人用竹简时，如有错讹，即以刀削之，故古时的读书人及政客常常随身带着刀和笔，以便随时修改错误。因刀笔并用，历代的文职官员也就被称作“刀笔吏”。

𨸏部

𨸏 fù

𨸏，大陆[①]，山无石者。象形。凡𨸏之属皆从𨸏。房九切。

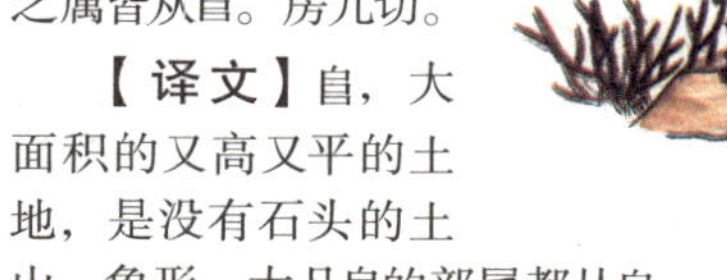

【译文】𨸏，大面积的又高又平的土地，是没有石头的土山。象形。大凡𨸏的部属都从𨸏。

【注释】① 大陆：《尔雅·释地》："高平曰陆。"

陵 líng

陵，大𨸏也。从𨸏，夌声。力膺切。

【译文】陵，大土山。从𨸏，夌声。

阞 lè

阞，地理也。从𨸏，力声。卢则切。

【译文】阞，地的脉理。从𨸏，力声。

陰 yīn

陰，闇[①]也；水之南、山之北也。从𨸏，侌声。于今切。

【译文】陰，幽暗，是水的南面、出的北面。从𨸏，会声。

【注释】① 闇：《段注》："闇者，闭门也。闭门则为幽暗。"

陽 yáng

陽，高、明也。从𨸏，昜声。与章切。

【译文】陽，山丘高耸，明亮。从𨸏，昜声。

陸 lù

陸，高平也。从𨸏，从坴，坴亦声。力竹切。

【译文】陸，又高又平的土地。由𨸏、由坴会意，坴也表声。

阿 ē

阿，大陵也。一曰：曲𨸏也。从𨸏，可声。乌何切。

【译文】阿，大土山。另一义说，山丘弯曲的地方。从𨸏，可声。

陂 bēi

陂，阪也。一曰：沱也。从𨸏，皮声。彼为切。

【译文】陂，山坡。另一义说，是池塘。从𨸏，皮声。

阪 bǎn

阪，坡者曰阪。一曰：泽障。一日：山胁也。从𨸏，反声。府远切。

【译文】阪，山坡叫阪。另一义说，水泽的堤障。另一义说，山腰小道。从𨸏，反声。

陬 zōu

陬，阪隅也。从𨸏，取声。子侯切。

【译文】陬，山坡的一角。从𨸏，取声。

隅 yú

隅，陬也。从𨸏，禺声。噳俱切。

【译文】隅，山角。从𨸏，禺声。

險 xiǎn

險，阻，难也。从𨸏，僉声。虚检切。

【译文】險，险峻和阻隔，都是艰难的意思。从𨸏，僉声。

限 xiàn

限，阻也。一曰：门榍[①]。从𨸏，艮声。乎简切。

【译文】限，阻隔。另一义说，是门槛。从𨸏，艮声。

【注释】① 门榍：《段注》："此别一义，而前义可包之。木部曰：'梱，门限也。'"

阻 zǔ

阻，险也。从𨸏，且声。侧吕切。

【译文】阻，险峻。从𨸏，且声。

陮 duì

陮，陮隗，高也。从𨸏，隹声。都辠切。

【译文】陮，崔巍，高峻不平。从𨸏，隹声。

隗 wěi

隗，陮隗也。从𨸏，鬼声。五辠切。

【译文】隗，崔巍。从𨸏，鬼声。

阭 yǔn

阭，高也。一曰：石也。从𨸏，允声。余准切。

【译文】阭，高峻。另一义说，是石头。从𨸏，允声。

陗 qiào

陗，陖也。从𨸏，肖声。七笑切。

【译文】陗，高峻陡直。从𨸏，肖声。

陖 jùn

陖，陗高也。从𨸏，夋声。私闰切。

【译文】陖，陡陗高峻。从𨸏，夋声。

隥 dèng

隥，仰也。从𨸏，登声。都邓切。

【译文】隥，（供）仰望（而登高的石梯）。从𨸏，登声。

陋 lòu

陋，阨陕也。从𨸏，㔷声。卢候切。

【译文】陋，狭隘。从𨸏，㔷声。

陟 zhì

陟，登也。从𨸏，从步。竹力切。

【译文】陟，登升。由𨸏、由步会意。

陷 xiàn

陷，高下也。一曰：陊也。从𨸏，从臽，臽亦声。户猪切。

【译文】陷，从高处陷入低下。另一义说，是堕落。由𨸏、由臽会意，臽也表声。

隰 xí

隰，阪下湿也。从𨸏，㬎声。似入切。

【译文】隰，山坡下低湿的地方。从𨸏，㬎声。

隤 tuí

隤，下队也。从𨸏，貴声。杜回切。

【译文】隤，向下坠落。从𨸏，貴声。

隊 zhuì

隊，从高队也。从𨸏，㒸声。徒对切。

【译文】隊，从高处坠落下去。从𨸏，㒸声。

降 jiàng

降，下也[①]。从𨸏，夅声[②]。古巷切。

【译文】降，下降。从𨸏，夅声。

【注释】①下：《段注》："此下为自上而下。"②从𨸏，夅声：《段注》："此亦形声包会意。"

隉 niè

隉，危也。从𨸏，从毁省。徐巡以为：隉，凶也。贾侍中说：隉，法度也。班固说：不安也。《周书》曰："邦之阢隉。"读若虹蜺之蜺。五结切。

【译文】隉，高危。由𨸏、由毁省殳会意。徐巡认为，隉是凶的意思。贾侍中说，隉是法度的意思。班固说，隉是不安的意思。《周书》说："国家的危险不安，（由于一个人。）"音读像虹蜺的"蜺"字。

隕 yǔn

隕，从高下也。从𨸏，員声。《易》曰："有隕自天。"于敏切。

【译文】隕，从高处落下。从𨸏，員声。《易经》说："从天而陨落。"

阤 zhì

阤，小崩也①。从𨸏，也声。丈尔切。

【译文】阤，小的崩缺。从𨸏，也声。

【注释】① 小崩：《段注》："大曰崩，小曰阤。"

隓 huī

隓，败城𨸏曰隓。从𨸏，𡏟声。许规切。

【译文】隓，败坏城墙叫隓。从𨸏，𡏟声。

陊 duò

陊，落也。从𨸏，多声。徒果切。

【译文】陊，坠落。从𨸏，多声。

阬 kēng

阬，（门）［阆］也。从𨸏，亢声。客庚切。

【译文】阬，洞穴深大。从𨸏，亢声。

防 fáng

防，隄也。从𨸏，方声。符方切。

【译文】防，堤坝。从𨸏，方声。

陘 xíng

陘，山绝坎也。从𨸏，巠声。户经切。

【译文】陘，出脉中间断绝成为坑陷。从𨸏，巠声。

隄 dī

隄，唐也。从𨸏，是声。都兮切。

【译文】隄，堤。从𨸏，是声。

阯 zhǐ

阯，基也。从𨸏，止声。诸市切。

【译文】阯，城墙和山的基脚。从𨸏，止声。

附 bù

附，附娄，小土山也。从𨸏，付声。《春秋传》曰："附娄无松柏。"符又切。

【译文】附，附娄，小土山。从𨸏，付声。《春秋左传》说："小土山上没有松柏这样的大树。"

阺 dǐ

阺，秦谓陵阪曰阺。从𨸏，氐声。丁礼切。

【译文】阺，秦地叫大土山和山坡作阺。从𨸏，氐声。

阢 wù

阢，石山戴土也。从𨸏，从兀，兀亦声。五忽切。

【译文】阢，石山上顶戴着泥土。由𨸏、由兀会意，兀也表声。

隒 yǎn

隒，崖也。从𨸏，兼声。读若俨。鱼检切。

【译文】隒，高耸、层叠的山边。从𨸏，兼声。音读像"俨"字。

阸 è

阸，塞也。从𨸏，戹声。于革切。

【译文】阸，阻隔。从𨸏，戹声。

隔 gé

隔，障也。从𨸏，鬲声。古核切。

【译文】隔，障隔。从𨸏，鬲声。

陜 shǎn

陜，弘农陜也。古虢国，王季之子所封也。

从𨸏，夾声。失冉切。

【译文】陝，弘农郡陝县。是古代的虢国，是周王季的儿子虢叔分封的地方。从𨸏，夾声。

障 zhàng

障，隔也。从𨸏，章声。之亮切。

【译文】障，阻隔。从𨸏，章声。

隱 yǐn

隱，蔽也。从𨸏，㥯声。于谨切。

【译文】隱，隐蔽。从𨸏，㥯声。

隩 ào

隩，水隈，崖也。从𨸏，奥声。乌到切。

【译文】隩，水边弯曲的地方，又叫崖。从𨸏，奥声。

隈 wēi

隈，水曲，隩也。从𨸏，畏声。乌恢切。

【译文】隈，水边弯曲的地方，又叫隩。从𨸏，畏声。

阮 yuán

阮，代郡五阮关也。从𨸏，元声。虞远切。

【译文】阮，代郡五阮关。从𨸏，元声。

陪 kū

陪，大𨸏也。一曰：右扶风郿有陪𨸏。从𨸏，告声。苦汏切。

【译文】陪，大土山。另一义说，右扶风郡郿县有陪山。从𨸏，告声。

陚 fù

陚，丘名。从𨸏，武声。方遇切。

【译文】陚，小丘名。从𨸏，武声。

㐲 dīng

㐲，丘名。从𨸏，丁声。读若丁。当经切。

【译文】㐲，小丘名。从𨸏，丁声。音读像"丁"字。

陳 chén

陳，宛丘[①]，舜后妫满之所封。从𨸏，从木，申声。直珍切。

【译文】陳，是四方高中央低的山丘，是舜的后裔妫满分封的地方。由𨸏、由木会意，申声。

【注释】①宛丘：《段注》："《毛传》曰'四方高中央下曰宛丘。'"

陶 táo

陶，再成丘也，在济阴。从𨸏，匋声。《夏书》曰："东至于陶丘。"陶丘有尧成，尧尝所居，故尧号陶唐氏。徒刀切。

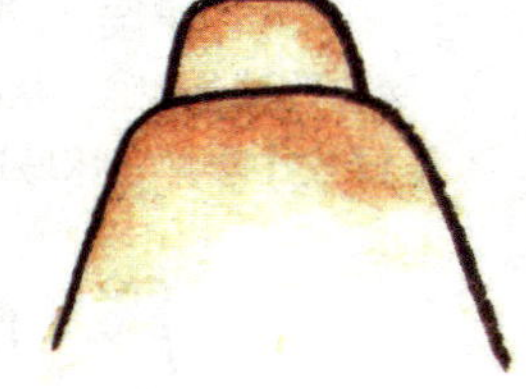

【译文】陶，（形状像叠着两只盂的）两层的山丘，在济阴郡。从𨸏，匋声。《夏书》说："东边到达陶丘。"陶丘那儿有尧城，是尧曾经居住的地方，所以尧又号称陶唐氏。

陼 zhǔ

陼，如渚者陼丘。水中高者也。从𨸏，者声。当古切。

【译文】陼，像水中小洲的地方，叫作陼丘。这是水中高平的地方。从𨸏，者声。

阽 yán

阽，壁危也。从𨸏，占声。余廉切。

【译文】阽，墙壁倾危。从𨸏，占声。

阼 zuò

阼，主阶也。从𨸏，乍声。昨误切。

【译文】阼，（堂前东面）主人（迎接宾客）的台阶。从𨸏，乍声。

除 除 chú

除，殿陛也。从𨸏，余声。直鱼切。

【译文】除，宫殿的台阶。从𨸏，余声。

階 階 jiē

階，陛也。从𨸏，皆声。古谐切。

【译文】階，台阶。从𨸏，皆声。

陛 陛 bì

陛，升高阶也。从𨸏，坒声。旁礼切。

【译文】陛，（依次）升高的阶梯，从𨸏，坒声。

陔 陔 gāi

陔，阶次也。从𨸏，亥声。古哀切。

【译文】陔，殿阶的次序。从𨸏，亥声。

陾 陾 réng

陾，筑墙声也。从𨸏，耎声。《诗》云："捄之陾陾。" 如乘切。

【译文】陾，筑墙的声音。从𨸏，耎声。《诗经》说："铲土入笼，铲得陾陾地响。"

際 際 jì

際，壁会也。从𨸏，祭声。子例切。

【译文】際，两版墙壁相会合的缝。从𨸏，祭声。

隙 隙 xì

隙，壁际孔也。从𨸏，从㡿，㡿亦声。绮戟切。

【译文】隙，墙壁交会之处的孔穴。由𨸏、由㡿会意，㡿也表声。

陪 陪 péi

陪，重土也。一曰：满也。从𨸏，咅声。薄回切。

【译文】陪，重叠的土堆。另一义说，是满。从𨸏，咅声。

隊 隊 zhuàn

隊，道边庳垣也。从𨸏，彖声。徒玩切。

【译文】隊，路旁矮墙。从𨸏，彖声。

陴 陴 pí

陴，城上女墙俾倪也。从𨸏，卑声。符支切。

【译文】陴，城墙上矮小的墙叫作俾倪。从𨸏，卑声。

隍 隍 huáng

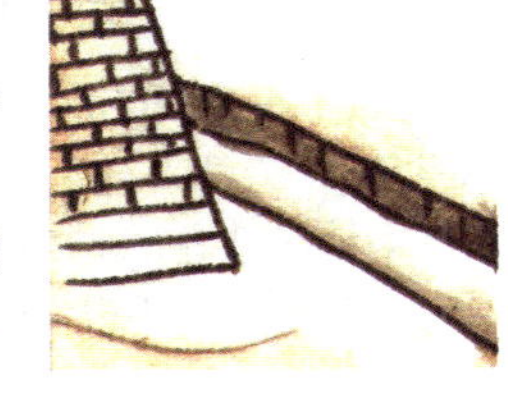

隍，城池也。有水曰池，无水曰隍。从𨸏，皇声。《易》曰："城复于隍。" 乎光切。

【译文】隍，护城的壕沟。有水的叫作池，没有水的叫作隍。从𨸏，皇声。《易经》说："城墙倒塌在干城壕里。"

阹 阹 qū

阹，依山谷為牛馬圈也。从𨸏，去声。去鱼切。

【译文】阹，依傍山谷作成喂养牛马的栏圈。从𨸏，去声。

陲 陲 chuí

陲，危也。从𨸏，垂声。是为切。

【译文】陲，山势垂危。从𨸏，垂声。

隝 隝 wǔ

隝，小障也。一曰：庳城也。从𨸏，烏声。安古切。

【译文】隝，小阻隔。另一义说，矮小的城墙。从𨸏，烏声。

院 yuàn

院，坚也。从𨸏，完声。王眷切。

【译文】院，坚固。从𨸏，完声。

陯 lún

陯，山阜陷也。从𨸏，侖声。卢昆切。

【译文】陯，山阜塌陷。从𨸏，侖声。

陙 chún

陙，水𨸏也。从𨸏，辰声。食伦切。

【译文】陙，水岸。从𨸏，辰声。

𨺅部

𨺅 fù

𨺅，两𨸏之间也。从二𨸏。凡𨺅之属皆从𨺅。房九切。

【译文】𨺅，两山阜之间。由正反两个𨸏字相合而会意。大凡𨺅的部属都从𨺅。

𨽍 jué

𨽍，𨸏突也。从𨺅，决省声。于决切。

【译文】𨽍，山陵被凿穿（而成通道）。从𨺅，决省声。

厽部

厽 lěi

厽，絫坺土为墙壁。象形。凡厽之属皆从厽。力轨切。

【译文】厽，累叠土块成为墙壁。像土块积叠的样子。大凡厽的部属都从厽。

絫 lěi

絫，增也。从厽，从糸。絫，十黍之重也。力轨切。

【译文】絫，积累。由厽、由糸会意。絫，又是十粒黍的重量。

垒 lěi

垒，系墼也。从厽，从土。力轨切。

【译文】垒，累叠土砖。由厽、由土会意。

四部

四 sì

四，阴数[1]也。象四分之形。凡四之属皆从四。息利切。

【译文】四，表示阴的数字。像分为四角的形状。大凡四的部属都从四。

【注释】①阴数：《易·乾凿度》："孔子曰：阳三阴四，位之正也。"

𨺓 suì

𨺓，塞上亭守湊火者。从𨺅，从火，遂声。徐醉切。

【译文】𨺓，边塞之上守烽火的亭子。由𨺅、由火会意，遂声。

宁部

宁 zhù

宁，辨积物也。象形。凡宁之属皆从宁。直吕切。

【译文】宁，分别积聚物体的器具。象形。大凡宁的部属都从宁。

𡭼 zhǔ

𡭼，幡也。所以载盛米。从米，从甾。甾，缶也。陟吕切。

【译文】𡭼，像盛米布袋似的器物。是用来装载谷米的用具。由米、由甾会意。甾，表示盛物的瓦器。

叕部

叕 zhuó

叕，缀联也。象形。凡叕之属皆从叕。陟劣切。

【译文】叕，相互连缀。象形。大凡叕的部属都从叕。

綴 zhuì

綴，合箸也。从叕，从糸。陟衛切。

【译文】綴，（用丝线）连合使相互附着在一起。由叕、由糸会意。

亞部

亞 yà

亞，丑也[①]。象人局背之形。贾侍中说，以为次弟也。凡亚之属皆从亚。衣驾切。

【译文】亞，丑恶。像人龟背鸡胸的样子。贾侍中说，用它来表示次一等的意义。大凡亚的部属都从亚。

【注释】①丑：《段注》：“此亚之本义。亚与恶音义皆同。”

五部

五 wǔ

五，五行[①]也。从二，阴阳在天地间交午也。凡五之属皆从五。疑古切。

【译文】五，表示水、火、木、金、土五种物质。二，（表示天和地。）（×，）表示阴、阳二气在天地之间交错。大凡五的部属都从五。

【注释】①五行：《段注》：“古之圣人知有水、火、木、金、土五者，而后造此字也。”

六部

六 liù

六，《易》之数，阴变于六，正于八。从入，从八。凡六之属皆从六。力竹切。

【译文】六，《周易》的数字，用六为阴的变数，用八为阴的正数。由入、由八会意，（表示六是由八退减而成。）大凡六的部属都从六。

七部

七 qī

七，阳之正也。从一[①]，微阴从中衺出也。凡七之属皆从七。亲吉切。

【译文】七，阳的正数。从一，（表示阳；）（⺄）表示微弱的阴气从表示阳气的“一”中斜屈地冒出来。大凡七的部属都从七。

【注释】①从一：王筠《句读》：“一者，阳也。阳中有阴。故为少阳。”按：少阳即正阳。

九部

九 jiǔ

九，阳之变也[①]。象其屈曲究尽之形。凡九之属皆从九。举有切。

【译文】九，阳的变数。像那个弯弯曲曲直到终尽的样子。大凡九的部属都从九。

【注释】①阳之变：饶炯《部首订》：“夫九为老阳，乃数之终，凡数穷则变。”

馗 kuí

馗，九达道也。似龟背，故谓之馗。馗，高也。从九，从首。渠追切。

【译文】馗，向多方通达的道路。好比乌龟的背中间高起、可以向四下通达，所以叫作馗。馗，表示高起。由九、由首会意。

厹部

内 róu

内，兽足蹂地也。象形，九声。《尔疋》曰："狐狸貛貉丑，其足蹞，其迹厹。"凡内之属皆从内。人九切。

【译文】内，兽的脚践踏地面。(𠃌)像那趾头的痕迹，九表声。《尔雅》说："狐、狸、獾、貉之类，它们的脚掌叫蹞，它们的足迹叫厹。"大凡内的部属都从内。

禽 qín

禽，走兽总名。从厹[①]，象形，今声。禽、离、兕头相似。巨今切。

【译文】禽，走兽的总名称。从内，(𠙴)像头部之形，今声。禽、离、兕三个字的头部相似。

【注释】①从厹句：《段注》："厹以象其足迹，凶以象其首。"

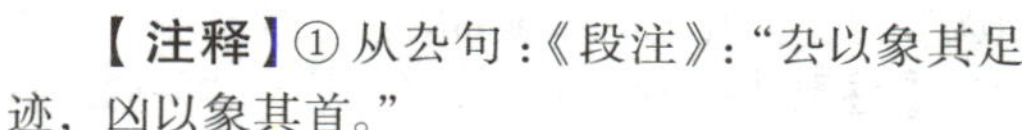

离 chī

离，山神，兽也。从禽头，从厹，从屮。欧阳乔说，离，猛兽也。吕支切。

【译文】离，山林的神，像兽的样子。由禽头凶、由厹、由屮会意。欧阳乔说，离是猛兽。

萬 wàn

萬，虫也[①]。从厹，象形。无贩切。

【译文】萬，虫名。从厹，像头部之形。

【注释】①虫：《段注》："谓虫名也。"徐灏笺："万即虿字。讹从厹。因为数名所专，又加虫作虿，遂岐而为二。"

禹 yǔ

禹，虫也。从厹，象形。王矩切。

【译文】禹，虫名。从厹。像头部之形。

禼 xiè

禼，虫也。从厹，象形。读与偰同。私列切。

【译文】禼，虫名。从厹，(卤)象形。音读与"偰"字相同。

嘼部

嘼 chù

嘼，犍也。象耳、头、足厹地之形。古文嘼，下从厹。凡嘼之属皆从嘼。许救切。

【译文】嘼，畜生。像耳朵、头、脚践踏地的样子。古文嘼字，下面从厹字。大凡嘼的部属都从嘼。

獸 shòu

獸[①]，守备者。从嘼，从犬。舒救切。

【译文】獸，能守能备的野兽。由嘼、由犬会意。

【注释】①獸：徐灏《段注笺》："兽之言狩也，田猎所获，故其字从犬，谓猎犬也。"

甲部

甲 jiǎ

甲，[位]东方之孟，阳气萌动[①]，从木戴孚甲之象。一曰：人头宜为甲，甲象人头。凡甲之属皆从甲。古狎切。

【译文】甲，定位在东方，东方是五方之始，(属木，木代表春天。)春天，阳气萌生而运动，像草木顶戴种子的甲壳的样子。另一义说，人头的腔颅叫甲，甲像人头。大凡甲的部属都从甲。

【注释】①阳气句：高亨《文字形义学概论》：

"谓春时阳气萌生而动也。"

乙部

乙 yǐ

乙，象春艸木冤曲而出，阴气尚强，其出乙乙也。与丨同意。乙承甲，象人颈。凡乙之属皆从乙。于笔切。

【译文】乙，像春天草木弯弯曲曲而长出地面，这时阴气还强大，草木的长出十分困难。用乙表示草木的长出，与牵引向上而行的丨用意相同。乙继承着甲，像人的颈脖。大凡乙的部属都从乙。

乾 gān

乾，上出也。从乙，乙，物之达也，倝声。渠焉切。又，古寒切。

【译文】乾，向上冒出。从乙，乙表示植物由地底向地面通达，倝声。

亂 luàn

亂，治也。从乙，乙，治之也[①]。从𤔔。郎段切。

【译文】亂，治理。从乙，乙表示把曲乱的治理为通达的，从𤔔。

【注释】①乙，治之也：《段注》："乙以治之，谓诎者达之也。"王筠《句读》："去本意远矣，故复解之。"

丙部

丙 bǐng

丙，位南方[①]，万物成，炳然。阴气初起，阳气将亏。从一入冂。一者，阳也。丙承乙，象人肩。凡丙之属皆从丙。兵永切。

【译文】丙，定位在南方，（南方是夏天的方位，）这时万物都长成，都光明强盛。阴气开始出现，阳气将要亏损。由一、入、冂会意，一表示阳气。丙继承着乙，像人的肩。大凡丙的部属都从丙。

【注释】①位南方句：高亨《文字形义学概论》："古代五行说：以丙丁名南方，南方为火为夏。许氏据此，以为丙居南方之位，属夏之时，其时万物皆长成，炳然而盛，阳气初入于地下。故丙字从一入冂。此皆曲说也。"

丁部

丁 dīng

丁，夏时万物皆丁实。象形。丁承丙，象人心。凡丁之属皆从丁。当经切。

【译文】丁，夏天万物都壮实。像草木茎上有果实的样子。丁继承丙，像人的心。大凡丁的部属都放丁。

戊部

戊 wù

戊，中宫也。象六甲五龙相拘绞也。戊承丁，象人胁。凡戊之属皆从戊。莫候切。

【译文】戊，定位在中央。（戊字的五画）像六甲中的（黄、白、黑、青、赤）五龙相互钩结在一起。戊继承丁，像人的胸胁。大凡戊的部属都从戊。

成 chéng

成，就也。从戊，丁声[①]。氏征切。

【译文】成，成熟。从戊，丁声。

【注释】①从戊，丁声：徐灏《段注笺》："戊古读曰茂，茂盛者，物之成也；丁壮亦成也。"

己部

己 jǐ

己，中宫也。象万物辟藏诎形也。己承戊，象人腹。凡己之属皆从己。居拟切。

【译文】己，定位在中央。像万物因回避而收藏在土中的弯弯曲曲的形状。己继承戊，像人的腹部。大凡己的部属都从己。

巹 jǐn

巹，谨身有所承也[①]。从己丞。读若《诗》云“赤舄己己”。居隐切。

【译文】巹，使自己小心恭谨而去承奉别人。由己、丞会意。音读像《诗经》说的“红色的绣金鞋儿己己翘着”的“己”字。

【注释】① 谨身句：涂灏《段注笺》：“巹之言谨也。屈己以承人，故曰谨身有所承。”《段注》：“承者，奉也，受也。”

巴部

巴 bā

巴，虫也。或曰：食象蛇。象形。凡巴之属皆从巴。伯加切。

【译文】巴，虫名。有人说，就是食象的蛇。象形。大凡巴的部属都从巴。

𢎹 bǎ

𢎹，搉击也。从巴帚。阙。博下切。

【译文】𢎹，反手击物。由巴、帚会意。阙其会意之理。

庚部

庚 gēng

庚，位西方，象秋时万物庚庚有实也。庚承己，象人齐。凡庚之属皆从庚。古行切。

【译文】庚，定位在西方，（西方是秋天的方位，）像秋天万物坚硬有果实的样子。庚继承己，像人的肚脐。大凡庚的部属都从庚。

辛部

辛 xīn

辛，秋时万物成而孰；金刚；味辛，辛痛即泣出。从一从䇂，䇂，辠也。辛承庚，象人股。凡辛之属皆从辛。息邻切。

【译文】辛，（代表秋天，）秋天万物成熟了。（又代表金，）金质刚硬。（又代表辛味，）味道辛辣，辛辣就感到痛苦，就会流出眼泪。由一、由䇂（qiān）会意，䇂是罪恶的意思。辛继承庚，像人的大腿。大凡辛的部属都从辛。

辠 zuì

辠，犯法也。从辛，从自，言辠人蹙鼻苦辛之忧。秦以辠似皇字，改为罪。徂贿切。

【译文】辠，触犯法律。由辛、由自会意，是说罪人蹙着鼻子、有痛苦辛酸的忧伤。秦始皇因为“辠”字像“皇”字，改作“罪”字。

辜 gū

辜，辠也。从辛，古声。古乎切。

【译文】辜，罪。从辛，古声。

辥 xuē

辥，辠也。从辛，𠂤声。私列切。

【译文】辥，罪。从辛，𠂤声。

辤 cí

辤，不受也。从辛，从受。受辛宜辤之。似兹切。

【译文】辤，不接受。由辛、由受会意。受罪应该辞避。

辭 cí

辭，讼也。从𤔔［辛］。𤔔［辛］犹理辜也。𤔔，理也。似兹切。

【译文】辭，打官司的文辭。由𤔔、辛会意。𤔔（辛）好比说治理罪过。𤔔，治理的意思。

辡部

辡 biǎn

辡，辠人相与讼也。从二辛。凡辡之属皆从辡。方免切。

【译文】辡，罪人相互打官司。由两个辛字会意。大凡辡的部属都从辡。

辯 biàn

辯，治也。从言在辡之间。符蹇切。

【译文】辯，治理。由“言”在“辡”的中间会意。

壬部

壬 rén

壬，位北方也。阴极阳生，故《易》曰：“龙战于野。”战者，接也。象人褢妊之形。承亥壬以子[①]，生之叙也。与巫同意。壬承辛，象人胫。胫，任体也。凡壬之属皆从壬。如林切。

【译文】壬，定位在北方。（壬又代表冬天，）这时阴气极盛而阳气已生，所以《易经》说：“龙战于野。”战是交接的意思。（龙战于野，是属阳的龙与属阴的野相互交接而产生阳气。人们阴阳交接就怀孕。）壬字像人怀孕的样子。用子承接着定位在北方的地支的亥和天干的壬，这是符合孳生的顺序的。（壬在“工”字中加“一”，表示怀孕的样子，）与巫字“工”中加“从”以像舞袖的构形原则相同。壬继承辛，像人的小腿。小腿，是负载整个身躯的肢体。大凡壬的部属都从壬。

【注释】①承亥壬句：王筠《句读》：“此以方位言也。支（地支）之亥与干（天干）之壬，同居北方，亥之下即是子，亥者褢子咳咳也；壬即妊，谓身震动欲生也，生则为子矣。故曰：生之叙也。”

癸部

癸 guǐ

癸，冬时[①]，水土平，可揆度也。象水从四方流入地中之形。癸承壬，象人足。凡癸之属皆从癸。居诔切。

【译文】癸，代表冬时，这时水土平整，可以度量。（癸）像水从四方流入地中的样子。癸继承壬，像人的脚。大凡癸的部属都从癸。

【注释】①冬时句：高亨《文字形义学概论》：“古代五行说：壬癸为冬，故许以冬时解癸，以为冬时水枯，癸象水从四方流入地中。亦非也。”

子部

子 zǐ

子[①]，十一月，阳气动，万物滋，人以为偁。象形。凡子之属皆从子。即里切。

【译文】子，代表十一月，这时阳气发动，万物滋生，人假借“子”作为偁呼。像婴儿的样子。大凡子的部属都从子。

【注释】①子：高亨《文字形义学概论》：“古代以十二支纪月，以夏历言之，十一月为子月，十二月为丑月，正月为寅月。夏历以寅月为岁首（正月），故称‘建寅’，殷历以丑月为岁首，故称‘建丑’，周历以子月为岁首，故称‘建子，即所谓三统历也。许氏以为子是子月之子，十一月是阳气初动、万物始萌之月，因而人之婴儿亦称为子，子字像婴儿之形，此说不尽是。按子之本义为婴儿，象形。”

孕 yùn

孕，褢子也。从子，从几[①]。以证切。

【译文】孕，怀胎。由子、几会意。

【注释】①几：徐锴《系传》：“几音殊。艹木之实垂，亦取象于几，朵字是也。人褢妊似之也。”

一说“从儿”应作“乃声”，见《段注》。

挽 miǎn

挽，生子免身也。从子，从免。芳万切。

【译文】挽，生下婴儿，使母体解免。由子、由免会意。

字 zì

字，乳也。从子在宀下，子亦声。疾置切。

【译文】字，生育。由“子”在“宀”下会意，子也表声。

孿 luán

孿，一乳两子也。从子，䜌声。生患切。

【译文】孿，一次生两个婴儿。从子，䜌声。

孟 mèng

孟，长也。从子，皿声。莫更切。

【译文】孟，（同辈中）年事大的。从子。皿声。

孺 rù

孺，乳子也。一曰：输[孺]也。输[孺]尚小也。从子，需声。而遇切。

【译文】孺，乳臭未干的小孩。另一义说，是愚昧，愚昧是因为年纪还小。从子，需声。

季 jì

季，少偁也。从子，从稚省，稚亦声。居悸切。

【译文】季，年少者的称呼。由子、由稚省隹会意，稚也表声。

孤 gū

孤，无父也。从子，瓜声。古乎切。

【译文】孤，（年幼而）没有父亲。从子，瓜声。

存 cún

存，恤问也。从子，才声。徂尊切。

【译文】存，慰问。从子，才声。

疑 yí

疑，惑也。从子、止、匕，矢声。语其切。

【译文】疑，迷惑。由子、止、匕会意，矢声。

了部

了 liǎo

了，尥也。从子无臂。象形。凡了之属皆从了。卢鸟切。

【译文】了，行走时腿脚相交。由子字省去表示手臂的两曲笔表示。像子字之形。大凡了的部属都从了。

孓 jué

孓，无左臂也。从了，亅象形。居月切。

【译文】孓，没有左手臂。从了，亅象子字有右臂而无左臂的样子。

孑 jié

孑[①]，无右臂也[②]。从了，乚象形。居桀切。

【译文】孑，没有右手臂。从了，乚像子字有左臂而无右臂的样子。

【注释】① 孑：引申为单独，孤单。李密《陈情表》：“茕茕孑立，形影相吊。” ② 无右臂：《段注》：“引申之，凡特立为孑。”

孨部

孨 zhuǎn

孨，谨也。从三子。凡孨之属皆从孨。读若翦。旨兖切。

【译文】孨，谨慎。由三个“子”字会意。大风孨的部属都从孨。音读像“翦”字。

孱 chán

孱，连也。一曰：呻吟也。从孨在尸下。七连切。

【译文】孱，狭窄。另一义说，是呻吟。由“孨”在“尸”下会意。

孴 nǐ

孴，盛皃。从孨，从曰。读若薿薿。一曰：若存。鱼纪切。

【译文】孴，茂盛的样子。由孨、由尸会意。音读像薿薿茂盛的“薿”字。另一义说，音读像“存”字。

𠫓部

𠫓 tū

𠫓，不顺忽出也[①]。从到子。《易》曰：“突如其来如。”不孝子突出，不容于内也。凡𠫓之属皆从𠫓。他骨切。

【译文】𠫓，反常、背理而突然出现。由倒着的子字表示。《易经》说：“突然地来到了。”不孝之子突然生出，不被母体之内所容纳。大凡𠫓的部属都从𠫓。

【注释】①不顺句：《段注》：“谓凡物之反其常，凡事之屰（逆）其理，突出至前者，皆是也。”朱骏声《通训定声》：“子生，首先出，惟到（倒）乃顺。”

育 yù

育，养子使作善也。从𠫓[①]，肉声。《虞书》曰：“教育子。”余六切。

【译文】育，培养孩子使之作好人好事。从𠫓，肉声。《虞书》说：“教育孩子并使之成长。”

【注释】①从𠫓：《段注》：“不从子而从倒子者，正谓不善者可使作善也。”

疏 shū

疏，通也。从㐬，从疋，疋亦声。所菹切。

【译文】疏，因疏导而通畅。由㐬、由疋会意，疋也表声。

丑部

丑 chǒu

丑，纽也。十二月，万物动，用事。象手之形。时加丑，亦举手时也。凡丑之属皆从丑。敕九切。

【译文】丑，阴气的坚固的纽结已渐渐缓解。（丑）代表十二月，（这时阳气上通，）万物发动，将用农事。（丑）像手的形状。一天临上丑时，也是人们举手有为的时辰。大凡丑的部属都从丑。

肚 niǔ

肚，食肉也。从丑，从肉。女久切。

【译文】肚，吃肉。由丑、由肉会意。

羞 xiū

羞，进献也。从羊，羊，所进也；从丑，丑亦声。息流切。

【译文】羞，进献（食品）。从羊，羊是进献的食品；从丑，丑也表声。

寅部

寅 yín

寅，髕也。正月，阳气动，去黄泉，欲上出，阴尚强，象宀不达，髕寅于下也。凡寅之属皆从寅。弋真切。

【译文】寅，摈弃排斥。（寅）代表正月，这时阳气发动，离开地底的黄泉。想要向地上冒出，而阴气还很强大，像交相覆盖的深邃的屋子一样覆盖着，不让阳气通达，并且把它摈弃排斥在地下。大凡寅的部属都从寅。

卯部

卯 mǎo

卯，冒也。二月，万物冒地而出。象开门之

形。故二月为天门。凡卯之属皆扶卯。莫饱切。

【译文】卯，阳气从地中冒出。（卯）代表二月，这时万物顶破土地而生长出来。（卯）像两门相背而开的样子。所以二月又叫作天门。大凡卯的部属都从卯。

辰部

辰 chén

辰，震也。三月，阳气动，雷电振，民农时也。物皆生，从乙、匕，象芒达；厂声也。辰，房星，天时也。从二，二，古文上字。凡辰之属皆从辰。植邻切。

【译文】辰，震动。（辰）代表三月，这时阳气发动，雷电震动，是人们耕种的时令。万物都生长，由乙、匕（huà，化）会意，表示草木由弯弯曲曲艰难地生长变化为草芒径直通达。厂表示读音。辰（又代表辰星，）指二十八宿之一的房星，（房星的出现，）标志着种田的天时的来到。所以从二，二是古文上字。大凡辰的部属都从辰。

辱 rǔ

辱，耻也。从寸在辰下。失耕时，于封畺上戮之也。辰者，农之时也。故房星为辰，田候也。而蜀切。

【译文】辱，耻辱。由“寸”在“辰”下会意，（表示得失务农的时机则按法度赏罚。）失去耕种的时机，就在封土上羞辱他。辰月，是农耕的时令。所以房星叫作辰星，（它的出现，）是耕田的征兆。

巳部

巳 sì

巳，已也。四月，阳气已出，阴气已藏，万物见，成文章，故巳为蛇，象形。凡巳之属皆从巳。详里切。

【译文】巳，已经。（巳）代表四月，这时阳气已经出来，阴气已经藏匿，万物出现，形成华美的色彩和花纹，（蛇已出洞，）所以巳字表示蛇，像蛇形。大凡巳的部属都从巳。

目 yǐ

目（以），用也。从反巳。贾侍中说：“巳，意巳实也。象形。”羊止切。

【译文】目（以），用。由巳字反过来表示。贾侍中说：“目（以），薏苡的果实。像果实的形状。”

午部

午 wǔ

午，啎也。五月，阴气午逆阳，冒地而出。此（予）［与］矢同意。凡午之属皆从午。疑古切。

【译文】午，逆反。（午）代表五月，这时阴气逆犯阳气，顶触地面而出。这个字与矢字表示贯穿义的构字原则相同。大凡午的部属都从午。

啎 wǔ

啎，逆也。从午，吾声。五故切。

【译文】啎，触逆。从午，吾声。

未部

未 wèi

未，味也。六月，滋味也。五行，木老于未。象木重枝叶也。凡未之属皆从未。无沸切。

【译文】未，滋味。（未）代表六月，这时（万物长成）有滋味。（金、木、水、火、土）五种物质，木在未月老成。未像树木重叠枝叶的样子。大凡未的部属都从未。

申部

申 shēn

申，神也。七月，阴气成，体自申束。从臼，自持也。吏臣餔时听事，申旦政也。凡申之属皆从申。失人切。

【译文】申，神明。（申）代表七月，这时阴气形成，

它的体态，或自伸展，或自卷束。从臼，表示自我持控的意思。官吏在申时吃晚饭的时候，听理公事，是为了申明早晨所布置的政务完成情况。大凡申的部属都从申。

臾 yú

臾，束缚捽抴为臾。从申，从乙。羊朱切。

【译文】臾，捆绑时抓住头发拖拉叫臾。由申、由乙会意。

曳 yè

曳，臾曳也。从申，丿声。余制切。

【译文】曳，拖拉。从申，丿声。

酉部

酉 yǒu

酉，就也。八月，黍成，可为酎酒。象古文酉之形。凡酉之属皆从酉。古文酉从卯，卯为春门，万物已出。酉为秋门，万物已入，一，闭门象也。与久切。

【译文】酉，成熟。（酉）代表八月，这时黍成熟，可以酿制醇酒。像古文酉的样子。大凡酉的部属都从酉。古文酉字。从卯，卯表示春季开着的门，万物已从门内出来。酉表示秋季闭着的门，万物已进入门内，酉上的“一”是闭门的象征。

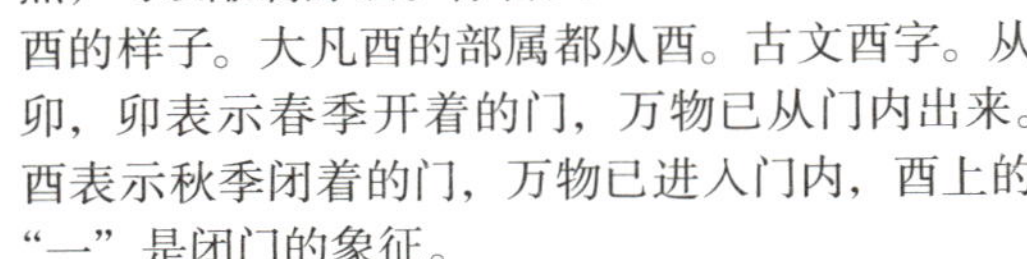

酒 jiǔ

酒，就也，所以就人性之善恶。从水，从酉，酉亦声。一曰：造也，吉凶所造也。古者仪狄作酒醪，禹尝之而美，遂疏仪狄。杜康作秫酒。子酉切。

【译文】酒，迁就，是用来迁就（助长）人性的善良和丑恶的饮料。由水、由酉会意，酉也表声。另一义说，酒是成就的意思，是吉利的事、不祥的事成就的原因。古时候仪狄造酒，大禹尝酒而以为酒味醇美，于是就疏远了仪狄。又，杜康制作了高粱酒。

釀 niàng

釀，酝也。作酒曰釀。从酉，襄声。女亮声。

【译文】釀，酝酿。造酒叫酿。从酉，襄声。

醖 yùn

醖，酿也。从酉，昷声。于问切。

【译文】醖，酿酒。从酉，昷声。

酴 tú

酴，酒母也。从酉，余声。读若庐。同都切。

【译文】酴，酒娘子。从酉，余声。音读像“庐”字。

畚 fàn

畚，酒疾孰也。从酒，弁声。劳万切。

【译文】畚，酿的酒迅疾成熟。从酒，弁声。

釃 shī

釃，下酒也。一曰：醇也。从酉，麗声。所绮切。

【译文】釃，滤下清酒。另一义说，醇厚的酒。从酉，麗声。

醴 lǐ

醴，酒一宿孰也。从酉，豊声。卢启切。

【译文】醴，酒酿一夜就成熟了。从酉，豊声。

醇 chún

醇，不浇酒也。从酉，享声。常伦切。

【译文】醇，不浇水的纯酒。从酉，享声。

酌 zhuó

酌，盛酒行觞也。从酉，勺声。之若切。

【译文】酌，盛酒在觯中劝人喝酒。从酉，勺声。

配 pèi

配，酒色也。从酉，己声。滂佩切。

【译文】配，酒的颜色。从酉，己声。

醉 zuì

醉，卒也。卒其度量，不至于乱也。一曰：溃也。从酉，从卒。将遂切。

【译文】醉，尽量。使其酒量满尽，而不到达昏乱的地步。另一义说，是溃乱。由酉、由卒会意。

醺 xūn

醺，醉也。从酉，熏声。《诗》曰："公尸来燕醺醺。"许云切。

【译文】醺，喝酒尽量（而酒气熏熏）。从酉，熏声。《诗经》说："扮演周王祖先而受祭的人来喝酒，喝得酒气醺醺。"

酗 xù

酗，醉醬也。从酉，句声。香遇切。

【译文】酗，沉醉在酗酒上。从酉，句声。

酲 chéng

酲，病酒也。一曰：醉而觉也。从酉，呈声。直贞切。

【译文】酲，因酒醉而引起的病态。另一义说，酒醉中有所觉醒。从酉，呈声。

醫 yī

醫，治病工也。殹，恶姿也；医之性然。得酒而使，从酉。王育说。一曰：殹，病声。酒所以治病也。《周礼》有医酒。古者巫彭初作医。于其切。

【译文】醫，治病的人。殹，是违背常人的姿态的意思，医生的性情就是这样。用酒作药物的辅助剂，所以从酉。这是王育的说法。另一义说，殹，表示病人的声音；酒，是用来治病的饮料。《周礼》有名叫醫的酒类饮料。古时候，巫彭开始行医。

莤 sù

莤，礼祭，束茅，加于裸圭，而灌鬯酒，是为莤。象神歆之也。一曰：莤，榼上塞也。从酉，从艸。《春秋传》曰："尔贡包茅不入，王祭不供，无以莤酒。"所六切。

【译文】莤，按礼的规定祭祀，捆束着茅，（树立在祭场的前面，）用施行灌祭的祭器圭瓒加在茅上，而向茅灌郁鬯酒，这就叫莤。（酒从茅叶上渗透下去，）像神喝了酒。另一义说，莤是酒器上的塞子。由酉、由艸会意。《春秋左传》说："你们应该纳贡的是包捆着的菁茅，却不献进；天子的祭祀，你们不供给：天子没有办法举行'莤酒'的礼仪了。"

醨 lí

醨，薄酒也。从酉，离声。读若离。吕支切。

【译文】醨，薄酒。从酉，离声，音读像"离"字。

酸 suān

酸，酢也。从酉，夋声。关东谓酢曰酸。素官切。

【译文】酸，醋。从酉，夋声。关东地方叫酢作酸。

酢 cù

酢，醶也。从酉，乍声。仓故切。

【译文】酢，醋。从酉，乍声。

醢 hǎi

醢，肉酱也。从酉，㐭声。呼改切。

【译文】醢，肉酱。从酉，㐭声。

𨡄 酴 tú

酴，𨣿酴也。从酉，俞声。田候切。

【译文】酴，𨣿酴。从酉，俞声。

𨡙 酹 lèi

酹，餟祭也。从酉，寽声。郎外切。

【译文】酹，把酒挥洒在地上祭奠。从酉，寽声。

𨢏 醳 bì

醳，捣榆𨡸也。从酉，畢声。蒲计切。

【译文】醳，捣碎榆子仁而作成的𨡸。从酉，畢声。

𨠥 酏 yí

酏，黍酒也。从酉，也声。一曰：甜也。贾侍中说，酏为鬻清。移尔切。

【译文】酏，用黍米酿成的酒。从酉，也声。另一义就是甜。贾侍中说，酏是清稀的粥。

䣼 䣼 liáng

䣼[①]，杂味也[②]。从酉，京声。力让切。

【译文】䣼，用干粮杂和着水而味薄的饮料。从酉，京声。

【注释】① 䣼：《段注》："即《周官》《内则》之凉字也。" ② 杂味：《段注》："即以诸（众杂之词）和水说也。" 朱骏声《通训定声》："凉者以糗（干粮）饭杂水。" 按：指古代六饮之一。

酋部

酋 酋 qiú

酋，绎酒也。从酉，水半见于上。《礼》有"大酋"，掌酒官也。凡酋之属皆从酋。字秋切。

【译文】酋，久酿的酒。从酉，由水字的一半出现在"酉"上表示。《礼》上有"大酋"这样的职务，是掌管酿酒的官。大凡酋的部属都从酋。

尊 尊 zūn

尊，酒器也。从酋，廾以奉之。《周礼》六尊：牺尊、象尊、着尊、壶尊、太尊、山尊，以待祭祀宾客之礼。祖昆切。

【译文】尊，盛酒的器皿。从酋，两手高高捧举着它。《周礼》有六尊：牺牛形的酒罇、象形的酒罇、没有脚而底着地的酒罇、壶形酒罇、太古的陶制酒罇、刻画着山和云雷之形的酒罇，用来准备祭祀和宴请宾客的礼仪。

戌部

戌 戌 xū

戌，灭也。九月，阳气微，万物毕成，阳下入地也。五行，土生于戊，盛于戌。从戊含一。凡戌之属皆从戌。辛聿切。

【译文】戌，消灭。（戌）代表九月，这时阳气微弱，万物都已成熟，阳气向下进入地中。金木水火土五种物质，土产生在位于中央的戊方位，在戌月鄙九月气势最旺盛。由"戊"含着"一"表示。大凡戌的部属都从戌。

亥部

亥 亥 hài

亥，荄也。十月，微阳起，接盛阴。从二，二，古文上字。一人男，一人女也。从乙，象裹子咳咳之形。《春秋传》曰："亥有二首六身。" 凡亥之属皆从亥。亥而生子，复从一起。胡改切。

【译文】亥，草根。（亥）代表十月，这时微弱的阳气产生，续接着旺盛的阴气。从二，二是古文上字。⺍表示一人是男，一人是女。从乙，像怀着胎儿腹部拳曲的样子。《春秋左传》说："亥字上有二画为首，下有六画为身。" 大凡亥的部属都从亥。至"亥"（而地支已尽），则又产生"子"，（万事万物）又从一开始。

浅谈汉字之书法

汉字

汉字产生于图画文字。

书写

为了书写方便，图画分离。

书法

燕 齐 赵 魏 韩 楚 秦

一种观点认为，汉字的产生，便是书法艺术的萌芽。

书法家

在古代，使用文字的人都是知识分子。

如徐邦达先生说："从一开始创造出字的时候，书写者就总要想把它写得整齐一些，好看一些，这是自发的一种爱美的心理的体现，也是形成书法艺术美的根由。"

这些受过教育会写字的人其中一些必定书写水平高，能够较好地把握和处理字形结构，使字形结构仍能保持一定的造型美，久而久之，被逐步接受而流传开来。这可说是书法家的由来。

"文"字的甲骨文，似交错的纹饰，是象形字，《说文解字》释为："错画也，象交文。"本义是彩色交错的意思，可引申为"华丽有文采"等。作动词读 Wen（四声），义为装饰，增添文采。古人把独体的汉字叫"文"，具有装饰、美化汉字的内涵。

中国第一部字典，中国文字学的首创之书，开启中国上古文化之谜的钥匙，包罗万象的中国古代文化百科全书。